René Guénon

COMPTES-RENDUS DE LIVRES

- Recueil posthume -

René Guénon
(1886-1951)

Comptes-rendus de livres

- Recueil posthume -

**Publié par
Omnia Veritas Ltd**

www.omnia-veritas.com

PUBLIÉS DANS LE VOILE D'ISIS, PUIS LES ÉTUDES TRADITIONNELLES (À PARTIR DE 1936) ... 25

MAI 1928 ... 25

Dr Éric de Henseler. – L'Âme et le dogme de la transmigration dans les livres sacrés de l'Inde ancienne. ... 25

OCTOBRE 1928 ... 26

Dr Edmon Isnar. – La Sagesse du Bouddha et la science du bonheur. ... 26

JUILLET 1929 ... 27

L'Élue du Dragon (« Les Étincelles »). ... 27

DÉCEMBRE 1929 ... 29

Jean Marquès-Rivière. – À l'ombre des monastères thibétains. ... 29
S. U. Zanne. – Principes et éléments de la langue sacrée selon l'Astro-Kabbale d'Al Chami. ... 30

FÉVRIER 1930 ... 31

Cérémonies et coûtumes qui s'observent aujourd'huy parmy les Juifs. ... 31
Louise Compain. – La robe déchirée. ... 32
Joseph Hervé. – De la Physique à la Religion, en lisant des livres d'hier et d'aujourd'hui. ... 32

JUIN 1930 ... 32

Sonetti alchimici-ermetici di Frate Elia e Cecco d'Ascoli, con introduzione e note di Mario Mazzoni. ... 32

OCTOBRE 1930 ... 33

Léon de Poncins. – Les Forces secrètes de la Révolution. ... 33
Lettera di Giovanni Pontano sul « Fuoco Filosofico », introduzione, traduzione e note di Mario Mazzoni. ... 33

JUIN 1932 ... 34

S. U. Zanne. – Les Origines : l'Atlantide. ... 34
Henri-Jean Bolle. – Le Temple, Ordre initiatique du moyen âge. ... 35
Léon de Poncins. – Refusé par la Presse. ... 35

JUILLET 1932 ... 36

Olivier Leroy. – Les Hommes Salamandres. ... 36
G. Dandoy, S. J. – L'Ontologie du Vêdânta. ... 36
Marcel Lallemand. – Notes sur l'Occultisme. ... 39

AOÛT-SEPTEMBRE 1932 40

Henri Borel. – Wu Wei. 40

OCTOBRE 1932 42

Cesare della Riviera. – Il Mondo Magico degli Heroi. 42
J. Evola. – Maschera e volto dello Spirizualismo contemporaneo. 42
Mme Th. Darel. – L'Expérience Mystique et le Règne de l'Esprit. 43
Carlo Suarès. – Krishnamurti. 44

AVRIL 1933 45

Georges Méautis. – L'Âme hellénique d'après les vases grecs. 45
A. Savoret. – Du Menhir à la Croix, essais sur la triple tradition de l'Occident. 46

JUILLET 1933 47

Henri Valentino. – Le voyage d'un pèlerin chinois dans l'Inde des Bouddhas. 47
Charles Blech. – Contribution à l'histoire de la Société Théosophique en France. 48

OCTOBRE 1933 49

André Lebey. – Nécessité de l'Histoire. 49
Roger Duguet. – La Cravate blanche. 50
Pierre de Dienval. – La Clé des Songes. 51

FÉVRIER 1934 54

Marcelle Weissen-Szumlanska (Mme M. Georges Vicrey). – L'Âme archaïque de l'Afrique du Nord. 54
Gabriel Trarieux. – La Lumière d'Asie. 54
Dynan-V. Fumet. – La Divine Oraison. 55
Philippe Guiberteau. – Musique et Incarnation. 55

MARS 1934 56

Léon de Poncins. – Tempête sur le Monde, ou la faillite du Progrès. 56
Georges Méautis. – Les Mystères d'Éleusis. 57

MAI 1934 58

J. Evola. – Rivolta contro il Mondo moderno. 58
Corrado Pagliani. – Di Nostradamus e di una sua poco nota iscrizione liminare torinese. 59
Fernand Divoire. – Néant… Paradis… ou Réincarnation ? 59

NOVEMBRE 1934 60

EUGÈNE LENNHOFF. – HISTOIRE DES SOCIÉTÉS POLITIQUES SECRÈTES AU XIXe ET AU XXe SIÈCLE. 60

LÉON DE PONCINS. – LA DICTATURE DES PUISSANCES OCCULTES : LA F/ M/ D'APRÈS SES DOCUMENTS SECRETS. 61

P. CHATIR. – LES DIX CAUSERIES OCCULTISTES D'EL-DALIL SUR L'HOMME DANS L'UNIVERS. 61

DÉCEMBRE 1934 62

FRANCIS WARRAIN. – L'ŒUVRE PHILOSOPHIQUE DE HOENÉ WRONSKI : TEXTES, COMMENTAIRES ET CRITIQUE ; TOME IER. 62

MARCEL LALLEMAND. – LE TRANSFINI, SA LOGIQUE ET SA MÉTAPHYSIQUE. 63

MME EMMANUEL LALANDE, ANDRÉ LALANDE, L. CHAMUEL, JULES LEGRAS, DR J. DURAND, JUSTIN MAUMUS. – MARC HAVEN (LE DOCTEUR EMMANUEL LALANDE). 64

JANVIER 1935 65

W. B. SEABROOK. – AVENTURES EN ARABIE. 65

L. FRY. – LÉO TAXIL ET LA FRANC-MAÇONNERIE. 67

MARS 1935 69

LUDOWIC RÉHAULT. – L'INSTRUCTEUR DU MONDE, KRISHNAMURTI. 69

L. DE PAÏNI. – LE MYSTICISME INTÉGRAL. 71

MAI 1935 72

ARTURO REGHINI. – PER LA RESTITUZIONE DELLA GEOMETRIA PITAGORICA. 72

ARTURO REGHINI. – IL FASCIO LITTORIO. 73

HARI PRASAD SHASTRI. – TEACHINGS FROM THE BHAGAWADGITA : TRANSLATION, INTRODUCTION AND COMMENTS. 73

HARI PRASAD SHASTRI. – THE AVADHUT GITA : TRANSLATION AND INTRODUCTION. 74

JUIN 1935 75

HENRY DE GEYMULLER. – SWEDENBORG ET LES PHÉNOMÈNES PSYCHIQUES. 75

PAUL BRUNTON. – A SEARCH IN SECRET INDIA. 75

HARI PRASAD SHASTRI. – BOOK OF RAM, THE BIBLE OF INDIA BY MAHÂTMA TULSIDAS RENDERED INTO ENGLISH. 76

DR ALEXANDER CANNON. – L'INFLUENCE INVISIBLE. 77

JUILLET 1935 78

SERGIUS GORTAN ANCONA. – THE SUBSTANCE OF ADAM. 78

RUDOLF STEINER. – L'ÉVANGILE DE SAINT JEAN. 79

ANANDA K. COOMARASWAMY. – THE DARKER SIDE OF DAWN. 80

OCTOBRE 1935 80

Ananda K. Coomaraswamy. – The Rig-Veda as Land-Náma-Bók. 80
Sri Ramana Maharshi. – Five Hymns to Sri Arunachala. 81

NOVEMBRE 1935 .... **82**

G. Constant Lounsbery. – La Méditation bouddhique, étude de sa théorie et de sa pratique selon l'École du Sud. 82
I. de Manziarly. – Pérégrinations asiatiques. 82
L. Charbonneau-Lassay. – L'« Œuf du Monde » des anciens et la présence de l'oursin fossile dans les sépultures anciennes de l'Ouest 82
Francesco Vivona. – L'Anima di Virgilio. 83
Francesco Vivona. – Note critiche àlle Epistole di Seneca. 83
Alice A. Bailey. – Les trois prochaines années. 84

DÉCEMBRE 1935 .... **85**

Luigi Valli. – La Struttura morale dell'Universo dantesco. 85
Camille Savoire. – Regards sur les Temples de la Franc-Maçonnerie. 86
La Clé 87

JANVIER 1936 .... **88**

Hari Prasad Shastri. – A Path to God-Realization. 88
P. Mandonnet, O. P. – Dante le Théologien : Introduction à l'intelligence de la vie, des œuvres et de l'art de Dante Alighieri. 88

MARS 1936 .... **91**

Ananda K. Coomaraswamy. – Angel and Titan : An Essay in Vedic Ontology. 91

AVRIL 1936 .... **92**

Sri Ramana Maharshi. – Truth Revealed (Sad-Vidyâ). 92
Kavyakanta Ganapati Muni. – Sri Ramana Gita. 92
Mrs Rhys Davids. – The Birth of Indian Psychology and its development in Buddhism. 92
Rudolf Steiner. – Mythes et Mystères égyptiens. 94
Guido Cavalluci. – L'Intelligenza come forza rivoluzionaria. 94
Bhikshu Wai-Tao and Dwight Goddard. – Laotzu's Tao and Wu-Wei, a new translation. 96
Gabriel Trarieux d'Egmont. – Prométhée ou le Mystère de l'Homme. 96

JUIN 1936 .... **97**

Roger Glardon. – Le Spiritisme en face de l'histoire, de la science, de la religion. 97
Édouard Arnaud. – Recherche de la Vérité : art, science, occultisme, religions. 98

H. Mamessier. – À la recherche de Forces spirituelles 99

JUILLET 1936 99

Albert Lantoine. – Histoire de la Franc-Maçonnerie française : La Franc-Maçonnerie dans l'État 99

André Lebey. – La Vérité sur la Franc-Maçonnerie par des documents, avec le Secret du Triangle. 100

Emmanuel Malynski et Léon de Poncins. – La Guerre occulte. 101

Hari Prasad Shastri. – Meditation, its Theory and Practice. 103

Ananda K. Coomaraswamy. – Elements of Buddhist Iconography 104

Jean Marquès-Rivière. – Le Bouddhisme au Thibet 105

Marcel Bulard. – Le Scorpion, symbole du peuple juif dans l'art religieux des XIVe, XVe, XVIe siècles. 106

OCTOBRE 1936 107

Léon de Poncins. – La mystérieuse Internationale juive 107

Hiram. – J.-B. Willermoz et le Rite Templier à l'O∴ de Lyon. 108

John Charpentier. – Le Maître du Secret : Un complot maçonnique sous Louis XVI 109

C. R. Jain. – La psychologie jaïniste. 109

Hari Prasad Shastri. – Vedanta light, from Shri Dadaji Maharaj 110

Rudolf Steiner. – L'Apparition des Sciences naturelles 110

Pétre Deunov. – Le Maître parle. 111

NOVEMBRE 1936 111

Enel. – Les Origines de la Genèse et l'enseignement des Temples de l'ancienne Égypte. Volume I, 1re et 2e parties. 111

Paul Brunton. – A Search in secret Egypt. 113

G. Barbarin. – Le Secret de la Grande Pyramide ou la Fin du Monde adamique. 114

DÉCEMBRE 1936 116

Ananda K. Coomaraswamy and Duggirala Gopalakrishnayya. – The Mirror of Gesture, being the Abhinaya Darpana of Nandikeshwara, translated into English, with introduction and illustrations. 116

Ananda K. Coomaraswamy and A. Graham Carey. – Patron and Artist, Pre-Renaissance and Modern 117

André Duboscq. – Unité de l'Asie. 119

Sir Charles Marston. – La Bible a dit vrai 120

Gabriel Trarieux d'Egmont. – Le Thyrse et la Croix 121

Alfred Sage. – Une Science de l'Ordre est cachée dans le Monde des Nombres. . 123

JANVIER 1937 123

Francis Warrain. – L'Œuvre philosophique de Hoené Wronski : textes, commentaires et critique ; Tome II : Architectonique de l'Univers. 123
Firmin Ladet. – Méditations sur l'Omnitude. 125
G. P. Scarlata. – Il trattato sul volgare di Dante 125
Rudolf Steiner. – L'Évangile de saint Luc. 126
D. Duvillé. – L'Æthiopia orientale ou Atlantis, initiatrice des peuples anciens, suivie de « Naissance et propagation de l'alphabet ». 127
C. Kerneïz. – Le Hatha-Yoga ou l'art de vivre selon l'Inde mystérieuse. 128

FÉVRIER 1937 129

P. Saintyves. – Pierres magiques : bétyles, haches-amulettes et pierres de foudre ; traditions savantes et traditions populaires. 129

AVRIL 1937 130

Maurice Favone. – Les disciples d'Hiram en province : La Franc-Maçonnerie dans la Marche. 130
Dr de Fontbrune. – Les Prophéties de Nostradamus dévoilées : Lettre à Henri II. 131
Dr R. Swinburne Clymer. – The Rosicrucian Fraternity in America, Vol. I 133

MAI 1937 138

Christopher Dawson. – Progrès et Religion : une enquête historique 138

JUIN 1937 140

Graham Carey. – The Majority Report on Art 140
E. Techoueyres. – À la recherche de l'Unité, essais de philosophie médicale et scientifique. 141
Pierre Ayet. – Notes sur le Mal. 142
René Lacroix-a-l'Henri. – Théories et procédés radiesthésiques. 142

JUILLET 1937 143

J. Evola. – Il Mistero del Graal e la Tradizione ghibellina dell'Impero. 143
J. Evola. – Il Mito del Sangue. 145
What use is Art anyway. 146
Khan Sahib Khaja Khan. – The Secret of Ana'l Haqq. 146
Paul Brunton. – A Hermit in the Himalayas. 147
R. Francé. – Les Sens de la Plante 148
A. Savoret. – Les forces secrètes de la Vie. 148
Henri-L. Mieville. – Vers une Philosophie de l'Esprit ou de la Totalité 149

OCTOBRE 1937 151

GASTON GEORGEL. – LES RYTHMES DANS L'HISTOIRE. 151
SHRÎ AUROBINDO. – APERÇUS ET PENSÉES. 152
W. RIVIER. – LE PROBLÈME DE LA VIE. 153
JOSEPH IWANICKI. – MORIN ET LES DÉMONSTRATIONS MATHÉMATIQUES DE L'EXISTENCE DE DIEU. 153
DR A. AUVARD. – MÉDECINE ÉSOTÉRIQUE. 154
DR A. AUVARD. – POLITIQUE ÉSOTÉRIQUE. 154
GEORGES BARBARIN. – LE LIVRE DE LA MORT DOUCE. 155

NOVEMBRE 1937 156

ENEL. – A MESSAGE FROM THE SPHINX. 156
JEAN HERBERT. – QUELQUES GRANDS PENSEURS DE L'INDE MODERNE. 160
ALFREDO CAVALLI. – L'HOMME N'EST PLUS UN INCONNU. 161

DÉCEMBRE 1937 161

ANANDA K. COOMARASWAMY. – IS ART A SUPERSTITION OR A WAY OF LIFE ? 161
DION FORTUNE. – LA CABALE MYSTIQUE. 162
JEAN MARQUÈS-RIVIÈRE. – L'INDE SECRÈTE ET SA MAGIE. 165
PAUL LE COUR. – L'ÈRE DU VERSEAU (L'AVÈNEMENT DE GANIMÈDE). 166
GABRIEL TRARIEUX D'EGMONT. – QUE SERA 1938 ? 167

JANVIER 1938 168

ROBERT MAYNARD HUTCHINS. – THE HIGHER LEARNING IN AMERICA. 168
VICTOR-ÉMILE MICHELET. – LES COMPAGNONS DE LA HIÉROPHANIE. 169
VLADIMIR POZNER. – LE MORS AUX DENTS. 171
I PROTOCOLLI DEI SAVI ANZIANI DI SION. VERSIONE ITALIANA CON APPENDICE E INTRODUZIONE. 173

FÉVRIER 1938 176

ALFRED DODD. – SHAKESPEARE CREATOR OF FREEMASONRY. 176

MARS 1938 180

ANANDA K. COOMARASWAMY. – THE NATURE OF BUDDHIST ART. 180
R. P. VICTOR POUCEL. – MYSTIQUE DE LA TERRE : I. PLAIDOYER POUR LE CORPS. 181
ANDRÉ LEBEY. – LA FAYETTE OU LE MILITANT FRANC-MAÇON. 183
REGINAL REYNOLDS. – THE WHITE SAHIBS IN INDIA, WITH A PREFACE BY JAWAHARLAL NEHRU. 185
UPTON SAINCLAIR. – COMMENT JE CROIS EN DIEU. 186
ROGER A. LACOMBE. – DÉCLIN DE L'INDIVIDUALISME ? 187

AVRIL 1938 189

E. Gautheron. – Les Loges maçonniques dans la Haute-Loire. ...189
F. de Chatillon. – Les Prophéties de M. Michel Nostradamus, Interprétation d'une trentaine de quatrains. ...190
Jean Fervan. – La Fin des Temps, Recueil des principales prophéties sacrées et prédictions sur notre époque et les « derniers temps », suivi d'une enquête sur « le prochain roi de France ». ...190
Roger Duguet. – Autour de la Tiare, Essai sur les prophéties concernant la succession des Papes du XIIIe siècle à la fin des temps. ...192

MAI 1938 ...194

D. S. Sarma. – Lectures on the Bhagavad-Gita, with an English Translation of the Gita. ...194
Mrs Rhys Davids. -To become or not to become (that is the question !), Episodes in the history of an Indian word. ...196

JUIN 1938 ...197

Xavier Guichard. – Éleusis Alésia : Enquête sur les origines de la civilisation européenne. ...197
St. Kramrisch. – A Survey of Painting in the Deccan. ...202
Shrî Aurobindo. – The Mother. ...203
D. V. Fumet. – Notre Sœur la Douleur. ...203
P. Saintyves. – L'Astrologie populaire, étudiée spécialement dans les doctrines et les traditions relatives à l'influence de la Lune : Essai sur la méthode dans l'étude du Folklore des opinions et des croyances. ...204

JUILLET 1938 ...205

Swâmî-Vivêkânanda. – Jnâna-Yoga. ...205
Swâmî-Vivêkânanda. – Karma-Yoga. ...208
Swâmî-Vivêkânanda. – Bhakti-Yoga. ...208
Swâmî-Vivêkânanda. – Râja-Yoga ou la conquête de la Nature intérieure. ...209
C. Kerneïz. – Le Yoga de l'Occident. ...210

OCTOBRE 1938 ...212

Ananda K. Coomaraswamy. – Asiatic Art. ...212
Prof. Leo Frobenius and Douglas C. Fox. – Prehistoric Rock Pictures in Europe and Africa, from material in the archives of the Research Institute for the Morphology of Civilization, Frankfort-on-Main. ...212
Jean Herbert. – Introduction à l'étude des Yogas hindous. ...214
L. Adams Beck. – Du Kashmir au Tibet : À la découverte du Yoga. ...214
J. Marquès-Rivière. – Le Yoga tantrique hindou et thibétain. ...215
Hélène de Callias. – Magie sonore. ...216

Gabriel Trarieux d'Egmont. – La Vie d'outre-tombe. 217
Paul Serres. – L'Homme et les Énergies astrales (De l'astrophysique à
l'astrologie). 217
Raoul Marchais. – Mystère de la Vie humaine. 218
Robert Duportail. – Enchaînements scientifiques et philosophiques. 219

NOVEMBRE 1938 220

Shrî Aurobindo. – Lights on Yoga. 220
Shrî Aurobindo. – Bases of Yoga. 221
Shrî Aurobindo. – Lumières sur le Yoga. 223
Shrî Râmakrishna. – Un des chemins… 223
Shrî Râmakrishna. – Les Paroles du Maître. 224
Dr René Allendy. – Rêves expliqués. 225
Raymond Christoflour. – Louis Le Cardonnel, pèlerin de l'invisible. 225
Oswald Wirth. – Qui est régulier ? Le pur Maçonnisme sous le régime des Grandes
Loges inauguré en 1717. 226
H. de Vries de Heekelingen. – L'Orgueil juif. 227

DÉCEMBRE 1938 229

Sri Ramana Maharshi. – Five Hymns to Sri Arunachala 229
Sri Ramana Maharshi. – Upadesa Saram. 229
Sri Ramana Maharshi. – Who am I ? 230
Ramananda Swarnagiri. – Crumbs from His table. 230
K. – Sat-Darshana Bhashya and Talks with Maharshi, with forty verses in praise
of Sri Ramana. 231
B. V. Narasimha Swami. – Self Realisation : Life and teachings of Ramana
Maharshi. 232
« Who ». – Mahâ Yoga, or the Upanishadic lore in the light of the teachings of
Maharshi Ramana. 233

JANVIER 1939 233

Frédéric Portal. – Des couleurs symboliques dans l'antiquité, le moyen âge et les
temps modernes. 233
G. Persigout. – Rosicrucisme et Cartésianisme : « X Novembris 1619 », Essai
d'exégèse hermétique du Songe cartésien. 235

FÉVRIER 1939 237

Mortimer J. Adler. – Saint Thomas and the Gentiles. 237
Albert Gleizes. – La Signification humaine du Cubisme. 237
Georges Méautis. – Le Livre de la Sagesse pythagoricienne, traduction et
commentaires des Vers Dorés pythagoriciens. 238

MARS 1939 — 238

- ADE DE BETHUNE. – WORK. — 238
- GRAHAM CAREY. – PATTERN. — 239
- ERIC GILL. – WORK AND CULTURE. — 240
- SHRI AUROBINDO. – LA MÈRE. — 241

AVRIL 1939 — 241

- R. KRISHNASWAMI AIYAR. – THOUGHTS FROM THE GÎTÂ. — 241
- R. KRISHNASWAMI AIYAR. – THOUGHTS FROM THE ETERNAL LAW. — 242
- RAÏHANA TYABJI. – L'ÂME D'UNE GOPÎ. — 243
- L. ADAMS BECK. – AU CŒUR DU JAPON : ZENN, AMOURS MYSTIQUES. — 244
- C. CHEVILLON. – LE VRAI VISAGE DE LA FRANC-MAÇONNERIE : ASCÈSE, APOSTOLAT, CULTURE. — 245

MAI 1939 — 246

- SWAMI VIVÊKÂNANDA. – CONFÉRENCES SUR BHAKTI-YOGA. — 246
- SRI KRISHNA PREM. – THE YOGA OF THE BHAGAVAD GÎTÂ. — 247
- PAUL RADIN. – THE STORY OF THE AMERICAN INDIAN. — 248

JUIN 1939 — 249

- E. AROUX. – DANTE HÉRÉTIQUE, RÉVOLUTIONNAIRE ET SOCIALISTE : RÉVÉLATIONS D'UN CATHOLIQUE SUR LE MOYEN ÂGE. — 249
- ALICE JOLY. – UN MYSTIQUE LYONNAIS ET LES SECRETS DE LA FRANC-MAÇONNERIE (1730-1824). — 250
- DR GÉRARD VAN RIJNBERK. – UN THAUMATURGE AU XVIIIE SIÈCLE : MARTINES DE PASQUALLY, SA VIE, SON ŒUVRE, SON ORDRE. TOME SECOND. — 253

JANVIER 1940 — 255

- ANANDA K. COOMARASWAMY. – THE CHRISTIAN AND ORIENTAL OR TRUE PHILOSOPHY OF ART. — 255
- SRI RAMANA MAHARSHI. – A CATECHISM OF ENQUIRY. — 256
- SRI RAMANA MAHARSHI. – A CATECHISM OF INSTRUCTION. — 256
- SHRÎ AUROBINDO. – LES BASES DU YOGA. — 257
- SHRÎ AUROBINDO. – LA SYNTHÈSE DES YOGAS. VOLUME I : LE YOGA DES ŒUVRES DIVINES (PREMIÈRE PARTIE). — 258
- SHRÎ AUROBINDO. – L'ISHA UPANISHAD. — 259
- J. MARQUÈS-RIVIÈRE. – RITUEL DE MAGIE TANTRIQUE HINDOUE : YANTRA CHINTÂMANI (LE JOYAU DES YANTRAS). — 260
- C. KERNEÏZ. – LE KARMA YOGA, OU L'ACTION DANS LA VIE SELON LA SAGESSE HINDOUE — 261

FÉVRIER 1940 — 262

Arthur Edward Waite. – Shadows of Life and Thought. A retrospective review in the form of memoirs. 262
Walter H. Dudley and R. Albert Fisher. – The Mystic Light. The Script of Harzael-Harzrael. 264
Éliphas Lévi. – La Clef des Grands Mystères. 264
Emmanuel Swedenborg. – La Nouvelle Jérusalem et sa doctrine céleste, précédée d'une notice sur Swedenborg, par M. le pasteur E.-A. Sutton. 265

MARS 1940 266

Charles Clyde Hunt. – Masonic Symbolism. 266
Giuseppe Leti et Louis Lachat. – L'Ésotérisme à la scène : La Flûte Enchantée ; Parsifal ; Faust. 268
André Savoret. – L'Inversion psychanalytique. 269
R. de Saussure. – Le Miracle grec, étude psychanalytique sur la civilisation hellénique. 270

AVRIL 1940 271

Shrî Ramana Maharshi. – Maharshi's Gospel. 271
Shrî Ramana Maharshi. – Who am I ? 272
Clarence H. Hamilton. – Wei Shih Er Lun, or the Treatise in twenty stanzas on Representation-only, by Vasubandhu. 272
Edward Jabra Jurji. – Illumination in Islamic Mysticism ; a translation, with an introduction and notes, based upon a critical edition of Abu-al Mawâhib al-Shâdhili's treatise entitled Qawânîn Hikam al-Ishrâq. 273

MAI 1940 276

A. M. Hocart. – Les Castes. 276
Dr Pierre Galimard. – Hippocrate et la Tradition pythagoricienne. 279
R. P. Victor Poucel. – Mystique de la Terre : II. La parabole du Monde. 279

OCTOBRE-NOVEMBRE 1945 282

P. V. Piobb. – Le Sort de l'Europe d'après la célèbre Prophétie des Papes de saint Malachie, accompagnée de la Prophétie d'Orval et des toutes dernières indications de Nostradamus. 282
P. Rochetaillée. – Prophéties de Nostradamus : Clef des Centuries, son application à l'histoire de la Troisième République. 289
Em. Ruir. – L'écroulement de l'Europe d'après les prophéties de Nostradamus. .. 291

JANVIER-FÉVRIER 1946 293

Rabindra Nath Tagore. – Sâdhanâ. 293
Études sur Râmana Maharshi. Volume premier : Swâmî Siddheswarânanda ; Dr

Sarma K. Lakshman ; Swâmî Tapasyânanda. 294
F. J. Alexander. – Le Royaume Intérieur. 295
Robert Pouyaud. – Sous le signe de la Spirale : Vézelay, centre initiatique. 296
Noël de la Houssaye. – Les Bronzes italiotes archaïques et leur symbolique. 297
Noël de la Houssaye. – Le Phoenix, poème symbolique. 298

MARS-AVRIL 1946 299

Robert Ambelain. – Dans l'ombre des Cathédrales. 299
Charles Reynaud-Plense. – Les vraies Centuries et Prophéties de Michel
Nostradamus, le grand voyant de Salon, avec sa vie, et un glossaire
nostradamique. 305

MAI 1946 306

Dr Swinburne Clymer. – The Rosicrucian Fraternity in America. Vol. II. 306
Trésor Hermétique, comprenant Le livre d'Images sans paroles (Mutus Liber) où
toutes les opérations de la philosophie hermétique sont représentées, réédité
avec une Introduction par le Dr Marc Haven, et Le Traité symbolique de la
Pierre philosophale en 78 figures par Jean Conrad Barchusen, réédité pour la
première fois avec une Notice par Paul Servant. 308
A. Cockren. – Alchemy Rediscovered and Restored. 308
Longfield Beatty. – The Garden of the Golden Flower. 309
Pierre Lhermier. – Le mystérieux Comte de Saint-Germain, Rose-Croix et
diplomate. 311
G. de Chateaurhin. – Bibliographie du Martinisme. 312

JUIN-JUILLET 1946 313

Ananda K. Coomaraswamy. – Why exhibit Works of Art ? 313
Carlo Kerényi. – La Religione antica nelle sue linee fondamentali. 316

AOÛT 1946 320

Ananda K. Coomaraswamy. – Hinduism and Buddhism. 320
Ananda K. Coomaraswamy. – Spiritual Authority and Temporal Power in the
Indian Theory of Government. 323

SEPTEMBRE 1946 325

Georges Margouliès. – La Langue et l'Écriture chinoises. 325
Marcel Granet. – Catégories matrimoniales et relations de proximité dans la
Chine ancienne. 327
Liou Tse Houa. – La Cosmologie des Pa Koua et l'Astronomie moderne. 328
Louis Chochod. – Huê la Mystérieuse. 329
Louis Chochod. – Occultisme et Magie en Extrême-Orient. 330

OCTOBRE-NOVEMBRE 1946 332

Albert Lantoine. – Les Sociétés secrètes actuelles en Europe et en Amérique. ... 332
John Charpentier. – L'Ordre des Templiers. 334
Jean Mallinger. – Pythagore et les Mystères. 335
Jean de Kerdéland. – De Nostradamus à Cagliostro. 337

DÉCEMBRE 1946 338

Ananda K. Coomaraswamy. – Figures of Speech or Figures of Thought. 338
Ananda K. Coomaraswamy. – The Religious Basis of the Forms of Indian Society. – Indian Culture and English Influence. – East and West. 341
Walter Shewring. – Art in Christian Philosophy. 343

JANVIER-FÉVRIER 1947 344

Marco Pallis. – Peaks and Lamas. 344
Robert Bleichsteiner. – L'Église jaune. 346

MARS 1947 349

Émile Dermenghem. – Contes Kabyles. 349
Émile Dermenghem. – Le Mythe de Psyché dans le Folklore nord-africain. 350
Henry Corbin. – Suhrawardi d'Alep, fondateur de la doctrine illuminative (ishrâqi). 351

JUIN 1947 352

Paul Chacornac. – Le Comte de Saint-Germain. 352
Émile Dermenghem. – Joseph de Maistre mystique. 355
Louis-Claude de Saint-Martin. – Tableau naturel des rapports qui existent entre Dieu, l'Homme et l'Univers. 355
R.-M. Gattefossé. – Les Sages Écritures, Essai sur la philosophie et les origines de l'écriture. 356
Paul le Cour. – Hellénisme et Christianisme. 357
Paul le Cour. – Dieu et les Dieux. 358
P.-J. Gonnet. – Arûpa. 359

JUILLET-AOÛT 1947 360

Jean Malfatti de Montereggio. – Études sur la Mathèse, ou Anarchie et Hiérarchie de la Science. 360
J.-M. Ragon. – De la Maçonnerie occulte et de l'Initiation hermétique. 361

SEPTEMBRE 1947 363

G. Persigout. – Le Cabinet de Réflexion. – Considérations historiques et philosophiques sur le contenu et la portée ésotériques de l'Épreuve de la Terre.

....363
    Albert Lantoine. – La Franc-Maçonnerie. 364
    C. Chevillon. – La Tradition universelle. 366

OCTOBRE-NOVEMBRE 1947 366

    Robert Ambelain. – Adam, Dieu rouge. 366
    Robert Ambelain. – Au pied des Menhirs. 368
    Jean Mallinger. – Notes sur les Secrets ésotériques des Pythagoriciens. 369
    Jean Mallinger. – Les Secrets ésotériques dans Plutarque. 370

DÉCEMBRE 1947 371

    Georges Barbarin. – L'Énigme du Grand Sphinx. 371
    Georges Barbarin. – Les Destins occultes de l'Humanité. 372
    Marcel Hamon. – Les Prophéties de la Fin des Temps. 373

JANVIER-FÉVRIER 1948 374

    Abbé E. Bertaud. – Études de symbolisme dans le culte de la Vierge. 374
    M. et A. Forlière. – Qui fut Jeanne d'Arc ? 375
    Dr A. Rattier. – De l'utilité de la mort. 375

MARS 1948 376

    Ananda K. Coomaraswamy. – Am I my Brother's Keeper ? 376
    Swâmî Pavitrananda. – Common Sense about Yoga. 377

AVRIL-MAI 1948 378

    J.-H. Probst-Biraben. – Les Mystères des Templiers. 378
    Rituel de la Maçonnerie Égyptienne de Cagliostro. 380
    W.-R. Chettéoui. – Cagliostro et Catherine II. 382

JUIN 1948 384

    Gérard van Rijnberk. – Le Tarot. Histoire, iconographie, ésotérisme. 384
    Jean Chaboseau. – Le Tarot. Essai d'interprétation selon les principes de
    l'hermétisme. 386

SEPTEMBRE 1948 388

    Louis Cattiaux. – Le Message retrouvé. 388
    Gian Roberto Dell'Acqua. – La Pierre. 389
    Jean Bétesta. – Delta. 390

DÉCEMBRE 1948 391

    Ananda K. Coomaraswamy. – Time and Eternity. 391
    Mircea Eliade. – Techniques du Yoga. 393

JANVIER-FÉVRIER 1949 395

Marco Pallis. – Peaks and Lamas. 395
Gaston Georgel. – Les Rythmes dans l'Histoire (2e éd.). 396
Émile Ruir. – Nostradamus, ses Prophéties, 1948-2023. 398
Shrî Aurobindo. – L'Énigme de ce Monde. 398
P. B. Saint-Hilaire et G. Monod-Herzen. – Le Message de Shrî Aurobindo et son Ashram. 399
Marie-Louise Dubouloz-Laffin. – Le Bou-Mergoud, Folklore tunisien. 400

AVRIL-MAI 1949 402

Cyrille Wilczkowski. – L'Homme et le Zodiaque. Essai de synthèse typologique. 402
Georges Barbarin. – Je et Moi ou le dédoublement spirituel. 403
Déodat Roché. – Le Catharisme. 404

JUILLET-AOÛT 1949 405

Saint-Yves d'Alveydre. – Mission des Souverains. 405
The Living Thoughts of Gotama the Buddha. 407
R. Pouyaud. – Du « Cubisme » à la peinture traditionnelle. 408
François Haab. – Divination de l'alphabet latin. 409
Dr Hubert Benoît. – Métaphysique et Psychanalyse, Essais sur le problème de la réalisation de l'homme. 411

DÉCEMBRE 1949 413

Mircea Eliade. – Le Mythe de l'éternel retour. Archétypes et répétition. 413
Georges Dumézil. – L'Héritage indo-européen à Rome. 415
[Henri Clouard. – Histoire de la Littérature française (P. S.).] 416

JANVIER-FÉVRIER 1950 417

Francis Warrain. – La Théodicée de la Kabbale. 417
Stanislas de Guaita et Oswald Wirth. – Le Problème du Mal. 419

MARS 1950 422

Ananda K. Coomaraswamy. – Hindouisme et Bouddhisme. 422

AVRIL-MAI 1950 422

J.-H. Probst-Biraben. – Rabelais et les secrets du Pantagruel. 422
G. van Rijnberk. – Épisodes de la vie ésotérique (1780-1824). 424

JUIN 1950 428

Giuseppe Palomba. – Introduzione all'Economica. 428

SEPTEMBRE 1950 .... **429**

    Henri-Félix Marcy. – Essai sur l'origine de la Franc-Maçonnerie et l'histoire du Grand Orient de France. Tome Ier. Des origines à la fondation du Grand Orient de France. 429

OCTOBRE-NOVEMBRE 1950 .... **434**

    Robert Amadou. – L'Occultisme, Esquisse d'un monde vivant. 434
    Robert Amadou et Robert Kanters. – Anthologie littéraire de l'occultisme. 435

PUBLIÉS DANS LA REVUE DE PHILOSOPHIE **436**

SEPTEMBRE-OCTOBRE 1921 .... **436**

    I. Goldziher, professeur à l'Université de Budapest – Le Dogme et la Loi de l'Islam : Histoire du développement dogmatique et juridique de la religion musulmane. 436

MARS-AVRIL 1922 .... **444**

    W. Wallace, S. J. – De l'Évangélisme au Catholicisme par la route des Indes. 444

NOVEMBRE-DÉCEMBRE 1923 .... **449**

    Augustin Périer – Yahyâ ben Adî : un philosophe arabe chrétien du Xe siècle. – Petits traités apologétiques de Yahyâ ben Adî. 449
    Baron Carra de Vaux – Les Penseurs de l'Islam. – I. Les souverains, l'histoire et la philosophie politique. – II. Les géographes, les sciences mathématiques et naturelles. 451
    Lothrop Stoddard – Le Nouveau Monde de l'Islam. 453
    Louis Finot – La marche à la Lumière (Bodhicharyâvatâra). 454
    Émile Senart – La Bhagavad-Gîtâ. 455
    Louis Finot – Les questions de Milinda (Milinda-pañha). 457

JANVIER-FÉVRIER 1924 .... **458**

    P. Masson-Oursel – Esquisse d'une histoire de la philosophie indienne. 458
    P. Masson-Oursel – La Philosophie comparée. 460
    Arthur et Ellen Avalon – Hymnes à la Déesse. 462

MAI-JUIN 1925 .... **463**

    Eugène Tavernier – Cinquante ans de politique : L'Œuvre d'irréligion. 463

JANVIER-FÉVRIER 1936 .... **467**

    Nyoiti Sakurazawa – Principe unique de la Philosophie et de la Science d'Extrême-Orient. 467
    Mrs Rhys Davids – The Minor Anthologies of the Pali Canon – Part. I.

DHAMENAPADA : VERSES ON DHAMENA, AND KHUDDAKA-PÂTHA : THE TEXT OF THE MINOR SAYINGS. 467
E. STEINILBER-OBERLIN – LES SECTES BOUDDHIQUES JAPONAISES. 468

NON PUBLIÉ 469

BARON CARRA DE VAUX – LES PENSEURS DE L'ISLAM. – III. L'EXÉGÈSE, LA TRADITION ET LA JURISPRUDENCE. 469
PAUL VULLIAUD. – LA KABBALE JUIVE : HISTOIRE ET DOCTRINE. 471
GUSTAVE JÉQUIER. – HISTOIRE DE LA CIVILISATION ÉGYPTIENNE DES ORIGINES À LA CONQUÊTE D'ALEXANDRE. 475

PUBLIÉS DANS VIENT DE PARAÎTRE 478

FÉVRIER 1926 478

JULES LAGNEAU. – DE L'EXISTENCE DE DIEU. 478
GIOVANNI GENTILE. – L'ESPRIT, ACTE PUR. 478
GEORGES GROSLIER. – LA SCULPTURE KHMÈRE ANCIENNE. 479

AVRIL 1926 480

PAUL CHOISNARD. – SAINT THOMAS D'AQUIN ET L'INFLUENCE DES ASTRES. 480

OCTOBRE 1926 481

GEORGES DWELSHAUVERS. – LES MÉCANISMES SUBCONSCIENTS. 481

MARS 1927 482

MONSEIGNEUR C.-W. LEADBEATER, ÉVÊQUE RÉGIONAL DE L'ÉGLISE CATHOLIQUE LIBÉRALE POUR L'AUSTRALIE. – LA SCIENCE DES SACREMENTS. 482
E. FRANCIS UDNY, PRÊTRE DE L'ÉGLISE CATHOLIQUE LIBÉRALE. – LE CHRISTIANISME PRIMITIF DANS L'ÉVANGILE DES DOUZE SAINTS. 483

JUILLET-AOÛT 1927 483

R. SCHWALLER DE LUBICZ. – L'APPEL DU FEU. 483
JEAN BARUZI. – PHILOSOPHES ET SAVANTS FRANÇAIS DU XXE SIÈCLE, EXTRAITS ET NOTICES. – III. LE PROBLÈME MORAL. 483

NOVEMBRE 1927 484

PHUSIS. – PRÈS DU SECRET DE LA VIE, ESSAI DE MORPHOLOGIE UNIVERSELLE. 484
ÉMILE BOUTROUX. – DES VÉRITÉS ÉTERNELLES CHEZ DESCARTES. 484
R. P. J. MARÉCHAL, S. J. (SECTION PHILOSOPHIQUE DU MUSEUM LESSIANUM). – LE POINT DE DÉPART DE LA MÉTAPHYSIQUE, LEÇONS SUR LE DÉVELOPPEMENT HISTORIQUE ET THÉORIQUE DU PROBLÈME DE LA CONNAISSANCE. CAHIER V : LE THOMISME DEVANT LA PHILOSOPHIE CRITIQUE. 485

P. V. Piobb. – Le secret de Nostradamus. 485

DÉCEMBRE 1927 .... **486**

J. G. Frazer. – Les Dieux du Ciel. 486

Paul Choisnard. – Les Preuves de l'influence astrale sur l'homme. 487

AVRIL 1928 .... **487**

Édouard Dujardin. – Le Dieu Jésus, essai sur les origines et sur la formation de la légende évangélique. 487

Georges Lanoë-Villène. – Le Livre des Symboles, dictionnaire de symbolique et de mythologie. 488

Raoul Montandon. – Les Radiations humaines, Introduction à la démonstration expérimentale de l'existence des corps subtils de l'homme. 488

MAI 1928 .... **489**

Louis Lavelle. – La Dialectique de l'éternel présent : De l'Être. 489

Augustin Jakubisiak. – Essai sur les limites de l'espace et du temps. 490

SEPTEMBRE-OCTOBRE 1928 .... **491**

Bertrand Russell. – Analyse de l'Esprit. 491

Ch. Appuhn. – Spinoza. 491

NOVEMBRE 1928 .... **492**

M. Dugard. – Sur les frontières de la Foi. 492

Édouard Le Roy. – L'Exigence idéaliste et le Fait de l'Évolution. 492

MARS 1929 .... **493**

Annie Besant. – La Nouvelle Civilisation. 493

J. Krishnamurti. – La Vie comme idéal. 494

A. E. Powell. – Le Corps astral. 494

NOVEMBRE 1929 .... **494**

J. A. comte de Gobineau. – Les Religions et les Philosophies dans l'Asie centrale. 494

DÉCEMBRE 1929 .... **497**

Georges Lanoë-Villène. – Le Livre des Symboles, dictionnaire de symbolique et de mythologie (Lettre C). 497

Édouard Le Roy. – Les Origines humaines et l'évolution de l'intelligence. 498

S. Radhakrishna. – L'Hindouïsme et la Vie. 499

François Arouet. – La fin d'une parade philosophique : le Bergsonisme. 499

PUBLIÉ DANS LES CAHIERS DU MOIS 501

JUIN 1926 501

Le poète tibétain Milarépa, ses crimes, ses épreuves, son nirvana. 501

PUBLIÉS DANS LA REVUE PHILOSOPHIQUE 504

MAI-JUIN 1919 504

John Laird. – Problems of the self. 504

JUILLET-AOÛT 1919 512

Proceedings of the Aristotelian Society. New series. 512

Wildon Carr. – The interaction of mind and body. – (L'action réciproque de l'esprit et du corps.) 512

Karin Stephen. – Thought and intuition. – (Pensée et intuition.) 513

F. C. Bartlett. – The development of criticism. – (Le développement de la critique.) 515

G. E. Moore. – The conception of reality. – (La conception de la réalité.) 515

J. A. Smith. – Is there a mathematics of intensity ? – (Y a-t-il une mathématique de l'intensité ?) 516

F. W. Thomas. – Indian ideas of action and their interest for modern thinking. – (Les idées indiennes de l'action et leur intérêt pour la pensée moderne.) 516

C. F. D'Arcy. – The theory of a limited Deity. – (La théorie d'une Déité limitée.) 518

J. B. Baillie. – Anthropomorphism and Truth. – (Anthropomorphisme et vérité.) 519

J. W. Scott. – Realism and politis. – (Réalisme et politique.) 520

F. C. Schiller. – Omnipotence. – (La toute-puissance.) 520

Arthur Robinson. – Behaviour as a psychological concept. – (L'attitude comme concept psychologique.) 521

H. J. W. Hetherington. – The conception of a unitary social order. – (La conception d'un ordre social unitaire.) 521

E. E. Constance Jones. – Practical dualism. – (Le dualisme pratique.) 522

G. Dawes Hicks. – The « modes » of Spinoza and the « monads » of Leibnitz. – (Les « modes » de Spinoza et les « monades » de Leibnitz.) 522

Albert A. Cock. – The ontological argument for the existence of God. – (L'argument ontologique pour l'existence de Dieu.) 523

W. R. Matthews. – The moral argument for theism. – (l'argument moral en faveur du théisme.) 524

S. Alexander. – Space-time. – (L'espace-temps.) 524

J. S. Haldane, D'Arcy W. Thompson, P. Chalmers Mitchell et L. T Hobhouse. – Are physical, biological and psychological categories irreductible ? – (Les catégories physiques, biologiques et psychologiques sont-elles irréductibles ?) 525

B. Bosanquet, A. S. Pringle-Pattison, G. F. Stout et Lord Haldane. – Do finite individuals possess a substantive or an adjectival mode of being ? – (Les individus finis

possèdent-ils un mode d'être substantif ou adjectif ?) 527
L. Susan Stebbing. – *The philosophical importance of the verb « to be ».* – (*L'importance philosophique du verbe « être ».*) 529
Dorothy Wrinch. – *On the summation of pleasures.* – (*Sur la sommation des plaisirs.*) 529
Arthur Lynch. – *Association.* – (*L'association.*) 530
A. E. Taylor. – *The philosophy of Proclus.* – (*La philosophie de Proclus.*) 530

MARS-AVRIL 1920 531

ARISTOTELIAN SOCIETY. SUPPLEMENTARY VOL. II. PROBLEMS OF SCIENCE AND PHILOSOPHY. 531
Bertrand Russell. – *On propositions : what they are and how they mean.* – (*Des propositions : ce qu'elles sont et ce qu'elles signifient.*) 532
A.-N. Whitehead, Sir Oliver Lodge, J.-W. Nicholson, Henry Head, Mrs Adrian Stephen et H. Wildon Carr. – *Time, space and material : are they, and if so in what sense, the ultimate data of science ?* – (*Le temps, l'espace et la matière : sont-ils les données ultimes de la Science ? et, s'ils le sont, en quel sens ?*) 533
Hastings Rashdall, J.-H. Muirhead, F.-C.-S. Schiller et C.-F. d'Arcy. – *Can individual minds be included in the mind of God ?* – (*Les esprits individuels peuvent-ils être inclus dans l'esprit de Dieu ?*) 535
G. Dawes Hicks, G.-E. Moore, Beatrice Edgell et C.-D. Broad : *Is there « Knowledge by acquaintance » ?* 537

JUILLET-AOÛT 1920 538

ETTORE GALLI. – NEL REGNO DEL CONOSCERE E DEL RAGIONARE. – (DANS LE DOMAINE DE LA CONNAISSANCE ET DU RAISONNEMENT.) 538
ALLE RADICI DELLA MORALE. – (AUX RACINES DE LA MORALE.) 539

SEPTEMBRE 1920 541

T.-L. PENIDO. – LA MÉTHODE INTUITIVE DE M BERGSON. ESSAI CRITIQUE.............. 541

MAI-JUIN 1921 545

ETTORE GALLI. – NEL DOMINIO DELL'« IO ». – (DANS LE DOMAINE DU « MOI ».) 545
NEL MONDO DELLO SPIRIT. – (DANS LE MONDE DE L'ESPRIT.) 545
DR EUGÈNE OSTY. – LE SENS DE LA VIE HUMAINE. 547

NOVEMBRE-DÉCEMBRE 1921 548

DR JOSEPH DEVILLAS. – ESSAIS SYSTÉMATIQUES. 548
JEAN DE LA HARPE. – LA RELIGION COMME « CONSERVATION DE LA VALEUR » DANS SES RAPPORTS AVEC LA PHILOSOPHIE GÉNÉRALE DE HARALD HÖFFDING. 551

DÉJÀ PARUS 553

Publiés dans le *Voile d'Isis*, puis les *Études Traditionnelles* (à partir de 1936)

Mai 1928

Dr Éric de Henseler. – *L'Âme et le dogme de la transmigration dans les livres sacrés de l'Inde ancienne.*

É. de Boccard.

Le titre de cet ouvrage nous avait tout d'abord favorablement impressionné, parce qu'il contenait le mot de « transmigration » et non celui de « réincarnation », et aussi parce qu'il faisait supposer que les conceptions modernes avaient été entièrement laissées de côté. Malheureusement, nous n'avons pas tardé à nous apercevoir que la question était étudiée en réalité, non point « dans les Livres sacrés de l'Inde ancienne », mais tout simplement dans les interprétations qu'en ont données les orientalistes, ce qui est entièrement différent. De plus, peut-être à cause de l'insuffisance du mot « âme », qui peut désigner à peu près indifféremment tout ce qui n'est pas « corps », c'est-à-dire des choses aussi diverses que possible, l'auteur confond constamment la « transmigration », ou les changements d'états d'un être, avec la « métempsychose », qui n'est que le passage de certains éléments psychiques inférieurs d'un être à un autre, et aussi avec la « réincarnation » imaginée par les Occidentaux modernes, et qui serait le retour à un même état. Il est curieux de noter que ce terme de « réincarnation » ne s'est introduit dans les traductions de textes orientaux que depuis qu'il a été répandu par le spiritisme et le théosophisme ; et nous pouvons affirmer, que, s'il se trouve dans ces textes certaines expressions qui, prises à la lettre, semblent se prêter à une telle interprétation, elles n'ont qu'une valeur purement symbolique, tout comme celles qui, dans l'exposé des théories cycliques, représentent un enchaînement causal par l'image d'une succession temporelle. Signalons encore, dans ce livre, l'abus de la « méthode historique » chère aux universitaires : on part de l'idée préconçue qu'il s'agit de quelque chose d'assimilable à de simples théories philosophiques, d'une doctrine qui a dû se former et se développer progressivement, et on envisage toutes les hypothèses possibles quant à son origine, sauf celle d'une « révélation » ou d'une « inspiration » supra-humaine ; ce n'est certes pas par hasard que la seule solution qu'on écarte ainsi de parti pris se trouve être précisément la seule qui soit conforme à l'orthodoxie traditionnelle. Au milieu de tout cela, il y a pourtant quelques vues justes, comme l'affirmation du caractère purement monothéiste de la doctrine hindoue ; mais, l'auteur a grand tort de croire que le rapport de la connaissance « suprême » et de la connaissance « non-suprême » peut être assimilé à celui de l'ésotérisme et de l'exotérisme, aussi bien que d'accepter pour le mot *Upanishad* une interprétation qui ne repose que sur la seule autorité de Max Müller et qu'aucun Hindou n'a jamais admise ; si nous voulions entrer dans le détail, combien d'autres critiques de ce genre ne trouverions-nous pas à formuler !

OCTOBRE 1928

Dr Edmon Isnar. – *La Sagesse du Bouddha et la science du bonheur.*

Éditions de la Revue Extrême-Asie, Saïgon.

Ce livre est curieux en ce qu'il montre bien ce qu'un esprit imbu des préjugés occidentaux peut comprendre, ou plutôt ne pas comprendre, même avec une certaine bonne volonté qui n'est pas douteuse, lorsqu'il se trouve transporté dans un milieu oriental. Le Bouddhisme n'est guère ici qu'un prétexte à des réflexions assez disparates, où prédominent tour à tour le « scientisme » et le « sentimentalisme » ; il y a un peu de tout jusqu'à des récits d'expériences métapsychiques. Le Bouddhisme n'a rien de commun avec tout cela, ni avec des conceptions philosophiques comme celles de Spinoza, de Kant ou même de Schopenhauer, non plus qu'avec l'« évolutionnisme », le « relativisme », et les hypothèses de la physique contemporaine. Cependant, l'auteur ne semble pas satisfait du développement purement matériel de la civilisation occidentale moderne ; par quel étrange illogisme continue-t-il donc à accepter des idées qui sont exclusivement propres à cette même civilisation ? D'autre part, il y a une erreur que nous avons rencontré à la fois dans cet ouvrage et dans celui de M. de Henseler dont nous avons rendu compte ici récemment (mai 1928)[1], et qu'il est nécessaire de relever : il n'y a, quoi qu'on en puisse dire, aucune assimilation possible entre le *Vêdânta* ou plus généralement le Brâhmanisme et le Bouddhisme ; leur rapport n'est et ne peut être que celui d'une doctrine orthodoxe et d'une hérésie qui en est sortie : il est donc assez comparable à ce qu'est, à un point de vue d'ailleurs très différent, celui du Catholicisme et du Protestantisme dans le monde occidental.

Juillet 1929

L'Élue du Dragon (« *Les Étincelles* »).

Ce roman fantastique et anonyme, autour duquel on fait grand bruit en ce moment dans certains milieux antimaçonniques, se donne pour un extrait plus ou moins « arrangé » des mémoires d'une certaine Clotilde Bersone, soi-disant haute dignitaire d'une « Grande Loge des Illuminés » qui dirigerait occultement toutes les branches de la Maçonnerie universelle, puis convertie à la suite de diverses mésaventures et réfugiée dans un couvent. On prétend qu'il existe, dans la bibliothèque de ce couvent qu'on ne désigne pas autrement, un double manuscrit authentique de ces mémoires, datés de 1885 ; et on ajoute que « ceux-ci ont été notamment copiés, compilés et enrichis de notes critiques d'une rare pertinence, par le R. P. X***, de la Compagnie de Jésus, récemment décédé ». Les *Études*, dont les rédacteurs doivent savoir à quoi s'en tenir, tout au moins sur ce dernier point, ont déjà mis leurs lecteurs en garde contre ce qu'elles qualifient très justement de « fables malsaines », évoquant à ce propos les inventions de Léo Taxil et les « révélations » de l'imaginaire Diana Vaughan. Il y a, en effet, une étrange ressemblance entre celle-ci et Clotilde Bersone, dont l'existence ne nous paraît guère moins

---

[1] [*L'Âme et le dogme de la transmigration dans les livres sacrés de l'Inde ancienne.*]

problématique ; mais il est des gens qui sont incorrigibles, qui ont continué à croire aux récits de Taxil après que lui-même eut fait l'aveu de ses mensonges, comme ils croient encore à l'authenticité des « Protocoles des Sages de Sion » malgré toutes les précisions apportées sur leur origine réelle, et ceux-là ne manqueront pas d'ajouter foi pareillement à cette nouvelle extravagance.

Que l'auteur du roman ait tout inventé lui-même ou qu'il ait été dupé par d'autres, il est bien évident, dans tous les cas, qu'il s'agit d'une mystification pure et simple ; d'ailleurs, les supercheries de ce genre, si habiles qu'elles soient, portent toujours des marques qui ne permettent pas de s'y méprendre quand on est quelque peu au courant de certaines choses. Nous avons relevé effectivement plusieurs de ces marques, notamment dans la description de l'organisation de la prétendue « Haute Loge » dont il s'agit : que penser, par exemple, du titre de « Grand Orient » donné à son chef, et qui, appliqué ainsi à un homme, est totalement dépourvu de signification ? Que penser de cette hiérarchie fantaisiste dans laquelle les « adeptes » occupent le rang le plus inférieur, au-dessous des « affiliés » et des « initiés » ? Nous avons eu précisément l'occasion de signaler, dans notre article de février dernier[2], la méprise que les « profanes » commettent presque constamment au sujet de ce terme d'« adeptes », qui désigne en réalité le grade suprême d'une hiérarchie initiatique ; naturellement, notre auteur n'a pas manqué d'y tomber ! Il y a mieux encore : on fait mentionner par Clotilde Bersone (p. 61) « le *Nekam Adonaï* des Rose-Croix » (*sic*) ; ainsi, cette « initiée » d'une Maçonnerie supérieure ne connaissait même pas les grades de la Maçonnerie ordinaire !

Si ces détails caractéristiques peuvent, en raison de leur caractère « technique », échapper à la plupart des lecteurs, ceux-ci devraient du moins être frappés des invraisemblances un peu trop fortes qu'offre le côté « historique » du récit. Comment une organisation vraiment secrète pourrait-elle compter des membres aussi nombreux, et aussi médiocres à tous égards, et comment, dans de pareilles conditions, aucune indiscrétion ne se serait-

---

[2] [*Le langage secret de Dante et des « Fidèles d'Amour »* (I) (février 1929).]

elle jamais produite pour en faire connaître l'existence au dehors ? À qui, à part les naïfs dont nous parlions tout à l'heure, peut-on espérer faire croire que tout le personnel gouvernemental de la troisième République se livre à des évocations diaboliques, et que des politiciens bornés comme Grévy ou Jules Ferry, qui n'ont certes rien des « Supérieurs Inconnus », étaient des mystiques lucifériens de haut rang ? Mais voici quelque chose qui est encore plus décisif : au chapitre II de la troisième partie, l'empereur Guillaume I$_{er}$ est dépeint, en 1879, comme entièrement étranger à la Maçonnerie et ignorant tout de celle-ci ; or la vérité est que, à l'époque indiquée, ce soi-disant « profane » était Maçon depuis trente-neuf ans ! En effet, c'est le 22 mai 1840, quelques semaines avant la mort de son père Frédéric-Guillaume III, qu'il fut initié dans la Grande Loge Nationale d'Allemagne à Berlin ; il reçut les trois degrés symboliques le même jour, puis fut nommé membre des trois Grandes Loges et patron de toutes les Loges de Prusse ; il joua d'ailleurs un rôle maçonnique actif, et c'est lui-même qui initia son fils, le futur Frédéric III, le 5 novembre 1853, et qui le désigna comme député-patron des Loges prussiennes lorsqu'il devint roi, en 1861. Voilà donc une erreur historique de belle taille, d'après laquelle on pourra juger de la valeur de toutes les autres assertions, plus ou moins invérifiables, contenues dans le même volume.

Nous ne nous serions pas arrêté si longuement à cette mauvaise plaisanterie, si certains, comme nous le disions au début, ne s'efforçaient de la faire prendre au sérieux ; mais nous estimons que c'est un véritable devoir de dénoncer les mystifications, lorsque l'occasion s'en présente, et de quelque côté qu'elles viennent ; surtout à une époque comme la nôtre, tout ce qui risque d'accroître le déséquilibre mental ne saurait être regardé comme inoffensif.

DÉCEMBRE 1929

Jean Marquès-Rivière. – *À l'ombre des monastères thibétains.*

Préface de Maurice Magre
(Éditions Victor Attinger, Paris et Neuchâtel, 1929).

Ce livre est, avec *Brâhmane et Paria* de D. G. Mukerji, le meilleur qui ait paru jusqu'ici dans la collection *Orient* ; sous la forme « romancée » qu'imposait le caractère de cette collection, il contient une multitude d'informations intéressantes sur des choses fort peu connues en Occident. L'auteur suppose qu'un de ses amis, parti pour le Thibet sans esprit de retour, lui a envoyé le récit de son initiation aux mystères du Lamaïsme, et c'est ce récit qui constitue tout le livre. Nous ne pouvons songer à en donner ici un résumé ; mieux vaut engager nos lecteurs à en prendre directement connaissance, et nous sommes certain qu'ils ne le regretteront pas, car ils trouveront là, exposées sous une forme agréable, beaucoup de notions sur les centres spirituels thibétains qui, pour n'être pas toutes inédites, seraient du moins assez difficiles à rencontrer ailleurs. Nous ferons seulement deux critiques, dont la première est qu'on ne sent peut-être pas une gradation assez nette entre les différentes phases de l'initiation qui est ainsi décrite, ce qui peut laisser, chez ceux qui ne le savent pas déjà, quelque incertitude sur le but qui doit être atteint finalement à travers toutes ces épreuves successives. La seconde critique, qui est plus grave à nos yeux, c'est que les « phénomènes » plus ou moins extraordinaires semblent prendre ici une importance quelque peu excessive et tenir plus de place que les considérations d'ordre doctrinal ; nous ne contestons certes pas l'existence de ces choses, mais nous nous demandons s'il est bien opportun d'y insister avec tant de complaisance, car les Occidentaux ne sont déjà que trop portés à s'en exagérer la valeur. L'inconvénient n'est pas le même en Orient, où l'on sait fort bien mettre ces manifestations à leur juste rang, qui est assez inférieur ; l'auteur reconnaît lui-même que les Lamas qui possèdent certains « pouvoirs » ne s'en servent pas, sauf dans des circonstances exceptionnelles ; nous eussions préféré le voir imiter cette réserve. Espérons que M. Marquès-Rivière nous donnera bientôt sur le Thibet d'autres études plus doctrinales et dépouillées de tout caractère « fantastique » ; nous savons qu'il en est fort capable.

S. U. Zanne. – *Principes et éléments de la langue sacrée selon l'Astro-Kabbale d'Al Chami.*

Les Éditions Cosmosophiques, Librairie Centrale, Lausanne. 1929.

Cet ouvrage posthume du fondateur de la « Cosmosophie » (de son vrai nom A. H. van de Kerckhove), assez luxueusement édité par les soins de ses disciples, est malheureusement rédigé, comme tout ce qu'il a écrit, dans un style à peu près inintelligible. Aussi nous contenterons-nous, pour donner une idée de son contenu, d'extraire ces quelques lignes de la notice des éditeurs : « La Langue sacrée, c'est la Langue des Initiales, des Origines, des Commencements. C'est donc la Langue d'Initiation, la Langue génétique. Cette langue algébrique-idéographique, faite pour être lue, déchiffrée, et non pour être parlée, est constituée par les vingt-deux signes (glyphes) vulgairement connus sous le nom de lettres de l'alphabet hébreu. C'est le sens vivant et vibrant de ces glyphes, lettres initiales de toute écriture, éléments basiques de tout actuel idiome, qui est ici révélé, jusqu'à la profondeur qu'il est possible aujourd'hui d'atteindre. » Cette « révélation » se fait en décomposant les mots de la façon la plus invraisemblable qu'il soit possible d'imaginer ; en outre, S. U. Zanne attribue au flamand, sa langue maternelle, une « autorité originelle », en même temps qu'il se recommande de l'Atlantide, dont il fait d'ailleurs le siège de la race noire, ce qui est plutôt inattendu. Il est étonnant de voir à combien de gens les préoccupations linguistiques ont plus ou moins tourné la tête ; un volume comme celui-là constitue à cet égard un document curieux, mais nous nous refusons à y voir autre chose et à prendre au sérieux une pareille « initiation ».

Février 1930

Cérémonies et coûtumes qui s'observent aujourd'huy parmy les Juifs.

Traduites de l'italien de Léon de Modène, Rabbin de Venise, par le sieur de Simonville (Éditions Rieder, Paris, 1929).

Ce volume de la collection *Judaïsme* est la reproduction de la traduction faite en 1674, sous un pseudonyme, par Richard Simon. Il ne faudrait pas chercher dans cet ouvrage le moindre renseignement d'ordre ésotérique ; mais c'est une description agréable et pittoresque des rites extérieurs du

Judaïsme, et, à ce titre, il n'a rien perdu de son intérêt.

Louise Compain. – *La robe déchirée.*

Eugène Figuière, Paris, 1929.

Les intentions de ce petit volume sont assurément excellentes, mais nous ne croyons pas que cette sorte de revue des diverses Églises chrétiennes puisse servir bien efficacement à leur union. L'auteur s'est efforcé de répartir équitablement l'éloge et le blâme entre les différentes organisations ecclésiastiques, mais ses tendances modernistes et ses sympathies pour l'« Église Libre-Catholique » transparaissent assez nettement ; et il peut sembler quelque peu contradictoire de favoriser un nouveau schisme quand on souhaite le retour à l'unité.

Joseph Hervé. *– De la Physique à la Religion, en lisant des livres d'hier et d'aujourd'hui.*

Imprimerie militaire universelle L. Fournier, Paris, 1929.

Un véritable chaos de citations, de commentaires, de notes et de réflexions de toutes sortes et sur les questions les plus disparates ; qu'a bien pu se proposer l'auteur en nous livrant ainsi le résultat de ses lectures ? Il semble que son dessein soit d'arriver à une sorte de conception philosophico-religieuse en s'appuyant sur l'état actuel de la science ; entreprise fort vaine, puisque cette science change sans cesse et que les théories qui ont cours aujourd'hui seront remplacées demain par d'autres, qui n'auront d'ailleurs pas plus de solidité. L'auteur accepte du reste un bon nombre d'hypothèses, comme celle du transformisme par exemple, qui sont déjà bien démodées, mais qui traînent encore dans tous les livres de vulgarisation.

JUIN 1930

Sonetti alchimici-ermetici di Frate Elia e Cecco d'Ascoli, *con* *introduzione e note di Mario Mazzoni.*

Casa Editrice Toscana, San Gimignano, Siena.

Ce petit volume, qui est le premier d'une série d'opuscules concernant l'hermétisme, contient, précédés de notices historiques sur leurs auteurs, des poèmes alchimiques peu connus, et quelques-uns mêmes inédits, de Cecco d'Ascoli, qui appartint à l'organisation des « Fidèles d'Amour », et de Frère Élie, compagnon et successeur de saint François d'Assise. Un appendice donne la figuration de quelques symboles hermétiques, accompagnée d'explications un peu trop sommaires ; ce recueil de symboles sera continué dans les volumes suivants.

OCTOBRE 1930

Léon de Poncins. – Les Forces secrètes de la Révolution.

Nouvelle édition revue et mise à jour (Éditions Bossard).

C'est un ouvrage antimaçonnique du type que nous pourrions appeler « raisonnable », en ce sens que, se tenant à peu près exclusivement sur le terrain politique, il nous épargne les diableries à la Léo Taxil. L'auteur est même assez prudent pour ne pas faire état de certains documents suspects ; mais sa thèse de l'unité de la Maçonnerie est bien peu solide, et il exagère beaucoup l'influence juive. En outre, il se fait une idée tout à fait fantaisiste des hauts grades, qu'il lui arrive même parfois de confondre avec certaines organisations non maçonniques.

Lettera di Giovanni Pontano sul « Fuoco Filosofico », introduzione, traduzione e note di Mario Mazzoni.

Casa Editrice Toscana, San Gimignano, Siena.

Dans cet opuscule, le second d'une série consacrée à l'hermétisme et dont nous avons signalé le premier précédemment[3], le texte proprement dit tient peu de place : cette lettre est fort courte en effet, mais importante par le sujet qu'elle traite. Elle est placée entre une introduction qui, tout en contenant beaucoup d'indications intéressantes, n'éclaire peut-être pas suffisamment la question du « Feu Philosophique », et divers appendices dans lesquels nous trouvons d'abord la traduction d'un extrait du livre de M$_{me}$ David-Neel, *Mystiques et Magiciens du Thibet*, puis une note sur la fabrication de l'« Or Philosophique » d'après les « Illuminés d'Avignon », et enfin la suite de l'étude des symboles hermétiques commencée dans le premier opuscule. Il est regrettable que les noms propres soient trop souvent défigurés, et qu'on ait à relever dans les notes quelques erreurs historiques surprenantes, faisant de Nicolas Flamel un médecin, de Guillaume Postel un ami (donc un contemporain) d'Éliphas Lévi, et faisant vivre l'alchimiste Geber au VIII$_e$ siècle *avant* l'ère chrétienne !

JUIN 1932

S. U. Zanne. – *Les Origines* **:** *l'Atlantide.*

Les Éditions Cosmosophiques.

Cet ouvrage posthume se fait surtout remarquer par l'exubérante fantaisie linguistique qui était habituelle à son auteur, et que nous avons signalée déjà à propos de *La Langue Sacrée*[4]. L'Atlantide y est surtout un prétexte à l'exposé de théories cosmogoniques plus ou moins bizarres et assez peu claires ; quant au système d'« éducative initiation » qui aurait été institué « en atlantide Matriarchat », nous pensons qu'il ne faut guère y voir qu'une de ces « utopies » sociales que certains rêveurs se plaisent parfois à situer ainsi en quelque point inaccessible de l'espace ou du temps. Au surplus, la chronologie de l'auteur paraît, elle aussi, quelque peu fantaisiste ; et est-ce pour se singulariser que, au rebours de toute donnée traditionnelle, il fait

---

[3] [Juin 1930.]
[4] [Décembre 1929.]

vivre la race noire (qui, paraît-il, serait autre que la race nègre) dans l'Atlantide, et la race rouge dans la Lémurie (qu'il place en outre dans l'Océan Pacifique) ? Plusieurs cartes figurent à la fin du volume ; il serait curieux de savoir par quels moyens elles ont été dressées, mais aucune indication n'est donnée là-dessus, ce qui, on en conviendra, n'est pas fait pour inspirer une excessive confiance en leur exactitude.

Henri-Jean Bolle. – *Le Temple, Ordre initiatique du moyen âge.*

Association Maçonnique Internationale, Genève.

Cette brochure donne d'abord un bref aperçu de l'histoire de l'Ordre du Temple, après quoi l'auteur cherche à déterminer ce que pouvait être sa doctrine, afin de voir « dans quelle mesure il s'apparente, soit par filiation historique, soit spirituellement, à la Maçonnerie qui, selon plusieurs de ses systèmes, le considère comme l'un de ses ancêtres ». La conclusion est que, même si elle n'est que légendaire, « cette tradition a du moins le mérite de ne pas être anachronique », qu'« elle est de plus fort belle et pleine d'un sens profond », et que son défaut de fondement historique, si même il était prouvé, « ne saurait constituer un argument contre les hauts grades ». Il y a là bien des insuffisances à certains égards (et nous ne parlons pas seulement de lacunes inévitables en pareil sujet), car l'auteur ne se rend peut-être pas très bien compte de ce qu'est l'initiation véritable, qui implique bien autre chose que des idées de « tolérance » ou de « liberté de conscience » ; mais, tel qu'il est, ce travail n'en témoigne pas moins de préoccupations que, étant donnée son origine, il est intéressant de signaler.

Léon de Poncins. – *Refusé par la Presse.*

Éditions Alexis Redier.

Ce volume fait suite à un autre intitulé *Les Forces secrètes de la Révolution*, dont nous avons rendu compte ici en son temps[5] ; son titre s'explique par le

---

[5] [Octobre 1930.]

fait que les chapitres qui le composent, présentés d'abord comme articles séparés à divers journaux ou revues, ne furent acceptés par aucun d'eux. Nous aurions mauvaise grâce à critiquer un ouvrage où nous sommes longuement cité, en tout ce qui concerne la « crise du monde moderne » et les questions qui s'y rattachent, et qui porte même en épigraphe une phrase de notre *Théosophisme*. Nous dirons seulement que les préoccupations spéciales de l'auteur, trop exclusivement politiques à notre gré, lui font parfois présenter certains textes dans une intention qui n'est pas exactement celle où nous les avons écrits : ainsi, dans le passage qu'il cite à la page 55, ce n'est point du tout la Maçonnerie que nous avions en vue... Mais il n'en est pas moins vrai que ces citations faites avec sympathie nous changent agréablement des insultes et des manifestations haineuses de certains autres « anti-maçons » !

JUILLET 1932

Olivier Leroy. – *Les Hommes Salamandres.*

Desclée de Brouwer et C_{ie}.

Le titre de ce petit livre, qui peut sembler assez étrange, est expliqué par le sous-titre : « recherches et réflexions sur l'incombustibilité du corps humain ». L'auteur expose des faits de cet ordre qui se rattachent à des catégories fort diverses, depuis les saints jusqu'aux médiums, en se limitant d'ailleurs à ceux qui sont garantis par des témoignages sérieux. Quant aux explications possibles, il se montre fort prudent, et, tout en réservant la part du surnaturel dans certains cas, il semble voir surtout dans l'invulnérabilité de l'homme, d'une façon générale, une marque de sa nature spéciale, quelque chose qui « lui fait, plus que l'intelligence, une place à part » dans le monde. « L'homme seul, dit-il en terminant, aspire à ces paradoxes : ne plus peser, être insensible au feu, et l'on voit par instants la matière obligée de se plier en bougonnant à ses caprices. »

G. Dandoy, S. J. – *L'Ontologie du Vêdânta.*

Traduit de l'anglais par Louis-Marcel Gauthier, Desclée de Brouwer et Cie.

Nous avions entendu parler du P. Dandoy, qui dirige à Calcutta la revue *Light of the East*, comme ayant étudié les doctrines hindoues avec sympathie et en dehors des habituels préjugés des orientalistes ; aussi nous attendions-nous à trouver dans son livre un exposé vraiment compréhensif d'un aspect du *Vêdânta*, mais nous devons dire que nous avons été quelque peu déçu. Ce n'est pas qu'il n'y ait, à côté de certaines erreurs et confusions, des vues intéressantes, quoique parfois exprimées avec une terminologie contestable ; mais, dans l'ensemble, le point de vue de l'auteur est déformé par une intention de controverse. Le fait même de se limiter à l'ontologie (et encore aurait-il fallu ne pas y faire entrer de force des choses qui en réalité dépassent ce domaine) ne peut s'expliquer que par la volonté d'établir une comparaison avec la scolastique, qui effectivement ne va pas plus loin ; et, à ce propos, nous devons faire une remarque : si nous avons écrit, comme le traducteur le rappelle dans sa préface, que le langage scolastique est « le moins inadéquat de tous ceux que l'Occident met à notre disposition » pour traduire certaines idées orientales, nous n'avons nullement voulu dire par là qu'il soit parfaitement adéquat, et, en tout cas, il ne s'applique plus au-delà d'un certain point où s'arrêtent les correspondances qu'on peut légitimement établir. Le P. Dandoy discute comme s'il s'agissait simplement de philosophie et de théologie, et bien qu'il avoue assez explicitement son embarras à « réfuter » le *Vêdânta*, il est entendu qu'il doit conclure à l'avantage de la scolastique. Pourtant, comme il ne peut passer sous silence l'existence de la « réalisation », il écrit lui-même que, « puisque c'est une intuition directe et indépendante, elle n'est pas affectée par des limitations d'essence philosophique et n'a pas à résoudre de difficultés d'ordre philosophique » ; cette seule phrase devrait suffire à couper court à toute discussion et à en montrer l'inanité. Chose curieuse, M. Maritain, dans des commentaires placés à la fin du volume, reconnaît pour sa part que « la plus profonde signification du *Vêdânta* n'est pas philosophique, rationnelle ou spéculative » ; rien n'est plus vrai, mais n'est-ce pas là réduire à néant toute la thèse de l'auteur ? M. Maritain, lui, attribue au *Vêdânta* une valeur essentiellement « pragmatiste », ce qui est un mot au moins malheureux quand il s'agit de l'ordre purement spirituel, qui n'a rien à voir avec l'action, et une signification « religieuse et mystique », confusion qui n'est guère moins grave que celle qui consiste à en faire une philosophie : c'est toujours la même incapacité à sortir des points de vue occidentaux... Mais il y a encore autre chose : M. Maritain déclare que « ce serait une duperie (*sic*) de prendre, comme nous le proposent certains des plus zélés interprètes occidentaux de l'hindouisme, la pensée vêdântine pour le pur type de la métaphysique par excellence ». Nous ne croyons pas qu'aucun « interprète occidental » ait jamais dit cela ; en revanche, nous avons dit nous-même quelque chose de ce genre, mais en donnant au mot « métaphysique » un tout autre sens que M. Maritain, qui n'y voit que « spéculation pure » et, au fond, simple philosophie. Nous avons expliqué maintes fois que la métaphysique vraie est essentiellement « supra-rationnelle », et que, au sens originel qui est ici le seul dont nous tenions compte, « métaphysique » est en somme synonyme de « surnaturel » ; mais « surnaturel » ne veut pas nécessairement dire « mystique », n'en déplaise à M. Maritain. Si nous insistons là-dessus, c'est que nous n'apercevons que trop clairement le parti que certains peuvent songer à tirer de la publication d'un livre comme celui-là : le P. Dandoy lui-même semble rêver de substituer dans l'Inde la scolastique au *Vêdânta*, car il écrit qu'« on ne supprime que ce que l'on remplace », ce qui est un aveu assez brutal ; mais il y a peut-être chez d'autres une intention plus subtile : pourquoi n'arriverait-on pas à « accommoder » le *Vêdânta* de telle façon que le thomisme puisse l'absorber comme il a absorbé l'aristotélisme ? Le cas est entièrement différent, car l'aristotélisme n'est après tout qu'une philosophie, et le *Vêdânta* est tout autre chose ; du reste, les doctrines orientales, d'une façon générale, sont telles qu'elles défient toute tentative d'annexion ou d'assimilation ; mais cela ne veut pas dire que certains ne puissent pas s'y essayer, et l'intérêt subit qu'ils manifestent pour ces doctrines n'est pas de nature à nous inspirer une confiance illimitée. D'ailleurs, voici qui ne justifie que trop ces soupçons : la *R. I. S. S.*, dans son n₀ du 1er avril dernier, a publié un éloge du livre du P. Dandoy, en prétendant expressément l'opposer à nos propres ouvrages ; elle ajoutait que ce livre « peut être consulté en confiance » parce qu'il est « l'œuvre d'un catholique », ce qui est une singulière garantie de compétence en ce qui concerne les doctrines hindoues (faudra-t-il, pour un exposé de doctrine catholique, accorder la préférence à un Brâhmane ?), « tout en étant écrit avec une impartialité à laquelle les *pandits* hindous eux-mêmes ont rendu hommage ». On a en effet pris soin de faire figurer dans la préface le témoignage d'un *pandit* ; malheureusement, cette approbation (dont la portée réelle est d'ailleurs bien réduite pour qui connaît les usages de la politesse orientale) se rapporte, non pas au livre du P. Dandoy, mais à un travail de son collègue le P. Johanns publié dans la revue *Light of the East* ! N'avons-nous pas dans tout cela quelques bonnes raisons de nous tenir sur une réserve teintée de quelque méfiance ? Et qu'on ne s'étonne pas que nous nous étendions davantage sur ces choses que sur ce qu'a écrit le P. Dandoy, qui personnellement n'y est sans doute pour rien : le livre n'a pas une très grande importance en lui-même, il a surtout celle que veulent lui donner ses « présentateurs ».

Marcel Lallemand. – *Notes sur l'Occultisme.*

Éditions de la Nouvelle Équipe, Bruxelles.

Dans cette brochure, qui est la reproduction d'une étude parue d'abord dans la revue belge *Nouvelle Équipe* (janvier-mars 1932), l'auteur examine des questions d'ordre assez divers, mais que certains réunissent sous le vocable d'« occultisme », que d'ailleurs il n'accepte pas lui-même, comme il a soin de le faire remarquer dès le début. La première partie se rapporte aux phénomènes métapsychiques et donne un résumé de leur classification, ainsi que des différentes explications qui en ont été proposées, à l'intention des lecteurs peu au courant de ces questions ; mais ce qui vient ensuite est, pour nous, beaucoup plus digne d'intérêt. Il s'agit en effet de l'ésotérisme ; or, catholique et écrivant dans une revue catholique, M. Lallemand ne craint pas de montrer fort clairement combien il est loin de partager à cet égard les préjugés haineux de certains. Il précise que l'ésotérisme « ne doit nullement être confondu avec l'occultisme, qui n'en est le plus souvent qu'une déformation moderne », une véritable « caricature » ; il affirme « l'unité des doctrines traditionnelles », en insistant spécialement sur le symbolisme, qui « est totalement ignoré de la philosophie moderne, mais fut connu de toute l'antiquité, occidentale et orientale, des Pères de l'Église et des grands théologiens médiévaux ». Il proclame hautement l'existence de l'ésotérisme dans le Christianisme aussi bien que partout ailleurs ; et, parlant de l'attitude de ceux qui le nient, il dit : « C'est là une tendance aussi antitraditionnelle que le modernisme, et, à ce point de vue, la théologie n'a pas été à l'abri des influences qui, depuis la Renaissance, entraînèrent l'intellectualité de l'Occident vers les ténèbres ». On ne saurait mieux dire ; il y a d'ailleurs là des pages qui seraient à citer tout entières, et que nous recommandons tout particulièrement à l'attention de certains de nos adversaires... de même que nous signalons ce qui est dit du *Voile d'Isis* à ceux qui s'obstinent, avec la plus insigne mauvaise foi et en dépit de toute évidence, à le qualifier de « revue occultiste ». M. Lallemand, et aussi la revue qui a publié son étude, ont fait preuve d'un courage trop rare actuellement, et dont on ne saurait trop les féliciter.

Août-Septembre 1932

Henri Borel. – *Wu Wei.*

> *Traduit du hollandais par M_{me} Félicia Barbier*
> *(Éditions du Monde Nouveau).*

La première traduction française de ce petit livre était épuisée depuis longtemps ; nous sommes heureux de signaler l'apparition d'une nouvelle traduction, car, sous son apparence simple et sans prétentions « érudites », il est certainement une des meilleures choses qui aient été écrites en Occident sur le Taoïsme. Le sous-titre : « fantaisie inspirée par la philosophie de Lao-tsz' », risque peut-être de lui faire quelque tort ; l'auteur l'explique par certaines observations qui lui ont été adressées, mais dont il nous semble qu'il n'était point obligé de tenir compte, étant donné surtout la médiocre estime en laquelle il tient, à très juste raison, les opinions des sinologues plus ou moins « officiels ». « Je ne me suis attaché, dit-il, qu'à conserver, pure, l'essence de la sagesse de Lao-tsz'... L'œuvre de Lao-tsz' n'est pas un traité de philosophie... Ce que Lao-tsz' nous apporte, ce ne sont ni des formes, ni des matérialisations ; ce sont des essences. Mon étude en est imprégnée ; elle n'en est point la traduction. » L'ouvrage est divisé en trois chapitres, où sont exposées sous la forme d'entretiens avec un vieux sage, d'abord l'idée même du « Tao », puis des applications particulières à « l'Art » et à « l'Amour » ; de ces deux derniers sujets, Lao-tseu lui-même n'a jamais parlé, mais l'adaptation, pour être un peu spéciale peut-être, n'en est pas moins légitime, puisque toutes choses découlent essentiellement du Principe universel. Dans le premier chapitre, quelques développements sont inspirés ou même partiellement traduits de Tchoang-tseu, dont le commentaire est certainement celui qui éclaire le mieux les formules si concises et si synthétiques de Lao-tseu. L'auteur pense avec raison qu'il est impossible de traduire exactement le terme « Tao » ; mais peut-être n'y a-t-il pas tant d'inconvénients qu'il paraît le croire à le rendre par « Voie » qui est le sens littéral, à la condition de bien faire remarquer que ce n'est là qu'une désignation toute symbolique, et que d'ailleurs il ne saurait en être autrement, quelque mot que l'on prenne, puisqu'il s'agit de ce qui en réalité ne peut être nommé. Où nous approuvons entièrement M. Borel, c'est quand il proteste contre l'interprétation que les sinologues donnent du terme « Wu Wei », qu'ils regardent comme un équivalent d'« inaction » ou d'« inertie », alors que « c'est exactement le contraire qu'il faut y voir » ; on pourra d'ailleurs se reporter à ce que nous disons d'autre part sur ce sujet[6]. Nous citerons seulement ce passage, qui nous paraît bien caractériser l'esprit du livre : « Lorsque tu sauras être Wu Wei, Non-Agissant, au sens ordinaire et humain du terme, tu seras vraiment, et tu accompliras ton cycle vital avec la même absence d'effort que l'onde mouvante à nos pieds. Rien ne troublera plus ta quiétude. Ton sommeil sera sans rêves, et ce qui entrera dans le champ de ta conscience ne te causera aucun souci. Tu verras tout en Tao, tu seras un avec tout ce qui existe, et la nature entière te sera proche comme une amie, comme ton propre moi. Acceptant sans t'émouvoir les passages de la nuit au jour, de la vie au trépas, porté par le rythme éternel, tu entreras en Tao où rien ne change jamais, où tu retourneras aussi pur que tu en es sorti. » Mais nous ne saurions trop engager à lire le livre en entier ; et il se lit d'ailleurs fort agréablement, sans que cela ôte rien à sa valeur de pensée.

---

[6] [*Taoïsme et Confucianisme* (août-septembre 1932).]

Octobre 1932

Cesare della Riviera. – *Il Mondo Magico degli Heroi.*

*Reproduction modernisée du texte de 1605,
avec introduction et notes de J. Evola (G. Laterza e Figli, Bari).*

Ce traité hermétique, tout en étant loin d'être réellement aussi explicite et dépouillé d'énigmes que l'auteur veut bien le dire, est sans doute un de ceux qui montrent le plus nettement que le « Grand Œuvre », qu'il représente symboliquement comme la conquête de l'« Arbre de Vie », ne doit point être entendu au sens matériel que les pseudo-alchimistes ont voulu lui donner ; le véritable hermétisme y est à chaque instant opposé à ses déformations ou à ses contrefaçons. Certains des procédés d'explication qui y sont employés sont vraiment curieux, notamment celui qui consiste, pour interpréter un mot, à le décomposer en lettres ou en syllabes qui seront le commencement d'autant d'autres mots dont l'ensemble formera une définition ; ce procédé peut sembler ici un pur artifice, mais il imite celui qui est en usage pour certaines langues sacrées. L'introduction et les notes sont aussi dignes d'intérêt mais appellent parfois quelques réserves : M. Evola a été visiblement séduit par l'assimilation de l'hermétisme à la « magie », entendue ici en un sens très éloigné de celui qu'elle a d'ordinaire, et par celle de l'Adepte au « Héros », où il a cru trouver quelque chose de semblable à ses propres conceptions, ce qui l'a entraîné à des interprétations quelque peu tendancieuses ; et, d'autre part, il est à regretter qu'il n'ait pas insisté plus qu'il ne l'a fait sur ce qui se rapporte au « Centre du Monde », et qui nous paraît tout à fait essentiel, étant en quelque sorte la clef de tout le reste. Enfin, au lieu de « moderniser » le texte comme on a cru devoir le faire, peut être eût-il mieux valu le reproduire tel quel, quitte à expliquer les mots ou les tournures dont l'archaïsme pouvait rendre la compréhension difficile.

J. Evola. – *Maschera e volto dello Spirizualismo contemporaneo.*

Fratelli Bocca, Torino.

Ce petit volume nous apparaît comme un des meilleurs de l'auteur, qui a fait œuvre fort utile en y montrant le masque et le visage du « néo-spiritualisme », c'est-à-dire ce pour quoi il se donne et ce qu'il est réellement. Il passe en revue diverses formes de ce « néo-spiritualisme » et des conceptions qui lui sont plus ou moins étroitement apparentées : spiritisme et « recherches psychiques », psychanalyse, théosophisme, anthroposophie steinérienne, « néo-mysticisme » de Krishnamurti, etc. Il s'attache surtout à montrer les dangers d'ordre psychique inhérents à tous ces « mouvements », aussi peu « spirituels » que possible en réalité, plus qu'à faire ressortir la fausseté des théories qui y sont présentées ; il est d'ailleurs, sur les points essentiels, presque entièrement d'accord avec ce que nous avons écrit sur ce sujet, ainsi qu'il le signale lui-même. Nous craignons seulement que la façon dont il met à part certaines écoles « magiques » ne soit pas tout à fait justifiée ; et il nous semble aussi qu'il fait preuve, à l'égard de Steiner, d'une indulgence d'ailleurs relative, mais qu'il ne nous est guère possible de partager. D'autre part, un des derniers chapitres contient, sur la signification ésotérique du Catholicisme, des considérations que nous sommes d'autant plus heureux de signaler que, jusqu'ici, l'attitude de l'auteur semblait plutôt indiquer quelque méconnaissance d'une forme traditionnelle dont la valeur est tout à fait indépendante de ce que peuvent penser ou dire ses représentants actuels ; et, s'il plaît à ceux-ci de dénier à leur propre doctrine tout sens supérieur à la « lettre » la plus grossière, ce n'est point là une raison pour leur faire écho.

M_{me} Th. Darel. – *L'Expérience Mystique et le Règne de l'Esprit.*

Éditions de la Revue mondiale, Paris.

Cet ouvrage, malgré l'incontestable intérêt de certaines des considérations qui s'y rencontrent, laisse dans son ensemble une impression quelque peu mêlée ; cela peut tenir pour une certaine part à l'emploi plutôt fâcheux qui y est fait du mot « introspection », terme de psychologie profane qui ne peut ici que prêter à équivoque ; mais, surtout, on se demande constamment en quel sens l'auteur entend au juste le mot « mystique », et même si, au fond, c'est bien vraiment de mystique qu'il s'agit. En fait, il semble qu'il s'agisse plutôt d'« ascèse », car il y a là l'exposé d'une tentative d'effort méthodique qui n'est guère compatible avec le mysticisme proprement dit ; mais, d'autre part, le caractère spécifique de cette ascèse même est assez peu nettement déterminé ; elle ne saurait, en tout cas, être regardée comme d'ordre initiatique, car elle n'implique le rattachement à aucune tradition, alors que ce rattachement est une condition essentielle de toute initiation, ainsi que nous l'exposons dans l'article qu'on aura lu d'autre part[7]. Cette ambiguïté, qui n'est pas sans causer un certain malaise, se double d'un manque de rigueur dans la terminologie, où n'apparaît que trop l'indépendance de l'auteur à l'égard des doctrines traditionnelles, et qui est peut-être ce qui lui est le plus incontestablement commun avec les mystiques de toute catégorie. À côté de ces défauts que nous ne pouvions passer sous silence, ce qui est de beaucoup le plus remarquable dans ce livre, ce sont les considérations qui se rapportent aux rôles respectifs du « cœur » et du « cerveau », ou de ce qu'ils représentent, ainsi qu'au « sens vertical » et au « sens horizontal » dans le développement intérieur de l'être, considérations qui rejoignent le symbolisme traditionnel, tel que nous l'avons exposé dans *Le Symbolisme de la Croix* ; nous avons d'ailleurs, il y a quelques années, signalé cette intéressante concordance dans un de nos articles de *Regnabit*[8], le chapitre dont il s'agit ayant alors paru séparément dans la revue *Vers l'unité*. L'auteur a joint, comme appendices à son ouvrage, la reproduction de deux opuscules déjà anciens ; l'un d'eux contient un essai de « rationalisation » du miracle, interprété « biologiquement », qui n'est certes pas ce à quoi nous donnerions le plus volontiers notre assentiment.

Carlo Suarès. – *Krishnamurti.*

Éditions Adyar, Paris.

C'est un exposé des phases diverses par lesquelles est passé Krishnamurti depuis les débuts de sa « mission » ; exposé enthousiaste, mais néanmoins fidèle, car il est fait pour la plus grande partie au moyen des textes mêmes, de sorte qu'on peut s'y référer comme à un recueil de « documents », sans

---

[7] [*Des conditions de l'initiation* (octobre 1932), repris dans les *Aperçus sur l'Initiation*, ch. IV.]

[8] [*Cœur et cerveau* (janvier 1927).]

aucunement partager les appréciations de l'auteur. Krishnamurti a eu au moins, dans sa vie, un geste fort sympathique, lorsque pour affirmer son indépendance, il prononça la dissolution de l'« Ordre de l'Étoile » ; et, pour échapper ainsi à l'emprise de ses « éducateurs », il lui fallut assurément une assez belle force de caractère ; mais, cette considération toute « personnelle » étant mise à part, que représente-t-il au juste, et que prétend-il apporter ? Il serait bien difficile de le dire, en présence d'un « enseignement qui n'en est pas un, qui est quelque chose de tout négatif », plus vague et plus fuyant encore que l'insaisissable philosophie de M. Bergson, avec laquelle il a d'ailleurs quelque ressemblance par son exaltation de la « vie ». On pourra sans doute nous dire que Krishnamurti est incapable d'exprimer par les mots l'état auquel il est parvenu, et nous voulons bien l'admettre ; mais qu'on n'aille pas jusqu'à assurer que cet état est vraiment la « Libération », au sens hindou du mot, ce qui est excessif, et d'ailleurs inconciliable avec un semblable attachement à la « vie ». S'il en était ainsi, cela se sentirait à travers les formules les plus imparfaites et les plus inadéquates, et cela laisserait autre chose qu'une assez pénible impression d'inconsistance, de vide, et disons le mot, de néant.

Avril 1933

Georges Méautis. – *L'Âme hellénique d'après les vases grecs.*

L'Artisan du Livre, Paris.

Cet ouvrage, fort bien illustré de nombreuses reproductions, part d'une excellente intention, celle de « dissiper certaines équivoques concernant la mythologie grecque » et de montrer « la gravité et le sérieux de certains mythes » ; jusqu'à quel point l'auteur y a-t-il réussi ? Le point de vue à peu près exclusivement « psychologique » dans lequel il se renferme n'est guère propre à faire apparaître un sens vraiment profond ; et, en fait, ce qu'il appelle la « valeur émotive » des vases grecs, et à quoi il consacre toute la première partie de son travail, n'aide guère à la compréhension de quoi que ce soit : nous n'y trouvons pas l'explication du moindre symbole. D'ailleurs, il nous paraît bien douteux que la « religion », qui n'avait pas le même sens pour les anciens que pour les modernes, ait été chez eux quelque chose d'aussi sentimental ; les psychologues ont malheureusement l'habitude d'attribuer aux hommes de tous les temps et de tous les pays, assez gratuitement, leurs propres façons de penser et de sentir... La seconde partie, où sont étudiées les lois de la composition des peintures de vases, est plus intéressante à notre avis, quoique les considérations qu'elle contient ne dépassent pas le domaine « esthétique » ; il eût fallu, pour aller plus loin, rattacher ces lois à la science traditionnelle des formes et des nombres, dont elles sont manifestement dérivées. Enfin, dans une troisième partie, l'auteur, à propos d'un vase grec de Palerme, envisage la question de « l'Orphisme dans les Mystères d'Éleusis » ; il critique très justement l'incompréhension de certains « savants » modernes au sujet des Mystères, mais lui-même, tout en reconnaissant que « ce n'étaient pas des sermons ou des prêches », semble surtout préoccupé d'y trouver un enseignement théorique, voire même « moral », bien plutôt que l'initiation qu'ils étaient vraiment, et qui devait, par ses rites, mettre l'être dans un état lui permettant de prendre directement conscience de certaines réalités. Où nous sommes tout à fait de son avis, c'est lorsqu'il proteste contre l'habitude qu'on a de rapporter la civilisation grecque tout entière à la seule période « classique » ; nous pensons même que les époques antérieures, si elles pouvaient être mieux connues, seraient beaucoup plus dignes d'intérêt à bien des égards, et qu'il y a là une différence assez comparable à celle qui sépare le moyen âge des temps modernes.

A. Savoret. – *Du Menhir à la Croix, essais sur la triple tradition de l'Occident.*

Éditions Psyché, Paris.

Ceci n'est pas un livre à proprement parler, mais plutôt un recueil d'études quelque peu hétéroclites, et qui semblent avoir été rassemblées assez hâtivement, car l'auteur n'a pas même pris le soin de leur donner la forme d'un tout cohérent, si bien que, dans le volume lui-même, tel chapitre se trouve qualifié d'« article », tel autre de « brochure » ! En fait, la plupart de ces études avaient été publiées précédemment dans la revue *Psyché*, et nous avons eu déjà l'occasion de parler de quelques-unes d'entre elles, et c'est donc sans surprise que nous avons retrouvé là tous les préjugés « occidentaux » que nous avions constatés alors ; l'auteur se défend bien de vouloir attaquer l'Orient, mais comme il l'oppose de parti pris à l'Occident, et comme il met celui-ci au-dessus de tout, la conclusion se déduit d'elle-même… Une bonne partie du volume est remplie par des considérations linguistiques de la plus étonnante fantaisie, dont la présence nous semble se justifier ainsi : le Druidisme étant réuni au Judaïsme et au Christianisme pour former ce qu'il plaît à l'auteur d'appeler la « triple tradition de l'Occident » (pourquoi la tradition gréco-latine en est-elle exclue ?), il s'agit de trouver, tant bien que mal, des rapprochements entre l'hébreu et les langues celtiques ; et effectivement, en récoltant des mots au petit bonheur dans les lexiques des langues les plus variées, on peut trouver à peu près tout ce qu'on veut, surtout si l'on se fie à des transcriptions plus qu'arbitraires (la lettre *aïn*, par exemple, n'a absolument aucun rapport avec un *w*). N'insistons pas davantage, mais remarquons seulement combien il est curieux que tous ces « occidentalistes » éprouvent le besoin de se livrer aux pires extravagances philologiques ; quelle peut bien être l'explication de ce bizarre phénomène ?

JUILLET 1933

Henri Valentino. – *Le voyage d'un pèlerin chinois dans l'Inde des Bouddhas.*

Éditions G. P. Maisonneuve, Paris.

C'est le récit du célèbre voyage accompli par Hiuen-tsang au VIIe siècle de l'ère chrétienne, récit arrangé d'après les traductions de Stanislas Julien, ce qui n'est pas une garantie de parfaite exactitude, et autour duquel, en outre, il semble bien qu'on ait mis quelque peu de « littérature » ; quoi qu'il en soit, cela se lit assez agréablement. Malheureusement, l'ouvrage est « précédé d'un exposé des doctrines de l'Inde antique sur la vie et la mort », c'est-à-dire, en réalité, d'une sorte de résumé de tout ce qu'il a plu aux orientalistes de raconter là-dessus ; il faut voir ces interprétations ainsi présentées « en raccourci », si l'on peut dire, pour en apprécier toute l'incroyable fantaisie ; même quand on y est habitué, on ne peut se défendre d'un certain étonnement devant l'accumulation de toutes les étiquettes en « isme » inventées par les Occidentaux pour leur propre usage, et appliquées à tort et à travers à ce à quoi elles ne conviennent nullement, ou encore devant les innombrables confusions produites par l'emploi de l'unique mot « âme » pour désigner indistinctement les éléments les plus disparates de l'être humain. Du reste, toute question de détail étant mise à part, il suffit, pour apprécier l'esprit dans lequel est fait cet exposé, de dire que la notion même de tradition en est totalement absente, que l'hétérodoxie y est mise sur le même pied que l'orthodoxie, le tout étant traité comme un ensemble de « spéculations » purement humaines, qui se sont « formées » à telle ou telle époque, qui ont « évolué », et ainsi de suite ; entre une telle façon de voir et celle qui est conforme à la vérité, nul compromis n'est possible, et peut-être ce livre n'a-t-il pas de plus grande utilité que de le faire apparaître si clairement.

Charles Blech. – *Contribution à l'histoire de la Société Théosophique en France.*

Éditions Adyar, Paris.

C'est un recueil de documents, les uns inédits, les autres devenus à peu près introuvables, sur les débuts de la Société Théosophique en France ; ils sont d'ailleurs présentés avec un certain désordre et de fâcheuses fautes d'impression (beaucoup de noms propres, notamment, sont entièrement défigurés). Ces documents sont fort édifiants : il n'y est question de rien d'autre que des démêlés de M$_{me}$ Blavatsky avec les premiers membres français de la S. T. (recrutés en grande partie parmi les spirites) et des querelles de ces membres entre eux : cela permet d'apprécier encore une fois le singulier genre de « fraternité » qui a toujours régné dans ce milieu... Mais quel malicieux « élémental » a bien pu pousser le « Secrétaire général de la S. T. en France » à faire ainsi un étalage en quelque sorte « officiel » de toutes ces vieilles histoires ? Si nous ne craignions de heurter ses convictions, nous recommanderions volontiers sa « contribution » comme un complément à notre propre livre sur le « Théosophisme ».

OCTOBRE 1933

André Lebey. – *Nécessité de l'Histoire.*

Firmin-Didot et C_{ie}, Paris.

Ce petit livre, écrit malheureusement en un style difficile et sans aucune division du commencement à la fin, contient des vues très justes, à côté d'autres qui sont plus contestables. Contre ceux qui prétendent que la connaissance de l'histoire ne sert à rien ou qu'elle est même nuisible, l'auteur affirme qu'il y a lieu de tirer du passé des leçons pour l'avenir, que d'ailleurs c'est l'histoire qui, par la continuité des générations, nous a faits ce que nous sommes, que le passé vit en nous-même malgré nous et que nous ne pouvons lui échapper ; et il pense que c'est l'ignorance de l'histoire qui fait accepter beaucoup d'erreurs anciennes reparaissant sous des formes nouvelles et souvent aggravées. Ce n'est certes pas nous qui méconnaîtrons l'opportunité d'un plaidoyer en faveur de la « tradition », encore que ce mot ait ici un sens assez différent de celui où nous l'entendons ; mais nous craignons qu'il n'y ait quelque contradiction à vouloir ménager en même temps certaines conceptions nettement antitraditionnelles ; et, pour se proposer de concilier « tradition et progrès », il faut tout d'abord croire au « progrès »… D'autre part, on peut se demander jusqu'à quel point l'histoire telle qu'on l'enseigne coïncide avec l'histoire vraie, celle qu'il faudrait connaître ; et, sans parler de trop de falsifications conscientes ou inconscientes qui dénaturent les faits eux-mêmes, nous avons bien des raisons de penser que ce qu'on appelle aujourd'hui la « méthode historique », avec son respect exclusif du « document » écrit, a été inventée précisément pour empêcher de remonter aux véritables causes, qui ne sauraient être atteintes de cette façon. De plus, nous n'avons guère confiance dans les diverses constructions hypothétiques de « philosophie de l'histoire » qui sont ici passées en revue ; ce dont la connaissance serait vraiment profitable est quelque chose de beaucoup moins « profane » ; mais c'est justement cela qu'il a fallu cacher pour pouvoir amener le monde moderne au point où il en est, et, là-dessus, les « dirigeants » apparents, « aveugles conducteurs d'aveugles », n'en savent guère plus long que la masse qu'ils mènent en lui transmettant des suggestions dont ils sont eux-mêmes les premières dupes. En reprenant le sujet à ce point de vue, on risquerait, comme on le voit, d'être entraîné bien loin, et peut-être l'entreprise ne serait-elle pas sans quelque danger ; et pourtant n'est-ce pas par là seulement que pourrait être dénoué ce que M. André Lebey appelle le « drame moderne » ?

Roger Duguet. – *La Cravate blanche.*

Nouvelles Éditions Latines, Paris.

Dans ce roman qui se présente comme « une sorte de réplique à l'*Élue du Dragon* », de fantastique mémoire, l'ancien rédacteur de la R. I. S. S. a voulu montrer certains dessous vrais ou supposés de la politique contemporaine ; mais là n'est pas, à notre avis, le côté le plus intéressant de son livre. On sera sans doute tenté d'y voir un « roman à clef », en quoi on n'aura pas entièrement tort ; pourtant, il serait probablement vain de vouloir mettre un nom sur chacun des personnages, car, dans le principal d'entre eux, le général de Bierne, nous avons reconnu bien des traits visiblement empruntés à la figure de Mgr Jouin, à côté d'autres qui, non moins évidemment, ne conviennent nullement à celui-ci ; il faut donc admettre que nous sommes en présence de personnages « composites ». Quoi qu'il en soit, on trouve là un édifiant récit d'intrigues qui ont dû se passer très réellement autour de la R. I. S. S. ; et, par moments, on a l'impression que l'auteur a voulu ainsi se venger d'avoir été évincé de certains milieux ; les documents d'Aleister Crowley, les interventions d'agents secrets anglais et américains, l'espionnage dissimulé « sous le masque de l'ésotérisme », tout cela nous rappelle bien des choses… On voit aussi apparaître là-dedans une « voyante » (en fait, il y en a presque toujours en de semblables aventures) ; et, comme par hasard, les rôles les plus odieux sont attribués à des prêtres ! Quant à ce qui fait la trame de l'histoire, nous avouons que nous ne croyons guère à l'existence d'une société secrète dite des « Optimistes », qui aurait pour Grand-Maître M. Pierre Laval, et qui donnerait le mot d'ordre à tout le monde, y compris les plus hauts dignitaires de l'Église ; fantasmagorie à part, cela n'est pas beaucoup plus vraisemblable que la « Grande Loge des Illuminés », et il y a sûrement, pour répandre certaines suggestions à travers le monde, des moyens plus subtils ; et puis pourquoi faut-il que ce nom d'« Optimistes », par sa consonance tout au moins (et même si ce rapprochement n'est imputable qu'à la « malice des choses »), évoque de façon plutôt fâcheuse les « Optimates » de feu Léo Taxil ?

Pierre de Dienval. – La Clé des Songes.

Imprimerie Centrale de la Bourse, Paris.

« Le monde dans lequel nous nous mouvons est beaucoup plus truqué qu'un décor de théâtre » : rien n'est plus vrai, mais l'est-il exactement de la façon que prétend l'auteur de ce livre ? Sa thèse est qu'il existe un certain « secret monétaire », qui serait selon lui la véritable « pierre philosophale », et qui serait détenu à la fois par deux groupes d'« initiés », l'un anglais et l'autre juif, luttant entre eux pour la domination occulte du monde, tout en s'entendant occasionnellement contre des tiers ; et ce secret serait celui de la Maçonnerie, laquelle ne serait qu'un instrument créé par le groupe anglais pour assurer son influence dans tous les pays. Il y a là des idées qui, à première vue, rappellent étrangement celles qui furent exposées jadis dans les publications du Hiéron de Paray-le-Monial et les ouvrages de Francis André (M$_{me}$ Bessonnet-Favre) ; et ce rapprochement se poursuit sur des points plus particuliers, à travers beaucoup de considérations historiques ou soi-disant telles : rôle attribué aux Templiers d'une part, à Jeanne d'Arc de l'autre, prétendu « celtisme » représenté par la race « française » (?), et ainsi de suite. Il y a pourtant une différence essentielle : c'est que ce livre, loin d'être d'esprit catholique, est assez nettement irréligieux ; non seulement l'auteur, emporté par son antijudaïsme, nie furieusement l'inspiration divine de la Bible (qui, dit-il, « n'est nullement un livre religieux dans le sens que les Français attachent à ce mot »... comme s'il devait y avoir une conception spécifiquement « française » de la religion !), mais on sent très bien qu'au fond toute religion n'est pour lui qu'une chose purement humaine... et politique. Par ailleurs, il envisage froidement l'hypothèse où le rôle joué jusqu'ici par la Maçonnerie serait confié à l'Église catholique, grâce à la « domestication du Pape » (*sic*) ; et même, à l'entendre, cette hypothèse serait déjà en partie réalisée : ne dénonce-t-il pas en effet la canonisation de Jeanne d'Arc, qui a à ses yeux le tort de lui enlever « son caractère d'héroïne nationale », comme « une manœuvre menée avec le concours odieux des chefs officiels de l'Église catholique, passés progressivement au service des maîtres occultes de l'Angleterre » ? Mais laissons cela, et, sans nous attarder à relever les trop nombreuses fantaisies pseudo-historiques dont l'ouvrage est rempli, venons-en à l'essentiel : d'abord, l'auteur n'a évidemment pas la moindre notion de ce qu'est l'initiation ; et, si les « hauts initiés » (qu'il se représente comme formant un « comité supérieur », sans doute à la façon des administrateurs d'une société financière) n'avaient d'autres préoccupations que celles qu'il leur prête, ils seraient tout simplement les derniers des profanes. Ensuite, le prétendu « secret », tel qu'il l'expose, est, il le reconnaît lui-même, d'une simplicité enfantine ; s'il en était ainsi, comment ce « secret » aurait-il pu être si bien gardé, et comment beaucoup d'autres, à toutes les époques, ne l'auraient-ils pas découvert tout aussi bien que lui ? Il ne s'agit, en fait, que d'une loi élémentaire concernant les changes ; l'auteur en trace même un graphique dans lequel, chose amusante, il veut trouver l'explication du « triangle équilatéral entrelacé d'un compas » (?) qu'il croit être « l'emblème de la Maçonnerie », laquelle, notons-le en passant, ne fut point « fondée par Ashmole en 1646 » ; voilà du moins qui est peu banal comme symbolisme ! Nous sommes fort loin de contester qu'il existe, ou qu'il ait existé, une « science monétaire » traditionnelle, et que cette science ait des secrets ; mais ceux-ci, encore qu'ils n'aient rien à voir avec la « pierre philosophale », sont d'une tout autre nature que ce que nous voyons ici ; bien plus, en répétant à satiété que la monnaie est chose purement « matérielle » et « quantitative », on va précisément dans le sens voulu par ceux que l'on croit viser, et qui sont en réalité les destructeurs de cette science traditionnelle aussi bien que de toute autre connaissance ayant le même caractère, puisque ce sont eux qui ont arraché de l'esprit moderne toute notion dépassant le domaine de la « matière » et de la « quantité ». Ceux-là, quoiqu'ils ne soient point des « initiés » (car c'est de la « contre-initiation » qu'ils relèvent) ne sont nullement dupes eux-mêmes de ce « matérialisme » qu'ils ont imposé au monde moderne, pour des fins qui sont tout autres qu'« économiques » ; et, quels que soient les instruments dont ils se servent suivant les circonstances, ils sont un peu plus difficiles à découvrir que ne le serait un « comité » ou un « groupe » quelconque d'Anglais ou de Juifs… Pour ce qui est de la véritable « science monétaire », nous dirons simplement ceci : si elle était d'ordre « matériel », il serait parfaitement incompréhensible que, tant qu'elle a eu une existence effective, les questions qui s'y rapportent n'aient point été laissées à la discrétion du pouvoir temporel (comment celui-ci aurait-il jamais pu être accusé d'« altérer les monnaies » s'il avait été souverain à cet égard ?), mais, au contraire, soumises au contrôle d'une autorité spirituelle (nous y avons fait allusion dans *Autorité spirituelle et pouvoir temporel*), contrôle qui s'affirmait par des marques dont on retrouve un dernier vestige incompris dans les inscriptions qui, il n'y a pas bien longtemps encore, figuraient sur la tranche des monnaies ; mais comment faire comprendre cela à quelqu'un qui pousse le « nationalisme » (encore une de ces suggestions destinées à la destruction systématique de tout esprit traditionnel) jusqu'à se livrer à un éloge dithyrambique de Philippe le Bel ? Au surplus, c'est une erreur de dire que les métaux « monétaires » n'ont pas par eux-mêmes de valeur propre ; et, si leur valeur est essentiellement symbolique (or et argent, Soleil et Lune), elle n'en est que plus réelle, car ce n'est que par le symbolisme que les choses de ce monde sont rattachées aux réalités supérieures. À ces objections fondamentales, nous devons ajouter quelques constatations plutôt étranges : le chapitre consacré à l'*Intelligence Service* est fort décevant, pour ne pas dire troublant, car, s'il s'y trouve des constructions ingénieuses, mais hypothétiques, notamment au sujet de l'affaire Dreyfus, il n'y est pas cité un seul fait précis et certain, alors qu'il n'en manque pourtant pas, même de notoriété publique, et qu'on n'aurait eu, à vrai dire, que l'embarras du choix… D'autre part, l'auteur renvoie à une étude qu'il a déjà consacrée précédemment à des questions connexes de celles qu'il traite ici ; comment se fait-il que ce farouche antimaçon ait fait paraître cette étude dans une publication dont les attaches maçonniques nous sont parfaitement connues ? Nous n'entendons pas en cela mettre en doute la bonne foi de quiconque, car nous ne savons que trop combien de gens sont « menés » sans s'en douter le moins du monde ; mais nous considérons que ce livre est encore de ceux qui sont plus propres à égarer l'opinion qu'à l'éclairer ; et, nous qui observons ces choses d'une façon fort désintéressée, nous ne pouvons nous empêcher de constater que les ouvrages de ce genre se multiplient actuellement dans des proportions anormales et assez inquiétantes... Quoi qu'il en soit, la meilleure preuve que l'auteur n'a point vraiment mis la main sur le « grand arcane » qu'il s'imagine dévoiler, c'est, tout simplement, que son volume a pu paraître sans encombre !

FÉVRIER 1934

*Marcelle Weissen-Szumlanska (M*me *M. Georges Vicrey). – L'Âme archaïque de l'Afrique du Nord.*

Nouvelles Éditions Latines, Paris.

L'étude des monuments préhistoriques d'Algérie est ici surtout un prétexte à une sorte de fantaisie plus ou moins littéraire sur les migrations supposées des peuples celtiques, inspirée en grande partie de Fabre d'Olivet. Il est beaucoup question là-dedans d'une certaine « initiation solaire », qualifiée aussi de « spiritualiste », et dans laquelle la « peinture à l'ocre rouge » semble jouer un rôle considérable. Cette initiation serait venue de l'Atlantide, qui aurait été le pays d'origine de ces peuples, qualifiés cependant en même temps de « nordiques » ou de « boréens » ; nous avons eu déjà l'occasion de relever d'autres exemples de cette étonnante confusion. L'attribution des monuments mégalithiques aux « Gaëls » est plus qu'hypothétique ; et l'histoire de leur retour de l'Inde vers l'Ouest, à la recherche de leur patrie perdue, n'a même pas une ombre de vraisemblance. Il est à peine besoin d'ajouter, après cela, que les tendances de ce livre sont d'un « occidentalisme » assez agressif ; et là est sans doute la principale raison de sa publication.

Gabriel Trarieux. – *La Lumière d'Asie.*

Éditions Eugène Figuière, Paris.

C'est une traduction du poème d'Edwin Arnold, *The Light of Asia*, bien connu de tous ceux qui s'intéressent de près ou de loin au Bouddhisme. Nous n'avons aucune compétence pour en apprécier la forme ; en principe, nous nous méfions toujours quelque peu d'une traduction versifiée, car il nous paraît difficile qu'elle soit exacte ; mais, dans le cas présent, l'auteur a prévu lui-même cette objection, car il déclare qu'il a « voulu rendre le sens et le rythme, plutôt que le texte littéral ». Quant à l'œuvre elle-même, M. Trarieux reconnaît qu'elle renferme une part de fantaisie, et qu'« aucune des Écoles bouddhistes n'y retrouverait exactement sa doctrine » ; mais, pour l'en justifier, il assure que « l'imagination, chez les vrais poètes, est une faculté de connaissance », ce qui ne nous semble pas convaincant du tout ; et, quand il ajoute qu'elle est « une clairvoyance qui s'ignore », cela l'est encore moins, car nous pensons qu'il conviendrait de renverser la proposition : cette trop fameuse « clairvoyance » n'est elle-même, dans la plupart des cas, que l'illusion d'une imagination qui, dans une sorte de « rêve éveillé », prend ses propres constructions pour des réalités extérieures et indépendantes.

Dynan-V. Fumet. – La Divine Oraison.

Cahiers de la Quinzaine, Paris.

Ce petit livre est un commentaire du *Pater*, curieux à certains égards, mais passablement obscur ; nous avons quelques raisons de penser que l'auteur a voulu y mettre une intention plus ou moins « ésotérique »… Malheureusement, les étrangetés de langage ne constituent pas l'ésotérisme, pas plus que la difficulté de comprendre une chose ne la rend « hermétique », en dépit du sens que le vulgaire attache à ce mot. En fait, nous ne voyons pas qu'il y ait là rien qui sorte du point de vue religieux, lequel est exotérique par définition ; peut-être y prend-il une nuance un peu spéciale, mais ceci même ne semble pas dépasser le domaine ouvert aux discussions des théologiens.

Philippe Guiberteau. – Musique et Incarnation.

Cahiers de la Quinzaine, Paris.

Il nous serait d'autant plus difficile de ne pas approuver les intentions de l'auteur, et les principes sur lesquels il entend s'appuyer, qu'il a placé en tête de son étude une épigraphe tirée du *Symbolisme de la Croix*, et concernant la « loi de correspondance » envisagée comme fondement du symbolisme. Il est seulement regrettable que la « matière » à laquelle il applique ces principes ne soit pas parfaitement adéquate : les écrivains modernes, faute de données traditionnelles, alors qu'ils croient faire du symbolisme, ne font bien souvent en réalité que de la fantaisie individuelle. Nous pensons qu'on peut dire sans injustice que tel est, entre autres, le cas de Paul Claudel, dont le *Soulier de satin* est étudié ici : son allégorisme géographique, assez arbitraire, ne rappelle que de fort loin la « géographie sacrée » à laquelle nous avons parfois fait allusion ; et, quand il considère les eaux comme « signifiant l'Esprit de Dieu », il se met en contradiction avec le symbolisme commun à toutes les traditions, d'une façon d'autant plus étonnante qu'il suffit de relire le début de la Genèse pour s'en apercevoir immédiatement : si « l'Esprit de Dieu était porté sur les eaux », c'est évidemment que les eaux elles-mêmes représentent autre chose... Nous souhaitons que M. Guiberteau, qui n'est point responsable de ces « excentricités », nous donne d'autres études de même inspiration, mais consacrées de préférence à des écrivains ou à des poètes qui furent vraiment autre chose que des « littérateurs ».

Mars 1934

Léon de Poncins. – Tempête sur le Monde, ou la faillite du Progrès.

Gabriel Beauchesne, Paris.

Le sous-titre du livre en indique nettement l'intention : c'est une critique sévère, et parfaitement justifiée, du soi-disant « progrès » moderne, envisagé dans les différents domaines de l'activité humaine. L'auteur répond aux arguments des défenseurs de ce « progrès » par des considérations empruntées à la situation actuelle ; il montre successivement la faillite du machinisme, la faillite du capitalisme, la faillite de la démocratie ; tout cela, en réalité, n'a abouti qu'au chaos. Cet exposé de la « crise du monde moderne » se rapproche, par plus d'un côté, de quelques-uns de nos ouvrages, qui y sont d'ailleurs fréquemment cités ; et, se tenant sur un terrain plus immédiatement accessible à tous, il ne pourra que provoquer, chez beaucoup de ceux qui croient encore à certaines « idoles », de fort salutaires réflexions. Il est seulement à regretter que, sur quelques points, l'auteur ait accepté de confiance les assertions de gens qui parlent, et non pas toujours de bonne foi, de choses qu'ils ignorent totalement : c'est ainsi que la Kabbale se trouve qualifiée de « religion humanitaire basée sur les seules données de la Raison et de la Nature » ; or il n'y a pas, dans cette phrase, un seul mot qui puisse s'appliquer réellement à la Kabbale, dont ce qu'elle définit serait même plutôt l'antithèse ; il est bien dangereux de puiser ses informations sur de tels sujets chez les rédacteurs de la R. I. S. S., et nous nous permettrons d'engager M. de Poncins à se méfier à l'avenir d'une « source » aussi trouble !

Georges Méautis. – *Les Mystères d'Éleusis.*

Éditions de la Baconnière, Neuchâtel.

Ce petit volume contient d'abord une description du sanctuaire d'Éleusis d'après les découvertes archéologiques, puis un essai de reconstitution de la façon dont se célébraient les Mystères, reconstitution forcément incomplète, puisque, sur bien des points, les renseignements font entièrement défaut. L'auteur envisag l'« esprit » des Mystères avec une évidente sympathie, mais d'une façon qui demeure assez peu profonde : rien de vraiment initiatique ne transparaît nettement là-dedans. Quand il parle, d'après Aristote, des « impressions » qu'on y recevait, il semble croire qu'il ne s'agit là que de quelque chose de « psychologique », suivant la tendance que nous avons déjà notée dans son précédent ouvrage sur les vases grecs ; si les néophytes étaient véritablement « qualifiés », les états provoqués chez eux étaient assurément d'un tout autre ordre ; et, s'il arriva que les Mystères, à une certaine époque, furent trop largement ouverts, leur but n'en demeura pas moins toujours essentiellement le même. Il est d'ailleurs remarquable que, malgré cette « vulgarisation » qui implique forcément une certaine dégénérescence, aucune indiscrétion n'ait jamais été commise ; il y a là une preuve incontestable de la force de la tradition que représentaient les Mystères. Pour ce qui est de l'origine de ceux-ci, M. Méautis ne pense pas qu'il faille la rechercher en Égypte comme beaucoup l'ont voulu, mais plutôt dans la Crète minoenne ; il resterait d'ailleurs à savoir à quoi l'antique civilisation crétoise se rattachait elle-même. Il arrive à M. Méautis d'admettre avec une regrettable facilité certaines prétendues conclusions de la « critique » moderne, qui sont parfois d'une... naïveté inouïe ; il y a notamment une certaine histoire de « cris personnifiés » qui, en ce genre, dépasse tout ce qu'on peut imaginer ; comment nos contemporains ont-ils donc la tête faite pour être capable de croire de pareilles choses ?

Mai 1934

J. Evola. – Rivolta contro il Mondo moderno.

Ulrico Hoepli, Milan.

Dans ce nouvel ouvrage, l'auteur oppose l'une à l'autre la civilisation traditionnelle et la civilisation moderne, la première de caractère transcendant et essentiellement hiérarchique, la seconde fondée sur un élément purement humain et contingent ; puis il décrit les phases de la décadence spirituelle qui a conduit du monde traditionnel au monde moderne. Nous aurions des réserves à faire sur quelques points : ainsi, quand il s'agit de la source originelle unique des deux pouvoirs sacerdotal et royal, l'auteur a une tendance très marquée à mettre l'accent sur l'aspect royal au détriment de l'aspect sacerdotal ; quand il distingue deux types de tradition qu'il rapporte respectivement au Nord et au Sud, le second de ces deux termes nous apparaît comme quelque peu impropre, même s'il ne l'entend pas en un sens strictement « géographique », car il semble se référer surtout à l'Atlantide, qui, de toutes façons, correspond à l'Ouest et non au Sud. Nous craignons aussi qu'il ne voie dans le Bouddhisme primitif autre chose que ce que celui-ci fut réellement car il en fait un éloge qui, au point de vue traditionnel, ne se comprend guère ; par contre, il déprécie le Pythagorisme d'une façon assez peu justifiée ; et nous pourrions relever encore d'autres choses du même genre. Cela ne doit pas nous empêcher de reconnaître, comme il convient, le mérite et l'intérêt de l'ouvrage dans son ensemble, et de le signaler plus particulièrement à l'attention de tous ceux que préoccupe la « crise du monde moderne », et qui pensent comme nous que le seul moyen efficace d'y remédier consisterait dans un retour à l'esprit traditionnel, en dehors duquel rien de vraiment « constructif » ne saurait être entrepris valablement.

Corrado Pagliani. – *Di Nostradamus e di una sua poco nota iscrizione liminare torinese.*

Carlo Accame, Turin.

Cette brochure, abondamment illustrée de reproductions de documents anciens, décrit tout d'abord une inscription commémorant un séjour de Nostradamus à Turin en 1556 et la topographie du lieu où elle se trouve ; puis, à cette occasion, l'auteur donne une vue d'ensemble de la vie et des œuvres de Nostradamus, ainsi que quelques exemples de prédictions remarquables contenues dans ses fameuses *Centuries*, prédictions dont la nature lui paraît être plus magique qu'astrologique, en quoi nous serions assez tenté de lui donner raison.

Fernand Divoire. – *Néant… Paradis… ou Réincarnation ?*

Dorbon-Ainé, Paris.

Livre confus, essayant d'exposer, sous forme dialoguée, les arguments « pour » et « contre » la réincarnation ; aucune conclusion nette ne s'en dégage, mais on sent assez que l'auteur penche du côté du « pour ». Il est à peine besoin de dire que, dans tout cela, l'unique argument réellement valable et décisif, à savoir l'impossibilité métaphysique de la réincarnation, est entièrement passé sous silence ; dans ces conditions, on peut discourir indéfiniment sans aboutir à aucun résultat sérieux.

Novembre 1934

Eugène Lennhoff. – Histoire des Sociétés politiques secrètes au XIXe et au XXe siècle.

Payot, Paris.

Cet ouvrage fournit une excellente « illustration » de ce que nous exposons d'autre part sur les différents genres d'organisations secrètes[9], car on y trouve, réunis sous le vocable « politique », des exemples des principales catégories dont nous indiquons la distinction. En effet, les « Décembristes » en Russie, les diverses sociétés irlandaises, la « Main-Noire » en Serbie et en Bosnie, ne furent très certainement que de simples associations de conspirateurs politiques. Par contre, comme nous l'expliquons dans notre article, on peut voir autre chose dans les « Carbonari », tout au moins quant à leur origine, bien que, dans cet exposé purement historique, il ne soit guère possible de s'en rendre compte que par quelques citations extraites des rituels. La « Société Houng », en Chine, est un vocable, peut-être un peu trop conventionnel, sous lequel on réunit un certain nombre de ces organisations plus ou moins extérieures et temporaires qui, ainsi que nous le disons par ailleurs, procèdent de la tradition taoïste, même si elles ont emprunté parfois des formes en partie bouddhiques, voire chrétiennes comme dans le cas des « Tai-ping ». Enfin, le « Ku-Klux-Klan » n'est qu'une des innombrables caricatures d'organisations initiatiques qui ont vu le jour en Amérique ; mais, tandis que la plupart d'entre elles sont assez inoffensives, celle-là s'est fait connaître sous un jour plutôt sinistre par toute une série de meurtres et d'incendies, ce qui n'empêche que le but principal de ses fondateurs semble bien n'avoir été, comme il arrive presque toujours en pareil cas, que d'en tirer d'appréciables revenus. Nous ne pensons pas que l'auteur lui-même ait eu une conscience très nette de ces distinctions, et on pourrait lui reprocher de tout placer sur le même plan ; son livre n'en constitue pas moins une intéressante contribution à ce qu'on peut appeler l'« histoire souterraine » de

---

[9] [*Organisations initiatiques et sociétés secrètes* (octobre-novembre 1934), repris dans les *Aperçus sur l'Initiation*, ch. XII.]

notre époque.

Léon de Poncins. – *La Dictature des Puissances occultes : La F∴ M∴ d'après ses documents secrets.*

Gabriel Beauchesne, Paris.

Nous ferons avant tout à l'auteur une critique qui s'adresserait également à bien d'autres ouvrages du même genre que le sien : les idées profanes qui se sont introduites dans la Maçonnerie, et auxquelles il s'attaque d'ailleurs très justement, ne sont point des « principes maçonniques », elles seraient même bien plutôt tout le contraire, puisqu'elles marquent une dégénérescence de la Maçonnerie comme telle ; et l'on ne saurait attribuer à « la Maçonnerie », plus ou moins personnifiée pour les besoins de la cause, ce qui n'est que le fait de l'incompréhension de la majorité de ses membres actuels. Encore y aurait-il des distinctions à faire, car, s'il y a plus ou moins dégénérescence et incompréhension un peu partout, elles ne se manifestent pas partout sous les mêmes formes ; et, à cet égard, l'effort fait pour assimiler les tendances de la Maçonnerie anglo-saxonne à celles de la Maçonnerie latine donnerait lieu à bien des réserves. Cela dit, nous sommes bien d'accord avec l'auteur dans tout ce que son attitude a de proprement « antimoderne », et aussi pour ce qu'il dit de l'occultisme ; mais nous regrettons de le voir reproduire encore, en ce qui concerne la Kabbale, les notions erronées que nous avons déjà signalées en une précédente occasion.

P. Chatir. – *Les dix causeries occultistes d'El-Dalil sur l'Homme dans l'Univers.*

Albert Messein, Paris.

Ce livre, en dépit de son titre, n'a rien de spécifiquement « occultiste » ; c'est, sous la forme d'une série d'entretiens d'un « Maître » avec ses disciples, un exposé, malheureusement assez confus, des idées particulières de l'auteur sur toutes sortes de questions, depuis les origines de la vie jusqu'à l'ordre social ; il y a là des vues assez curieuses, mais un peu perdues au milieu de considérations sentimentales qui n'ont certes pas valeur d'arguments. Dans la préface, André Lebey présente l'auteur de façon assez amusante ; tout en faisant de sérieuses réserves sur ses idées, il en prend occasion pour affirmer l'existence d'une « Tradition spirituelle » à travers les siècles ; il eût pourtant été à souhaiter que cette affirmation, qui répond pour nous à quelque chose de très « positif », ne restât pas dans un vague... un peu trop « poétique » à notre gré.

Décembre 1934

Francis Warrain. – *L'Œuvre philosophique de Hoené Wronski : textes, commentaires et critique* ; Tome I_{er}.

Éditions Véga, Paris.

Ce volume est le premier d'une série qui doit en comporter sept, et qui est destiné à donner, en l'accompagnant de commentaires sur les points les plus obscurs, l'essentiel de la philosophie de Wronski, à l'exclusion de ses théories proprement mathématiques et physiques. Ce procédé a à la fois des avantages et des inconvénients : quand on a affaire à un auteur passablement prolixe et confus, et dont l'œuvre est aussi « dispersée » que l'est celle de Wronski, il est assurément difficile au lecteur ordinaire, ou à celui qui n'a que peu de temps à y consacrer, de s'en faire une idée exacte et suffisante, et de dégager lui-même ce qui est véritablement important parmi une multitude de redites, de digressions et de considérations accessoires. Mais, d'autre part, il est toujours à craindre qu'un choix de textes ne soit quelque peu arbitraire, ou que du moins il ne reflète nécessairement, dans une certaine mesure, le point de vue propre de celui qui l'aura effectué, point de vue qui n'est pas forcément identique à celui de l'auteur lui-même, si bien que la perspective peut s'en trouver faussée ; nous pensons cependant, dans le cas présent, qu'on peut faire confiance à M. Warrain, qui a spécialement étudié Wronski pendant de longues années, et qui a déjà montré, par une grande partie de ses travaux, qu'il s'en est assimilé les idées autant qu'il est possible de le faire. – Ce qui, dès maintenant, doit apparaître clairement à quiconque lit ce volume sans parti pris ni idées préconçues, c'est que, quoi que certains en aient prétendu, Wronski ne fut en réalité rien de plus ni d'autre qu'un philosophe : le langage parfois étrange qu'il emploie ne doit pas faire illusion à cet égard, et l'on trouverait d'ailleurs quelque chose de semblable, avec aussi les mêmes préoccupations d'ordre social et religieux, chez un certain nombre de ses contemporains qui, certes, n'étaient aucunement des « initiés ». D'ailleurs, si Wronski avait possédé quelques connaissances d'ordre vraiment ésotérique, il n'aurait pu dès lors subir l'influence éminemment « profane » de Kant et de la moderne « philosophie germanique » qui procède de celui-ci, laquelle, en fait, s'est exercée sur lui dans de larges proportions, ainsi qu'il le reconnaît lui-même très explicitement, tout en ayant la prétention d'aller plus loin ; et nous dirons en passant, à ce propos, que les efforts faits par M. Warrain pour expliquer et justifier cette influence, allant même jusqu'à tenter un rapprochement entre le kantisme et le thomisme, nous semblent bien un peu hasardeux… En outre, Wronski admet une « loi de progrès », qu'il veut appliquer même en métaphysique, ce qui montre assez que ce qu'il entend par ce mot n'est encore que « pseudo-métaphysique » ; l'importance qu'il accorde au point de vue « critique » et aux « théories de la connaissance », le rôle en quelque sorte suprême qu'il attribue à la « raison » parmi les facultés, l'emploi abusif qu'il fait constamment de certains termes tels que ceux d'« absolu », d'« infini », de « création », sont aussi très significatifs à cet égard ; et enfin il serait assurément difficile de pousser plus loin qu'il ne l'a fait l'esprit de système, qui est tout l'opposé et la négation même de l'esprit initiatique : de tout cela, on peut conclure que ceux auxquels nous faisions allusion tout à l'heure en ont parlé sans l'avoir jamais lu ! Notons encore, à titre de curiosité, l'aversion professée par Wronski pour le mysticisme, qui n'est pour lui que « ténèbres, erreur et perversion », et dont il rapporte la source à « des êtres qui demeurent étrangers à l'actuelle espèce humaine, et se constituent même ennemis du genre humain », paraissant ainsi le confondre assez bizarrement avec ce que peut être la « contre-initiation », ce qui est vraiment excessif, et d'ailleurs tout à fait faux ; et cela n'a pas empêché qu'il n'ait été parfois traité lui-même de « mystique », ce qui est bien le comble de l'ironie !

Marcel Lallemand. – Le Transfini, sa logique et sa métaphysique.

Desclée de Brouwer et C$_{ie}$, Paris.

Ce livre comprend d'abord un exposé des théories de Cantor sur le « transfini », fait en termes aussi clairs et aussi simples que possible, puis une critique de ces mêmes théories, auxquelles l'auteur s'oppose tout en prenant une position nettement différente de celle des « finitistes ». Il rejette avec juste raison l'emploi du mot « infini » en mathématiques, et il soutient non moins justement que l'ensemble des nombres entiers est « indéfini » et non « transfini » ; il conserve cependant ce terme de « transfini », mais en l'appliquant seulement à la multitude « transcendantale », c'est-à-dire en dehors du domaine de la quantité, ce qui a pour conséquence de faire disparaître les illogismes que les « finitistes » invoquent habituellement comme arguments pour combattre la conception cantorienne. Tout en étant entièrement d'accord avec l'auteur sur le fond, nous pensons que la terminologie qu'il adopte n'est peut-être pas tout à fait exempte d'inconvénients : le mot « transfini » a déjà un autre sens, d'ordre quantitatif, celui-là même pour lequel Cantor l'a inventé expressément ; dès lors qu'on rejette ce sens comme illusoire, est-il bien nécessaire de conserver le mot, et cela ne risque-t-il pas de donner lieu à quelques équivoques ? Du reste, étymologiquement, « transfini » signifie « au-delà du fini » ; mais le domaine de la quantité n'est pas le seul fini, et ce n'est pas parce qu'on le dépasse que, par là même, on dépasse aussi le « fini » ; tout ce qui est relatif est nécessairement, par sa nature, fini ou limité d'une façon ou d'une autre ; la quantité ne représente qu'une condition limitative particulière, et il en est d'autres qui s'appliquent aux modes de l'existence universelle qui lui échappent. Il y a là, pensons-nous, quelque chose qui aurait demandé à être examiné plus attentivement et exposé avec plus de précision, car, sur ce point pourtant essentiel, la pensée de l'auteur semble rester quelque peu dans le vague ; il serait donc à souhaiter qu'il y revînt en une autre occasion, et ce pourrait même être là pour lui le sujet d'un nouvel ouvrage qui ne serait certes pas sans intérêt et qui compléterait celui-ci de la plus heureuse façon.

M$_{me}$ Emmanuel Lalande, André Lalande, L. Chamuel, Jules Legras, D$_r$ J. Durand, Justin Maumus. – Marc Haven (*le Docteur Emmanuel Lalande*).

Éditions Pythagore, Paris.

Ceci est moins une biographie proprement dite qu'un recueil de souvenirs sur Marc Haven, écrits par quelques-unes des personnes qui l'ont connu et approché de plus près pendant les différentes périodes de sa vie. On eût aimé y trouver peut-être moins de petits faits, qui ne se rapportent même pas tous très directement à Marc Haven, et plus d'informations sur son activité proprement intellectuelle ; mais il semble que cette lacune doive être comblée dans un autre ouvrage qui est annoncé comme étant actuellement en préparation. En attendant, on a eu du moins l'excellente idée de reproduire, à la suite de ce recueil, un certain nombre de pages de lui, les unes demeurées jusqu'ici inédites, les autres difficiles à retrouver maintenant dans les revues où elles parurent jadis.

JANVIER 1935

W. B. Seabrook. – Aventures en Arabie.

Gallimard, Paris.

Ce livre, comme ceux du même auteur qui ont été déjà traduits précédemment (*L'Île magique* et *Les Secrets de la jungle*), se distingue avantageusement des habituels « récits de voyageurs » ; sans doute est-ce parce que nous avons affaire ici à quelqu'un qui ne porte pas partout avec lui certaines idées préconçues, et qui, surtout, n'est nullement persuadé que les Occidentaux soient supérieurs à tous les autres peuples. Il y a bien parfois quelques naïvetés, de singuliers étonnements devant des choses très simples et très élémentaires ; mais cela même nous paraît être, en somme, une garantie de sincérité. – À la vérité, le titre est quelque peu trompeur car l'auteur n'a pas été en Arabie proprement dite, mais seulement dans les régions situées immédiatement au nord de celle-ci. Disons aussi, pour en finir tout de suite avec les critiques, que les mots arabes sont parfois bizarrement déformés, comme par quelqu'un qui essaierait de transcrire approximativement les sons qu'il entend sans se préoccuper d'une orthographe quelconque, et que quelques phrases citées sont traduites d'une façon plutôt fantaisiste. Enfin, nous avons pu faire une fois de plus une remarque curieuse : c'est que, dans les livres occidentaux destinés au « grand public », la *shahâdah* n'est pour ainsi dire jamais reproduite exactement ; est-ce purement accidentel, ou ne serait-on pas plutôt tenté de penser que quelque chose s'oppose à ce qu'elle puisse être prononcée par la masse des lecteurs hostiles ou simplement indifférents. – La première partie, qui est la plus longue, concerne la vie chez les Bédouins et est presque uniquement descriptive, ce qui ne veut certes pas dire qu'elle soit sans intérêt ; mais, dans les suivantes, il y a quelque chose de plus.

L'une d'elles, où il est question des Derviches, contient notamment des propos d'un cheikh Mawlawi dont le sens est, sans aucun doute, fidèlement reproduit : ainsi, pour dissiper l'incompréhension que l'auteur manifeste à l'égard de certaines *turuq*, ce cheikh lui explique qu'« il n'y a pas pour aller à Dieu une voie unique étroite et directe, mais un nombre infini de sentiers » ; il est dommage qu'il n'ait pas eu l'occasion de lui faire comprendre aussi que le soufisme n'a rien de commun avec le panthéisme ni avec l'hétérodoxie... Par contre, c'est bien de sectes hétérodoxes, et de plus passablement énigmatiques, qu'il s'agit dans les deux autres parties : les Druses et les Yézidis ; et, sur les uns et les autres, il y a là des informations intéressantes, sans d'ailleurs aucune prétention de tout faire connaître et de tout expliquer. En ce qui concerne les Druses, un point qui reste particulièrement obscur, c'est le culte qu'ils passent pour rendre à un « veau d'or » ou à une « tête de veau » ; il y a là quelque chose qui pourrait peut-être donner lieu à bien des rapprochements, dont l'auteur semble avoir seulement entrevu quelques-uns ; du moins a-t-il compris que symbolisme n'est pas idolâtrie... Quant aux Yézidis, on en aura une idée passablement différente de celle que donnait la conférence dont nous avons parlé dernièrement dans nos comptes rendus des revues (numéro de novembre) : ici, il n'est plus question de « Mazdéisme » à leur propos, et, sous ce rapport du moins, c'est sûrement plus exact ; mais l'« adoration du diable » pourrait susciter des discussions plus difficiles à trancher, et la vraie nature du *Malak Tâwûs* demeure encore un mystère. Ce qui est peut-être le plus digne d'intérêt, à l'insu de l'auteur qui, malgré ce qu'il a vu, se refuse à y croire, c'est ce qui concerne les « sept tours du diable », centres de projection des influences sataniques à travers le monde ; qu'une de ces tours soit située chez les Yézidis, cela ne prouve d'ailleurs point que ceux-ci soient eux-mêmes des « satanistes », mais seulement que, comme beaucoup de sectes hétérodoxes, ils peuvent être utilisés pour faciliter l'action de forces qu'ils ignorent. Il est significatif, à cet égard, que les prêtres réguliers yézidis s'abstiennent d'aller accomplir des rites quelconques dans cette tour, tandis que des sortes de magiciens errants viennent souvent y passer plusieurs jours ; que représentent au juste ces derniers personnages ? En tout cas, il n'est point nécessaire que la tour soit habitée d'une façon permanente, si elle n'est autre chose que le support tangible et « localisé » d'un des centres de la « contre-initiation », auxquels président les *awliyâ es-Shaytân* ; et ceux-ci, par la constitution de ces sept centres, prétendent s'opposer à l'influence des sept *Aqtâb* ou « Pôles » terrestres subordonnés au « Pôle » suprême, bien que cette opposition ne puisse d'ailleurs être qu'illusoire, le domaine spirituel étant nécessairement fermé à la « contre-initiation ».

L. Fry. – Léo Taxil et la Franc-Maçonnerie.

British-American Press, Chatou.

Ce gros volume, publié par les « Amis de Mgr Jouin », qui sont vraisemblablement les anciens collaborateurs de la *R. I. S. S.*, contient les lettres adressées à l'abbé de Bessonies par Léo Taxil et par diverses personnes qui furent mêlées de près ou de loin à la singulière histoire que l'on sait ; on y trouvera également le fameux discours où Taxil fit l'aveu de sa « mystification », et les explications de l'éditeur des *Mémoires* de Diana Vaughan. À la vérité, « mystification » est bien vite dit, mais la question est plus complexe et n'est pas si facile à résoudre ; il semble bien qu'il y ait tout de même eu là autre chose, et que Taxil n'ait fait que mentir une fois de plus en déclarant avoir tout inventé de sa propre initiative. On trouve là-dedans un habile mélange de vrai et de faux, et il est exact que, comme il est dit dans l'avant-propos, « l'imposture n'existe qu'autant qu'elle est basée sur certaines côtés de la vérité propres à inspirer confiance » ; mais quel est au juste le « fond de vérité » contenu dans tout cela ? Qu'il y ait par le monde des « satanistes » et des « lucifériens », et même beaucoup plus qu'on ne le croit généralement, cela est incontestable ; mais ces choses n'ont rien à voir avec la Maçonnerie ; n'aurait-on pas, en imputant à celle-ci ce qui se trouve réellement ailleurs, eu précisément pour but de détourner l'attention et d'égarer les recherches ? S'il en est ainsi, qui peut avoir inspiré Taxil et ses collaborateurs connus, sinon des agents plus ou moins directs de cette « contre-initiation » dont relèvent toutes ces choses ténébreuses ? Il y a d'ailleurs dans tout cela une étrange atmosphère de « suggestion » ; on peut s'en rendre compte en voyant, par exemple, un homme d'une aussi incontestable bonne foi que M. de La Rive (nous l'avons assez connu pour en être certain) en arriver à traduire sans hésiter par « À Notre Dieu Lucifer Très Saint et Infini Toujours » une « formule inédite » qui signifie tout simplement « Au Nom de la Très Sainte et Indivisible Trinité » ! Nous ne pouvons pas songer à examiner ici tous les procédés de déformation employés dans les ouvrages taxiliens ; l'un des plus courants est celui qui consiste à se servir de termes existant véritablement, mais en leur attribuant un sens imaginaire : ainsi, il y eut bien un « Rite du Palladium », mais qui n'eut jamais rien de lucifèrien ; et les « Triangles », en Maçonnerie, ne sont point des « arrières-Loges », mais de simples Loges en formation, n'ayant pas encore le nombre de membres requis pour être « justes et parfaites » ; nous nous contenterons de citer ces deux mots comme exemples, en raison du rôle particulièrement important qu'ils jouèrent dans toute l'affaire. Quant à ce qu'on semble considérer, à tort ou à raison, comme le point central, c'est-à-dire l'existence de Diana Vaughan, l'énigme n'est guère éclaircie et ne le sera peut-être jamais : qu'une ou plusieurs personnes aient dû se présenter sous ce nom en diverses circonstances, cela est plus que probable ; mais comment pourrait-on espérer les identifier ? On a reproduit à la fin du volume, sous le titre *Le Mystère de Léo Taxil et la vraie Diana Vaughan*, les articles parus jadis sur ce sujet dans la *R. I. S. S.* et dont nous avons déjà parlé en leur temps ; il est assez curieux que la « preuve » nouvelle qu'on prétend y apporter soit en relation avec l'histoire des religieuses de Loigny, mais elle n'en est pas plus convaincante ; au fond, tout cela n'est pas très concluant, ni dans un sens ni dans l'autre... Maintenant, une question se pose, qui est peut-être d'un intérêt plus actuel que toutes les autres : pourquoi semble-t-on tenir tellement, d'un certain côté, à ressusciter cette vieille affaire ? C'est, explique-t-on, que « le Palladium, mis en sommeil en 1897, pourrait-on dire, semble être sur le point de se réveiller » ; « légende peut-être, ajoute-t-on, mais reposant sur une base faite de théories et de faits reconnus » ; devons-nous nous attendre à assister à une tentative pour dégager enfin cette base réelle, ou seulement à voir la légende prendre, comme dans *L'Élue du Dragon*, une nouvelle forme non moins « mythique » que la première ? En tout cas, l'avant-propos mélange bizarrement les choses les plus diverses, mettant sur le même plan les plus vulgaires groupements « pseudo-initiatiques » et des organisations d'un caractère assurément beaucoup plus suspect, sans parler de quelques assertions de pure fantaisie, comme celle qui fait de Ram Mohun Roy « un disciple des Lamas du Thibet » et du *Brahma-Samaj* « un cercle d'occultisme oriental et de mystique fondé en Angleterre en 1830 » ! Mais la dernière pièce du recueil est la reproduction d'un article de la *R. I. S. S.* intitulé *Les Missionnaires du Gnosticisme*, et consacré en réalité à l'*O. T. O.* ; cet article, qui semble n'avoir aucun rapport avec tout le reste, n'en serait-il pas, au contraire, en quelque sorte la « clef » ? Nous nous bornons à poser ici un point d'interrogation ; si la question devait être résolue affirmativement, cela pourrait jeter un singulier jour sur bien des choses ; et sans doute n'en avons-nous pas encore fini avec toutes ces « diableries » !

MARS 1935

Ludowic Réhault. – L'Instructeur du Monde, Krishnamurti.

« *Les Tables d'Harmonie* », Nice.

Ce livre est sans doute le seul où un théosophiste ait osé exposer en toute franchise, sans chercher à dissimuler ou à « concilier » quoi que ce soit, le différend survenu entre Krishnamurti et les dirigeants de la Société Théosophique ; il est véritablement terrible pour ceux-ci, dont le rôle apparaît inouï de duplicité ; et il constitue, à cet égard, un document digne du plus grand intérêt. Quant à l'admiration de l'auteur pour Krishnamurti et à sa croyance qu'il est réellement l'« Instructeur du Monde » (sans d'ailleurs qu'on puisse savoir au juste ce qu'il faut entendre par cette expression), c'est là, naturellement, une tout autre question, sur laquelle nous devons faire les plus expresses réserves. Krishnamurti a secoué le joug qu'on voulait lui imposer, et il a certes fort bien fait ; nous reconnaissons très volontiers qu'il lui a fallu pour cela un certain courage et une force de caractère à laquelle on ne peut que rendre hommage ; mais cela ne suffit pas à prouver qu'il ait une « mission » extraordinaire, quoique différente de celle à laquelle le destinait ses éducateurs. Qu'il ait horreur des « sociétés » et des « cérémonies », cela est encore fort bien ; mais, de là à se poser en adversaire de toute religion et à répudier même toute initiation, il y a un abîme ; il faut dire, et c'est là son excuse, qu'il n'en a connu que de tristes contrefaçons : l'Église Catholique Libérale, la Co-Maçonnerie, l'École Ésotérique théosophique ; mais, s'il était vraiment ce qu'on dit, il saurait que ce qui mérite en réalité de s'appeler religion et initiation est tout autre chose que cela ; en fait, il semble n'avoir aucune idée de ce qui constitue l'essence de toute tradition… Et qu'est-ce qu'un « instructeur » qui, de son propre aveu et de celui de ses partisans, n'enseigne rien et n'a rien à enseigner ? Il se défend même expressément d'avoir une doctrine ; alors, pourquoi parle-t-il ? Tout se borne en somme à des formules extrêmement vagues, et dangereuses par leur vague même ; chacun peut y trouver à peu près ce qu'il veut, mais ceux qui ne se paient point de mots ne sauraient s'en satisfaire. Signalons à ce propos un fait curieux : on recherche dans les *Sûtras* bouddhiques, dans les Évangiles, dans les épîtres de saint Paul, tout ce qui peut, si l'on y met quelque bonne volonté, paraître s'accorder avec les déclarations de Krishnamurti ; mais, quand on y trouve quelque chose qui les contredit manifestement, on s'empresse d'affirmer que ce sont là des « interpolations » ; ce procédé, digne des exégètes modernistes, est vraiment un peu trop commode ! Enfin, disons-le nettement, si Krishnamurti était effectivement « libéré », c'est-à-dire s'il était un *jîvan-mukta* au vrai sens de ce terme (même sans avoir à remplir par surcroît la fonction d'un *jagad-guru*), il ne s'identifierait point à la « Vie » (même avec une majuscule), mais serait au-delà de celle-ci, aussi bien que de toute autre condition limitative de l'existence contingente ; et cette sorte d'immanentisme « vital », qui s'accorde si bien avec les tendances caractéristiques du monde moderne (le succès de Krishnamurti s'expliquerait-il sans cela ?), est ici, véritablement, le fruit auquel on peut juger l'arbre… Et, quand Krishnamurti parle de « ceux qui deviendront la Flamme », qui oserait dire tout ce que peut évoquer cette étrange expression ?

L. de Païni. – *Le Mysticisme intégral.*

Éditions « Les Argonautes », Paris.

Ce petit volume pourrait être considéré comme une « illustration » de ce que nous disons d'autre part sur la confusion du psychique et du spirituel[10] ; cette seule définition suffirait à le montrer clairement : « Le mysticisme en soi est une science expérimentale de l'inconscient, qui est une entière pénétration du mystère des forces psychiques obscures de l'organisme. » Et l'auteur témoigne beaucoup d'estime à la psychologie actuelle parce que « l'inconscient y reprend son grand rôle primordial ; dans l'économie humaine, notre frêle conscience repose sur son obscurité sans fond, vivante, éternellement mouvante… ». Tout cela s'accompagne naturellement d'un certain « évolutionnisme », qui s'exprime surtout dans des vues « cosmogoniques » passablement fantaisistes ; et il y a, d'autre part, une étrange exagération du rôle du corps : sans doute, celui-ci représente bien réellement un état de notre être et est dès lors en rapport plus ou moins étroit avec les autres modalités de celui-ci ; mais cela ne veut point dire qu'il soit « une structure de pur psychisme », encore bien moins « une construction spirituelle » ; ici encore, en l'absence de toute notion de la hiérarchie des états, nous sommes en pleine confusion. Il en est une autre, au sujet du mysticisme même : ce que l'auteur appelle « mysticisme intégral », elle ne le trouve point dans le mysticisme occidental, qui est pourtant le seul auquel ce nom puisse s'appliquer proprement, mais dans ce qu'elle croit être le « mysticisme asiatique », et qui est en réalité toute autre chose ; et ce « mysticisme intégral », suivant l'idée qu'elle s'en fait, n'existerait en somme pleinement qu'au Thibet ; pourquoi au Thibet plutôt que dans les autres pays d'Orient, sinon parce qu'il a, à tort ou à raison, la réputation d'être particulièrement fertile en « phénomènes » singuliers ? De la tradition thibétaine, qui est initiatique et non mystique, on ne voit ici que le côté psychique, et même psycho-physiologique, c'est-à-dire que les moyens sont pris pour la fin ; et tout cela ne serait qu'une « dislocation vivante de l'être », aboutissant à une

---

[10] [*De la confusion du psychique et du spirituel* (mars 1935), repris dans *Le Règne de la Quantité et les Signes des Temps*, ch. XXXV.]

« immersion dans le grand océan psychique aux profondeurs insondables et redoutables »... Redoutables en effet, car il s'agit bien là de possibilités de l'être, mais de possibilités inférieures que l'initiation doit, tout au contraire, lui permettre de surmonter définitivement. Un livre comme celui-là produit une impression véritablement pénible ; ce qu'il propose à l'homme, c'est bien une « marche en arrière », mais qui, loin de le conduire « vers l'esprit pur », ne saurait le mener qu'à une « communion cosmique » avec les puissances « infra-humaines », car ce sont celles-ci, et non point des forces « spirituelles », qui règnent dans « l'immense océan du profond psychisme racial », profond assurément, mais au sens « abyssal » et « infernal » du mot !

Mai 1935

Arturo Reghini. – *Per la restituzione della Geometria pitagorica.*

Casa Editrice Ignis, Roma.

On sait, par divers témoignages anciens, que les Pythagoriciens démontraient certains théorèmes géométriques d'une façon entièrement différente de celle des modernes ; mais leurs démonstrations ne nous sont pas parvenues : le théorème sur la somme des angles d'un triangle était démontré indépendamment du postulat d'Euclide, mais alors il fallait admettre quelque autre postulat comme point de départ, et quel était-il ? L'auteur, après avoir examiné les diverses hypothèses qui ont été proposées à ce sujet, en arrive à admettre l'existence d'un postulat de la « rotation », comme le plus conforme aux conceptions générales des Pythagoriciens, qui établissaient un lien étroit entre la géométrie et la cosmologie. Il montre ensuite que ce postulat de la « rotation », sans les postulats d'Euclide et d'Archimède, suffit à démontrer non seulement le théorème dont il vient d'être question, mais aussi le théorème du carré de l'hypoténuse, et même à reconstituer entièrement, de proche en proche, toute la géométrie pythagoricienne du plan et de l'espace. Les considérations concernant le « pentalpha » et les polyèdres réguliers sont particulièrement importantes, et non pas seulement au point de vue géométrique tel que l'entendent les modernes : comme l'auteur le fait remarquer, pour les Pythagoriciens et pour Platon, la géométrie était une science sacrée, tandis que la géométrie euclidienne, en rompant tout lien avec les autres ordres de connaissance et en devenant sa propre fin à elle-même, a dégénéré en une science profane ; nous nous proposons d'ailleurs de revenir prochainement plus à loisir sur quelques-unes de ces questions.

Arturo Reghini. – *Il Fascio littorio.*

Extrait de la revue Docens, Stab. Ambrosini, Roma.

Dans cette brève étude, l'auteur examine l'origine du faisceau romain, qui paraît devoir être rapportée aux Étrusques, et ses significations symboliques et traditionnelles. À ce point de vue, il est à remarquer surtout que le nombre des licteurs qui portaient les faisceaux devant les principaux magistrats était toujours, soit douze, soit un multiple ou un sous-multiple de ce nombre ; et, de plus, le nombre de verges formant le faisceau semble bien avoir été également de douze. La question se rattache donc à celle de l'importance du nombre douze dans les différentes traditions ; l'auteur, sans prétendre aucunement épuiser ce sujet très vaste, passe en revue les principales concordances que l'on peut relever à cet égard chez les divers peuples anciens. Une question qui est soulevée ici et qui mériterait d'être examinée de plus près, c'est celle de la place qu'il convient d'assigner à la correspondance zodiacale parmi les autres applications du duodénaire ; tout ceci, se rapportant aux nombres cycliques, peut d'ailleurs être rattaché aussi au « symbole de l'Univers » pythagoricien, le dodécaèdre, dont il est traité dans l'autre ouvrage dont nous avons parlé ci-dessus.

Hari Prasad Shastri. – *Teachings from the Bhagawadgita : translation, introduction and comments.*

Luzac and Co., London.

Il existe déjà de nombreuses traductions de la *Bhagavad-Gîtâ* dans les diverses langues occidentales ; celle-ci est incomplète, son auteur ayant supprimé les passages qui lui paraissent se rapporter à des conditions plus particulières à l'Inde, pour ne garder que ce qu'il estime avoir la valeur d'un enseignement « universel » ; nous pensons, pour notre part, que cette mutilation est plutôt regrettable. De plus, dominé par une idée de « simplicité » excessive, il ne donne qu'un sens assez extérieur, qui ne laisse rien transparaître des significations plus profondes ; et ses commentaires se réduisent en somme à assez peu de chose. On pourrait aussi relever des défauts de terminologie qui ne sont pas toujours sans importance ; contentons-nous de signaler, à cet égard, une confusion entre « non-dualisme » et « monisme ». Ce livre n'apportera certainement rien de nouveau à ceux qui connaissent déjà tant soit peu les doctrines hindoues ; mais peut-être pourra-t-il du moins contribuer à amener à leur étude quelques-uns de ceux qui ne les connaissent pas encore.

Hari Prasad Shastri. – *The Avadhut Gita : translation and introduction.*

Chez l'auteur, 30, Landsdowne Crescent, London, W. II.

Ce petit volume est beaucoup plus intéressant que le précédent, car il s'agit ici d'un texte peu connu ; le mot *avadhut* est à peu près synonyme de *jîvan-mukta*, de sorte que le titre pourrait se traduire par « Chant du Délivré » ; l'auteur est appelé Dattatreya, mais aucun autre écrit ne lui est attribué, et on ne sait pas exactement où ni quand il a vécu. En l'absence du texte, nous ne pouvons naturellement vérifier l'exactitude de la traduction dans le détail ; nous pouvons tout au moins relever une erreur en ce qui concerne *âkâsha* qui est en réalité l'« éther », et non point l'« espace » (en sanscrit *dish*) ; et nous nous demandons pourquoi *Brahma*, dans ce livre comme dans l'autre, est constamment orthographié *Brhama*. Mais, bien que nous ne voyions pas comment le traducteur a pu trouver une idée d'« amour » dans ce qui est une œuvre de pure « Connaissance », l'esprit du texte est, d'une façon générale, visiblement bien conservé et bien rendu dans la traduction. C'est là un très remarquable exposé de doctrine *adwaita*, qui, ainsi qu'il est dit dans l'introduction, « respire le plus pur esprit des *Upanishads* et de Shrî Shankarâchârya » et qui rappelle notamment l'*Âtmâ-Bodha* de celui-ci ; aussi la lecture ne saurait-elle en être trop recommandée.

JUIN 1935

Henry de Geymuller. – Swedenborg et les phénomènes psychiques.

Ernest Leroux, Paris.

Le contenu de ce gros livre aurait pu faire facilement, semble-t-il, la matière de plusieurs volumes, et de trop fréquentes digressions rendent l'exposé assez difficile à suivre ; il y manque un fil conducteur, ou du moins, s'il y en a un, il n'apparaît pas clairement… Ce qui concerne les idées mêmes de Swedenborg, notamment sur les rapport de l'esprit et du corps et sur ce qu'il appelle le « limbe », a en tout cas un intérêt historique certain ; mais les arguments qu'on prétend en tirer contre le spiritisme sont plutôt faibles, et il ne peut guère en être autrement dès lors qu'on accorde aux spirites leur postulat fondamental, c'est-à-dire la possibilité d'une communication réelle avec les morts ; qu'il y ait tout avantage à s'abstenir de ces pratiques, ce n'est qu'une question tout à fait secondaire à côté de celle-là. Pour la réincarnation aussi, la discussion ne porte que sur des « à-côté » ; du reste, comme nous l'avons dit bien souvent, la démonstration de son impossibilité métaphysique est seule décisive. Pour le surplus, nous ne voulons certes pas entreprendre de discuter ici la façon dont Swedenborg envisage le « monde spirituel » ; il se peut que son langage trahisse parfois sa pensée ; mais une chose assez curieuse à constater, c'est qu'il s'accorde avec les spirites en ce qu'il ne veut y trouver que des êtres d'origine humaine, y compris les anges eux-mêmes : étrange limitation de la Possibilité universelle !

Paul Brunton. – *A Search in secret India*.

Rider and Co., London.

Ce récit d'un voyage dans l'Inde, et de rencontres avec des personnages de caractère fort varié, est intéressant et agréable à lire, quoique le ton, au début surtout, nous rappelle peut-être un peu trop que l'auteur est un journaliste de profession. Contrairement à ce qui a lieu trop souvent dans les ouvrages occidentaux de ce genre, les histoires de « phénomènes » n'y tiennent pas une place excessive ; l'auteur nous assure d'ailleurs que ce n'est pas là ce qui l'intéresse spécialement, et sans doute est-ce pour cette raison qu'il lui a été possible d'entrer en contact avec certaines choses d'un autre ordre, en dépit d'un « esprit critique » qui, poussé à un tel point, semble assez difficilement conciliable avec de profondes aspirations spirituelles. Il y a là quelque chose qui est assez curieux comme exemple de réactions spécifiquement occidentales, et même plus proprement anglo-saxonnes, en présence de l'Orient ; notamment, la difficulté d'admettre l'existence et la valeur d'une « activité non-agissante » est tout à fait caractéristique à cet égard. Ces résistances, avec les luttes et les hésitations qu'elles entraînent, durent jusqu'au jour où elles sont enfin vaincues par l'influence du mystérieux personnage qu'on surnomme le « Maharishee » ; les pages consacrées à ce dernier sont certainement les plus remarquables de tout le livre, que nous ne pouvons songer à résumer, mais qui vaut sûrement mieux, dans son ensemble, que beaucoup d'autres ouvrages d'allure plus prétentieuse, et qui ne peut que contribuer à éveiller chez ses lecteurs une sympathie pour la spiritualité orientale, et peut-être, chez quelques-uns d'entre eux, un intérêt d'ordre plus profond.

Hari Prasad Shastri. – Book of Ram, The Bible of India by Mahâtma Tulsidas rendered into English.

Luzac and Co., London.

Ce « livre de Râma », écrit en hindi au XVIe siècle de l'ère chrétienne, ne doit pas être confondu avec l'antique *Râmâyana* sanscrit de Vâlmiki ; bien qu'il soit dit avoir été inspiré à Tulsidas par Râma lui-même, l'appellation de « Bible de l'Inde » est assez impropre, car, évidemment, elle s'appliquerait beaucoup mieux au *Vêda*. Dans ce livre, la voie de *bhakti* est surtout préconisée, ainsi qu'il convient d'ailleurs dans un écrit qui s'adresse au plus grand nombre ; cependant, l'enseignement en est incontestablement « non-dualiste » et indique nettement l'« Identité Suprême » comme le but ultime de toute « réalisation ». La traduction ne comporte que des extraits, mais choisis de façon à donner l'essentiel au point de vue doctrinal ; les notes qui l'accompagnent sont généralement claires, bien que l'on puisse y relever quelques confusions, notamment en ce qui concerne les périodes cycliques. Il est regrettable, d'autre part, qu'on ait voulu traduire tous les termes, même ceux qui, n'ayant pas d'équivalent réel dans les langues occidentales, devraient être conservés tels quels en y joignant une explication ; il en résulte parfois d'assez étranges assimilations : faut-il faire remarquer, par exemple, que la *Trimûrti* est tout à fait autre chose que la « Sainte Trinité » ?

Dr Alexander Cannon. – *L'Influence invisible.*

Traduit de l'anglais par Grace Gassette et Georges Barbarin
(Éditions du Prieuré, Bazainville, Seine-et-Oise).

Ce livre est présenté comme « révélation des secrets thibétains » ; l'auteur fait suivre son nom de plusieurs lignes de titres universitaires et médicaux, au bout desquels viennent ceux de « Yogi Kushog du Thibet Septentrional et Cinquième Maître de la Grande Loge Blanche de l'Himalaya » ; et, par surcroît, nous apprenons, au cours du volume, qu'il a reçu du « Grand Couvent Lama » (*sic*) « le plus haut des titres, celui de Chevalier Commandeur d'Asie, qui est égal à celui de Comte dans le Royaume-Uni » ! Tout cela est certes fort imposant, un peu trop même pour inspirer confiance ; en fait, quand nous examinons le contenu de l'ouvrage de ce « Maître », nous n'y trouvons, hélas ! qu'hypnotisme, télépathie, phénomènes psychiques plus ou moins vulgaires, le tout exposé de façon fort occidentale ; dans tout cela pas le moindre « secret », thibétain ou autre, et bien entendu, par un seul mot de doctrine… Ajoutons que le livre est fort mal composé : ce n'est guère qu'un amas d'anecdotes sans autre lien que celui d'une série de conversations soi-disant tenues au cours d'un voyage, et sans qu'on puisse même toujours savoir quel est celui des interlocuteurs qui a la parole. Il y a aussi là-dedans de grosses invraisemblances : que dire, par exemple, d'un personnage qui a « lu un ouvrage de Pythagore », ou encore d'un « Sage » qui se laisse hypnotiser par un serpent ? Certaines histoires, qui sont données comme des souvenirs personnels de l'auteur, nous produisent la fâcheuse impression d'avoir été déjà vues ailleurs : même dans le récit de voyage qui sert vaguement de cadre à tout cela, il y a bien des détails, y compris celui du messager estropié, qui nous rappellent un quelconque roman d'aventures anglais que nous avons lu dans notre enfance, et dont nous regrettons fort de ne pouvoir retrouver la référence, car il eût été curieux de pousser la comparaison plus loin que nos souvenirs ne nous le permettent. Il arrive du reste à l'auteur de se contredire : ainsi, oubliant sans doute qu'il a situé la scène dans une caverne, il y place ensuite, pour les besoins de ses « expériences », une cheminée surmontée d'une pendule ! Enfin, une allusion à la « chère vieille Angleterre », retrouvée « après de si longs mois passés dans la sauvagerie thibétaine », nous paraît bien trahir la véritable mentalité de ce prétendu initié oriental... Nous avions déjà, depuis quelques années, toute une série de mystifications dont le trait commun est d'être invariablement placées sous les auspices de la trop fameuse « Grande Loge Blanche » imaginée par les théosophistes ; il n'est pas douteux que nous devons maintenant en compter encore une de plus ; quels desseins peuvent bien se dissimuler au juste derrière tout cela ? Malheureusement, ces sortes de choses font toujours de trop nombreuses dupes : c'est pourquoi nous avons cru bon d'y insister plus qu'elles ne sembleraient peut-être le mériter en elles-mêmes : si leur intérêt est nul, leur danger, dans une époque comme la nôtre, n'est que trop réel.

JUILLET 1935

Sergius Gortan Ancona. – The Substance of Adam.

Rider and Co., London.

Ce livre se présente comme exposant « un système de cosmogonie fondé sur la tradition occidentale » : mais de quelle tradition s'agit-il ? Ce n'est certes pas la Kabbale, car, si l'idée des « quatre mondes » est empruntée à celle-ci, l'explication qui en est donnée n'a rien d'authentiquement kabbalistique ; cette « cosmogonie » est d'ailleurs terriblement compliquée et confuse, et donne surtout l'impression d'une agitation frénétique qui atteindrait jusqu'aux hiérarchies angéliques elles-mêmes ! On y rencontre, çà et là, quelques notions provenant de l'hermétisme et surtout du gnosticisme ; mais la vérité est que les grandes « autorités » de l'auteur sont, comme il l'indique d'ailleurs lui-même, Éliphas Lévi, Fabre d'Olivet et Saint-Yves d'Alveydre. Les œuvres de ces deux derniers ont surtout inspiré la seconde partie, où se trouve une histoire de la « race blanche » qui, donnée ainsi en raccourci, fait ressortir beaucoup plus leurs erreurs et leurs fantaisies que leurs vues réellement dignes d'intérêt. Tout cela est bien loin de représenter une « pure tradition de pensée orthodoxe », et, qui plus est, une tradition proclamée « supérieure à toutes les autres » ; c'est là, en somme, un livre d'esprit nettement « occultiste », ce qui n'a rien à voir avec l'esprit traditionnel. Ce qu'il y a de meilleur là-dedans, à notre avis, ce sont, vers la fin, les pages où l'époque moderne est sévèrement et justement critiquée : mais, si c'est une glorification de l'Occident que l'auteur s'est proposé d'écrire, il faut convenir qu'elle se termine d'une façon plutôt fâcheuse, et qui ressemble plus à un bilan de faillite qu'à un hymne triomphal...

Rudolf Steiner. – L'Évangile de saint Jean.

Association de la Science Spirituelle, Paris.

Ce volume contient la traduction française d'un cycle de douze conférences faites à Hambourg en 1908. L'auteur commence par critiquer avec juste raison les procédés de l'exégèse moderne et les résultats auxquels ils aboutissent ; mais ensuite, pour accommoder à ses conceptions « anthroposophiques » l'Évangile de saint Jean, dont le véritable auteur serait, selon lui, Lazare ressuscité, il le traite lui-même d'une façon dont le moins qu'on puisse dire est qu'elle est d'une haute fantaisie ; et il semble même, au fond, le prendre surtout comme un prétexte pour exposer des vues qui, pour une bonne part, et spécialement en ce qui concerne l'« évolution » humaine, rappellent beaucoup plus la *Doctrine Secrète* de M_{me} Blavatsky qu'une tradition rosicrucienne. Ce qu'il appelle « science spirituelle » n'est du reste tel que du fait d'une des confusions que nous signalons par ailleurs dans notre article[11], car, pour lui, « spirituel » est à peu près synonyme d'« invisible », tout simplement ; et, naturellement, la conception qu'il se fait de l'initiation s'en ressent fortement. Signalons, à ce propos, une chose assez curieuse :

---

[11] [*De quelques erreurs concernant l'initiation* (juillet 1935), repris dans les *Aperçus sur l'Initiation*, ch. III.]

d'une part, il prétend que les initiations auraient perdu leur raison d'être depuis la venue du Christ, dont l'effet aurait été de rendre accessible à tous ce que les mystères antiques réservaient à un petit nombre ; mais, d'autre part, il décrit ce qu'il appelle l'initiation chrétienne et l'initiation rosicrucienne, entre lesquelles il semble d'ailleurs faire une certaine différence ; il n'est vraiment pas très facile de voir comment tout cela peut se concilier !

Ananda K. Coomaraswamy. – *The Darker Side of Dawn*.

Smithsonian Miscellaneous Collections, Washington.

Cette brochure contient de fort intéressantes remarques sur les dualités cosmogoniques, principalement en tant qu'elles sont représentées par une opposition entre « lumière » et « ténèbres » et sur certaines questions connexes, entre autres le symbolisme du serpent. Notons aussi un rapprochement fort curieux entre le sujet du Mahâbhârata et le conflit védique des *Dêvas* et des *Asuras*, qui pourrait évoquer également des similitudes avec ce qui se rencontre dans d'autres formes traditionnelles, de même d'ailleurs que ce qui concerne la couleur noire comme symbole du non-manifesté. Il est seulement à regretter que l'auteur se soit borné à indiquer toutes ces considérations d'une façon un peu trop succincte, en une vingtaine de pages à peine, et nous ne pouvons que souhaiter qu'il ait l'occasion d'y revenir et de les développer davantage dans des travaux ultérieurs.

OCTOBRE 1935

Ananda K. Coomaraswamy. – *The Rig-Veda as Land-Náma-Bók*.

Luzac and Co., London.

Ce titre fait allusion à un ancien livre islandais, littéralement « Livre de la prise de la terre », considéré ici comme comparable au *Rig-Véda* sous certains rapports : il ne s'agit pas simplement d'une prise de possession par des conquérants, mais la thèse de l'auteur, qui nous semble parfaitement juste, est que, dans tous les écrits traditionnels de cette sorte, ce qui est décrit en réalité est la manifestation même des êtres à l'origine et leur établissement dans un monde désigné symboliquement comme une « terre », de sorte que les allusions géographiques et historiques, s'il y en a, n'ont elles-mêmes qu'une valeur de symbole et d'analogie, comme tout événement peut l'avoir effectivement en raison des correspondances macrocosmiques et microcosmiques. Ces vues sont appuyées par l'examen de la signification d'un certain nombre de termes fréquents et caractéristiques, ce qui donne lieu à des considérations fort intéressantes touchant maints points doctrinaux ; nous sommes ici bien loin des interprétations grossièrement matérielles des orientalistes ; ceux-ci consentiront-ils du moins à y réfléchir un peu ?

Sri Ramana Maharshi. – Five Hymns to Sri Arunachala.

Sri Ramanasramam, Tiruvannamalai, South India.

L'auteur de ces hymnes n'est autre que le « Maharishee » dont parle M. Paul Brunton dans son livre, *A Search in secret India*, dont nous avons rendu compte ici il y a quelque temps[12]. *Arunachala* est le nom d'une montagne considérée comme lieu sacré et symbole du « Cœur du Monde » ; il représente l'immanence de la « Conscience Suprême » dans tous les êtres. Ces hymnes respirent une incontestable spiritualité ; au début, on pourrait croire qu'il s'agit seulement d'une voie de *bhakti*, mais le dernier englobe toutes les voies diverses, mais nullement exclusives, dans l'unité d'une synthèse procédant d'un point de vue vraiment universel. Dans la préface de cette traduction, M. Grant Duff oppose d'heureuse façon la spiritualité orientale à la philosophie occidentale ; il n'est que trop vrai que les subtilités de la dialectique ne servent guère qu'à faire perdre du temps !

---

[12] [Juin 1935.]

Novembre 1935

G. Constant Lounsbery. – La Méditation bouddhique, étude de sa théorie et de sa pratique selon l'École du Sud.

Adrien Maisonneuve, Paris.

Ce petit livre est un exposé plutôt élémentaire, avec une tendance assez marquée à tout « rationaliser », et une préoccupation constante de choisir uniquement ce qu'on estime utilisable pour des Occidentaux. Nous apprécions peu, d'une façon générale, ce genre d'« adaptation » ; du moins celle-ci paraît-elle, somme toute, assez inoffensive, surtout si on la compare aux méthodes « d'entraînement psychique » préconisées par les théosophistes et autres écoles similaires. Il y a lieu de regretter certaines négligences de langage, des anglicismes surtout, et aussi une disposition typographique dont l'effet n'est pas des plus heureux.

I. de Manziarly. – *Pérégrinations asiatiques.*

Paul Geuthner, Paris.

Ce volume contient, comme le dit l'auteur, des « impressions » recueillies au cours de plusieurs voyages dans des régions diverses : Palestine, Syrie, Mésopotamie, Ceylan, Inde, Indo-Chine, Chine, Corée, Japon ; impressions sans prétention, mais qui se lisent très agréablement, et qui témoignent d'une incontestable sympathie, franchement avouée, pour les choses de l'Orient. Fort heureusement, cette sympathie n'a point été étouffée par les lectures « orientalistes » indiquées à la fin ; il est vrai qu'il ne s'agissait point d'« érudition », non plus que de « reportage », et, certes, cela vaut beaucoup mieux ainsi à tout point de vue.

L. Charbonneau-Lassay. – *L'« Œuf du Monde » des anciens et la présence de l'oursin fossile dans les sépultures anciennes de l'Ouest.*

*Extrait des Mélanges Louis Arnould,
Société française d'édition et de librairie, Poitiers.*

Dans cette très intéressante brochure, M. Charbonneau-Lassay étudie le symbolisme de l'« Œuf du Monde » dans les différentes traditions antiques, puis sa représentation chez les Druides par l'« œuf de serpent », *ovum anguinum*, qui s'identifie en fait à l'oursin fossile ; il explique par là la présence de cet oursin dans certains tombeaux et même, chose plus remarquable, à l'intérieur de tumulus qui ne contenaient rien d'autre (on pourrait sans doute y voir le tertre représentatif de la « montagne sacrée ») ; et, pour terminer, il envisage les traces de ce symbolisme qui ont subsisté à l'époque chrétienne, notamment dans certaines doctrines se rattachant plus ou moins directement à l'hermétisme.

Francesco Vivona. – L'Anima di Virgilio.

Casa Editrice « Ausonia », Roma.

Les deux conférences réunies dans ce volume ne donnent de Virgile qu'une idée bien « exotérique » : dans ce poète qu'on nous présente comme partagé entre de naturelles aspirations religieuses et l'influence de la philosophie épicurienne, nous avons peine à reconnaître celui qui mit dans ses œuvres tant de données initiatiques, celui que, pour cette raison même, Dante prit pour guide de son mystérieux voyage ; et voir dans l'*Enéide* le « poème de la douleur » est une interprétation « psychologique » qui, comme toutes celles du même ordre, ne saurait aller bien loin ni rien expliquer au fond ; ce n'est certes pas en prêtant aux anciens les préoccupations spéciales des modernes qu'on arrivera jamais à les comprendre vraiment.

Francesco Vivona. – Note critiche àlle Epistole di Seneca.

Casa Editrice « Ausonia », Roma.

Il ne s'agit ici que d'un essai de reconstitution de certains passages plus ou moins altérés dans les manuscrits ; il n'en résulte en somme aucun éclaircissement quant à la pensée même de Sénèque, mais c'est un exemple de la difficulté qu'il y a parfois à retrouver le texte exact des auteurs anciens ; comment, dans ces conditions, tant de gens peuvent-ils oser vanter la prétendue supériorité de l'écriture sur la transmission orale pour éviter toute déformation ?

Alice A. Bailey. – Les trois prochaines années.

Nous nous souvenons d'avoir vu précédemment le contenu de cette brochure publié en articles, dans des revues à tendances plus ou moins théosophistes, sous la signature d'un « Thibétain » anonyme ; celui-ci ne ferait-il donc qu'un avec M$_{rs}$ Bailey elle-même, ou, ce qui revient sans doute au même, n'aurait-il qu'une existence purement « astrale » ? À vrai dire, nous n'en sommes pas tout à fait sûr, car il présente bien aussi, par ailleurs, quelques ressemblances avec un personnage dont on nous a signalé de divers côtés les manifestations variées... Quoi qu'il en soit, il s'agit d'un plan qui aurait été établi par une « Hiérarchie » hypothétique dans laquelle il n'est pas difficile de reconnaître la trop fameuse « Grande Loge Blanche » ; celle-ci, désignée curieusement comme une « Compagnie d'Intellects éclairés », aurait fondé, pour réaliser ce « plan », un « Groupe des Artisans de l'Ère nouvelle », dont les membres seraient mis en relation entre eux « subjectivement, intuitivement et parfois télépathiquement », et dont l'activité, d'après ce qui est dit, s'exercerait dans les domaines les plus profanes : on y trouverait jusqu'à des politiciens et des hommes d'affaires ! Tout cela ne présente certes pas un bien grand intérêt en soi ; si nous nous y arrêtons, c'est pour montrer une fois de plus combien toutes ces histoires fantastiques se répandent actuellement ; et, comme nous l'avons déjà dit bien souvent, il y a là un danger certain ; ceux qui les inspirent (nous ne disons pas ceux qui les propagent) ont sûrement quelque dessein suspect, et, de la « contre-initiation » à la « pseudo-initiation », il y a peut-être plus d'« infiltrations » qu'on ne serait tenté de le croire...

Décembre 1935

Luigi Valli. – La Struttura morale dell'Universo dantesco.

Casa Editrice « Ausonia », Roma.

Ce volume est le recueil des travaux de l'auteur sur Dante qui étaient restés jusqu'ici inédits ou dispersés dans des revues diverses ; il s'y trouve, à côté de commentaires spéciaux d'un certain nombre de chants de la *Divina Commedia*, des notes complémentaires à ses précédents ouvrages, et des réponses aux critiques qui lui avaient été adressées. Le tout a été divisé en deux parties, suivant qu'il s'agit d'écrits antérieurs ou postérieurs à la découverte des multiples symétries existant entre les deux symboles de la Croix et de l'Aigle, et où l'auteur a vu la « clef » de toute la *Divina Commedia* ; à notre avis, ce peut bien en être en effet une des « clefs », mais non pas la seule, car, si la question des rapports des deux pouvoirs représentés respectivement par la Papauté et l'Empire a incontestablement une importance considérable dans la pensée de Dante, il serait pourtant exagéré de vouloir y réduire celle-ci tout entière. Il est d'ailleurs probable que l'auteur lui-même, s'il en avait eu le temps, aurait rectifié ou complété ses vues sur bien des points, d'autant plus que, vers la fin, il semble qu'il avait été amené à porter de plus en plus son attention sur le côté proprement « hermétique » de Dante. Il se serait sans doute rendu compte, notamment, que certaines idées qu'il regarde comme « originales » ont, au contraire, un caractère strictement traditionnel : ainsi, celle qui fait du Paradis terrestre une étape nécessaire sur la voie du Paradis céleste, par exemple, n'est au fond rien d'autre qu'une expression de la relation qui exista de tout temps entre les « petits mystères » et les « grands mystères ». Le symbolisme même de la Croix et de l'Aigle aurait pu être encore approfondi dans certains de ses aspects : l'auteur trouve insuffisante une interprétation par *Pietà e Giustizia*, c'est-à-dire « Miséricorde et Justice » ; mais, peut-être à l'insu de celui même qui l'avait proposée, ces deux termes correspondent rigoureusement aux deux côtés de l'« arbre séphirothique », et cette simple remarque lui confère assurément un tout autre sens, surtout si l'on y joint la considération d'une certaine figuration des deux pouvoirs par les deux visages de Janus... Il y aurait aussi beaucoup à dire sur la question du secret initiatique, qui semble ici un peu trop réduit à une affaire de simple prudence, ce qui n'est que tout à fait secondaire ; mais nous nous sommes déjà suffisamment expliqué là-dessus en d'autres occasions. Ce qui est très juste, c'est d'envisager la conception de Dante comme constituant en quelque sorte un « super-catholicisme » ; il serait même difficile de trouver une expression plus exacte pour la caractériser ; et nous ajouterons que cela résulte d'ailleurs directement de la nature même de la tradition ésotérique à laquelle Dante se rattachait. Il y a du reste, un peu partout dans ce volume, de multiples considérations très dignes d'intérêt, et qui font encore vivement regretter qu'une telle œuvre soit demeurée inachevée ; nous ne pouvons songer présentement à les signaler en détail, mais peut-être aurons-nous plus tard l'occasion de revenir sur quelques-unes d'entre elles.

Camille Savoire. – Regards sur les Temples de la Franc-Maçonnerie.

« *Les Éditions Initiatiques* », Paris.

Ce livre comprend des chapitres d'un caractère assez divers : les uns surtout « autobiographiques », où l'auteur montre notamment comment il a été amené à modifier peu à peu ses conceptions, dans un sens les rapprochant notablement de l'esprit traditionnel ; les autres d'une portée plus générale, où il expose la façon dont il envisage la Maçonnerie à différents points de vue ; l'intention en est certainement excellente, quoique, sous le rapport proprement initiatique et symbolique, les considérations qui y sont développées demeurent encore quelque peu « extérieures ». À la fin sont reproduits un certain nombre de documents destinés à donner de la Maçonnerie une idée plus juste que celle qu'on s'en fait d'ordinaire dans le monde profane ; et un appendice indique les raisons du réveil en France du « Régime rectifié », dont l'auteur est le principal promoteur : « un foyer maçonnique soustrait à toute influence politique », comme il le dit, est assurément, dans les circonstances présentes, une chose des plus souhaitables, si l'on ne veut pas voir se perdre irrémédiablement les derniers vestiges d'initiation occidentale qui subsistent encore… – Nous nous permettrons de signaler une erreur historique assez singulière (p. 282) : L.-Cl. de Saint-Martin ne fut jamais « chanoine de la Collégiale » (de Lyon ?), mais officier, et, s'il fut membre de plusieurs rites maçonniques, il n'en fonda lui-même aucun ; au surplus, il n'y eut jamais de « système maçonnique » portant authentiquement le nom de « Martinisme », et la vérité est que, lorsque Saint-Martin se retira des différentes organisations dont il avait fait partie, ce fut pour adopter une attitude beaucoup plus mystique qu'initiatique, et certainement incompatible avec la constitution d'un « Ordre » quelconque.

La Clé

Enseignement recueilli par Grace Gassette et Georges Barbarin
(« *Éditions du Prieuré* », Bazainville, Seine-et-Oise.)

Bien que ce volume, qui porte en exergue la maxime cartésienne : « Je pense, donc je suis », soit publié sans nom d'auteur, il provient visiblement de la même « source » que le livre du Dr Alexander Cannon dont nous avons parlé ici il y a quelques mois[13]. On y trouve un peu de tout : de nombreuses citations de l'Évangile, accompagnées d'interprétations souvent contestables, s'y mêlent à de prétendus enseignements des « Sages du Thibet » (?), et aussi à des idées beaucoup plus authentiquement empruntées à la philosophie et à la science modernes ; et les exercices les plus vulgarisés du *Hatha-Yoga* y voisinent avec des « affirmations » qui rappellent curieusement la méthode Coué. Le tout se tient à peu près au niveau intellectuel des innombrables productions américaines qui prétendent enseigner les moyens d'obtenir le « succès » dans un ordre ou dans un autre ; il suffit, d'ailleurs, pour en apprécier l'esprit, de lire les lignes de l'avant-propos où il est dit que « l'âge de l'initiation est terminé », et que « l'avancement de l'humanité dans les voies de la bonté et de la connaissance (!) permettent aujourd'hui de donner le haut enseignement à tous » ; si ces paroles ont été écrites de bonne foi, elles ne témoignent guère en faveur de la « connaissance », ni même, plus simplement, de la perspicacité de leur auteur !

---

[13] [*L'influence invisible* (juin 1936).]

Janvier 1936

Hari Prasad Shastri. – A Path to God-Realization.

The Shanti-Sadan Publishing Committee, London.

L'auteur déclare que les idées formulées dans ce petit livre lui sont venues en méditant les enseignements de Lao-Tseu ; on n'y trouve cependant, à vrai dire, rien qui soit d'inspiration spécifiquement taoïste, mais plutôt l'esquisse élémentaire d'une méthode « préparatoire » qui pourrait s'appliquer indépendamment de toute forme traditionnelle définie. Les prescriptions d'un caractère « moral » et « dévotionnel » y tiennent une place peut-être excessive, alors que ce qui se rapporte à la connaissance, et qui devrait être l'essentiel, se réduit à assez peu de chose. Il y a aussi, au point de départ, une notion de la « spiritualité » qui nous paraît plutôt vague et insuffisante ; mais où nous ne pouvons qu'approuver entièrement l'auteur, c'est quand il déclare que « les phénomènes psychiques » ne doivent pas être associés avec la « vie spirituelle », rappelant que Tulsidas, dans son *Râmâyana*, demande à être préservé de la tentation des prétendus « pouvoirs », et que Shankarâchârya avertit qu'ils ne constituent qu'un piège auquel il est difficile d'échapper.

P. Mandonnet, O. P. – Dante le Théologien : Introduction à l'intelligence de la vie, des œuvres et de l'art de Dante Alighieri.

Desclée de Brouwer et C$_{ie}$, Paris.

Que Dante, vu par un certain côté de son œuvre, puisse apparaître comme théologien, cela n'est pas contestable, et cet aspect mérite d'être situé à sa place légitime parmi les autres ; mais encore faudrait-il bien se garder de vouloir tout y ramener, et nous craignons que cette tendance ne soit quelque peu celle du R. P. Mandonnet, d'autant plus qu'il déclare, tout au début de son livre, regretter d'une façon générale l'absence, dans l'étude de Dante, de « vues systématiques »... que peut-être la nature même du sujet ne saurait comporter. Nous ne pouvons nous défendre d'un certain étonnement en voyant affirmer que « Dante a poussé l'esprit de système au-delà de l'invraisemblable », alors qu'au contraire, et fort heureusement, il nous en paraît tout à fait indemne, ou encore que « l'art de Dante, par un de ses éléments fondamentaux, le symbolisme, est un art de mystificateur », alors que, s'il est vrai qu'« il fournit à chaque instant et intentionnellement l'occasion d'égarer le lecteur », ce n'est sans doute pas sans de très sérieuses raisons, dont nous avons assez parlé en d'autres occasions pour nous dispenser d'y revenir présentement. Quant à l'opinion qui consiste à faire de Dante un « thomiste », il semble qu'elle ait toujours été assez répandue parmi ses commentateurs, surtout ecclésiastiques ; on pourrait y objecter que, si Dante adopte en effet assez souvent le langage de saint Thomas, c'est peut-être aussi pour « égarer le lecteur », du moins dans une certaine mesure ; il lui arrive d'ailleurs d'employer également le langage de saint Augustin ou d'autres, suivant qu'il y trouve quelque avantage, et c'est bien, en tout cas, la preuve qu'il n'est point « systématique ». Quoi qu'il en soit, la principale « nouveauté » de cet ouvrage réside probablement dans l'assertion que Dante fut clerc ; assurément, la chose en elle-même n'a rien d'impossible, mais, même si on l'admet, il ne faudrait pas s'en exagérer l'importance, qui se réduirait en somme à celle d'études lui ayant fourni certains moyens d'expression qui autrement auraient pu lui faire défaut, car, franchement, nous ne voyons pas trop quelle autre influence une simple formation scolaire aurait bien pu avoir sur un esprit comme celui-là... Du reste, l'argumentation destinée à justifier cette assertion, et qui se base surtout sur une certaine interprétation de la *Vita Nova*, ne nous paraît pas très convaincante : tout cela, qui est évidemment d'une ambiguïté voulue, peut signifier bien autre chose, et nous ne voyons pas du tout pourquoi, pour l'expliquer, on ne pourrait « procéder que de deux façons, philosophiquement et théologiquement », comme si toute réalité se réduisait à ces deux seuls points de vue. Aussi avions-nous déjà l'impression que quelque confusion pouvait bien se trouver au fond de toute cette argumentation, avant d'arriver à la fin, qui nous en a apporté la preuve la plus éclatante, car, citant cette phrase : « Et ce doute est impossible à résoudre *pour qui ne serait pas au même degré fidèle d'Amour* ; et à ceux qui le sont, paraît clairement ce qui pourrait résoudre ces paroles incertaines », l'auteur ajoute : « Dante fait appel à un clerc pour dévoiler le secret dissimulé de sa propre cléricature » : ainsi, il a tout simplement confondu initiation et cléricature ! À part cette très grave méprise, il y a certains points sur lesquels il a entièrement raison, notamment en ce qui concerne les « dames » de Dante, qui sont bien, comme il le dit, « de purs symboles », encore que, il est à peine besoin de le dire, il en ignore entièrement la portée ésotérique. Il expose aussi, sur l'usage symbolique des nombres, des considérations intéressantes, mais qui ne vont jamais très loin ni très profondément ; et pourquoi vouloir que ce symbolisme soit « d'origine théologique » ? Certes, les théologiens peuvent, tout comme d'autres, s'en servir dans leur domaine, et ils l'ont fait effectivement, mais ce n'est là qu'une application particulière et assez limitée ; et, quand Dante la dépassait, il n'avait point besoin pour cela de « se créer une théorie personnelle », mais seulement de faire appel à des sources traditionnelles d'un autre ordre... Les interprétations proposées donnent trop souvent une étrange impression d'exclusivité et de « rapetissement » ; et il semble que ce qu'elles laissent en dehors soit précisément toujours ce qui permettrait d'aller au fond des choses : le véritable symbolisme n'est ni la « métaphore », ni l'« allégorie », et il n'est nullement « d'ordre humain » ; c'est bien la « science sacrée » que Dante a constamment en vue, mais elle ne se confond point pour lui purement et simplement avec la théologie ; l'idée du « voyage » eut un sens initiatique profond bien avant de recevoir une acception théologique ; la conception des sphères célestes est tout autre chose qu'une « fiction poétique » ; et nous pourrions continuer presque indéfiniment à citer des exemples de ce genre. Il est très vrai que « c'est se faire illusion que de ne voir de Dante que le côté superficiel et tout extérieur, c'est-à-dire le côté littéraire au sens ordinaire du mot » ; mais n'en voir en outre que le côté théologique, n'est-ce pas s'arrêter encore à quelque chose d'extérieur, à une seconde « écorce » pour ainsi dire ? Et, s'il est exact que des connaissances théologiques peuvent aider à comprendre Dante jusqu'à un certain point, des connaissances d'ordre ésotérique et initiatique, même incomplètes, permettraient certainement de le comprendre beaucoup mieux encore ; mais on peut être un « thomiste » très compétent, ce que le R. P. Mandonnet est incontestablement, et ne pas même soupçonner l'existence de ces choses, qui pourtant tinrent une si grande place dans tout le moyen âge.

Mars 1936

Ananda K. Coomaraswamy. – Angel and Titan : An Essay in Vedic Ontology.

> Extrait du Journal of the American Oriental Society, *vol. 55, n₀ 4.*

Cette importante étude fait suite à *The Darker Side of the Dawn*, dont nous avons rendu compte précédemment[14] ; l'idée principale que l'auteur y développe est que les *Dêvas* ou « Anges » et les *Asuras* ou « Titans », respectivement puissances de Lumière et puissances de Ténèbres dans le *Rig-Vêda*, bien qu'opposés dans leur action, n'en sont pas moins d'une même essence, leur distinction portant en réalité sur leur orientation ou leur état. L'*Asura* est un *Dêva* en puissance, le *Dêva* est encore un *Asura* par sa nature originelle ; et les deux désignations peuvent être appliquées à une seule et même entité suivant son mode d'opération, comme on le voit par exemple dans le cas de *Varuna*. D'autre part, tandis que les *Dêvas* sont représentés habituellement sous des formes d'hommes et d'oiseaux, les *Asuras* le sont sous celles d'animaux et particulièrement de serpents ; de là une série de considérations du plus grand intérêt sur les divers aspects du symbolisme du serpent, principalement au point de vue cosmogonique. Bien d'autres questions sont abordées au cours de ce travail, et nous ne pouvons les énumérer toutes en détail : citons seulement la nature d'*Agni* et ses rapports avec *Indra*, la signification du sacrifice, celle du *Soma*, le symbolisme du Soleil et de ses rayons, de l'araignée et de sa toile, etc. Le tout est envisagé dans un esprit nettement traditionnel, comme le montreront ces quelques phrases que nous extrayons de la conclusion : « Ce qui doit être regardé du dehors et logiquement comme une double opération de sommeil et d'éveil alternés, de potentialité et d'acte, est intérieurement et réellement la pure et simple nature de l'Identité Suprême... Ni l'ontologie védique ni les formules par lesquelles elle est exprimée ne sont d'ailleurs particulières au *Rig-Vêda*, mais elles peuvent tout aussi bien être reconnues dans toutes les formes extra-indiennes

---

[14] [Juillet 1935.]

de la tradition universelle et unanime. »

AVRIL 1936

Sri Ramana Maharshi. – *Truth Revealed (Sad-Vidyâ).*

Sri Ramanasramam, Tiruvannamalai, South India.

Nous avons signalé, il y a quelques mois[15], la traduction de cinq hymnes du « Maharshi » ; nous avons ici celle d'une œuvre portant plus directement sur les principes doctrinaux, et condensant, sous la forme d'une brève série d'aphorismes, l'enseignement essentiel concernant la « Réalité Suprême », ou la « Conscience Absolue » qui doit être réalisée comme le « Soi ».

Kavyakanta Ganapati Muni. – *Sri Ramana Gita.*

Sri Ramanasramam, Tiruvannamalai, South India.

Cet autre petit livre contient une série d'entretiens du « Maharshi » avec quelques-uns de ses disciples, parmi lesquels l'auteur lui-même, sur diverses questions touchant à la réalisation spirituelle et aux moyens d'y parvenir ; nous signalerons spécialement les chapitres concernant *hridaya-vidyâ*, le « contrôle du mental », les rapports de *jnâna* et *siddha*, et l'état du *jîvanmukta*. Tout cela, qui ne saurait être résumé, peut, comme le contenu du précédent volume, fournir d'excellents points de départ pour la méditation.

Mrs Rhys Davids. – *The Birth of Indian Psychology and its development in Buddhism.*

Luzac and Co., London.

---

[15] [Octobre 1935.]

Il nous paraît fort douteux, même après avoir lu ce livre, qu'il ait jamais existé quelque chose qu'on puisse appeler une « psychologie indienne », ou, en d'autres termes, que le point de vue « psychologique », tel que l'entendent les Occidentaux modernes, ait jamais été envisagé dans l'Inde. L'auteur reconnaît que l'étude de l'être humain y a toujours été faite en procédant de l'intérieur à l'extérieur, et non pas dans le sens inverse comme en Occident ; mais c'est précisément pour cela que la psychologie, qui se borne à analyser indéfiniment quelques modifications superficielles de l'être, ne pouvait y être l'objet du moindre intérêt. C'est seulement dans le Bouddhisme, et sans doute comme conséquence de sa tendance à nier ou tout au moins à ignorer les principes transcendants, que l'on rencontre des considérations qui pourraient se prêter, dans une certaine mesure, à être interprétées en termes de psychologie ; mais encore ne faudrait-il pas, même là, pousser les rapprochements trop loin. Quant à vouloir trouver de la psychologie jusque dans les *Upanishads*, c'est là faire preuve d'une parfaite incompréhension, qui ne se manifeste d'ailleurs que trop clairement par d'incroyables confusions de langage : l'« âme », l'« esprit », le « moi », le « soi », l'« homme », tous ces termes sont, à chaque instant, employés indistinctement et comme s'ils désignaient une seule et même chose ! Il est à peine besoin de dire qu'on voit ici s'affirmer constamment le parti pris, commun à tous les orientalistes, de tout réduire à une « pensée » purement humaine, qui aurait commencé par une sorte d'état d'« enfance », et qui aurait ensuite « évolué » progressivement ; entre un tel point de vue et celui de la tradition, il n'y a évidemment aucun terrain d'entente possible... La soi-disant « méthode historique » est d'ailleurs, en fait, bien loin d'exclure les hypothèses plus ou moins fantaisistes : c'est ainsi que Mrs Rhys Davids a imaginé, sous le nom de *Sakya*, quelque chose qu'elle croit avoir été le Bouddhisme original, et qu'elle pense pouvoir reconstituer en éliminant purement et simplement, comme des adjonctions « tardives », tout ce qui ne s'accorde pas avec la conception qu'elle se fait des débuts de ce qu'elle appelle une *world-religion*, et, en premier lieu, tout ce qui paraît présenter un caractère « monastique » ; ce qu'un pareil procédé peut prouver en réalité, c'est seulement qu'elle-même est affectée d'un violent préjugé « anti-monastique » ! Nous n'en finirions d'ailleurs pas si nous voulions relever, dans ses interprétations, les traces de ses propres préférences religieuses ou philosophiques ; mais, comme elle est bien persuadée que quiconque ne les partage pas est par là même dépourvu de tout « esprit critique », cela ne servirait assurément à rien... Quoi qu'il en soit, après la lecture d'un ouvrage de ce genre, nous sommes certainement beaucoup mieux renseignés sur ce que pense l'auteur que sur ce qu'ont vraiment pu penser ceux qu'il s'est proposé d'étudier « historiquement » ; et cela du moins n'est pas sans offrir un certain intérêt « psychologique » !

Rudolf Steiner. – *Mythes et Mystères égyptiens.*

Association de la Science spirituelle, Paris.

Dans cette série de douze conférences faites à Leipzig en 1908, l'auteur se défend, avec une curieuse insistance, de vouloir expliquer les symboles ; il ne veut y voir que l'expression de ce qu'il appelle des « faits spirituels », par quoi il entend des événements qui sont censés s'être passés, au cours de telle ou telle période de l'histoire de l'humanité, dans le domaine psychique, voire même simplement « éthérique », car, comme nous avons eu déjà à le faire remarquer à propos d'un autre volume[16], sa conception du « spirituel » est plus que vague... Nous retrouvons là une fois de plus, sur les « races » et les « sous-races » humaines, quelques-unes des histoires fantastiques que nous ne connaissons que trop ; ce que nous trouvons toujours le plus étonnant là-dedans, c'est qu'on puisse faire accepter comme « enseignements rosicruciens » des assertions dont la plupart, en dépit de quelques modifications de détail, sont visiblement dérivées en droite ligne de la *Doctrine Secrète* de M$_{me}$ Blavatsky !

Guido Cavalluci. – *L'Intelligenza come forza rivoluzionaria.*

Biblioteca del Secola Fascista,
Libreria Angelo Signorelli, Roma.

Il est curieux de constater que le mot « révolutionnaire » a pris actuellement, en Italie, un sens presque diamétralement opposé à celui qu'il

---

[16] [*L'Évangile de saint Jean* (juillet 1935).]

avait toujours eu et qu'il a encore partout ailleurs, à tel point que certains vont jusqu'à l'appliquer à des idées de restauration traditionnelle ; si l'on n'en était averti, on comprendrait assurément fort mal un titre comme celui du présent livre. Ce que celui-ci contient d'intéressant à notre point de vue, ce n'est pas, bien entendu, ce qui touche plus ou moins à la politique ou à l'« administration », mais ce qui se rapporte à des questions de principe ; et, tout d'abord, nous y trouvons une fort bonne critique de la conception moderne de l'« intellectuel », qui n'a certes rien de commun avec la véritable intellectualité. À cette conception toute profane, rationaliste et démocratique, s'oppose celle du « sage » antique, revêtu d'un caractère sacré au sens rigoureux de ce mot, et dont la place, dans l'organisation sociale, doit être proprement au « centre » ; l'auteur le déclare expressément, mais peut-être n'en dégage-t-il pas assez nettement la conséquence, à savoir que le « sage », de là, exerce son influence par une sorte d'« action de présence », sans avoir aucunement à se mêler aux activités plus ou moins extérieures. Quoi qu'il en soit, c'est bien ce rôle et ce caractère du « sage » qu'il s'agirait de rétablir effectivement ; mais, malheureusement, quand on en vient à envisager l'application possible, il y a une étrange disproportion entre ce résultat et les moyens proposés pour y parvenir : on risque fort, nous semble-t-il, de retomber en fait dans le domaine de la pseudo-intellectualité, en descendant jusqu'à prendre en considération la « culture » universitaire, qui en est bien le type le plus accompli ; ou bien si l'on veut réellement assurer aux seuls représentants de l'intellectualité véritable, ou, ce qui est la même chose, de la spiritualité pure, leur place au sommet de la hiérarchie, n'est-il pas à craindre que cette place reste vide ? L'auteur reconnaît qu'elle l'est présentement, et il pose à ce propos le problème de l'« élite » spirituelle, mais d'une façon qui ne montre que trop combien il est difficile de le résoudre dans les conditions actuelles : comme on le comprendra sans peine par les considérations que nous avons exposées récemment[17], la formation de l'« élite » ne saurait être une simple affaire d'« éducation », celle-ci fût-elle « intégrale » ; et d'autre part, en supposant cette « élite » constituée, nous ne la voyons pas bien se groupant dans une « académie », ou dans toute autre institution s'affichant pareillement aux yeux du public ; avec de telles vues, nous voilà, hélas ! bien

---

[17] [*Sur la notion de l'élite* (février 1936), repris dans les *Aperçus sur l'Initiation*, ch. XLIII.]

loin du « centre » qui régit toutes choses invisiblement...

Bhikshu Wai-Tao and Dwight Goddard. – *Laotzu's Tao and Wu-Wei, a new translation.*

Dwight Goddard, Santa Barbara, California ; Luzac and Co, London.

Ce volume contient une traduction du *Tao-te-king* dont le principal défaut, à ce qu'il nous semble, est de revêtir trop souvent une teinte sentimentale qui est fort éloignée de l'esprit du Taoïsme ; peut-être est-il dû pour une part aux tendances « bouddhisantes » de ses auteurs, du moins si l'on en juge d'après leur introduction. Vient ensuite une traduction du *Wu-Wei* d'Henry Borel, dont nous avons parlé ici autrefois[18], par M. E. Reynolds. Enfin, le livre se termine par une esquisse historique du Taoïsme, par le Dr Kiang Kang-Hu, faite malheureusement d'un point de vue bien extérieur : parler de « philosophie » et de « religion », c'est méconnaître complètement l'essence initiatique du Taoïsme, soit en tant que doctrine purement métaphysique, soit même dans les applications diverses qui en sont dérivées dans l'ordre des sciences traditionnelles.

Gabriel Trarieux d'Egmont. – *Prométhée ou le Mystère de l'Homme.*

Édition Adyar, Paris.

Ceux qui, n'ayant pas le temps ou le courage de lire la *Doctrine Secrète* de Mme Blavatsky, voudraient cependant s'en faire une idée, pourront en trouver dans ce livre un aperçu assez fidèle, tout au moins en ce qui concerne l'histoire des races humaines ; on sait assez ce que nous pensons de ces conceptions fantastiques, si éloignées de véritables enseignements traditionnels, et nous n'entendons pas y revenir. La principale originalité de l'auteur est d'avoir donné en quelque sorte pour centre à toute cette histoire

---

[18] [Août-septembre 1932.]

le mythe grec de Prométhée, interprété naturellement, à cet effet, d'une façon assez particulière et plutôt contestable. En outre, il fait preuve d'un certain « éclectisme », qui consiste à accueillir à l'occasion des idées empruntées à d'autres sources, mais surtout aux diverses variétés de l'occultisme et autres contrefaçons modernes de la tradition. Enfin, il croit fermement aux « Maîtres » de la Société Théosophique ; s'il y a quelque chose de réel là-dedans, ce n'est certes pas ce qu'il pense, et nous craignons qu'il ne se méprenne fort sur leur véritable situation par rapport à ces « pouvoirs ténébreux » qu'il mentionne à plusieurs reprises : la « pseudo-initiation » ne sert que trop bien, à l'extérieur, les fins que visent les représentants de la « contre-initiation », pour que, de celle-ci à celle-là, il ne se produise pas parfois quelques infiltrations…

Juin 1936

Roger Glardon. – *Le Spiritisme en face de l'histoire, de la science, de la religion.*

P. Rouge et Cie, Lausanne, et Librairie Fischbacher, Paris.

L'auteur est un pasteur protestant, et son livre a été présenté comme thèse à la Faculté de théologie de l'Église libre du canton de Vaud ; c'est dire que le point de vue auquel il se place pour combattre le spiritisme est forcément assez spécial. La partie historique contient de fâcheuses confusions, qui tendraient à donner raison à ceux des spirites qui veulent faire remonter leurs théories et leurs pratiques jusqu'à l'Antiquité ; la documentation en est d'ailleurs bien peu sûre, puisque, pour l'Inde par exemple, l'auteur va jusqu'à accepter certains racontars de Jacolliot. On peut voir là à combien d'équivoques se prête le mot d'« esprits », qui ne signifie rien au fond ; et, d'autre part, prétendre assimiler au spiritisme jusqu'au culte catholique des saints témoigne d'assez singuliers préjugés. L'exposé des faits, qui vient ensuite, vaut certainement mieux ; mais ce n'est pas là qu'est le plus important, car, en réalité, il n'y a pas « de phénomènes spirites », il n'y a de spirite qu'une certaine explication de ces phénomènes. À cet égard, l'auteur s'attache à montrer que les diverses autres hypothèses qu'on peut envisager suivant les cas suffisent pour expliquer tous les faits constatés, de sorte qu'il n'y a aucune nécessité de recourir à l'hypothèse spirite ; cependant, comme il semble malgré tout considérer celle-ci comme une hypothèse possible au même titre que les autres, et qu'en tout cas il n'en montre pas l'absurdité, sa réfutation demeure en somme bien insuffisante et n'a rien de définitif. Quant à la partie proprement religieuse, à part certaines réflexions qui relèvent du simple bon sens et qui font assez bien ressortir le côté ridicule de la soi-disant « religion spirite », il va de soi qu'elle ne peut guère convaincre que les coreligionnaires de l'auteur. Enfin, une dernière partie est consacrée aux dangers du spiritisme ; ici du moins, nous ne pouvons qu'approuver entièrement ; et peut-être même l'auteur aurait-il dû insister un peu plus sur ces considérations, puisque le but même de son étude est, dit-il, « de décourager ceux qui seraient tentés de s'engager sur cette voie, funeste à tous les points de vue ».

Édouard Arnaud. – *Recherche de la Vérité : art, science, occultisme, religions.*

Éditions Leymarie, Paris.

Le plus grand mérite de ce gros volume, c'est sans doute l'évidente sincérité de l'auteur ; celui-ci cherche la vérité (mieux vaudrait peut-être dire « sa » vérité, car il est très « relativiste ») à travers des considérations basées à la fois sur la physique moderne, la « métapsychique » et les diverses variétés de l'occultisme ; il n'y a pas à s'étonner si, dans ces conditions, il n'aboutit qu'à des hypothèses dont la valeur est des plus contestables. Il attribue une particulière importance à la *Doctrine Secrète* de M$_{me}$ Blavatsky ; il est vrai qu'il se refuse à tenir compte de ce qui lui paraît par trop « invérifiable », mais il n'en croit pas moins qu'il y a là l'authentique expression d'une « tradition archaïque » ; aussi ses informations sur les doctrines orientales, puisées à une telle source, sont-elles d'une nature éminemment fantaisiste. Ajoutons qu'il apporte à sa recherche une mentalité visiblement influencée à la fois par son éducation protestante et par sa profession d'architecte ; et cela en montre bien encore le caractère purement « individuel », aussi éloigné que possible de l'impersonnalité de la véritable connaissance.

H. Mamessier. – À la recherche de Forces spirituelles.

Éditions Adyar, Paris.

Cette brochure est un indice, parmi bien d'autres, que, même dans les milieux où l'on fait profession de croire le plus fermement au « progrès », on n'ose plus trouver que l'époque actuelle soit admirable à tous les points de vue ; mais, à part cela, qui est somme toute purement négatif, l'auteur fait surtout preuve d'une haine fanatique contre tout ce qui s'appelle « dogme » et « révélation », et il paraît d'ailleurs ignorer tout à fait la véritable nature du « spirituel », avec lequel ses vues morales et sociales et ses projets de réformes politiques et économiques n'ont assurément pas grand-chose de commun.

JUILLET 1936

Albert Lantoine. – Histoire de la Franc-Maçonnerie française : La Franc-Maçonnerie dans l'État.

Émile Nourry, Paris.

Ce livre fait suite à un premier volume intitulé *La Franc-Maçonnerie chez elle*, paru il y a une dizaine d'années, mais il peut aussi fort bien se lire séparément. L'auteur, en y étudiant les rapports qu'a eu la Maçonnerie avec les divers gouvernements qui se sont succédés en France depuis Louis XV jusqu'à la troisième République, fait preuve d'une remarquable impartialité, et cette qualité est d'autant plus louable qu'elle se rencontre plus rarement quand il s'agit d'un pareil sujet, qui n'est généralement traité qu'avec un parti-pris fortement accentué dans un sens ou dans l'autre. Aussi lui arrivera-t-il sans doute de déplaire à la fois à la plupart des Maçons et à leurs adversaires, par exemple lorsqu'il démolit la légende qui veut que la Maçonnerie ait joué un rôle considérable dans la préparation de la Révolution, car, chose curieuse, cette légende, qui doit sa naissance à des écrivains antimaçonniques tels que l'abbé Barruel, a fini par être adoptée, beaucoup plus tard, par les Maçons eux-mêmes. À ce propos, il est à remarquer que, parmi les personnages du XVIIIe siècle qui sont communément regardés comme ayant été rattachés à la Maçonnerie, il en est beaucoup pour lesquels il n'y a pas le moindre indice sérieux qu'ils l'aient jamais été réellement ; c'est le cas, entre autres, de la très grande majorité des Encyclopédistes. Où l'auteur se départit un peu de son attitude impartiale, à ce qu'il nous semble, c'est quand il parle de ce qu'il appelle la « responsabilité des hauts grades » à l'origine de la légende susdite ; il le fait à la façon de quelqu'un qui ne paraît pas penser qu'il puisse y avoir dans ces grades quelque sens plus ou moins profond, à tel point qu'il va jusqu'à les qualifier de « jeux sans importance », mais « d'une maladresse insigne », ce qui est une vue bien « profane » ; et pourquoi, tout au moins, ne relève-t-il pas l'énorme fantaisie des interprétations de mots hébraïques figurant dans un rituel reproduit (p. 152) d'après un adversaire ? Ceci se rattache d'ailleurs à une critique plus générale que nous pourrions formuler à l'égard de cet ouvrage : c'est qu'on y sent parfois percer une tendance à traiter trop légèrement tout ce qui touche au symbolisme et au rituel ; mais, en raison du sujet même, ce défaut n'est pas très apparent, et, en somme, il n'enlève rien au mérite et à l'intérêt très réels que présente un tel travail au point de vue proprement historique, qui est bien celui où l'auteur a entendu se placer.

André Lebey. – La Vérité sur la Franc-Maçonnerie par des documents, avec le Secret du Triangle.

Éditions Eugène Figuière, Paris.

Ce livre est un recueil de discours prononcés au Grand Chapitre du Grand-Orient de France ; et l'auteur, en les réunissant ainsi simplement sans y ajouter aucun commentaire, s'est proposé de montrer ce que sont les travaux des hauts grades, et de rectifier par là même les idées fausses que le public se fait généralement à ce sujet. Nous ne pouvons songer ici à résumer ni même à énumérer toutes les questions d'ordre divers qui y sont abordées ; signalons seulement, parmi celles que l'auteur propose à l'étude des Ateliers des hauts grades comme particulièrement importantes, celle des rapports de l'Orient et de l'Occident, sur laquelle il développe des considérations intéressantes, bien qu'on puisse regretter qu'une connaissance trop indirecte de l'Orient lui fasse accorder un peu trop d'importance à certaines vues occidentales contestables, comme celles de Spengler et de Keyserling par exemple, ou aux déclarations de quelques Orientaux beaucoup moins « représentatifs » qu'il ne paraît le croire. Ajoutons à ce propos que l'idée d'une entente entre les différentes civilisations basée sur la constitution d'un « nouvel humanisme », étendu fort au-delà des étroites limites de la seule « culture gréco-latine », tout en étant assurément très louable, apparaîtra toujours comme tout à fait insuffisante au point de vue oriental, comme tout ce qui ne fait appel qu'à des éléments d'ordre purement « humain ». – Le dernier chapitre, *Le Secret du Temple*, rappelle à l'attention des Maçons, aujourd'hui trop oublieux de ces choses, les liens, certainement plus qu'« idéaux » quoi que certains puissent en dire, qui les rattachent aux Templiers ; ce n'est qu'une esquisse historique assez rapide, mais néanmoins très digne d'intérêt. Il ne paraît pas douteux que, comme le dit l'auteur, et bien qu'il ait pu y avoir encore autre chose dont cela même n'était qu'une conséquence, les Templiers aient possédé un « grand secret de réconciliation » entre le Judaïsme, le Christianisme et l'Islamisme ; comme nous l'avons déjà dit nous-même en une autre occasion, ne buvaient-ils pas le même « vin » que les Kabbalistes et les Soufis, et Boccace, leur héritier en tant que « Fidèle d'Amour », ne fait-il pas affirmer par Melchissédec que la vérité des trois religions est indiscutable… parce qu'elles ne sont qu'une en leur essence profonde ?

Emmanuel Malynski et Léon de Poncins. – La Guerre occulte.

Gabriel Beauchesne, Paris.

Ici comme dans les précédents ouvrages de M. Léon de Poncins dont nous avons déjà eu l'occasion de parler[19], il y a, pour tout ce qui se rapporte à la critique du monde moderne, beaucoup de considérations très justes ; les

---

[19] [*Les Forces secrètes de la Révolution* (octobre 1930) ; *Refusé par la Presse* (juin 1932) ; *Tempête sur le Monde, ou la faillite du Progrès* (mars 1934) ; *La Dictature des Puissances occultes : La F/ M/ d'après ses documents secrets* (novembre 1934).]

auteurs, qui dénoncent avec raison des erreurs communes comme celle qui consiste à croire que les révolutions sont des « mouvements spontanés », sont de ceux qui pensent que la déviation moderne, dont ils étudient plus spécialement les étapes au cours du XIX$_e$ siècle, doit nécessairement répondre à un « plan » bien arrêté, et conscient tout au moins chez ceux qui dirigent cette « guerre occulte » contre tout ce qui présente un caractère traditionnel, intellectuellement ou socialement. Seulement, quand il s'agit de rechercher des « responsabilités », nous avons bien des réserves à faire ; la chose n'est d'ailleurs pas si simple ni si facile, il faut bien le reconnaître, puisque, par définition même, ce dont il s'agit ne se montre pas au dehors, et que les pseudo-dirigeants apparents n'en sont que des instruments plus ou moins inconscients. En tout cas, il y a ici une tendance à exagérer considérablement le rôle attribué aux Juifs, jusqu'à supposer que ce sont eux seuls qui en définitive mènent le monde, et sans faire à leur sujet certaines distinctions nécessaires ; comment ne s'aperçoit-on pas, par exemple, que ceux qui prennent une part active à certains événements ne sont que des Juifs entièrement détachés de leur propre tradition, et qui, comme il arrive toujours en pareil cas, n'ont guère gardé que les défauts de leur race et les mauvais côtés de sa mentalité particulière ? Il y a pourtant des passages (notamment pp. 105-110) qui touchent d'assez près à certaines vérités concernant la « contre-initiation » : il est tout à fait exact qu'il ne s'agit pas là d'« intérêts » quelconques, qui ne peuvent servir qu'à mouvoir de vulgaires instruments, mais d'une « foi » qui constitue « un mystère métapsychique insondable pour l'intelligence même élevée de l'homme ordinaire » ; et il ne l'est pas moins qu'« il y a un courant de satanisme dans l'histoire »… Mais ce courant n'est pas seulement dirigé contre le Christianisme (et c'est peut-être cette façon trop restreinte d'envisager les choses qui est la cause de bien des « erreurs d'optique ») ; il l'est aussi, exactement au même titre, contre toute tradition, qu'elle soit d'Orient ou d'Occident, et sans en excepter le Judaïsme. Quant à la Maçonnerie, nous étonnerons peut-être beaucoup les auteurs si nous disons que l'infiltration des idées modernes, au détriment de l'esprit initiatique, en a fait, non point un des agents de la « conspiration », mais au contraire une de ses premières victimes ; et cependant, en réfléchissant à certains efforts actuels de « démocratisation » du Catholicisme lui-même, qui ne leur ont certainement pas échappé, ils devraient pouvoir arriver, par analogie, à comprendre ce que nous entendons par là... Et oserons-nous ajouter qu'une certaine volonté d'égarer les recherches, en suscitant et en entretenant diverses « hantises » (peu importe que ce soit celle de la Maçonnerie, des Juifs, des Jésuites, du « péril jaune », ou quelque autre encore), fait précisément aussi partie intégrante du « plan » qu'ils se proposent de dénoncer, et que les « dessous » réels de certaines équipées antimaçonniques sont tout particulièrement instructifs à cet égard ? Nous ne savons que trop bien que, en insistant là-dessus, on risque fort de n'être agréable à personne, de quelque côté que ce soit ; mais est-ce là une raison suffisante pour ne point dire la vérité ?

Hari Prasad Shastri. – *Meditation, its Theory and Practice.*

The Shanti-Sadan Publishing Committee, London.

Ce petit livre contient un exposé assez simple, mais néanmoins exact dans son ensemble, de ce que sont la concentration et la méditation, et de la façon dont on peut s'y exercer progressivement. L'auteur fait d'ailleurs remarquer très justement que la méditation n'est point un but en elle-même, mais seulement une méthode pour atteindre la Connaissance, qui, au fond, n'est elle-même pas autre chose que la « réalisation du Soi ». Il insiste aussi avec beaucoup de raison sur la nécessité de l'enseignement traditionnel ; mais un peu plus de précision eût été souhaitable ici, car bien des lecteurs pourront croire qu'il suffit de se rattacher « idéalement » à une tradition, fût-ce simplement en en étudiant les enseignements dans des livres, alors qu'il n'en est rien et qu'il faut que le rattachement soit direct et effectif. Dans le même ordre d'idées, nous noterons encore une autre lacune : il est très vrai que les *mantras* ne sont valables que s'ils sont prononcés dans la langue sacrée de la tradition à laquelle ils appartiennent, et non pas traduits en un autre langage quelconque ; mais pourquoi ne pas avertir que, en outre, ils ne peuvent avoir leur pleine efficacité que s'ils ont été communiqués par une transmission régulière et selon les rites prescrits traditionnellement ? Peut-être est-ce pour ne pas trop risquer de décourager les Occidentaux, pour qui cette condition ne saurait être remplie ; nous pensons cependant, quant à nous, qu'il vaut encore mieux les prévenir de la limitation des résultats qu'ils peuvent normalement espérer que de les exposer à éprouver par la suite de plus fâcheuses déceptions.

Ananda K. Coomaraswamy. – *Elements of Buddhist Iconography.*

Harvard University Press, Cambridge, Massachusetts.

Cet important ouvrage contient l'interprétation des principaux symboles employés par le Bouddhisme, mais qui, en fait, lui sont bien antérieurs et sont en réalité d'origine védique, car, comme le dit très justement l'auteur, « le Bouddhisme dans l'Inde représente un développement hétérodoxe, tout ce qui est métaphysiquement correct dans son ontologie et son symbolisme étant dérivé de la tradition primordiale ». Les symboles qui ont été appliqués au Bouddha sont principalement ceux de l'*Agni* védique, et cela non pas plus ou moins tardivement, mais, au contraire, dès l'époque où on ne le représentait pas encore sous la forme humaine. Ceux de ces symboles qui sont plus spécialement étudiés ici (et dont les planches reproduisent une série d'exemples significatifs) sont : l'arbre, qui est, comme dans toutes les traditions, l'« Arbre de Vie » ou l'« Arbre du Monde » ; le *vajra*, avec son double sens de « foudre » et de « diamant », ce dernier répondant aux idées d'indivisibilité et d'immutabilité ; le lotus, représentant le « terrain » ou le « support » de la manifestation ; la roue, qui, aussi bien comme « roue de la Loi » que comme « roue cosmique », représente l'opération des principes dans la manifestation. L'auteur insiste sur le rapport très étroit que ces divers symboles présentent avec la conception de l'« Axe du Monde », et d'où il résulte que les localisations géographiques elles-mêmes, dans la légende bouddhique, sont au fond purement analogiques. Il aborde en outre un grand nombre d'autres points fort intéressants, comme la similitude du symbole du *vajra* avec le *trishûla*, la signification des empreintes de pieds représentant les « traces » du principe dans le monde manifesté, le pilier de feu comme symbole « axial » équivalant à celui de l'arbre, le symbolisme du chariot et celui du trône, etc. Ce simple aperçu suffira, pensons-nous, à montrer que la portée de ce travail dépasse grandement celle d'une étude sur le Bouddhisme ; la considération particulière de celui-ci, ainsi que le dit l'auteur, n'est à proprement parler qu'un « accident » ; et c'est bien du symbolisme traditionnel, dans son sens vraiment universel, qu'il s'agit surtout en réalité. Ajoutons que ces considérations sont de nature à modifier singulièrement l'idée « rationaliste » que les Occidentaux se font du « Bouddhisme primitif », qui peut-être était au contraire moins complètement hétérodoxe que certains de ses dérivés ultérieurs ; s'il y a eu « dégénérescence » quelque part, ne serait-ce pas précisément dans le sens inverse de celui que supposent les préjugés des orientalistes et leur naturelle sympathie de « modernes » pour tout ce qui s'affirme comme antitraditionnel ?

Jean Marquès-Rivière. – *Le Bouddhisme au Thibet.*

Éditions Baudinière, Paris.

La première partie de cet ouvrage est un exposé des idées fondamentales du Bouddhisme en général, et plus particulièrement du *Mahâyâna* ; la seconde traite de la forme spéciale revêtue par le Bouddhisme thibétain ou Lamaïsme. L'auteur rectifie très justement certaines idées erronées qui ont cours en Occident, notamment au sujet du « Tantrisme », et aussi en ce qui concerne les interprétations « réincarnationnistes » ; il n'admet pas non plus la conception qui prétend faire du *Mahâyâna* un « Bouddhisme corrompu », ce qui implique, dit-il, « une méconnaissance totale des doctrines de l'Orient et de leur valeur propre ». Son livre vaut donc certainement mieux, à bien des égards, que les habituels travaux « orientalistes » ; et nous devons signaler, parmi les plus intéressants, les chapitres consacrés à la méditation, au symbolisme de la « roue de la vie » et à la « science du vide ». Cependant, tout n'est pas parfaitement clair, et il arrive même qu'on retombe parfois sur quelques-unes des confusions courantes : le Bouddhisme n'est point « religieux » au sens occidental de ce mot, et ce dont il s'agit n'a certes rien à voir avec le « mysticisme » ; c'est d'ailleurs pourquoi il y a là une initiation et une méthode, évidemment incompatibles avec tout « mysticisme », et dont l'auteur ne semble comprendre au fond ni le caractère ni la portée. Peut-être cela est-il dû en partie précisément à cette confusion, et en partie aussi à l'exagération de l'importance des « phénomènes » et du « développement psychique », qui ne sont que des choses bien secondaires, encore qu'elles ne supposent pas uniquement « une connaissance fort avancée de la physiologie humaine » ; mais, pourtant, ce défaut de perspective ne suffit pas à expliquer qu'on puisse aller jusqu'à parler d'une « conception toute mécaniste et matérialiste » là où la notion même de « matière » est absente, ou à qualifier de « purement humain » ce qui, au contraire, implique essentiellement l'intervention d'éléments « supra-humains » ; il y a là une ignorance de la vraie nature des « influences spirituelles » dont il est permis de s'étonner ! Mais la vérité est que les assertions que nous venons de citer se rattachent à un ensemble de réflexions « tendancieuses » qui, chose curieuse, ne paraissent pas faire corps avec le reste de l'ouvrage, car elles se trouvent presque invariablement comme ajoutées à la fin des chapitres, et dont certaines témoignent de préoccupations « apologétiques », voire même « missionnaires », d'un ordre assez bas ; alors, ne pourrait-on pas légitimement se demander si cette ignorance ne serait pas « voulue » dans une certaine mesure ? En tout cas, il est fort regrettable qu'un ouvrage qui a par ailleurs de très réels mérites soit ainsi défiguré par l'intrusion d'un esprit que nous préférons ne pas qualifier autrement que comme une des formes du « prosélytisme » occidental, bien qu'un terme encore plus sévère lui soit peut-être mieux approprié…

Marcel Bulard. – *Le Scorpion, symbole du peuple juif dans l'art religieux des XIVe, XVe, XVIe siècles.*

E. de Boccard, Paris.

L'auteur, parti de l'examen de peintures de la chapelle Saint-Sébastien de Lans-le-Villard, en Savoie, a rassemblé tous les documents similaires qu'il a pu découvrir, et il en fait une étude très détaillée, accompagnée de nombreuses reproductions. Il s'agit de figurations du scorpion, soit, sur l'étendard porté par la Synagogue personnifiée, soit plus fréquemment, dans la représentation de certaines scènes de la Passion ; dans ce dernier cas, l'étendard au scorpion est généralement associé à des étendards portant d'autres emblèmes et surtout les lettre S P Q R, manifestement pour indiquer à la fois la participation des Juifs et celle des Romains ; chose assez curieuse et qui semble avoir échappé à l'auteur, on pourrait remarquer aussi que ces mêmes lettres, disposées dans un autre ordre (S Q R P), évoquent phonétiquement le nom même du scorpion. Quant à l'interprétation de ce symbole, l'auteur, s'appuyant sur les « Bestiaires », ainsi que sur la poésie dramatique de la fin du moyen âge, montre qu'il signifie surtout fausseté et perfidie ; il remarque d'ailleurs, ce qui est tout à fait juste, que, à l'époque dont il s'agit, le symbolisme, de « dogmatique » qu'il était précédemment, était devenu principalement « moral », ce qui revient en somme à dire qu'il était bien près de dégénérer en simple « allégorie », conséquence directe et inévitable de l'affaiblissement de l'esprit traditionnel. Quoi qu'il en soit, nous pensons cependant que, originairement tout au moins, il a dû y avoir là autre chose encore, peut-être une allusion au signe zodiacal du Scorpion, auquel est attachée l'idée de la mort ; nous pouvons d'ailleurs noter à ce propos que, sans une telle allusion, le passage même de l'Évangile où le scorpion est mis en opposition avec l'œuf (*Saint Luc*, XI, 11-12) demeure parfaitement incompréhensible. Un autre point intéressant et énigmatique est l'attribution de symboles communs, notamment le scorpion et le basilic, à la Synagogue et à la Dialectique ; ici, les explications envisagées, telles que la réputation d'habileté dialectique qu'avaient les Juifs, nous paraissent vraiment insuffisantes pour rendre compte d'une telle association ; et nous ne pouvons nous empêcher de penser à une tradition d'après laquelle les œuvres d'Aristote, considéré comme le maître de la Dialectique, renfermeraient un sens caché qui ne pourra être pénétré et appliqué que par l'Antéchrist, lequel, d'autre part, est dit devoir être de descendance juive ; ne semble-t-il pas qu'il pourrait y avoir quelque chose à chercher de ce côté ?

OCTOBRE 1936

Léon de Poncins. – La mystérieuse Internationale juive.

Gabriel Beauchesne, Paris.

Ce que nous avons dit ici dernièrement[20], à propos de *La Guerre occulte* dont M. Léon de Poncins est aussi l'un des auteurs, quant à certaines

---

[20] [Juillet 1936.]

exagérations concernant le rôle des Juifs dans le monde, et quant à la nécessité de faire en tout cas certaines distinctions, s'applique encore à ce nouveau volume. Il y a assurément beaucoup de vrai dans ce qui y est exposé au sujet de deux « Internationales », l'une révolutionnaire et l'autre financière, qui sont sans doute beaucoup moins opposées réellement que ne pourrait le croire l'observateur superficiel ; mais tout cela, qui fait d'ailleurs partie d'un ensemble beaucoup plus vaste, est-il vraiment sous la direction des Juifs (il faudrait dire plutôt de certains Juifs), ou n'est-il pas utilisé en réalité par « quelque chose » qui les dépasse ? Il y aurait du reste, pensons-nous, une étude bien curieuse à faire sur les raisons pour lesquelles le Juif, quand il est infidèle à sa tradition, devient plus facilement qu'un autre l'instrument des « influences » qui président à la déviation moderne ; ce serait là, en quelque sorte, l'envers de la « mission des Juifs », et cela pourrait peut-être mener assez loin... L'auteur a tout à fait raison de parler d'une « conspiration de silence » à l'égard de certaines questions ; mais que serait-ce s'il lui arrivait de toucher directement à des choses beaucoup plus vraiment « mystérieuses » encore, et auxquelles, disons-le en passant, les publications « anti-judéomaçonniques » sont les premières à bien se garder de faire jamais la moindre allusion ?

Hiram. – J. -B. Willermoz et le Rite Templier à l'O∴ de Lyon.

Fédération Nationale Catholique, Paris.

Le contenu de ce livre avait paru précédemment sous la forme d'une série d'articles dans la R. I. S. S. ; c'est assez dire dans quel esprit il a été conçu... Assurément, les documents qui y sont publiés, et dont l'essentiel est constitué par la correspondance de Willermoz au cours des négociations longues et compliquées qui devaient finalement aboutir à la constitution du Directoire Écossais Rectifié de la Province d'Auvergne, ces documents, disons-nous, gardent toujours en eux-mêmes leur intérêt historique ; mais que dire des commentaires dont on a jugé bon de les accompagner ? Il est des invraisemblances tellement énormes qu'elles en deviennent comiques ; c'est bien le cas de la présentation de Willermoz et de certains autres personnages (parmi lesquels les chanoines lyonnais d'alors sont plus particulièrement maltraités) comme des serviteurs du « culte du démon » et des gens qui conspiraient pour amener un « retour au paganisme » ! Nous ne sommes certes pas de ceux qui sont disposés à nier « l'intervention du démon dans les choses de ce monde », bien au contraire ; mais qu'on la cherche où elle est réellement ; il est vrai que ce serait un peu plus difficile et plus dangereux que de suivre tout simplement les fausses pistes sur lesquelles ledit démon ou certains de ses représentants ont estimé avantageux de lancer les « chercheurs » plus ou moins naïfs, pour empêcher précisément qu'ils ne risquent de découvrir la vérité…

John Charpentier. – Le Maître du Secret : Un complot maçonnique sous Louis XVI.

H. -G. Peyre, Paris.

Il ne s'agit pas, comme on pourrait être tenté de le croire, de la fameuse « affaire du Collier » mais d'une histoire toute fictive, où l'on voit bien apparaître un certain nombre de personnages réels, mais où ceux qui tiennent les principaux rôles sont, eux aussi, purement imaginaires. Ce n'est en somme, ainsi que le sous-titre l'indique d'ailleurs assez clairement, qu'une sorte de roman antimaçonnique, qui se distingue surtout par le caractère « anachronique » de certains discours : le langage pourrait en être celui de quelques Maçons politiciens d'aujourd'hui, mais il n'est sûrement pas celui de Maçons du XVIIIe siècle ! Il y a aussi une bizarre histoire de « sujets Templiers initiés ou spéculatifs » (*sic*), qui se seraient perpétués après la destruction de leur Ordre, et dont le chef serait désigné comme le « Maître du Secret » ; ils auraient rompu toutes relations avec les autres Templiers survivants, qui, eux, auraient fondé la Maçonnerie pour poursuivre leur vengeance ; l'auteur (à qui nous signalerons à ce propos une grosse erreur en ce qui concerne le symbolisme templier du nombre 11, dont nous avons parlé dans *L'Ésotérisme de Dante*) serait probablement bien en peine de justifier quelque peu sérieusement toutes ces assertions…

C. R. Jain. – La psychologie jaïniste.

Traduction française de J. Salève
(Éditions Eugène Figuière, Paris).

L'auteur de ce petit volume s'est apparemment proposé d'« adapter » certains enseignements du Jaïnisme aux cadres de la psychologie occidentale ; mais la forme en est si maladroite et l'expression si défectueuse que, bien souvent, on ne sait trop ce qu'il a voulu dire. Nous ne pouvons d'ailleurs déterminer quelles sont au juste, en cela, les parts respectives de responsabilité de l'auteur et du traducteur ; en tout cas, il nous semble que ce dernier aurait pu tout au moins se donner la peine d'éviter les barbarismes et de construire ses phrases correctement !

Hari Prasad Shastri. – Vedanta light, from Shri Dadaji Maharaj.

The Shanti-Sadan Publishing Committee, London.

Cette brochure contient la traduction de quelques entretiens du *guru* de l'auteur sur divers sujets se rapportant aux enseignements du *Vêdânta*, notamment en ce qui concerne les moyens préparatoires de la réalisation spirituelle ; la forme en est simple et le contenu assez élémentaire, mais il n'y a là rien qui puisse soulever de sérieuses objections. Nous relèverons seulement une assertion qui nous paraît quelque peu contestable : comment et en quel sens peut-on attribuer à Zoroastre l'origine du *Karma-Yoga* ?

Rudolf Steiner. – L'Apparition des Sciences naturelles.

Association de la Science Spirituelle. Paris.

Ce volume, comme ceux qui l'ont précédé, représente l'édition d'une série de conférences, faites cette fois à Dornach en 1922-1923, et où l'« histoire des idées » est traitée d'une façon bien spéciale à l'auteur. Il est certain que le développement des sciences modernes est étroitement lié à la formation d'une certaine mentalité, très différente de celle des époques précédentes ; mais la nature réelle du changement qui s'est produit ainsi au cours des derniers siècles n'est peut-être pas précisément celle qui est décrite ici, et les vues concernant le mode de connaissance des anciens rappellent un peu trop les fantaisies des « clairvoyants » pour qu'on puisse volontiers les prendre au sérieux.

Pétre Deunov. – Le Maître parle.

Rédaction de la revue Jitno Zerno, Sofia.

Les paroles de ce « Maître » bulgare sont, dans leur ensemble, d'une désolante banalité ; si nous les mentionnons cependant, c'est qu'on y rencontre la description d'une « Auguste Fraternité Universelle » dont la constitution ressemble terriblement à celle de la fameuse « Grande Loge Blanche » ; les histoires de ce genre se multiplient décidément un peu trop, depuis quelque temps, pour qu'on puisse s'empêcher d'y voir un symptôme véritablement inquiétant !

NOVEMBRE 1936

Enel. – Les Origines de la Genèse et l'enseignement des Temples de l'ancienne Égypte. Volume I, 1re et 2e parties.

Institut Français d'Archéologie Orientale, Le Caire.

Il est assurément bien difficile, et peut-être même tout à fait impossible actuellement, de savoir ce que fut en réalité l'ancienne tradition égyptienne, entièrement éteinte depuis tant de siècles ; aussi les diverses interprétations et reconstitutions tentées par les égyptologues sont-elles en grande partie hypothétiques, et d'ailleurs souvent contradictoires entre elles. Le présent ouvrage se distingue des habituels travaux égyptologiques par un louable souci de compréhension doctrinale, qui est généralement absent de ceux-ci, et aussi par la grande importance qui y est donnée fort justement au symbolisme, que les « officiels », pour leur part, tendent plutôt à nier ou à ignorer purement et simplement ; mais est-ce à dire que les vues qui y sont exposées soient moins hypothétiques que les autres ? Nous nous permettons d'en douter quelque peu, surtout en voyant qu'elles sont inspirées par une sorte de parti pris de trouver un parallélisme constant entre les traditions égyptienne et hébraïque, alors que, s'il est bien entendu que le fond est essentiellement le même partout, rien ne prouve que les deux formes dont il s'agit aient été véritablement si proches l'une de l'autre, la filiation directe que l'auteur paraît supposer entre elles, et que le titre même veut probablement suggérer, étant plus que contestable. Il résulte de là des assimilations plus ou moins forcées, et par exemple, nous nous demandons s'il est bien sûr que la doctrine égyptienne ait envisagé la manifestation universelle sous l'aspect de « création », qui paraît si exclusivement spécial à la tradition hébraïque et à celles qui s'y rattachent ; les témoignages des anciens, qui devaient mieux savoir que nous à quoi s'en tenir, ne l'indiquent aucunement ; et, sur ce point, notre méfiance s'accroît encore lorsque nous constatons que le même principe est qualifié tantôt de « Créateur », tantôt simplement de « Démiurge » ; entre ces deux rôles évidemment incompatibles, il faudrait au moins choisir... D'un autre côté, les considérations linguistiques appelleraient sans doute aussi bien des réserves, car il est bien entendu que la langue dans laquelle s'exprimait la tradition égyptienne ne nous est pas connue plus sûrement que cette tradition elle-même ; et il faut encore ajouter que certaines interprétations sont visiblement trop influencées par des conceptions occultistes. Malgré tout, cela ne veut pas dire que, dans ce volume dont la première partie est consacrée à l'Univers et la seconde à l'Homme, il n'y ait pas un assez grand nombre de remarques dignes d'intérêt, et dont une partie pourrait même être confirmée par des comparaisons avec les traditions orientales, que malheureusement l'auteur semble ignorer à peu près complètement, beaucoup mieux que par des références bibliques. Nous ne pouvons naturellement entrer ici dans le détail ; pour donner un exemple, nous signalerons seulement, dans cet ordre d'idées, ce qui concerne la constellation de la Cuisse, désignation de la Grande Ourse, et l'expression « Chef de la Cuisse » qui s'applique au Pôle ; il y aurait de curieux rapprochements à faire à ce sujet. Notons enfin l'opinion de l'auteur sur la Grande Pyramide, dans laquelle il voit à la fois un « temple solaire » et un monument destiné à « immortaliser la connaissance des lois de l'Univers » ; cette supposition est au moins aussi plausible que beaucoup d'autres qui ont été faites à ce propos ; mais, quant à dire que « le symbolisme caché des

Écritures hébraïques et chrétiennes se rapporte directement aux faits qui eurent lieu au cours de la construction de la Grande Pyramide », c'est là, une assertion qui nous paraît manquer un peu trop de vraisemblance sous tous les rapports !

Paul Brunton. – *A Search in secret Egypt.*

Rider and Co, London.

L'auteur, ayant publié précédemment *A Search in secret India*, dont nous avons rendu compte en son temps[21], a voulu écrire un livre semblable sur l'Égypte ; mais nous devons dire franchement que ce nouveau volume est sensiblement inférieur à l'autre, et que la tendance « journalistique » que nous avions déjà remarquée dans certaines parties de celui-ci y est beaucoup plus fâcheusement accentuée. Comme presque tous les étrangers, il s'est visiblement intéressé plus à l'Égypte ancienne qu'à l'Égypte actuelle ; et, vraiment, les contacts qu'il a eus avec cette dernière n'ont pas tous été des plus heureux. Ainsi, on pourra s'étonner de la place qu'il accorde aux « phénomènes » produits par le « fakir » Tahra Bey, trop connu par ses exhibitions dans les music-halls d'Europe et d'Amérique ; cela n'est guère en harmonie avec le titre du livre... Il y a aussi un chapitre consacré à un « magicien » qui n'est pas nommé, mais que nous n'avons eu aucune peine à identifier, et qui, en dépit de ses extraordinaires prétentions (*Es-sâher min janbi' Llah*...), n'est en somme qu'un assez habile charlatan. Dans un autre chapitre encore, il est question d'un hypnotiseur opérant par les méthodes les plus vulgairement occidentales ; c'est d'ailleurs, malgré cela, un Israélite authentiquement égyptien, quoique l'auteur, par une méprise assez amusante, l'ait pris pour un Français, croyant même reconnaître en lui « la manière animée de parler de sa race »... suivant l'idée conventionnelle que s'en font les Anglais ! Ce qui se rapporte aux charmeurs de serpents est peut-être plus intéressant, bien que ces faits, à vrai dire, soient d'un ordre tout à fait courant, et qu'il soit véritablement excessif de vouloir en tirer des considérations sur la survivance possible d'un prétendu « culte du serpent »... – Si nous passons

---

[21] [Juin 1935.]

à ce qui concerne l'Égypte ancienne, nous ne pouvons nous empêcher de trouver que les visions et les rêves y ont un peu trop d'importance ; cela n'était pourtant pas nécessaire pour avoir, par exemple, l'idée d'une origine antédiluvienne et « atlantéenne » du Sphinx et des Pyramides, car il nous semble bien qu'une telle idée a déjà été exprimée dans d'assez nombreux livres. L'auteur a voulu passer seul une nuit à l'intérieur de la Grande Pyramide, et, là aussi, il a eu une vision se rapportant à l'initiation ; mais, sans doute par un effet de ses études antérieures, celle-ci a pris une forme qui rappelle un peu trop le « dédoublement astral » cher aux occultistes ; que la Grande Pyramide ait pu être en fait un lieu d'initiation, nous n'y contredirons certes pas, d'autant plus que cette hypothèse est tout au moins plus vraisemblable qu'un certain nombre d'autres, que l'auteur critique d'ailleurs avec beaucoup de bon sens (y compris, ce qui est assez méritoire de la part d'un Anglais, la théorie « prophétique » sur laquelle nous allons avoir à revenir à propos d'un autre livre) ; mais, même si la chose était prouvée, nous n'en serions encore pas plus avancés quant à la connaissance des modalités particulières de l'initiation égyptienne, et les allusions des auteurs anciens sont certainement bien insuffisantes pour que nous puissions nous en faire une idée tant soit peu précise. – À la fin du volume, l'auteur raconte sa rencontre avec un « Adepte » (?), dont les discours sur le danger de certaines fouilles dans les tombeaux antiques n'ont rien de particulièrement « transcendant » ; nous ne voulons certes pas mettre sa bonne foi en doute, mais nous nous demandons s'il n'aurait pas été tout simplement mystifié.

G. Barbarin. – Le Secret de la Grande Pyramide ou la Fin du Monde adamique.

Éditions Adyar, Paris.

Qu'il y ait un « secret » de la Grande Pyramide, soit qu'elle ait été un lieu d'initiation, comme nous le disions plus haut, soit que, par son orientation et ses proportions, elle représente comme un résumé de certaines sciences traditionnelles, soit que même les deux choses soient vraies en même temps, car elles sont loin d'être inconciliables, cela est très probable, d'autant plus que certaines traditions plus ou moins déformées, mais dont l'origine remonte sans doute fort loin, semblent bien y faire allusion : mais que les modernes aient retrouvé ce « secret », c'est là ce qui semble beaucoup plus douteux. Il a été beaucoup écrit là-dessus, et notamment sur les mesures de la Pyramide ; certaines constatations géométriques, géodésiques, astronomiques, semblent bien acquises et ne manquent pas d'intérêt, mais elles sont en somme bien fragmentaires, et, à côté de cela, on a fait aussi bien de la fantaisie ; du reste, est-on même sûr de savoir au juste ce qu'était l'unité de mesure employée par les anciens Égyptiens ? L'auteur de ce livre donne d'abord un aperçu de tous ces travaux, y compris les hypothèses les plus bizarres, comme celle qui veut découvrir une carte des sources du Nil dans la disposition intérieure de la Pyramide, et celle suivant laquelle le « Livre des Morts » ne serait pas autre chose qu'une description et une explication de cette même disposition ; nous ne pouvons d'ailleurs pas être de son avis lorsqu'il dit que les connaissances géométriques et autres dont on retrouve là le témoignage « ne sont qu'une expression de la science humaine » et rien de plus, car cela prouve qu'il ignore la véritable nature des sciences traditionnelles et qu'il les confond avec les sciences profanes... Mais laissons cela, car ce n'est pas, en somme, l'objet principal de ce volume ; ce dont il s'agit ici surtout, et qui est d'un caractère bien plus fantastique, ce sont les « prophéties » qu'on a voulu découvrir en mesurant, d'une façon qui n'est d'ailleurs pas dépourvue d'arbitraire, les différentes parties des couloirs et des chambres de la Pyramide, pour faire correspondre les nombres ainsi obtenus à des périodes et à des dates de l'histoire. Depuis assez longtemps déjà, il est fait autour de cette théorie, surtout en Angleterre, une extraordinaire propagande dont les intentions semblent plutôt suspectes et ne doivent pas être entièrement désintéressées ; certaines prétentions concernant la descendance des « tribus perdues d'Israël » et autres choses de ce genre, sur lesquelles l'auteur passe plutôt rapidement, n'y sont probablement pas tout à fait étrangères... Quoi qu'il en soit, il y a dans tout cela une absurdité qui est tellement manifeste que nous nous étonnons que personne ne semble s'en apercevoir ; en effet, à supposer que les constructeurs de la Pyramide y aient réellement inclus des « prophéties », deux choses seraient plausibles : c'est, ou que ces « prophéties », qui devaient être basées sur une certaine connaissance des « lois cycliques », se rapportent à l'histoire générale du monde et de l'humanité, ou qu'elles aient été adaptées de façon à concerner plus spécialement l'Égypte ; mais ce n'est ni l'un ni l'autre, puisque tout ce qu'on veut y trouver est ramené exclusivement au point de vue du Judaïsme d'abord et du Christianisme ensuite, de sorte qu'il faudrait logiquement conclure de là que la Pyramide n'est point un monument égyptien, mais un monument « judéo-chrétien » ! Encore convient-il d'ajouter que tout y est conçu suivant une soi-disant « chronologie » biblique conforme au « littéralisme » le plus étroit, et disons-le, le plus protestant ; et il y aurait encore bien d'autres remarques curieuses à faire : ainsi, depuis le début de l'ère chrétienne, on n'aurait trouvé aucune date intéressante à marquer avant… celle des premiers chemins de fer ; il faut croire que ces antiques constructeurs avaient une perspective bien moderne dans leur appréciation de l'importance des événements ; cela, c'est l'élément grotesque qui, comme nous le disons d'autre part, ne manque jamais dans ces sortes de choses, et par lequel se trahit leur véritable origine… Maintenant, voici ce qu'il y a peut-être de plus inquiétant dans toute cette affaire : la date du 15-16 septembre 1936 est indiquée, avec une étonnante précision, comme devant marquer l'entrée de l'humanité dans une ère nouvelle et l'« avènement du renouveau spirituel » ; en fait, il ne semble pas que rien de particulièrement frappant se soit produit à cette date, mais qu'est-ce que cela peut bien vouloir dire au juste ? L'auteur évoque à ce propos nombre de prédictions plus ou moins concordantes, et dont la plupart sont bien suspectes aussi, soit en elles-mêmes, soit surtout par l'usage que veulent en faire ceux qui les répandent ; il y en a trop pour qu'il s'agisse d'une simple « coïncidence », mais, pour notre part, nous ne tirons de là qu'une seule conclusion : c'est que certaines gens cherchent actuellement à créer par ce moyen un « état d'esprit » favorable à la réalisation prochaine de « quelque chose » qui rentre dans leurs desseins ; et, comme on pourra s'en douter sans peine, nous ne sommes certes pas de ceux qui souhaitent la réussite de cette entreprise « pseudo-spirituelle » !

DÉCEMBRE 1936

Ananda K. Coomaraswamy and Duggirala Gopalakrishnayya. – The Mirror of Gesture, being the Abhinaya Darpana of

Nandikeshwara, translated into English, with introduction and illustrations.

E. Weyhe, New-York.

Ce livre est la traduction d'un ancien traité hindou sur l'art du théâtre et de la danse (l'un et l'autre sont désignés, en sanscrit, par le même mot *nâtya*) ; il s'agit ici, bien entendu, d'un art strictement traditionnel, dont l'origine est rapportée à *Brahmâ* lui-même et au début du *Trêta-Yuga*. Tout y a une signification précise, et, par conséquent, rien ne saurait être abandonné à la fantaisie individuelle ; les gestes (surtout les *mudrâs* ou signes formés par la position des mains) constituent un véritable langage hiératique, qu'on retrouve d'ailleurs dans toute l'iconographie hindoue. Aussi ce traité doit-il, dans l'intention de ses traducteurs, être considéré avant tout comme « une illustration des principes généraux d'un art de la communication par gestes, et de tout art traditionnel et normal » ; d'ailleurs, « la division moderne de la vie en compartiments étanches et indépendants est une véritable aberration, et les arts traditionnels d'un peuple ne sont pas une sorte d'excroissance, mais font partie intégrante de sa vie ». À la fin du volume se trouvent de très belles planches reproduisant des exemples empruntés à la sculpture et à la peinture, ainsi que la figuration d'un certain nombre d'attitudes et de *mudrâs*, qui facilite grandement l'intelligence du texte.

Ananda K. Coomaraswamy and A. Graham Carey. – Patron and Artist, Pre-Renaissance and Modern.

Wheaton College Press, Norton, Massachusetts.

Ce livre est la réunion de deux conférences, dans la première desquelles M. Ananda K. Coomaraswamy expose *The normal view of Art*, c'est-à-dire la conception traditionnelle, telle qu'elle exista jusqu'à la Renaissance, en tant qu'elle s'oppose à la conception anormale des modernes. Suivant la vue traditionnelle, l'art implique essentiellement une connaissance, loin d'être simplement affaire de sentiment : l'œuvre d'art ne peut être vraiment « belle » que si elle est adaptée à l'usage auquel elle est destinée, et, quelle qu'elle soit d'ailleurs, c'est seulement à cette condition qu'elle peut atteindre la perfection dans son ordre ; et l'artiste ne doit point chercher à être « original », mais à être « vrai ». Nous citerons, comme tout spécialement intéressant à notre point de vue, ce passage concernant les initiations de métier :

« L'objet de toutes les initiations est, par la transmission d'une impulsion spirituelle, de stimuler dans l'individu le développement de ses propres possibilités latentes. L'enseignement initiatique rattache l'activité caractéristique de l'individu, manifestée extérieurement dans sa vocation, à un ordre universel, intérieurement intelligible ; l'artisan initié travaille, non plus simplement à la surface des choses, mais en accord conscient avec un modèle cosmique qu'il s'attache à réaliser. Un tel enseignement s'appuie sur la vocation et en même temps réagit sur elle, lui donnant une signification plus profonde que celle qui peut s'attacher au simple talent ; la vocation devient le type d'une activité ayant des prolongements et des correspondances dans tous les domaines, non seulement matériels, mais aussi intellectuels, et même en Dieu, qui, en tant que Son acte est conçu comme une création *per artem*, est l'exemplaire de tout ouvrier humain. De cette façon, la tradition affirme que les œuvres d'art sont des imitations, non pas d'autres choses, mais de formes conçues dans l'esprit de l'artiste et qui, à leur tour, doivent être, dans la mesure où ses pouvoirs le permettent, à la ressemblance des raisons éternelles. » – Le sujet de la conférence de M. Graham Carey est *Liberty and Discipline in the four artistic essentials* ; ces quatre choses essentielles sont le but que se propose l'activité artistique, la matière sur laquelle elle s'exerce, les outils ou instruments qu'elle emploie, et enfin l'idée ou l'image à laquelle elle se conforme (on peut remarquer que ceci correspond aux quatre « causes » d'Aristote). La thèse de l'auteur est que, suivant la conception traditionnelle, l'artiste était soumis à des règles strictes quant aux trois premiers points, mais libre à l'égard du quatrième, tandis que, en ce qui concerne l'art moderne, la situation a été exactement renversée. Il examine en détail quelques tentatives qui lui paraissent susceptibles de favoriser un retour à l'ordre normal ; et, en terminant, il insiste sur le fait que l'intention artistique, procédant du désir de donner, est à l'opposé de l'intention commerciale, qui procède du désir d'acquérir, si bien que toute « commercialisation » est contraire à l'esprit même de l'art.

André Duboscq. – *Unité de l'Asie.*

Éditions Unitas, Paris.

Bien que ce petit livre ait un caractère surtout politique dans sa plus grande partie, il contient un aveu qu'il n'est pas sans intérêt d'enregistrer : l'auteur, en effet, reconnaît assez nettement que la « spiritualité » se trouve du côté oriental et qu'elle fait défaut au monde occidental actuel ; il est vrai qu'il n'en persiste pas moins à se solidariser visiblement avec ce monde dépourvu de spiritualité, ce qui est encore un exemple des contradictions dont est coutumière la mentalité contemporaine ! Si, d'autre part, il trouve de l'« intellectualité » en Europe, paraissant ainsi vouloir l'opposer à la « spiritualité », c'est qu'il est vraiment bien peu difficile sur la qualité de ce qu'il appelle « intellectuel » ; quand donc arrivera-t-on à comprendre que l'intellectualité véritable n'a rien de commun avec la basse rationalité appliquée à la réalisation de fins purement matérielles ? Quant à l'affirmation que « l'Asie est une », elle nous paraît quelque peu exagérée ; ce qui est vrai, c'est que les diverses civilisations orientales sont comparables entre elles par la présence de principes d'ordre spirituel, alors qu'il n'y a rien de tel dans le cas de la civilisation occidentale moderne ; mais, de là à une unité réalisée en fait et pouvant se manifester jusque dans les domaines les plus extérieurs, comme l'est celui de la politique, il y a assez loin… Vouloir inclure la Russie dans la prétendue « unité de l'Asie » est encore bien plus contraire à toute réalité, car, ici, on ne retrouve rien de la spiritualité orientale ; et nous nous étonnons qu'on puisse avoir l'idée de s'appuyer, pour soutenir une pareille thèse, sur les déclarations de certain « parti eurasien » que personne, même parmi les Russes, n'a jamais pris au sérieux. Il est vrai que, par ailleurs, l'auteur accepte aussi à la lettre les assertions par trop « intéressées » de quelques écrivains japonais, sans parler de celles de « défenseurs de l'Occident » tels que M. Henri Massis ; tout cela n'est pas entièrement cohérent et ne témoigne pas d'un jugement parfaitement sûr. Les critiques adressées à la façon maladroite dont la Société des Nations est intervenue dans certains conflits orientaux sont apparemment plus justes (et encore est-il bien certain qu'il ne s'agisse là que de simple maladresse ?) ; mais ceci nous entraînerait sur un terrain qui n'est plus du tout le nôtre…

Sir Charles Marston. – La Bible a dit vrai.

Version française de Luce Clarence.
(*Librairie Plon, Paris*).

Ce livre contient avant tout, s'il est permis de s'exprimer ainsi, une excellente critique de la « critique » biblique, faisant parfaitement ressortir tout ce qu'il y a de partial dans ses méthodes et d'erroné dans ses conclusions. Il semble d'ailleurs que la position de cette « critique », qui se croyait si sûre d'elle-même, soit aujourd'hui sérieusement compromise aux yeux de beaucoup, car toutes les découvertes archéologiques récentes ne font que lui apporter des démentis ; peut-être est-ce la première fois que de telles découvertes servent enfin à quelque chose dont la portée dépasse celle de la simple érudition... Il va sans dire, d'ailleurs, que ceux qui savent vraiment ce qu'est la tradition n'ont jamais eu nul besoin de ce genre de preuves ; mais on doit reconnaître que, se basant sur des faits en quelque sorte « matériels » et tangibles, elles sont particulièrement propres à toucher l'esprit moderne, qui n'est sensible qu'aux choses de cet ordre. Nous noterons spécialement que les résultats acquis vont directement à l'encontre de toutes les théories « évolutionnistes », et qu'ils montrent le « monothéisme » aux origines mêmes, et non point comme l'aboutissement d'une longue élaboration à partir d'un soi-disant « animisme » primitif. Un autre point intéressant est la preuve de l'existence de l'écriture alphabétique à l'époque de Moïse et même antérieurement ; et des textes presque contemporains de celui-ci décrivent des rites semblables à ceux du Pentateuque, que les « critiques » prétendaient être d'institution « tardive » ; enfin, de nombreux faits historiques rapportés dans la Bible, et dont l'authenticité était contestée, se trouvent dès maintenant entièrement confirmés. Bien entendu, il reste encore, à côté de cela, beaucoup de points plus ou moins douteux ; et ce qui nous paraît à craindre, c'est qu'on ne veuille aller trop loin dans le sens d'un « littéralisme » étroit et exclusif qui, quoi qu'on en puisse dire, n'a absolument rien de traditionnel au vrai sens de ce mot. Il est contestable qu'on puisse parler de « chronologie biblique » quand on remonte au-delà de Moïse ; l'époque d'Abraham pourrait bien être plus reculée qu'on ne le suppose ; et, pour ce qui est du Déluge, la date qu'on veut lui assigner obligerait à en réduire l'importance à celle d'une catastrophe locale et très secondaire, comparable aux déluges de Deucalion et d'Ogygès. Il faudrait aussi, quand il s'agit des origines de l'humanité, se méfier de l'obsession du Caucase et de la Mésopotamie, qui, elle non plus, n'a rien de traditionnel, et qui est née uniquement d'interprétations formulées lorsque certaines choses n'étaient déjà plus comprises dans leur véritable sens. Nous ne pouvons guère nous arrêter ici sur certains points plus particuliers ; signalons cependant ceci : comment, tout en reconnaissant que « Melchisédek a été tenu pour un personnage très mystérieux » dans toute la tradition, peut-on s'efforcer d'en faire tout simplement le roi d'une petite ville quelconque, qui d'ailleurs ne s'appelait pas Salem, mais Jébus ? Et encore, si l'on veut situer le pays de Madian au-delà du golfe d'Akabah, que fait-on de la tradition suivant laquelle l'emplacement du Buisson ardent se trouve dans la crypte du monastère de Sainte-Catherine, au pied même du Sinaï ? Mais, bien entendu, tout cela ne diminue en rien la valeur des découvertes réellement importantes, qui iront sans doute encore en se multipliant, d'autant plus que leur début ne remonte en somme qu'à une dizaine d'années ; et nous ne pouvons que conseiller la lecture de cet exposé clair et consciencieux à tous ceux qui souhaitent de trouver des arguments contre la « critique » destructive et antitraditionnelle. Nous sommes seulement obligé, pour terminer, de formuler une « mise en garde » à un autre point de vue : l'auteur semble compter sur la « métapsychique » moderne pour expliquer ou tout au moins pour faire admettre les miracles, le don de prophétie, et en général les rapports avec ce qu'il appelle assez malencontreusement l'« Invisible » (un mot dont les occultistes de toute catégorie n'ont que trop usé et abusé) ; il n'est d'ailleurs pas seul dans ce cas, et nous avons constaté récemment d'autres exemples d'une semblable tendance ; c'est là une fâcheuse illusion, et il y a même de ce côté un danger d'autant plus grand qu'on en a moins conscience ; il ne faudrait pas oublier que les « ruses diaboliques » prennent toutes les formes, suivant les circonstances, et témoignent de ressources presque inépuisables !

Gabriel Trarieux d'Egmont. – Le Thyrse et la Croix.

Éditions Adyar, Paris.

Nous retrouvons ici l'étonnante confiance dans les « sources » théosophistes et occultistes que nous avons déjà notée, il y a quelque temps, dans un autre ouvrage du même auteur[22] ; il s'y ajoute encore, cette fois, des enseignements « rosicruciens » dus à un « guide » anonyme qui ne laisse pas de nous être passablement suspect, pour les raisons que nous exposons d'autre part à propos du « pseudo-rosicrucianisme » moderne[23]. Il résulte de tout cela, notamment en ce qui concerne le « Mystère du Christ », quelque chose qui, naturellement, ressemble beaucoup aux théories « messianiques » des théosophistes, mais encore aggravé en quelque sorte par le mélange des autres éléments que nous venons de mentionner ; certains passages donnent une impression vraiment inquiétante... Quant à l'histoire de l'ésotérisme chrétien, telle qu'elle est présentée ici, elle tend à confondre constamment cet ésotérisme avec l'« hérésie » et avec les « sectes » ; nous nous sommes assez souvent attaché précisément à dissiper cette confusion pour n'avoir pas à insister de nouveau sur tout ce qu'il y a d'erroné dans une pareille façon d'envisager les choses. Bien entendu, quand on en vient aux temps actuels, on retrouve encore les interventions de la « Grande Loge Blanche », l'avènement de l'« ère du Verseau », et autres choses qui ne nous sont que trop connues ; aussi, quand l'auteur parle « des Pouvoirs ténébreux qui nous mènent et de leurs perspicaces méthodes », ne peut-on qu'exprimer très sincèrement le regret qu'il soit si loin de faire preuve d'une perspicacité égale à la leur et de discerner leur action partout où elle s'exerce véritablement ! – Nous ne voulons pas relever certaines erreurs de références, mais il en est pourtant une qui nous touche d'un peu trop près pour que nous n'en disions rien : Mgr R. H. Benson a écrit un livre intitulé : *Le Maître du Monde*, et non pas *Le Roi du Monde* ; comme d'ailleurs c'est de l'Antéchrist qu'il s'agit là, et comme ce dont nous parlons dans notre propre livre sur *Le Roi du Monde* est d'un caractère tout opposé, une semblable méprise est extrêmement fâcheuse ; jusqu'ici, il ne s'était encore trouvé que les gens de la *R. I. S. S.* pour confondre, beaucoup moins involontairement du reste, le « Roi du Monde » avec le « Prince de ce Monde » !

---

[22] [*Prométhée ou le Mystère de l'Homme* (avril 1936).]

[23] [*Les contrefaçons de l'idée traditionnelle* (novembre-décembre 1936), repris dans *Le Règne de la Quantité et les Signes des Temps*, ch. XXIX et XXXIV.]

Alfred Sage. – Une Science de l'Ordre est cachée dans le Monde des Nombres.

Librairie Émile Nourry, Paris.

L'auteur s'est proposé, dit-il, de présenter « une science nouvelle, très simple et très utile », et, assurément, la notion de l'ordre ne fait que trop défaut, à notre époque, dans tous les domaines ; mais, en fait, nous trouvons surtout dans son livre des considérations à base d'arithmétique ordinaire, les unes presque enfantines, d'autres compliquées par une terminologie inaccoutumée, et quelques-unes même contestables, impliquant certaines méprises sur la nature de la correspondance qui existe entre l'arithmétique et la géométrie. Il est exact que « la quantité est beaucoup plus générale que le nombre », mais c'est parce que celui-ci n'est en réalité qu'un de ses modes, alors que l'auteur semble l'entendre tout autrement. Il y a aussi des vues un peu étranges sur « l'Absolu qui se pose par rapport au relatif », et qui se définit comme « l'Unité de l'Ordre et de la Vie en soi » ; cela n'a certes rien à voir avec l'Absolu métaphysique ; admettons que c'est de la philosophie, ce qui permet de dire à peu près tout ce qu'on veut... Ce qui est assez étonnant encore, c'est qu'on puisse écrire tout un volume sur l'ordre sans prononcer une seule fois le mot de « hiérarchie » ; est-ce parti-pris ou simple distraction ? Quoi qu'il en soit, et bien que l'auteur indique quelques applications, notamment à la musique et à la chimie (et, à propos de musique, il transforme curieusement le « mode mixte » en « mode myste », ce qui fait l'effet d'un assez mauvais jeu de mots), il ne ressort de tout cela rien de bien net ni de bien satisfaisant au fond, et nous ne pouvons nous empêcher de penser qu'il faudrait tout autre chose pour remettre effectivement un peu d'ordre dans l'esprit de nos contemporains...

JANVIER 1937

Francis Warrain. – L'Œuvre philosophique de Hoené Wronski : textes, commentaires et critique ; Tome II : Architectonique de l'Univers.

Librairie Véga, Paris.

Ce second volume, conçu suivant la même méthode que le premier dont nous avons rendu compte en son temps[24], contient ce qui se rapporte à la fameuse « Loi de Création » de Wronski, et aux applications que celui-ci en a faites à de multiples « systèmes de réalité », qu'il fait dériver de ce qu'il appelle le « Prototype de l'Univers ». Tout cela ne fait en somme que confirmer ce que nous avons déjà dit : il est impossible de voir là autre chose qu'une philosophie, et même une philosophie particulièrement « systématique », avec toutes les limitations que cela implique ; c'est une construction fort ingénieuse, assurément, mais encore plus artificielle ; l'Univers ne saurait se laisser réduire ainsi en schémas et en tableaux ! S'il fallait encore une preuve que Wronski n'a rien d'un ésotériste, nous la trouverions dans ce qu'il dit à propos du symbolisme des nombres, dont il n'envisage la valeur qu'à un point de vue des plus restreints, et qu'il rapporte simplement à un « vague pressentiment » que les anciens auraient eu de sa propre « Loi de Création » ; dans ces conditions, tout rapprochement qu'on peut faire de ses théories avec les conceptions traditionnelles de la Kabbale et du Pythagorisme nous semble bien peu fondé... Il est vrai que, d'autre part, Wronski lui-même fait une place à des principes qu'il appelle « ésotériques », et qu'il laisse sans désignation ; mais, quelle que soit l'interprétation qu'on pourra essayer d'en donner, il est bien évident que ce n'est là qu'une « façon de parler » qui n'a rien à voir avec la notion d'un véritable ésotérisme entendu traditionnellement. Sans entrer dans d'autres détails qui nous mèneraient trop loin, nous signalerons seulement encore la curieuse façon dont Wronski prétend « construire » l'histoire de l'humanité ; ce sont là des vues individuelles du genre de celles de Hegel et de quelques autres philosophes allemands, et on serait bien en peine d'y découvrir la moindre trace d'une connaissance des vraies « lois cycliques » ou de toute autre donnée authentiquement traditionnelle.

---

[24] [Décembre 1934.]

Firmin Ladet. – *Méditations sur l'Omnitude.*

Librairie philosophique J. Vrin, Paris.

Quoi qu'on ait à dire, nous ne pensons pas qu'il y ait jamais intérêt à recourir à des singularités typographiques, non plus qu'à une terminologie bizarre ou inusitée ; c'est là, à notre avis, un des principaux défauts de ce gros ouvrage, et il en a encore un autre qui n'est pas moins fâcheux : il n'est composé en réalité que d'une série de maximes et de réflexions qui, d'un bout à l'autre, se suivent sans aucune division, sans aucun classement selon les sujets auxquelles elles se rapportent ; comment serait-il possible de s'y reconnaître au milieu de tout cela ? Il y a pourtant là, sur l'Être, l'Unité, l'Identité, etc., des pensées très dignes d'intérêt, inspirées souvent du néo-platonisme, quelquefois même des doctrines hindoues ; il en est aussi qui, nous ramenant sans transition aux domaines les plus contingents, « détonnent » étrangement à côté de celles-là ; et il en est encore d'autres qui ne reposent que sur des rapprochements verbaux parfois fort contestables, sans parler de celles dont nous devons avouer franchement que le sens nous échappe tout à fait… Si l'auteur pouvait grouper en quelques chapitres ce qu'il y a de vraiment essentiel dans ses « méditations », en l'exprimant sous une forme plus claire et moins compliquée, et en éliminant aussi les « redites » trop nombreuses, nous sommes sûr que ses lecteurs ne manqueraient pas de lui en être grandement reconnaissants !

G. P. Scarlata. – *Il trattato sul volgare di Dante.*

Stabilimento grafico « Carnia », Tolmezzo.

Dans cette brochure (extraite de la *Rivista Letteraria*), l'auteur du livre *Le origini della letteratura italiana nel pensiero di Dante*, auquel nous avons jadis consacré ici un article (n₀ de juillet 1932)[25], revient sur la signification qu'il convient de reconnaître au traité *De vulgari eloquio* (ou *De vulgaris eloquentiae doctrina*) de Dante, envisagé principalement dans ses rapports

---

[25] [*Nouveaux aperçus sur le langage secret de Dante* (juillet 1932).]

avec la poésie des « Fidèles d'Amour ». Il se déclare d'accord avec nous quand nous disons que ceux-ci ne furent jamais ni une « secte » ni une « société » ; mais il ne semble pas avoir entièrement compris quel fut leur véritable caractère, puisque, tout en regardant le traité en question comme un « commentaire » à leur poésie, il veut y voir un contenu non pas initiatique, mais seulement historique et politique. À vrai dire, il n'y a là aucune incompatibilité, si l'on songe que, à l'époque de Dante, l'histoire et la politique étaient encore tout autre chose que ce qu'elles sont devenues dans les conceptions purement profanes du monde moderne ; et, si le *volgare illustre* est vraiment « l'écriture à quatre sens », pourquoi s'arrêter aux sens les plus extérieurs ? Que Dante, là comme dans ses autres œuvres, ait eu en vue une réalisation aussi complète que possible de l'organisation sociale traditionnelle de la Chrétienté, ce n'est pas douteux, mais cela même peut n'être en définitive pour lui qu'une application de certaines connaissances d'ordre initiatique ; et, par ailleurs, cela exclut très certainement qu'il puisse être considéré comme un « précurseur de l'humanisme » destructeur de la tradition.

Rudolf Steiner. – *L'Évangile de saint Luc.*

Association de la Science Spirituelle, Paris.

Ces conférences furent faites en 1909 à Bâle, devant les membres de la Société Théosophique dont l'auteur ne s'était pas encore séparé à cette époque ; et les interprétations qu'elles présentent sont peut-être encore plus fantastiques, si c'est possible, que celles qui ont cours « officiellement » parmi le commun des théosophistes. Il paraît que, quand l'évangéliste parle de « témoins oculaires », il faut traduire par « clairvoyants » ; partant de là, il n'y a plus qu'à faire appel à la « chronique de l'Akâsha », et ce qu'on en tire n'est certes pas banal ! Ainsi, on y découvre que c'est le « Bouddha transfiguré » qui apparut aux bergers sous la forme d'une « armée céleste », puis qu'il y eut simultanément deux enfants Jésus, l'un de Nazareth et l'autre de Bethléem, en qui se réincarnèrent d'abord respectivement Adam et Zoroastre, en attendant d'autres transformations... Nous croyons inutile de poursuivre davantage cette histoire plus que compliquée ; vraiment, si l'on se proposait délibérément de tout brouiller pour faire des origines du Christianisme une sorte de gâchis incompréhensible, il serait difficile de mieux faire ; et, si même une telle intention n'a pas présidé consciemment à l'élaboration de toutes ces fables, l'impression qui se dégage de celles-ci n'en est pas moins pénible, et la façon péremptoire dont elles sont affirmées comme des « faits » y ajoute encore ; nous voudrions tout au moins, pour la mémoire de l'auteur, croire qu'il n'a joué en tout cela qu'un simple rôle de « suggestionné » !

D. Duvillé. – *L'Æthiopia orientale ou Atlantis, initiatrice des peuples anciens, suivie de « Naissance et propagation de l'alphabet ».*

Société française d'Éditions littéraires et techniques, Paris.

L'auteur distingue deux Éthiopies, l'une occidentale, qui n'est autre que l'Atlantide à laquelle certains donnèrent aussi ce nom, et l'autre orientale, qui est celle qu'on connaît généralement comme telle ; mais, en dépit du titre, il semble avoir eu bien plutôt en vue la première que la seconde, car il n'a fait en somme que recueillir un peu partout ce qui lui a paru pouvoir être considéré comme des traces d'une influence atlantéenne chez les divers peuples anciens. Il y a là des choses assez disparates et provenant de sources dont la valeur est fort inégale ; mais ce qui est le plus regrettable, c'est l'étonnante ignorance linguistique dont l'auteur fait preuve à chaque instant : il est difficile de prendre pour de simples fautes d'impression la déformation constante de certains noms, comme *Orzmund* pour *Ormuzd* ; et que dire des assertions qui ne reposent que sur l'imperfection des transcriptions en lettres latines ? *Sepher* (avec un *samek*) ne peut certes pas venir de *Séphora* (avec un *tsade*), pas plus que *Reschit*, où *sch* ne représente qu'une lettre unique, ne peut être « l'anagramme de *Christ* »… N'insistons pas davantage ; il serait pourtant dommage d'oublier « le *Sandhérim*, composé de 70 traducteurs » qui « approuva la traduction » grecque du *Sepher*, lequel, par surcroît, est supposé avoir été écrit originairement dans « l'araméen des Targoums » ! Le chapitre final sur l'alphabet contient aussi bien d'autres choses de même force ; les amateurs de curiosités philologiques qui liront ce livre auraient vraiment mauvaise grâce à ne pas s'en déclarer satisfaits…

C. Kerneïz. – *Le Hatha-Yoga ou l'art de vivre selon l'Inde mystérieuse.*

Éditions Jules Tallandier, Paris.

Ce livre est plus « sensé » que ne le sont généralement les publications occidentales qui prétendent traiter du même sujet : il contient des réflexions très justes sur l'inutile agitation de la vie moderne ; les exercices qu'il indique sont de ceux qui tout au moins ne présentent aucun danger sérieux, et, sur des questions comme celle du régime alimentaire, il fait preuve d'une modération qui contraste heureusement avec certaines outrances anglo-saxonnes... Mais tout cela n'est point le *Hatha-Yoga* ; c'est, si l'on veut, quelque chose qui s'inspire de ses méthodes jusqu'à un certain point, mais pour les appliquer à des fins entièrement différentes. Le *Hatha-Yoga*, en effet, n'est pas du tout un « art de vivre » ; il est un des modes de préparation au véritable *Yoga*, c'est-à-dire à la réalisation métaphysique, et, s'il peut produire certains effets d'ordre physiologique, il ne s'y attache pas plus qu'il ne vise, comme d'autres l'ont imaginé, à provoquer le développement de « pouvoirs » psychiques ; tout cela n'est qu'« accidents » au sens le plus exact du mot. C'est dire qu'il ne saurait nullement être considéré comme une sorte de « thérapeutique » ; et, d'ailleurs, la meilleure preuve en est qu'une des conditions rigoureusement exigées de ceux qui veulent en entreprendre la pratique, c'est d'être en parfait état de santé. Nous remarquons d'ailleurs ici, à ce propos, une méprise sur la signification même du mot *hatha* : il veut bien dire « force », mais dans le sens d'« effort » et même de « violence », dans une acception comparable à celle de la parole évangélique : « Le Royaume des Cieux appartient aux violents » ; et il contient encore bien d'autres choses, car, symboliquement, *ha* est le Soleil et *tha* est la Lune, avec toutes leurs correspondances ; nous voilà certes bien loin de la physiologie, de l'hygiène et de la thérapeutique... Et c'est encore une autre erreur de penser que le *Hatha-Yoga*, tel qu'il est réellement, peut s'adresser à ceux qui ne sont rattachés en aucune façon à la tradition hindoue ; là comme en tout ce qui ne s'en tient pas à la simple théorie, il y a une question de transmission régulière qui joue un rôle essentiel. Bien entendu, cette question n'a pas à intervenir quand on n'a en vue, comme c'est le cas ici, que des buts tout à fait étrangers à la connaissance traditionnelle, mais, encore une fois, ce n'est plus de *Hatha-Yoga* qu'il s'agit alors, et il ne faudrait pas s'illusionner à ce sujet ; nous ne voulons pas y insister davantage, mais il nous a semblé que ces quelques précisions ne seraient pas inutiles pour remettre un peu les choses au point.

Février 1937

P. Saintyves. – Pierres magiques : bétyles, haches-amulettes et pierres de foudre ; traditions savantes et traditions populaires.

Librairie Émile Nourry, Paris.

Le titre de ce livre appelle tout d'abord une observation : il n'existe, en réalité, ni « traditions savantes » ni « traditions populaires » ; mais des données traditionnelles peuvent être conservées et transmises tant par le peuple que par les savants, ce qui au fond ne fait pas grande différence, si ce n'est qu'elles risquent davantage d'être altérées par les savants, parce que ceux-ci ont toujours plus ou moins tendance à y mêler leurs propres interprétations. Chez les modernes surtout, la manie de chercher à toutes choses des « explications rationnelles », qui, dans cet ordre du moins, sont presque toujours fausses, est bien autrement fâcheuse que la simple incompréhension « populaire » ; on pourrait en trouver quelques exemples dans cet ouvrage même, mais, en général, l'auteur s'est borné à recueillir et à rapporter des textes et des faits, ce qui vaut assurément beaucoup mieux, car il fournit du moins ainsi une documentation dont peuvent tirer parti ceux qui voient là autre chose qu'un amas de « superstitions » dépourvues de sens. Nous trouvons d'abord une série d'extraits d'auteurs divers, depuis l'antiquité jusqu'au XIX$_e$ siècle, se rapportant au sujet étudié ; mais la plus grande partie du volume est consacrée aux traditions qui subsistent encore à notre époque, d'abord dans les diverses régions de la France, et ensuite dans d'autres pays. Des « bétyles », dont nous avons parlé en diverses occasions, il est assez peu question dans tout cela, et les quelques citations qui y font allusion n'indiquent pas bien clairement ce qu'ils sont ; s'il s'agit d'aérolithes, ce n'est d'ailleurs que par confusion qu'ils ont pu être rapprochés des « pierres de foudre » ; et l'énumération des différentes sortes de « pierres de foudre » montre qu'il a été commis encore bien d'autres confusions, mais qui, en somme, proviennent toutes d'une même erreur initiale d'interprétation : celle qui consiste à y voir, au lieu de pierres symbolisant la foudre, des pierres tombées du ciel avec celle-ci, ainsi que nous l'avons expliqué dans un article que nous avons jadis consacré ici même à ce sujet[26] (n₀ de mai 1929). Les véritables « pierres de foudre », et celles auxquelles se rapporte malgré tout la majorité des faits recueillis, ce sont les haches préhistoriques ; il faut y joindre les flèches de pierre et certains fossiles en forme de flèches (bélemnites), ce qui n'est qu'une variante du même symbolisme ; là-dessus nous renverrons à ce que nous avons écrit récemment sur la question des armes symboliques[27] (n₀ d'octobre 1936). Nous signalerons encore un cas spécial, celui où des pierres précieuses ou des cristaux naturels sont considérés comme « pierres de foudre » ; il mérite en effet d'être mis à part, car il peut avoir un certain rapport avec le double sens du mot *vajra* comme « foudre » et « diamant », et alors il s'agirait ici d'un autre symbolisme. Pour en revenir aux armes préhistoriques, il ne suffit certes pas de dire, comme le fait l'auteur, qu'elles ont été regardées comme « pierres de foudre » parce qu'on en avait oublié l'origine et l'usage réels, car, s'il n'y avait que cela, elles auraient tout aussi bien pu donner lieu à une foule d'autres suppositions ; mais, en fait, dans tous les pays sans exception, elles sont toujours des « pierres de foudre » et jamais autre chose ; la raison symbolique en est évidente, tandis que l'« explication rationnelle » est d'une déconcertante puérilité !

Avril 1937

Maurice Favone. – *Les disciples d'Hiram en province : La Franc-Maçonnerie dans la Marche.*

---

[26] [*Les pierres de foudre.*]
[27] [*Les armes symboliques.*]

Dorbon Aîné, Paris.

Ce petit volume a surtout, en lui-même, un intérêt d'« histoire locale », et il faudrait assurément beaucoup de « monographies » de ce genre pour qu'il soit possible d'en tirer des conclusions d'ordre général ; cependant, quelques idées exprimées dans l'introduction ont une portée qui dépasse ce cadre restreint. D'abord, en ce qui concerne les origines de la Maçonnerie, le fait que les habitants de la Marche « se sont distingués dans l'art de construire dès les temps les plus reculés » ne nous paraît pas, quoi qu'il en soit dit ici, avoir un rapport très direct avec le développement, dans cette région, de la Maçonnerie « spéculative » ; l'auteur semble oublier que cette dernière fut importée d'Angleterre, et que ce qui représentait en France l'ancienne Maçonnerie « opérative » s'est toujours continué dans le Compagnonnage, spécialement celui des tailleurs de pierre, et non pas ailleurs. Une autre vue beaucoup plus juste est celle qui se rapporte au rôle de la Maçonnerie au XVIII$_e$ siècle : ses recherches l'ont convaincu qu'elle n'a nullement préparé la Révolution, contrairement à la légende propagée d'abord par les anti-maçons, puis par certains Maçons eux-mêmes ; seulement, ce n'est point une raison pour conclure que « la Révolution est l'œuvre du peuple », ce qui est de la plus parfaite invraisemblance ; elle ne s'est certes pas faite toute seule, bien que ce qui l'a faite ne soit pas la Maçonnerie, et nous ne comprenons même pas comment il est possible, à qui réfléchit tant soit peu, d'ajouter foi à la duperie « démocratique » des révolutions spontanées… Enfin, nous ne pouvons nous dispenser de relever certaines inexactitudes assez singulières : ainsi, l'auteur ne paraît pas se douter qu'une Loge et un Chapitre sont deux choses tout à fait différentes ; et nous lui signalerons aussi que les « Loges d'Adoption » qui dépendent actuellement de la Grande Loge de France ne sont pas le moins du monde « sous le signe du Droit Humain ».

D$_r$ de Fontbrune. – *Les Prophéties de Nostradamus dévoilées* : *Lettre à Henri II.*

Éditions Adyar, Paris.

Encore un abus de langage trop fréquent à notre époque : des

« prédictions » quelconques, quelle qu'en puisse être la valeur, ne sont point des « prophéties », car elles ne sauraient aucunement s'assimiler aux Écritures sacrées et traditionnelles : il y a là pour le moins une étrange inconvenance, dont nos contemporains semblent inconscients, quoiqu'ils la poussent parfois fort loin. Ainsi, nous avons vu récemment un astrologue dédier un livre à Nostradamus, « le plus grand des prophètes que le monde ait connus » ; nous voulons croire que la portée des mots qu'il emploie lui échappe, car autrement ce serait plus grave encore ; et ce qui donne à la chose une certaine saveur ironique, c'est que Nostradamus témoignait le plus complet mépris aux astrologues de son temps : « *Omnesque Astrologi, Blenni, Barbari procul sunto* » ; que dirait-il de ceux d'aujourd'hui, encore bien plus profanes et dégénérés ? C'est aussi de Nostradamus, précisément, qu'il s'agit dans l'ouvrage dont nous avons à parler ici : l'auteur pense avoir trouvé dans son *Épître à Henri II* l'indication de la suite des événements qui doivent se produire à l'approche de la « fin des temps », et qui, d'après son interprétation, se dérouleraient au cours même du présent siècle. Malheureusement, nous nous souvenons que M. Pierre Piobb, de son côté, a vu chez le même Nostradamus la prédiction d'événements se rapportant à un avenir beaucoup plus lointain, comme, par exemple, la destruction de Paris au XXXIVe siècle ; les interprètes ne manquent pas, mais ils feraient bien de se mettre un peu d'accord entre eux ! Il faut d'ailleurs reconnaître que les textes sont réellement fort obscurs, et d'une obscurité manifestement voulue, non seulement quant à la chronologie, mais aussi quant au langage même ; et, pour celui que reproduit et qu'étudie le D_r de Fontbrune, nous devons dire que l'exactitude de sa traduction est assez souvent contestable. Il s'y trouve même de curieuses méprises linguistiques et autres : ainsi, pour prendre quelques exemples, les « avites » sont les aïeux et non les augures (p. 35) ; « ligne » vient de *linea* et n'a aucun lien étymologique avec *limen* (p. 47) ; un « myrmidon » est tout à fait autre chose qu'un « mirmilion » (p. 49) ; « Gog et Magog », bizarrement transformés en « Gog, roi de Magog » n'ont rien de commun avec la race jaune (p. 51), pour la bonne raison qu'ils ne sont pas un peuple existant actuellement à la surface de la terre ; la « cité d'Achem » a bien des chances d'être une ville sainte autre que Jérusalem (pp. 62 et 65), etc. Ajoutons seulement encore, dans cet ordre d'idées, que le « trépied d'airain » dont parle Nostradamus doit avoir un rapport avec quelques opérations magiques, mais n'a certainement rien à voir avec les pratiques spirites (p. 35) ; et, disons-le à ce propos, il n'est pas douteux que Nostradamus ait eu une connaissance très réelle de certaines sciences traditionnelles, bien que, apparemment, celles-ci ne fussent pas d'un ordre très élevé ; ce point pourrait d'ailleurs être précisé par divers rapprochements sur lesquels nous reviendrons peut-être en quelque autre occasion. Pour le moment, nous devons nous borner au contenu du livre du D$_r$ de Fontbrune : celui-ci cherche à confirmer son interprétation concernant la prochaine « fin des temps » par une concordance avec d'autres prédictions ; en dehors de quelques allusions inévitables à celles de la « Grande Pyramide », sur lesquelles nous nous sommes déjà expliqué récemment[28], il se réfère surtout à la « prophétie » dite de saint Malachie, dont l'authenticité est à vrai dire bien douteuse. Toutes les choses de ce genre, d'ailleurs, doivent être considérées en principe comme très suspectes : si leur source même l'est trop souvent, l'usage qui en est fait et les interprétations qui s'y ajoutent le sont encore davantage ; en présence de la façon peu rassurante dont elles sont répandues de tous côtés aujourd'hui, on ne saurait trop mettre en garde ceux qui sont tentés d'y avoir une confiance excessive ou de s'en laisser impressionner outre mesure. Même s'il se trouve parfois quelques fragments de vérité dans tout cela, la perspective spéciale des « voyants » n'a pas manqué de leur faire subir de notables déformations ; par surcroît, la plupart de ces prédictions sont si confuses et si vagues qu'on peut y découvrir à peu près tout ce qu'on veut… comme on le découvre aussi dans Nostradamus, dont l'œuvre a pourtant un caractère « scientifique » que les autres sont bien loin d'avoir, mais n'en est certes pas pour cela plus facile à comprendre !

D$_r$ R. Swinburne Clymer. – *The Rosicrucian Fraternity in America, Vol. I.*

« *The Rosicrucian Foundation* »,
Quakertown, Pennsylvania.

---

[28] [G. Barbarin – *Le Secret de la Grande Pyramide ou la Fin du Monde adamique* (novembre 1936). *Le tombeau d'Hermès* (décembre 1936).]

Ce gros volume est formé de la réunion de plusieurs fascicules qui paraissent avoir été tout d'abord publiés séparément : les uns se rapportent à l'histoire des organisations « rosicruciennes » ou soi-disant telles en Amérique ; les autres fournissent un exemple bien typique des querelles qui se produisent parfois entre les dites organisations et auxquelles nous avons fait allusion dans un récent article[29]. On pourrait d'ailleurs se demander pourquoi l'auteur se borne à dénoncer exclusivement une seule organisation rivale de la sienne, celle qui est connue sous la désignation d'*A. M. O. R. C.*, alors qu'il en existe certainement plus d'une douzaine d'autres qu'il doit logiquement regarder comme tout aussi « illégitimes », puisqu'elles font pareillement usage d'un titre dont il revendique le monopole ; serait-ce parce que la « concurrence » se complique, dans ce cas, du fait que les deux adversaires prétendent l'un et l'autre constituer sous leurs auspices une « Fédération universelle des Ordres et Sociétés initiatiques », ce qui en fait évidemment une de trop ? Quoi qu'il en soit, on ne comprend guère comment des associations qui se disent initiatiques peuvent être *registered* ou *incorporated*, et porter leurs différends devant les tribunaux profanes, ni en quoi des certificats délivrés par des administrations de l'État peuvent établir autre chose qu'une simple « priorité » dans l'usage public d'une dénomination, ce qui assurément n'a rien à voir avec la preuve de sa légitimité ; tout cela témoigne d'une mentalité plutôt étrange, et en tout cas bien « moderne »... Mais, cela dit, ce n'est certes point donner raison aux propres revendications du Dr Clymer que de reconnaître qu'il apporte une documentation fort édifiante sur les « plagiats » de son adversaire, notamment en montrant que ses soi-disant « enseignements secrets » sont extraits textuellement de livres publiés et connus, comme ceux de Franz Hartmann et d'Eckartshausen. À propos de ce dernier, il y a quelque chose d'assez amusant : l'auteur déclare qu'il « a fait de soigneuses recherches, mais qu'il n'a pu trouver aucun écrivain, reconnu comme une autorité ou non, qui cite ou classe Eckartshausen comme un Rosicrucien » ; nous lui signalerons bien volontiers la « source » qui lui a échappé : c'est dans l'*Histoire des Rose-Croix* de Sédir que, parmi des notices biographiques sur divers personnages

---

[29] [*Les contrefaçons de l'idée traditionnelle* (novembre-décembre 1936), repris dans *Le Règne de la Quantité et les Signes des Temps*, ch. XXIX et XXXIV.]

présumés « rosicruciens », il s'en trouve une, la dernière de la série, qui est consacrée à Eckartshausen (1ère édition, pp. 159-160 ; 2e édition, p. 359) ; là encore, l'*Imperator* de l'A. M. O. R. C. n'a donc pas même le mérite de l'invention ! On pourrait du reste, à la condition d'être au courant de certaines choses, relever encore à sa charge d'autres « plagiats » d'un genre quelque peu différent : ainsi, nous voyons la reproduction d'un diplôme dont l'entête est libellé au nom d'un soi-disant « Grand Collège des Rites » ; or ce titre n'a jamais appartenu proprement qu'au Grand-Orient de France ; sachant fort bien en quelle circonstance l'*Imperator* en a eu connaissance, et constatant que la date du diplôme en question lui est postérieure, l'« emprunt » ne peut faire pour nous le moindre doute, sans même parler des détails, très significatifs à cet égard, d'un sceau plus ou moins adroitement modifié... Il y a cependant des choses d'un caractère plus purement fantaisiste, comme le diplôme d'une inexistante « Rose-Croix d'Égypte », quoique, à vrai dire, la « chaîne lybique » dont il s'entoure nous paraisse bien s'inspirer aussi de quelque modèle préexistant ; mais, à ce propos, pourquoi le D$_r$ Clymer voudrait-il que, dans une inscription rédigée en français (d'ailleurs approximatif), on dise *Rose-Cross* et non *Rose-Croix* ? Il est vrai qu'on ne peut pas s'attendre à de bien grandes connaissances linguistiques de la part de quelqu'un qui écrit les titres de sa propre organisation en un latin que nous croyons plus charitable de ne pas reproduire !

Passons à quelque chose de plus important : il apparaît bien que l'*Imperator* a d'abord fabriqué de toutes pièces son *A. M. O. R. C.*, en dépit de la fantastique histoire d'une charte qu'il aurait reçue à Toulouse en 1915, et dont le signataire supposé n'a jamais pu être découvert ; mais, par la suite, il est entré en contact avec les multiples organisations dirigées par le fameux Aleister Crowley, dont il est devenu en quelque sorte un des lieutenants ; cela montre bien que, de la « pseudo-initiation » à la « contre-initiation », le passage n'est souvent que trop facile... Ce n'est certes pas « diffamer » Crowley que de le qualifier de « magicien noir », puisque, en fait, cette qualité lui a été reconnue pour ainsi dire « officiellement » par un jugement rendu contre lui à Londres il y a quelques années ; disons pourtant, en toute impartialité, que cette imputation gagnerait à être appuyée par des arguments plus solides que ceux qu'invoque le D$_r$ Clymer, qui fait même preuve ici d'une assez étonnante ignorance du symbolisme. Nous avons souvent fait remarquer que les mêmes symboles peuvent être pris en des sens opposés ; ce qui importe en pareil cas, c'est l'intention dans laquelle ils sont employés et l'interprétation qui en est donnée, mais il est évident que cela ne saurait se reconnaître à leur aspect extérieur, qui n'en subit aucun changement ; et c'est même une habileté élémentaire, de la part d'un « magicien noir », que de tirer parti d'une telle équivoque. De plus, il faut aussi tenir compte des « plagiats » purs et simples, qui ne manquent pas non plus chez Crowley : ainsi, son emblème de la colombe du Graal vient en droite ligne de Péladan... Ce qui est particulièrement curieux, chez le D$_r$ Clymer, c'est ce que nous pourrions appeler l'obsession du triangle renversé : il ne paraît pas se douter que celui-ci a, dans le symbolisme le plus orthodoxe, d'importantes significations que nous exposerons peut-être quelque jour ; et comment ne sait-il pas tout au moins que ce triangle figure dans les hauts grades de la Maçonnerie écossaise, où il n'y a assurément pas trace de « magie noire » ? Un problème que nous nous avouons incapable de résoudre, c'est celui de savoir comment un cordon porté « en sautoir » pourrait bien ne pas avoir la pointe en bas ; mais nous ne croyons pas que, avant le D$_r$ Clymer, personne ait jamais eu l'idée de voir dans la forme d'un tel cordon (ou d'un camail de chanoine, si l'on veut) la figure d'un triangle renversé. Il n'y a pas grandes conséquences à tirer non plus, si ce n'est comme exemple de « contrefaçon », du fait que les chefs d'organisations pseudo-maçonniques font précéder leur signature d'une triple croix uniquement pour imiter les membres des authentiques Suprêmes Conseils ; cela n'a rien à voir avec un « symbole de l'Antéchrist » ! Crowley, et l'*Imperator* à sa suite, emploient une croix surchargée de signes variés ; mais, en l'examinant attentivement, on n'y découvre en somme que des lettres hébraïques, des symboles alchimiques et astrologiques, toutes choses qui n'ont rien d'original ni de caractéristique ; et, dès lors que parmi ces signes figurent ceux des quatre éléments, comment pourrait-il ne pas s'y trouver de triangles renversés ? Il y a bien aussi un prétendu « coq noir » dont, à première vue, l'aspect peut donner une impression plus « sinistre » ; mais celui-là encore est tout simplement... la reproduction assez fidèle d'une de ces bizarres figures composites appelées « grylles » par les archéologues, et dont l'origine est attribuée, à tort ou à raison, aux Gnostiques basilidiens ; précisons que le « grylle » en question a été publié dans le recueil de Rossi et

Maffai, *Gemme antiche*, Tome 1, n₀ 21, et reproduit dans l'*Histoire critique du Gnosticisme* de Matter, planche I f, fig. 2 b. Tout cela ne prouve qu'une chose : c'est qu'on devrait toujours être bien sûr de connaître exactement ce dont on parle, et qu'il est imprudent de se laisser entraîner par son imagination ; mais en voilà assez sur toutes ces « curiosités »... Quant à certains procédés de « réclame » plus ou moins charlatanesques que dénonce le Dr Clymer, il va sans dire que nous sommes entièrement de son avis là-dessus ; seulement, lui-même se souvient-il, bien que cela date d'un quart de siècle environ, d'une petite revue qui s'intitulait *The Egyptian*, et dans laquelle on pouvait lire des annonces dont le style ne différait pas très sensiblement de celui-là ?

Sur le côté « historique » du livre, nous insisterons beaucoup moins longuement, pour le moment du moins ; nous noterons seulement, tout d'abord, que la *Militia Crucifera Evangelica*, qui est une des « origines » dont se recommande le Dr Clymer, était une organisation spécifiquement luthérienne, non point rosicrucienne ni initiatique ; il est d'ailleurs douteux que sa récente « reconstitution » américaine puisse se prévaloir d'une filiation authentique, car, entre 1598 et 1901 il y a une lacune qui semble assez difficile à combler... Il y a aussi, parmi les « autorités » invoquées, Georges Lippard, auteur peu connu de certaines fictions à tendances à peu près uniquement politiques et sociales, dont quelques chapitres sont reproduits ici, et où sont mis en scène de prétendus Rose-Croix dont tout ce qu'on peut dire est qu'ils font beaucoup moins figure d'initiés que de simples conspirateurs ; et pourtant c'est là-dessus que repose en définitive toute l'histoire d'une introduction de l'Ordre en Amérique au XVIIIe siècle ; sans vouloir se montrer trop difficile, on pourrait assurément souhaiter mieux ! Comme « rattachement » plus certain, il ne reste finalement, après cela, que les liens unissant le Dr Clymer et son organisation à P. B. Randolph et à ses successeurs ; cela même, au point de vue rosicrucien surtout, puisque c'est là ce dont il s'agit, peut-il être considéré comme constituant une garantie suffisante et réellement valable ? Nous ne répondrons pas présentement à cette question, bien que nos lecteurs puissent facilement se douter de ce que nous en pensons au fond ; nous mentionnerons seulement, pour terminer, un chapitre consacré aux relations de Randolph avec quelques-uns de ses contemporains (relevons en passant une erreur assez singulière : l'ouvrage de notre directeur Paul Chacornac sur Éliphas Lévi y est attribué à... Paul Redonnel), et, comme cette histoire n'est somme toute pas dépourvue de quelque intérêt, nous y reviendrons peut-être une autre fois.

Mai 1937

Christopher Dawson. – Progrès et Religion : une enquête historique.

Traduction de Pierre Belperron ;
préface de Daniel-Rops (Librairie Plon, Paris).

L'esprit dans lequel cet ouvrage a été écrit est évidemment « traditionaliste », mais on ne saurait dire qu'il soit vraiment traditionnel ; on peut même y voir une illustration assez nette de la distinction que nous avons marquée entre ces deux termes[30]. L'auteur estime que toute véritable civilisation doit avoir une base religieuse ; en cela, il est visible qu'il étend abusivement le sens du mot « religion » jusqu'à en faire un synonyme de « tradition » en général. Assurément, quand il recommande un « retour à la tradition » pour le monde occidental, il n'a pas tort de penser que la tradition doit être ici de forme religieuse, et d'envisager quelque chose qui serait, en un certain sens, comme une restauration de la « Chrétienté » du moyen âge. Il semble que ce qui, à ses yeux, a fait surtout la faiblesse de la civilisation occidentale, c'est la dualité des éléments, l'un judéo-chrétien et l'autre gréco-latin, d'où procèdent respectivement sa religion et sa science ; leur fusion n'aurait jamais réussi à s'opérer qu'imparfaitement, et leur dissociation aurait entraîné la « sécularisation » caractéristique de l'époque moderne ; il peut y avoir là-dedans une part de vérité, mais nous ne pensons pas qu'une telle vue aille jusqu'au fond des choses, et d'ailleurs les deux éléments dont il s'agit ne peuvent pas être mis sur le même plan. Il y a quelque chose de plus grave : l'auteur fait l'histoire de l'idée de progrès d'une façon telle qu'on devrait

---

[30] [*Tradition et traditionalisme* (octobre 1936), repris dans *Le Règne de la Quantité et les Signes des Temps*, ch. XXXI.]

s'attendre à ce qu'il soit logiquement amené à conclure à sa condamnation ; mais, tout au contraire, après avoir montré que les « rationalistes » ont voulu opposer et substituer au Christianisme une sorte de « religion du progrès », il n'en considère pas moins que cette idée a sa place dans le Christianisme même, et, à ce titre, il voudrait la sauver du discrédit où elle risque de tomber, et la conserver dans le « retour à la tradition » tel qu'il le conçoit. Il va même, chose curieuse, jusqu'à affirmer une « antinomie » entre le Christianisme et la « théorie des cycles cosmiques », qu'il confond tout simplement en fait avec sa caricature philosophique et profane, la théorie du soi-disant « retour éternel », laquelle a toujours été absolument étrangère à toute doctrine authentiquement traditionnelle. Pour en revenir à la prétendue « religion du progrès », il faudrait en réalité l'appeler « pseudo-religion », et même « contre-religion » ; s'il est exact que ses promoteurs se soient servis de certains éléments d'origine chrétienne, ce n'est qu'en les dénaturant jusqu'à une « subversion » complète ; et il faudrait bien prendre garde aussi que le « sentiment religieux » est tout autre chose que la religion, puisqu'il peut même être retourné directement contre celle-ci. Ce qu'il faut maintenir nettement, c'est que l'idée de progrès est antitraditionnelle en elle-même, qu'elle n'a même été inventée et propagée que pour cette raison, et qu'ainsi, tant qu'on n'y aura pas renoncé, aussi bien qu'à toutes les autres idées ou pseudo-idées spécifiquement modernes, on n'aura pas le droit de parler d'un retour effectif à l'esprit traditionnel. – Un autre point faible de ce livre est celui-ci ; on y voit que l'« anthropologie » est, non une science véritable, mais une simple interprétation faite d'après tout un ensemble d'idées préconçues, principalement « évolutionnistes » et même « transformistes » ; mais, après cela, l'auteur n'en fait pas moins de larges emprunts à cette même « anthropologie » pour tracer une sorte d'esquisse de ce qu'il considère comme les développements successifs de la « religion », ce nom englobant encore ici indistinctement tout ce qui a quelque caractère traditionnel, ou tout ce qui implique la présence d'un « élément spirituel », dont la notion reste d'ailleurs extrêmement vague. Tout en critiquant justement certaines théories courantes sur les « primitifs », il ne peut malgré tout s'empêcher de faire de ceux-ci des esprits assez « simplistes » ; il prend tous les changements de formes pour des « progrès de la pensée », et regarde même la connaissance des principes transcendants comme un résultat de « découvertes » faites à telle ou telle époque, si bien que les rites et les symboles n'auraient eu tout d'abord aucune signification métaphysique, et que celle-ci ne leur aurait été attribuée que plus ou moins tardivement ; ne sont-ce pas là des conceptions purement « évolutionnistes », elles aussi, et que devient dans tout cela l'idée même de la tradition, qui n'a rien à voir avec cette élaboration « progressive » d'une « pensée » tout humaine ? En somme, un ouvrage comme celui-là est surtout intéressant en tant que « symptôme » d'un état d'esprit qui semble se répandre actuellement de plus en plus ; il montre bien que certains peuvent avoir les meilleures intentions « traditionalistes », et demeurer cependant plus ou moins complètement sous l'influence des idées modernes, c'est-à-dire au fond antitraditionnelles ; pratiquement, il ne peut sortir de là que des compromis dont la valeur « constructive » nous semble plutôt douteuse.

JUIN 1937

Graham Carey. – *The Majority Report on Art.*

John Stevens, Newport, Rhode Island.

Dans cette brochure, qui reproduit une conférence faite au *Fogg Museum of Art* de l'Université Harvard, l'auteur reprend et développe quelques-unes des idées que nous avons déjà trouvées dans *Patron and Artist*[31]. L'art, suivant la vue normale ou traditionnelle, consiste à « bien faire les choses », et non pas une sorte particulière de choses, comme les modernes le supposent, mais toute chose qui vaut d'être faite. La beauté est une qualité positive des choses (tandis que la laideur n'a qu'une existence négative, celle d'une « privation » au sens aristotélicien), et elle n'est pas « transférable » d'un objet à un autre, ce qui explique qu'elle ne puisse être réalisée par la simple copie ou l'imitation extérieure et superficielle d'un objet : mais les choses peuvent être belles uniquement parce qu'elles sont bien faites et adaptées à leur usage, même si l'artiste n'a eu aucune intention de produire la beauté ou de provoquer le « plaisir esthétique ». Pour connaître la nature interne d'une chose, et par

---

[31] [Décembre 1936.]

suite le genre de perfection dont elle est susceptible, il faut l'étudier au point de vue de ses causes et des relations de celles-ci entre elles ; l'auteur expose donc ici la théorie des quatre causes finale, matérielle, efficiente et formelle, qui correspondent respectivement aux quatre éléments essentiels de la production de toute œuvre d'art : le but, la matière, les outils, et l'idée ou l'image mentale. La perfection d'un objet dépend de l'harmonie de ces différents éléments ; dès lors que cette harmonie est réalisée, la beauté en résulte nécessairement, et on est en présence d'une véritable œuvre d'art, au sens le plus légitime de ce mot.

E. Techoueyres. – *À la recherche de l'Unité, essais de philosophie médicale et scientifique.*

Librairie J. -B. Baillière et Fils, Paris.

Le premier « essai », qui donne son titre au volume, porte ce sous-titre assez significatif : « Les aspirations de l'âme hindoue et les tendances de la science occidentale contemporaine » ; il s'agit donc là d'une de ces tentatives de rapprochement dont nous avons dit souvent combien elles sont illusoires. Ici, d'ailleurs, cette tentative implique une méprise complète sur la nature des doctrines hindoues : l'auteur n'y voit que « philosophie », que « recherche » et « pensée » purement humaine, dont il croit qu'elles « tendent aux mêmes fins » que la science profane ; il faut dire qu'il paraît avoir été induit en erreur, à cet égard, par ce qu'il appelle la « pensée moderne et syncrétique de l'Inde », c'est-à-dire par les écrits de quelques auteurs affectés par les idées occidentales et qui n'ont guère d'hindou que leur origine. Il y a là-dedans beaucoup de confusions, dont certaines sont assez étranges, comme celles qui consistent à prendre le « mental » pour l'« esprit », à croire que le « cœur » représente le sentiment pour les Hindous comme pour les Occidentaux modernes, et, chose encore plus grave, à voir dans l'Inde une « philosophie du devenir » qui « communie étroitement avec les idées directrices de William James et de Bergson » ! Des autres « essais », qui sont consacrés surtout à des questions de « méthodologie » scientifique, nous ne dirons que peu de chose : ils sont, dans leur ensemble, d'inspiration très « bergsonienne » ; ce n'est certes pas en confondant tout qu'on atteint l'unité ;

il faut au contraire savoir mettre chaque chose à sa place, et les « antagonismes » eux-mêmes ne sont point une « erreur », pourvu qu'on en limite la portée au domaine où ils s'appliquent réellement ; mais, comment pourrait-on comprendre l'unité véritable quand on ne conçoit rien au-delà du « devenir » ?

Pierre Ayet. – *Notes sur le Mal.*

« *Les Cahiers du Sud* », Marseille.

Ce petit volume débute par quelques considérations qui pourraient donner à penser que l'auteur a tout au moins entrevu certains facteurs de la déviation moderne ; mais ensuite, au lieu de les préciser, il s'en prend à des « abstractions » (au sens courant de ce mot) telles que la « raison pure » et l'« esprit de la nature », ce qui ne saurait évidemment amener à des conclusions bien nettes ni bien « positives ». On ne voit pas très bien ce qu'est le « monde parfait » tel qu'il le conçoit, ni où il peut se situer, non plus d'ailleurs que la « chute » ; il manque, pour éclairer tout cela, une connaissance des « lois cycliques » à laquelle la spéculation philosophique ne supplée en aucune façon. Sur des points plus particuliers, bien des choses appelleraient des rectifications : l'affirmation d'une sorte de « pluralisme » radical, avec l'idée très occidentale que le passage de la multiplicité à l'unité constituerait une « perte » ; la confusion de l'intellect avec la raison, et les étonnantes affirmations qu'« il n'y a pas de connaissance intuitive » et que « toute intuition exige vérification », qui montrent qu'en réalité ce dont il s'agit n'est pas du tout l'intuition ; passons sur quelques interprétations de symboles vraiment trop « personnelles », comme celle qui fait de la croix le « symbole de l'absolu », et aussi sur certaines invectives contre le « dogmatisme sacerdotal »… Il y a pourtant aussi, à travers tout cela, des remarques curieuses et intéressantes, par exemple sur le rythme, sur la maladie, sur le « parasitisme » ; mais, d'une façon générale, pourquoi ne pas s'appliquer à exprimer ce qu'on pense sous une forme moins vague et moins nébuleuse ?

René Lacroix-a-l'Henri. – *Théories et procédés radiesthésiques.*

Henri Dangles, Paris.

Ce livre marque visiblement un effort pour renfermer la radiesthésie dans des limites « raisonnables » ; l'auteur, qui d'ailleurs s'affirme nettement catholique, paraît avoir aperçu, mieux que la plupart de ses confrères, le danger de certaines « exagérations » ; les applications « divinatoires », en particulier, lui causent quelques inquiétudes, en quoi nous ne pouvons que l'approuver. Seulement, quand il déclare que « la vraie radiesthésie ne doit pas conduire au spiritisme », nous craignons qu'il ne se fasse des illusions, car la frontière est plus difficile à tracer qu'il ne le croit ; et ces affinités suspectes ne seraient-elles pas précisément, au fond, la véritable raison du « lancement » de la radiesthésie à notre époque ? Lui-même, du reste, ne peut faire autrement que de recourir aux procédés qu'il appelle « mentaux », qui ne le sont pas forcément, mais qui en tout cas sont sûrement « psychiques » ; ses méthodes soi-disant « chinoise » et « égyptienne », qui ne reposent que sur une application plutôt fantaisiste de certains symboles, ou encore la construction de sa « baguette Pluton », ne nous paraissent pas non plus exemptes de tout reproche à cet égard. Sa liste des « ondes nocives », où les influences physiques et psychiques sont curieusement mêlées, est encore assez instructive sous le même rapport ; si son intention est de faire de la radiesthésie une science purement physique, au sens qu'on donne actuellement à ce mot, on ne saurait dire qu'il soit en voie d'y réussir ; nous pensons d'ailleurs, pour notre part, que c'est là une chose impossible, ou alors… ce ne serait plus la radiesthésie. – Signalons incidemment à l'auteur que, contrairement à ce qu'il semble croire, l'article sur la radiesthésie qui a paru ici l'an dernier n'est nullement de nous : *suum cuique…*

JUILLET 1937

J. Evola. – ***Il Mistero del Graal e la Tradizione ghibellina dell'Impero.***

G. Laterza e Figli, Bari.

L'auteur signale avant tout l'insuffisance des différents points de vue, « littéraire », mystique, et aussi ethnologique et « folkloriste », sous lesquels on a prétendu le plus habituellement étudier la question du Graal et des traditions qui s'y rapportent ; faute de se placer sur le terrain d'une tradition métaphysique, au sens le plus étendu et le plus complet de ce mot, on ne peut en saisir la véritable signification ; et les rapprochements mêmes qu'on a pu établir avec des éléments qui se rencontrent ailleurs ne sauraient prendre une valeur réelle que si on les envisage selon l'« esprit » qui convient, c'est-à-dire l'esprit proprement traditionnel. Le Graal et sa « queste » peuvent, sous ce rapport, être rattachés à ce qu'Hésiode désigne comme le « cycle des héros », en considérant ceux-ci comme des êtres doués de la possibilité de réintégrer l'« état primordial » et de préparer ainsi la venue d'un nouvel « âge d'or » ; et l'on peut apercevoir immédiatement par là une certaine relation avec la conception du « Saint-Empire », laquelle, à vrai dire, ne parvint jamais à se réaliser pleinement. Chose assez étrange, les principaux textes relatifs au Graal parurent tous au cours d'une période très brève, coïncidant avec la phase culminante de la tradition médiévale et notamment de la chevalerie, comme s'ils représentaient la manifestation soudaine, à un moment donné, d'une sorte de courant souterrain qui redevint bientôt invisible ; puis il y eut une reprise plus tard, après la destruction des Templiers, auxquels paraissent avoir succédé, sous une forme plus secrète, des organisations qui elles-mêmes ne furent pas sans rapport avec la tradition du Graal. – Ce qui fait surtout l'intérêt du livre, c'est l'examen des multiples points plus ou moins particuliers, dont l'auteur s'attache à élucider le sens symbolique, et dans le détail desquels il nous est naturellement impossible d'entrer ici ; il est quelques-uns de ces points que nous avons déjà traités nous-même dans le *Roi du Monde* et dans certains de nos articles, ainsi qu'il le rappelle à diverses reprises, et il en est d'autres sur lesquels nous aurons peut-être encore l'occasion de revenir plus tard ; pour le moment, nous ne pouvons que recommander la lecture de cet ouvrage à tous ceux qui s'intéressent à cette question, et plus spécialement en tant qu'elle est liée aux traditions et aux symboles se référant au « Centre du Monde ». On ne peut dire, cela va de soi, que tout y soit entièrement éclairci, mais ce n'est point là un reproche, car c'est sans doute chose impossible, et le sujet est de ceux qui sont proprement inépuisables ; mais nous croyons du moins qu'on ne pourrait guère trouver ailleurs un équivalent de tous les éléments d'interprétation qui sont ici rassemblés.

J. Evola. – *Il Mito del Sangue.*

Ulrico Hoepli, Milano.

Ce petit volume est une histoire du racisme, depuis les théories du comte de Gobineau et de Vacher de Lapouge, puis de Houston Stewart Chamberlain, jusqu'aux nouveaux développements qu'il a reçus récemment en Allemagne et qui y ont revêtu le caractère d'une doctrine en quelque sorte « officielle ». Le terme de « mythe » n'est pas pris ici dans le sens d'une simple fiction imaginative, mais dans celui d'« une idée qui tire principalement sa force persuasive d'éléments non rationnels, une idée qui vaut par la force suggestive qu'elle condense, et, par suite, par sa capacité de se traduire finalement en action ». L'auteur s'efforce d'ailleurs d'être aussi impartial que possible dans son exposé, bien que, naturellement, il ne dissimule pas les contradictions qui existent entre les diverses conceptions dont l'ensemble constitue le racisme, et que parfois il laisse même deviner les critiques générales qu'il aurait à leur adresser, critiques qui porteraient surtout sur le caractère « naturaliste » et « scientiste » qu'elles présentent dans la plupart de leurs aspects. À vrai dire, la notion même de la race est assez difficile à préciser, d'autant plus qu'on est en tout cas forcé de reconnaître qu'actuellement il n'existe nulle part une race pure ; ce qui est plutôt singulier, d'autre part, c'est que les races ou soi-disant telles qu'envisagent les anthropologistes et les préhistoriens, dont les travaux sont plus ou moins à la base de toutes les théories en question, n'ont plus absolument rien à voir avec les races qui furent reconnues traditionnellement de tout temps ; il semblerait que le même mot soit pris là en deux sens totalement différents. Un point, par contre, où ces théories se sont notablement rapprochées des données traditionnelles, c'est l'affirmation, si longtemps perdue de vue en Occident, de l'origine nordique ou hyperboréenne de la civilisation primordiale ; mais, là encore, bien des confusions et des interprétations fantaisistes ou hypothétiques se mêlent, dans des ouvrages comme ceux d'Herman Wirth par exemple, à la reconnaissance de cette vérité. Tout cela, au fond, et même dans les éléments valables qui s'y rencontrent, ou, si l'on préfère, dans la façon dont ils sont traités, relève donc certainement bien plutôt de la « recherche » moderne que de la connaissance traditionnelle ; et c'est bien pourquoi le point de vue « naturaliste », qui est essentiellement celui des sciences profanes, ne saurait guère y être dépassé ; quant à savoir ce qui sortira finalement de ce véritable « chaos » d'idées en fermentation, c'est là, assurément, une question à laquelle l'avenir seul pourra apporter une réponse.

What use is Art anyway.

> *Six broadcasts sponsored by Boston Museum of Fine Arts, January and February 1937 (John Stevens, Newport, Rhode Island).*

Des six conférences réunies dans cette brochure, les deux premières, par M. Ananda K. Coomaraswamy, avaient déjà paru précédemment sous forme d'article dans l'*American Review*, et nous en avons rendu compte en cette occasion[32]. Dans deux autres conférences, M. Graham Carey reprend sa théorie de *The four Artistic Essentials*, que nous avons indiquée dernièrement[33] à propos de *The Majority Report on Art* du même auteur ; puis il examine plus particulièrement les *Technical Essentials*, c'est-à-dire la matière et les outils. Enfin, M. John Howard Benson étudie les deux autres de ces quatre points qui, rappelons-le, correspondent aux quatre causes aristotéliciennes : l'*Essential Purpose* et l'*Essential Idea*, autrement dit le but de l'œuvre d'art et l'idée ou l'image mentale suivant laquelle l'artiste réalise cette œuvre, qui sera belle, si elle est parfaite en son genre, si elle est vraiment ce qu'elle doit être.

Khan Sahib Khaja Khan. – *The Secret of Ana'l Haqq.*

> *The Hogarth Press, Madras.*

Ce livre est la traduction d'un ouvrage persan, *Irshâdatul Arifîn*, du

---

[32] [*Comptes rendus de revues*, avril et novembre 1937.]
[33] [Juin 1937.]

Sheikh Ibrahim Gazur-i-Elahi de Shakarkote, mais une traduction arrangée en chapitres de façon à réunir tout ce qui se rapporte à une même question, afin d'en rendre la compréhension plus facile. L'auteur, en expliquant ses intentions, parle bien malencontreusement de « propagande des enseignements ésotériques de l'Islam », comme si l'ésotérisme pouvait se prêter à une propagande quelconque ; si tel a été réellement son but, nous ne pouvons d'ailleurs pas dire qu'il ait réussi à cet égard, car les lecteurs qui n'ont aucune connaissance préalable de *taçawwuf* auront sans doute bien de la peine à découvrir le véritable sens sous une expression anglaise qui, trop souvent, est terriblement défectueuse et plus qu'inexacte. Ce défaut, auquel s'ajoute, en ce qui concerne les citations arabes, celui d'une transcription qui les défigure étrangement, est fort regrettable, car, pour qui sait déjà de quoi il s'agit, il y a là des choses du plus grand intérêt. Le point central de ces enseignements, c'est la doctrine de l'« Identité Suprême », comme l'indique d'ailleurs le titre, qui a seulement le tort de paraître la rattacher à une formule spéciale, celle d'El-Hallâj, alors que rien de tel n'apparaît dans le texte même. Cette doctrine éclaire et commande en quelque sorte toutes les considérations qui se rapportent à différents sujets, tels que les degrés de l'Existence, les attributs divins, *el-fanâ* et *el-baqâ*, les méthodes et les stades du développement initiatique, et bien d'autres questions encore. La lecture de cet ouvrage est à recommander, non point à ceux à qui pourrait vouloir s'adresser une « propagande » qui serait d'ailleurs tout à fait hors de propos, mais au contraire à ceux qui possèdent déjà des connaissances suffisantes pour en tirer un réel profit.

Paul Brunton. – *A Hermit in the Himalayas.*

Leonard and Co., London.

Ce nouveau livre de Mr Paul Brunton est en quelque sorte le journal d'une « retraite » qu'il fit dans l'Himâlaya, près de la frontière indo-thibétaine, après avoir vainement essayé d'obtenir l'autorisation de séjourner au Thibet même. Il ne faudrait pas s'attendre à y trouver une unité quelconque : les descriptions de la région et les récits d'incidents divers et d'entretiens avec quelques rares visiteurs s'y mêlent à des réflexions sur les sujets les plus variés ; le tout se lit d'ailleurs agréablement. Ce qu'il y a peut-être de plus curieux là-dedans, c'est l'opposition qu'on sent constamment entre certaines aspirations de l'auteur et sa volonté de rester malgré tout « un homme du XX$_e$ siècle » (et nous pourrions ajouter un Occidental) ; il la résout tant bien que mal en se faisant du « Yoga », pour son propre usage, une conception qu'il qualifie lui-même d'« hétérodoxe », et en bornant toute son ambition, dans l'ordre spirituel, à l'obtention d'un état de calme et d'équilibre intérieur qui est assurément, en lui-même, une chose fort appréciable, mais qui est encore bien éloigné de toute véritable réalisation métaphysique !

R. Francé. – *Les Sens de la Plante.*

Traduit de l'allemand par M$_{me}$ J. Baar
(Éditions Adyar, Paris).

Ce petit livre, dans la mesure où il se contente d'être un exposé de faits, contient des aperçus vraiment curieux sur la vie des plantes ; quant à savoir si celles-ci ont des sens à proprement parler tout comme les animaux, c'est là une autre question, et, en tout cas, il est bien contestable que la vie doive se définir essentiellement par la sensibilité. Ces assertions procèdent d'ailleurs d'une intention qui n'est que trop évidente : il y a là un esprit « évolutionniste » qui va jusqu'à la négation de toute classification naturelle, et qui prend pour unité ce qui n'est que confusion ; l'unité de toutes choses en principe n'empêche point la distinction réelle des espèces dans leur ordre, non plus que celle des individus ; mais, pour le comprendre, il faut concevoir cette unité tout autrement que comme celle des « forces créatrices et transformatrices de la nature ». Ce sont là, d'ailleurs, des idées qui pourraient passer simplement pour modernes, plutôt que pour spécifiquement théosophistes, s'il n'y avait çà et là quelques discrètes allusions aux « esprits de la nature », que les lecteurs ordinaires ne remarqueront sans doute pas plus que l'épingle de cravate en forme de croix ansée dont s'orne le portrait de l'auteur...

A. Savoret. – *Les forces secrètes de la Vie.*

Éditions de Psyché, Paris.

Cette brochure, en dépit de son titre assez ambitieux, n'est en somme que ce qu'on pourrait appeler la « monographie » d'un guérisseur, qui semble d'ailleurs doué de facultés quelque peu exceptionnelles ; elle ne nous intéresse pas à ce point de vue, mais seulement pour les quelques idées d'ordre plus général qui s'y trouvent exprimées. L'auteur, distinguant différentes catégories de guérisseurs, magnétiseurs et autres, écrit que « le fait de se laisser endormir, d'abandonner sa personnalité consciente aux mains d'un étranger, répugne à notre conception occidentale de la vie » ; alors, comment se fait-il donc que l'hypnotisme soit précisément une chose tout occidentale, et que les pratiques de ce genre soient rigoureusement condamnées par les Orientaux ? D'autre part, nous constatons ici une fois de plus combien on abuse facilement du mot « spirituel » : le domaine psychique est bien assez étendu et assez varié pour rendre compte de tout ce dont il s'agit, et ce n'est pas parce qu'un guérisseur emploie consciemment ou inconsciemment des forces extérieures à lui que celles-ci sont nécessairement de nature spirituelle. Nous ne contestons nullement que des influences spirituelles (qui, disons-le en passant, ne sont certes pas des « radiations ») puissent, dans certains cas, intervenir pour produire des guérisons, par l'intermédiaire d'êtres humains ou autrement ; mais rien (sauf une vision de médium, ce qui est vraiment insuffisant) n'indique qu'il en soit ainsi dans le cas étudié ; et puis, que de telles influences s'amusent par surcroît à momifier des côtelettes à distance, voilà qui est tout de même un peu difficile à admettre !

Henri-L. Mieville. – *Vers une Philosophie de l'Esprit ou de la Totalité.*

Éditions des Trois Collines, Lausanne,
Librairie Félix Alcan, Paris.

Nous aurions certainement ignoré la publication de ce gros livre de philosophie protestante si l'on ne nous avait signalé que l'auteur avait jugé bon de faire une incursion sur un terrain fort éloigné du sien, pour s'en prendre à la tradition brâhmanique… et à nous-même ; incursion plutôt malheureuse, disons-le tout de suite, mais qui mérite tout de même quelques mots de mise au point. Ce qu'il y a de plus frappant, c'est que les critiques qu'il formule reposent presque entièrement sur de fausses interprétations des termes que nous employons : ainsi, il ne veut pas admettre qu'on puisse « confiner la pensée rationnelle dans l'individuel » parce que, dit-il, elle « vaut en principe pour tout être qui pense » ; mais, hélas, « tout être qui pense », c'est bien là précisément, pour nous, quelque chose qui appartient au domaine purement individuel, et il nous semble avoir pris assez de précautions pour l'expliquer sans laisser place à aucune équivoque. Le « non-dualisme » est pour lui la « doctrine de la non-dualité de l'esprit et de la matière », alors que nous avons eu grand soin de préciser qu'il ne s'agissait nullement de cela, et que d'ailleurs la notion même de « matière » ne se rencontrait nulle part dans la doctrine hindoue. La métaphysique brâhmanique, ou même la métaphysique sans épithète, ne « consiste » certes point en « propositions affirmant des relations entre des concepts » ; elle est absolument indépendante de toute « imagination verbale », aussi bien que de toute « pensée discursive » ; il confond manifestement avec la pseudo-métaphysique des philosophes ! Qu'il soit incapable de concevoir le Non-Être au-delà de l'Être, ou l'unité sans la multiplicité, ou encore « l'intuition intellectuelle totalement distincte de la raison », nous l'admettons bien volontiers, et d'ailleurs nous n'y pouvons rien ; mais que, du moins, il veuille bien ne pas prétendre nous imposer ses propres limitations. Qu'il lui plaise de donner aux mots un autre sens que nous, c'est encore admissible ; mais ce qui ne l'est pas du tout, c'est qu'il leur attribue encore ce sens quand il veut exposer ce que nous-même avons dit, si bien qu'il en arrive à donner tout simplement l'impression de quelqu'un qui ne sait pas lire... Ce qui est franchement amusant, c'est le reproche final de « n'être jamais là où l'adversaire voudrait engager le combat » ; s'imagine-t-il donc que la doctrine traditionnelle consent à se reconnaître des « adversaires », et qu'elle peut s'abaisser à des « combats » ou à des discussions quelconques ? Ce sont là d'étranges illusions : dans ce domaine, disons-le lui nettement, on comprend ou on ne comprend pas, et c'est tout ; c'est peut-être très regrettable pour les philosophes et autres profanes, mais c'est ainsi. Dans ces conditions, il est bien évident que le soi-disant « adversaire » ne pourra jamais faire autre chose que de se débattre dans le vide, et que tous ses arguments porteront inévitablement à faux ; il ne nous déplaît certes pas qu'on nous ait donné l'occasion de le constater encore une fois de plus !

Octobre 1937

Gaston Georgel. – Les Rythmes dans l'Histoire.

Chez l'auteur, Belfort.

Ce livre constitue un essai d'application des cycles cosmiques à l'histoire des peuples, aux phases de croissance et de décadence des civilisations ; il est vraiment dommage que l'auteur, pour entreprendre un tel travail, n'ait pas eu à sa disposition des données traditionnelles plus complètes, et que même il n'en ait connu quelques-unes qu'à travers des intermédiaires plus ou moins douteux et qui y ont mêlé leurs propres imaginations. Il a cependant bien vu que ce qu'il y a d'essentiel à considérer, c'est la période de la précession des équinoxes et ses divisions, encore qu'il y adjoigne quelques complications qui semblent assez peu utiles au fond ; mais la terminologie adoptée pour désigner certaines périodes secondaires trahit bien des méprises et des confusions. Ainsi, le douzième de la précession ne peut certainement pas être appelé « année cosmique » ; ce nom conviendrait beaucoup mieux, soit à la période entière, soit plutôt encore à sa moitié qui est précisément la « grande année » des anciens. D'autre part, la durée de 25 765 ans est probablement empruntée à quelque calcul hypothétique des astronomes modernes ; mais la véritable durée indiquée traditionnellement est de 25 920 ans ; une conséquence singulière est que, en fait, l'auteur se trouve parfois amené à prendre les nombres exacts pour certaines divisions, par exemple 2160 et 540, mais qu'alors il les considère comme seulement « approximatifs ». Ajoutons, encore une autre observation à ce propos ; il croit trouver une confirmation du cycle de 539 ans dans certains textes bibliques qui suggèrent le nombre $77 \times 7 = 539$; mais, précisément, il aurait dû prendre ici $77 \times 7 + 1 = 540$, ne fût-ce que par analogie avec l'année jubilaire qui n'était pas la 49e mais bien la 50e, soit $7 \times 7 + 1 = 50$. Quant aux applications, s'il s'y trouve des correspondances et des rapprochements non seulement curieux mais réellement dignes de remarque, nous devons dire qu'il y en a d'autres qui sont beaucoup moins frappants ou qui même semblent quelque peu forcés, au point de rappeler assez fâcheusement les enfantillages de certains occultistes ; il y aurait aussi bien des réserves à faire sur d'autres points, par exemple les chiffres fantaisistes indiqués pour la chronologie des anciennes civilisations. D'autre part, il eût été intéressant de voir si l'auteur aurait pu continuer à obtenir des résultats du même genre en étendant davantage son champ d'investigations, car il y a eu et il y a encore bien d'autres peuples que ceux qu'il envisage ; en tout cas, nous ne pensons pas qu'il soit possible d'établir un « synchronisme » général, car, pour des peuples différents, le point de départ doit être également différent ; et, de plus, les civilisations diverses ne se succèdent pas simplement, elles coexistent aussi, comme on peut le constater encore actuellement. En terminant, l'auteur a cru bon de se livrer à quelques tentatives de « prévision de l'avenir », d'ailleurs dans des limites assez restreintes ; c'est là un des dangers de ces sortes de recherches, surtout à notre époque où les soi-disant « prophéties » ont tant de vogue ; aucune tradition n'a certes jamais encouragé ces choses et c'est même pour y faire obstacle, dans la mesure du possible plus que pour toute autre raison, que certains côtés de la doctrine des cycles ont toujours été enveloppés d'obscurité.

Shrî Aurobindo. – Aperçus et Pensées.

Traduits de l'anglais, avec préface de Jean Herbert
(Union des Imprimeries, Frameries, Belgique).

Ce petit livre est la première œuvre de Shrî Aurobindo Ghose qui soit publiée en français : c'est un recueil d'aphorismes et de courts fragments sur des sujets divers, tels que le but réel de l'existence, la nature de l'homme et sa relation avec le monde et avec Dieu, les « chaînes » qui empêchent l'être d'atteindre à la libération, et d'autres encore ; tout cela, qu'il est évidemment impossible de résumer, est à lire et surtout à méditer. Il faut espérer que cette traduction sera suivie de celle d'ouvrages plus importants d'un homme qui, bien qu'il présente parfois la doctrine sous une forme un peu trop « modernisée » peut-être, n'en a pas moins, incontestablement, une haute valeur spirituelle ; mais nous ne pensons certes pas qu'il soit souhaitable, comme le dit l'auteur de la préface, qu'il trouve un Romain Rolland pour écrire sa biographie... et pour le défigurer par sa sentimentalité incompréhensive et bien occidentale !

W. Rivier. – *Le Problème de la Vie.*

Librairie philosophique J. Vrin, Paris.

C'est une suite de trois dialogues dans lesquels l'auteur, bien que les raisons n'en apparaissent d'ailleurs pas très clairement, remet en scène les personnages de ceux de Berkeley, Hylas et Philonoüs ; il s'agit là de réflexions de « philosophie scientifique », inspirées par les théories des physiciens contemporains, et notamment par celles d'Einstein. Ce qu'il y a de plus curieux là-dedans, c'est que l'auteur est amené à envisager une certaine possibilité de sortir de l'espace ; par contre, il n'admet rien de tel pour le temps, comme si ces deux conditions n'étaient pas exactement du même ordre. Du reste, ces vues, par la façon même dont elles sont présentées, demeurent simplement philosophiques et hypothétiques ; encore sont-elles exprimées trop souvent sous une forme assez confuse ; et, s'il est effectivement possible de s'affranchir de l'espace, nous ne voyons pas en quoi cela autorise à déclarer celui-ci purement illusoire. Dans la mesure où tout cela s'écarte des conceptions « classiques », il semble que ce soit bien plutôt pour se rapprocher du psychisme et de l'occultisme que pour revenir à des idées réellement traditionnelles ; et ceci correspond à une tendance qui, malheureusement, paraît aujourd'hui se répandre de plus en plus...

Joseph Iwanicki. – *Morin et les démonstrations mathématiques de l'existence de Dieu.*

Librairie philosophique J. Vrin, Paris.

Quoique le titre ne permette guère de s'en douter, il s'agit de l'astrologue J.-B. Morin de Villefranche, assurément beaucoup moins connu sous l'aspect où il apparaît ici, c'est-à-dire comme philosophe et comme adversaire de

Descartes. Son argumentation mise en forme mathématique peut avoir inspiré Leibnitz dans une certaine mesure, et lui-même avait eu des prédécesseurs à cet égard, notamment Raymond Lulle et Lefèvre d'Etaples ; il va sans dire, d'ailleurs, que ces recherches et ces comparaisons de textes n'ont guère en somme qu'un intérêt de pure curiosité.

Dr A. Auvard. – *Médecine ésotérique.*

Henri Durville, Paris.

L'auteur présente dans cette brochure une classification des maladies qui en vaut peut-être une autre, mais qui n'a certainement rien d'ésotérique ; elle ne se fonde en réalité que sur des théories fort contestables, et dont l'inspiration théosophiste est tout à fait manifeste. D'autre part, s'il est admissible qu'on adopte, dans une certaine mesure, une terminologie conventionnelle pour la commodité de l'exposé, il l'est beaucoup moins qu'on éprouve pour cela le besoin de forger des mots dont la constitution est un véritable défi à toutes les règles linguistiques ! L'auteur s'est fait une sorte de doctrine à laquelle il a donné le nom d'« évoluisme », qui en indique assez les tendances essentiellement modernes ; cela est son affaire, mais qu'il prétende en outre que cette doctrine est au fond identique au « Védisme », voilà qui est plus grave et qui témoigne d'une bien fâcheuse incompréhension.

Dr A. Auvard. – *Politique ésotérique.*

Henri Durville. Paris.

Cet autre ouvrage du même auteur donnerait lieu aux mêmes critiques que le précédent, car il s'agit d'une application, dans un domaine différent, des mêmes théories et des mêmes procédés d'exposition. Nous n'y insisterons guère, mais nous ne pouvons nous empêcher de constater tout au moins que le gouvernement qu'il rêve implique une étrange idée du « spirituel » et de la « théocratie », ainsi que de l'initiation : les fonctionnaires, maires et préfets, qui seront en même temps prêtres de la « religion évoluiste », et parmi lesquels se recruteront des « initiés » qui ne seront encore que des fonctionnaires supérieurs, sans parler d'un « Institut ésotérique » où entreront, au sortir du lycée, ceux qui se destineront à ces carrières administratives, voilà qui rappelle plutôt les utopies fouriéristes et saint-simoniennes que des conceptions d'un ordre moins profane... Que penser aussi d'une énumération où sont groupés « ésotère (*sic*), rose-croix (!), spirite, hermétiste, médium, philosophe », comme « arborant la libre-pensée » ? Mais, franchement, peut-on attendre beaucoup mieux de quelqu'un qui termine tous ses livres par le cri de « Vive l'éthique » ?

Georges Barbarin. – *Le Livre de la Mort douce.*

Éditions Adyar, Paris.

L'auteur a réuni dans ce livre un grand nombre d'observations concernant tous les genres possibles de mort, ainsi que des témoignages de personnes qui ont été sur le point de mourir, le tout tendant à prouver que, contrairement à ce qu'on pense d'ordinaire, la mort elle-même n'est nullement douloureuse, quelles que soient d'ailleurs les souffrances dues à la maladie et qui ont pu la précéder. Peut-être ne faut-il pas tant généraliser, car il doit y avoir bien des cas différents ; et il nous semble assez imprudent d'affirmer, conformément aux préjugés médicaux, que la conscience doit être entièrement abolie dès lors qu'elle n'a plus la possibilité de se manifester extérieurement. Il est vrai que l'auteur a bien soin de faire remarquer qu'il a entendu se borner ici strictement à considérer le côté « physique » de la mort ; mais celui-ci peut-il être ainsi isolé de tout le reste quand il s'agit de savoir, non ce que sont les symptômes physiologiques pour l'observateur « du dehors », mais ce que l'être qui meurt éprouve réellement ? – Le même M. Georges Barbarin a adressé à la direction des *Études Traditionnelles* une lettre dans laquelle il déclare que, contrairement à ce que nous avions dit à propos d'une publication intitulée *La Clé mensuelle*[34], il ne fait plus partie du « Groupe du Prieuré de Bazainville » et a même rompu toutes relations avec celui-ci ; nous lui en donnons acte bien volontiers, mais, comme cette « scission » semble n'avoir été annoncée nulle part, il devra reconnaître qu'il nous eût été plutôt

---

[34] [*Comptes rendus de revues*, juin 1937.]

difficile de la deviner... Quant à ce que nous avons écrit au sujet de son précédent livre[35], et sur quoi il revient à cette occasion, il est mal venu à s'en plaindre : c'est un fait, auquel nous ne pouvons rien, que quiconque contribue à propager les « prophéties pyramidales » fait par là le jeu de certaines « influences » suspectes ; ceux qui sont de bonne foi, et nous n'avons jamais douté que ce soit le cas de M. Barbarin, le font inconsciemment, mais le résultat est le même ; M. Barbarin pourra d'ailleurs se consoler à la pensée qu'il en est bien d'autres que lui, et certainement de plus « forts » à tout point de vue, qui agissent ainsi sans se douter le moins du monde des « influences » qu'ils subissent ! Enfin, nous prierons M. Barbarin de vouloir bien noter que nous n'avons absolument rien d'un « mystique », et que nous n'avons pas la moindre raison de nous solidariser avec ceux qui, tout en parlant sans cesse de « spiritualité », s'en font une idée qui n'a certes rien de commun avec la seule vraie spiritualité que nous puissions reconnaître, conformément aux enseignements traditionnels authentiques qui seuls comptent pour nous.

NOVEMBRE 1937

Enel. – A Message from the Sphinx.

Rider and Co, London.

Les réserves que nous avons formulées l'an dernier, quant au caractère purement hypothétique de tout essai de reconstitution et d'interprétation de l'ancienne tradition égyptienne, à propos d'un autre ouvrage du même auteur[36], s'appliqueraient également à celui-ci, dans la première partie duquel nous retrouvons, plus brièvement exposées, quelques-unes des mêmes idées. Le livre débute par une étude de l'écriture hiéroglyphique, qui repose sur des principes parfaitement justes et d'ailleurs assez généralement connus, en ce qui concerne la pluralité des sens de cette écriture ; mais, quand on veut en

---

[35] [Compte rendu de novembre 1936 : *Le Secret de la Grande Pyramide ou la Fin du Monde adamique.*]

[36] [Compte rendu de novembre 1936 : *Les Origines de la Genèse et l'enseignement des Temples de l'ancienne Égypte. Volume I, 1re et 2e parties.*]

faire l'application et entrer dans le détail, comment être bien sûr de n'y pas mêler plus ou moins de fantaisie ? Remarquons aussi que le terme « idéographique » ne s'applique pas, comme il est dit ici, à la simple représentation d'objets sensibles, et que, quand il s'agit de l'écriture, il est en somme synonyme de « symbolique » ; et il y a bien d'autres impropriétés de langage qui ne sont pas moins regrettables : ainsi, il est bien certain que la doctrine égyptienne devait être « monothéiste » au fond, car toute doctrine traditionnelle sans exception l'est essentiellement, en ce sens qu'elle ne peut pas ne pas affirmer l'unité principielle ; mais, si ce mot de « monothéisme » présente ainsi une signification acceptable, même en dehors des formes spécifiquement religieuses, a-t-on le droit, d'autre part, d'appeler « panthéisme » ce que tout le monde est convenu de nommer « polythéisme » ? Une autre méprise plus grave est celle qui concerne la magie, que l'auteur confond visiblement dans bien des cas avec la théurgie (confusion qui revient en somme à celle du psychique et du spirituel), car il la voit partout où il s'agit de la « puissance du verbe », ce qui l'amène à croire qu'elle a dû jouer un rôle capital à l'origine même, alors qu'au contraire sa prédominance, ainsi que nous l'avons souvent expliqué, n'a pu être, en Égypte aussi bien qu'ailleurs, que le fait d'une dégénérescence plus ou moins tardive. Notons encore, avant d'aller plus loin, une concession assez malheureuse aux théories « évolutionnistes » modernes : si les hommes de ces époques anciennes avaient eu la mentalité grossière ou rudimentaire qu'on leur prête, où auraient bien pu se recruter ces « initiés » chez qui, aux mêmes époques, on constate justement tout le contraire ? Entre l'« évolutionnisme » antitraditionnel et l'acceptation des données traditionnelles, il faut nécessairement choisir, et tout compromis ne peut conduire qu'à d'insolubles contradictions. – La seconde partie est consacrée à la Kabbale hébraïque, ce qui pourrait surprendre si l'on ne connaissait les idées de l'auteur à ce sujet : pour lui, en effet, la tradition hébraïque est directement issue de la tradition égyptienne, elles sont comme « deux anneaux consécutifs d'une même chaîne ». Nous avons déjà dit ce que nous en pensons, mais nous préciserons encore : l'auteur a assurément raison d'admettre que la tradition égyptienne fut dérivée de l'Atlantide (qui d'ailleurs, nous pouvons le déclarer plus nettement qu'il ne le fait, ne fut pas elle-même pour cela le siège de la tradition primordiale), mais elle ne fut pas la seule, et la même chose semble vraie notamment de la tradition chaldéenne ; l'enseignement arabe sur les « trois Hermès », dont nous avons parlé en une autre occasion[37], indique assez nettement cette parenté ; mais, si la source principale est ainsi la même, la différence de ces formes fut probablement déterminée surtout par la rencontre avec d'autres courants, l'un venant du Sud pour l'Égypte, et l'autre du Nord pour la Chaldée. Or la tradition hébraïque est essentiellement « abrahamique », donc d'origine chaldéenne ; la « réadaptation » opérée par Moïse a sans doute pu, par suite des circonstances de lieu, s'aider accessoirement d'éléments égyptiens, surtout en ce qui concerne certaines sciences traditionnelles plus ou moins secondaires ; mais elle ne saurait en aucune façon avoir eu pour effet de faire sortir cette tradition de sa lignée propre, pour la transporter dans une autre lignée, étrangère au peuple auquel elle était expressément destinée et dans la langue duquel elle devait être formulée. D'ailleurs, dès lors qu'on reconnaît la communauté d'origine et de fond de toutes les doctrines traditionnelles, la constatation de certaines similitudes n'entraîne aucunement l'existence d'une filiation directe : il en est ainsi, par exemple, de rapports comme ceux que l'auteur veut établir entre les *Sephiroth* et l'« Ennéade » égyptienne, en admettant qu'ils soient justifiés ; et à la rigueur, même si l'on estime qu'il s'agit de ressemblances portant sur des points trop particuliers pour remonter jusqu'à la tradition primordiale, la parenté des traditions égyptienne et chaldéenne suffirait en tout cas amplement à en rendre compte. Quant à prétendre que l'écriture hébraïque primitive fut tirée des hiéroglyphes, c'est là une hypothèse toute gratuite, puisque, en fait, nul ne sait au juste ce qu'était cette écriture ; tous les indices qu'on peut trouver à cet égard tendent même bien plutôt à faire penser le contraire ; et, en outre, on ne voit pas du tout comment l'association des nombres aux lettres, qui est essentielle en ce qui concerne l'hébreu, aurait bien pu être empruntée au système hiéroglyphique. Au surplus, les similitudes étroites qui existent entre l'hébreu et l'arabe, et auxquelles il n'est pas fait ici la moindre allusion, vont encore manifestement à l'encontre de cette hypothèse, car il serait tout de même bien difficile de soutenir sérieusement que la tradition arabe aussi a dû sortir de l'Égypte ! Nous passerons rapidement sur la troisième partie, où se trouvent tout d'abord des

---

[37] [*Le Tombeau d'Hermès* (décembre 1936).]

vues sur l'art qui, si elles contiennent malgré tout des choses justes, n'en partent pas moins d'une affirmation plus que contestable ; il n'est pas possible de dire, du moins sans préciser davantage, qu'« il n'y a qu'un art », car il est trop évident que l'unité du fond, c'est-à-dire des idées exprimées symboliquement, n'exclut nullement la multiplicité des formes. Dans les chapitres suivants, l'auteur donne un aperçu, non pas des sciences traditionnelles authentiques comme on aurait pu le souhaiter, mais des quelques débris plus ou moins déformés qui en ont subsisté jusqu'à notre époque, surtout sous l'aspect « divinatoire » ; l'influence qu'exercent sur lui les conceptions « occultistes » se montre ici d'une façon particulièrement fâcheuse. Ajoutons encore qu'il est tout à fait inexact de dire que certaines des sciences qui étaient enseignées dans les temples antiques équivalaient purement et simplement aux sciences modernes et « universitaires » ; en réalité, même là où il peut y avoir une apparente similitude d'objet, le point de vue n'en était pas moins totalement différent, et il y a toujours un véritable abîme entre les sciences traditionnelles et les sciences profanes. Enfin, nous ne pouvons nous dispenser de relever quelques erreurs de détail, car il en est qui sont véritablement étonnantes : ainsi, l'image bien connue du « barattement de la mer » est donnée pour celle d'un « dieu Samudra Mutu » (*sic*) ! Mais cela est peut-être encore plus excusable que les fautes concernant des choses qui devraient être plus familières à l'auteur que la tradition hindoue, et spécialement la langue hébraïque. Ne parlons pas de ce qui n'est qu'affaire de transcription, encore que celle-ci soit terriblement « négligée » ; mais comment peut-on appeler constamment *Ain Bekar* ce qui est en réalité *Aiq Bekar* (système cryptographique aussi connu en arabe qu'en hébreu, et où l'on pourrait voir le prototype des alphabets maçonniques), confondre en outre, quant à leurs valeurs numériques, la forme finale du *kaph* avec celle du *noun*, et mentionner même par surcroît un « *samek* final » qui n'a jamais existé et qui n'est autre qu'un *mem* ? Comment peut-on assurer que les traducteurs de la Genèse ont rendu *thehôm* par les « eaux », en un endroit où le mot qui se trouve dans le texte hébreu est *maim* et non point *thehôm*, ou qu'« *Ain Soph* signifie littéralement l'Ancien des Années », alors que la traduction strictement littérale de ce nom est « sans limite » ? *Ietsirah* est « Formation » et non « Création » (qui se dit *Beriah*) ; *Zohar* ne signifie pas « Chariot céleste » (confusion évidente avec la *Merkabah*), mais

« Splendeur » ; et l'auteur paraît ignorer complètement ce qu'est le *Talmud*, puisqu'il le considère comme formé du *Notarikon*, de la *Temourah* et de la *Gematria*, qui d'ailleurs ne sont pas des « livres » comme il le dit, mais des méthodes d'interprétation kabbalistique ! Nous nous arrêterons là ; mais on conviendra que de semblables erreurs n'engagent guère à accepter aveuglément les assertions de l'auteur sur des points moins facilement vérifiables et à accorder une confiance sans réserve à ses théories égyptologiques...

Jean Herbert. – Quelques grands penseurs de l'Inde moderne.

Causeries faites à « Radio-Genève » en juin 1937
(Union des Imprimeries, Frameries, Belgique).

Les conférences réunies dans ce petit volume, évidemment destinées au « grand public », peuvent faire craindre chez leur auteur une certaine tendance à la « vulgarisation » ; et celle-ci impose nécessairement des simplifications excessives, dont certains sujets ne s'accommodent guère. Ainsi, est-il bien exact de présenter comme des « penseurs », au sens que ce mot a en Occident, Shrî Râmakrishna, Shrî Ramana Maharshi, Shrî Aurobindo, dont il est question ici, ou, ne sont-ils pas plutôt, les deux premiers surtout, quelque chose de tout différent, dont il n'est assurément guère possible de donner une idée au « grand public » européen ? Ainsi encore, il est erroné de dire que Shrî Râmakrishna « abandonna l'hindouisme » à un certain moment, et qu'il « se fit chrétien », puis musulman ; la vérité est tout autre, ainsi que M. Ananda K. Coomaraswamy l'a expliqué ici même ; mais il serait certes bien difficile de faire comprendre ce qu'il en est à des auditeurs non préparés. Nous n'y insisterons donc pas davantage, et nous ferons seulement encore une autre remarque : au sujet de Shrî Ramana Maharshi, M. Herbert dit que son enseignement « offre cette particularité remarquable de prétendre n'apporter absolument rien de nouveau » ; or, ceci, bien loin d'être une « particularité », est au contraire la seule attitude normale et valable dans toute civilisation traditionnelle ; et, ajouterons-nous, c'est précisément pour cela qu'il ne peut y avoir là de « penseurs » ni surtout d'inventeurs de systèmes philosophiques, c'est-à-dire d'hommes qui mettent l'originalité individuelle au-dessus de la vérité.

Alfredo Cavalli. – *L'Homme n'est plus un inconnu.*

Éditions Eluni, Mantes-Gassicourt.

Le titre de ce livre, qui veut manifestement être comme une réponse à celui de *L'Homme, cet inconnu*, du Dr Alexis Carrel, ne manque certes pas d'ambition ; malheureusement, le contenu n'y répond guère, car les considérations que l'auteur expose comme des découvertes extraordinaires, destinées à changer la face du monde, sont en réalité d'un « primarisme » assez désolant. C'est du moins ainsi qu'elles apparaissent à première vue ; mais, en y regardant de plus près, on y aperçoit encore quelque chose de plus inquiétant : non seulement l'auteur fait allusion à « certains états particuliers » qui ne peuvent relever que d'un « psychisme » plus ou moins douteux, mais certains chapitres ou paragraphes, par exemple sur le Christ, sur les « courants terrestres », sur l'« analogie du système solaire et de la cellule », etc., ont tout à fait le ton caractéristique des « communications » spirites. Nous n'avons déjà vu paraître, depuis quelques années, que trop d'« inspirés » et de « missionnés » de toute sorte ; va-t-il donc falloir en compter encore un de plus ?

Décembre 1937

Ananda K. Coomaraswamy. – *Is Art a superstition or a way of life ?*

John Stevens, Newport, Rhode Island.

L'article publié précédemment sous ce titre dans l'*American Review*, et dont nous avons parlé le mois dernier, a été reproduit en une brochure faisant partie de la même série où ont déjà paru *The Majority Report on Art*[38], par

---

[38] [Juin 1937.]

M. Graham Carey, et la série de conférences intitulée *What use is Art anyway* ?[39]

Dion Fortune. – *La Cabale mystique.*

Traduit de l'anglais par Gabriel Trarieux d'Egmont
(Éditions Adyar, Paris).

Le rapprochement des deux mots qui forment le titre de ce gros volume représente quelque chose d'assez contradictoire : à la vérité, d'ailleurs, ce dont il s'agit n'est pas plus mystique qu'il n'est initiatique ; cela est surtout magique, ce qui est encore une chose toute différente. En effet, il est continuellement question de « pouvoirs », de « visions », d'« évocations », de « projection en astral », toutes choses à la fois dangereuses, même quand elles se réduisent en fait à une simple autosuggestion, et assez insignifiantes, même quand il y correspond au contraire quelques résultats réels. D'une façon plus précise, c'est de « magie cérémonielle » qu'il s'agit, et l'on peut y voir une assez belle confirmation de ce que nous avons dit sur ce sujet il y a quelque temps[40] : il est intéressant de remarquer tout d'abord, à cet égard, la fréquence avec laquelle le mot « cérémonies » revient dans ce livre, tandis que le mot « rites » n'y apparaît que bien rarement ; ensuite, l'aveu explicite que « le cérémonial est pure psychologie », et qu'il est essentiellement destiné « à agir sur l'imagination de l'opérateur » ; c'est bien aussi notre avis, puisque c'est justement en cela qu'il diffère des rites véritables, mais il va de soi que notre appréciation sur la valeur de semblables procédés diffère entièrement de celle de l'auteur. La singulière idée de désigner comme « objectif » et « subjectif » ce qui est respectivement « macrocosmique » et « microcosmique » est encore assez significative sous le même rapport : si les résultats obtenus par un être, en ce qui concerne son propre développement, ne doivent être que « subjectifs », autant dire qu'ils sont inexistants ! Il est constamment fait appel à l'imagination, et aussi, ce qui est plus inquiétant, au « subconscient », à tel point qu'il est fait grand état des trop fameuses théories de Freud ; voilà,

---

[39] [Juillet 1937.]

[40] [*À propos de « magie cérémonielle »* (mars 1937), repris dans les *Aperçus sur l'Initiation*, ch. XX.]

certes, la Kabbale tombée bien bas… Au fond, tout cela ne saurait nous étonner, dès lors que nous savons que l'auteur a appartenu à la *Golden Dawn* avant de fonder sa propre école sous le nom de « *Fraternité de la Lumière Intérieure* », et que nous la voyons citer comme « autorités » principales Mac Gregor Mathers, et… Aleister Crowley, auxquels s'ajoutent accessoirement divers autres écrivains occultistes et théosophistes. Si la « Kabbale chrétienne » qui se forma à l'époque de la Renaissance était déjà fort loin de l'authentique Kabbale hébraïque, que dire de la « Kabbale occultiste » qui vit le jour au XIX$_e$ siècle et où les quelques données traditionnelles qui ont subsisté malgré tout sont noyées sous un amas d'éléments hétéroclites et de provenance parfois fort incertaine, de correspondances brouillées beaucoup moins intentionnellement que par l'effet d'une ignorance manifeste, le tout assemblé en un « syncrétisme » qui, quoi qu'en puissent dire les promoteurs de la soi-disant « tradition occidentale », n'a absolument rien de commun avec une « synthèse » ? Dans un ouvrage tel que celui-ci, la Kabbale (ou, pour mieux dire, la doctrine des *Sephiroth* qui n'en est qu'une des branches) ne fournit plus guère qu'un cadre, pour ne pas dire un prétexte, à des spéculations du caractère le plus mêlé, et où il n'est pas jusqu'à la science moderne elle-même qui occupe une place non négligeable ; il paraît que c'est là « traiter la Kabbale d'une façon vivante », comme si la Kabbale authentique était une chose morte et n'avait que l'intérêt d'une curiosité historique ou archéologique ! Cette intention de « modernisation » est d'ailleurs expressément avouée par l'auteur, qui en cela a du moins le mérite de la franchise, mais qui, en raison de ses tendances « évolutionnistes » nettement affirmées, voit un perfectionnement dans ce qui ne peut nous apparaître que comme une assez lamentable dégénérescence… Dans ces conditions, quand on nous parle de certains « manuscrits que les initiés seuls connaissent », nous nous permettons de douter fortement, non de leur existence, mais de leur valeur traditionnelle ; et ceux qui savent ce que nous pensons des prétendues « écoles initiatiques » occidentales modernes comprendront sans peine que nous ne puissions nous empêcher de sourire en voyant invoquer « les réels et légitimes secrets occultes, que l'initiation révèle seule », même s'il n'y avait, à côté de cela, une mention de « cours par correspondance » qui en dit un peu trop long sur la qualité de cette « initiation » ! – Il serait superflu, après tout cela, de nous arrêter sur des erreurs de détail, bien qu'il en soit d'assez amusantes, comme celles qui consistent à mettre le « Sentier Oriental », comme s'il n'en existait qu'un, en face du « Sentier Occidental », à prendre le Confucianisme pour une « foi métaphysique », à attribuer aux « Vêdântins » la fantasmagorie théosophiste des « Rayons et des Rondes », ou encore à citer la phrase bien connue de la « Table d'Émeraude » sous la forme « ce qui est en haut est en bas ». Il est bien curieux aussi qu'on puisse présenter les Quakers comme « une école purement initiatique », confondre le *Bhakti-Yoga* avec l'exotérisme religieux, ou se croire en mesure de célébrer efficacement la messe en dehors de toute « succession apostolique »; il y aurait même fort à dire sur la mentalité spéciale que révèle ce dernier point... Notons également l'exagération qu'il y a à considérer l'« Arbre de Vie », d'une façon exclusive comme constituant la base unique de tout symbolisme, ainsi que l'importance quelque peu excessive attribuée au Tarot, et, ne fut-ce qu'à titre de curiosité, une sorte d'obsession du « Rayon Vert » qui nous rappelle d'étranges histoires... Il est encore une question particulière dont nous devons dire un mot : on se souviendra peut-être que, à la fin de notre étude sur *Kundalinî-Yoga*[41], nous avons indiqué la correspondance des *Sephiroth*, envisagée au point de vue « microcosmique », avec les *chakras* de la tradition hindoue. Il paraît, chose qu'alors nous ignorions tout à fait, car c'est ici que nous la voyons mentionnée pour la première fois, que Crowley et le général Fuller ont tenté d'établir une telle corrélation ; mais, d'ailleurs, les correspondances qu'ils donnent, et qui sont reproduites dans ce livre, sont l'une et l'autre erronées, faute surtout d'avoir remarqué que, par la considération de chacun des trois couples de *Sephiroth* situés à un même niveau commun représentant la polarisation d'un principe unique, le dénaire des *Sephiroth* se ramène de la façon la plus simple au septénaire des *chakras*. Ajoutons enfin, quant à la présentation de l'ouvrage, qu'il vaudrait certainement beaucoup mieux s'abstenir complètement de donner certains mots en caractères hébraïques, plutôt que de les imprimer de telle sorte qu'il ne s'y trouve presque pas une lettre exacte ; et d'autre part, pourquoi le traducteur écrit-il toujours « *la* Yoga », « *la* Swastika », voire même « *la* Sépher Yetzirah » ? Il faudrait aussi, en ce qui concerne la traduction, se méfier des mots anglais qui, tout en ressemblant beaucoup à des mots

---

[41] [Octobre-novembre 1933.]

français, ont parfois un sens tout à fait différent...

Jean Marquès-Rivière. – *L'Inde secrète et sa magie.*

Les Œuvres Françaises, Paris.

Ce petit volume se présente comme un récit de voyage, non pas uniquement descriptif, mais accompagné d'aperçus doctrinaux, et auquel, à vrai dire, on a parfois l'impression que l'auteur a dû mêler quelque peu le souvenir de ses lectures. Ce qui provoque cette remarque, ce n'est pas tant qu'il y a, dans l'ensemble, quelque chose qui rappelle l'« allure » du livre de M. Paul Brunton, dont nous avons rendu compte en son temps[42], et qui se trouve justement avoir été traduit en français sous le titre un peu trop semblable de *L'Inde secrète* ; c'est surtout qu'on rencontre çà et là, dans les propos attribués à divers interlocuteurs, des formules ou des phrases déjà vues ailleurs. Il y a même aussi quelques invraisemblances : ainsi, une certaine histoire de « Rose-Croix d'Asie », qui nous remet en mémoire au moins deux affaires plus que suspectes, dont nous savons que précisément l'auteur a eu également connaissance ; une correspondance astrologique des différentes traditions, indiquée dans le même chapitre, et où il n'y a pas une seule attribution correcte. Il n'y en a pas moins, à côté de cela, d'autres choses qui sont excellentes, par exemple, les réflexions sur l'impossibilité où se mettent en général les Européens, par leur attitude même, de pénétrer quoique ce soit de l'Orient, sur le sens réel des rites hindous, sur le caractère erroné des opinions qui ont cours en Occident à l'égard du Tantrisme, ou encore sur la nature du seul véritable secret, qui réside dans l'« incommunicable », ce qui n'a assurément rien à voir avec les prétendus « secrets occultes » dont il a été question plus haut. Cependant, quand on songe aux précédentes « variations » de l'auteur, on ne peut se défendre de quelque inquiétude en présence de la sympathie qu'il témoigne de nouveau à l'Orient et à ses doctrines : ce retour sera-t-il durable ? Pour tout dire franchement, quelques confusions un peu « tendancieuses » comme celle qui consiste à parler du « mysticisme » là où il s'agit réellement de tout autre chose, et que nous

---

[42] [Compte rendu de juin 1935: *A Search in secret India.*]

n'avons déjà rencontrée que trop souvent, font penser involontairement à d'autres sympathies, aussi inattendues que peu désintéressées, qui se sont manifestées dans certains milieux en ces dernières années, et dont nous avons eu à parler en diverses occasions ; souhaitons pourtant que celle-ci soit d'une meilleure qualité, et qu'il n'y subsiste rien des arrière-pensées « missionnaires » qui perçaient en certains passages du *Bouddhisme au Thibet*... Quoi qu'il en soit, n'oublions pas, à propos de confusions, de signaler une comparaison assez fâcheuse des méthodes hindoues de développement spirituel avec les méthodes psychologiques modernes (encore une fausse assimilation qui paraît décidément se répandre de plus en plus), et aussi la curieuse méprise qui fait regarder des facultés essentiellement psychiques comme des « possibilités du *corps* humain » ; à côté des vues très justes que nous notions tout à l'heure, des choses comme celle-là mettent une note étrangement discordante ; mais du moins est-il heureux que de magie, en dépit du titre, il ne soit pas beaucoup question.

Paul le Cour. – *L'Ère du Verseau (L'Avènement de Ganimède)*.

« Atlantis », Vincennes.

Nous avons déjà eu parfois l'occasion de signaler la singulière obsession que constituent, pour certains de nos contemporains, les prétendues « prophéties » en général et l'annonce de la prochaine « ère du Verseau » en particulier. Ce livre se rattache encore à ce genre de préoccupations ; il s'y trouve d'ailleurs peu de nouveau, car la plupart des choses qu'il contient avaient déjà été dites par l'auteur dans ses articles d'*Atlantis*. Nous noterons seulement qu'il se pose plus que jamais en héritier et en continuateur du Hiéron de Paray-le-Monial, ce dont il n'y a peut-être pas trop lieu de le féliciter, car, s'il y eut, dans ce « centre d'ésotérisme chrétien » d'un caractère assez spécial, certaines idées intéressantes, il y eut encore bien plus de rêveries : l'imagination de M. de Sarachaga était presque aussi fertile que celle de M. Paul le Cour lui-même ! C'est d'ailleurs de là que ce dernier a tiré la fameuse théorie d'*Aor-Agni*, dans laquelle il a vu une révélation prodigieuse, et dont il croit maintenant retrouver la trace dans les noms et les mots les plus variés ; mais nous avons déjà assez parlé précédemment de toutes ces fantaisies pour ne pas y revenir plus longuement. Essayant de répondre aux objections que nous avons soulevées contre l'association de ces deux termes *Aor-Agni*, M. Paul le Cour fait remarquer d'abord qu'« il existe beaucoup de termes composés de mots de langues différentes » ; c'est vrai pour les langues modernes, bien que les linguistes n'admettent d'ailleurs pas volontiers ce procédé de formation hybride, qu'ils regardent avec raison comme fort incorrect ; mais, en ce qui concerne les langues sacrées, une pareille chose est tout à fait impossible. Ensuite, il ajoute « qu'il ne voit pas sur quoi reposerait l'interdiction de voir dans le feu la lumière *Aor* et la chaleur *Agni* » ; malheureusement, ce que nous avons dit et ce que nous maintenons, c'est que, si *Aor* est bien en effet la lumière en hébreu, *Agni*, en sanscrit, n'est point seulement la chaleur, mais bien le feu lui-même, à la fois lumière et chaleur ; alors, que peut bien valoir une telle réponse ? – Il y a aussi dans ce livre une curiosité que nous regretterions de ne pas signaler : dans un endroit (p. 67), le début de l'ère juive est fixé à 4000 ans avant l'ère chrétienne (ce qui est une confusion pure et simple avec l'ère maçonnique), et, dans une autre (p. 139), à 4320 ; l'auteur ferait bien de se mettre tout au moins d'accord avec lui-même ; mais ce qui est le plus fâcheux, c'est que ni l'une ni l'autre de ces deux indications n'est exacte, car ladite ère juive commence en réalité 3761 ans avant l'ère chrétienne !

Gabriel Trarieux d'Egmont. – Que sera 1938 ?

Flammarion, Paris.

Les prévisions pour la prochaine année ne sont point de notre ressort, d'autant plus qu'elles touchent forcément à un domaine, celui de la politique, que nous ne voulons aborder en aucune façon. On sait d'ailleurs assez ce que nous pensons de l'état actuel de l'astrologie ; le plus étonnant dans ces conditions, c'est qu'elle donne parfois malgré tout des résultats justes, et peut-être convient-il de les attribuer pour une bonne part, comme le reconnaît l'auteur de ce livre, aux facultés spéciales de l'astrologue qui les obtient, à une sorte d'« intuition », si l'on veut, mais qu'il faudrait bien se garder de confondre avec la véritable intuition intellectuelle, qui est assurément d'un tout autre ordre. Quoi qu'il en soit, nous trouvons ici, à côté de ces prévisions, certaines considérations d'une portée plus générale, parmi lesquelles il en est qui se rapportent encore à la fameuse « Ère du Verseau » (l'auteur annonce même son intention de faire paraître un ouvrage portant ce titre, en quoi il a été devancé par M. Paul le Cour) : il paraîtrait que nous sommes déjà dans cette ère depuis 1793, alors que d'autres affirment pourtant qu'elle n'est pas encore commencée, voire même qu'elle ne commencera que dans quelques siècles ; il est vraiment singulier qu'on ne puisse tout au moins se mettre d'accord sur ce point ! Naturellement, il est question aussi des soi-disant « prophéties » qui ont cours à notre époque ; mais l'auteur, plus raisonnable en cela que bien d'autres, reconnaît qu'on ne doit pas les accepter toutes sans discernement, et encore bien moins les multiples commentaires qui sont venus s'y ajouter ; au sujet des « prophéties de la Grande Pyramide », en particulier, il fait preuve d'un certain scepticisme dont nous ne pouvons que le féliciter. Il consacre son dernier chapitre à Nostradamus qui, dit-il, « n'est pas uniquement astrologue », ce qui est tout à fait exact, mais en qui il veut voir surtout un « clairvoyant », ce qui l'est beaucoup moins ; en fait, il s'agit dans ce cas de la connaissance de certaines sciences traditionnelles autres que l'astrologie, bien qu'appartenant également à l'ordre cosmologique, et encore plus complètement perdues pour nos contemporains...

JANVIER 1938

Robert Maynard Hutchins. – The Higher Learning in America.

Yale University Press, New Haven, Connecticut.

Ce livre, dont l'auteur est président de l'Université de Chicago, est une sévère critique de la façon dont l'enseignement supérieur est actuellement compris et organisé en Amérique, critique qui pourrait certainement trouver à s'appliquer aussi en d'autres pays, car, à un degré ou à un autre, on retrouve partout la même confusion entre l'étude désintéressée et la simple préparation professionnelle, et la même tendance à sacrifier la première à la seconde, en un mot ce qui est ici dénoncé sous le nom d'« anti-intellectualisme », et qui est bien caractéristique de la mentalité « pratique » de notre époque. Il y a lieu de noter spécialement l'attitude de l'auteur à l'égard d'un « progrès » qui ne consiste en réalité qu'en une accumulation toujours croissante de faits et de détails, aboutissant finalement, avec l'appui des théories évolutionnistes, au triomphe de l'« empirisme » et du « professionnalisme » dans tous les domaines, et à la dispersion indéfinie en « spécialités » qui rendent impossible toute éducation d'une portée générale et vraiment intellectuelle. Il ne nous appartient pas d'examiner les remèdes proposés pour réagir contre cet état de choses, mais il est tout au moins un point qui est pour nous digne d'attention : l'enseignement d'une Université, tel que le conçoit l'auteur, devrait être ordonné tout entier par rapport à une discipline centrale qui en serait comme le principe d'unité ; la théologie jouait ce rôle au moyen âge ; il pense que cela n'est plus possible dans les circonstances présentes, mais qu'on pourrait plutôt revenir à quelque chose d'analogue à ce qui existait chez les Grecs, en faisant appel, à cet égard, à la métaphysique, qu'il paraît d'ailleurs concevoir dans le sens aristotélicien, c'est-à-dire uniquement « ontologique » ; si limitée que soit cette conception par rapport à tout ce qu'est la véritable métaphysique entendue traditionnellement, il n'y en a pas moins là une idée assez remarquable et dont la réalisation serait fort à souhaiter, d'autant plus qu'il ne faut pas oublier qu'il ne s'agit en somme que d'un enseignement « exotérique », comme tout enseignement universitaire l'est par définition même, et où, par conséquent, il ne serait sans doute guère possible d'aller plus loin en ce sens.

Victor-Émile Michelet. – Les Compagnons de la Hiérophanie.

Dorbon Aîné, Paris.

Sous ce titre un peu étrange, l'auteur a réuni, comme l'indique le sous-titre, ses « souvenirs du mouvement hermétiste à la fin du XIXe siècle » ; à la vérité, il faudrait, pour plus d'exactitude, remplacer « hermétiste » par « occultiste », car c'est proprement de cela qu'il s'agit ; mais ce ne fut bien en effet, faute de bases sérieuses, qu'un simple « mouvement » et rien de plus : qu'en reste-t-il aujourd'hui ? Le livre intéressera ceux qui ont connu ce milieu disparu depuis assez longtemps déjà, et aussi ceux qui, n'ayant pu le connaître, voudront s'en faire une idée d'après les impressions d'un témoin direct ; il ne faudrait d'ailleurs pas y chercher la moindre appréciation doctrinale, l'auteur s'étant borné au côté uniquement « pittoresque » et anecdotique, que même il présente d'une façon quelque peu incomplète, car il semble qu'il n'ait vu dans ce monde que des « écrivains », ou que du moins il n'ait considéré que sous cet aspect les personnages qu'il y a rencontrés, tant il est vrai que chacun envisage toujours les choses suivant son « optique » particulière ! En outre, il y aurait peut-être des réserves à faire sur quelques points dont il ne parle que par ouï-dire : ainsi, pour ce qui est de l'entrée en relations de Papus et de « Monsieur Philippe » avec la cour de Russie, il n'est pas bien sûr que les choses se soient passées tout à fait comme il le dit ; en tout cas, ce qui est hautement fantaisiste, c'est l'assertion que « Joseph de Maistre avait créé un Centre Martiniste à Saint-Pétersbourg », et que le tsar Alexandre I$_{er}$ fut « initié au Martinisme » qui n'existait certes pas encore à cette époque... La vérité est que Joseph de Maistre et Alexandre I$_{er}$ furent l'un et l'autre « Chevaliers Bienfaisants de la Cité Sainte » ; mais cette désignation n'est point celle d'un « vieil Ordre dont on attribue vulgairement la création soit à Louis-Claude de Saint-Martin, soit à Martines de Pasqually, mais qui, en réalité, compte six siècles d'existence » ; c'est, tout simplement, celle du dernier grade du Régime Écossais Rectifié, tel qu'il fut intitulé au Convent de Lyon en 1778, sous l'inspiration de Willermoz, puis adopté définitivement à celui de Wilhelmsbad en 1782, ce qui est fort loin de dater de six siècles ! Nous pourrions relever encore d'autres passages qui témoignent d'une information plus ou moins insuffisante, par exemple celui qui est consacré au D$_r$ Henri Favre, dont il est dit notamment qu'« il n'a guère publié que ses *Batailles du Ciel* » ; or nous avons de lui un énorme volume intitulé *Les Trois Testaments, examen méthodique, fonctionnel, distributif et pratique de la Bible*, paru en 1872 et dédié à Alexandre Dumas fils ; nous devons d'ailleurs reconnaître que nous n'avons jamais vu cet ouvrage mentionné nulle part, et c'est pourquoi nous le signalons ici à titre de curiosité. Notons aussi que la fameuse histoire de l'abbé Boullan apparaît, dans ce livre, réduite à des proportions singulièrement diminuées ; ce n'est pas, sans doute, que le rôle des occultistes en cette affaire doive être pris trop au sérieux (le point de départ réel en fut surtout une plaisanterie de Papus, qui montrait à tout venant une bûche qui était censée représenter Boullan et dans laquelle il avait planté un sabre japonais, soi-disant pour l'envoûter) ; mais la figure même de ce successeur de Vintras est certainement plus inquiétante que ne le serait celle d'un simple « primaire de la sorcellerie », et il y avait chez lui autre chose que les « quelques notions élémentaires de magie » qu'il avait pu prendre « dans l'enseignement des séminaires » ; en fait, cette histoire du « Carmel » vintrasien se rattache à tout un ensemble d'événements fort ténébreux qui se déroulèrent au cours du XIX$_e$ siècle, et dont nous n'oserions même pas affirmer, en constatant certaines « ramifications » souterraines, qu'ils n'ont pas une suite aujourd'hui encore…

Vladimir Pozner. – *Le Mors aux dents.*

Éditions Denoël, Paris.

Ce livre est un récit « romancé » et très « poussé au noir », par un évident esprit d'hostilité partisane, de la carrière mouvementée du baron von Ungern-Sternberg, dont il avait été déjà question autrefois, sous un aspect différent du reste, dans l'ouvrage de M. Ferdinand Ossendowski, *Bêtes, Hommes et Dieux*. Ce qui est vraiment assez curieux, c'est que l'existence même du personnage fut alors mise en doute par certains, et que la même chose s'est reproduite encore cette fois ; il appartenait cependant à une famille balte très connue, et apparentée à celle du comte Hermann Keyserling, dont une lettre est d'ailleurs reproduite dans le présent livre. Il peut n'être pas sans intérêt, pour ceux qui auront eu connaissance de celui-ci, de remettre un peu les choses au point et d'élucider une histoire qui semble avoir été obscurcie à plaisir ; nous citerons donc à ce propos, comme étant ce qui nous paraît en donner l'idée la plus juste, les principaux passages de lettres écrites en 1924 par le major Antoni Alexandrowicz, officier polonais qui avait été, comme commandant de l'artillerie mongole, sous les ordres directs du baron von Ungern-Sternberg en 1918 et 1919 : « Le baron Ungern était un homme extraordinaire, une nature très compliquée, aussi bien au point de vue psychologique qu'au point de vue politique. Pour donner d'une façon simple ses traits caractéristiques, on pourrait les formuler ainsi : 1$_o$ il était un adversaire acharné du bolchévisme, dans lequel il voyait un ennemi de l'humanité entière et de ses valeurs spirituelles ; 2$_o$ il méprisait les Russes, qui à ses yeux avaient trahi l'Entente, ayant rompu pendant la guerre leur serment de fidélité envers le tsar, puis envers deux gouvernements révolutionnaires, et ayant accepté ensuite le gouvernement bolchéviste ; 3o il ne tendait guère la main à aucun russe, et il fréquentait seulement les étrangers (et aussi les Polonais, qu'il estimait à cause de leur lutte contre la Russie) ; parmi les Russes, il préférait les gens simples aux intellectuels, comme étant moins démoralisés ; 4o c'était un mystique et un Bouddhiste ; il nourrissait la pensée de fonder un ordre de vengeance contre la guerre ; 5o il envisageait la fondation d'un grand empire asiatique pour la lutte contre la culture matérialiste de l'Europe et contre la Russie soviétique ; 6o il était en contact avec le Dalaï-Lama, le « Bouddha vivant » et les représentants de l'Islam en Asie, et il avait le titre de prêtre et de Khan mongol ; 7o il était brutal et impitoyable comme seul un ascète et un sectaire peut l'être ; son manque de sensibilité dépassait tout ce qu'on peut imaginer, et semblerait ne pouvoir se rencontrer que chez un être incorporel, à l'âme froide comme la glace, ne connaissant ni la douleur, ni la pitié, ni la joie, ni la tristesse ; 8o il avait une intelligence supérieure et des connaissances étendues ; il n'y avait aucun sujet sur lequel il ne put donner un avis judicieux ; d'un coup d'œil, il jugeait la valeur d'un homme qu'il rencontrait... Au début de juin 1918, un Lama prédit au baron Ungern qu'il serait blessé à la fin de ce même mois, et qu'il trouverait sa fin après que son armée serait entrée en Mongolie et que sa gloire se serait étendue sur le monde entier. Effectivement, à l'aube du 28 juin, les bolchévistes attaquèrent la station de Dauria... et le baron fut blessé d'une balle au côté gauche, au-dessus du cœur. En ce qui concerne sa mort également, la prédiction s'est réalisée : il mourut au moment où la gloire de sa victoire emplissait le monde entier ». La dernière phrase est peut-être excessive, à en juger par les discussions auxquelles nous faisions allusion au début ; mais ce qui paraît certain, c'est qu'il ne fut nullement capturé par les bolchévistes et que, quoique très jeune encore, il mourut de mort naturelle, contrairement à la version de M. Vladimir Pozner. Les lecteurs de celui-ci pourront voir aussi, d'après ces indications authentiques, si un personnage de cette sorte put n'être au fond, comme il l'insinue, qu'un simple agent au service du Japon, ou s'il ne fut pas plus vraisemblablement mû par des influences d'un tout autre ordre ; et nous ajouterons encore, à ce propos, qu'il n'était pas précisément ce qu'on pourrait appeler un « néo-bouddhiste », car, d'après des informations que nous avons eues d'une autre source, l'adhésion de sa famille au Bouddhisme remontait à la troisième génération. D'autre part, on a signalé récemment que des phénomènes de « hantise » se produisaient au Château d'Ungern ; ne s'agirait-il pas de quelque manifestation de « résidus psychiques » en connexion plus ou moins directe avec toute cette histoire ?

I Protocolli dei Savi Anziani di Sion. Versione italiana con appendice e introduzione.

La Vita Italiana, Roma.

La traduction italienne des fameux *Protocoles des Sages de Sion*, publiée en 1921, par le Dr Giovanni Preziosi, directeur de la *Vita Italiana*, vient d'être rééditée avec une introduction de M. J. Evola, qui essaie de mettre un peu d'ordre dans les interminables discussions auxquelles ce « texte » a donné et donne encore lieu, en distinguant deux questions différentes et qui ne sont pas nécessairement solidaires, celle de l'authenticité et celle de la « véridicité », dont la seconde serait, selon lui, la plus importante en réalité. L'authenticité n'est guère soutenable, pour de multiples raisons que nous n'examinerons pas ici ; à cet égard, nous appellerons l'attention sur un point qu'on paraît ne pas prendre suffisamment en considération, et qui pourtant est peut-être le plus décisif : c'est qu'une organisation vraiment et sérieusement secrète, quelle qu'en soit d'ailleurs la nature, ne laisse jamais derrière elle de documents écrits. D'autre part, on a indiqué les « sources » auxquelles de nombreux passages des *Protocoles* ont été empruntés à peu près textuellement : le *Dialogue aux Enfers entre Machiavel et Montesquieu*, de Maurice Joly, pamphlet dirigé contre Napoléon III et publié à Bruxelles, en 1865, et le discours attribué à un rabbin de Prague dans le roman *Biarritz*, publié en 1868, par l'écrivain allemand Hermann Goedsche sous le pseudonyme de sir John Retcliffe. Il y a encore une autre « source » qui, à notre connaissance, n'a jamais été signalée : c'est un roman intitulé *Le Baron Jéhova*, par Sidney Vigneaux, publié à Paris en 1886, et dédié, ce qui est assez curieux, « au très gentilhomme A. de Gobineau, auteur de l'*Essai sur l'inégalité des races humaines*, entré au Walhalla le 13 octobre 1882 ». Il est à noter aussi que, d'après une indication donnée dans les *Mémoires d'une aliénée*, de M_{lle} Hersilie Rouy, publiés par E. Le Normant des Varannes (Paris, 1886, pp. 308-309), Sidney Vigneaux était, ainsi que ce dernier, un ami du D_r Henri Favre, dont nous avons parlé plus haut ; il s'agit là d'une étrange histoire où apparaît également le nom de Jules Favre, qu'on retrouve d'ailleurs mêlé à tant de choses du même genre qu'il est difficile de n'y voir qu'une simple coïncidence... Il se trouve dans *Le Baron Jéhova* (pp. 59 à 87) un soi-disant « Testament d'Ybarzabal » qui présente des similitudes tout à fait frappantes avec les *Protocoles*, mais avec cette particularité remarquable que les Juifs y apparaissent seulement comme l'instrument d'exécution d'un plan qui n'a été ni conçu, ni voulu par eux. On a noté encore des traits de ressemblance avec l'introduction du *Joseph Balsamo*, d'Alexandre Dumas, bien qu'ici il ne soit plus aucunement question des Juifs, mais d'une assemblée maçonnique imaginaire ; nous ajouterons que cette assemblée n'est pas non plus sans rapport avec le « Parlement » pseudo-rosicrucien décrit, à peu près exactement à la même date, par l'écrivain américain George Lippard dans *Paul Ardenheim, the Monk of the Wissahickon*, dont cette partie a été reproduite par le D_r Swinburn Clymer dans *The Rosicrucian Fraternity in America*[43]. Il n'est pas douteux que tous ces écrits, sous leur forme plus ou moins « romancée », tirent en somme leur inspiration générale d'un même « courant » d'idées, que d'ailleurs leurs auteurs approuvent ou désapprouvent ces idées, et qu'en outre, suivant leurs tendances ou leurs préventions particulières, ils en attribuent à tort et à travers l'origine aux Juifs, aux Maçons ou à d'autres encore ; l'essentiel dans tout cela, en définitive, et ce qui, peut-on dire, en constitue l'élément de « véridicité », c'est l'affirmation que toute l'orientation du monde moderne répond à un « plan » établi et imposé par quelque organisation mystérieuse ; on sait ce que nous pensons nous-même à cet égard, et nous nous sommes déjà assez souvent expliqué sur le rôle de la « contre-initiation » et de ses agents conscients ou inconscients pour n'avoir pas besoin d'y insister davantage. À vrai dire, il n'était aucunement nécessaire d'être « prophète » pour s'apercevoir de ces choses à l'époque où les *Protocoles* furent rédigés, probablement en 1901, ni même à celle où remontent la plupart des autres ouvrages que nous venons de mentionner, c'est-à-dire vers le milieu du XIXe siècle ; alors déjà, bien qu'elles fussent

---

[43] [Compte rendu de ce livre en avril 1937.]

moins apparentes qu'aujourd'hui, une observation quelque peu perspicace y suffisait ; mais ici nous devons faire une remarque qui n'est pas à l'honneur de l'intelligence de nos contemporains : si quelqu'un se contente d'exposer « honnêtement » ce qu'il constate et ce qui s'en déduit logiquement, personne n'y croit ou même n'y prête attention ; si, au contraire, il présente les mêmes choses comme émanant d'une organisation fantaisiste, cela prend aussitôt figure de « document » et, à ce titre, met tout le monde en mouvement : étrange effet des superstitions inculquées aux modernes par la trop fameuse « méthode historique » et qui font bien partie, elles aussi, des suggestions indispensables à l'accomplissement du « plan » en question ! Il est encore à remarquer que, d'après l'« affabulation » des *Protocoles* eux-mêmes, l'organisation qui invente et propage les idées modernes, pour en arriver à ses fins de domination mondiale, est parfaitement consciente de la fausseté de ces idées : il est bien évident qu'en effet, il doit en être réellement ainsi, car elle ne sait que trop bien à quoi s'en tenir là-dessus ; mais alors il semble qu'une telle entreprise de mensonge ne puisse pas être, en elle-même, le véritable et unique but qu'elle se propose, et ceci nous amène à considérer un autre point qui, indiqué par M. Evola dans son introduction, a été repris et développé, dans le numéro de novembre de la *Vita Italiana*, dans un article signé « Arthos » et intitulé *Transformazioni del « Regnum »*. En effet, il n'y a pas seulement, dans les *Protocoles*, l'exposé d'une « tactique » destinée à la destruction du monde traditionnel, ce qui en est l'aspect purement négatif et correspondant à la phase actuelle des événements ; il y a aussi l'idée du caractère simplement transitoire de cette phase, et celle de l'établissement ultérieur d'un *Regnum* supra-national, idée qui peut être regardée comme une déformation de celle du « Saint Empire » et des autres conceptions traditionnelles analogues qui, comme le rappelle l'auteur de l'article, ont été exposées par nous dans *Le Roi du Monde*. Pour expliquer ce fait, « Arthos » fait appel aux déviations, allant même jusqu'à une véritable « subversion », que peuvent subir certains éléments, authentiquement traditionnels à l'origine, qui se survivent en quelque sorte à eux-mêmes, lorsque l'« esprit » s'en est retiré ; et il cite, à l'appui de cette thèse, ce que nous avons dit récemment ici au sujet des « résidus psychiques »[44] ; les considérations qu'on

---

[44] [*Résidus psychiques* (juillet 1937), repris dans *Le Règne de la Quantité et les Signes des*

trouvera d'autre part, sur les phases successives de la déviation moderne et sur la constitution possible, comme dernier terme de celle-ci, d'une véritable « contre-tradition », dont le *Regnum* dénaturé serait précisément l'expression dans l'ordre social, pourront peut-être contribuer encore à élucider plus complètement ce côté de la question qui, même tout à fait en dehors du cas spécial des *Protocoles*, n'est certes pas dépourvu d'un certain intérêt.

Février 1938

Alfred Dodd. – Shakespeare Creator of Freemasonry.

Rider and Co., London.

L'auteur de ce livre avait déjà publié, il y a quelques années, une édition des sonnets de Shakespeare visant à reconstituer leur arrangement primitif et à prouver qu'ils sont en réalité les poèmes « personnels » de Francis Bacon, lequel aurait été, suivant lui, le fils de la reine Élisabeth ; en outre, Lord Saint-Alban, c'est-à-dire ce même Bacon, aurait été l'auteur du rituel de la Maçonnerie moderne et son premier Grand-Maître. Ici, par contre, il n'est plus question de l'identité de Shakespeare, qui a donné et donne encore lieu à tant de controverses ; il s'agit seulement de montrer que celui-ci, quel qu'il ait été, a introduit dans ses œuvres, d'une façon plus ou moins cachée et parfois tout à fait cryptographique, d'innombrables allusions à la Maçonnerie. À vrai dire il n'y a là rien qui puisse étonner ceux qui n'admettent pas l'opinion trop « simpliste » d'après laquelle la Maçonnerie aurait été créée de toute pièce au début du XVIIIe siècle ; tous les « déchiffrements » de l'auteur ne sont pas également convaincants, et, en particulier, les initiales, sauf là où elles se présentent nettement en groupes formant des abréviations dont l'usage maçonnique est bien connu, pouvant évidemment toujours se prêter à de multiples interprétations plus ou moins plausibles ; mais, même en écartant ces cas douteux, il paraît en rester encore suffisamment pour donner raison à l'auteur quant à cette partie de sa thèse.

Temps, ch. XXVII.]

Malheureusement, il en va tout autrement pour ce qui est des conséquences excessives qu'il veut en tirer, en s'imaginant avoir découvert par là le « fondateur de la Maçonnerie moderne » : si Shakespeare, ou le personnage connu sous ce nom, fut Maçon, il dut être forcément un Maçon opératif (ce qui ne veut nullement dire un ouvrier), car la fondation de la Grande Loge d'Angleterre marque bien le début, non point de la Maçonnerie sans épithète, mais de cet « amoindrissement », si l'on peut dire, qu'est la Maçonnerie spéculative ou moderne. Seulement, pour comprendre cela, il ne faudrait pas partir de cette singulière idée préconçue que la Maçonnerie opérative était quelque chose d'assez semblable aux « syndicats » de notre époque, et que ses membres étaient uniquement préoccupés de « questions de salaires et d'heures de travail » ! L'auteur n'a évidemment pas la moindre notion de la mentalité et des connaissances du moyen âge, et, par surcroît, il va à l'encontre de tous les faits historiques quand il affirme que la Maçonnerie opérative aurait cessé d'exister dès le XVe siècle, et par conséquent n'aurait pu avoir aucune continuité avec la Maçonnerie spéculative, même si celle-ci remonte, suivant son hypothèse, à la fin du XVIe siècle ; nous ne voyons vraiment pas pourquoi certains édits auraient eu plus d'effet contre la Maçonnerie, en Angleterre, que des édits similaires n'en eurent en France contre le Compagnonnage ; et d'ailleurs, qu'on le veuille ou non, c'est un fait que des Loges opératives ont toujours existé avant et même après 1717. Cette façon d'envisager les choses entraîne encore bien d'autres invraisemblances : ainsi, les manuscrits des *Old Charges* ne seraient que des faux, fabriqués par ceux-là mêmes qui auraient composé le rituel, afin d'égarer les recherches et de faire croire à une filiation inexistante, dissimulant leur véritable but qui aurait été de faire revivre les mystères antiques sous une forme modernisée ; l'auteur ne s'aperçoit pas que cette opinion, qui revient à nier l'existence d'une transmission régulière et à n'admettre à sa place qu'une simple reconstitution « idéale », enlèverait par là même à la Maçonnerie toute valeur initiatique réelle ! Passons sur ses remarques concernant les « ouvriers illettrés » dont se serait composée exclusivement l'ancienne Maçonnerie opérative, alors que, en réalité, celle-ci « accepta » toujours des membres qui n'étaient ni ouvriers ni illettrés (dans chacune de ses Loges, il y avait tout au moins obligatoirement un ecclésiastique et un médecin) ; de plus, en quoi le fait de ne savoir ni lire ni écrire (ce qui, entendu littéralement et non symboliquement, est sans aucune importance au point de vue initiatique) peut-il bien empêcher d'apprendre et de pratiquer un rituel qui, précisément, ne devait jamais être confié à l'écriture ? Il semblerait, à en croire l'auteur, que les constructeurs anglais du moyen âge n'avaient même pas à leur disposition un langage quelconque dans lequel ils pussent s'exprimer ! Même s'il est vrai que les termes et les phrases du rituel, sous sa forme actuelle, portent la marque de l'époque d'Élisabeth, cela ne prouve nullement qu'il ne s'agisse pas tout simplement d'une nouvelle version faite alors d'un rituel beaucoup plus ancien, et conservée telle quelle par la suite parce que la langue n'a plus changé très notablement à partir de cette époque ; prétendre que le rituel ne remonte pas plus loin, c'est à peu près comme si l'on voulait soutenir que la Bible ne date également que de cette même époque, en invoquant à l'appui de cette assertion le style de la « version autorisée », que certains, par une curieuse coïncidence, attribuent d'ailleurs aussi à Bacon, lequel, disons-le en passant, aurait dû vivre bien longtemps pour pouvoir écrire tout ce qui lui est ainsi attribué... L'auteur a parfaitement raison de penser que « les questions maçonniques doivent être étudiées maçonniquement » ; mais c'est bien pour cela, précisément, qu'il aurait dû lui-même se garder avant tout du préjugé essentiellement profane des « grands hommes » ; si la Maçonnerie est vraiment une organisation initiatique, elle ne peut pas avoir été « inventée » à un moment donné, et son rituel ne saurait être l'œuvre d'un individu déterminé (non plus, bien entendu, que d'un « comité » ou groupement quelconque) ; que cet individu soit un écrivain célèbre et même « génial », cela n'y change absolument rien. Quant à dire que Shakespeare n'aurait pas osé mettre dans ses pièces des allusions maçonniques s'il n'avait été, en tant que fondateur, au-dessus de l'obligation du secret, c'est là une raison plus que faible, surtout si l'on songe que bien d'autres que Shakespeare en ont fait tout autant, et même d'une façon beaucoup moins déguisée : le caractère maçonnique de la *Flûte enchantée* de Mozart, par exemple, est certainement beaucoup plus apparent que celui de la *Tempête*... Un autre point sur lequel l'auteur semble se faire bien des illusions, c'est la valeur des connaissances que pouvaient posséder les fondateurs de la Grande Loge d'Angleterre ; il est vrai qu'Anderson a pris soin de dissimuler bien des choses, et peut-être plutôt « par ordre » que de sa propre initiative, mais pour des fins qui n'avaient certes rien d'initiatique ; et, si la Grande Loge gardait réellement certains secrets concernant l'origine de la Maçonnerie, comment expliquer que de nombreux historiens, qui en furent des membres éminents, aient fait preuve d'une si complète ignorance à cet égard ? Au surplus, deux ou trois remarques de détail achèveront de montrer combien on a tort de ne pas se défier suffisamment de son imagination (et peut-être aussi de certaines révélations « psychiques », auxquelles le précédent ouvrage du même auteur semblait se référer discrètement) : ainsi, il n'y a pas lieu de se demander, à propos d'un passage d'Anderson, « quel est le degré qui fait un *Expert Brother* », comme s'il s'agissait là de quelque chose de mystérieux (et l'auteur a d'ailleurs des idées tout à fait fantaisistes sur les hauts grades), car cette expression d'*Expert Brother* était alors employée tout simplement comme un synonyme de *Fellow Craft* ; le Compagnon était « expert » au sens latin du mot, tandis que l'Apprenti ne l'était pas encore. Le « jeune homme de talents extraordinaires » auquel fait allusion Thomas de Quincey n'est point Shakespeare ou Bacon, mais, de façon tout à fait évidente, Valentin Andreae ; et les lettres *A. L.* et *A. D.*, qui, suivies de dates, figurent sur un bijou de *Royal Arch*, n'ont certes pas été mises là pour former les mots *a lad*, qui s'appliqueraient au « jeune homme » en question ; comment peut-on, surtout quand on se fait en quelque sorte une « spécialité » d'interpréter des initiales, ne pas savoir que ces lettres ne signifient rien d'autre qu'*Anno Lucis* et *Anno Domini* ? Nous pourrions relever bien d'autres choses du même genre, mais nous croyons peu utile d'y insister davantage ; remarquons seulement encore qu'il est bien difficile de savoir au juste ce que l'auteur entend par *Rosicrosse Masons* ; il en parle comme d'une « société littéraire », ce qui, fût-elle secrète, est quelque chose de fort peu initiatique ; il est vrai que la Maçonnerie elle-même n'est pour lui qu'un « système éthique », ce qui ne va guère plus loin et n'est pas d'un ordre beaucoup plus profond ; et que penser du sérieux d'une organisation qui n'aurait pas de plus grand secret à garder que celui de l'identité de son fondateur ? Ce n'est certes pas par le nom d'une individualité quelconque, quand bien même ce serait celui d'un « grand homme », qu'on répondra jamais valablement à la question posée par un « mot » qui a été déformé de tant de façons diverses, question qui d'ailleurs, chose curieuse, se lit en arabe encore plus clairement qu'en hébreu : *Mâ el-Bannâ* ?

Mars 1938

Ananda K. Coomaraswamy. – The Nature of Buddhist Art.

A. Townshend Johnson, Boston.

C'est l'introduction, éditée séparément, d'un important ouvrage sur *The Wall Paintings of India, Central Asia and Ceylon*, en collaboration avec M. Benjamin Rowland. L'auteur montre que, pour comprendre vraiment l'art bouddhique, et en particulier les représentations du Bouddha, il faut se référer à des conceptions fort antérieures au Bouddhisme lui-même, puisqu'elles se rattachent en définitive aux sources vêdiques et, par là, au symbolisme universel, commun à toutes les traditions. L'application plus ou moins hétérodoxe qui en a été faite n'empêche pas que, en principe, la naissance historique du Bouddha représente la manifestation cosmique d'*Agni*, et que sa vie peut, dans le même sens, être dite « mythique », ce qui n'est pas en nier la réalité, mais au contraire en faire ressortir la signification essentielle. Le Bouddha ne fut tout d'abord figuré que par des empreintes de pieds, ou par des symboles tels que l'arbre ou la roue (et il est remarquable que, de la même façon, le Christ aussi ne fut représenté pendant plusieurs siècles que par des figurations purement symboliques) ; comment et pourquoi en vint-on à admettre par la suite une image anthropomorphique ? Il faut voir là comme une concession aux besoins d'une époque moins intellectuelle, où la compréhension doctrinale était déjà affaiblie ; les « supports de contemplation », pour être aussi efficaces que possible, doivent en effet être adaptés aux conditions de chaque époque ; mais encore convient-il de remarquer que l'image humaine elle-même, ici comme dans le cas des « déités » hindoues, n'est réellement « anthropomorphique » que dans une certaine mesure, en ce sens qu'elle n'est jamais « naturaliste » et qu'elle garde toujours, avant tout et dans tous ses détails, un caractère essentiellement symbolique. Cela ne veut d'ailleurs point dire qu'il s'agisse d'une représentation « conventionnelle » comme l'imaginent les modernes, car un symbole n'est nullement le produit d'une invention humaine ; « le symbolisme est un langage hiératique et métaphysique, non un langage déterminé par des catégories organiques ou psychologiques ; son fondement est dans la correspondance analogique de tous les ordres de réalité, états d'être ou niveaux de référence ». La forme symbolique « est révélée » et « vue » dans le même sens que les incantations védiques ont été révélées et « entendues », et il ne peut y avoir aucune distinction de principe entre vision et audition, car ce qui importe n'est pas le genre de support sensible qui est employé, mais la signification qui y est en quelque sorte « incorporée ». L'élément proprement « surnaturel » est partie intégrante de l'image, comme il l'est des récits ayant une valeur « mythique », au sens originel de ce mot ; dans les deux cas, il s'agit avant tout de moyens destinés, non à communiquer, ce qui est impossible, mais à permettre de réaliser le « mystère », ce que ne saurait évidemment faire ni un simple portrait ni un fait historique comme tel. C'est donc la nature même de l'art symbolique en général qui échappe inévitablement au point de vue « rationaliste » des modernes, comme lui échappe, pour les mêmes raisons, le sens transcendant des « miracles » et le caractère « théophanique » du monde manifesté lui-même ; l'homme ne peut comprendre ces choses que s'il est à la fois sensitif et spirituel, et s'il se rend compte que « l'accès à la réalité ne s'obtient pas en faisant un choix entre la matière et l'esprit supposés sans rapports entre eux, mais plutôt en voyant dans les choses matérielles et sensibles une similitude formelle des prototypes spirituels que les sens ne peuvent atteindre directement » ; il s'agit là « d'une réalité envisagée à différents niveaux de référence, ou, si l'on préfère, de différents ordres de réalité, mais qui ne s'excluent pas mutuellement ».

R. P. Victor Poucel. – Mystique de la Terre : I. Plaidoyer pour le Corps.

Librairie Plon, Paris.

Il est intéressant de constater que, dans ce livre, nous retrouvons, appliquées au point de vue spécifiquement catholique, des idées qui s'apparentent assez étroitement à celles que nous venons de voir exprimées par M. A. K. Coomaraswamy : ce dont il s'agit essentiellement ici, en effet, c'est une restauration de la valeur symbolique des choses corporelles, que le Catholicisme médiéval connaissait bien, mais qu'ont oubliée les modernes, habitués à séparer radicalement la matière et l'esprit, suivant la conception nettement antitraditionnelle qui a trouvé son expression philosophique dans le dualisme cartésien. L'auteur affirme expressément, dès le début, que, « si nous pouvions déceler le vrai sens de tout, l'Univers entier avec ce qu'il contient nous apparaîtrait, par rapport à la vérité, comme un vaste système de signes », et c'est bien là le fondement réel de tout symbolisme ; il applique tout d'abord ce principe à la recherche de ce qu'on peut appeler les « vestiges » de l'ordre spirituel dans le corps humain, considéré successivement, dans les deux parties de l'ouvrage, sous le double rapport de ce qu'il désigne comme la « symbolique des formes » et la « liturgie des fonctions ». Il va de soi qu'il ne saurait d'ailleurs être question d'épuiser un tel sujet, mais plutôt d'en esquisser simplement les multiples aspects, quitte à reprendre ensuite certains d'entre-eux pour en faire le sujet d'autres volumes, puisque celui-ci doit avoir une suite ; mais il y a déjà là, en fait, une foule d'aperçus extrêmement dignes d'intérêt, en eux-mêmes et peut-être plus encore par les perspectives qu'ils peuvent ouvrir à ceux qui sauront y réfléchir. Nous regrettons seulement un peu que les considérations exposées dans la seconde partie soient en général moins précises et d'un caractère souvent plus « littéraire » que celles de la première ; mais nous devons reconnaître la grande difficulté qu'il y avait à présenter ainsi des conceptions qui, bien que parfaitement « normales », ou peut-être plutôt pour cela même, sont devenues véritablement « extraordinaires » aux yeux de nos contemporains, même catholiques, tellement le sens traditionnel fait aujourd'hui défaut partout. Nous ne pouvons songer à entrer ici dans le détail de tout ce que contient ce livre ; mais nous signalerons plus particulièrement, dans la première partie, ce qui concerne la verticalité du corps humain et les différents ordres de symétrie corporelle, en relation avec les directions de l'espace ; l'auteur y touche à des questions très importantes au point de vue du symbolisme traditionnel, comme par exemple celle, si complexe, des rapports de la droite et de la gauche et de leur connexion avec l'orientation rituelle (mais nous devons faire remarquer incidemment que, contrairement à ce qu'il pense, le côté où s'établit la circulation sur les routes n'est lui-même pas une chose indifférente en réalité, étant déterminé originairement par des règles traditionnelles qui sont encore parfaitement conscientes chez certains peuples orientaux, et que les anomalies apparentes ou réelles, à cet égard, doivent avoir aussi leur signification, tout aussi bien que dans le cas des

« circumambulations » rituelles, dont le sens est différent suivant qu'elles se réfèrent à un symbolisme « polaire » ou « solaire », la distinction de ces deux modalités symboliques étant d'ailleurs également la véritable « clef » de la prédominance respective de la droite ou de la gauche suivant les pays ou les époques). Notons aussi que l'auteur insiste fort justement, en maintes occasions, sur la nécessité de restituer aux mots la plénitude de leur sens, qu'ils ont si souvent perdue : là où l'on ne voit plus aujourd'hui que simples « métaphores », il y a en réalité tout un symbolisme profond ; « on retrouverait, en remontant le cours des temps, des modes de spiritualité concrète, autrefois appartenant à la mentalité humaine » ; « la littérature chrétienne primitive, chez les Pères les plus illustres, regorge de symbolisme, et la langue des rituels catholiques est tout entière dans le contexte de l'antique mentalité ». Ce que nous ne pouvons approuver aussi complètement, c'est une tendance assez visible, et que, du reste, nous avons déjà rencontrée récemment chez bien d'autres, à s'exagérer la portée de certains phénomènes « psychiques » ; l'auteur formule bien parfois à ce sujet quelques réserves mais qui ne vont pas assez loin, et il ne paraît pas se méfier suffisamment des dangers que présente la diffusion actuelle de certaines choses de cet ordre ; il les entrevoit pourtant, puisqu'il remarque qu'« on dirait qu'il se trouve en nous, dans notre région inconsciente, je ne sais quels points d'attraction, ou d'aspiration, par lesquels s'introduit un monde étranger », ce qui est tout à fait exact ; mais cela n'empêche que, aussitôt après, parlant « du sourcier qui interroge son pendule tout comme il ferait une table tournante », il se défend de « juger le procédé en soi condamnable » ; sans vouloir aucunement assimiler son cas à celui des trop nombreux ecclésiastiques « radiesthésistes », car sa qualité intellectuelle est assurément tout autre, nous nous permettons d'attirer toute son attention sur ce point, qui a, surtout dans les circonstances présentes, une importance telle qu'on n'y insistera jamais trop ; et nos lecteurs savent, par tout ce que nous avons exposé à maintes reprises, ce qui en fait la gravité toute particulière, en rapport direct avec les développements « post-matérialistes », si l'on peut dire, du plan de subversion du monde moderne.

André Lebey. – La Fayette ou le Militant Franc-Maçon.

Librairie Mercure, Paris.

Ces deux volumes constituent une étude fort consciencieuse, et remarquablement impartiale, non pas seulement d'un homme comme le titre pourrait le donner à penser, mais en réalité de toute une époque, et d'une époque qui fut particulièrement mouvementée et chargée d'événements. L'auteur n'est pas de ceux pour qui l'histoire n'est qu'une simple affaire de curiosité et d'érudition plus ou moins vaine ; il estime au contraire, très justement, qu'on doit y chercher des enseignements pour le présent, et il déplore que, en France notamment, on sache si peu profiter des leçons qu'il conviendrait d'en tirer ; mais, au fond, n'est-il pas naturel et en quelque sorte logique qu'il en soit ainsi à une époque comme la nôtre, où une aveugle croyance au « progrès » incite bien plutôt à dédaigner le passé qu'à s'en inspirer ? Il ne dissimule aucunement les faiblesses de son héros, qui, ayant commencé sa vie en homme d'action, laissa par la suite échapper presque toutes les occasions d'agir qui s'offrirent à lui, et qui se laissa le plus souvent entraîner par les événements bien plus qu'il ne les dirigea ; s'il en fut ainsi, il semble bien que c'est surtout parce que l'action politique exige trop de compromissions inconciliables avec la fidélité à des convictions bien définies et nettement arrêtées, et aussi parce qu'il faut tenir compte des multiples contingences qui paraissent négligeables à celui qui s'en tient à une vue trop « idéale » des choses. D'un autre côté, par son honnêteté et sa sincérité mêmes, un homme comme La Fayette risquait de n'être que trop facilement le jouet de gens moins scrupuleux ; en fait, il apparaît assez clairement qu'un Talleyrand et un Fouché le « manœuvrèrent » à peu près comme ils le voulurent ; et d'autres sans doute, en le mettant en avant, ne songèrent qu'à s'abriter derrière son nom et à profiter de la popularité qui l'entourait. On pourrait se demander s'il n'était pas arrivé à s'en rendre compte dans une certaine mesure, vers la fin de sa vie, lorsqu'il écrivait une phrase comme celle-ci : « Il a été dans ma destinée personnelle, depuis l'âge de dix-neuf ans, d'être une sorte de type de certaines doctrines, de certaine direction, qui, sans me mettre au-dessus, me tiennent néanmoins à part des autres ». Un « type », un personnage plus « représentatif » que vraiment agissant, voilà bien, en effet, ce qu'il fut pendant tout le cours de sa longue carrière... Dans la Maçonnerie même, il ne semble pas avoir jamais joué un rôle tellement important et c'est encore au « type » que s'adressaient les honneurs qui lui furent décernés ; si par contre la Charbonnerie le mit à la tête de sa Haute Vente, il s'y comporta comme partout ailleurs, « se ralliant toujours à la majorité, se persuadant qu'elle tenait compte de ses vues, qu'elle acceptait d'ailleurs d'abord, quitte ensuite à les tourner ou à les dépasser », ce qui, du reste, ne constitue peut-être pas un cas tellement exceptionnel : que de « dirigeants » apparents dont on en pourrait dire autant ! Certaines allusions aux « forces équivoques, policières et autres, qui agissent derrière les gouvernements », montrent d'ailleurs que l'auteur soupçonne l'existence de bien des « dessous », tout en reconnaissant que, malheureusement, il n'a jamais pu réussir à savoir exactement, d'une façon sûre et précise, à quoi s'en tenir à ce sujet, sur lequel, cependant, « il serait indispensable d'être renseigné avec certitude pour redresser la politique et la débarrasser de l'abjection qui la mine en menant le monde à la débâcle » ; et, ajouterons-nous, c'est même dans tous les domaines, et non pas seulement dans celui de la politique, qu'une telle opération serait aujourd'hui nécessaire…

Reginal Reynolds. – The White Sahibs in India, with a preface by Jawaharlal Nehru.

Martin Secker and Warburg Ltd., London.

Cette longue histoire de rapacité mercantile, appuyée tantôt sur la ruse et tantôt sur la violence, qui est celle de l'« impérialisme » britannique dans l'Inde depuis la fondation de l'*East India Company*, jusqu'à nos jours, c'est-à-dire pendant plus de trois siècles, est vraiment tout à fait édifiante, et elle l'est même d'autant plus qu'elle a été écrite, pour la plus grande partie, d'après les témoignages des Anglais eux-mêmes. Nous ne pouvons nous étendre ici sur un sujet qui est trop en dehors du cadre de nos études, mais la lecture de ce livre est à recommander à tous ceux qui ont la naïveté de croire aux prétendus « bienfaits » que la civilisation occidentale moderne est censée apporter aux peuples orientaux ; si tenaces que puissent être leurs illusions à cet égard, il est tout de même bien douteux qu'elles résistent à une telle accumulation de faits précis et établis avec une incontestable évidence !

Upton Sainclair. – *Comment je crois en Dieu.*

*Traduit de l'anglais par Henri Delgove
et R. N. Raimbault. (Éditions Adyar, Paris).*

La conception « religieuse » de l'auteur, qu'on ne peut d'ailleurs consentir à appeler ainsi qu'à la condition de spécifier qu'il s'agit de simple « religiosité » et non de religion proprement dite, cette conception, disons-nous, est, au fond, un mélange assez typiquement américain d'« idéalisme » et de « pragmatisme » : il éprouve le besoin de croire à un « idéal », ce qui est bien vague, et, en même temps, il veut que cet « idéal », qu'il convient d'appeler « Dieu » tout en avouant qu'il ne sait pas ce que celui-ci est véritablement, lui « serve » pratiquement en toute sorte de circonstances ; il doit lui servir notamment, semble-t-il, à se guérir quand il est malade, car les histoires de « guérisons mentales » et de « religions guérisseuses » occupent dans le livre une place particulièrement importante (remarquons à ce propos que la « formation » d'Émile Coué n'était peut-être pas si différente qu'il le croit de celle de M_{me} Baker Eddy, car, fait qu'il ignore probablement, Émile Coué, avant de fonder sa propre école d'« autosuggestion », avait été le disciple de Victor Segno et des « mentalistes » américains, qui ont bien des points communs avec la *Christian Science*). Par son côté « idéaliste », cette façon de voir se rattache manifestement à ce que nous avons appelé le « psychologisme »[45], car il est évident que la valeur ou l'efficacité d'un « idéal » comme tel ne peut être que purement psychologique (et d'ailleurs il pousse cette tendance jusqu'à vouloir expliquer psychologiquement, en les assimilant à de simples suggestions, des faits qui appartiennent au domaine de la magie ou de la sorcellerie) ; mais, par surcroît, comme il arrive trop souvent aujourd'hui en pareil cas, il y intervient aussi bien des éléments qui relèvent d'un « psychisme » assez suspect, puisque, au fond, il s'agit surtout, en tout cela, de faire appel au « subconscient », en quoi l'auteur ne fait d'ailleurs que suivre William James, son maître en « pragmatisme » ; il est tout disposé à attribuer à des phénomènes psychiques, tels que la télépathie

---

[45] [*L'erreur du « psychologisme »* (janvier-février 1938), repris dans *Le Règne de la Quantité et les Signes des Temps*, ch. XXIV et XXXIV.]

et la clairvoyance, une valeur « spirituelle », ce qui est une bien fâcheuse illusion ; et l'on peut même se demander si, en définitive, ce qu'il « déifie » n'est pas tout simplement son propre subconscient... – Il y a dans la traduction quelques fautes de langage vraiment bizarres : ainsi, les cellules du cerveau sont en réalité des cellules « cérébrales », et non pas « cervicales », ce qui veut dire des cellules du cou ; et « sectataire » est un assez joli barbarisme, apparemment formé par une confusion de « sectateur » avec « sectaire » !

Roger A. Lacombe. – *Déclin de l'Individualisme* ?

Éditions Denoël, Paris.

L'auteur de ce livre, qui est manifestement pénétré de toutes les illusions « démocratiques », « humanitaires », et « progressistes » de notre époque, se place à un point de vue exclusivement social, voire même politique (la façon caractéristique dont il emploie le mot « fascisme » suffirait à elle seule à montrer qu'il n'est pas exempt d'un certain esprit de parti) ; aussi l'« individualisme » qu'il veut défendre s'oppose tout simplement à certaines conceptions « étatistes » et « communistes » qui, pour nous, ne sont pas moins individualistes, car la collectivité n'a assurément rien de transcendant par rapport au domaine individuel ; tout cela se situe exactement sur le même plan, et nous avouons que la lutte entre ces divers produits plus ou moins « avancés » de l'esprit occidental moderne ne peut que nous laisser fort indifférent. Ce qui est plus curieux, c'est que l'auteur, passant d'un sens du mot à un autre sans paraître s'en apercevoir, en vient par endroits à faire aussi l'apologie de l'individualisme religieux et philosophique, qui, lui, est bien de l'individualisme dans la véritable acception de ce terme, c'est-à-dire une négation de tout ce qui dépasse l'ordre individuel ; sur ce point, il se trouverait sans doute en parfait accord avec les adversaires qu'il combat sur un autre terrain, et c'est là une assez bonne « illustration » de la confusion actuelle... Mais où la confusion va plus loin encore, c'est dans un chapitre dirigé contre le « traditionalisme », et où il nous met en cause, en citant la *Crise du Monde moderne*, d'une façon qui montre qu'il n'a aucunement compris notre « position » ; nous regrettons vivement qu'il n'ait pas eu connaissance de ce que nous avons écrit sur la différence qui existe entre le

« traditionalisme » et l'esprit traditionnel[46], car cela lui eût évité de nous associer à des gens avec qui nous ne pouvons avoir en commun rien de plus que la conviction de la malfaisance des idées et des tendances constitutives de l'esprit spécifiquement moderne, c'est-à-dire en somme quelque chose de purement négatif ; et faut-il dire que quelques-uns de ceux qu'il nomme sont en réalité parmi nos « ennemis » les plus acharnés et les plus irréductibles ? Tout au moins aurait-il dû s'apercevoir, car nous l'avons dit assez souvent et assez explicitement, que la tradition, au sens essentiellement « suprahumain » où nous l'entendons (et c'est bien pour cela, précisément, que l'individualisme est antitraditionnel), n'a absolument rien à voir avec des « habitudes » ou des « coutumes » quelconques, pour lesquelles nous n'éprouvons certes pas plus de respect que lui-même, quoique pour des raisons très différentes ; il y a là une assimilation, entre nous et certains « traditionalistes », que nous ne saurions laisser passer sans protester énergiquement, ne fût-ce que par souci de la seule vérité. Quant à son attaque « historiciste » contre l'idée même de la tradition primordiale, et à son assertion que c'est seulement « faute de documents historiques » qu'on ne peut déterminer si certaines doctrines traditionnelles sont « le produit d'un mouvement individualiste » (!), quiconque connaît tant soit peu le point de vue « intemporel » auquel nous nous plaçons, et par conséquent la totale insignifiance d'un pareil « criterium », ne pourra assurément qu'en sourire ; et, au fond, il ne nous déplaît pas qu'on nous fournisse de temps à autre une justification si complète et si éclatante, bien qu'involontaire, de tout ce que nous avons écrit sur la mentalité spéciale qui est celle de la plupart de nos contemporains ! Ajoutons encore que ce n'est pas nous, en tout cas, qui avons jamais parlé de « croyances traditionnelles », non plus que de « croyances métaphysiques » (*sic*) ; cette dernière expression nous est même parfaitement incompréhensible ; la tradition et la métaphysique, telles que nous les envisageons, sont affaire, non de sentiment, mais de pure connaissance, et le reste ne nous intéresse pas, y compris les « valeurs idéales » pour lesquelles l'auteur s'enthousiasme si facilement, et auxquelles nous dénions formellement, quant à nous, tout caractère de « spiritualité » ; nous sommes

---

[46] [*Tradition et traditionalisme* (octobre 1936), repris dans *Le Règne de la Quantité et les Signes des Temps*, ch. XXXI.]

certainement beaucoup plus « positif » que lui, et nous le prions de croire qu'il n'y a chez nous, qui ne sommes pas plus solidaire des « traditionalistes » que de toute autre catégorie occidentale et « profane », aucune « méconnaissance de l'individualisme », mais tout au contraire une appréciation très exacte, parce que basée sur des principes d'ordre supérieur, de ce qu'il est en réalité, et dont ses propres illusions l'empêchent malheureusement de se rendre compte. Il serait d'ailleurs superflu d'y insister davantage ; nous n'avons jamais eu l'intention de nous adresser qu'à ceux qui ont « des yeux pour voir et des oreilles pour entendre » et non à ceux que certains préjugés et certaines « croyances » paraissent aveugler irrémédiablement ; mais pourquoi faut-il que ceux-ci, philosophes universitaires, orientalistes ou autres, se mêlent trop souvent de parler de choses qui échappent à leur compréhension et qu'ils nous obligent ainsi à la peu agréable besogne de rectifier les erreurs et les confusions qu'ils commettent alors inévitablement ?

Avril 1938

E. Gautheron. – *Les Loges maçonniques dans la Haute-Loire.*

Éditions de la Main de Bronze, Le Puy.

Ce volume est, comme le dit l'auteur, « à la fois une page d'histoire locale et une contribution à l'histoire de la Franc-Maçonnerie en France » ; il est d'ailleurs presque exclusivement « documentaire », si bien que ce n'est guère que dans la conclusion que se laisse deviner une certaine tendance antimaçonnique. En fait, les documents qui y sont publiés n'apportent rien d'imprévu ou de spécialement important ; ce n'est pourtant pas à dire qu'ils soient sans intérêt, car ils font connaître tout au moins quelques personnages assez curieux à divers égards. L'auteur se fait une idée un peu trop simple des origines de la Maçonnerie : les constructeurs du moyen âge constituaient tout autre chose qu'une vulgaire association « de protection et d'entr'aide mutuelle » ; en outre, il y eut de tout temps des Maçons « acceptés », qui n'étaient nullement de « faux Maçons », ni des personnages ayant à dissimuler une activité politique quelconque ; la prépondérance acquise par ces éléments non professionnels dans quelques Loges rendit possible la dégénérescence « spéculative », mais leur existence même n'était point un fait nouveau ni anormal. D'autre part, nous devons relever au moins une erreur de détail : une « Loge chapitrale » n'est pas une Loge « dont les membres peuvent arriver au grade de Rose-Croix », ce que peut tout Maçon, mais une Loge sur laquelle, suivant un mode d'organisation d'ailleurs spécial au Grand-Orient de France, est « souché » un Chapitre de Rose-Croix, où peuvent être reçus aussi des membres d'autres Loges ; à un autre endroit, la dénomination de « Souverain Chapitre » se trouve, sans doute du fait d'une abréviation mal déchiffrée, transformée.

F. de Chatillon. – *Les Prophéties de M. Michel Nostradamus, Interprétation d'une trentaine de quatrains.*

Marrimpouey Jeune, Pau.

L'auteur de cette brochure essaie d'expliquer quelques-unes des prédictions de Nostradamus, et surtout celles où il croit voir des allusions aux événements actuels : guerres d'Éthiopie, de Chine, d'Espagne, ainsi qu'à la Société des Nations et aux Soviets. La façon dont il traduit beaucoup de mots obscurs est assurément très discutable, mais en somme, dans l'ensemble, son interprétation n'est ni plus ni moins plausible que bien d'autres qui ont déjà été proposées ; au fond, ce qu'il y a de plus curieux dans tout cela, à notre avis, c'est de constater à quel point les commentaires de ce genre se multiplient depuis quelque temps…

Jean Fervan. – *La Fin des Temps, Recueil des principales prophéties sacrées et prédictions sur notre époque et les « derniers temps », suivi d'une enquête sur « le prochain roi de France ».*

Éditions La Bourdonnais, Paris.

Encore un livre consacré aux prédictions variées qui sont si fort à la mode en ce moment, et dont la diffusion, pour des raisons auxquelles nous avons déjà fait allusion assez souvent, nous paraît malheureusement loin d'être inoffensive ; son auteur est d'ailleurs, très probablement, de ceux qui se lancent inconsidérément dans toutes ces histoires douteuses, sans rien soupçonner de leurs « dessous » fort ténébreux, si même ils ne se refusent de parti-pris à les admettre ; ils n'en contribuent pas moins pour cela à propager et à entretenir un état d'esprit assez inquiétant, surtout dans une époque de déséquilibre comme celle où nous vivons... Quoi qu'il en soit, le livre débute assez mal, car son premier chapitre évoque une fois de plus les trop fameuses « prophéties de la Grande Pyramide », sur lesquelles nous avons eu déjà l'occasion de nous expliquer précédemment [47]. De prophéties véritables, parmi tout ce dont il est question dans la suite, il n'y a naturellement que celles qui sont tirées de la Bible, des Évangiles, de l'Apocalypse, et aussi du *Vishnu-Purâna* ; mais encore faudrait-il savoir comment il convient de les interpréter en réalité, et ce n'est pas si facile ; c'est surtout quand on entreprend de les faire correspondre à des dates précises que la fantaisie risque fort de s'en mêler. Quant au reste, ce ne sont en somme que des prédictions plus ou moins suspectes, souvent par leur origine même, par les circonstances de leur publication, et plus encore par les commentaires dont elles ont été entourées ; un fait particulièrement remarquable à cet égard, c'est la place considérable que tient là-dedans la hantise du « Grand Monarque », dont nous avons pu constater, en de multiples occurrences, la connexion constante avec toute sorte d'autres choses d'un caractère plutôt fâcheux. Puisque l'occasion s'en présente, nous dirons que, à la vérité, nous ne pensons pas qu'il ne s'agisse que d'une « invention » pure et simple ; il y a là, bien plutôt, quelque chose qui se rapporte effectivement à certains événements devant se produire vers la fin de la période cyclique actuelle, mais qui a été entièrement déformé par une « perspective » spécifiquement occidentale, et parfois même beaucoup plus étroitement « locale » encore, puisque la plupart des « voyants » et de leurs interprètes tiennent absolument à faire de ce « Grand Monarque » un roi de France, ce qui revient, en somme, à ne lui assigner dans l'histoire future qu'un rôle bien restreint et purement « épisodique » ; les prophéties authentiques visent des événements d'une tout

---

[47] [Compte rendu de novembre 1936 : G. Barbarin – *Le Secret de la Grande Pyramide ou la Fin du Monde adamique. Le tombeau d'Hermès* (décembre 1936).]

autre ampleur... Le volume se termine par un appendice assez curieux : c'est une sorte de « recensement », si l'on peut dire, de tous les « prétendants » possibles au trône de France, et leur nombre est vraiment une chose incroyable ; on a d'ailleurs l'impression que certaines de ces généalogies royales ont dû être « brouillées » intentionnellement, tout comme le fut en dernier lieu l'affaire de la « survivance » de Louis XVII, qui, elle aussi, se trouve, ainsi que nous le faisions remarquer dernièrement encore [48], invariablement associée aux plus troubles énigmes du monde contemporain ; il faudrait assurément bien de la naïveté pour ne voir, dans certains enchaînements de faits, rien de plus que de simples « coïncidences » !

Roger Duguet. – *Autour de la Tiare, Essai sur les prophéties concernant la succession des Papes du XIIIe siècle à la fin des temps.*

Fernand Sorlot, Paris.

Cet ouvrage posthume de l'abbé Paul Boulin (le « Pierre Colmet » de la R. I. S. S., dont nos lecteurs se souviennent sans doute) se rapporte à un sujet qui est en partie le même que celui du précédent livre, mais il le fait apparaître sous un jour bien différent : il s'agit là, en effet, d'une véritable « démolition » des prétendues « prophéties » concernant les Papes, et dont les principales sont attribuées à Joachim de Flore, à Anselme de Marsico, à saint Malachie et à un « moine de Padoue » anonyme. L'auteur va peut-être même quelquefois un peu trop loin dans ce sens : ainsi, il traite bien légèrement les *Centuries* de Nostradamus, où l'on sent pourtant, sous un amas d'obscurités voulues, un écho très net de certaines sciences traditionnelles, même si elles ne sont que d'ordre inférieur ; mais, si nous devons faire des réserves sur ce point, nous lui abandonnons très volontiers, par contre, ce qu'il appelle les « divagations des commentateurs » (au nombre desquels s'est trouvé, notons-le en passant, son propre prédécesseur à la R. I. S. S.). Il est difficile aussi d'admettre que certaines « prophéties » suspectes aient été fabriquées uniquement, ou même principalement, pour favoriser tel ou tel candidat à une élection pontificale, et qu'elles ne reflètent que d'assez basses intrigues

---

[48] [*Comptes rendus de revues*, février 1938.]

politiques, comme celles auxquelles donna lieu la rivalité des cardinaux appartenant aux deux familles Colonna et Orsini ; tout cela a pu jouer le rôle de causes occasionnelles, si l'on veut, mais il a dû y avoir autre chose derrière de semblables contingences ; au fond, l'auteur ne l'aurait peut-être pas nié, et d'ailleurs il n'a pas eu la prétention de tout élucider, ce qui serait assurément bien difficile. Au surplus, le mouvement des « spirituels » franciscains, qu'il voit aussi mêlé à tout cela, n'est pas quelque chose dont le caractère et l'histoire soient parfaitement clairs ; il semblerait que des « courants » divers, les uns orthodoxes et les autres déviés, s'y soient trouvés en lutte à certains moments, d'où des incohérences au moins apparentes. En tout cas, ce qui paraît le plus sûr là-dedans, c'est l'intention « satirique » de beaucoup de ces prédictions, probablement faites après coup, et des figures qui les accompagnent ; quant au caractère « occultiste » (?) que l'auteur attribue à certaines d'entre elles, ce point appelle encore une remarque : ce n'est pas le symbolisme alchimique ou astrologique qui est inquiétant, mais seulement l'usage, ou plutôt l'abus, que certains ont pu en faire, plus vraisemblablement, du reste, à l'époque de la Renaissance que pendant le moyen âge. Il est d'ailleurs vraiment singulier que, en Occident, des données authentiquement traditionnelles en elles-mêmes aient si souvent donné lieu à des déformations « sectaires », qui impliquent tout au moins une fâcheuse confusion entre des domaines entièrement différents ; et cela encore n'est certes pas fait pour simplifier la tâche de ceux qui veulent s'attacher à démêler certaines énigmes historiques ! Il y a encore, dans cet ouvrage, à côté de l'étude proprement dite des « prophéties », bien d'autres choses qui sont loin d'être dépourvues d'intérêt, par exemple, les curieux souvenirs de l'auteur sur l'abbé Rigaux, curé d'Argœuves, commentateur enthousiaste de Nostradamus, et qui avait été le confident de Mélanie, la bergère de la Salette, « dont les oracles sentaient malheureusement le fagot » ; cet étrange personnage, qui avait en sa possession, parmi beaucoup d'autres raretés de ce genre qu'il avait patiemment rassemblées, un manuscrit des pseudo-prophéties de Joachim de Flore et d'Anselme de Marsico qu'il expliquait à sa façon, a laissé des disciples aux yeux desquels il fait figure d'« inspiré » ; ici, il apparaît, beaucoup moins avantageusement, comme un de ces « suggestionnés », moins rares qu'on ne le croirait, chez qui la naïveté et la ruse se mélangent en des proportions assez difficiles à déterminer exactement. L'auteur se montre encore plus dur pour d'autres défenseurs du « Secret de la Salette », surtout pour Léon Bloy et ses « convertis », et pour tous « les rêveurs de lune, des "Esclaves de Marie" aux anciens "Anges" de l'École Thomiste antimoderne, aujourd'hui rangés sous les drapeaux des étranges "prétoriens" du Pontificat tout chevronnés de longues campagnes contre l'orthodoxie »... Déjà, *La Cravate Blanche*, dont la publication ne précéda que de très peu la mort de « Roger Duguet », nous avait donné l'impression que celui-ci, était, à la fin, revenu de bien des illusions et las d'avoir été dupé par des gens qui, après s'être longtemps servis de lui, l'en avaient fort mal récompensé ; cette œuvre posthume, qu'il présente lui-même comme un « suprême témoignage au-delà duquel rien ne lui importe plus », ne peut que confirmer et renforcer encore cette impression ; sachons-lui gré d'avoir voulu ainsi, avant de disparaître, contribuer à dévoiler certains « dessous » auxquels il s'était souvent trouvé mêlé de bien près !

Mai 1938

D. S. Sarma. – Lectures on the Bhagavad-Gita, with an English Translation of the Gita.

 N. Subba Rau Pantulu, Rajahmundry ;
 Luzac and Co., London.

La *Bhagavad-Gîtâ* a déjà été traduite bien souvent dans les langues occidentales, et aussi commentée à des points de vue très divers, qui, malheureusement, ne sont pas toujours strictement conformes à l'esprit traditionnel. La présente traduction est tout au moins exempte des déformations « tendancieuses » qui se rencontrent tant dans celles des orientalistes que dans celles des théosophistes, mais elle n'a peut-être pas toute la précision souhaitable ; et ce défaut paraît dû surtout au souci d'éviter autant que possible l'emploi d'une terminologie « technique », ce qui n'est pas sans inconvénients en pareil cas, car le langage courant est nécessairement vague et assez étroitement limité dans ses moyens d'expression ; il y a d'ailleurs là comme un parti pris de « simplification », qui, presque toujours, ne laisse subsister en quelque sorte que le sens le plus extérieur, celui dont la compréhension ne suppose aucune connaissance des multiples données traditionnelles de différents ordres qui sont impliquées dans le texte. Les six conférences qui précèdent la traduction confirment encore cette impression : s'adressant à des étudiants plus ou moins affectés par l'esprit moderne, l'auteur s'est efforcé de leur rendre « acceptables » les enseignements de la *Bhagavad-Gîtâ*, ce qui ne pouvait guère se faire sans les amoindrir par bien des concessions assez fâcheuses ; ne va-t-il pas même jusqu'à essayer, en dépit de la doctrine des cycles qui semble bien lui causer quelque embarras à cet égard, de concilier ces enseignements avec l'idée de « progrès » ? Surtout, il est une équivoque qu'il n'a pas su éviter : il est parfaitement exact que ce qui est exposé dans la *Bhagavad-Gîtâ* est susceptible de s'appliquer à toutes les actions que comporte l'existence humaine ; mais c'est à la condition d'envisager cette existence à la façon traditionnelle, qui confère à toutes choses un caractère authentiquement « sacré », et non point sous l'aspect profane de la « vie ordinaire » au sens moderne ; il y a là deux conceptions qui s'excluent, et l'on ne peut revenir à la première qu'en rejetant entièrement la seconde, et en la considérant nettement comme la déviation illégitime qu'elle est en réalité. Rien ne saurait être plus éloigné de la vérité que de présenter les *shâstras* ou traités traditionnels sur les sciences et les arts comme se rapportant à une « connaissance profane » (*secular Knowledge*), ou de réduire le système des castes à un essai de solution, par de simples « penseurs », de ce qu'on appelle aujourd'hui les « problèmes sociaux » ; nous nous demandons si vraiment l'auteur pousse lui-même l'incompréhension jusqu'à ce point, ou s'il n'a pas plutôt voulu seulement par là rendre l'ancienne « culture » (!) hindoue sympathique à son trop moderne auditoire ! Ce n'est pas à dire qu'il n'y ait pas, dans le cours de son exposé, d'autres vues plus « orthodoxes » et plus dignes d'intérêt ; mais, en tout cas, l'intention générale d'une « adaptation » comme celle-là ne peut conduire qu'à méconnaître dans une large mesure la valeur et la portée de tout ce qui a le caractère le plus profondément traditionnel, c'est-à-dire de ce qui est en réalité tout l'essentiel ; et ce n'est pas en s'engageant dans cette voie qu'il sera jamais possible de réagir efficacement contre la dégénérescence de notre époque.

Mrs Rhys Davids. -To become or not to become (that is the question !), Episodes in the history of an Indian word.

Luzac and Co., London.

Il n'est que trop vrai que les grammairiens, les philologues et les traducteurs ont souvent fait d'assez mauvais travail, et qu'il y aurait fort à faire pour rectifier leurs insuffisances et leurs erreurs ; en cela, nous sommes entièrement d'accord avec l'auteur ; mais est-ce à dire que nous devions lui donner également raison sur le point spécial dont il s'agit ici, c'est-à-dire en ce qui concerne le verbe *bhû* et ses dérivés tels que *bhava* et *bhavya*, dans lesquels, au lieu du sens d'« être » qu'on leur attribue d'ordinaire, elle ne veut voir à peu près exclusivement que celui de « devenir » ? La vérité nous paraît quelque peu différente, et nous ne pensons d'ailleurs pas qu'il y ait besoin de tant de discussions et d'analyses minutieuses pour arriver à l'établir : les deux racines *as* et *bhû* ne sont certes pas synonymes, mais leur rapport correspond exactement à celui de l'« essence » et de la « substance » ; en toute rigueur, le mot « être » devrait effectivement être réservé à la traduction de la première et des termes qui s'y rattachent, tandis que l'idée exprimée par la seconde est proprement celle d'« existence », en entendant par là l'ensemble de toutes les modifications qui dérivent de *Prakriti*. Il va de soi que cette idée d'« existence » implique en quelque façon celle de « devenir », mais aussi qu'elle ne s'y réduit point tout entière, car, dans l'aspect « substantiel » auquel elle se réfère, il y a aussi l'idée de « subsistance » ; faute d'en tenir compte, nous nous demandons comment on pourrait bien traduire, par exemple, un terme tel que *swayambhû*, qui assurément ne peut pas signifier autre chose que « Celui qui subsiste par soi-même ». Sans doute, le langage moderne confond communément « être » et « exister », comme il confond aussi bien d'autres notions ; mais ce sont précisément les confusions de ce genre qu'il faudrait avant tout s'attacher à dissiper, pour restituer aux mots dont on se sert leur sens propre et originel ; au fond, nous ne voyons pas d'autre moyen que celui-là pour améliorer les traductions, du moins dans toute la mesure où le permettent les ressources, malgré tout assez restreintes, des langues occidentales. Malheureusement, bien des idées préconçues viennent trop souvent compliquer les questions les plus simples ; c'est ainsi que Mrs Rhys

Davids est manifestement influencée par certaines conceptions plus que contestables, et il n'est pas difficile de voir pourquoi elle tient tant au mot « devenir » : c'est que, conformément aux théories de M. Bergson et autres philosophes « évolutionnistes » contemporains, elle considère le « devenir » comme plus réel que l'« être » même, c'est-à-dire que, de ce qui n'est qu'une moindre réalité, elle veut faire au contraire la plus haute et peut-être même la seule réalité ; qu'elle pense ainsi pour son propre compte, assurément, cela ne regarde qu'elle ; mais qu'elle accommode le sens des textes traditionnels à ces conceptions toutes modernes, c'est là quelque chose de beaucoup plus fâcheux. Tout son point de vue est d'ailleurs naturellement affecté par l'« historicisme » : elle croit que telles idées ont dû apparaître à un moment donné, puis changer d'une époque à l'autre, comme s'il s'agissait de simple « pensée » profane ; par surcroît, il y a chez elle, comme nous avons eu déjà l'occasion de nous en apercevoir, une étonnante faculté d'« imaginer » l'histoire, si l'on peut dire, au gré de ses propres vues ; nous nous demandons même si ce n'est bien que d'imagination qu'il s'agit, et, à la vérité, certaines allusions assez claires à des expériences « psychiques » nous font bien craindre qu'il n'y ait là quelque chose de pire encore !

Juin 1938

Xavier Guichard. – Éleusis Alésia : Enquête sur les origines de la civilisation européenne.

Imprimerie F. Paillart, Abbeville.

Quoi qu'on pense des vues exposées dans cet ouvrage, il convient, en tout cas, de rendre hommage à la somme de travail qu'il représente, à la patience et à la persévérance dont l'auteur a fait preuve, consacrant à ces recherches, pendant plus de vingt ans, tous les loisirs que lui laissaient ses occupations professionnelles. Il a étudié ainsi tous les lieux qui, non seulement en France, mais à travers toute l'Europe, portent un nom paraissant dérivé, parfois sous des formes assez altérées, de celui d'*Alésia* ; il en a trouvé un nombre considérable, et il a remarqué que tous présentent certaines particularités topographiques communes : ils « occupent des sites entourés par des cours d'eau plus ou moins importants qui les isolent en presqu'îles », et ils « possèdent tous une source minérale ». Dès une époque « préhistorique » ou tout au moins « protohistorique », ces « lieux alésiens » auraient été choisis, en raison de leur situation privilégiée, comme « lieux d'assemblée » (ce serait là le sens primitif du nom qui les désigne), et ils seraient bientôt devenus des centres d'habitation, ce qui semblerait confirmé par les nombreux vestiges qu'on y découvre généralement. Tout cela, en somme, est parfaitement plausible, et tendrait seulement à montrer que, dans les régions dont il s'agit, ce qu'on appelle la « civilisation » remonterait beaucoup plus loin qu'on ne le suppose d'ordinaire, et sans même qu'il y ait eu depuis lors aucune véritable solution de continuité. Il y aurait peut-être seulement, à cet égard, quelques réserves à faire sur certaines assimilations de noms : celle même d'*Alesia* et d'*Éleusis* n'est pas si évidente que l'auteur semble le croire, et d'ailleurs, d'une façon générale, on peut regretter que certaines des considérations auxquelles il se livre témoignent de connaissances linguistiques insuffisantes ou peu sûres sur bien des points ; mais, même en laissant de côté les cas plus ou moins douteux, il en reste encore bien assez, surtout dans l'Europe occidentale, pour justifier ce que nous venons de dire. Il va de soi, du reste, que l'existence de cette ancienne « civilisation » n'a rien qui puisse nous étonner, quels qu'aient été d'autre part son origine et ses caractères ; nous reviendrons plus loin sur ces dernières questions. – Mais il y a encore autre chose, et qui est apparemment plus extraordinaire : l'auteur a constaté que les « lieux alésiens » étaient régulièrement disposés sur certaines lignes rayonnant autour d'un centre, et allant d'une extrémité à l'autre de l'Europe ; il a trouvé vingt-quatre de ces lignes, qu'il appelle « itinéraires alésiens », et qui convergent toutes au mont Poupet, près d'Alaise, dans le Doubs. Outre ce système de lignes géodésiques, il y en a même un second, formé d'une « méridienne », d'une « équinoxiale » et de deux « solsticiales », dont le centre est en un autre point de la même « alésia », marqué par une localité portant le nom de Myon ; et il y a encore des séries de « lieux alésiens » (dont certains coïncident avec quelques-uns des précédents) jalonnant des lignes qui correspondant exactement aux degrés de longitude et de latitude. Tout cela forme un ensemble assez complexe, et dans lequel, malheureusement, on ne peut pas dire que tout apparaisse comme absolument rigoureux : ainsi les vingt-quatre lignes du premier système ne forment pas toutes entre elles des angles égaux ; il suffirait d'ailleurs d'une très légère erreur de direction au point de départ pour avoir, à une certaine distance, un écart considérable, ce qui laisse une assez large part d'« approximation » ; il y a aussi des « lieux alésiens » isolés en dehors de ces lignes, donc des exceptions ou des anomalies... D'autre part, on ne voit pas bien quelle a pu être l'importance toute spéciale de l'« alésia » centrale ; il est possible que réellement elle en ait eu une, à une époque lointaine, mais il est cependant assez étonnant qu'aucune trace n'en ait subsisté par la suite, à part quelques « légendes » qui n'ont en somme rien de bien exceptionnel, et qui sont rattachées à beaucoup d'autres lieux ; en tout cas, il y a là une question qui n'est pas résolue, et qui même, dans l'état actuel des choses, est peut-être insoluble. Quoi qu'il en soit, il y a une autre objection plus grave, que l'auteur ne paraît pas avoir envisagée, et qui est la suivante : d'un côté, comme on l'a vu tout d'abord, les « lieux alésiens » sont définis par certaines conditions relevant de la configuration naturelle du sol ; d'un autre côté, ils sont situés sur des lignes qui auraient été tracées artificiellement par les hommes d'une certaine époque ; comment peuvent se concilier ces deux choses d'ordre tout différent ? Les « lieux alésiens » ont ainsi, en quelque sorte, deux définitions distinctes, et l'on ne voit pas en vertu de quoi elles peuvent arriver à se rejoindre ; cela demanderait tout au moins une explication, et, en l'absence de celle-ci, il faut reconnaître qu'il y a là quelque invraisemblance. Il en serait autrement si l'on disait que la plupart des lieux représentant les caractères « alésiens » sont naturellement répartis suivant certaines lignes déterminées ; ce serait peut-être étrange, mais non pas impossible au fond, car il se peut que le monde soit en réalité beaucoup plus « géométrique » qu'on ne le pense ; et, dans ce cas, les hommes n'auraient eu, en fait, qu'à reconnaître l'existence de ces lignes et à les transformer en routes reliant entre eux leurs différents établissement « alésiens » ; si les lignes dont il s'agit ne sont pas une simple illusion « cartographique », nous ne voyons guère qu'on puisse en rendre compte autrement. – Nous venons de parler de routes, et c'est bien en effet ce qu'implique l'existence, sur les « itinéraires alésiens », de certains « jalons de distance », constitués par des localités dont la plupart portent des noms tels que Calais, Versailles, Myon, Millières ; ces localités se trouvent à des distances du centre qui sont des multiples exacts d'une unité de mesure à laquelle l'auteur donne la désignation conventionnelle de « stade alésien » ; et ce qui est particulièrement remarquable, c'est que cette unité, qui aurait été le prototype du stade grec, du mille romain et de la lieue gauloise, est égale à la sixième partie d'un degré, d'où il résulte que les hommes qui en avaient fixé la longueur devaient connaître avec précision les véritables dimensions de la sphère terrestre. À ce propos, l'auteur signale des faits qui indiquent que les connaissances possédées par les géographes de l'antiquité « classique », tels que Strabon et Ptolémée, loin d'être le résultat de leurs propres découvertes, ne représentaient que les restes d'une science beaucoup plus ancienne, voire même « préhistorique », dont la plus grande partie était alors perdue. Ce qui nous étonne, c'est que, en dépit de constatations de ce genre, il accepte les théories « évolutionnistes » sur lesquelles est bâtie toute la « préhistoire » telle qu'on l'enseigne « officiellement » ; qu'il les admette véritablement, ou que seulement il n'ose pas se risquer à les contredire, il y a là, dans son attitude, quelque chose qui n'est pas parfaitement logique et qui enlève beaucoup de force à sa thèse. En réalité, ce côté de la question ne pourrait être éclairé que par la notion des sciences traditionnelles, et celle-ci n'apparaît nulle part dans cette étude, où l'on ne trouve même pas l'expression du moindre soupçon qu'il ait pu exister une science dont l'origine ait été autre qu'« empirique », et qui ne se soit pas formée « progressivement » par une longue suite d'observations, au moyen desquelles l'homme est supposé être sorti peu à peu d'une prétendue ignorance « primitive », qui ici se trouve simplement reportée un peu plus loin dans le passé qu'on ne l'estime communément. – Le même défaut de toute donnée traditionnelle affecte aussi, bien entendu, la façon dont est envisagée la genèse de la « civilisation alésienne » : la vérité est que toutes choses, aux origines et même encore bien plus tard, avaient un caractère rituel et « sacré » ; il n'y a donc pas lieu de se demander si des influences « religieuses » (mot d'ailleurs bien impropre) ont pu s'exercer sur tel ou tel point particulier, ce qui ne répond qu'à un point de vue par trop moderne, et ce qui a même parfois pour effet de renverser complètement certains rapports. Ainsi, si l'on admet que la désignation des « Champs-Elysées » est en relation avec les noms « alésiens » (ce qui, du reste, semble quelque peu hypothétique), il ne faudrait pas en conclure que le séjour des morts fut conçu sur le modèle des lieux habités près desquels leurs corps étaient enterrés, mais bien plutôt, au contraire, que ces lieux eux-mêmes furent choisis ou disposés en conformité avec les exigences rituelles auxquelles présidait cette conception, et qui comptaient alors certainement beaucoup plus que de simples préoccupations « utilitaires », si même celles-ci pouvaient exister comme telles en des temps où la vie humaine était tout entière régie par la connaissance traditionnelle. D'autre part, il est possible que les « mythes élyséens » aient eu un lien avec des « cultes chthoniens » (et ce que nous avons exposé sur le symbolisme de la caverne expliquerait même leur relation, dans certains cas, avec les « mystères » initiatiques), mais encore conviendrait-il de préciser davantage le sens qu'on attache à cette assertion ; en tout cas, la « Déesse-Mère » était assurément tout autre chose que la « Nature », à moins que par là on ne veuille entendre la *Natura naturans*, ce qui n'est plus du tout une conception « naturaliste ». Nous devons ajouter qu'une prédominance donnée à la « Déesse-Mère » ne paraît pas pouvoir remonter au-delà des débuts du *Kali-Yuga*, dont elle serait même assez nettement caractéristique ; et ceci permettrait peut-être de « dater » plus exactement la « civilisation alésienne », nous voulons dire de déterminer la période cyclique à laquelle elle doit être rapportée : il s'agit là de quelque chose qui est assurément bien antérieur à l'« histoire » au sens ordinaire de ce mot, mais qui, malgré cela, n'en est pas moins fort éloigné déjà des véritables origines. – Enfin, l'auteur semble trop préoccupé d'établir que la « civilisation européenne » a eu son origine en Europe même, en dehors de toute intervention d'influences étrangères et surtout orientales ; mais, à vrai dire, ce n'est pas précisément ainsi que la question devrait se poser. Nous savons que l'origine première de la tradition, et par conséquent de toute « civilisation », fut en réalité hyperboréenne, et non pas orientale ni occidentale ; mais, à l'époque dont il s'agit, il est évident qu'un courant secondaire peut être envisagé comme ayant plus directement donné naissance à cette « civilisation alésienne », et, en fait, divers indices pourraient faire penser surtout, à cet égard, au courant atlantéen, dans la période où il se répandit de l'Occident vers l'Orient après la disparition de l'Atlantide elle-même ; ce n'est là, bien entendu, qu'une simple suggestion, mais qui, tout au moins, ferait aisément rentrer dans le cadre des données traditionnelles tout ce qu'il peut y avoir de vraiment fondé dans les résultats de ces recherches. En tout cas, il n'est pas douteux qu'une question comme celle des « lieux alésiens » ne pourrait être traitée complètement et exactement qu'au seul point de vue de la « géographie sacrée » ; mais il faut bien dire que celle-ci est certainement, parmi les antiques sciences traditionnelles, une de celles dont la reconstitution donnerait lieu actuellement aux plus grandes difficultés, et peut-être même, sur bien des points, à des difficultés tout à fait insurmontables ; et, en présence de certaines énigmes qu'on rencontre dans ce domaine, il est permis de se demander si, même au cours des périodes où aucun cataclysme notable ne s'est produit, la « figure » du monde terrestre n'a pas changé parfois de bien étrange façon.

St. Kramrisch. – *A Survey of Painting in the Deccan.*

The India Society, London.

Ce volume est une histoire de la peinture dans le Deccan depuis l'époque d'Ajantâ jusqu'à nos jours, c'est-à-dire pendant près de deux mille ans, accompagnée de nombreuses planches montrant des exemples caractéristiques des différentes périodes. La partie la plus intéressante, au point de vue où nous nous plaçons ici, est celle où sont exposés les principes de la peinture la plus ancienne, celle du type d'Ajantâ : elle ne vise pas à représenter l'espace tel qu'il est perçu par l'œil, mais bien l'espace tel qu'il est conçu dans le « mental » du peintre ; aussi ne peut-elle être interprétée ni en termes de surface ni en termes de profondeur ; mais les figures et les objets « viennent en avant », en quelque sorte, et prennent leur forme dans ce mouvement même, comme s'ils sortaient d'un « au-delà » indifférencié du monde corporel pour parvenir à leur état de manifestation. La « perspective multiple » sous laquelle les objets sont représentés, la simultanéité des différentes scènes, qui est comme une « perspective multiple » dans le temps, et aussi l'absence d'ombres, sont également des caractères de cet espace mental, par lesquels il se distingue de l'espace sensible. Les considérations sur le rythme et ses différentes modalités dans cette peinture, sur le caractère de *mudrâs* qu'y ont essentiellement tous les mouvements des figures, sur la valeur symbolique des couleurs, et sur divers autres points encore, que nous ne pouvons songer à résumer, ne sont pas moins dignes d'intérêt ; et les références aux textes traditionnels montrent nettement la base doctrinale et métaphysique sur laquelle repose entièrement une telle conception de l'art.

Shrî Aurobindo. – *The Mother.*

Arya Publishing House, Calcutta.

Ce petit livre traite de la divine *Shakti* et de l'attitude que doivent avoir envers elle ceux qui visent à une réalisation spirituelle ; cette attitude est définie comme un « abandon » total, mais il ne faut pas se méprendre sur le sens qu'il convient d'attacher à ce mot. En effet, il est dit expressément, dès le début, que la collaboration de deux pouvoirs est indispensable, « une aspiration fixe et sans défaillance qui appelle d'en bas, et une suprême Grâce qui répond d'en haut », et, plus loin, que, « tant que la nature inférieure est active (c'est-à-dire, en somme, tant que l'individualité existe comme telle), l'effort personnel du *Sâdhaka* demeure nécessaire ». Dans ces conditions, il est évident qu'il ne saurait aucunement s'agir d'une attitude de « passivité » comme celle des mystiques, ni, à plus forte raison, d'un « quiétisme » quelconque ; cet « abandon » est bien plutôt comparable, sinon même tout à fait identique au fond, à ce qui est appelé, en termes islamiques, *et-tawkîl ala 'Llah*. Le dernier chapitre, particulièrement important et intéressant, expose les principaux aspects de la *Shakti* et leurs fonctions respectives par rapport au monde manifesté.

D. V. Fumet. – *Notre Sœur la Douleur.*

Éditions du Seuil, Paris.

Sous ce titre d'inspiration franciscaine, l'auteur développe une série de réflexions sur l'origine, le rôle et la signification de la douleur ; il part de ce point de vue très juste, et trop oublié aujourd'hui, que toutes choses ont une valeur symbolique, en vertu de laquelle « la création fut comme un graphique de l'Esprit de Dieu, comme un cachet relatif de l'Absolu » ; mais pourquoi craint-il d'être pour cela « accusé de platonisme », comme si ce n'était pas là, au fond, une vue inhérente à toute doctrine traditionnelle sans exception ? Il y aurait sans doute des réserves à faire sur l'interprétation qu'il donne de certains symboles, et qui n'est pas toujours parfaitement sûre : ainsi, par exemple, nous n'avons jamais vu, qu'il y ait lieu d'attribuer au cercle un caractère « satanique »... Quant à la question même de la douleur, il semble, si nous comprenons bien la pensée de l'auteur, qu'il s'agisse surtout d'en opérer en quelque sorte la « transmutation » ; cela vaut assurément beaucoup mieux que de la glorifier en elle-même comme on le fait trop souvent en Occident, où, à cet égard comme à tant d'autres, on ne paraît guère se rendre compte des dangers que présente la passivité sous toutes ses formes, car, en définitive, c'est inévitablement à encourager la passivité qu'aboutit pratiquement cette exaltation de la douleur.

P. Saintyves. – L'Astrologie populaire, étudiée spécialement dans les doctrines et les traditions relatives à l'influence de la Lune : Essai sur la méthode dans l'étude du Folklore des opinions et des croyances.

Librairie Émile Nourry, Paris.

On retrouve, dans cet ouvrage posthume, les qualités et les défauts qui sont non seulement ceux de l'auteur, mais aussi, plus généralement, ceux de tous les « folkloristes » : il faut avoir bien soin d'y distinguer, d'une part, le recueil des faits et des documents patiemment et consciencieusement rassemblés, ce qui représente un travail incontestablement valable et utile dans son ordre, et, d'autre part, l'interprétation et l'appréciation qui en sont données conformément à une mentalité essentiellement « profane » et « rationaliste ». Il y a cependant ici quelque chose qui n'est certes pas sans intérêt à notre point de vue : l'auteur a été amené à reconnaître que les soi-disant « opinions populaires » sont en réalité dérivées originairement d'une source « savante » ; nous dirions, plus précisément, qu'elles sont des vestiges d'une ancienne science traditionnelle, peut-être déformée ou incomprise parfois, mais dont elles ont néanmoins conservé certaines données qui, sans de telles « survivances », se seraient complètement perdues dans bien des cas. Seulement, la valeur de cette science traditionnelle elle-même est ici totalement méconnue, parce que son point de vue et ses méthodes n'ont assurément rien de commun avec ceux des sciences modernes, qu'on est convenu de regarder comme les seules qui méritent d'être prises en considération ; on va même jusqu'à faire grief à la science traditionnelle d'être fondée sur des principes et non sur de simples constatations expérimentales, ce qui d'ailleurs, notons-le en passant, devrait couper court à la légende du prétendu « empirisme » des anciens. Ce qui est vraiment curieux, c'est qu'on nie de parti pris l'existence de faits conformes à cette science, comme si cela était incompatible avec son caractère avant tout doctrinal ; que la connaissance ait dégénéré en « croyance » parce qu'elle a cessé d'être comprise, et que, notamment, il y ait des confusions dues à ce que certaines expressions symboliques ont été prises dans un sens grossièrement littéral par des ignorants, cela est bien certain ; mais ce qui ne l'est pas moins, c'est que des « croyances » auxquelles les faits auraient apporté un démenti constant n'auraient pas pu se maintenir indéfiniment à travers les siècles. Il est assez remarquable aussi que tout ce qui se rapporte à l'influence de la Lune ait le don d'exciter particulièrement la fureur des gens qui se vantent d'avoir « l'esprit scientifique », au sens où on l'entend aujourd'hui, et surtout des « vulgarisateurs » (voir par exemple Arago et Flammarion, dont on trouvera dans ce livre des citations bien caractéristiques à cet égard) ; il y a là quelque chose dont on peut s'étonner à première vue, car un tel acharnement contre des choses qui paraissent tout au moins inoffensives n'est guère facile à justifier ; mais n'y aurait-il pas à cela des raisons plus profondes qu'on ne le croirait, et tenant par quelque côté à la « tactique » même de l'esprit antitraditionnel ?

JUILLET 1938

Swâmî-Vivêkânanda. – Jnâna-Yoga.

Traduit de l'anglais par Jean Herbert
(*Union des Imprimeries, Frameries, Belgique*).

La plupart de nos lecteurs savent sans doute déjà ce que nous pensions de Vivêkânanda et de la façon dont il voulut « adapter » les doctrines hindoues, et plus particulièrement le *Vêdânta*, à la mentalité occidentale ; ils ne s'étonneront donc pas que nous avons bien des réserves à faire sur un livre tel que celui-ci, qui est d'ailleurs, en fait, un recueil de conférences adressées à des auditoires anglais et américains. Ce n'est pas à dire, assurément, que tout y soit dépourvu d'intérêt ; mais des choses de ce genre ne peuvent être lues qu'avec beaucoup de précautions et ne sont sans danger que pour ceux qui sont capables de faire le « tri » nécessaire et de discerner les interprétations correctes de celles qui sont plus ou moins déformées par de fâcheuses concessions aux idées modernes, « évolutionnistes », « rationalistes » ou autres. Il est plutôt déplaisant de voir, par exemple, quelqu'un qui prétend parler au nom d'une tradition citer avec approbation les théories des « savants » sur l'origine de la religion, ou déclamer à chaque instant contre les « superstitions » et les « absurdes histoires de prêtres » ; certains peuvent admirer cela comme une preuve de « largeur de vues », au sens où on l'entend de nos jours, mais, quant à nous, nous ne pouvons, en présence d'une telle attitude, que nous poser cette question : est-ce là, à l'égard des vérités traditionnelles, ignorance ou trahison ? En réalité, il y a manifestement ignorance sur certains points : ainsi, Vivêkânanda avoue lui-même qu'il « ne comprend pas grand-chose » à la doctrine du *dêva-yâna* et du *pitri-yâna*, qui est cependant de quelque importance ; mais, le plus souvent, on a l'impression qu'il a été préoccupé, avant tout, de présenter les choses d'une manière qui soit susceptible de plaire à son « public ». Il s'est d'ailleurs attiré par là un curieux châtiment posthume, si l'on peut dire : dans la lettre qui figure en tête de ce volume, M. Romain Rolland déclare que « l'intuition du prophète (*sic*) indien avait rejoint, sans le savoir, la raison virile des grands interprètes du communisme » ; il est évident que M. Romain Rolland voit les choses à travers son « optique » spéciale et qu'on aurait tort de prendre ce qu'il dit à la lettre ; mais, tout de même, il est plutôt triste, quand on a voulu jouer le rôle d'un « Maître spirituel », de donner prétexte à un semblable rapprochement ! Quoi qu'il en soit, si l'on examine le contenu du livre, on s'aperçoit que le titre est quelque peu trompeur ; de cela, il est vrai, ce n'est point Vivêkânanda qui est responsable, mais les éditeurs anglais qui ont ainsi rassemblé ses conférences ; celles-ci tournent autour du sujet, en quelque sorte, plutôt qu'elles ne l'abordent effectivement ; il y est beaucoup question de « philosophie » et de « raison » ; mais la vraie connaissance (*Jnâna*) n'a certes rien de « philosophique », et le *Jnâna Yoga* n'est point une spéculation rationnelle, mais une réalisation supra-rationnelle. D'autre part, il est presque incroyable qu'un Hindou puisse, tout en se réclamant de sa tradition, la présenter comme constituée par « des opinions de philosophes », qui sont passés par des « stades successifs », débutant par des idées « rudimentaires » pour arriver à des conceptions de plus en plus « élevées » ; ne croirait-on pas entendre un orientaliste, et, sans même parler de la contradiction formelle de ces vues « progressistes » avec la doctrine cyclique, que fait-on ici du caractère « non-humain » de la tradition ? Prendre des vérités de différents ordres pour des « opinions » qui se sont remplacées les unes les autres, c'est là une bien grave erreur, et ce n'est pas la seule ; il y a aussi des conceptions qui, sans être fausses à ce point, sont par trop « simplistes » et insuffisantes, comme l'assimilation de la « Délivrance » (*Moksha*) à un état de « liberté » dans le sens vulgaire des philosophes, ce qui ne va pas loin : ce sont là des choses qui, en réalité, n'ont aucune commune mesure... L'idée d'un « Vêdântisme pratique » est aussi bien contestable : la doctrine traditionnelle n'est pas applicable à la vie profane comme telle ; il faut au contraire, pour qu'elle soit « pratiquée », qu'il n'y ait pas de vie profane ; et cela implique bien des conditions dont il n'est pas question ici, à commencer par l'observance de ces rites que Vivêkânanda affecte de traiter de « superstitions ». Le *Vêdânta*, au surplus, n'est pas quelque chose qui ait jamais été destiné à être « prêché », ni qui soit fait pour être « mis à la portée de tout le monde » ; et, souvent, on a un peu trop l'impression que c'est là ce que l'auteur s'est proposé... Ajoutons que même les meilleures parties restent généralement bien vagues, et le parti pris d'écarter presque tous les termes « techniques » y est certainement pour beaucoup, quoique les limitations intellectuelles de l'auteur n'y soient pas étrangères non plus ; il est des choses dont on ne peut dire proprement qu'elles soient inexactes, mais qui sont exprimées de telle façon que rien ne transparaît de leur sens profond. Signalons encore qu'il y a des défauts de terminologie dont, faute de pouvoir comparer la traduction avec le texte anglais, nous ne savons trop auquel des deux ils sont imputables : ainsi, *manas* n'est pas l'« esprit », *ahankâra* n'est pas l'« égoïsme », et *Âtmâ* n'est pas le « Moi », fût-il écrit avec une majuscule ; mais nous en avons dit assez pour montrer combien un tel ouvrage est loin de pouvoir passer pour un exposé du pur *Vêdânta*, et tout le reste n'est que détails très secondaires à côté de cette considération essentielle.

Swâmî-Vivêkânanda. – Karma-Yoga.

Traduit de l'anglais par Jean Herbert
(Union des Imprimeries, Frameries, Belgique).

Ce livre est, dans l'ensemble, meilleur que le précédent, sans doute parce qu'il touche moins à des questions d'ordre proprement doctrinal et intellectuel ; c'est, si l'on veut, une sorte de commentaire de la *Bhagavad-Gîtâ*, qui n'en envisage à vrai dire qu'un aspect très partiel, mais qui est en somme acceptable dans les limites où il se tient ; l'idée du *swadharma*, celle du « détachement » à l'égard des résultats de l'action, sont assez correctement exposées ; mais l'action ne devrait pas être prise seulement sous l'acception trop restreinte du « travail », et, malgré tout, les tendances « moralisantes » et « humanitaires » de l'auteur sont parfois un peu trop sensibles pour qu'on n'en éprouve pas une certaine gêne, quand on sait combien elles sont étrangères au véritable esprit de la doctrine hindoue.

Swâmî-Vivêkânanda. – Bhakti-Yoga.

Traduit de l'anglais par Lizelle Reymond et Jean Herbert
(Union des Imprimeries, Frameries, Belgique).

Il y a dans ce recueil des choses assez hétérogènes, car les considérations sur les *Avatâras*, sur la nécessité du *guru*, sur les *mantras* et les *pratîkas* (et non *prâtikas* comme il est écrit par erreur), n'ont pas de rapport direct et spécial avec la voie de *bhakti*, mais ont en réalité une portée beaucoup plus étendue ; elles se réduisent d'ailleurs ici à des aperçus très sommaires et plutôt superficiels. Quant à la notion même de *bhakti*, des idées comme celles d'« amour » et de « renonciation » ne suffisent peut-être pas à la définir, surtout si, comme c'est ici le cas, on ne cherche pas à les rattacher à son sens premier, qui est celui de « participation ». Il n'est peut-être pas très juste, d'autre part, de parler de la « simplicité » du *Bhakti-Yoga*, dès lors qu'on reconnaît qu'il se distingue nettement des formes inférieures de *bhakti* ;

celles-ci peuvent être pour les « simples », mais on n'en peut dire autant d'aucun *Yoga* ; et, pour ce qui est de l'aspiration vers un « idéal » quelconque, ce n'est plus là de la *bhakti*, même inférieure, mais un pur enfantillage à l'usage des modernes qui n'ont plus d'attache effective avec aucune tradition. Nous devons aussi noter, comme erreur de détail, la traduction tout à fait fautive de *para* et *apara* par « supérieur » et « inférieur » ; on ne peut les rendre que par « suprême » et « non-suprême », ce qui marque une relation totalement différente ; et, étant donné ce à quoi ces termes s'appliquent, il n'est pas difficile de comprendre qu'il y a là beaucoup plus qu'une simple question de mots.

Swâmî-Vivêkânanda. – Râja-Yoga ou la conquête de la Nature intérieure.

Traduit de l'anglais par Jean Herbert
(Union des Imprimeries, Frameries, Belgique).

Dans ce volume, qui, contrairement aux précédents, a été composé sous cette forme par l'auteur lui-même, on trouve quelques-unes des confusions qui ont cours en Occident sur ce sujet, mais qu'on s'étonne de rencontrer chez un Oriental ; nous voulons parler des fausses assimilations avec le « mysticisme » et avec la « psychologie » ; en réalité, c'est à la *bhakti* qu'on peut rattacher le mysticisme, à la condition de préciser qu'il ne s'agit d'ailleurs là que de certaines formes « exotériques » de *bhakti*, sans aucun rapport avec le *Yoga* ; quant à la psychologie, elle ne saurait en aucune façon être une voie menant à l'« Union », et même, à vrai dire, elle ne mène absolument à rien… En outre, l'exposé est gâté, en bien des endroits, par la fâcheuse manie de chercher des comparaisons et des rapprochements avec la science moderne ; il en résulte parfois d'assez curieuses méprises, comme celle qui consiste à vouloir identifier les *chakras* et les *nâdîs* avec des organes corporels. Il est étrange aussi qu'un Hindou puisse ne voir dans le *Hatha-Yoga* qu'une sorte d'« entraînement » purement physiologique ; ou le *Hatha-Yoga* est une préparation à quelqu'une des formes du véritable *Yoga*, ou il n'est rien du tout. La seconde partie du volume contient une traduction assez libre des *Sûtras* de Patanjali, accompagnée d'un commentaire qui, bien entendu, ne représente que l'interprétation de Vivêkânanda ; celle-ci, d'une façon générale, ne correspond qu'à un sens très extérieur, car elle paraît s'efforcer de tout ramener au niveau « rationnel » ; Vivêkânanda a-t-il réellement cru que cela fût possible, ou a-t-il seulement craint de heurter les préjugés occidentaux en allant plus loin ? Il serait difficile de le dire, mais, en tout cas, ce qui est bien certain, c'est qu'il y avait chez lui une forte tendance à la « vulgarisation » et au « prosélytisme », et qu'on ne peut jamais céder à cette tendance sans que la vérité n'ait à en souffrir... On pourrait d'ailleurs faire ici une application très exacte de la notion du *swadharma* : Vivêkânanda aurait pu être un homme fort remarquable s'il avait rempli une fonction convenant à sa nature de Kshatriya, mais le rôle intellectuel et spirituel d'un Brâhmane n'était certes pas fait pour lui.

C. Kerneïz. – *Le Yoga de l'Occident.*

Éditions Adyar, Paris.

Ce livre, qui se présente comme une suite au *Hatha-Yoga* du même auteur, dont nous avons parlé en son temps[49], veut être un essai d'adaptation, à l'usage des Occidentaux, de méthodes inspirées ou plutôt imitées de celles du *Yoga* ; nous ne pouvons dire qu'il y réussisse, car il est à la fois faux et dangereux. Ce qui est faux, tout d'abord, c'est l'idée que le *Yoga* est quelque chose d'indépendant de tout rattachement à une tradition quelconque ; on ne pourra jamais, dans ces conditions, pratiquer autre chose que des « pseudo-rites » qui n'auront aucun résultat effectif d'ordre supérieur, puisque nulle influence spirituelle n'y sera attachée, et qui ne pourront avoir que des effets uniquement psychiques d'un caractère plutôt inquiétant. Ce qui est non moins faux, c'est le point de vue « idéaliste » et « subjectiviste » de l'auteur, qui affecte toute son interprétation, et dans le principe même, ce ne sont là que des vues philosophiques modernes, qui ne sauraient avoir, quoi qu'il en dise, le moindre rapport avec les doctrines traditionnelles ; ne va-t-il pas jusqu'à présenter comme « postulats » du *Yoga* des propositions dont la substance est empruntée à Kant et à Shopenhauer ? La conséquence de ce

---

[49] [Compte rendu de janvier 1937 : *Le Hatha-Yoga ou l'art de vivre selon l'Inde mystérieuse.*]

point de vue, c'est que ce dont il s'agit en réalité n'est, au fond, qu'une vulgaire méthode d'« autosuggestion » ; l'auteur le reconnaît d'ailleurs, mais s'imagine que les résultats ainsi obtenus sont spirituellement valables ; la vérité est qu'ils sont parfaitement nuls, voire même négatifs ; en effet, ce à quoi parviendront le plus sûrement ceux qui voudront pratiquer les exercices qu'il indique, c'est un détraquement psychique irrémédiable… Tout cela s'accompagne de théories dont le moins qu'on puisse dire est qu'elles sont fort étranges : il y a ainsi, notamment, une interprétation biologique de l'« Adam » que les Kabbalistes trouveraient bien inattendue ; il y a aussi la trop fameuse conception « pseudo-mystique » de l'« androgyne » réalisé par la fusion de deux êtres différents, qui ne peut avoir que les plus sinistres conséquences. Nous passerons sur la croyance à la réincarnation et sur d'autres idées qui ne relèvent que de l'« occultisme » courant ; mais nous ne pouvons nous dispenser de nous arrêter au paragraphe consacré au « choix provisoire d'une religion », car il contient des confusions véritablement inouïes. D'abord, il ne s'agit pas du tout là, comme on pourrait le supposer, de choisir une forme traditionnelle pour s'y rattacher réellement, mais seulement de l'adopter « idéalement », sans se soucier aucunement de remplir les conditions nécessaires pour y être admis en fait ; il est bien évident que cela est parfaitement vain, et, comme on ajoute qu'il ne « s'agit, pas de croire, mais de faire comme si l'on croyait », nous ne pouvons voir là qu'une assez odieuse comédie. En outre, il est conseillé de « laisser de côté les formules mortes (?) pour ne s'attacher qu'à l'ésotérisme » ; or, l'ésotérisme est une chose tout à fait différente de la religion, et d'ailleurs nul n'a le droit de choisir, suivant sa fantaisie, parmi les éléments constitutifs d'une tradition : il faut accepter celle-ci intégralement ou s'abstenir ; nous voudrions bien voir comment serait accueilli dans le Judaïsme, par exemple, quelqu'un qui déclarerait vouloir adhérer à « la religion juive ramenée à la Kabbale » ! Enfin, la dernière phrase de ce paragraphe mérite encore d'être citée : « la Franc-Maçonnerie peut très bien remplacer une religion, mais en la ramenant au Martinisme mystique dont elle est issue » ; ici, quiconque a les plus légères notions d'histoire de la Maçonnerie et sait tant soit peu ce qu'est le Martinisme ne pourra assurément s'empêcher d'éclater de rire ! L'auteur se vante, dans sa conclusion, de « faire sortir du Temple des secrets qui y ont toujours été jalousement gardés » ; s'il le croit sincèrement, nous ne pouvons que le plaindre ; en réalité, il n'a rien « révélé » d'autre, hélas ! que ses propres illusions...

Octobre 1938

Ananda K. Coomaraswamy. – Asiatic Art.

The New Orient Society of America, Chicago.

Dans cette brochure, dont le but est d'indiquer dans quel esprit doit être abordée l'étude de l'art asiatique si on veut le comprendre réellement, l'auteur insiste de nouveau sur la notion de l'art traditionnel et normal, et sur ce qui le distingue des cas anormaux comme celui de la décadence « classique » et celui de l'art européen depuis la Renaissance. D'autre part, une étude soi-disant « objective », c'est-à-dire en somme une observation purement extérieure, ne peut mener à rien en réalité, car il n'y a aucune véritable connaissance là où il n'y a aucune conformité entre le connaissant et le connu. Dans le cas d'une œuvre d'art, il faut donc savoir avant tout à quel usage elle était destinée, et aussi quelle signification elle devait communiquer à l'intelligence de ceux qui la regardaient. À cet égard, il est essentiel de se rendre compte que les apparences présentées par un art traditionnel ne sont pas le simple rappel de perceptions visuelles, mais l'expression ou la réalisation sensible d'une « contemplation » (*dhyâna*), qui est ce par quoi l'artiste travaille, et ce sans quoi le produit de son travail ne serait pas vraiment une œuvre d'art. Enfin, c'est une erreur de penser, comme le font généralement les modernes, que la répétition des formules transmises entrave les facultés propres de l'artiste, car celui-ci doit avoir réellement fait ces formules siennes par sa compréhension, ce qui est d'ailleurs le seul sens où l'on puisse parler de « propriété » quand il s'agit d'idées, et il les « recrée » en quelque sorte quand, après se les être assimilées, il les rend conformément à sa propre nature.

Prof. Leo Frobenius and Douglas C. Fox. – Prehistoric Rock Pictures in Europe and Africa, from material in the archives of the

Research Institute for the Morphology of Civilization, Frankfort-on-Main.

The Museum of Modern Art, New York.

Dans ce volume publié à l'occasion d'une exposition, ce qui est pour nous plus particulièrement digne d'intérêt, à part les nombreuses reproductions dont il est illustré, c'est l'historique des difficultés que rencontra la reconnaissance des premières découvertes de peintures préhistoriques, que les « savants » nièrent obstinément pendant des années, parce que, à leurs yeux, il ne pouvait pas avoir existé de civilisation, ni par conséquent d'art, à des époques aussi lointaines ; il y a là, un bel exemple de la force de certains préjugés ! La raison de ces négations, au fond, c'est que « la mentalité occidentale était pénétrée de la conviction que la culture de notre époque était la plus haute que l'homme ait jamais atteinte, que les cultures plus anciennes ne pouvaient en aucune façon être comparées à la grandeur de l'existence scientifique moderne, et surtout, que tout ce qui s'était développé avant le commencement de l'histoire ne pouvait être regardé que comme "primitif" et insignifiant en comparaison de la splendeur du XIX$_e$ siècle ». On ne saurait mieux dire ; et, au surplus, nous ne croyons pas que cette mentalité ait beaucoup changé depuis lors, même si, dans certains cas particuliers comme celui dont il s'agit, elle a finalement été obligée de s'incliner devant des évidences par trop incontestables. – Toute question d'appréciation « esthétique » à part, l'interprétation de ces peintures, appartenant à des civilisations sur lesquelles on n'a guère d'autres données, est naturellement fort difficile, voire même souvent tout à fait impossible, sauf dans les cas où une signification rituelle se laisse deviner plus ou moins complètement. Notons qu'une figure trouvée dans le Désert Lybique ressemble d'une façon tout à fait frappante à une représentation « typhonienne » de l'ancienne Égypte ; mais, par une curieuse méprise, elle est donnée comme étant celle du « dieu à la tête de chacal », alors que, en réalité, celui-ci est Anubis et non pas Set ; en fait, il s'agit, aussi nettement que possible, du « dieu à la tête d'âne », dont il est assez intéressant de constater ainsi la présence dès les temps préhistoriques.

Jean Herbert. – Introduction à l'étude des Yogas hindous.

Union des Imprimeries, Frameries, Belgique.

Cette conférence a été faite à l'« Institut International de Psychagogie » de Genève, et c'est peut-être ce qui explique que l'auteur définisse tout d'abord le terme de *Yoga* comme « voulant dire à peu près un chemin qui conduit à un but, une discipline qui nous prépare à quelque chose » ; cela est tout à fait inexact, puisque, signifiant « Union », il désigne au contraire proprement le but lui-même, et que ce n'est que par extension qu'il est appliqué, en outre, aux moyens de l'atteindre. Par contre, l'auteur a entièrement raison quand il dénonce la grossière simplification en vertu de laquelle les Occidentaux considèrent l'être humain comme composé seulement de deux parties, le corps et l'esprit, ce dernier comprenant indistinctement pour eux tout ce qui n'est pas corporel ; mais pourquoi renverse-t-il la signification normale des mots « âme » et « esprit » ? Il montre très bien la nécessité de voies multiples, en faisant remarquer qu'il ne faut pas considérer seulement le but, qui est un, mais aussi le point de départ, qui est différent suivant les individus ; puis, il caractérise sommairement les principales sortes de *Yoga*, en ayant soin d'ailleurs de préciser, ce qui est encore très juste, qu'elles n'ont rien d'exclusif et qu'en pratique, elles se combinent toujours plus ou moins entre elles. Ce qui est parfaitement vrai aussi, c'est que le *Yoga* n'a rien d'une « religion » ; mais il aurait fallu ajouter que les méthodes hindoues n'en ont pas moins, pour la plus grande partie, un caractère rituel par lequel elles sont liées à une forme traditionnelle déterminée, hors de laquelle elles perdent leur efficacité ; seulement, pour s'en rendre compte, il faudrait évidemment ne pas suivre l'enseignement de Vivêkânanda… Enfin, l'auteur termine son exposé par une mise en garde contre les charlatans qui cherchent à tirer profit de quelques idées plus ou moins vaguement inspirées du *Yoga*, pour des fins qui n'ont absolument rien de spirituel ; dans les circonstances présentes, un tel avertissement n'est certes pas inutile !

L. Adams Beck. – Du Kashmir au Tibet : À la découverte du Yoga.

Traduit de l'anglais par Jean Herbert et Pierre Sauvageot

(*Éditions Victor Attinger, Paris et Neuchâtel*).

Ce roman, écrit dans un esprit de sympathie manifeste pour les doctrines orientales, peut éveiller quelque intérêt pour celles-ci chez des personnes qui ne les connaissent pas encore, et peut-être les amener par la suite à en entreprendre une étude plus sérieuse. Ce n'est pas à dire que la façon dont certaines choses y sont présentées soit toujours exempte de défauts : ainsi, les doctrines hindoue et bouddhique s'y entremêlent parfois d'une façon fort peu vraisemblable, ce qui risque de donner aux lecteurs des idées peu nettes sur leurs rapports. Ce qui est tout à fait louable, par contre, c'est que, contrairement à ce qui arrive le plus souvent dans les ouvrages de ce genre, les « phénomènes » plus ou moins extraordinaires n'y tiennent qu'une place très restreinte, et que leur valeur y est réduite à ses justes proportions ; on peut, quand ils se présentent, les considérer comme des « signes », mais rien de plus. D'un autre côté, le but même du *Yoga* n'est peut-être pas indiqué avec assez de précision pour éviter toute méprise chez ceux qui n'en sont pas déjà informés : il aurait fallu montrer plus clairement que l'habileté dans un art, par exemple, ne peut constituer qu'une conséquence tout à fait accessoire, et en même temps, dans certains cas, une sorte de « support », à la condition que l'orientation spirituelle soit maintenue de façon invariable ; mais, si on la prend pour une fin ou si même simplement on la recherche pour elle-même, elle deviendra au contraire un obstacle, et elle aura en somme, à ce point de vue, à peu près les mêmes inconvénients que les « pouvoirs » d'un caractère plus étrange en apparence, car, au fond, tout cela appartient toujours au même ordre contingent.

J. Marquès-Rivière. – Le Yoga tantrique hindou et thibétain.

Collection « Asie », Librairie Véga, Paris.

Ce qui frappe à première vue, dans ce petit volume, c'est le manque total de soin avec lequel il a été écrit et imprimé ; il fourmille littéralement de fautes de tout genre, et que, malheureusement, il n'est pas possible de les prendre toutes pour de simples erreurs typographiques… Quant au fond, malgré les prétentions à une « information directe », c'est plutôt une compilation, car la partie la plus importante en est visiblement tirée surtout du *Serpent Power* d'Arthur Avalon, et il y a encore bien d'autres emprunts ; certains ne sont pas avoués, mais nous avons de bonnes raisons pour les reconnaître ; seulement, sans doute pour ne pas paraître « copier » purement et simplement, l'auteur a trouvé bon d'y substituer à une terminologie précise un singulier assemblage de mots vagues ou impropres. Il y a, d'autre part, un chapitre sur la « réincarnation » dont il est absolument impossible de conclure ce que l'auteur pense de cette question, ce qui est assurément le meilleur moyen de ne mécontenter personne ; est-ce aussi à des préoccupations du même ordre qu'il faut attribuer les curieux ménagements qu'il prend pour signaler le caractère fantaisiste de certaines élucubrations de feu Leadbeater et de quelques autres, ou encore une note qui semble admettre la réalité des « communications » spirites ? Nous n'insisterons pas sur l'habituelle confusion « mystique », et nous ne nous attarderons pas non plus à relever certaines assertions plus ou moins bizarres, dont toutes ne concernent d'ailleurs pas les doctrines hindoues ou thibétaines, témoin la désignation de « souffleurs » donnée aux alchimistes, ou les considérations sur les « idoles baphométiques »... Nous nous demandons quel but l'auteur a bien pu se proposer au juste, à moins que, tout simplement, il n'ait voulu essayer de piquer la curiosité des lecteurs éventuels des autres ouvrages dont il annonce la prochaine publication.

Hélène de Callias. – Magie sonore.

Éditions de Moly-Sabata, Isère ; Librairie Véga, Paris.

L'auteur insiste très justement sur le fait que « l'élément vital de la musique est le rythme » et sur l'incompréhension des Occidentaux modernes à cet égard, incompréhension qui d'ailleurs, ajoutons-le, ne se limite pas au cas du seul rythme musical. Nous ne pouvons examiner ici les développements plus proprement « techniques » du sujet ; mais nous devons exprimer le regret qu'aucune distinction ne semble être faite entre les rythmes à effets bénéfiques et maléfiques (certaine musique nègre est un exemple particulièrement « actuel » de ces derniers), et aussi qu'on veuille ramener toute l'action du son à un point de vue simplement « magique », qui ne saurait répondre qu'à une des applications les plus inférieures de la « science du rythme ». Les références à différentes doctrines traditionnelles sont souvent bien confuses et empruntées à des sources peu sûres ; il y a même des assertions assez étonnantes, comme l'attribution du nombre cinq au Sphinx, ou l'affirmation que « le prêtre dit trois messes le soir de Noël » ! C'est dommage, car ce travail procède certainement d'excellentes intentions ! mais, malheureusement, le résultat est, dans l'ensemble, assez loin de ce qu'on aurait pu souhaiter.

Gabriel Trarieux d'Egmont. – *La Vie d'outre-tombe.*

Éditions Adyar, Paris.

Dans ce livre, consacré, comme son titre l'indique, à l'examen des données concernant les états posthumes de l'être humain, les choses les plus disparates sont mises assez malencontreusement sur le même plan ; les doctrines traditionnelles authentiques, les visions fort « mêlées » de Swedenborg, les expériences « métapsychiques », les modernes conceptions occultistes, théosophistes et même spirites ; il serait difficile de pousser l'« éclectisme » plus loin… L'auteur a manifestement une foi robuste en les « Maîtres » de la trop fameuse « Grande Loge Blanche », en la valeur de la « clairvoyance », en la « réincarnation », et aussi… en la prochaine « ère du Verseau », et ses conclusions s'en ressentent fortement ; c'est dire qu'il y a peu à en retenir pour ceux qui ont de bonnes raisons de ne pas partager de semblables convictions et qui tiennent avant tout à ne pas confondre la tradition avec ses contrefaçons.

Paul Serres. – *L'Homme et les Énergies astrales* (*De l'astrophysique à l'astrologie*).

Éditions Adyar, Paris.

Le sous-titre définit assez nettement le point de vue auquel se place l'auteur : il s'agit là, une fois de plus, d'invoquer des considérations empruntées à la science moderne pour appuyer une science traditionnelle, qui, comme telle, se passe fort bien d'une semblable « justification » ; nous avons assez souvent dit notre pensée là-dessus pour ne pas nous y étendre de nouveau. Il faut reconnaître d'ailleurs que, dans le cas de l'astrologie, l'état assez lamentable dans lequel elle est parvenue jusqu'à nous explique bien des confusions et des méprises sur son véritable caractère ; ainsi, l'auteur s'imagine que les « règles traditionnelles » qu'on y observe ont été établies empiriquement ; la vérité est tout autre, mais on peut en effet s'y tromper, étant donnée la façon peu cohérente dont ces règles sont présentées, et cela parce que, en fait, ce que les astrologues appellent leur « tradition », ce ne sont tout simplement que des débris recueillis tant bien que mal à une époque où la tradition véritable était déjà perdue pour la plus grande partie. Quant à l'« astrologie scientifique » des modernes, qui, elle, n'est bien réellement qu'une science empirique, elle n'a plus guère de l'astrologie que le nom ; et la confusion des points de vue conduit parfois à de singuliers résultats, dont nous avons ici un exemple assez frappant : l'auteur voudrait constituer une astrologie « héliocentrique », qui serait en accord avec les conceptions astronomiques actuelles ; il oublie seulement en cela que l'astrologie, envisageant exclusivement les influences cosmiques dans leur spécification par rapport à la terre, doit, par là même, être nécessairement « géocentrique » !

Raoul Marchais. – Mystère de la Vie humaine.

Éditions Adyar, Paris.

Dans ce livre encore, l'influence de la science moderne se fait fortement sentir ; mais ce avec quoi l'auteur veut la combiner, ce ne sont pas des idées authentiquement traditionnelles, quoique visiblement il les croie telles de bonne foi ; en effet, tout en déclarant d'ailleurs expressément qu'il n'est pas théosophiste, il prend fort sérieusement pour l'expression du « savoir antique »... tout ce qui est exposé dans la *Doctrine Secrète* de M$_{me}$ Blavatsky. C'est cette « cosmogonie » fantastique, avec sa déformation évolutionniste, et par conséquent déjà bien moderne, des doctrines cycliques, qu'il s'est appliqué à traduire en un langage « philosophico-scientifique » qu'il estime plus généralement accessible ; nous n'oserions d'ailleurs pas garantir qu'il se soit toujours parfaitement reconnu au milieu de toutes les complications des « chaînes », des « rondes », des « races » et de leurs multiples subdivisions. Il lui arrive aussi parfois de toucher incidemment à des notions réellement traditionnelles, et il le fait d'une façon plutôt malheureuse : ainsi, il pense que le ternaire « Esprit-Vie-Matière » est identique à la Trinité chrétienne, ce qui prouve que, sur celle-ci, il est vraiment bien mal informé. Il a, d'autre part, une manière tout à fait « personnelle » et assez extraordinaire de « rectifier » l'astrologie ; mais nous croyons peu utile d'y insister davantage ; tout cela est sans doute très ingénieux, mais a seulement le défaut de manquer de toute base réelle ; et que de travail, à notre époque, est ainsi dépensé en pure perte, faute de véritables principes directeurs !

Robert Duportail. – Enchaînements scientifiques et philosophiques.

Montmartre Bibliophile, Paris.

Ce qu'il y a de mieux dans cette brochure, c'est le chapitre dans lequel l'auteur dénonce la « régression de l'intelligence » et les méfaits de l'« ère scientifique » moderne ; il fait aussi, par ailleurs, une assez bonne critique du « transformisme ». Il est donc de ceux qui se rendent compte plus ou moins complètement des défauts d'une « civilisation » toute matérielle ; mais, comme la plupart de ceux qui sont dans ce cas, il ne trouve à proposer que des remèdes assurément bien insuffisants. Nous ne voyons pas trop quels résultats pourrait donner, à cet égard, la constitution de ce qu'il appelle une « psycho-philosophie », qu'il conçoit comme basée en somme sur les sciences profanes, bien qu'il veuille y incorporer quelques données très fragmentaires tirées de l'alchimie ou d'autres « sciences anciennes », et vues d'ailleurs encore à travers des interprétations modernes. Ceux qui s'accordent sur le côté « négatif » semblent devenir toujours plus nombreux, et c'est déjà quelque chose ; mais, pour pouvoir faire œuvre réellement « constructive », il faudrait avant tout partir d'une connaissance des véritables principes, faute de laquelle on ne fera jamais guère qu'agiter des idées dans le vide, ce qui n'est certes pas le moyen de sortir du « chaos » actuel.

Novembre 1938

Shrî Aurobindo. – Lights on Yoga.

Shrî Aurobindo Library, Howrah.

Ce livre, composé d'extraits de lettres écrites par Shrî Aurobindo à ses disciples en réponse à leurs questions, précise la façon dont il envisage la voie et le but du *Yoga* : pour lui, il s'agit « non seulement de s'élever de l'ignorante conscience mondaine ordinaire à la conscience divine, mais encore de faire descendre le pouvoir supramental de cette divine conscience dans l'ignorance du mental, de la vie et du corps, de les transformer, de manifester le Divin ici même et de créer une vie divine dans la matière ». En somme, cela revient à dire que la réalisation totale de l'être ne comprend pas seulement le « Suprême », mais aussi le « Non-Suprême », les deux aspects du non-manifesté et du manifesté s'y unissant finalement de façon indissoluble, comme ils sont unis dans le Divin. Peut-être l'insistance que met l'auteur à marquer en cela une différence avec « les autres *Yogas* » risque-t-elle de donner lieu à une interprétation inexacte ; en fait, il n'y a là aucune « nouveauté », car cet enseignement a été de tout temps celui de la tradition hindoue, aussi bien d'ailleurs que des autres traditions (le *taçawwuf* islamique, notamment, est fort explicite à cet égard). Si cependant le premier point de vue semble généralement plus en évidence que le second dans les exposés du *Yoga*, il y a à cela plusieurs raisons de divers ordres, que nous examinerons peut-être quelque jour ; qu'il suffise ici de faire remarquer d'abord que l'« ascension » doit nécessairement précéder la « redescente », et ensuite que l'être qui a véritablement réalisé l'« Identité Suprême » peut dès lors, et par là même, « se mouvoir à volonté » dans tous les mondes (ceci excluant, bien entendu, qu'il doive, dans la « redescente », se trouver de nouveau enfermé dans les limitations individuelles). Il ne s'agit donc, en tout cas, que d'une simple question de « modalité », et non pas d'une différence réelle quant au but, ce qui serait proprement inconcevable ; mais il n'est pas inutile de le souligner, trop de gens ayant actuellement tendance à voir des innovations là où il n'y a qu'une expression parfaitement correcte ou une adaptation légitime des doctrines traditionnelles, et à attribuer en cela aux individualités un rôle et une importance qu'elles ne sauraient avoir en aucune façon. Un autre point à noter est celui qui concerne la méthode de réalisation (*sâdhana*) préconisée par Shrî Aurobindo : elle procède dit-il, « par aspiration, par concentration vers l'intérieur ou vers le haut, par ouverture à l'influence divine » ; c'est là en effet l'essentiel dans tous les cas, et l'on peut seulement se demander si, en paraissant écarter des moyens qui, quel que soit leur caractère « accidentel », n'en constituent pas moins une aide non négligeable, on n'augmente pas les difficultés de cette réalisation, du moins dans la généralité des cas, car bien peu nombreux (et surtout dans les conditions de notre époque) sont ceux à qui la voie la plus directe est immédiatement accessible. On ne doit pas conclure de là que cette voie ne puisse convenir à certains, mais seulement que, à côté d'elle, les autres *mârgas* conservent toute leur raison d'être pour ceux à la nature et aux aptitudes desquels ils sont plus conformes ; du reste, l'exclusivité sous le rapport de la méthode n'a jamais été dans l'esprit d'aucune tradition, et, assurément, aucun *Yogî* ne contestera que la voie qu'il a suivie et dans laquelle il guide ses disciples soit en réalité une voie parmi beaucoup d'autres, ce qui, comme nous le disons par ailleurs, n'affecte en rien ni l'unité du but ni celle de la doctrine. Nous ne pouvons insister sur les points de détail, tels que ceux qui se rapportent à la distinction des divers éléments de l'être ; mais nous devons exprimer le regret que la terminologie qui y est adoptée ne soit pas toujours aussi claire qu'on pourrait le souhaiter : il n'y a sans doute aucune objection de principe à élever contre l'emploi de mots tels qu'*Overmind* et *Supermind*, par exemple, mais, comme ils ne sont point d'usage courant, ils demanderaient une explication ; et, au fond, la simple indication des termes sanscrits correspondants eût peut-être suffi à remédier à ce défaut.

Shrî Aurobindo. – Bases of Yoga.

Arya Publishing House, Calcutta.

Cet ouvrage, composé de la même façon que le précédent, apporte de nombreux éclaircissements sur divers points, notamment sur les difficultés qui peuvent se présenter au cours du travail de réalisation et sur le moyen de les surmonter. Il insiste spécialement sur la nécessité du calme mental (qui ne doit point être confondu avec la « passivité ») pour parvenir à la concentration et ne plus se laisser troubler par les fluctuations superficielles de la conscience ; l'importance de celles-ci, en effet, ne doit pas être exagérée, car « le progrès spirituel ne dépend pas tant des conditions extérieures que de la façon dont nous y réagissons intérieurement ». Ce qui n'est pas moins nécessaire est la « foi » (il s'agit ici, bien entendu, de tout autre chose que d'une simple « croyance », contrairement à ce que pensent trop souvent les Occidentaux), impliquant une adhésion ferme et invariable de l'être tout entier ; de là l'insuffisance de simples théories, qui ne requièrent qu'une adhésion exclusivement mentale. Signalons aussi, parmi les autres questions traitées, celles de la régulation des désirs et du régime de vie à suivre pour obtenir le contrôle de soi-même ; il est à peine besoin de dire que nous ne trouvons là aucune des exagérations qui ont cours à cet égard dans certaines écoles pseudo-initiatiques occidentales, mais, au contraire, une mise en garde contre l'erreur qui consiste à prendre de simples moyens pour une fin. La dernière partie du livre est consacrée à l'examen des différents degrés de la conscience, avec la distinction essentielle du « superconscient » et du « subconscient », qu'ignorent les psychologues, à des aperçus sur le sommeil et les rêves et sur leurs différentes modalités, et sur la maladie et la résistance qui peut y être opposée intérieurement. Il y a, dans cette dernière partie, quelques passages qui ont un rapport si étroit avec ce que nous avons écrit nous-même au sujet du « psychologisme »[50] qu'il ne nous semble pas inutile de les citer un peu longuement : « La psychanalyse de Freud est la dernière chose qu'on devrait associer avec le *Yoga* ; elle prend une certaine partie, la plus obscure, la plus dangereuse et la plus malsaine de la nature, le subconscient vital inférieur, isole quelques-uns de ses phénomènes les plus morbides, et leur attribue une action hors de toute proportion avec leur véritable rôle dans la nature... Je trouve difficile de prendre ces psychanalystes au sérieux quand ils essaient d'examiner l'expérience spirituelle à la lueur vacillante de leurs flambeaux ; il le faudrait peut-être cependant, car une demi-connaissance peut être un grand obstacle à la manifestation de la vérité. Cette nouvelle psychologie me fait penser à des

---

[50] [*L'erreur du « psychologisme »* (janvier-février 1938), repris dans *Le Règne de la Quantité et les Signes des Temps*, ch. XXIV et XXXIV.]

enfants apprenant un alphabet sommaire et incomplet, confondant avec un air de triomphe leur "a b c" du subconscient et le mystérieux superconscient, et s'imaginant que leur premier livre d'obscurs rudiments est le cœur même de la connaissance réelle. Ils regardent de bas en haut et expliquent les lumières supérieures par les obscurités inférieures ; mais le fondement des choses est en haut et non en bas, dans le superconscient et non dans le subconscient… Il faut connaître le tout avant de pouvoir connaître la partie, et le supérieur avant de pouvoir vraiment comprendre l'inférieur. C'est la promesse d'une plus grande psychologie attendant son heure, et devant laquelle tous ces pauvres tâtonnements disparaîtront et seront réduits à néant ». On ne saurait être plus net, et nous voudrions bien savoir ce que peuvent en penser les partisans des fausses assimilations que nous avons dénoncées à diverses reprises…

Shrî Aurobindo. – *Lumières sur le Yoga.*

Union des Imprimeries, Frameries, Belgique.

C'est la traduction française, qui vient de paraître, du premier des deux volumes dont nous avons parlé ci-dessus ; cette traduction, d'ailleurs approuvée par l'auteur, est très exacte dans son ensemble, et nous ne ferons de réserves que sur un point : le mot *mind* a été traduit le plus souvent par « esprit », et quelquefois aussi par « intellect », alors que ce n'est en réalité ni l'un ni l'autre, mais bien le « mental » (*manas*) ; on a du reste jugé utile, en quelques endroits, de l'indiquer en note ; n'eût-il pas été à la fois plus simple et plus satisfaisant de mettre le terme correct et exact dans le texte même ?

Shrî Râmakrishna. – *Un des chemins…*

Adaptation française de Marie Honegger-Durand ;
préface de Jean Herbert (Union des Imprimeries, Frameries, Belgique).

Le titre de ce recueil est expliqué par la première des pensées qui y figurent :

« Il existe des chemins qui nous mènent à Dieu par l'amour pur, par l'étude, par les bonnes œuvres, par la contemplation… ; tous ces chemins sont différents, mais le But reste le même ». Le souci d'adaptation à un public occidental ne nous paraît pas exempt de tout inconvénient : pour pouvoir faire en toute sûreté comme dit M. Jean Herbert, « ce que Râmakrishna lui-même aurait fait s'il avait parlé à des Français », il faudrait avoir atteint le même degré spirituel que Râmakrishna… Aussi y a-t-il parfois quelque peu de vague ou d'inexactitude dans l'expression ; ainsi, pour prendre seulement un exemple typique, pourquoi employer le mot de « tolérance » quand ce dont il s'agit est évidemment la « patience », ce qui est bien différent ? Mais, en dépit de semblables imperfections, ces pensées n'en restent pas moins très dignes d'être méditées par ceux pour qui l'Unité et la Présence Divine sont autre chose que des formules purement verbales. – Au point de vue de la présentation extérieure, nous croyons qu'il aurait peut-être mieux valu faire entrer dans ce volume un peu plus de « substance » (on n'aurait eu assurément que l'embarras du choix), plutôt que de n'inscrire sur chaque page qu'une seule pensée, n'occupât-elle pas plus de deux ou trois lignes…

Shrî Râmakrishna. – Les Paroles du Maître.

Entretiens recueillis et publiés par Swamî Brahmananda. Traduction française de Marie Honegger-Durand, Dilip Kumar Roy et Jean Herbert ; préface de Swami Yatiswarananda (Union des Imprimeries, Frameries, Belgique).

Dans ce recueil, le texte a été suivi beaucoup plus fidèlement que dans le précédent, et l'indication d'un assez grand nombre de termes originaux aide aussi à une compréhension plus exacte (en l'absence du mot *sâdhana*, par exemple, on resterait perplexe devant une expression aussi manifestement inadéquate qu'« exercices de dévotion ») ; on pourra se rendre compte de cette différence en comparant les versions de quelques passages qui se retrouvent dans les deux volumes. En outre, les propos de Râmakrishna qui sont rassemblés ici ont été groupés méthodiquement, par un de ses disciples, suivant les sujets auxquels ils se rapportent ; il est naturellement impossible d'en donner un résumé ou même un aperçu, et mieux vaut conseiller la lecture du livre à tous ceux qu'il peut intéresser. Il ne faut d'ailleurs pas s'arrêter à l'apparente simplicité de la forme, sous laquelle celui qui possède quelques connaissances traditionnelles découvrira souvent des précisions d'un caractère beaucoup plus « technique » que ce qu'y verra le lecteur ordinaire ; mais naturellement, comme dans tout enseignement de cet ordre, chacun saisit ce qu'il peut, suivant la mesure de sa propre compréhension, et, en tout cas, ce n'est jamais sans profit.

Dr René Allendy. – *Rêves expliqués.*

Gallimard, Paris.

Ce volume est un recueil d'exemples de l'interprétation psychanalytique des rêves sous leurs divers aspects ; il n'est certes pas de nature à modifier notre appréciation sur ce pseudo-symbolisme, qui risque même trop souvent de devenir du symbolisme inversé. Nous nous sommes déjà suffisamment expliqué là-dessus pour ne pas y insister de nouveau ; nous profiterons seulement de cette occasion pour signaler l'étrange épigraphe mise par Freud en titre de sa *Traumbedeutung*, qui est, pour les psychanalystes, l'ouvrage fondamental sur ce sujet : *Flectere si nequeo superos, Acheronta movebo* ; si cette devise n'est pas un véritable appel aux « puissances infernales », nous nous demandons quel sens elle peut bien avoir !

Raymond Christoflour. – *Louis Le Cardonnel, pèlerin de l'invisible.*

Plon, Paris.

Louis Le Cardonnel, prêtre et poète, eut une existence singulièrement mouvementée et diverse, et sa biographie ne manque pas d'intérêt à d'autres points de vue que celui de la littérature. Les phénomènes psychiques paraissent avoir tenu une assez grande place dans sa vie ; c'était d'ailleurs chez lui, évidemment, la conséquence de facultés toutes naturelles et spontanées ; mais peut-être eut-il, comme tant d'autres, une tendance à leur attribuer une importance quelque peu excessive. Dans un ordre plus intellectuel, son jugement ne semble pas avoir été toujours d'une sûreté parfaite, si bien qu'il est permis de s'étonner du titre de « docteur » que lui donne généreusement son biographe ; nous n'en voulons pour preuve qu'une phrase qui nous concerne directement : il paraît qu'il nous « admirait », mais qu'il nous « voyait avec regret nous égarer dans le panthéisme » ; si réellement il a lu nos ouvrages, pourtant très explicites sur ce point, il faut croire qu'il ne les a guère compris ! Ce n'est d'ailleurs pas tout : de la même phrase, il résulte qu'il nous associait, dans son admiration, jusqu'à des occultistes et des théosophistes, ce qui n'est vraiment pas flatteur pour nous ; voilà un bien étrange « éclectisme », que nous ne saurions certes ni partager ni même approuver à aucun degré, pour de multiples raisons que nos lecteurs connaissent bien, et que, de la part d'un prêtre, nous trouvons même doublement déplorable ; sans doute faut-il voir là, hélas ! encore un « signe des temps »…

Oswald Wirth. – *Qui est régulier ? Le pur Maçonnisme sous le régime des Grandes Loges inauguré en 1717.*

Éditions du Symbolisme, Paris.

Ce volume est la réunion d'articles parus précédemment dans le *Symbolisme* ; nous avons déjà parlé de la plupart de ces articles lors de leur première publication, ce qui nous dispense d'y revenir en détail. Il s'agit de la querelle qui divise la Maçonnerie anglo-saxonne et la Maçonnerie dite « latine », et plus particulièrement française ; l'auteur reproche à la première de n'être pas restée fidèle au « pur Maçonnisme », de sorte que l'accusation d'« irrégularité » qu'elle porte contre la seconde devrait se retourner contre elle. Ce « pur Maçonnisme », pour lui, est comme on le sait, représenté essentiellement par les Constitutions d'Anderson ; mais c'est précisément là ce qu'il y aurait lieu de contester si l'on voulait placer la question sur son véritable terrain : l'authentique expression du « pur Maçonnisme », ce ne peuvent être que les *Old Charges* de la Maçonnerie opérative, dont les Constitutions d'Anderson s'écartaient fort. Que la Grande Loge d'Angleterre s'en soit, par la suite, rapprochée dans une certaine mesure, cela ne semble pas douteux ; mais on ne saurait faire grief à quelqu'un de réparer une erreur, fût-ce partiellement et tardivement (que d'ailleurs cette erreur ait été volontaire ou involontaire, ou plutôt en partie l'un et l'autre, peu importe ici). Seulement, la Maçonnerie française, de son côté, n'a fait au contraire qu'accentuer davantage la même erreur ; ainsi, partis du même point, les deux adversaires actuels sont allés toujours en divergeant de plus en plus, ce qui leur rend évidemment bien difficile de s'entendre. Au fond, le seul tort de la Grande Loge d'Angleterre, en la circonstance, est de ne pas reconnaître nettement sa véritable position présente vis-à-vis des Constitutions d'Anderson, ce qui couperait court à toute discussion en faisant tomber l'unique argument qu'on lui oppose avec quelque apparence de fondement ; mais le pourrait-elle sans avouer par là même son propre défaut originel, qui est en fait celui de tout le régime des Grandes Loges, c'est-à-dire de la Maçonnerie spéculative elle-même ? Et cet aveu, si elle s'y résignait quelque jour, devrait logiquement l'amener à envisager une restauration intégrale de l'ancienne tradition opérative ; mais où sont ceux qui actuellement seraient capables d'accomplir une telle restauration ? Ces quelques réflexions, assurément fort éloignées du point de vue de l'auteur du livre qui en est l'occasion, montrent suffisamment toute la difficulté de la question, difficulté qui, en somme, vient surtout de ce qu'aucune des deux parties en présence ne peut dire où est réellement le « pur maçonnisme », soit parce qu'elle l'ignore, soit parce que ce serait se condamner elle-même en même temps que la partie adverse, ou s'obliger à entreprendre une tâche probablement impossible. En tout cas, tant qu'on s'obstinera à ne pas vouloir remonter au-delà de 1717 pour retrouver les véritables principes, il est bien certain qu'on ne pourra jamais arriver à une solution satisfaisante ; il resterait d'ailleurs à savoir s'il se trouve quelqu'un qui veuille vraiment y arriver, et, malheureusement, les préoccupations assez étrangères au point de vue initiatique qui se font jour en tout cela permettent d'en douter...

H. de Vries de Heekelingen. – L'Orgueil juif.

Revue Internationale des Sociétés Secrètes, Paris.

Ce livre est d'un caractère trop « politique » pour qu'il soit possible d'en parler longuement, et nous devons nous borner à formuler, à son propos, une remarque d'une portée beaucoup plus générale : c'est que ce qu'on appelle ici l'« orgueil juif » ne nous paraît pas représenter quelque chose d'aussi exceptionnel qu'on veut bien le dire ; au fond, l'attitude des Juifs vis-à-vis des *Goyim* est-elle bien différente de ce qu'était, par exemple, celle des Grecs vis-à-vis des « Barbares » ? En principe, d'ailleurs, tous les cas de ce genre peuvent très bien s'expliquer par la nécessité, pour éviter tout mélange illégitime entre des formes traditionnelles diverses, de donner fortement aux adhérents de chacune d'elles le sentiment d'une différence entre eux et les autres hommes ; la nature humaine étant ce qu'elle est, cette différence n'est que trop facilement prise pour une supériorité, du moins par le vulgaire qui ne peut en connaître la véritable raison profonde, ce qui amène forcément, chez celui-ci, la dégénérescence de ce sentiment en une sorte d'orgueil, et il est même compréhensible que cela se produise surtout quand il s'agit d'une collectivité rigoureusement « fermée », comme celle à laquelle est destinée la tradition judaïque... Mais, au fait, pourquoi ne parle-t-on pas de l'« orgueil européen », qui est bien certainement le plus insolent de tous, et qui, lui, ne saurait trouver l'ombre d'une justification ou d'une excuse dans des considérations d'ordre traditionnel ? – Nous ajouterons seulement une observation sur un point de détail : l'auteur croit à tort (et il n'est certes pas le seul !) que le « sceau de Salomon » (appelé aussi « bouclier de David », mais non « sceau de David » comme il le dit) est un symbole spécifiquement juif, alors que, en réalité, il appartient tout autant à l'Islamisme et même à l'hermétisme chrétien qu'au Judaïsme. Il signale, à ce sujet, que, dans les armes de la ville de Privas, trois fleurs de lys auraient été remplacées récemment par « trois étoiles juives (*sic*) à six branches » ; nous ne savons si le fait est exact, mais, en tout cas, ce dont il est assurément bien loin de se douter et qui rend la chose vraiment amusante, c'est que les deux symboles sont fort près d'être équivalents, étant construits l'un et l'autre, de même encore que le Chrisme, sur un seul et même schéma géométrique, celui de la roue à six rayons ; et cela montre une fois de plus qu'on ferait bien de s'abstenir de toucher à certaines questions quand on ne possède pas tout au moins quelques notions élémentaires de symbolisme !

Décembre 1938

Sri Ramana Maharshi. – Five Hymns to Sri Arunachala.

Translated from the Tamil original
(Sri Ramanasramam, Tiruvannamalai, South India).

Nous avons déjà, lors de la publication de la première édition de la traduction anglaise, parlé[51] de ces hymnes adressés à la montagne sacrée d'*Arunachala* considérée comme symbolisant le « Cœur du Monde » ; la seconde édition, qui vient de paraître, a été grandement améliorée, tant sous le rapport de la correction du langage que sous celui de la justesse de l'expression ; et, en outre, quelques commentaires qui trahissaient une certaine influence d'idées occidentales ont été heureusement rectifiés dans un sens plus traditionnel, et certainement plus conforme à la véritable pensée de l'auteur.

Sri Ramana Maharshi. – Upadesa Saram.

With English translation and notes by B. V. Narasimhaswami
(Sri Ramanasramam, Tiruvannamalai, South India.).

L'*Upadesa Saram* est un résumé, en trente courtes stances, de l'enseignement de Sri Ramana sur le développement spirituel de l'être humain ; il définit les différentes « voies » (*mârgas*) et montre qu'elles tendent toutes au même but, qui est toujours, en définitive, « l'absorption dans la source ou le cœur de l'existence », qui est identique au Suprême *Brahma*. L'absorption permanente implique l'« extinction du mental » (*manonâsha*) et, par suite, de l'individualité comme telle ; mais cette « extinction », bien loin de laisser un vide après elle, fait au contraire apparaître une « plénitude » (*pûrna*) véritablement infinie, qui n'est autre que le « Soi », et qui est la parfaite unité de *Sat-Chit-Ananda* ; c'est là, l'ultime résultat de la « recherche » (*vichâra*) de la nature réelle de l'être, correspondant au « Tu es

---

[51] [Octobre 1935.]

Cela » (*Tat twam asi*) des *Upanishads*.

Sri Ramana Maharshi. – Who am I ?

Translated by S. Seshu Iyer
(Sri Ramanasramam Tiruvannamalai, South India).

Cette brochure contient les précisions données par Sri Ramana, en réponse aux questions d'un de ses disciples, sur la « voie de recherche » (*vichâramârga*) qu'il préconise plus particulièrement : l'être qui, cherchant à connaître sa véritable nature, se demande ce qu'il est réellement, ce qui constitue son essence même, doit se rendre compte tout d'abord et successivement qu'il n'est pas le corps, ni la forme subtile, ni la force vitale (*prâna*), ni le mental, ni même l'ensemble de potentialités qui subsistent à l'état indifférencié dans le sommeil profond ; il ne peut donc être identifié qu'avec ce qui subsiste après que tous ces éléments adventices ont été éliminés, c'est-à-dire la pure conscience qui est *Sat-Chit-Ananda*. C'est le « Soi » (*Âtmâ*), qui réside dans le cœur (*hridaya*) et qui est l'unique source de toutes les manifestations mentales, vitales, psychiques et corporelles ; il peut être atteint par la concentration et la méditation, et l'état d'« absorption » dans ce « Soi » n'a rien de commun avec l'exercice de facultés ou « pouvoirs » psychiques quelconques, ni, ajouterons-nous pour prévenir une autre erreur d'interprétation trop fréquente en Occident, avec un état « psychologique », puisqu'il est essentiellement au-delà du mental. En fait, il s'agit là d'une voie de *Jnâna-Yoga* qui se trouve indiquée très explicitement dans les *Upanishads* mêmes, et qui pourrait être décrite « techniquement » comme un processus de résorption graduelle de l'extérieur vers l'intérieur, jusqu'au centre même de l'être ; elle aboutit finalement à la connaissance du « Soi » et à la réalisation de sa vraie nature (*swarûpa*), réalisation qui est la Délivrance (*Mukti*).

Ramananda Swarnagiri. – Crumbs from His table.

Sri K. S. Narayanaswami Iyer, Trichinopoly, South India.

C'est le récit d'une série d'entretiens avec Sri Ramana, dans lesquels la méthode de *vichâra* dont nous venons de parler est en quelque sorte « mise en action », et où sont traitées des questions telles que celles de la « foi » (*shraddhâ*) qui est nécessaire à l'obtention de la connaissance, du contrôle du mental et de la différence qui existe entre sa stabilisation temporaire (*manolaya*) et son « extinction » permanente (*manonâsha*), des obstacles qui s'opposent à la réalisation du « Soi » et qui peuvent être surmontés par une concentration constante, du sommeil profond et des différents degrés de *samâdhi*. Ce qui semble surtout particulier à l'enseignement de Sri Ramana, c'est son insistance habituelle à faire entreprendre dès le début la méthode de *vichâra*, au lieu de s'arrêter tout d'abord à des procédés préliminaires de « purification » corporelle, psychique et mentale, bien qu'il n'en reconnaisse pas moins la nécessité de ceux-ci, et que plusieurs de ses principaux disciples aient d'ailleurs déclaré expressément que cette méthode directe ne convient pas à tous ; et, comme le fait remarquer l'auteur, Sri Ramana n'a jamais contesté la légitimité des autres méthodes, mais au contraire, comme nous l'avons vu plus haut, il affirme que, plus ou moins directement, elles conduisent toutes au même but final.

K. – *Sat-Darshana Bhashya and Talks with Maharshi, with forty verses in praise of Sri Ramana.*

Sri Ramanasramam, Tiruvannamalai, South India.

Les conversations rapportées dans la première partie de ce livre traitent encore de sujets analogues à ceux que nous venons de mentionner : les relations entre le *vichâra* et la « Grâce » qui y répond intérieurement, les deux mouvements s'exerçant en quelque sorte corrélativement en sens contraire ; l'identité du *Sad-guru* avec le « Soi » ; le caractère positif de l'état de « silence » (*mauna*), qui ne doit aucunement être confondu avec une simple inactivité ; la demeure du « Soi » dans le centre désigné symboliquement comme le « cœur » ; la différence entre les *Siddhis* au sens ordinaire, « pouvoirs » recherchés pour eux-mêmes et qui ne sont que des obstacles à la réalisation, les *Siddhis* se produisant naturellement et normalement comme manifestations contingentes d'un certain état intérieur, et la plus haute signification de ce même terme (*Jnâna-siddhi*) qui est la réalisation même du « Soi ». La seconde partie est une traduction commentée du *Sat-Darshana Bhashya*, qui, écrit d'abord en tamil par Sri Ramana, fut rendu en sanscrit par son disciple Vasishta Ganapati Muni, et qui est, comme son titre l'indique, un « discours sur la perception de la vérité » : partant de la distinction de Dieu, du monde manifesté et de l'« âme » (*jîva*), il s'agit de la dépasser pour atteindre la Réalité suprême qui, dans sa « non-dualité » absolue, est la source et le support de tout ce qui existe ; cette Réalité est le « Soi », qui apparaît quand le « moi » et ses limitations se sont évanouis ; le *jîvanmukta*, ayant réalisé le « Soi », est un avec le Suprême, et sa condition et son mode d'action sont incompréhensibles au mental ; cet état de réalisation est toujours le même, qu'il soit obtenu dans cette vie ou dans quelque autre monde, et il n'y a aucune distinction de degrés dans la Délivrance, qui est l'identité consciente de l'être avec la suprême Vérité.

B. V. Narasimha Swami. – *Self Realisation* : *Life and teachings of Ramana Maharshi*.

Sri Ramanasramam, Tiruvannamalai, South India.

Ce livre est une biographie de Sri Ramana : sa « vocation » soudaine à l'âge de dix-sept ans, sa retraite à Arunachala et les difficultés de tout genre qu'il eut à surmonter pour y persévérer, ses relations avec ses disciples et les instructions qu'il leur donne, la façon dont il traite les animaux, la description de la vie à l'âshrama, tout cela ne saurait assurément être résumé en quelques lignes, et nous ne pouvons que conseiller la lecture du livre lui-même à ceux qui voudront se faire une idée quelque peu complète de la « personnalité » du Maharshi. Ce qu'il nous paraît spécialement important de remarquer, c'est que, en raison de son caractère de « spontanéité », la réalisation de Sri Ramana représente une voie en quelque sorte exceptionnelle, et aussi que, sans doute à cause de cela même, il semble exercer surtout ce qu'on pourrait appeler une « action de présence », car, bien qu'il réponde toujours volontiers aux questions qui lui sont posées, on ne saurait dire qu'il donne à proprement parler un enseignement régulier. Ses disciples sont d'ailleurs extrêmement divers sous tous les rapports, et il laisse toujours à chacun la plus grande liberté, ce qui, il faut bien le dire, produit des résultats fort différents aussi suivant les individus ; mais, somme toute, n'est-il pas inévitable que chacun ne recueille que les bénéfices qui correspondent à sa propre capacité ?

« Who ». – *Mahâ Yoga, or the Upanishadic lore in the light of the teachings of Maharshi Ramana.*

The New Light Publishing House, Pudukotah, South India.

L'auteur de ce petit livre trouve, et non sans raison, une confirmation de la doctrine des *Upanishads* dans la vie et les enseignements de Sri Ramana ; mais où son point de vue peut sembler quelque peu étrange, c'est quand il déclare que ce sont ces derniers qui, pour les disciples du Maharshi, constituent la « Révélation » faisant autorité avant tout, et que l'ancienne doctrine vaut pour eux en raison de son accord avec ces mêmes enseignements ; il y a là une sorte de renversement des rapports qui n'indique pas une notion très juste de l'orthodoxie traditionnelle. Aussi convient-il, pensons-nous, de laisser à l'auteur seul toute la responsabilité de ses interprétations, du moins dans la mesure où elles sont affectées d'un certain « modernisme », et de divers rapprochements peu justifiés avec des conceptions philosophiques et psychologiques occidentales, qui témoignent aussi du même esprit. Tout en reconnaissant ce que son ouvrage contient par ailleurs de très digne d'intérêt, il est permis de regretter que le sujet n'ait pas été traité, dans l'ensemble, d'une façon plus conforme à la doctrine même à laquelle il se rapporte directement ; et peut-être faut-il voir là un des effets les moins heureux de cette absence d'enseignement régulier à laquelle nous faisions allusion tout à l'heure, et qui ne permet pas de donner en pareil cas à la qualité de « disciple », si hautement revendiquée soit-elle, toute la plénitude de sa signification.

Janvier 1939

Frédéric Portal. – Des couleurs symboliques dans l'antiquité, le moyen âge et les temps modernes.

René Guénon

Éditions Niclaus, Paris.

Ce livre, qui date exactement d'un siècle, était depuis longtemps devenu à peu près introuvable ; la réédition qui vient d'en être faite est d'autant plus opportune qu'il est demeuré jusqu'à maintenant, en français tout au moins, le seul ouvrage traitant spécialement du symbolisme des couleurs. Son intérêt ne réside d'ailleurs pas uniquement dans les considérations de détail et l'abondante documentation qu'il renferme sur ce sujet ; ce qui est peut-être plus important encore, c'est qu'il se présente comme l'application d'une idée fondamentale dont la portée, ainsi que le font remarquer les éditeurs dans leur avant-propos, dépasse de beaucoup le cadre indiqué par le titre, et qui est « l'idée d'une Révélation primitive et parfaite déposée dans le berceau de l'humanité et qui aurait donné naissance à toutes les doctrines traditionnelles qui ont alimenté sa vie spirituelle au cours des âges ». C'est ce que Portal lui-même affirme de la façon la plus nette dans sa conclusion : « Un grand fait, dit-il, domine les recherches que je soumets au monde savant : l'unité de religion parmi les hommes, et comme preuve, la signification des couleurs symboliques, la même chez tous les peuples et à toutes les époques ». D'autre part, considérant que toute doctrine, en s'éloignant de la perfection originelle, ne peut qu'aller en se dégradant et en se matérialisant de plus en plus, il distingue comme trois étapes successives dans cette dégradation, et il y fait correspondre, dans la signification des symboles, trois degrés qui constituent respectivement ce qu'il appelle la « langue divine », la « langue sacrée » et la « langue profane ». La première, d'après la définition qu'il en donne tout d'abord, semble être pour lui réellement primitive et antérieure à la distinction du sacerdoce et de la royauté ; la seconde « prend naissance dans les sanctuaires », à la suite de la constitution du sacerdoce proprement dit ; enfin, la dernière n'est plus que l'« expression matérielle des symboles », en connexion avec la dégénérescence « idolâtrique » due à l'incompréhension du vulgaire. Il y a toutefois quelque flottement dans l'application qu'il fait de ces principes : il semble parfois que ce soit plutôt ce qu'il rapporte à la première « langue » qui ait un caractère vraiment « sacerdotal », tandis qu'il fait rentrer dans la seconde bien des choses dont le caractère pourrait par contre être dit « royal », notamment tout ce qui concerne le blason ; et, d'autre part, tout ce qu'il qualifie de « profane » ne l'est pas strictement et ne répond pas à la définition précédente ; la distinction n'en est pas moins valable en elle-même, et il pourrait y avoir intérêt, pour quelqu'un qui voudrait faire une nouvelle étude sur le même sujet, à la reprendre d'une façon plus rigoureuse. Un autre point qui est particulièrement digne d'être noté, c'est que l'auteur a reconnu et exprimé formellement le fait que les symboles présentent en général deux significations contraires ; c'est ce qu'il appelle la « règle des oppositions », et il en montre de nombreux exemples dans l'usage qui a été fait des différentes couleurs qu'il étudie successivement. Quant aux réserves qu'il y aurait lieu de faire sur certaines de ses interprétations, elles tiennent surtout, au fond, à deux raisons principales : l'une est une information insuffisante ou inexacte sur les doctrines orientales, fort excusable d'ailleurs à l'époque où le livre a été écrit ; l'autre est une influence swedenborgienne assez fortement marquée, et, en matière de symbolisme comme à bien d'autres égards, Swedenborg est loin d'être un guide parfaitement sûr. Malgré ces défauts, un tel ouvrage, redisons-le encore, n'en est pas moins du plus grand intérêt, et même indispensable à tous ceux qui, à un titre quelconque, s'intéressent au sujet qu'il traite, puisqu'il n'en existe aucun autre qui puisse le remplacer.

G. Persigout. – *Rosicrucisme et Cartésianisme* : « *X Novembris 1619* », *Essai d'exégèse hermétique du Songe cartésien.*

Éditions « La Paix », Paris.

Cette brochure, qui ne représente d'ailleurs qu'un fragment d'un travail plus étendu, se rapporte à une question dont nous avons eu déjà l'occasion de parler, il y a un certain temps (n₀ d'avril 1938, pp. 155-156), à propos d'un article d'un autre auteur paru dans le *Mercure de France*[52] ; nous n'avons donc pas besoin de redire ici toutes les raisons qui rendent inadmissible l'hypothèse d'une initiation rosicrucienne de Descartes. L'auteur de la présente étude n'est d'ailleurs pas aussi affirmatif que certains autres ; parfois, il parle même seulement d'une « ambiance rosicrucienne » qui existait en Allemagne à cette époque et par laquelle Descartes aurait pu être influencé à un certain moment, celui même où il eut son fameux songe ; réduite à ces proportions,

---

[52] [*Comptes rendus de revues.*]

la chose est assurément beaucoup moins invraisemblable, surtout si l'on ajoute que cette influence n'aurait été en somme que passagère, donc très superficielle. Cependant, cela n'expliquerait pas que les différentes phases du songe correspondent aux épreuves initiatiques, car ce sont là des choses qui ne peuvent pas se découvrir par la simple imagination, sauf dans les rêveries des occultistes ; mais une telle correspondance existe-t-elle bien réellement ? En dépit de toute l'ingéniosité dont l'auteur fait preuve dans ses interprétations, nous devons dire qu'elle n'est pas très frappante, et qu'elle présente même une fâcheuse lacune, car, avec la meilleure volonté du monde, on ne voit vraiment pas bien en quoi la présentation d'un melon peut tenir lieu de l'épreuve de l'eau… Il est bien peu probable, d'autre part, que ce songe ne soit qu'une fiction, ce qui au fond serait plus intéressant, car cela montrerait tout au moins chez Descartes une intention symbolique consciente, si imparfaitement qu'il l'ait exprimée ; en ce cas, il aurait pu tenter sous cette forme une description déguisée d'épreuves initiatiques ; mais encore de quelle initiation s'agirait-il alors ? Tout ce qu'il serait possible d'admettre à la rigueur, c'est qu'il ait été reçu, comme le fut plus tard Leibnitz, dans quelque organisation d'inspiration plus ou moins rosicrucienne, dont il se serait d'ailleurs retiré par la suite (et la rupture, s'il en était ainsi, aurait même dû avoir un caractère plutôt violent, à en juger par le ton de la dédicace de « Polybius le Cosmopolite ») ; encore faudrait-il qu'une telle organisation eût été déjà bien dégénérée pour admettre ainsi à la légère des candidats aussi peu « qualifiés »… Mais, tout bien examiné, et pour les raisons que nous avons déjà exposées, nous continuons à penser que Descartes, qu'il est d'ailleurs vraiment par trop paradoxal de vouloir défendre de l'imputation de « rationalisme », ne connut sans doute, en fait d'idées rosicruciennes, que ce qui pouvait circuler alors dans le monde profane, et que, si certaines influences s'exercèrent sur lui d'une autre façon, consciemment ou plus probablement inconsciemment, la source dont elles émanaient était en réalité tout autre chose qu'une initiation authentique et légitime ; la place même que tient sa philosophie dans l'histoire de la déviation moderne n'est-elle pas un indice amplement suffisant pour justifier un tel soupçon ?

FÉVRIER 1939

Mortimer J. Adler. – *Saint Thomas and the Gentiles.*

Marquette University Press, Milwaukee, Wisconsin.

L'auteur, qui est professeur à l'Université de Chicago, étudie l'argumentation qu'on pourrait opposer à ceux qui représentent en quelque sorte, à l'époque actuelle, l'équivalent de ceux à qui saint Thomas d'Aquin s'adressait en écrivant sa *Summa contra Gentiles* : ce sont d'abord les « scientistes » ou « positivistes », qui nient l'existence même d'une vraie philosophie, et ensuite ce qu'il appelle les « systématistes », qui admettent une pluralité irréductible de philosophies, les considérant comme également valables à la seule condition qu'elles constituent des constructions cohérentes en elles-mêmes. Ce qui est le plus intéressant ici à notre point de vue, c'est la protestation élevée contre l'esprit de système ; l'auteur n'hésite pas à reprocher même, avec beaucoup de raison, à certains thomistes de dénaturer la philosophie de saint Thomas en la présentant comme « un grand système de pensée », et il préférerait même renoncer au nom de « thomisme » parce que sa forme paraît suggérer l'idée d'un système spécial, représentant simplement les conceptions particulières d'une certaine individualité, c'est-à-dire « une philosophie » parmi les autres, et non une expression de la *philosophia perennis* ; il est seulement à regretter qu'il ne semble pas concevoir cette *philosophia perennis* en dehors de sa forme spécifiquement chrétienne, qui, en réalité ne peut être qu'une des multiples expressions de la vérité une.

Albert Gleizes. – *La Signification humaine du Cubisme.*

Éditions Moly-Sabata, Sablons, Isère.

Cette brochure est la reproduction d'une conférence dans laquelle l'auteur s'est attaché à montrer que le cubisme, connu surtout comme une manifestation esthétique, a en réalité exercé une influence dans un domaine plus étendu et plus vraiment « humain », d'abord parce qu'il fut « un travail de peintre véridique, de manuel », et ensuite parce qu'il amena le peintre, pour résoudre certaines difficultés, à réfléchir « non sur les images de l'extérieur, mais sur lui-même, sur ses tendances naturelles, sur ce qu'il voulait faire, sur ses facultés agissantes ». Ce fut donc, pour certains tout au moins, un point de départ de recherches qui devaient les mener plus loin, en « réintroduisant, par la multiplicité des points de vue (substituée à l'unité perspective), le temps dans un mode d'expression humain, dans un art qui, prétendait-on, ne le comportait pas », et en faisant comprendre que « la figure géométrique était un moyen et non une fin ». Nous n'insisterons pas sur les considérations plus proprement « techniques », ni sur la théorie de l'« arc en ciel » que l'auteur a déjà exposée ailleurs ; mais nous signalerons, comme plus particulièrement intéressante, l'idée que « le cubisme a obligé à modifier la notion unilatérale sensible qui nous arrive de la Renaissance », et par là même à se rapprocher des conceptions artistiques du moyen âge, ce qui peut faire « renaître une expression religieuse ».

Georges Méautis. – Le Livre de la Sagesse pythagoricienne, traduction et commentaires des Vers Dorés pythagoriciens.

Dorbon Aîné, Paris.

On pourrait se demander s'il était bien utile de traduire une fois de plus les *Vers Dorés* ; la vérité est que l'auteur, trouvant que les commentaires d'Hiéroclès et de Fabre d'Olivet « se ressentent de l'époque où ils ont été composés » (mais le premier tout au moins est authentiquement pythagoricien), a voulu surtout en faire un autre qu'il estime mieux adapté à nos contemporains, et cela en s'inspirant de « la tradition secrète qui s'est perpétuée dans une certaine école ésotérique »... qui n'est autre, hélas ! que le théosophisme ; en dépit des réserves qu'il y aurait à faire sur bien des points, nous préférons encore Fabre d'Olivet !

Mars 1939

Ade de Bethune. – Work.

John Stevens, Newport, Rhode Island.

L'auteur étudie la question de la nature et de la dignité du travail au point de vue chrétien, mais on pourrait dire que ces considérations sont, pour la plupart, facilement applicables au point de vue traditionnel en général ; ainsi, l'idée de la valeur propre du travail bien fait, parce que conforme aux aptitudes de celui qui le fait, et cela indépendamment de l'importance qu'il peut avoir en lui-même, pourrait être rattachée directement à la notion hindoue du *swadharma*. Le travail est « la grande vocation de l'homme », et il contribue à faire de celui-ci l'image de Dieu, considéré comme l'« Artisan » par excellence ; il est à peine besoin de faire remarquer que c'est là, au fond, le principe même des initiations basées sur l'exercice des métiers, à quelque forme traditionnelle qu'elles se rattachent d'ailleurs. Signalons à ce propos, comme particulièrement intéressante, l'idée que le rapport de l'homme aux matériaux qu'il utilise correspond analogiquement au rapport de Dieu à l'homme lui-même (et il est assez remarquable que les schémas de ces deux rapports aient été tracés suivant la loi du « sens inverse », bien que le texte même n'y fasse pas allusion) ; quelque chose de semblable se retrouve aussi toujours, plus ou moins explicitement, dans la transposition initiatique que nous venons de rappeler. Si certains, qui prétendent trop volontiers s'appuyer sur la doctrine chrétienne pour nier tout ce qui dépasse le simple exotérisme, voulaient bien méditer un peu sur de telles similitudes, cela pourrait peut-être contribuer à modifier sérieusement leurs idées préconçues, et à leur faire comprendre que les oppositions ou les incompatibilités qu'ils affirment si audacieusement n'ont aucune existence réelle et sont tout simplement un effet de leur propre ignorance ; mais malheureusement, suivant l'expression proverbiale, « il n'est pire sourd que celui qui ne veut pas entendre »…

Graham Carey. – *Pattern.*

John Stevens, Newport, Rhode Island.

Dans les deux conférences qui sont ici réunies, et qui sont respectivement intitulées *Purpose and Pattern* et *Pattern and Appearance*, l'auteur, après avoir rappelé la conception traditionnelle de la nature de l'art, s'attache à définir les relations existant entre la « fonction » d'une œuvre d'art, qui est son rapport à celui qui l'utilise, sa « forme » qui est son rapport à celui qui la produit en « matérialisant » en quelque sorte l'idée ou l'image mentale qu'il doit en avoir conçue tout d'abord, et enfin sa « figure », c'est-à-dire son aspect extérieur, qui est une réalisation de ce modèle idéal, mais nécessairement conditionnée à la fois par les particularités mentales de l'artiste lui-même et par la nature des matériaux qu'il emploie. Nous devons noter particulièrement ce qui est dit de la dégénérescence qui mène de l'art que l'auteur appelle « créatif », où le but de l'œuvre et son modèle sont parfaitement adaptés l'un à l'autre, à l'art « décoratif », où se rencontrent des complications sans utilité « fonctionnelle », ce qu'il explique par une sorte de besoin qu'un artiste en possession d'une certaine habileté technique éprouve d'ajouter des difficultés à son travail pour le plaisir de les surmonter ; cette explication peut être exacte « psychologiquement », mais elle n'est pourtant pas suffisante, car elle ne rend pas compte du fait que les motifs ornementaux proviennent de symboles dont la signification a été oubliée, ce qui implique que l'existence de l'art « décoratif » comme tel présuppose, dans une civilisation, la perte de certaines données traditionnelles. Quoi qu'il en soit, pour M. Graham Carey, la dégénérescence ne s'arrête pas à ce stade, et elle aboutit finalement à l'art « récréatif », c'est-à-dire à celui qui n'est plus qu'un simple « jeu » ne visant qu'à produire des œuvres dépourvues de toute utilité réelle ; c'est là la conception spécifiquement moderne, et il n'a pas de peine à faire ressortir les lamentables résultats de cette séparation radicale du « beau » et de l'« utile » dans la production de notre époque.

Eric Gill. – *Work and Culture.*

John Stevens, Newport, Rhode Island.

C'est, éditée en une brochure de la même série que les deux précédentes, la conférence qui avait été publiée tout d'abord dans le *Journal of the Royal Society of Arts*, et dont nous avons déjà parlé à cette occasion dans un de nos récents comptes rendus[53].

Shri Aurobindo. – *La Mère.*

Union des Imprimeries, Frameries, Belgique.

La traduction française de *The Mother*, dont le dernier chapitre a été donné ici même[54], vient de paraître en un volume faisant partie de la même collection qu'*Aperçus et Pensées* et *Lumières sur le Yoga*, dont nous avons parlé précédemment[55] ; nous tenons à le signaler à ceux de nos lecteurs qui voudraient avoir connaissance de l'ouvrage tout entier.

Avril 1939

R. Krishnaswami Aiyar. – *Thoughts from the Gîtâ.*

The Madras Law Journal Press, Mylapore, Madras.

Il a été écrit, à notre époque, d'innombrables commentaires de la *Bhagavad-Gîtâ*, mais dont la plupart sont bien loin d'être conformes à l'esprit traditionnel ; il n'y a certes pas lieu de s'en étonner quand il s'agit de travaux d'orientalistes ; ce qui est plus étrange, et aussi plus fâcheux en un certain sens, c'est que beaucoup de commentaires indiens contemporains sont eux-mêmes affectés, soit d'un « modernisme » plus ou moins accentué, soit de préoccupations politiques ou sociales qui ont amené leurs auteurs à restreindre ou à déformer de façons diverses le sens du texte. C'est pour réagir contre ces tendances que ce livre a été écrit ; et notamment, contre ceux qui voudraient voir exclusivement dans la *Bhagavad-Gîtâ* une sorte de traité de *Karma-Yoga*, l'auteur montre qu'elle enseigne au contraire très nettement que les trois voies de *Karma*, de *Bhakti* et de *Jnâna* ne conduisent pas en réalité jusqu'au même point, que leur prédominance respective correspond

---

[53] [*Comptes rendus de revues*, janvier 1939.]

[54] [Novembre et décembre 1938.]

[55] [Octobre 1937.]

plutôt à autant de degrés successifs, et que c'est par *Jnâna* seulement que la réalisation complète et finale peut être atteinte ; il n'y a là évidemment aucun « exclusivisme » en faveur de telle ou telle voie, mais bien plutôt, au contraire, l'affirmation que chacune d'elles a sa raison d'être et est même nécessaire, à la condition de la situer à la place qui lui appartient véritablement. Cette progression est observée de façon fort juste à travers tout l'exposé, qui est fait en un langage très clair et aussi simple que possible, nous dirions même peut-être un peu trop simple parfois, car il ne faut pas pousser trop loin la crainte d'employer des termes « techniques » quand le langage ordinaire n'en fournit pas l'équivalent, et l'indication d'un plus grand nombre de mots sanscrits aurait certainement pu contribuer aussi à augmenter la précision. Nous ne pouvons naturellement donner un aperçu de toutes les questions qui sont traitées dans le livre ; nous nous contenterons de signaler plus particulièrement ce qui se rapporte à la correspondance des différentes conceptions de la Divinité, comme d'autant de « points de vue » de plus en plus profonds, avec les divers stades du développement spirituel, car nous pensons qu'il serait difficile d'en trouver un exposé plus aisément compréhensible et plus complètement satisfaisant que celui qui est présenté ici.

R. Krishnaswami Aiyar. – *Thoughts from the Eternal Law.*

The Madras Law Journal Press, Mylapore, Madras.

Dans ce livre, conçu selon le même esprit que le précédent, il s'agit essentiellement, comme le titre l'indique, du *Sanâtana Dharma* ; et l'auteur, y distinguant ce qui se rapporte aux différents éléments constitutifs de l'être humain, s'attache à montrer les véritables raisons d'être des divers ordres de prescriptions qui y correspondent. Il dénonce à juste titre l'ignorance profonde dont font preuve ceux qui méconnaissent ou rejettent ces prescriptions, ou certaines d'entre elles, uniquement parce qu'ils sont incapables de les comprendre réellement, et parce qu'ils croient présomptueusement que tout ce qu'ils ne connaissent pas est sans valeur ou même inexistant ; si certains de ceux qui prétendent actuellement diriger l'Inde n'ignoraient pas à peu près tout de la tradition hindoue, ils ne s'attaqueraient pas comme ils le font à des institutions telles que celle des castes, et ils sauraient que l'« intouchabilité » a aussi des raisons qui tiennent à la nature même des êtres et qu'il n'est au pouvoir de personne de supprimer. La justification des prescriptions proprement rituelles, celle de l'usage des *pratîkas* ou images représentatives d'aspects divins, entre autres choses (et celles-là sont aussi parmi celles contre lesquelles s'acharnent le plus volontiers les soi-disant « réformateurs »), sont également excellentes ; il y a d'autres points sur lesquels il y aurait peut-être quelques réserves à faire, en ce qu'ils sont interprétés avec un « littéralisme » un peu trop extérieur, au détriment du sens symbolique qui est à la fois plus profond et plus vrai, mais ce défaut n'est sensible qu'en quelques passages qui ne sont pas parmi les plus importants. Quant à l'affirmation du caractère « universel » de la tradition hindoue, dont certains s'étonneront peut-être, elle aurait seulement besoin d'être éclairée par quelques considérations plus précises ; pour nous, ce caractère doit être expliqué par le fait que la tradition hindoue procède directement de la tradition primordiale, et par là même la représente en quelque façon ; et c'est la tradition primordiale qui constitue véritablement le *Sanâtana Dharma* dans son essence même, tout le reste n'étant en somme qu'adaptation, d'ailleurs nécessaire, aux circonstances de temps et de lieu.

Raïhana Tyabji. – L'Âme d'une Gopî.

Traduction et préface de Lizelle Reymond
(Union des Imprimeries, Frameries, Belgique).

C'est, sous la forme d'un court roman, l'histoire bien connue de Krishna et des *Gopîs* ; le titre pourrait faire craindre qu'elle ne soit interprétée d'une façon trop « psychologique », mais en fait il n'en est rien, et même le véritable sens en ressort assez clairement. Les *Gopîs* représentent les êtres individuels qui, par la voie de *Bhakti*, arrivent à avoir, à un degré ou à un autre, la perception du Divin ; chacune croit d'ailleurs que l'aspect qu'elle en connaît est le seul vrai, et que celles qui voient d'autres aspects sont dans l'erreur ; mais il faut qu'elles parviennent finalement à reconnaître, comme Râdhâ, le Divin sous tous ses déguisements, c'est-à-dire sous les innombrables apparences du monde manifesté. Il est intéressant de noter que l'auteur est une Indienne musulmane, ce qui n'empêche nullement qu'elle témoigne d'une réelle compréhension de la tradition hindoue ; et ne peut-on pas voir précisément une application de ce que nous venons de dire dans la reconnaissance de la Vérité une sous les multiples formes dont elle se revêt dans les différentes traditions ?

L. Adams Beck. – Au cœur du Japon : Zenn, Amours mystiques.

> Traduit de l'anglais par Jean Herbert et Pierre Sauvageot
> (Éditions Victor Attinger, Paris et Neuchatel).

Nous retrouvons dans ce livre les mêmes qualités que dans l'autre roman du même auteur dont nous avons parlé précédemment[56], mais aussi les mêmes défauts, et qui même, il faut bien le dire, y semblent quelque peu aggravés. La façon dont des Européens sont mêlés dans ces récits à certains milieux orientaux peut être acceptable une fois, une exception n'ayant comme telle rien d'invraisemblable, mais, quand elle se répète, elle donne l'impression d'un « procédé » bien artificiel ; en outre, les conséquences de cette intervention se traduisent ici, comme l'indique le titre, par des « amours mystiques » qui sont assez difficilement conciliables avec le caractère du *Zen* authentique. D'autre part, l'idée d'établir des rapprochements entre une doctrine traditionnelle et les conceptions de la science occidentale moderne, et de s'appuyer sur celles-ci pour faire accepter celle-là, idée dont nous avons dénoncé si souvent la vanité, joue ici un assez grand rôle ; nous savons d'ailleurs qu'elle existe réellement chez les représentants de certaines branches du Bouddhisme japonais contemporain, où le « modernisme » sévit fâcheusement, mais nous voulons croire pourtant qu'il n'en est ainsi que dans les écoles les plus exotériques. Il y a même une contradiction assez curieuse : l'auteur dit très justement que, « lorsqu'on suit les disciplines de l'Asie, on ne va pas à la pêche aux âmes, et l'on ne se livre pas à une propagande facile » ; mais cela ne l'empêche pas d'attribuer une telle propagande à une organisation initiatique, ou qui devrait être telle, et qu'elle représente comme préparant des sortes de « missionnaires » pour les envoyer en Occident après

---

[56] [Octobre 1938.]

leur avoir fait apprendre, non seulement les langues européennes, mais aussi le langage « scientifique » qui plaît aux Occidentaux. Il n'en est pas moins vrai qu'il y a, à côté de tout cela, des aperçus très intéressants et exacts sur les méthodes de développement spirituel employées par le *Zen*, ainsi que sur la façon dont elles se reflètent dans divers aspects caractéristiques de la civilisation japonaise ; il est pourtant à regretter encore que, comme pour le *Yoga* dans l'autre livre, les résultats de la « réalisation » n'apparaissent pas bien clairement, et que l'auteur semble même s'en faire une idée restreinte à quelques points de vue fort secondaires ; mais, malgré tout, cela peut assurément inciter certains à réfléchir et à essayer de pénétrer ces choses plus profondément s'ils en ont en eux-mêmes la possibilité.

C. Chevillon. – *Le vrai visage de la Franc-Maçonnerie* : *Ascèse, apostolat, culture.*

Édition des Annales Initiatiques,
Librairie P. Derain et L. Raclet, Lyon.

L'auteur de cette brochure est peu satisfait de l'état présent de la Maçonnerie, ou plutôt des organisations maçonniques, et il est de ceux qui voudraient trouver un remède à leur dégénérescence ; malheureusement, il est bien difficile de découvrir, dans les réflexions auxquelles il se livre à ce propos, quelque chose de plus et de mieux que cette bonne intention, qui ne suffit certes pas pour aboutir à un résultat effectif. Nous pensons que, par « ascèse », il faudrait entendre proprement, surtout si l'on veut appliquer ce mot dans l'ordre initiatique, une méthode de développement spirituel ; mais ici, en fait, il n'est guère question que de développer les « facultés psychologiques », envisagées suivant leur classification la plus banalement « universitaire » : sensibilité, intelligence, volonté ; il est bien entendu qu'intelligence, en pareil cas, ne veut dire que raison ; ce qui est plus curieux est que l'auteur croit pouvoir mettre la volonté en rapport avec le « monde des idées pures »... Quant à son idée d'« apostolat », elle semble procéder surtout d'une confusion de la « réalisation » avec l'action extérieure, ce qui est aussi peu initiatique que possible ; et, au fond, nous ne voyons pas une bien grande différence entre ses préoccupations sociales et celles dont l'intrusion dans la Maçonnerie moderne a largement contribué à produire la déviation qu'il déplore. Enfin, la « culture », c'est-à-dire en somme l'éducation tout extérieure, conçue à la manière profane, n'a aucun rapport avec l'obtention de la véritable connaissance ; et, s'il est assurément très bien de dire que « le Maçon doit acquérir le sens de l'Éternel », encore faudrait-il, pour donner une valeur réelle à cette affirmation, ne pas s'en tenir à un « verbalisme » plus ou moins vide, qui est peut-être « philosophique », mais qui ne reflète rien de vraiment initiatique, ni d'ailleurs de spécifiquement maçonnique, si l'on entend ce dernier mot suivant la conception traditionnelle, et non suivant ce qu'il représente pour la plupart de nos contemporains, y compris la grande majorité des Maçons eux-mêmes !

MAI 1939

Swami Vivêkânanda. – *Conférences sur Bhakti-Yoga.*

Traduit de l'anglais par Lizelle Reymond et Jean Herbert (Union des imprimeries, Frameries, Belgique).

On s'est proposé de réunir dans ce volume divers fragments épars dans les œuvres de Vivêkânanda et qui, bien que se rapportant également à *Bhakti-Yoga*, n'ont pas trouvé place dans le livre portant ce titre et dont la traduction a paru précédemment dans la même série[57]. Ce qui est assez singulier, c'est qu'il n'est pas possible d'en connaître exactement la provenance : on ne sait pas s'il s'agit réellement de conférences différentes, ou seulement de notes prises par d'autres personnes au cours des mêmes conférences ; cela n'a d'ailleurs qu'une importance secondaire, puisque, dans tous les cas, les deux recueils se complètent l'un l'autre.

Naturellement, les idées exposées dans celui-ci appelleraient les mêmes réserves que nous avons formulées à propos du précédent ; ce n'est pas à dire, bien entendu, qu'il ne s'y trouve pas encore des vues intéressantes, par

---

[57] [Compte rendu de ce livre en juillet 1938.]

exemple sur la nécessité du *guru* ou sur celle de l'emploi des symboles, choses qui d'ailleurs ne sont pas spécialement propres à la voie de *Bhakti* ; mais tout cela demande à être lu avec précaution et par des personnes suffisamment averties pour y discerner ce qui n'est qu'« adaptation » modernisée de ce qui reflète vraiment quelque chose de l'enseignement traditionnel. Nous nous permettrons une petite observation : puisque ce livre est destiné à compléter *Bhakti-Yoga*, pourquoi a-t-on reproduit toute la partie intitulée *Parâ-Bhakti*, qui, à part l'adjonction de quelques notes, fait entièrement double emploi avec celle qui se trouve déjà sous ce même titre dans l'autre volume ?

Sri Krishna Prem. – *The Yoga of the Bhagavad Gîtâ.*

John M. Watkins, London.

L'auteur de ce nouveau commentaire sur la *Bhagavad-Gîtâ* est d'origine anglaise, ce qui, il faut le reconnaître, se voit assez peu, sauf pourtant en quelques endroits où s'expriment certains préjugés bien occidentaux contre les « prêtres » et les « dogmes », et aussi une tendance à diminuer l'importance et la valeur des rites. Il y a lieu de regretter encore, au même point de vue, quelques références à des ouvrages théosophistes et à des expériences « métapsychiques » ; par contre, il va sans dire que nous trouvons parfaitement légitimes les rapprochements avec Plotin et les livres hermétiques, car il s'agit bien là d'enseignements qui, pour appartenir à d'autres formes traditionnelles, n'en sont pas moins authentiquement conformes au même esprit. D'autre part, l'auteur se refuse résolument à tenir compte de toutes les discussions des orientalistes, dont il dénonce fort justement la « méthode incurablement extérieure » qui ne peut conduire à aucune compréhension véritable. Parti de l'idée d'expliquer la signification des titres des différents chapitres de la *Bhagavad-Gîtâ*, il a été amené à dépasser largement ce cadre et à commenter tout l'ensemble de la *Bhagavad-Gîtâ* elle-même : son point de vue est que celle-ci constitue un véritable manuel de *Yoga*, en prenant ce mot dans son sens « total », c'est-à-dire comme désignant non pas l'une ou l'autre des « voies » particulières qui portent aussi ce nom, mais « la Voie par laquelle l'homme unit son moi fini à l'Infini », et dont ces divers *Yogas* ne sont qu'autant d'aspects ; et « c'est moins une synthèse de ces enseignements séparés que le tout originel et indivisé dont ils représentent des formulations partielles ». Ce point de vue nous paraît entièrement exact et le livre, rempli d'aperçus fort intéressants que nous ne pouvons entreprendre de résumer ici, est certainement un de ceux, malheureusement trop rares, qu'on ne lira pas sans en tirer un réel profit.

Paul Radin. – *The Story of the American Indian.*

Liviright Publishing Corporation, New-York.

Ce livre vise à donner une vue d'ensemble des anciennes civilisations de l'Amérique, en réunissant, sous une forme aisément accessible et même d'une lecture agréable, des données qui, jusque-là, étaient restées éparses dans de multiples études spéciales. Ce qui est le plus intéressant à notre point de vue c'est ce qui concerne les « mythes » et les rites, car quiconque est au courant du symbolisme traditionnel pourra y trouver matière à de nombreux rapprochements très significatifs avec ce qui se rencontre dans d'autres civilisations ; l'auteur a d'ailleurs le mérite de rapporter les faits d'une façon impartiale, sans les déformer en y mêlant les idées préconçues qui ont cours chez la plupart des « anthropologistes ». Ce qui se rapporte aux origines est plus hypothétique, et il n'y a là rien d'étonnant, car cette question demeure fort obscure à bien des égards : d'après la théorie de l'auteur, tout aurait eu pour point de départ une civilisation unique, celle des Mayas, qui serait allée en se modifiant et comme en se dégradant peu à peu à mesure qu'elle s'étendait vers le Nord d'un côté et vers le Sud de l'autre ; cela paraît assez difficile à prouver, surtout en l'absence de toute chronologie un peu sûre, et les ressemblances et les différences entre les usages des divers peuples, invoquées à l'appui de cette thèse, pourraient assurément s'interpréter de bien d'autres façons. Cela ne ferait d'ailleurs, en tout cas, que reculer la difficulté, car il resterait alors à se demander d'où venait la civilisation des Mayas elle-même : tant qu'on voudra se borner à des méthodes de recherche « profane », au lieu de se référer à des indications véritablement traditionnelles qu'on traite trop facilement de « légendes » sans chercher à en approfondir le sens, une telle question demeurera toujours insoluble. Du reste, si les dates approximatives attribuées à la civilisation des Mayas doivent être admises, celle-ci serait, certes, beaucoup trop récente pour pouvoir représenter réellement une « origine », mais n'y aurait-il pas lieu de se demander pourquoi « la période qui joue le plus grand rôle dans le calendrier maya est en connexion avec un temps fort antérieur au début même de l'histoire des Mayas » ?

JUIN 1939

E. Aroux. – *Dante hérétique, révolutionnaire et socialiste : Révélations d'un catholique sur le moyen âge.*

Éditions Niclaus, Paris.

C'est une excellente idée d'avoir réédité le livre d'Aroux sur Dante, dont l'édition originale date de 1854, et qui naturellement était depuis longtemps introuvable. Aroux eut le mérite d'être un des premiers, avec Rossetti et à peu près en même temps que lui, à signaler l'existence d'un sens ésotérique dans l'œuvre de Dante ; et, malgré les travaux assez nombreux qui ont été publiés depuis lors sur ce sujet, surtout en ces dernières années, la documentation contenue dans son ouvrage n'a rien perdu de son intérêt, et il faudra toujours s'y reporter comme à une sorte d'introduction indispensable aux études plus récentes. Il est d'ailleurs bien entendu que l'interprétation d'Aroux appelle beaucoup de réserves et a besoin d'être rectifiée sur bien des points, à commencer par les imputations formulées à l'égard de Dante dans le titre même ; nous nous sommes déjà expliqué, dans *L'Ésotérisme de Dante*, sur ce qu'il faut penser de l'accusation d'« hérésie », qui ne repose en somme que sur une confusion entre les deux domaines exotérique et ésotérique, ou, si l'on veut, initiatique et religieux. Aroux, du reste, ignorait visiblement tout de la nature réelle de l'initiation ; aussi ne voit-il, dans l'emploi d'un langage secret et symbolique, qu'une simple précaution destinée à dissimuler ce qu'il aurait pu être dangereux de dire ouvertement, car il ne paraît concevoir les organisations initiatiques que comme de vulgaires « sociétés secrètes » à tendances plus ou moins politiques, comme il y en eut tant dans la première moitié du XIXe siècle ; la mentalité particulière de cette époque est sans doute responsable aussi de l'idée plutôt paradoxale de faire de Dante, défenseur de la conception d'une monarchie universelle que le « Saint Empire » aurait dû réaliser, un précurseur du « socialisme » et des utopies révolutionnaires de 1848. Une autre erreur singulière est celle d'après laquelle les organisations initiatiques du moyen âge, transformées en « sectes » par incompréhension de leur véritable caractère, auraient eu des doctrines « rationalistes » ; non seulement il y a là un anachronisme, mais le « rationalisme », depuis qu'il existe, a toujours été l'adversaire et le négateur le plus irréductible de tout ésotérisme, et c'est même là une des parties les plus essentielles de son rôle dans la déviation du monde moderne. Il y a d'ailleurs dans l'attitude d'Aroux, remarquons-le incidemment, quelque chose qui donne une impression un peu étrange : il semble que ses déclarations catholiques « sonnent faux » par leur exagération même, si bien qu'on est tenté de se demander de quel côté allaient réellement ses sympathies au double point de vue religieux et politique, d'autant plus que la façon dont il présente Dante coïncide en somme avec celle de Rossetti, dont les tendances apparentes étaient tout opposées ; nous ne prétendons pas résoudre cette question, faute de renseignements « biographiques » suffisants, et elle n'a au fond qu'un intérêt de pure curiosité, car il est évident que cela n'affecte en rien le contenu du livre. On pensera peut-être que, après tant de réserves, il ne doit rester de celui-ci qu'assez peu de chose ; ce serait tout à fait inexact, car il reste au contraire tout le côté documentaire, ainsi que nous l'avons dit, et c'est là ce qui importe le plus dans un ouvrage de ce genre : au surplus, tous ceux qui possèdent certaines données traditionnelles peuvent facilement rectifier eux-mêmes et « réinterpréter » correctement tout ce qui a été déformé par la « perspective » spéciale de l'auteur, et c'est même là un travail qui est loin de manquer d'intérêt.

Alice Joly. – *Un Mystique lyonnais et les secrets de la Franc-Maçonnerie (1730-1824).*

Protat Frères, Mâcon.

Ce gros volume est une biographie aussi complète que possible de Jean-

Baptiste Willermoz, fort consciencieusement faite et sérieusement documentée, mais qui n'est pourtant pas exempte de certains défauts, probablement inévitables d'ailleurs quand on veut, comme c'est le cas, étudier des questions comme celles dont il s'agit ici en se plaçant à un point de vue tout profane. Il ne suffit certes pas, dans cet ordre de choses, d'une sorte de sympathie extérieure ni d'une curiosité allant jusqu'à la recherche des moindres détails anecdotiques pour parvenir à une compréhension véritable ; nous admirons la patience qu'il faut pour traiter ainsi un sujet pour lequel on n'éprouve pas un intérêt plus profond, mais nous avouons que, à l'accumulation des faits purs et simples, nous préférerions une vue plus « synthétique » permettant d'en dégager le sens, et aussi d'éviter bien des erreurs et des confusions plus ou moins graves. Une de ces confusions apparaît dans le titre même, où Willermoz est défini comme « mystique », alors que rien de tel ne se dégage de ce qui est exposé dans le livre, et que d'ailleurs la vérité est qu'il ne le fut nullement ; si on peut lui reprocher d'avoir paru délaisser les Élus Coëns, ce n'est point parce qu'il se tourna vers le mysticisme comme Saint-Martin, mais seulement parce qu'il s'intéressa alors plus activement à d'autres organisations initiatiques. D'autre part, l'auteur manque trop évidemment de toute connaissance « technique » des choses dont elle parle, d'où de curieuses méprises : ainsi, par exemple, elle prend les différents Rites maçonniques pour autant de « sociétés » ; elle ignore la différence qui existe entre une « Grande Loge et un Grand-Orient » ; elle appelle « rectification » le rattachement d'une Loge à la Stricte Observance, alors qu'au contraire ce terme désigne la modification que subirent les Loges mêmes de la Stricte Observance lorsque celle-ci cessa d'exister comme telle et fut remplacée par ce qui, précisément pour cette raison, s'appela (et s'appelle encore) le Régime Écossais Rectifié, dans l'élaboration duquel Willermoz prit une part prépondérante. Cela dit, nous reconnaissons volontiers que cet ouvrage contient une somme de renseignements auxquels il sera toujours utile de se référer quand on voudra étudier les organisations dans lesquelles Willermoz joua un rôle ; mais la partie la plus intéressante, à notre avis, est celle qui concerne l'intérêt qu'il prit au magnétisme et les conséquences plutôt fâcheuses qui en résultèrent, car ce n'est assurément pas là l'épisode le plus heureux de sa carrière. Il y a d'ailleurs dans cette histoire quelque chose de vraiment singulier, et qui appelle une réflexion d'une portée plus générale : quoi qu'il faille penser du caractère de Mesmer, sur lequel on a formulé les appréciations les plus opposées, il paraît bien avoir été « suscité » tout exprès pour faire dévier les organisations maçonniques qui, en dépit de tout ce qui leur faisait défaut comme connaissance effective, travaillaient encore sérieusement et s'efforçaient de renouer le fil de la véritable tradition ; au lieu de cela, la plus grande partie de leur activité fut alors absorbée par des expériences plutôt puériles et qui n'avaient en tout cas rien d'initiatique, sans parler des troubles et des dissensions qui s'ensuivirent. La « Société des Initiés » organisée par Willermoz n'avait en elle-même aucun caractère maçonnique, mais, en raison de la qualité de ses membres, elle n'en exerça pas moins une sorte d'influence directrice sur les Loges de Lyon, et cette influence n'était, en définitive, que celle de somnambules qu'on y consultait sur toutes choses ; comment pourrait-on s'étonner, dans ces conditions, que les résultats aient été lamentables ? Nous avons toujours pensé que le fameux « Agent Inconnu », qui dicta tant d'élucubrations confuses et souvent même tout à fait inintelligibles, était tout simplement une de ces somnambules, et nous nous souvenons de l'avoir écrit ici même il y a déjà un certain nombre d'années, à propos du livre de M. Vulliaud[58] ; M_{me} Joly en apporte une confirmation qui ne saurait plus laisser place à aucun doute, car elle a réussi à découvrir l'identité de la personne en question : c'est M_{me} de Vallière, sœur du commandeur de Monspey, par qui ses messages étaient transmis à Willermoz ; ne serait-ce que parce qu'elles apportent la solution définitive de cette énigme et coupent court ainsi à certaines légendes « occultistes », les recherches de l'auteur n'auront certes pas été inutiles. – Nous nous permettrons encore une petite remarque accessoire : certains noms propres sont déformés d'une façon assez étonnante ; nous ne voulons pas parler de ceux des personnages du XVIIIe siècle, sachant combien leur orthographe est parfois difficile à établir exactement ; mais pourquoi, dans les références, MM. Vulliaud et Dermenghem sont-ils appelés constamment « Vuilland » et « Dermenghen » ? Cela n'a pas une importance capitale, sans doute, mais, surtout dans un travail d'« archiviste », c'est tout de même un peu gênant...

---

[58] [À propos des « Rose-Croix lyonnais » (janvier 1930).]

Dr Gérard van Rijnberk. – *Un Thaumaturge au XVIIIᵉ siècle : Martines de Pasqually, sa vie, son œuvre, son Ordre. Tome second.*

P. Derain et L. Raclet, Lyon.

Nous avons longuement examiné en son temps le premier volume de cet ouvrage[59] ; le second n'est en somme qu'un complément que l'auteur a pensé devoir y ajouter en raison de quelques faits qui sont venus à sa connaissance dans l'intervalle ; il en a profité pour compléter la bibliographie, et il y a joint la reproduction intégrale des lettres de Martines à Willermoz qui sont actuellement conservées à la Bibliothèque de Lyon, et dont il n'avait été publié jusqu'ici que des fragments plus ou moins étendus. Il cite les articles au cours desquels nous avons parlé de son livre, mais il semble n'avoir guère compris notre position, car il nous qualifie d'« essayiste », ce qui est proprement incroyable, et il prétend que nous nous « efforçons d'exprimer des idées originales et des vues personnelles », ce qui est l'exact opposé de nos intentions et de notre point de vue rigoureusement traditionnel. Il trouve « étonnante » notre remarque que « le Régime Écossais Rectifié n'est point une métamorphose des Élus Coëns, mais bien une dérivation de la Stricte Observance » ; c'est pourtant ainsi, et quiconque a la moindre idée de l'histoire et de la constitution des Rites maçonniques ne peut avoir le moindre doute là-dessus ; même si Willermoz, en rédigeant les instructions de certains grades, y a introduit des idées plus ou moins inspirées des enseignements de Martines, cela ne change absolument rien à la filiation ni au caractère général du Rite dont il s'agit ; en outre, le Régime Rectifié n'est nullement de la « Maçonnerie Templière » comme le dit M. van Rijnberk, puisque, tout au contraire, un des points principaux de la « rectification » consistait précisément dans la répudiation de l'origine templière de la Maçonnerie.

Un chapitre assez curieux est celui où l'auteur cherche à éclaircir la filiation du « Martinisme », qui, malgré tout, reste encore bien obscure et douteuse sur certains points ; la question, en dehors du point de vue simplement historique, n'a d'ailleurs pas l'importance que certains veulent lui

---

[59] [*L'énigme de Martines de Pasqually* (mai à juillet 1936).]

attribuer, car il est bien clair, en tout cas, que ce que Saint-Martin pouvait avoir à transmettre à ses disciples, en dehors de toute organisation régulièrement constituée, ne saurait en aucune façon être regardé comme ayant le caractère d'une initiation. Un point intéressant, d'autre part, est celui qui concerne la signification des lettres S. I., interprétées le plus souvent par « Supérieur Inconnu », et qui en réalité ont servi à beaucoup de choses : nous avons déjà fait remarquer qu'elles sont notamment les initiales de la « Société des Indépendants » dont il est question dans le *Crocodile*, ainsi que de la « Société des Initiés » de Willermoz ; comme le dit M. van Rijnberk, on pourrait multiplier les exemples semblables ; lui-même remarque qu'elles sont aussi l'abréviation de « Souverain Juge », titre des membres du « Tribunal Souverain » des Élus Coëns ; nous ajouterons que, dans un autre Rite de la même époque, il y eut un grade de « Sage Illuminé », et que, dans le Rite Écossais Ancien et Accepté lui-même, il y a celui de « Secrétaire Intime », qui se trouve être le sixième, ce qui est assez curieux comme rapprochement avec les « six points » (et notons en passant, pour les amateurs de « coïncidences », que, dans la Stricte Observance, l'acte d'obédience aux « Supérieurs Inconnus » était aussi en six points !) ; mais pourquoi ces deux lettres ont-elles joui d'une telle faveur ? L'auteur a tout à fait raison de penser qu'elles le doivent à leur valeur symbolique propre, qu'il a d'ailleurs entrevue en se reportant à une des planches de Khunrath ; seulement, il a oublié de faire une distinction entre deux symboles connexes, mais cependant quelque peu différents, celui du « serpent d'airain », qui donne en réalité les lettres S. T. (initiales, elles aussi de « Souverain Tribunal »), et celui où l'arbre ou le bâton autour duquel est enroulé le serpent est représenté uniquement par un axe vertical ; c'est ce dernier qui donne les lettres S. I., dont une autre forme se retrouve dans le serpent et la flèche qui figurent sur le sceau de Cagliostro. Puisque nous avons été amené à parler de cette question, nous ajouterons que, essentiellement, la lettre S représente la multiplicité et la lettre I l'unité ; il est évident que leur correspondance respective avec le serpent et l'arbre axial concorde parfaitement avec cette signification ; et il est tout à fait exact qu'il y a là quelque chose qui « procède d'un ésotérisme profond », bien autrement profond et authentique que la « Sainte Initiation »… martiniste, qui n'a certes pas plus de titres à revendiquer la propriété de cet antique symbole que celle du nombre 6 et du sceau de Salomon !

JANVIER 1940

Ananda K. Coomaraswamy. – *The Christian and Oriental or True Philosophy of Art.*

> *A lecture given at Boston College, Newton, Massachusetts, in March 1939 (John Stevens, Newport, Rhode Island).*

Cette brochure reproduit une conférence faite dans une Université catholique par notre éminent collaborateur ; il y insiste sur l'identité de toute conception traditionnelle de l'art, qu'elle soit occidentale, et en particulier chrétienne, ou orientale : il s'agit, en fait, d'une doctrine vraiment « catholique » au sens originel de ce mot, c'est-à-dire universelle. Dans cette vue traditionnelle, il n'y a aucune distinction essentielle entre art et métier ; toute chose bien faite et parfaitement adaptée à son usage est proprement une œuvre d'art ; il ne saurait être question ici de « jeu » ni de plaisir « esthétique », car « les vies contemplative et active seules sont considérées comme humaines, et une vie qui a pour fin le plaisir est subhumaine ». La beauté réside dans l'œuvre d'art elle-même, en tant que celle-ci est parfaite conformément à sa destination : elle est indépendante de l'appréciation du spectateur, qui peut être ou n'être pas qualifié pour la reconnaître ; c'est là, en effet, affaire de connaissance ou de compréhension, non de sensibilité comme le voudraient les modernes, et *ars sine scientia nihil*. Un besoin est la cause première de la production d'une œuvre d'art ; mais il s'agit à la fois, en cela, de besoins spirituels et physiques, car l'homme, envisagé dans son intégralité, ne vit pas seulement de pain, mais de toute parole qui sort de la bouche de Dieu, c'est-à-dire des idées et des principes qui peuvent être exprimés par l'art ; primitivement, il n'y a aucune distinction de sacré et de profane, toutes les choses sont faites à l'imitation de prototypes divins, et « ce qu'elles signifient est encore plus réel que ce qu'elles sont en elles-mêmes ». La contemplation du modèle idéal doit donc nécessairement précéder la réalisation matérielle de l'œuvre d'art ; c'est seulement ainsi que « l'art imite la nature dans son mode d'opération », c'est-à-dire Dieu même dans son mode de création. En se conformant au modèle idéal, l'artiste s'exprime d'ailleurs aussi lui-même, mais *sub specie aeternitatis*, et non quant à son individualité contingente ; de là, le caractère anonyme des œuvres d'art dans les civilisations traditionnelles ; et, à un point de vue complémentaire de celui-là, la représentation d'un individu y est plutôt un « type » qu'un portrait physiquement ressemblant, car « l'homme est représenté par sa fonction plutôt que par son apparence ». Quant aux représentations symboliques de la Divinité, même lorsqu'elles sont anthropomorphiques, elles ne doivent aucunement être prises pour des « figurations » ; une connaissance adéquate de la théologie et de la cosmologie est nécessaire pour les comprendre, car elles ne font point appel au sentiment, mais elles sont essentiellement des « supports » de contemplation intellectuelle, et l'art, même le plus élevé, n'est en définitive rien d'autre qu'un moyen subordonné à cette fin.

Sri Ramana Maharshi. – *A Catechism of Enquiry.*

Sriramanasramam, Tiruvannamalai, South India.

Ce petit volume est la traduction d'instructions données par Sri Ramana à un de ses disciples pour le guider dans la recherche du « Soi », recherche qui doit conduire finalement à la réalisation de la véritable nature de l'être. Le « Soi » étant identique au « Suprême », toute adoration du « Suprême » n'est elle-même, au fond, pas autre chose qu'une forme de la recherche du « Soi » ; celle-ci, quels que soient d'ailleurs les moyens par lesquels elle est poursuivie, constitue l'unique méthode qui permette d'écarter graduellement tous les obstacles et de parvenir à la « Délivrance ». L'essence de ces enseignements peut être résumée en ces mots : « Réalise la parfaite Béatitude par la méditation constante sur le Soi ».

Sri Ramana Maharshi. – *A Catechism of Instruction.*

Sriramanasramam, Tiruvannamalai, South India.

Cet autre livre a été composé en rassemblant les enseignements donnés par Sri Ramana en réponse à des questions posées par ses disciples ; les principaux sujets qui y sont traités sont : les caractères essentiels de l'instruction spirituelle (*upadêsha*) et les marques distinctives du *Guru* ; la méthode de réalisation (*sâdhana*) avec ses divers modes, et notamment le *vichâra-mârga*, c'est-à-dire la recherche du « Soi » dont il est question ci-dessus ; l'« expérience » (*anubhava*), c'est-à-dire la réalisation elle-même à ses différents stades ; enfin, le caractère de l'état de celui qui demeure fermement établi dans la Connaissance (*ârûdha-sthiti*), état immuable qui est celui de complète identité ou d'absorption dans le « Soi ». Nous regrettons un peu l'emploi du mot « catéchisme » dans le titre de ces deux volumes (dont le second seul, d'ailleurs, est rédigé sous la forme « catéchistique » de questions et de réponses), car, en Occident, il évoquera presque inévitablement l'idée d'un enseignement purement exotérique et même tout à fait élémentaire ; il y a ainsi des « associations » dont il faut tenir compte si l'on veut éviter les équivoques, et dont, malheureusement, les Orientaux qui écrivent dans les langues occidentales ne se méfient pas toujours assez.

Shrî Aurobindo. – Les Bases du Yoga.

Précédé d'une étude de Nolini Kanta Gupta sur le Yoga de Shrî Aurobindo (Union des Imprimeries, Frameries, Belgique).

Nous avons déjà parlé de l'édition anglaise de ce livre[60] ; nous n'aurions donc qu'à signaler simplement la publication de cette traduction française, si on n'avait fait précéder celle-ci d'une introduction qui, il faut bien le dire, n'est pas sans appeler certaines réserves. D'abord, quand Shrî Aurobindo lui-même dit « notre Yoga », cela peut s'entendre, en un sens tout à fait légitime, du Yoga qu'il pratique et enseigne ; mais quand d'autres parlent du « Yoga de Shrî Aurobindo », ils le font parfois d'une façon telle qu'ils semblent vouloir par là lui en attribuer la propriété, ou revendiquer pour lui une sorte de « droit d'auteur » sur une forme particulière de Yoga, ce qui est inadmissible, car nous sommes ici dans un domaine où les individualités ne comptent pas ; nous voulons d'ailleurs croire que Shrî Aurobindo lui-même

---

[60] [Novembre 1938.]

n'y est pour rien, et qu'il ne faut voir là que la manifestation, de la part de certains de ses disciples, d'un zèle quelque peu indiscret et plutôt maladroit. Ce qui est peut-être plus grave au fond, c'est que l'introduction dont il s'agit est fortement affectée de conceptions « évolutionnistes » ; nous citerons seulement deux ou trois phrases caractéristiques à cet égard : « Jusqu'à présent, la mortalité a été le principe dirigeant de la vie sur la terre ; elle sera remplacée par la conscience de l'immortalité. L'évolution s'est réalisée par des luttes et des souffrances ; désormais, elle sera une floraison spontanée, harmonieuse et heureuse… L'homme est déjà vieux de plus d'un million ou deux d'années ; il est pleinement temps pour lui de se laisser transformer en un être d'ordre supérieur ». Comment de pareilles affirmations peuvent-elles se concilier avec la moindre notion de la doctrine traditionnelle des cycles, et plus particulièrement avec le fait que nous sommes présentement dans la plus sombre période du *Kali-Yuga* ?

Shrî Aurobindo. – *La Synthèse des Yogas. Volume I* : *Le Yoga des Œuvres divines (Première partie)*.

Union des Imprimeries, Frameries, Belgique.

Cet ouvrage, qui parut en anglais dans la revue *Arya*, de 1914 à 1921, comprend quatre parties : 1o *Le Yoga des Œuvres divines* ; 2o *Le Yoga de la Connaissance* ; 3o *Le Yoga de la Dévotion* ; 4o *Le Yoga de la Perfection* ; le présent volume contient seulement la traduction des six premiers chapitres, revus et augmentés par l'auteur. Comme le titre et les sous-titres l'indiquent, il s'agit d'une vue d'ensemble dans laquelle les différentes formes du Yoga sont réunies ou combinées pour concourir à la perfection (*siddhi*) du « Yoga intégral », dont elles ne sont en réalité qu'autant de branches ; la première partie est consacrée au *Karma-Yoga*. L'auteur, naturellement, y insiste principalement sur le détachement du fruit des œuvres, suivant la doctrine enseignée dans la *Bhagavad-Gîtâ* ; il présente surtout ce détachement comme « don de soi » et comme « sacrifice », et ce dernier mot est peut-être un peu équivoque, car, dans son sens propre, il implique essentiellement un élément rituel qui n'apparaît pas très clairement ici, malgré l'allusion qui est faite au « sacrifice du *Purusha* », envisagé comme la « divine action commune qui a été projetée dans ce monde à son commencement, comme un symbole de la solidarité de l'univers ». Du reste, d'une façon générale, tout ce qui se rapporte au côté proprement « technique » de la question est quelque peu laissé dans l'ombre ; il se peut que ce soit volontairement, mais cela n'en donne pas moins parfois une certaine impression de « vague » qui risque de déconcerter le lecteur ordinaire, nous voulons dire celui qui n'a pas les données nécessaires pour suppléer à ce qu'il y a là d'incomplet. D'autre part, il faut aussi se méfier de n'être pas induit en erreur par la terminologie adoptée, car certains mots sont pris en un sens fort éloigné de celui qu'ils ont habituellement ; nous pensons notamment, à cet égard, à l'expression d'« être psychique », dont l'auteur semble faire presque un synonyme de *jîvâtmâ* ; un tel emploi du mot « psychique » est non seulement inaccoutumé, mais encore nettement contraire à sa signification originelle, et nous ne voyons vraiment pas comment on pourrait le justifier. Tout cela, assurément, ne diminue en rien l'intérêt des considérations exposées dans ce livre, même s'il ne donne pas une vue complète du sujet, ce qui serait d'ailleurs sans doute impossible ; mais ces remarques montrent qu'il ne doit pas être lu sans quelque précaution.

Shrî Aurobindo. – *L'Isha Upanishad.*

Union des Imprimeries, Frameries, Belgique.

Ce volume contient le texte sanscrit et la traduction de l'*Isha Upanishad*, suivis d'un commentaire ; il avait paru en partie dans l'édition française de la revue *Arya*, qui eut seulement quelques numéros, en 1914-1915 ; la traduction de l'original anglais, restée alors inachevée, a été terminée par M. Jean Herbert. L'auteur, au début de son commentaire, fait remarquer que « les Upanishads, étant destinées à illuminer plutôt qu'à instruire, sont composées pour des chercheurs déjà familiarisés, au moins dans l'ensemble, avec les idées des voyants védiques et védântiques, et possédant même quelque expérience personnelle des réalités auxquelles elles se réfèrent. Leurs auteurs se dispensent donc d'exprimer les transitions de pensée et de développer des notions implicites ou secondaires... Les conclusions seules s'expriment, et le raisonnement sur lequel elles reposent demeure sous-entendu ; les mots le suggèrent, mais ne le communiquent point ouvertement à l'esprit ». Cela est parfaitement exact, et nous pensons d'ailleurs qu'il y a, dans cette façon de procéder, quelque chose qui est inhérent à la nature même de l'enseignement traditionnel dont il s'agit ; Shrî Aurobindo estime cependant qu'« une telle méthode n'est plus applicable pour la pensée moderne » ; mais celle-ci mérite-t-elle qu'on lui fasse des concessions, alors que, en tant qu'elle est spécifiquement moderne, elle se montre trop manifestement incapable de recevoir et de comprendre un enseignement traditionnel quel qu'il soit ? On peut assurément chercher à rendre les idées plus explicites, ce qui est en somme le rôle et la raison d'être de tout commentaire ; mais il est vraiment bien dangereux de vouloir les « systématiser », puisque précisément un des caractères essentiels des idées d'ordre métaphysique est de ne pouvoir se prêter à aucune « systématisation » ; et, au surplus, faut-il supposer un « raisonnement sous-entendu » dans un texte énonçant des vérités dont la source réelle est purement intuitive ? Ces observations portent surtout sur l'« arrangement » du commentaire dont il s'agit : sa division en différents « mouvements de pensée » (expression qui est d'ailleurs bien loin d'être claire) peut paraître assez artificielle, du moins à qui n'est pas exclusivement habitué à l'usage des formes particulières de la « pensée moderne ». Cependant, ces réserves faites, les divers paragraphes du commentaire, pris en eux-mêmes et indépendamment du cadre trop « rationnel » dans lequel on a voulu les insérer, n'en contiennent pas moins un grand nombre de vues fort intéressantes, et qu'on ne saurait lire et méditer sans profit, surtout si l'on possède déjà une certaine connaissance de la doctrine hindoue.

J. Marquès-Rivière. – Rituel de Magie tantrique hindoue : Yantra Chintâmani (Le Joyau des Yantras).

Traduit pour la première fois en français et précédé d'une étude sur le Tantrisme (collection « Asie », librairie Véga, Paris).

L'auteur dit avoir « choisi le titre de "Magie tantrique" à défaut d'un nom plus adéquat, bien que ce texte dépasse de beaucoup la conception habituelle que l'on se fait de la science magique en Occident » ; cela est sans doute vrai, mais cependant, en laissant de côté les déformations du sens de ce mot qui ne sont dues qu'à l'incompréhension moderne, c'est bien en effet de magie qu'il s'agit là, c'est-à-dire d'une science traditionnelle très réelle, quoique d'ordre inférieur. Il s'agit donc seulement d'un aspect secondaire du Tantrisme, celui-ci, comme nous l'avons expliqué en une autre occasion, étant avant tout initiatique, et n'étant par conséquent nullement « magique » en son essence même, contrairement à l'idée erronée qu'on s'en fait parfois ; il reste à se demander quel intérêt il convient d'attacher exactement à cet aspect magique, et, pour notre part, nous préférerions voir l'effort des traducteurs se porter plutôt sur des textes d'un caractère plus proprement doctrinal. Il importe d'ailleurs de remarquer qu'un tel rituel, avec tout ce qu'il comporte, n'a de valeur réelle et d'efficacité que pour quelqu'un qui est effectivement rattaché à la tradition hindoue ; dans ces conditions, sa traduction intégrale ne représente guère qu'une « curiosité », et quelques exemples auraient suffi pour permettre de se rendre compte de la nature des procédés mis en œuvre, ce qui est la seule chose vraiment intéressante en pareil cas. L'introduction, à notre avis, a plus d'importance que le texte même, car elle présente des vues générales sur le Tantrisme, ainsi que sur les *Yantras* ; ces vues sont inspirées en partie des travaux d'Arthur Avalon, et en partie de ce que l'auteur lui-même a pu voir et entendre au cours d'un voyage dans l'Inde ; il est à regretter qu'on y sente aussi parfois une certaine influence des théories « sociologiques » occidentales. Il y a encore, comme dans les précédents ouvrages du même auteur, bien des négligences, dont quelques-unes sont assez singulières : ainsi, *Vishwakarman* est transformé en *Viskraharman*, ce qui peut être une faute d'impression, et, ce qui n'en est sûrement pas une, *Marishi* est identifié à *Mahârishi*, alors qu'il s'agit évidemment du nom de la déesse « mahâyânique » *Marichi* ! Signalons aussi que *Chintâmani*, traduit beaucoup trop vaguement par « joyau » (ce qui rend seulement *mani*), est, en réalité, l'équivalent hindou de la « pierre philosophale ».

C. Kerneïz. – *Le Karma Yoga, ou l'action dans la vie selon la sagesse hindoue.*

Éditions Jules Tallandier, Paris.

Ce livre est certainement plus « inoffensif » que le *Yoga de l'Occident* du même auteur, dont nous avons eu à parler précédemment[61] ; mais ce n'est pas à dire, en dépit de son titre, qu'il contienne beaucoup plus de « sagesse hindoue » authentique. Nous y trouverons, par contre, toute sorte de choses bien occidentales : idées « réincarnationnistes », considérations « morales » au sens le plus ordinaire de ce mot, essais de rapprochement avec les théories scientifiques modernes, ainsi qu'avec l'inévitable psychanalyse. Pour se rendre compte du degré de compétence de l'auteur en ce qui concerne les doctrines hindoues, il suffit de voir, par exemple, l'interprétation plus que fantaisiste qu'il donne du symbolisme du monosyllabe *Om* (qui pour lui n'est formé que de deux éléments), ou encore l'assimilation qu'il prétend établir entre *Ananda* et la « sexualité » ! Signalons aussi une méprise plutôt amusante : le mot thibétain *Bardo*, littéralement « entre-deux », est la désignation du « monde intermédiaire » autrement dit du domaine psychique ; or il a cru que ce mot s'appliquait à « la personnalité humaine après la mort » ou à l'« entité désincarnée », si bien qu'il parle du « sort d'un *Bardo* », de « communication entre le *Bardo* et son entourage », et ainsi de suite ; il se réfère pourtant à la tradition du *Bardo Thödol* ; comment donc l'a-t-il lue ? Ces quelques exemples nous paraissent bien suffisants, et nous n'insisterons pas davantage ; nous plaignons les malheureux lecteurs qui, n'ayant par ailleurs aucune idée des doctrines orientales, accepteront de confiance la « présentation » qui leur en est faite dans des ouvrages de ce genre !

Février 1940

Arthur Edward Waite. – *Shadows of Life and Thought. A retrospective review in the form of memoirs.*

Selwyn and Blount, London.

L'auteur déclare n'avoir pas voulu écrire une « autobiographie » à

---

[61] [Juillet 1938.]

proprement parler, mais s'être plutôt proposé de tirer certaines leçons des recherches qu'il a faites et des choses qu'il a rencontrées au cours de son existence ; cela vaut en effet beaucoup mieux, mais alors on peut se demander pourquoi il y a dans ce livre un tel étalage de portraits de lui-même à différents âges et des personnes de sa famille… Cela n'enlève d'ailleurs évidemment rien à l'intérêt du texte, qui, dans l'ensemble, répond en somme assez bien à l'intention exprimée ; M. Waite y apparaît en définitive comme fort désabusé de tout ce qui porte proprement le nom d'« occultisme », en quoi nous ne le comprenons certes que trop bien ; mais les désillusions que lui ont causées la lecture de certains livres et surtout la fréquentation de certains milieux l'ont amené finalement à adopter une attitude qui peut être caractérisée comme plutôt « mystique », ce qui explique sans doute sa prédilection marquée pour L.-Cl. de Saint-Martin. S'il en est ainsi, la raison en est, très probablement, que, malgré ses « expériences » multiples et variées (mais toujours limitées exclusivement au monde occidental), il n'a jamais eu l'occasion de prendre contact avec aucune initiation authentique, à l'exception de la seule initiation maçonnique ; sur celle-ci, il s'est d'ailleurs formé des idées assez particulières, sur lesquelles nous pensons avoir à revenir prochainement à propos d'un autre de ses ouvrages. – À côté de critiques fort justes, il fait preuve, à l'égard de certaines organisations d'un caractère douteux, d'une indulgence qu'on pourrait trouver parfois un peu excessive ; mais peut-être, à en juger par ce qu'il dit dans son avant-propos, s'est-il trouvé obligé d'adoucir les choses plus qu'il ne l'aurait voulu, pour tenir compte de certaines craintes de ses éditeurs… Il n'en apporte pas moins des précisions curieuses, par exemple sur la *Golden Dawn*, dont il ne parvient cependant pas à éclaircir complètement l'histoire plutôt confuse ; il est d'ailleurs compréhensible qu'une affaire de cette sorte, dans laquelle des documents d'origine fort suspecte jouèrent un grand rôle, ait été volontairement embrouillée par ses promoteurs à tel point que personne ne puisse plus y arriver à s'y reconnaître ! Un autre chapitre intéressant est celui qui est consacré aux symboles du Tarot, non seulement parce que les inventions occultistes auxquelles cette question a donné lieu y sont appréciées à leur juste valeur, mais aussi parce qu'il y est fait allusion à un certain côté assez ténébreux du sujet, que personne d'autre ne paraît avoir signalé, et qui existe très certainement en effet ; l'auteur, sans y insister outre mesure, parle nettement à ce propos de « tradition à rebours », ce qui montre qu'il a tout au moins pressenti certaines vérités concernant la « contre-initiation ».

Walter H. Dudley and R. Albert Fisher. – *The Mystic Light. The Script of Harzael-Harzrael.*

Rider and Co., London.

Le premier des deux auteurs est dit avoir écrit cet ouvrage « par inspiration », et le second l'avoir « interprété et adapté à la compréhension terrestre » ; on sait ce que nous pensons, d'une façon générale, des productions de ce genre, et celle-ci n'est certes pas faite pour nous en donner une meilleure opinion. Il y a là, exprimées en un style invraisemblable, des choses dont certaines sont au fond assez banales, tandis que les autres sont de la plus extravagante fantaisie ; la formation et la constitution de la terre, de la lune et du monde stellaire (ou « constellaire », comme il est dit), surtout, font l'objet d'interminables considérations que rien ne saurait justifier, ni au point de vue « scientifique » ordinaire, ce qui importe assez peu pour nous, ni au point de vue traditionnel, ce qui est beaucoup plus grave ; l'histoire des « quatre grandes dispensations terrestres » n'a pas davantage de ressemblance avec tout ce qu'on peut savoir de celle des traditions réelles ; et le tout est accompagné de nombreuses figures, qui n'ont assurément pas le moindre rapport avec le véritable symbolisme. Il est d'ailleurs donné à entendre que toute critique formulée contre ce script risquerait tout simplement d'« offenser le ciel et la terre » ; de la part de gens qui trop évidemment se croient « missionnés », cela n'est pas fait pour beaucoup nous surprendre ; ce qui est plus étonnant, c'est qu'un pareil livre, et surtout aussi volumineux, ait pu réussir à trouver un éditeur...

Éliphas Lévi. – *La Clef des Grands Mystères.*

Éditions Niclaus, Paris.

Nos lecteurs savent quelles réserves nous avons à faire sur les œuvres d'Éliphas Lévi ; il convient d'ailleurs de ne prendre ce qu'elles contiennent que pour l'expression de « vues personnelles », car l'auteur lui-même n'a jamais prétendu revendiquer aucune filiation traditionnelle ; il a même toujours déclaré ne rien devoir qu'à ses propres recherches, et les affirmations contraires ne sont en somme que des légendes dues à des admirateurs trop enthousiastes. Dans le présent livre, ce qu'il y a peut-être de plus intéressant en réalité, bien qu'à un point de vue assez contingent, ce sont les détails vraiment curieux qu'il donne sur certains « dessous » de l'époque à laquelle il fut écrit ; ne fût-ce qu'à cause de cela, il méritait certainement d'être réédité. Dans un autre ordre, il y a lieu aussi de signaler certains des documents qui y sont joints en appendice, notamment les figures hermétiques de Nicolas Flamel, dont on peut cependant se demander jusqu'à quel point elles n'ont pas été « arrangées », et la traduction de l'*Asch Mezareph* du Juif Abraham ; pour cette dernière, il est fort à regretter que la provenance des fragments qui sont donnés séparément comme compléments des huit chapitres ne soit pas indiquée expressément, ce qui eût été une garantie de leur authenticité ; la reconstitution de l'ensemble du traité n'est d'ailleurs présentée que comme « hypothétique », mais il est bien difficile de savoir dans quelle mesure les copistes qui l'auraient « morcelé pour le rendre inintelligible » en sont responsables, et quelle y est au juste la part d'Éliphas Lévi lui-même.

Emmanuel Swedenborg. – La Nouvelle Jérusalem et sa doctrine céleste, précédée d'une notice sur Swedenborg, par M. le pasteur E.-A. Sutton.

Édition du 250ᵉ anniversaire de Swedenborg, 1688-1938.
Swedenborg Society, London.

Ce petit livre peut donner une idée d'ensemble de la doctrine de Swedenborg, dont il est comme un résumé ; il faut tenir compte, en le lisant, de ce qu'il y a souvent de bizarre dans la terminologie de l'auteur, qui emploie volontiers, non pas précisément des mots nouveaux, mais, ce qui est peut-être plus gênant, des mots ordinaires auxquels il donne une acception tout à fait inusitée. Il nous semble que, dans une traduction, on aurait pu, sans altérer le sens, faire disparaître ces étrangetés dans une certaine mesure ; les traducteurs, cependant, en ont jugé autrement, estimant cette terminologie nécessaire « pour désigner des choses nouvelles qui sont maintenant révélées », ce qui nous paraît un peu exagéré car, au fond, les idées exprimées ne sont pas d'un ordre si extraordinaire. À vrai dire, le « sens interne » des Écritures, tel que Swedenborg l'envisage, ne va même pas très loin, et ses interprétations symboliques n'ont rien de bien profond : quand on a dit, par exemple, que, dans l'Apocalypse, « le nouveau ciel et la nouvelle terre signifient une nouvelle Église », ou que « la sainte cité signifie la doctrine du Divin vrai », en est-on beaucoup plus avancé ? En comparant ceci avec le sens vraiment ésotérique, c'est-à-dire, dans les termes de la tradition hindoue, le futur *Manvantara* dans le premier cas, et *Brahmapura* dans le second, on voit immédiatement toute la différence… Dans la « doctrine » elle-même, il y a un mélange de vérités parfois évidentes et d'assertions fort contestables ; et un lecteur impartial peut y trouver, même au simple point de vue logique, des « lacunes » qui étonnent, surtout quand on sait quelle fut par ailleurs l'activité scientifique et philosophique de Swedenborg. Nous ne contestons pas, du reste, que celui-ci ait pu pénétrer réellement dans un certain monde d'où il tira ses « révélations » ; mais ce monde, qu'il prit de bonne foi pour le « monde spirituel », en était assurément fort éloigné, et ce n'était, en fait, qu'un domaine psychique encore bien proche du monde terrestre, avec toutes les illusions qu'un tel domaine comporte toujours inévitablement. Cet exemple de Swedenborg est en somme assez instructif, car il « illustre » bien les dangers qu'entraîne, en pareil cas, le défaut d'une préparation doctrinale adéquate ; savant et philosophe, c'étaient là, certes, des « qualifications » tout à fait insuffisantes, et qui ne pouvaient en aucune façon lui permettre de discerner à quelle sorte d'« autre monde » il avait affaire en réalité.

Mars 1940

Charles Clyde Hunt. – Masonic Symbolism.

Laurance Press Co., Cedar Rapids, Iowa.

L'auteur, Grand Secrétaire de la Grande Loge d'Iowa, avait publié il y a une dizaine d'années un livre intitulé *Some Thoughts on Masonic Symbolism* ;

le présent volume en est une réédition, mais considérablement augmentée par l'addition d'un nombre presque double de nouveaux chapitres ; ceux-ci avaient paru séparément, dans l'intervalle, sous forme d'articles dans le *Grand Lodge Bulletin*, et nous avons eu déjà l'occasion d'en mentionner la plupart à mesure de cette apparition. Il eût peut-être mieux valu, nous semble-t-il, garder au livre son titre primitif, car il n'y a pas là, comme le nouveau titre pourrait le faire croire, un traité d'ensemble sur le symbolisme maçonnique ; c'est plutôt une série d'études portant toutes sur des points plus ou moins particuliers. D'autre part, ce qui frappe tout d'abord en voyant ces études ainsi réunies, c'est que les interprétations qui y sont données sont à peu près exclusivement basées sur un certain sens, puisque la Maçonnerie représente une forme initiatique proprement occidentale ; pourtant, beaucoup de questions pourraient être grandement éclairées par une comparaison avec les données d'autres traditions. En outre, les textes bibliques eux-mêmes ne sont guère envisagés que dans leur sens le plus littéral, c'est-à-dire que les explications qui en sont tirées sont surtout d'ordre historique d'une part et moral de l'autre ; cela est manifestement insuffisant, dès lors qu'il devrait s'agir ici, non pas du point de vue religieux, mais du point de vue initiatique ; il semble y avoir là une certaine tendance à confondre les deux domaines, qui n'est d'ailleurs que trop répandue dans la Maçonnerie anglo-saxonne. L'auteur paraît assigner pour but principal à la Maçonnerie ce qu'il appelle la « construction du caractère » (*character-building*) ; cette expression ne représente au fond qu'une simple « métaphore », bien plutôt qu'un véritable symbole ; le mot « caractère » est bien vague, et, en tout cas, il ne semble rien indiquer qui dépasse l'ordre psychologique ; c'est donc là encore quelque chose de bien exotérique, tandis que, si l'on parlait de « construction spirituelle », cela pourrait avoir un sens bien autrement profond, surtout si l'on y ajoutait les précisions plus proprement « techniques » qu'il serait facile de dégager à cet égard du symbolisme maçonnique, pourvu qu'on sache se garder de « moraliser » purement et simplement à propos des symboles, ce qui n'a certes rien d'initiatique et ne justifie guère l'affirmation du caractère ésotérique de la Maçonnerie. Tout cela n'enlève d'ailleurs rien au mérite et à l'intérêt du livre dans le domaine plus particulier où il se tient de préférence, c'est-à-dire surtout en ce qui concerne la contribution qu'il apporte à l'élucidation d'un certain nombre de points obscurs ou généralement mal compris, comme il y en a trop dans l'état présent de la tradition maçonnique, nous voulons dire depuis que celle-ci a été réduite à n'être plus que « spéculative ».

***Giuseppe Leti et Louis Lachat.** – L'Ésotérisme à la scène : La Flûte Enchantée ; Parsifal ; Faust.*

Derain et Raclet, Lyon.

Le titre de ce livre est peut-être insuffisamment précis, car les trois pièces qui y sont étudiées sont envisagées (ou du moins telle a été l'intention des auteurs) au point de vue plus spécial du symbolisme maçonnique, plutôt qu'à celui de l'ésotérisme en général. Il y a d'ailleurs là quelque chose qui peut soulever tout de suite une objection, car, si le caractère maçonnique de la *Flûte Enchantée* est bien connu et ne peut être mis en doute, il n'en est pas de même pour les deux autres ; et, si l'on peut du moins faire valoir que Goethe fut Maçon tout comme Mozart, on ne saurait en dire autant de Wagner. Il semble bien que, s'il peut y avoir dans *Parsifal* des points de comparaison avec le symbolisme maçonnique, cela vient de la légende même du Graal, ou du « courant » médiéval auquel elle se rattache, beaucoup plus que de l'adaptation qu'en a faite Wagner, qui n'a pas été forcément conscient de son caractère initiatique originel, et à qui on a même parfois reproché d'avoir altéré ce caractère en y substituant un mysticisme quelque peu nébuleux. Toutes les similitudes qu'indiquent les auteurs peuvent en somme s'expliquer par ce qu'ils appellent l'« héritage des hermétiques » dans la Maçonnerie, ce qui correspond bien à ce que nous venons de dire ; ils y mêlent d'ailleurs trop souvent des considérations assez vagues, qui ne relèvent plus du symbolisme ni de l'ésotérisme, mais seulement d'une « idéologie » qui, si elle représente la conception qu'ils se font de la Maçonnerie, n'est certes nullement inhérente à la Maçonnerie elle-même, et n'a même pu s'introduire dans certaines de ses branches que du fait de la dégénérescence dont nous avons souvent parlé. Quant au cas de Goethe, il est assez complexe ; il y aurait lieu d'examiner de plus près dans quelle mesure son poème de *Faust* est réellement « marqué de l'esprit maçonnique » comme l'a dit un critique cité ici, et pour lequel l'« esprit maçonnique » n'était peut-être, au fond, que l'idée qu'on s'en fait communément dans le public ; c'est certainement plus contestable que pour d'autres œuvres du même auteur, comme *Wilhelm Meister* ou le conte énigmatique du *Serpent Vert* ; et même, à vrai dire, il y a dans *Faust*, qui constitue un ensemble quelque peu « chaotique », des parties dont l'inspiration semble plutôt antitraditionnelle ; les influences qui se sont exercées sur Goethe n'ont sans doute pas été exclusivement maçonniques, et il pourrait n'être pas sans intérêt de chercher à les déterminer plus exactement… Par ailleurs, il y a dans le présent livre une multitude de remarques intéressantes, mais tout cela, qui aurait grand besoin d'être clarifié et mis en ordre, ne pourrait l'être que par quelqu'un qui ne serait pas affecté, comme les auteurs le sont trop visiblement, par les idées modernes, « progressistes » et « humanitaires », qui sont aux antipodes de tout véritable ésotérisme.

André Savoret. – L'Inversion psychanalytique.

Librairie Heugel, éditions « Psyché », Paris.

Cette brochure contient une sévère critique de la psychanalyse, que nous ne pouvons assurément qu'approuver, et qui coïncide même sur certains points avec ce que nous avons écrit ici nous-même sur ce sujet[62], notamment en ce qui concerne le caractère particulièrement inquiétant de la « transmission » psychanalytique, à propos de laquelle l'auteur cite d'ailleurs nos articles. Le titre se justifie par le fait que non seulement la psychanalyse renverse les rapports normaux du « conscient » et du « subconscient », mais aussi qu'elle se présente, à bien des égards, comme une sorte de « religion à rebours », ce qui montre assez de quelle source elle peut être inspirée ; le rôle pédagogique qu'elle prétend jouer et son infiltration dans les diverses méthodes dites d'« éducation nouvelle » sont aussi quelque chose d'assez significatif… La seconde partie, intitulée *Totémisme et Freudisme*, est consacrée plus spécialement à l'examen de la théorie extravagante que Freud a formulée sur l'origine de la religion, en prenant pour point de départ les élucubrations, déjà passablement fantastiques et incohérentes, des

---

[62] [*L'erreur du « psychologisme »* (janvier-février 1938), repris dans *Le Règne de la Quantité et les Signes des Temps*, ch. XXIV et XXXIV.]

sociologues sur le « totémisme », et en y adjoignant ses conceptions propres, on pourrait dire volontiers ses « obsessions » ; tout cela donne une idée fort édifiante d'une certaine partie de la « science » contemporaine... et de la mentalité de ceux qui y croient !

R. de Saussure. – Le Miracle grec, Étude psychanalytique sur la civilisation hellénique.

Éditions Denoël, Paris.

Nous avons précisément ici un exemple de théories du genre de celles dont il est question ci-dessus : quelques lignes de l'introduction donneront une idée suffisante de l'esprit dans lequel ce livre est conçu : « Le berceau de l'humanité nous est apparu comme une sorte de névrose collective qui faisait obstacle au développement de l'intelligence. (Admirons en passant cette image d'un « berceau » qui est une « névrose »...) Chaque civilisation est une tentative, plus ou moins réussie, d'autoguérison spontanée. La première en date, la civilisation grecque est parvenue à faire tomber le voile qui la séparait de la réalité ». Il va sans dire que ce qui est appelé ici « intelligence » n'est rien de plus que la raison, et que son « développement » consiste à se tourner exclusivement vers le domaine sensible ; et, pour ce qui est de la « réalité », il faut entendre tout simplement par là les choses envisagées au point de vue profane, qui, pour l'auteur et pour ceux qui pensent comme lui, représente « l'achèvement le plus complet de l'homme » ! Aussi, même quand certains faits sont énoncés exactement, l'interprétation qui en est donnée est-elle proprement au rebours de ce qu'elle devrait être : tout ce qui, dans la période « classique », marque une dégénérescence ou une déviation par rapport aux époques précédentes, est présenté au contraire comme un « progrès »... Dans tout cela, d'ailleurs, l'auteur a mis assez peu de chose de lui-même, car son livre est fait surtout de citations d'« autorités » pour lesquelles il a manifestement le plus grand respect ; il paraît bien être de ceux qui acceptent sans la moindre discussion toutes les idées enseignées plus ou moins « officiellement » ; à ce titre, on pourrait considérer son travail comme une « anthologie » assez curieuse de ce qu'on est convenu d'admettre dans les milieux « scientistes » actuels en ce qui concerne les civilisations antiques. Il serait bien inutile d'entrer dans le détail et d'insister sur l'explication qui est donnée du soi-disant « miracle grec » ; en la débarrassant de toute la « mythologie » freudienne dont elle est entourée, on pourrait en somme la résumer en ces quelques mots : c'est la révolte contre les institutions familiales, et par suite, contre tout ordre traditionnel, qui, en rendant possible la « liberté de pensée », a été la cause initiale de tout « progrès » ; ce n'est donc là, au fond, que l'expression même de l'esprit antitraditionnel moderne sous sa forme la plus brutale. Ajoutons encore une remarque : il a été successivement de mode, depuis un siècle environ, d'assimiler les « hommes primitifs » à des enfants, puis à des sauvages ; maintenant, on veut les assimiler à des malades, et plus précisément à des « névrosés » ; malheureusement on ne s'aperçoit pas que ces « névrosés » ne sont, en réalité, qu'un des produits les plus caractéristiques de la « civilisation » tant vantée de notre époque !

AVRIL 1940

Shrî Ramana Maharshi. – Maharshi's Gospel.

Sriramanasraman, Tiruvannamalai, South India.

Ce petit volume a été publié à l'occasion du soixantième anniversaire de Shrî Ramana, le 27 décembre 1939 ; c'est, comme la plupart des précédents, un recueil de réponses données par lui à des questions posées par différents disciples. Les principaux sujets auxquels elles se rapportent sont la renonciation aux fruits de l'action, le silence et la solitude, le contrôle du mental, les rapports de *Bhakti* et de *Jnâna*, le « Soi » et l'individualité, la réalisation du « Soi », le rôle du *Guru* dans sa double signification « extérieure » et « intérieure ». Nous noterons en particulier l'enseignement donné au sujet de l'action : ce n'est pas celle-ci, en elle-même, qui est un empêchement à la réalisation, mais l'idée que c'est « moi » qui agis, et l'effort qui est fait pour s'abstenir de l'action aussi bien que pour agir ; l'action accomplie avec un parfait détachement n'affecte pas l'être. Signalons aussi ce qui concerne les effets de ce que nous pouvons appeler une « action de présence » : la communication de la Connaissance ne peut s'opérer réellement que dans le silence, par un rayonnement de force intérieure qui est incomparablement plus puissant que la parole et toutes les autres manifestations d'une activité extérieure quelconque ; c'est là, en somme, la véritable doctrine du « non-agir ».

Shrî Ramana Maharshi. – Who am I ?

Sriramanasraman, Tiruvannamalai, South India.

Dans la nouvelle édition de cette brochure, la traduction a été améliorée et même refaite presque entièrement ; il y a peut-être lieu de regretter seulement qu'on y ait laissé l'indication d'un moins grand nombre de termes sanscrits que dans la première version, car c'est là quelque chose qui aide toujours beaucoup à préciser le sens. D'autre part, on a ajouté à la fin la traduction anglaise d'un poème sur la « Connaissance du Soi », composé par Shrî Ramana à la requête d'un de ses disciples.

Clarence H. Hamilton. – Wei Shih Er Lun, or the Treatise in twenty stanzas on Representation-only, by Vasubandhu.

Translated from The Chinese version of Hsüan Tsang, Tripitaka Master of the T'ang Dynasty (American Oriental Society, New Haven, Connecticut).

Le traité dont il s'agit est le premier des deux textes classiques fondamentaux de l'école *Vijnaptimâtra* (c'est cette désignation qui est rendue ici par *Representation-only*), une des branches de l'école mahâyânique Yogâchâra ; ces deux textes sont la *Vimshatikâ* et la *Trimshikâ* de Vasubandhu, dont Sylvain Lévi avait donné, il y a quelques années, une soi-disant traduction française à peu près entièrement inintelligible : voulant s'appliquer à rendre chaque mot du texte par un mot unique, même quand il n'existe pas de termes correspondants en français, il en était arrivé à employer à chaque instant des néologismes tels qu'« inscience », « mentation », « ainsité », « essencité », qui ne sont proprement que de véritables barbarismes, et des expressions encore plus invraisemblables, telles qu'une

« notation de tréfonds », une « imprégnation de concoction », une « révolution du récipient », une « mise-au-point de barrage », et ainsi de suite, auxquelles il est impossible de trouver une signification quelconque ; c'est là, assurément, un exemple bien propre à montrer que nous n'avons jamais rien exagéré en parlant des défauts de certains travaux d'« orientalistes » et de leur parfaite inutilité. L'auteur de la présente traduction anglaise nous paraît faire preuve de beaucoup d'indulgence à l'égard de son prédécesseur, en se contentant de déclarer qu'il ne lui a pas été possible de suivre son « vocabulaire spécialisé », et en en attribuant la bizarrerie au « souci de conserver les nuances linguistiques » ; la vérité est que, avec la prétention de « rendre exactement le sens », Sylvain Lévi n'en a donné absolument aucun. M. Hamilton, fort heureusement, n'est pas tombé dans le même défaut ; ce n'est pas à dire, sans doute, que sa traduction ne puisse être discutée sur certains points, car il s'agit là d'un texte certainement très difficile, en raison de la nature même des idées qui y sont exprimées, et il ne faudrait pas trop se fier, à cet égard, aux possibilités de la terminologie philosophique occidentale ; mais, en tout cas, elle peut du moins être comprise et présente un sens fort plausible dans son ensemble. La traduction, avec le texte chinois de Hiuen-tsang en regard, est accompagnée de notes donnant de nombreux éclaircissements, et précédée d'une introduction où se trouvent un historique des versions chinoises du traité et une analyse du contenu de celui-ci ; cette dernière est peut-être un peu influencée par l'idée qu'il y a là quelque chose de comparable à « l'idéalisme » occidental, bien que l'auteur reconnaisse que « la doctrine idéaliste de Vasubandhu est finalement au service d'une réalisation supra-intellectuelle », nous dirions plus exactement « supra-rationnelle » ; mais n'est-ce pas précisément là le point essentiel, celui qui, en différenciant profondément cette doctrine des spéculations philosophiques modernes, lui donne son caractère réel et sa véritable portée ?

Edward Jabra Jurji. – Illumination in Islamic Mysticism ; a translation, with an introduction and notes, based upon a critical edition of Abu-al Mawâhib al-Shâdhili's treatise entitled Qawânîn Hikam al-Ishrâq.

Princeton University Press. Princeton, New Jersey.

La dénomination de « mysticisme islamique », mise à la mode par Nicholson et quelques autres orientalistes, est fâcheusement inexacte, comme nous l'avons déjà expliqué à diverses reprises : en fait, c'est de *taçawwuf* qu'il s'agit, c'est-à-dire de quelque chose qui est d'ordre essentiellement initiatique et non point mystique. L'auteur de ce livre semble d'ailleurs suivre trop facilement les « autorités » occidentales, ce qui l'amène à dire parfois des choses quelque peu étranges, par exemple qu'« il est établi maintenant » que le Soufisme a tel ou tel caractère ; on dirait vraiment qu'il s'agit d'étudier quelque doctrine ancienne et disparue depuis longtemps ; mais le Soufisme existe actuellement et, par conséquent, peut toujours être connu directement, de sorte qu'il n'y a rien à « établir » à son sujet. De même, il est à la fois naïf et choquant de dire que « des membres de la fraternité shâdhilite ont été récemment observés en Syrie » ; nous aurions cru qu'il était bien connu que cette *tarîqah*, dans l'une ou l'autre de ses nombreuses branches, était plus ou moins répandue dans tous les pays islamiques, d'autant plus qu'elle n'a certes jamais songé à se dissimuler ; mais cette malencontreuse « observation » pourrait légitimement amener à se demander à quelle singulière sorte d'espionnage certains orientalistes peuvent bien se livrer ! Il y a là des « nuances » qui échapperont probablement aux lecteurs américains ou européens ; mais nous aurions pensé qu'un Syrien, qui, fût-il chrétien, est tout de même *ibn el-Arab*, eût dû avoir un peu plus de « sensibilité » orientale... Pour en venir à d'autres points plus importants quant au fond, il est regrettable de voir l'auteur admettre la théorie des « emprunts » et du « syncrétisme » ; s'il est « difficile de déterminer les commencements du Soufisme dans l'Islam », c'est que, traditionnellement, il n'a et ne peut avoir d'autre « commencement » que celui de l'Islam lui-même, et c'est dans des questions de ce genre qu'il conviendrait tout particulièrement de se méfier des abus de la moderne « méthode historique ». D'autre part, la doctrine *ishrâqiyah*, au sens propre de ce mot, ne représente qu'un point de vue assez spécial, celui d'une certaine école qui se rattache principalement à Abul-Futûh es-Suhrawardi (qu'il ne faut pas confondre avec le fondateur de la *tarîqah* qui porte le même nom), école qui ne peut être regardée comme entièrement orthodoxe, et à laquelle certains dénient même tout lien réel avec le *taçawwuf*, même par déviation, la considérant plutôt comme simplement « philosophique » ; il est plutôt étonnant qu'on prétende la faire remonter à Mohyiddin ibn Arabi lui-même, et il ne l'est pas moins qu'on veuille en faire dériver, si indirectement que ce soit, la *tarîqah* shâdhilite. Quand on rencontre quelque part le mot *ishrâq*, comme dans le traité qui est traduit ici, on n'est pas autorisé pour cela à conclure qu'il s'agit de la doctrine *ishrâqiyah*, pas plus que, partout où se trouve son équivalent occidental d'« illumination », on n'est en droit de parler d'« illuminisme » ; à plus forte raison une idée comme celle de *tawhîd* n'a-t-elle pas été « tirée » de cette doctrine particulière, car c'est là une idée tout à fait essentielle à l'Islam en général, même dans son aspect exotérique (il y a une branche d'études désignée comme *ilm at-tawhîd* parmi les *ulûm ez-zâher*, c'est-à-dire les sciences qui sont enseignées publiquement dans les Universités islamiques). L'introduction tout entière n'est en somme bâtie que sur un malentendu causé par l'emploi du terme *ishrâq* ; et le contenu même du traité ne justifie nullement une semblable interprétation, car, en réalité, il ne s'y trouve rien qui ne soit du *taçawwuf* parfaitement orthodoxe. Heureusement, la traduction elle-même, qui est la partie la plus importante du livre, est de beaucoup meilleure que les considérations qui la précèdent ; il est sans doute difficile, en l'absence du texte, de vérifier entièrement son exactitude, mais on peut cependant s'en rendre compte dans une assez large mesure par l'indication d'un grand nombre de termes arabes, qui sont généralement très bien rendus. Il y a pourtant quelques mots qui appelleraient certaines réserves : ainsi, *mukâshafah* n'est pas proprement « révélation », mais plutôt « intuition » ; plus précisément, c'est une perception d'ordre subtil (*mulâtafah*, traduit ici d'une façon assez extraordinaire par *amiability*), inférieure, du moins quand le mot est pris dans son sens strict, à la contemplation pure (*mushâhadah*). Nous ne pouvons comprendre la traduction de *muthûl*, qui implique essentiellement une idée de « similitude », par *attendance*, d'autant plus qu'*âlam el muthûl* est habituellement le « monde des archétypes » ; *baqâ* est plutôt « permanence » que « subsistance » ; *dîn* ne saurait être rendu par « foi », qui en arabe est *imân* ; *kanz el-asrâr er-rabbâniyah* n'est pas « les secrets du trésor divin » (qui serait *asrâr el-kanz el-ilâhî*), mais « le trésor des secrets dominicaux » (il y a une différence importante, dans la terminologie « technique », entre *ilâhî* et *rabbânî*). On pourrait sans doute relever encore quelques autres inexactitudes du même genre ; mais, somme toute, tout cela est assez peu de chose dans l'ensemble, et, le traité traduit étant d'ailleurs d'un intérêt incontestable, le livre, à l'exception de son introduction, mérite en définitive d'être recommandé à tous ceux qui étudient l'ésotérisme islamique.

Mai 1940

A. M. Hocart. – Les Castes.

> *Traduit du manuscrit anglais par E. J. Lévy et J. Auboyer*
> *(Paul Geuthner, Paris).*

Cet ouvrage diffère notablement de ce qu'on a coutume d'écrire en Occident sur le même sujet, sans doute parce que l'auteur (qui malheureusement est mort avant sa publication) n'était pas un orientaliste professionnel, mais avait eu l'occasion, au cours d'une carrière administrative, de faire, à Ceylan et en Polynésie, des observations directes qui ont servi de base à son travail. C'est ce qui lui donne le droit de critiquer avec une juste sévérité les théories imaginées par des « savants » modernes, qui « étaient tellement intoxiqués par leur sens critique qu'ils en arrivèrent à penser qu'ils en savaient plus sur les anciens que les anciens eux-mêmes », et qui rejetaient de parti-pris toutes les explications traditionnelles contenues dans les textes antiques, pour l'unique raison qu'elles étaient traditionnelles, tandis qu'un examen impartial des faits confirme au contraire la valeur de ces explications et fait apparaître l'inanité de celles qu'on a prétendu leur opposer. Un des plus beaux exemples de ces théories fantaisistes des modernes, c'est celle suivant laquelle la distinction des castes aurait son origine dans une différence de races, sous prétexte que la caste est désignée par le mot *varna* qui signifie littéralement « couleur » ; l'auteur n'a pas de peine à montrer que les couleurs attribuées aux différentes castes ne peuvent pas représenter celles d'autant de races, qu'elles sont en réalité purement symboliques, et qu'elles sont d'ailleurs, comme l'enseignent les textes traditionnels, en rapport avec une répartition, qui se retrouve chez les peuples

les plus divers, en quatre quartiers correspondant aux points cardinaux ; cette dernière question est assez importante pour que nous nous proposions d'y revenir dans un article spécial[63]. Il est regrettable que l'auteur n'ait pas pensé que *jâti*, autre désignation de la caste, qui signifie « naissance », pouvait avoir aussi une valeur symbolique ; au fond, ce mot désigne avant tout la nature individuelle, car ce sont les virtualités propres de chaque individu qui déterminent les conditions de sa naissance ; et, même si on le prend au sens de « lignage », il reste encore que ce lignage peut souvent s'entendre surtout au sens spirituel, comme le montrent certaines « généalogies » qui ne sont manifestement rien d'autre que des « chaînes » traditionnelles. Quoi qu'il en soit, ce qui ressort nettement des faits exposés, c'est que « le système des castes est une organisation sacrificielle », nous dirions plutôt « rituelle », ce qui a une acception plus large, car il y a évidemment bien d'autres genres de rites que les sacrifices ; et, si les castes et leurs subdivisions paraissent s'identifier dans une certaine mesure à des métiers, c'est précisément parce qu'elles sont essentiellement des fonctions rituelles, car « les métiers et les rites ne peuvent se distinguer exactement, et le mot sanscrit *karma*, "action", "œuvre", s'applique aux deux » ; et, ajouterons-nous, dans une société strictement traditionnelle, toute occupation, de quelque nature qu'elle soit, a nécessairement un caractère rituel. Ce n'est cependant pas une raison pour qualifier toutes ces fonctions indistinctement de « sacerdotales », ce qui implique une fâcheuse équivoque ; et nous en dirons autant dans le cas (car il y a ici un certain flottement dans les idées) où cette même désignation de « sacerdotales » est appliquée seulement aux deux premières castes ; chaque membre de la société a forcément certains rites à accomplir, mais ce qui caractérise proprement la fonction sacerdotale comme telle et la distingue de toutes les autres, c'est avant tout l'enseignement de la doctrine. Ce qui est encore plus grave, c'est que l'auteur désigne constamment les Kshatriyas comme la première caste et les Brâhmanes comme la seconde, interversion qui est contraire à toute tradition, et qui rend d'ailleurs certaines choses incompréhensibles, comme nous aurons peut-être à l'expliquer en une autre occasion ; son idée est évidemment de placer la royauté au sommet de la hiérarchie, et par suite au-dessus du sacerdoce (entendu cette fois dans son

---

[63] [*Le Zodiaque et les points cardinaux* (octobre-novembre 1945).]

sens propre), mais c'est précisément là ce qui est insoutenable au point de vue traditionnel, et, là où une telle chose existe en fait, elle n'est que l'indice d'un état de dégénérescence ; tel est probablement le cas de certaines sociétés polynésiennes que l'auteur a étudiées, et, même à Ceylan, il est très possible que l'influence bouddhique ait introduit certaines altérations du même genre, bien que l'extinction des castes supérieures y rende la chose plus difficile à constater directement. D'autre part, l'auteur ne semble pas se rendre compte de la raison profonde des rites, de ce qui en est le principe même, et, plus généralement, de l'élément « non-humain » qui est inhérent à toute institution traditionnelle : si la société est constituée rituellement, ce n'est pas pour des raisons plus ou moins « psychologiques » mais bien parce qu'elle est, par là même, à l'image des réalités d'ordre supérieur. Il y a donc, en tout cela, des lacunes qui ne peuvent être comblées qu'à l'aide d'une connaissance plus profonde des doctrines traditionnelles ; mais il n'en est pas moins vrai que ce livre contient une multitude de données fort intéressantes, que nous ne pouvons naturellement songer à résumer ou à énumérer en détail, et dont beaucoup pourraient servir de point de départ à des considérations allant bien plus loin que l'auteur lui-même n'a pu le soupçonner. On pourrait encore relever quelques inexactitudes de terminologie, comme par exemple la désignation des Vaishyas comme « cultivateurs », qui est trop étroite pour s'appliquer à la caste tout entière, l'emploi erroné du mot « initiation » pour désigner l'admission dans une caste, ou la confusion des « Titans », correspondant aux *Asuras*, avec les « Géants », qui sont quelque chose de très différent ; mais nous n'insisterons pas davantage sur ces défauts qui n'ont, dans l'ensemble, qu'une importance tout à fait secondaire ; et, s'il est permis de trouver que les remarques relatives à l'exercice de certains métiers dans l'Égypte actuelle n'ont qu'un rapport fort contestable avec la question des castes, il reste encore bien assez d'autres points de comparaison plus valables pour montrer que cette institution, loin d'être propre à l'Inde comme on le croit trop souvent, représente au contraire en réalité quelque chose de très général, qui se retrouve, sous une forme ou sous une autre, dans la constitution de toutes les sociétés traditionnelles, et cela, pouvons-nous dire, parce qu'elle est rigoureusement conforme à la nature même des choses et à l'ordre cosmique tout entier.

Dr Pierre Galimard. – Hippocrate et la Tradition pythagoricienne.

Jouve et Cie, Paris.

Ce travail dépasse de beaucoup la portée habituelle des thèses de doctorat en médecine, et on pourrait le considérer comme une excellente introduction à l'étude de tout un ensemble de questions qui paraissent avoir été fort négligées jusqu'ici. Ce qui fait l'intérêt d'Hippocrate, c'est qu'il « nous apparaît comme le dernier représentant, en Occident tout au moins, d'une médecine traditionnelle » ; cette médecine, qui était essentiellement un « art sacerdotal », était probablement déjà bien affaiblie en Grèce à son époque, et l'on peut se demander jusqu'à quel point lui-même l'avait comprise : mais les données qu'il a conservées dans ses écrits, et qui sans lui seraient entièrement perdues (car jusqu'à lui elles n'avaient sans doute jamais été transmises qu'oralement), n'en mériteraient pas moins un examen approfondi, qui, surtout si l'on y joignait une comparaison avec les choses du même ordre qui existent en divers pays d'Orient, permettrait peut-être d'en retrouver la véritable signification. Le Dr Galimard s'est proposé plus particulièrement de montrer les liens qui rattachent les conceptions exposées par Hippocrate à celles des Pythagoriciens, qui appartiennent aussi à la même période de transition entre la Grèce archaïque et la Grèce « classique » : le symbolisme des nombres, l'analogie du macrocosme et du microcosme, la théorie des tempéraments et de leurs correspondances quaternaires, l'affirmation d'une étroite relation entre la sagesse et la médecine, tout cela, chez Hippocrate, est manifestement d'inspiration pythagoricienne. Naturellement, l'auteur n'a pu ici que donner un aperçu de ces différents sujets ; mais, puisqu'il dit lui-même que « son travail, bien loin d'épuiser la question et de conclure, voudrait être seulement une entrée en matière », il faut espérer qu'il lui sera possible de continuer ces études par la suite et de reconstituer plus complètement le caractère de cette « médecine d'origine sacrée », si différente à tous égards de la médecine profane des modernes, et qui, contrairement aux tendances exclusivement analytiques et expérimentales de celle-ci, « tire d'en haut tous ses principes et leurs applications ».

R. P. Victor Poucel. – *Mystique de la Terre* : II. *La parabole du*

Monde.

Librairie Plon, Paris.

Ce livre, comme le *Plaidoyer pour le Corps* dont nous avons déjà parlé[64] et auquel il fait suite, est heureusement fort éloigné des banalités « idéales » et des « abstractions » vides auxquelles se complaît notre époque, et contre lesquelles l'auteur s'élève très justement dès le début. Pour en définir en quelques mots l'idée principale, on pourrait dire qu'il s'agit en somme de restituer au monde sensible la valeur symbolique qui en fait, dans son ordre, une image des réalités spirituelles, et que lui reconnaissait expressément la pensée chrétienne du moyen âge, aussi bien que toute autre pensée traditionnelle ; et, si une telle conception est assurément tout à fait étrangère à la mentalité moderne, nous ne pensons pas qu'il y ait lieu pour cela de paraître s'excuser d'y revenir, puisqu'elle est en réalité celle qui est commune à toute l'humanité « normale ». L'auteur, bien entendu, ne prétend point traiter ce sujet d'une façon complète, ce qui serait évidemment impossible ; il n'a voulu qu'en esquisser différents aspects, mais, même dans ces limites, peut-être aurait-il pu aller quelquefois un peu plus loin ; il est certains chapitres qui sont un peu décevants, comme *Terre et Ciel*, pour lequel les Chinois, qu'il cite si volontiers par ailleurs, auraient pu facilement lui fournir des données beaucoup plus précises, ou *Le Cœur du Monde*, qui est, dans la tradition universelle, bien autre chose que ce qu'il voit ; on a l'impression, dans des cas comme ceux-là, qu'il n'a pas assez nettement conscience que le véritable symbolisme est essentiellement une « science exacte ». Nous nous demandons si ce n'est pas aussi pour cette raison qu'il semble y avoir chez lui une certaine tendance à diminuer la valeur des considérations mêmes qu'il expose, comme si leur portée réelle lui échappait dans une certaine mesure, à tel point qu'il va parfois jusqu'à accepter une sorte de renversement des rapports entre elles et des choses qui sont en réalité d'un ordre beaucoup plus « extérieur » ; n'y a-t-il pas là comme une concession, probablement involontaire du reste, à l'esprit moderne et à son « exotérisme » exclusif ? Cela est particulièrement sensible dans un chapitre consacré au symbolisme

---

[64] [Mars 1938.]

des nombres (ce chapitre est intitulé *In Pondere et Mensura*, et, disons-le en passant, nous ne nous expliquons pas cette omission du « nombre », mentionné explicitement dans le texte de la *Sagesse*, où les trois termes se réfèrent à des modes distincts de la quantité, puisque c'est précisément du nombre que, en fait, il est ici question d'un bout à l'autre) ; ainsi, quand on connaît toute l'importance qu'a la valeur numérique des lettres dans certaines langues sacrées, et l'impossibilité de comprendre réellement le sens profond de celles-ci sans en tenir compte, on est en droit de s'étonner en lisant qu'« on peut faire un meilleur usage du temps » que de s'arrêter à une interprétation des textes basée sur la science des nombres. Il va sans dire, d'ailleurs, qu'une telle interprétation n'est applicable qu'aux langues qui sont ainsi constituées, comme l'hébreu et l'arabe (et elle est une chose toute naturelle pour ceux qui ont l'usage habituel de ces langues), et qu'il est absurde de vouloir la transporter, par exemple, dans les langues occidentales modernes ; sur ce point et sur divers autres, nous serions certainement beaucoup plus sévère que l'auteur à l'égard de certaines divagations contemporaines. Ce qui justifie cette dernière réflexion, c'est surtout la surprise que nous causent certaines références à un docteur « steinerien », par exemple, ou encore à un chimiste qui essaie d'accommoder l'astrologie aux points de vue de la science moderne (et qui, par surcroît, se proclama jadis « adorateur » de M$_{me}$ Blavatsky, détail sans doute ignoré du R. P. Poucel) ; il ne serait certes pas difficile de trouver de meilleures « autorités », traditionnellement plus sûres que celles-là ; et, quand il s'agit de « science sacrée », on ne saurait jamais faire preuve d'un « discernement » trop rigoureux... En ce qui concerne l'astrologie, précisément, nous ne pouvons nous empêcher de regretter que l'auteur ait été amené, faute d'informations plus dignes de foi, à accepter une interprétation du symbolisme zodiacal qui n'est pas exempte de fantaisie ; et nous devons aussi remarquer, à ce propos, que le commencement de l'année à l'équinoxe de printemps, s'il vaut spécialement pour certaines formes traditionnelles (comme l'équinoxe d'automne pour d'autres, par exemple pour la tradition judaïque), n'a cependant rien de « primordial » et, en tout cas, n'est pas conforme à la tradition chrétienne, pour laquelle c'est le solstice d'hiver qui marque le début du cycle annuel ; ajoutons qu'il y a là quelque chose qui est particulièrement important pour « situer » les différentes traditions par leurs correspondances cosmiques. À propos des rapports entre les traditions, il nous faut encore relever incidemment un point qui nous concerne d'une façon directe : une note semble nous faire dire que la tradition « abrahamique » se trouve « recueillie, plus ou moins altérée, dans la Kabbale et dans l'Islam » ; nous sommes parfaitement certain, au contraire, qu'elle n'y est nullement altérée, puisque ce sont là des branches authentiques et orthodoxes de cette même tradition « abrahamique ». On trouvera peut-être que nous formulons bien des critiques ; mais, si nous y insistons, c'est que cela nous paraît plus profitable que de nous en tenir aux éloges généraux que le livre mérite incontestablement, et que l'œuvre que l'auteur a entreprise, et qu'il se propose de poursuivre, présente un intérêt tout particulier au point de vue d'une restauration de la mentalité traditionnelle ; aussi ne pouvons-nous que souhaiter que cette mentalité s'y reflète aussi intégralement que possible, et nous serons trop heureux si nos remarques peuvent y contribuer.

OCTOBRE-NOVEMBRE 1945

[Note des *Études Traditionnelles* : « Les comptes-rendus que nous publions ici ont été rédigés il y a cinq ans et étaient destinés à paraître dans le numéro de juillet 1940 qui n'a jamais vu le jour. Depuis cette époque, les ouvrages recensés se sont trouvés épuisés, mais nous avons pensé que ce fait n'enlevait rien à l'intérêt des considérations exposées par notre éminent collaborateur. »]

P. V. Piobb. – *Le Sort de l'Europe d'après la célèbre Prophétie des Papes de saint Malachie, accompagnée de la Prophétie d'Orval et des toutes dernières indications de Nostradamus.*

Éditions Dangles, Paris.

Les prédictions diverses, désignées communément sous le nom abusif de « prophéties », sont, comme on le sait, fort à la mode depuis quelque temps, et elles ont donné lieu à une multitude de livres qui s'efforcent de les commenter et de les interpréter plus ou moins ingénieusement ; celui-ci, dont la plus grande partie est consacrée à la « prophétie de saint Malachie », a paru, par une coïncidence assez singulière, si elle n'a été expressément voulue, presque exactement au moment de la mort du pape Pie XI. L'auteur discute tout d'abord l'attribution de la « prophétie » à saint Malachie, et il conclut que ce n'est là en réalité qu'un « pseudonyme », ce qui est fort probable en effet ; mais une des raisons qu'il en donne est pour le moins étrange : il a découvert une « hérésie » dans le fait que le dernier pape est désigné comme *Petrus Romanus* ; d'abord, cette devise peut être purement symbolique ou « emblématique » comme les autres, et elle ne veut pas forcément dire que ce pape prendra littéralement le nom de Pierre, mais fait plutôt allusion à l'analogie de la fin d'un cycle avec son commencement ; ensuite, s'il est convenu qu'aucun pape ne doit prendre ce nom, ce n'est pourtant là qu'une coutume qui, quoi qu'il en dise, n'a assurément rien à voir avec le « dogme » ! Maintenant, que le choix du « pseudonyme » ait pu être influencé par un rapprochement entre le nom de saint Malachie, archevêque d'Armagh et ami de saint Bernard, et celui du prophète Malachie, cela est assez plausible ; que ce « pseudonyme » soit collectif, et qu'ainsi on soit « en présence d'une association qui a prophétisé », ce n'est pas impossible non plus, bien qu'on puisse penser, à première vue, qu'une telle hypothèse est peut-être de nature à compliquer encore la question plutôt qu'à en faciliter la solution ; mais la suite nous donnera l'occasion de revenir sur ce point. Nous passerons sur les considérations destinées à montrer les liens, d'ailleurs assez évidents, qui unissent l'histoire de la papauté à celle de l'Europe en général ; mais nous retiendrons cette déclaration : « une prophétie, c'est une "amusette" pour le public, à moins que ce ne soit un fait de propagande » ; nous dirions même volontiers que ce peut être à la fois l'un et l'autre, et c'est d'ailleurs pourquoi une « amusette » de ce genre n'est jamais inoffensive. L'auteur, pour sa part, semble conclure de là que, si un « texte prophétique » présente un caractère sérieux (et il estime que c'est le cas pour celui dont il s'agit), il ne constitue pas réellement une « prophétie », mais ce qu'on appelle aujourd'hui, en fort mauvais français d'ailleurs, une « directive » ; mais alors, comme il le demande lui-même, « une directive pour qui ou pour quoi ? ». Ceci nous ramène à la question de la « fabrication » de la soi-disant « prophétie » ; et ce qu'on peut constater le plus facilement à cet égard, c'est que ceux qui en ont parlé les premiers, vers la fin du XVIe siècle, n'ont pas dit la vérité et ont invoqué des références antérieures inexistantes, ce qui paraît bien indiquer qu'ils ont voulu cacher quelque chose ; mais faut-il en conclure, comme certains l'ont fait, que le texte a été « fabriqué » uniquement « pour les besoins d'une cause », à l'occasion du Conclave de 1590 ? L'auteur n'est pas disposé à se contenter d'une solution aussi « simpliste », et peut-être n'a-t-il pas tort, car cela, en tout cas, n'expliquerait pas la justesse souvent frappante des devises se rapportant aux papes postérieurs à cette date ; mais il estime que la « manière » employée par le « prophète » est destinée à provoquer des discussions et des réactions dans le public, de façon à en obtenir un résultat voulu à l'avance, et qu'il y a ainsi, « à chaque stade de la prophétie, un but particulier, dérivé du but général », et qui est toujours de favoriser certains « intérêts », lesquels, a-t-il d'ailleurs soin de préciser, ne sont nullement des « intérêts d'argent » ; le prétendu « prophète » ne serait donc, en définitive, que l'instrument d'une certaine « politique » spéciale. Ce serait là la raison pour laquelle « une prophétie ne peut pas être rédigée en clair », mais, pour « laisser toujours percer un doute », doit l'être « en employant une méthode cryptographique », car « la cryptographie présente ce grand avantage que seuls sont capables d'entendre le vrai sens des prédictions ceux qui en possèdent la clef » ; doit-on en conclure que lesdites « prédictions » ne sont, au fond, qu'une sorte de « mot d'ordre » destiné à ceux-là ? Il nous semble qu'on pourrait soulever ici une objection : il peut toujours arriver qu'une « cryptographie » quelconque soit déchiffrée par quelqu'un d'autre que ceux à qui la « clef » en a été confiée ; qu'adviendra-t-il alors si celui-ci ne partage point les « intérêts » que la « prophétie » doit servir, et suffit-il vraiment de dire que, « s'il veut raconter tout ce qu'il sait, il risque de provoquer une catastrophe dont il sera la première victime » ? Quoi qu'il en soit, disons dès maintenant, à ce propos, que, en lisant de précédents ouvrages de M. Piobb, nous avons eu déjà l'impression qu'il attribue à la « cryptographie » une importance bien excessive, au point de vouloir tout ramener à des questions de cet ordre ; nous ne contestons certes pas que celles-ci existent, mais enfin ce n'est là qu'un « petit côté » des choses, et, en ne voyant que cela (aussi bien qu'en ne voyant partout que des « jeux de mots », suivant une autre tendance assez voisine de celle-là, et relevant d'un « hermétisme » dévié dont nous pourrions citer plus d'un exemple), on tombe facilement dans un certain

« naturalisme » d'un caractère plutôt inquiétant... Nous n'insisterons pas sur ce qui suit : que « les papes ne soient pas les bénéficiaires de la prophétie qui les concerne », nous l'admettons encore volontiers ; mais, s'il faut se borner à constater que « plus on avance, plus les ténèbres sont épaisses », si bien qu'on arrive finalement au « noir absolu », à quoi bon se donner la peine de tant écrire là-dessus ? Quant aux preuves que « le texte dit de saint Malachie est cryptographique », preuves qui reposent surtout sur le nombre des devises et sur les principales divisions qu'on peut y établir, nous ne chercherons pas jusqu'à quel point elles sont convaincantes, car on pourrait discuter presque indéfiniment sur ce sujet ; nous en retiendrons seulement (et l'on verra pourquoi par la suite) la suggestion que tout cela pourrait avoir quelque rapport avec la destruction de l'Ordre du Temple, et aussi l'importance particulière qui y est donnée au nombre 33 : des 112 devises, les 100 premières se répartiraient en 34 + 2 × 33, tout comme les chants de la *Divine Comédie* de Dante (mais pourquoi n'avoir pas signalé ce rapprochement au moins curieux, surtout en connexion avec l'allusion à l'Ordre du Temple ?), tandis que les 12 dernières formeraient en quelque sorte une série à part, correspondant à un zodiaque. Nous ajouterons, sur ce dernier point, que la façon dont ces correspondances zodiacales sont établies ici ne nous paraît pas à l'abri de toute contestation, car les quatre dernières devises tout au moins en suggèrent assez nettement d'autres, toutes différentes de celles-là, surtout si l'on réfléchit que c'est évidemment le signe de la Balance qui doit être celui du « jugement ». Vient ensuite l'explication détaillée des devises, travail purement historique dont nous ne dirons rien, non plus que des prévisions auxquelles les dernières donnent lieu et qui valent sans doute... ce que peuvent valoir toutes les prévisions de ce genre ; en tout cas, l'« angoissant dilemme » ainsi formulé : « la fin du monde ou la fin d'un monde ? » n'a certainement aucune raison de se poser pour quiconque a la moindre connaissance des « lois cycliques », car celles-ci fournissent immédiatement la réponse adéquate. Ce qui nous intéresse davantage, c'est la dernière partie du livre, qui est consacrée à des rapprochements avec les indications données par d'autres textes : d'abord la « prophétie d'Orval », sur laquelle l'auteur avoue d'ailleurs ses doutes, car elle lui semble n'être qu'une « imitation » plus ou moins habile des véritables « prophéties cryptographiques » ; puis Nostradamus, et c'est ici que les choses, comme on va le voir, méritent vraiment d'être examinées de plus près. On sait que M. Piobb a publié, il y a déjà un certain nombre d'années, un ouvrage intitulé *Le Secret de Nostradamus*[65] ; on pourrait se demander s'il s'est proposé maintenant de lui donner une suite ou s'il n'a pas voulu plutôt le désavouer, tellement la façon dont il en parle est étrange ; ce n'est pas précisément parce que les prévisions qui y étaient contenues ne se sont guère réalisées jusqu'ici, car il est clair qu'on peut toujours trouver assez facilement, à cet égard, quelques excuses plus ou moins valables, et d'ailleurs cela n'est après tout qu'assez secondaire ; mais il dénonce lui-même un certain nombre d'« erreurs » qu'il y aurait introduites volontairement, ce qui, pour le dire franchement, ne donne pas l'impression d'un bien grand sérieux, car enfin, si l'on croit avoir de bonnes raisons pour ne pas dire la vérité, on a toujours la ressource de garder le silence ; si vraiment il a voulu ainsi se faire « complice du prophète », et s'il a en cela « obéi à une prescription » comme il l'affirme, on serait en droit de lui attribuer des motifs bien ténébreux, et, pour notre part, nous aimerions mieux penser qu'il se calomnie et que ces réflexions ne lui sont venues qu'après coup, d'autant plus qu'en général, quand on a réellement des desseins de cette sorte, on a plutôt soin d'éviter de le laisser entendre… Tout cela ne l'empêche d'ailleurs pas d'assurer que « les directives qu'il avait suivies étaient justes » ; et pourtant il reconnaît qu'il ignorait, en 1927, plusieurs choses qu'il a découvertes depuis lors et qui, si elles sont exactes, sont de nature à changer complètement toute la question ; il s'agit de « trois révélations » qu'il vaut la peine de transcrire textuellement : d'abord, « Nostradamus n'a pas écrit un mot de ses prophéties » ; ensuite, « il était totalement incapable de savoir de quoi il s'agissait dans le livre qui porte sa signature » ; enfin, « ce livre, dont l'édition la plus authentique et la plus complète porte la date de 1668, a été imprimé du vivant même de Nostradamus, c'est-à-dire avant 1566 ». Il paraît que cette édition serait « truquée », ce qui sans doute n'est pas impossible *a priori* ; si même, comme l'affirme l'auteur, l'imprimerie qui y est mentionnée n'avait pas existé réellement, ce serait là une chose qui autrefois, et jusque vers la fin du XVIIIe siècle, n'était pas aussi exceptionnelle qu'on pourrait le croire ; mais, en fait, il n'en est rien, et non seulement cette imprimerie a fort bien existé, mais il

---

[65] [Compte rendu dans *Vient de Paraître* (novembre 1927).]

en est sorti d'autres livres connus, notamment, en 1646, l'*Absconditorum Clavis* de Guillaume Postel (comme pourront s'en assurer ceux qui possèdent l'édition de la *Bibliothèque Rosicrucienne*), et, de 1667 à 1670, c'est-à-dire aux environs de la date même que porte l'édition de Nostradamus, plusieurs ouvrages du P. Athanase Kircher. La falsification de la date supposée soulève d'ailleurs des questions fort embarrassantes : si vraiment cette édition n'était pas de 1668, mais antérieure de plus d'un siècle, comment se ferait-il que son frontispice représente, non pas la mort de Louis XVI et la destruction de Paris comme certains l'ont imaginé tout à fait gratuitement, mais, beaucoup plus simplement, la mort de Charles I$_{er}$ et l'incendie de Londres ? Nous ne nous chargerons pas, bien entendu, de résoudre ce problème, car c'est plutôt à M. Piobb qu'il appartiendrait de donner une explication à ce sujet s'il le jugeait à propos ; mais il est un peu étonnant qu'il ne semble pas avoir pensé à cette difficulté. Et ce n'est pas tout encore : non seulement cette édition est dite, dans son titre complet, avoir été « revue et corrigée suivant les premières éditions imprimées en Avignon en l'an 1556 et à Lyon en l'an 1558 et autres », ce qui indique nettement qu'elle est postérieure à celles-ci, et ce qui permet de se demander pourquoi on la déclare « la plus authentique », car on ne sait pas au juste ce que peuvent valoir les corrections qui y ont été introduites ; mais encore elle contient une vie de Nostradamus où il est fait expressément mention de sa mort, survenue « le 2 juillet 1566, peu devant le soleil levant », ce qui vraiment ne s'accorde guère avec l'affirmation qu'elle aurait été « imprimée de son vivant » ! Quoi qu'il en soit de tout cela, sur quoi un lecteur quelque peu exigeant au point de vue de l'exactitude historique serait assurément en droit de demander à l'auteur de plus amples éclaircissements, ce qui suit rappelle à beaucoup d'égards certaines « révélations » sur Shakespeare dont nous avons parlé en leur temps[66], et cela non pas seulement parce qu'il s'agit, dans les deux cas, d'éditions présentant un caractère « cryptographique », mais aussi en raison de similitudes beaucoup plus précises, portant sur la nature même de ce dont il s'agit ; et c'est ici que nous voyons reparaître l'« association qui a prophétisé ». M. Piobb fait à ce sujet beaucoup de mystère (et d'une façon qui est bien typiquement

---

[66] [Compte rendu de février 1938 : Alfred Dodd – *Shakespeare Creator of Freemasonry* ; *Comptes rendus de revues*, mars et avril 1938.]

« occidentale »), mais nous n'avons évidemment, quant à nous, aucun motif pour l'imiter en cela : ainsi, il signale deux lettres capitales qui se trouvent à la page 126, mais sans dire quelles elles sont ; or ces deux lettres sont un M et un F ; si on les considère « de bas en haut » comme il y invite, puis si l'on tient compte de la remarque qu'« en 1668, si l'on en croyait l'histoire ordinaire, ces lettres singulières ne devaient avoir aucun sens », et aussi de celle que, dans l'adresse de l'imprimerie, on trouve « Jean, fils de Jean, et la Veuve », on devine sans grande peine qu'il interprète ces initiales comme voulant dire « Franc-Maçonnerie » ; notre rapprochement avec la « cryptographie » shakespearienne n'était-il pas justifié ? Ensuite, il y a d'autres initiales qu'il donne cette fois, mais sans les expliquer ; celles-là ne figurent pas dans le texte imprimé lui-même, mais il les a obtenues en traduisant un certain vers en latin : « F. M. B. – M. T. » ; cela peut assurément signifier beaucoup de choses diverses, mais entre autres, si l'on veut, *Frater Molay Burgundus, Magister Templi*. Si l'on admet cette interprétation, le reste de l'histoire s'éclaire un peu : par exemple, à propos de « dates symboliques », il est dit que celle du 14 mars 1547, dans la *Lettre à Henri II*, dissimule « un autre 14 mars » ; malheureusement, le « 14 mars » en question ne serait-il pas en réalité un 11 mars ? Cela, à moins qu'il ne s'agisse encore d'une « erreur volontaire », pourrait jeter quelque doute sur la solidité de la « construction » de M. Piobb ; mais, en la prenant telle qu'elle est, on comprend du moins ce qu'il veut dire quand il désigne, comme les véritables auteurs du texte, « les signataires d'un document antérieur de plusieurs centaines d'années à Nostradamus », tout en se gardant d'ailleurs bien de donner la moindre indication qui permettrait de vérifier l'existence et l'authenticité dudit « document ». La suite est relativement plus simple : les successeurs des personnages en question auraient remis le texte « tout fait » à Nostradamus, sans doute après l'avoir traduit, car il est à supposer que l'original devait être en latin, et, d'autre part, ce n'est pas Nostradamus lui-même qui dut en faire la traduction, car il est affirmé, sans d'ailleurs qu'on voie très clairement pourquoi, qu'il « était incapable de savoir même à quoi se rapportait ce texte » qu'il était chargé de publier ; il faudrait même supposer, dans ces conditions, que l'édition, avec ses particularités « cryptographiques », aurait été entièrement préparée en dehors de lui, et qu'en somme tout son rôle se serait borné à y mettre ou à y laisser mettre son nom, qui du reste, d'après M. Piobb, ne serait même pas un nom en réalité, mais seulement encore un « pseudonyme »... Arrêtons-nous là, car les considérations que nous avons laissées de côté ne nous apporteraient pas de plus grands éclaircissements ; on peut se demander si M. Piobb a raison en fait et en quelque sorte « historiquement », mais aussi, et peut-être surtout, à quoi il veut en venir avec tout cela ; pourquoi faut-il qu'il y ait là-dedans bien des choses qui font penser à certains « dessous » fort suspects auxquels nous avons fait allusion en d'autres occasions, et qui précisément ont aussi des liens très étroits avec toute une série d'histoires de soi-disant « prophéties » ? Nous ne tenons pas autrement à approfondir cette question ; mais en tout cas, si M. Piobb estime qu'un « secret social », car c'est de cela qu'il s'agirait au fond, est « quelque chose de bien plus important que les ordinaires vérités ésotériques », par quoi il semble entendre des vérités d'ordre doctrinal, nous nous permettrons de n'être nullement de son avis sur ce point, car ce n'est même qu'en connexion avec des principes doctrinaux et en tant qu'application de ceux-ci dans un domaine contingent qu'un tel « secret » peut être réellement digne de quelque intérêt ; et qu'on veuille bien réfléchir aussi, pour rétablir toutes choses dans leur juste perspective, à ce qu'un « secret » comme celui qui est ici en cause peut bien valoir encore, en lui-même et séparé de toute considération d'un ordre plus profond, dès qu'on sort des limites du monde européen...

P. Rochetaillée. – Prophéties de Nostradamus : Clef des Centuries, son application à l'histoire de la Troisième République.

Éditions Adyar, Paris.

Ce livre se rapporte encore au même sujet que le précédent, mais il est, dans son ensemble, d'allure moins énigmatique ; son auteur s'est d'ailleurs inspiré dans une large mesure, pour établir sa « clef », du *Secret de Nostradamus* de M. Piobb ; pourtant, nous ne croyons pas que celui-ci serait disposé, actuellement tout au moins, à admettre que « toute l'œuvre est basée sur le mouvement des planètes », car il insinue au contraire que, là même où celles-ci paraissent être mentionnées expressément, il s'agit en réalité de tout autre chose. D'autre part, ce qui nous frappe toujours dans les interprétations de ce genre, c'est l'importance tout à fait disproportionnée qui y est attribuée à des faits et à des personnages contemporains qui, d'ici quelques siècles, sembleront sans doute bien insignifiants ; et nous ne pouvons nous empêcher de nous demander si, vus à une certaine distance dans l'avenir, ils pouvaient vraiment tenir une plus grande place qu'ils n'en tiendront dans l'histoire quand celle-ci les envisagera avec un « recul » équivalent dans le passé... À un autre point de vue, il y a aussi, dans l'explication de certains mots, des méprises assez évidentes, et celle de beaucoup d'autres est plutôt forcée, sinon purement fantaisiste ; mais il serait assurément peu utile d'entrer ici dans le détail de tout cela ; nous nous souvenons d'en avoir donné déjà, à propos d'un autre travail sur la *Lettre à Henri II* de Nostradamus, quelques échantillons bien suffisants [67]. Quant aux « graphiques » établis pour différentes dates dites « points sensibles » par l'auteur (qui d'ailleurs s'est prudemment abstenu d'indiquer une signification quelconque pour ceux qui appartiennent encore au futur), il faut certainement beaucoup de bonne volonté pour y distinguer, par exemple, un « fusil-mitrailleur », ou encore un marteau et une faucille, si schématiquement tracés qu'on veuille bien les supposer ! M. Piobb rangerait sans doute tout cela dans la catégorie des « amusettes pour le public », en quoi nous ne saurions lui donner tort, et ce doit être à des choses de ce genre qu'il a pensé en disant qu'il avait « laissé rêver sur Nostradamus ». Ce qui est un peu plus inquiétant peut-être, c'est que nous voyons reparaître là-dedans le « Grand Monarque » (toujours entendu littéralement comme devant être un « roi de France », ce que certains passages des *Centuries* ne justifient cependant guère, et ce que M. Piobb lui-même, nous devons le dire, paraît considérer d'une façon plutôt ironique), avec des allusions à la « Grande Pyramide » et à son trop fameux « secret », et aussi que l'auteur déclare avoir été « autorisé occultement (?) à publier le résultat de ses recherches » ; voudrait-il dire qu'il a, lui aussi, « obéi à une prescription », d'ailleurs, à ce qu'il semblerait, avec une douzaine d'années de retard sur M. Piobb, qui estime que la « prescription » valable pour 1927 ne l'était plus en 1939 ? À notre avis, l'imagination, pour ne pas dire la « suggestion », joue un grand rôle dans toutes ces histoires ; et, pour montrer plus exactement ce qu'il convient d'en penser, il nous suffira d'ajouter une remarque bien simple, en choisissant de préférence comme exemple, pour

---

[67] [Avril 1937.]

des raisons faciles à comprendre, un trait se rapportant à un personnage mort depuis la publication du livre : quand on connaît l'attitude furieusement antitraditionnelle, et plus spécialement antiislamique, qui fut celle de « M. Ataturc » (attitude qui alla jusqu'à lui faire renier le nom de Mustafa), il est pour le moins amusant de voir prêter à celui-ci le dessein de se mettre à la tête d'un soi-disant « mouvement panislamique » ; quelqu'un qui ne sait pas mieux discerner ce qui se passe dans le présent même est-il vraiment bien qualifié pour formuler des prévisions sur l'avenir, avec la seule aide d'un texte aussi obscur et plein d'« embûches » de toutes sortes que celui « du Grand Initié que fut Nostradamus » ?

« Grand Initié », du moins, au dire de M. Rochetaillée ; et pourtant, si l'on en croit M. Piobb, il y aurait eu plus d'un « Grand Initié » dans cette affaire, mais précisément le « dénommé Nostradamus » n'aurait pas été l'un d'eux ; assurément, les commentateurs, avant de « publier le résultat de leurs recherches », fût-ce avec une « autorisation occulte », feraient bien de commencer par se mettre un peu d'accord entre eux !

Em. Ruir. – *L'écroulement de l'Europe d'après les prophéties de Nostradamus.*

Éditions Médicis, Paris.

Ici encore, il s'agit des mêmes questions, mais traitées à un point de vue quelque peu différent, car l'auteur est plus modeste et ne prétend à la possession d'aucune « clef » particulière, et même, dans sa conclusion, il critique très justement certaines des assertions de M. Piobb. Pour sa part, il entend se borner à une interprétation « basée sur l'astrologie », ce qui n'est peut-être pas non plus une méthode parfaitement sûre, quoique pour d'autres raisons, et ce qui d'ailleurs ne s'accorde pas très bien avec son affirmation assez étonnante d'une « inspiration divine » de Nostradamus, dont il met les écrits sur le même plan que l'Apocalypse ! Il faut ajouter qu'il est animé d'un fort préjugé anti-oriental : il parle d'un « Antéchrist musulman », monstruosité véritablement inconcevable pour qui a la moindre idée de ce qui est dit de l'Antéchrist dans la tradition islamique, et qui ne serait que le premier d'une série d'« Antéchrist » successifs, tous « asiatiques », devant conduire les invasions qu'il prévoit pour le dernier quart du XX$_e$ siècle... Tout cela est assez peu intéressant, pour nous du moins, aussi bien que ce qui concerne l'inévitable « Grand Monarque français », et même que la prédiction, à échéance un peu plus lointaine, d'une « translation de la Terre » (?) devant précéder le « règne de mille ans » apocalyptique. Ce sur quoi nous voulons appeler l'attention, c'est seulement ceci : pour essayer de déterminer des dates précises, M. Ruir envisage les divisions d'une certaine période cyclique qu'il appelle « ère adamique », et qui représente en somme la durée de l'humanité actuelle, à laquelle il assigne d'ailleurs des limites fort étroites dans le passé. Il prend pour point de départ deux soi-disant chronologies données par Nostradamus dans son *Épître à Henri II*, et tout à fait différentes l'une de l'autre, ce qui montre bien qu'elles ne doivent pas être prises à la lettre (sans compter que la seconde place Salomon 490 ans seulement avant Jésus-Christ, ce qui est une impossibilité historique évidente) ; l'auteur a raison en cela, et il est d'ailleurs bien certain qu'en réalité, du moins pour tout ce qui est antérieur à Moïse, il n'existe pas de chronologie biblique, au sens ordinaire et littéral de ce mot. Il n'est donc pas douteux que Nostradamus a voulu dissimuler là-dedans des données qui sont tout autre chose que ce qu'il paraît indiquer (et la même remarque s'appliquerait tout aussi bien à d'autres prétendues chronologies, comme celle du *Traité des Causes secondes* de Trithème par exemple) ; mais ce qui l'est beaucoup plus, c'est que les calculs plus ou moins ingénieux auxquels M. Ruir s'est livré lui aient fait découvrir les données en question. En tout cas, et c'est là où nous voulions en venir à propos de cet exemple, l'expression des sciences traditionnelles en Occident semble presque toujours avoir été entourée, intentionnellement ou non, d'une obscurité à peu près impénétrable ; il est vrai que, dans les traditions orientales, la durée réelle des périodes cycliques est aussi plus ou moins dissimulée, mais du moins leurs proportions numériques, qui sont ce qui importe essentiellement, sont nettement indiquées ; ici, au contraire, aucune proportion ne paraît se dégager de ces séries de dates fictives. Sans doute, doit-on conclure de là qu'il s'agit d'un mode d'expression tout différent ; mais, étant donné son caractère incomparablement plus énigmatique, tous les efforts faits pour le déchiffrer, même en admettant qu'ils aboutissent, seraient-ils suffisamment récompensés par les résultats qu'on pourrait en obtenir ?

JANVIER-FÉVRIER 1946

Rabindra Nath Tagore. – Sâdhanâ.

Traduction et préface de Jean Herbert
(Union des Imprimeries, Frameries, Belgique).

Le premier chapitre de ce livre est le meilleur à notre avis : l'auteur y proteste très justement contre l'opposition artificielle que l'Occident prétend établir entre l'homme et la nature, opposition qui implique une négation de l'unité fondamentale de tout ce qui existe ; dans l'Inde, au contraire, « l'état où l'on a réalisé sa parenté avec le tout et pénétré en toutes choses par l'union avec Dieu (qui, comme il le dit ailleurs, n'a rien à voir avec la « pure abstraction » des philosophes modernes) était considéré comme le but ultime et l'accomplissement de l'humanité ». La suite, malheureusement, est moins satisfaisante : il est compréhensible qu'un poète répugne à renoncer au monde des formes, et nous admettons même volontiers que, pour suivre sa voie propre, il doive, plus que tout autre homme, prendre les formes pour appui ; mais ce n'est là qu'une voie parmi beaucoup d'autres, et même, plus exactement, ce n'est que le point de départ d'une voie possible ; si l'on ne va pas plus loin, on ne dépassera jamais le niveau de la « conscience cosmique », ce qui ne représente qu'une étape transitoire, fort éloignée du but suprême, et à laquelle il peut même être dangereux de trop s'arrêter. Nous craignons fort que l'auteur ne voie rien au-delà, et la façon dont il traduit certains termes, dans les citations qu'il fait des *Upanishads*, porte la marque de ce point de vue restreint : est-il soutenable, par exemple, qu'*Ananda* signifie la « joie » ? En tout cas, le titre du livre est plutôt décevant, car il n'y est nullement question de « réalisation » au sens métaphysique, ni de la « technique » qui peut y conduire effectivement ; Tagore peut être un grand poète, mais il n'est certainement pas possible de le considérer comme un « Maître spirituel ».

Études sur Râmana Maharshi. Volume premier : Swâmî Siddheswarânanda ; Dr Sarma K. Lakshman ; Swâmî Tapasyânanda.

Introduction et traduction de Jean Herbert (Union des Imprimeries, Frameries, Belgique).

Dans l'introduction, M. Jean Herbert s'excuse de ne publier que des études sur Shrî Râmana au lieu des écrits mêmes de celui-ci ; il est certain que ces écrits sont fort peu nombreux, et que même les divers recueils de ses enseignements oraux qui ont été publiés jusqu'ici ne représentent encore que quelque chose de très fragmentaire et incomplet ; nous nous demandons pourtant si vraiment ce sont là les seules raisons de cette abstention, et ce qui pourrait donner à penser qu'il doit y en avoir d'autres, c'est la critique plutôt amère qui est faite ici de l'entourage du Maharshi... Il est d'ailleurs tout à fait exact que celui-ci « n'accepte aucun disciple » au vrai sens de ce mot, quoique beaucoup de gens revendiquent trop facilement cette qualité ; nous doutons même qu'il y ait lieu d'« espérer qu'un jour viendra où il acceptera d'assumer le rôle de guru », car il semble bien que, s'il n'exerce que ce que nous avons déjà appelé une « action de présence », ce soit en raison même du caractère très exceptionnel de la voie qu'il a suivie. – La partie principale de ce premier volume est constituée par une traduction, un peu modifiée sur certains points, du livre que le Dr Sarma K. Lakshman a fait paraître précédemment en anglais sous le titre de *Mahâ-Yoga* et sous le pseudonyme de *Who* ; nous en avons déjà parlé[68], et nous avons indiqué alors les réserves qu'il y a lieu de faire à son sujet au point de vue doctrinal ; nous n'y reviendrons donc pas, si ce n'est pour rappeler qu'il ne faut pas le considérer autrement que comme l'expression des vues propres de son auteur. Cette traduction est encadrée entre une préface et un appendice ; dans la première, le Swâmî Siddheswarânanda s'attache à caractériser la voie et l'attitude de Shrî Râmana, et il relève aussi, d'une façon tout à fait juste, les erreurs commises par un écrivain qui a prétendu l'apprécier au point de vue de la « mystique » occidentale ; quant à l'appendice du Swâmî Tapasyânanda, il donne une

---

[68] [Décembre 1938.]

impression tellement « réticente » qu'on ne peut s'empêcher de se demander pourquoi il a été écrit !

F. J. Alexander. – *Le Royaume Intérieur.*

> *Traduction française de Marcel Sauton* ; *préface du Swâmî Siddheswarânanda* (*Union des Imprimeries, Frameries, Belgique*).

L'auteur de ce livre était un Américain qui fut enthousiasmé par les œuvres de Vivêkânanda, et qui, à la suite de leur lecture, se rendit dans l'Inde pour y rencontrer d'autres disciples de Shrî Râmakrishna ; mais visiblement, c'est l'influence posthume de Vivêkânanda qui prédomina toujours chez lui. Le style du livre est assez déplaisant, avec ses répétitions de mots continuelles et parfaitement inutiles, ses exclamations à tout propos et hors de propos ; nous n'insisterons pas sur le vague extrême de la terminologie et l'impropriété de beaucoup de mots, car, n'ayant pas lu l'original, nous ne pouvons savoir au juste quelle y est la part de la traduction, et nous avons l'impression qu'elle aggrave encore ces défauts. Quant au fond, comme on peut s'en douter, il représente quelque chose de fort « mêlé » : à côté de quelques formules empruntées à la tradition hindoue, on en rencontre beaucoup d'autres qui sont spécifiquement occidentales ; il y a même des passages où il est parlé de la « pureté » d'une façon qui rappelle un peu trop certaines « obsessions » du moralisme protestant ; il est beaucoup question aussi d'« idéal » et de « formation du caractère », ce qui ne nous sort guère des ordinaires banalités modernes ; et, de l'ensemble de tout cela, il serait assurément bien difficile de dégager quelque chose d'un peu net. C'est d'ailleurs généralement assez « inoffensif », bien qu'il y ait pourtant quelque part un conseil de « cultiver la passivité » qui est terriblement dangereux ; mais ce qui nous étonne toujours dans des écrits de ce genre, c'est le manque de « substance », si l'on peut dire, et l'absence complète de précisions utilisables. D'autre part, l'auteur, d'un bout à l'autre, fait parler le *Guru* d'une façon telle qu'on se demande quelle idée il s'en fait, et le Swâmî Siddheswarânanda, dans sa préface, paraît bien avoir senti qu'il y a là une équivoque plutôt fâcheuse, que du reste il ne réussit pas à dissiper : il ne s'agit certainement pas d'un *Guru* humain réel, et ce qui est décrit ne peut pas non plus passer pour un stade assez avancé pour que le véritable « Guru intérieur » s'y manifeste ainsi ; il est donc vraisemblable que cette « voix » ne représente en quelque sorte que le souvenir « idéalisé » de Vivêkânanda, ou même, plus simplement encore, qu'il ne faut y voir qu'une « fiction » destinée à exprimer les pensées qui sont venues à l'auteur au cours de ses méditations.

Robert Pouyaud. – *Sous le signe de la Spirale* : Vézelay, centre initiatique.

Imprimerie Maurice Laballery, Clamecy.

Cette brochure contient beaucoup de considérations intéressantes sur l'architecture du moyen âge et sur son caractère symbolique et ésotérique ; mais l'admiration trop exclusive de l'auteur pour le style roman le rend fort injuste à l'égard de la cathédrale ogivale, où il ne veut voir « qu'une expression philosophique tendant vers des fins humanistes en reflétant le monde profane » ! Il est vrai que le passage du roman au gothique dut correspondre à un changement de conditions nécessitant une « réadaptation », mais celle-ci s'opéra conformément aux principes traditionnels ; la déviation ne vint que beaucoup plus tard, et elle coïncida précisément avec la décadence du gothique. Dans certaines parties se rapportant à des questions plus spéciales, notamment au symbolisme numérique et astrologique, il semble que l'auteur ait voulu mettre trop de choses qu'il ne lui était pas possible de développer en si peu de pages, ce qui donne une impression un peu confuse ; il y a aussi quelques erreurs de détail : par exemple, le Sphinx ailé est peut-être grec, mais il n'a certainement rien de commun avec la tradition égyptienne, où le Sphinx n'a jamais comporté d'autres éléments qu'une tête humaine et un corps de lion ; quant à supposer l'existence de sept voyelles (dans quelle langue ?) pour les faire correspondre aux sept planètes, cela nous a bien l'air d'une fantaisie toute moderne… Pour ce qui concerne plus proprement Vézelay, il est seulement regrettable que ce qui en est dit n'établisse nullement qu'il y ait eu là un centre initiatique, même secondaire, car les raisons invoquées seraient à peu près également valables pour n'importe quelle autre église de la même époque ; il faudrait pouvoir prouver que ce fut le siège effectif d'une organisation initiatique, et cette question essentielle n'est même pas soulevée ici. Il ne suffit d'ailleurs pas de parler des moines bénédictins comme « auteurs de la basilique de Vézelay », ce qui est fort contestable, surtout quant à l'ésotérisme qui y fut inclus ; plus précisément, si certains d'entre eux y eurent une part, ce ne fut pas en tant que moines, mais en tant qu'initiés à l'art des constructeurs, ce qui, sans être aucunement incompatible, est quelque chose de tout à fait différent. Ajoutons, à un autre point de vue, qu'il est dommage que le texte ne soit pas accompagné de quelques illustrations, sans lesquelles certaines descriptions sont vraiment assez difficiles à suivre, surtout pour ceux qui ne connaissent pas Vézelay.

Noël de la Houssaye. – Les Bronzes italiotes archaïques et leur symbolique.

Éditions du Trident, Paris.

Cette étude débute par des considérations sur les origines de la monnaie dans le bassin de la Méditerranée, question assez obscure, et pour laquelle, comme pour tant d'autres choses, il ne semble pas possible de remonter au-delà du VI$_e$ siècle avant l'ère chrétienne. En tout cas, l'auteur a bien compris que « la monnaie était pour les anciens une chose sacrée », contrairement à la conception toute profane que s'en font les modernes, et que c'est par là que s'explique le caractère des symboles qu'elle portait ; on pourrait même aller plus loin, pensons-nous, et voir dans ces symboles la marque d'un contrôle exercé par une autorité spirituelle. Ce qui suit, et qui concerne plus proprement Rome et l'Italie, est beaucoup plus hypothétique : le rapprochement du nom d'Énée et du nom latin de l'airain, pour n'être pas impossible, semble pourtant assez discutable ; et c'est peut-être une interprétation bien restreinte de la légende d'Énée que de ne voir, dans les différentes étapes de ses voyages, rien d'autre que celles de la propagation de la monnaie de bronze ; quelque importance qu'ait pu avoir celle-ci, elle ne peut cependant être considérée que comme un fait secondaire, sans doute lié à tout l'ensemble d'une tradition. Quoi qu'il en soit, ce qui nous paraît le plus invraisemblable, c'est l'idée que cette légende d'Énée puisse avoir un rapport quelconque avec l'Atlantide : d'abord, ses voyages, s'effectuant de l'Asie Mineure vers l'Italie, n'ont évidemment pas leur point de départ du côté de l'Occident ; ensuite, ils se réfèrent à une époque qui, même si elle ne peut être déterminée avec une entière précision, est en tout cas postérieure de plusieurs millénaires à la disparition de l'Atlantide ; mais cette théorie trop imaginative, ainsi que quelques fantaisies linguistiques sur lesquelles nous n'insisterons pas, doit probablement être attribuée au fait que l'étude dont il s'agit parut tout d'abord en partie dans la revue *Atlantis*... L'énumération des symboles figurant sur les monnaies paraît avoir été faite d'une façon aussi complète que possible, et à la fin de l'ouvrage ont été ajoutés des tableaux synoptiques permettant de se rendre compte de leur répartition sur le pourtour du bassin méditerranéen ; mais, sur la signification de ces symboles, il y aurait eu certainement beaucoup plus à dire, et il y a même à cet égard des lacunes quelque peu étonnantes. Ainsi, nous ne nous expliquons pas qu'on puisse dire que la proue d'un navire associée à la figure de Janus sur l'*as* romain « concerne Saturne, et lui seul », alors qu'il est pourtant assez connu que le navire ou la barque était un des attributs de Janus lui-même ; et il est curieux aussi que, à propos de Saturne, on puisse appeler « ère pastorale » ce qui est en réalité l'« ère agricole », c'est-à-dire exactement le contraire, puisque les pasteurs sont essentiellement les peuples nomades, tandis que les agriculteurs sont les peuples sédentaires ; comment donc l'« ère pastorale » pourrait-elle bien coïncider avec la « formation des villes » ? Ce qui est dit des Dioscures n'en éclaircit guère la signification, et de même pour les Kabires ; mais, surtout, comment se fait-il que l'auteur ne semble pas avoir remarqué que le symbolisme de ces derniers est en étroite relation avec la métallurgie, et même plus spécialement encore avec le cuivre, ce qui aurait eu pourtant un rapport tout à fait direct avec son sujet ?

Noël de la Houssaye. – Le Phoenix, poème symbolique.

Éditions du Trident, Paris.

Nous n'avons pas qualité pour apprécier un poème comme tel, mais, au point de vue symbolique, celui-ci nous paraît moins clair qu'il n'eût été souhaitable, et même le caractère essentiellement « cyclique » et « solaire » du mythe du Phénix ne s'en dégage pas très nettement ; quant au symbole de l'œuf, nous avouons n'avoir pas réussi à comprendre comment il y est envisagé ; l'inspiration de l'ensemble, en dépit du titre, donne l'impression d'être plus « philosophique » que symbolique. D'autre part, l'auteur semble croire sérieusement à l'existence d'une certaine organisation dénommée « Frères d'Héliopolis » et à ses rapports avec une tradition égyptienne ; on se fait souvent, en Europe, de bien curieuses idées sur l'Égypte… Du reste, est-il bien sûr que ce soit à Héliopolis d'Égypte que le Phénix fut primitivement associé ? Il y eut aussi Héliopolis de Syrie, et, si l'on remarque que la Syrie ne fut pas toujours uniquement le pays qui porte ce nom encore aujourd'hui, ceci peut nous rapprocher davantage des origines ; la vérité, en effet, est que ces diverses « Cités du Soleil » d'une époque relativement récente ne furent jamais que des images secondaires de la « Terre solaire » hyperboréenne, et qu'ainsi, par delà toutes les formes dérivées qu'on connaît « historiquement », le symbolisme du Phénix se trouve directement rattaché à la Tradition primordiale elle-même.

MARS-AVRIL 1946

Robert Ambelain. – Dans l'ombre des Cathédrales.

Éditions Adyar, Paris.

Ce livre porte un sous-titre assez ambitieux : « Étude sur l'ésotérisme architectural et décoratif de Notre-Dame de Paris dans ses rapports avec le symbolisme hermétique, les doctrines secrètes, l'astrologie, la magie et l'alchimie », mais nous devons dire tout de suite que tout cela n'est guère justifié par le contenu, car, en fait, c'est à peu près uniquement de magie qu'il est question là-dedans, ou, du moins, tous les sujets qui y sont abordés sont ramenés, de parti pris en quelque sorte, à ce qu'on pourrait appeler la perspective magique. Cependant, on y parle souvent d'ésotérisme et même d'initiation ; mais c'est que celle-ci est elle-même confondue avec la magie, avec laquelle elle n'a pourtant rien à voir en réalité ; nous nous sommes déjà suffisamment expliqué sur cette confusion, en d'autres occasions, pour que nos lecteurs sachent ce qu'il convient d'en penser, mais il ne sera pas inutile d'insister quelque peu sur ce qui la rend ici plus particulièrement dangereuse.

En effet, le point de vue auquel se place l'auteur ne lui appartient pas entièrement en propre ; on y retrouve (et sans doute la dédicace du livre « à la mémoire de Fulcanelli » est-elle un indice assez significatif à cet égard) des traces d'une certaine initiation qu'on peut dire « dévoyée » et dont nous connaissons par ailleurs d'assez nombreux exemples, depuis la Renaissance jusqu'à notre époque. Précisons qu'il s'agit en principe d'une initiation de Kshatriyas (ou de ce qui y correspond dans le monde occidental), mais dégénérée par la perte complète de ce qui en constituait la partie supérieure, au point d'avoir perdu tout contact avec l'ordre spirituel, ce qui rend possibles toutes les « infiltrations » d'influences plus ou moins suspectes. Il va de soi qu'une des premières conséquences de cette dégénérescence est un « naturalisme » poussé aussi loin qu'on peut l'imaginer ; et il y a lieu d'y rattacher les affirmations « dualistes » comme nous en relevons à maintes reprises dans cet ouvrage, où l'on va jusqu'à prétendre que « les quatre principes essentiels de l'Initiation » sont « l'existence de deux forces contraires, de deux pôles opposés, et de leurs deux résultats » (p. 256) ; si l'unité principielle n'est pas absolument niée, du moins ne la considère-t-on que comme une simple possibilité dont il n'y a pas lieu de s'occuper davantage, ce qui est en somme l'expression d'une attitude nettement « agnostique » à l'égard de tout ce qui relève du domaine métaphysique. Une autre conséquence est le « luciférianisme », rendu possible par ce dualisme même, et d'ailleurs inhérent en quelque sorte à ce qu'on peut appeler la « révolte des Kshatriyas » ; à ce point de vue, nous noterons en particulier l'importance qui est donnée ici à une certaine version de la légende d'Hiram, dont la « source » se trouve chez Gérard de Nerval : qu'elle ne soit due qu'à la fantaisie de celui-ci, ou qu'elle soit basée, comme il le dit, sur quelque récit qu'il avait entendu réellement (et, en ce cas, elle appartiendrait vraisemblablement à quelqu'une des sectes hétérodoxes du Proche-Orient), elle n'a en tout cas rien de commun avec l'authentique légende d'Hiram de la Maçonnerie, et elle a eu, par surcroît, le sort plutôt fâcheux de devenir un des « lieux communs » de l'antimaçonnisme, qui s'en est emparé avec des intentions évidemment tout autres que celles qui la font utiliser ici, mais pour arriver en définitive au même résultat, c'est-à-dire, toute question d'appréciation à part, à attribuer à l'initiation un caractère « luciférien ». Signalons aussi, au même point de vue, une sorte d'obsession de la couleur verte, qui est donnée d'une part (p. 35) comme « la couleur luciférienne » (probablement parce qu'elle est la couleur de Vénus, que les Latins appelaient *Lucifer* en tant qu'« étoile du matin ») et d'autre part (p. 81) comme « la couleur de l'Initiation », rapprochement dont il est facile de tirer la conséquence ; l'effort qui est fait pour donner un sens spécial à cette couleur partout où elle se rencontre se rattache d'ailleurs à diverses histoires fort étranges dont nous avons eu à nous occuper il y a quelques années... Et ne va-t-on pas jusqu'à affirmer, avec une grande apparence de sérieux, que les lettres X et P du Labarum de Constantin doivent toute leur importance à ce qu'elles sont « les deux piliers du mot *chlôros*, signifiant vert en grec » (p. 73) ? Ceci nous amène à un autre trait caractéristique de ce dont s'inspire notre auteur : c'est l'emploi du procédé dit « Cabale hermétique » (il paraît que dans ce cas il faut écrire « Cabale », pour distinguer ce dont il s'agit de la Kabbale des Hébreux), ou encore « Cabale phonétique », qui aurait donné son nom à la « Cabalerie », autrement dit à la Chevalerie ! On se souviendra sans doute que nous avons eu souvent à relever l'abus de ces rapprochements verbaux chez certains écrivains trop imaginatifs, et d'ailleurs assez inconscients de ce à quoi ils peuvent servir quand ils sont maniés par des gens plus « avertis » ; mais ce qui importe surtout, c'est que ces « jeux de mots » ne sont pas autre chose que la déformation et comme la caricature d'un procédé traditionnel d'interprétation fondé sur un symbolisme phonétique réel, et qui s'apparente au *nirukta* hindou ; du reste, d'une façon plus générale, certaines vérités qui subsistent malgré tout à travers tout cela sont elles-mêmes présentées d'une manière qui les dénature entièrement, et parfois jusqu'à en renverser la signification légitime... Quoi qu'il en soit, il y a, paraît-il, de grandes conséquences à tirer du fait que l'« argot » est appelé aussi « langue verte » et qu'il est phonétiquement l'« art goth », c'est-à-dire non seulement l'« art gothique » des cathédrales, mais encore l'« art goétique » (p. 53), auquel nous allons en venir maintenant. En effet, ce n'est même pas simplement de magie qu'il s'agit ici, mais plus proprement de « magie noire » ; l'auteur ne déclare-t-il pas lui-même que « toute magie pratique est et ne peut être que satanique » (et il précise qu'il l'entend en ce sens qu'elle appartient au domaine du *Seth* égyptien, lequel est, ne l'oublions pas, le « dieu à la tête d'âne » !) et que « toutes les œuvres magiques, si altruistes paraissent-elles, sont du domaine de ce que le profane range dans le vocable de magie noire » (p. 147) ? Il est vrai qu'il s'efforce par ailleurs d'expliquer ces déclarations d'une façon qui en atténue la portée, mais où il y a, volontairement ou non, bien de la confusion ; en tout cas, ce qu'il y a de certain, c'est que, pour lui, « le magicien de tous temps s'est vêtu de noir » et n'a fait usage que d'accessoires également noirs, ce qui nous paraît d'ailleurs faux historiquement, mais n'en est pas moins significatif. Il est bien entendu que la couleur noire a un sens métaphysique que nous avons exposé nous-même, et qui est totalement différent du sens « sinistre » qu'elle a le plus ordinairement ; mais, comme ce sens supérieur est assurément fort éloigné du domaine où s'exerce l'activité du magicien, il ne saurait en être question ici ; et la façon même dont l'auteur veut changer la signification reconnue traditionnellement à certaines notions comme celles du « Soleil noir » ou du « Satellite sombre » est aussi bien suspecte... La justification de l'emploi des cierges noirs (pp. 224-225) n'est guère plus heureuse ; dans nos souvenirs (des souvenirs qui remontent d'ailleurs assez loin, car cela doit dater de près de quarante ans), ces cierges noirs se lient plus particulièrement à une histoire concernant un certain groupement dont il est précisément question en un autre endroit (p. 243), et qu'on veut défendre de l'accusation de « satanisme » en disant qu'il « est simplement une société secrète occultiste, rien d'autre » ; mais, à notre époque, n'y a-t-il pas bien des groupements plus ou moins consciemment « satanistes » qui en effet ne sont rien d'autre que cela ? Nous pourrions même, en ce genre, en citer au moins un qui, lui, revendiquait expressément son caractère « sataniste », et une allusion que nous avons rencontrée quelque part dans ce livre nous a montré qu'il n'était pas inconnu de l'auteur ; mais alors à quoi peut bien tendre cette protestation, qui vise en outre à faire prendre de tels groupements occultistes pour des « cercles initiatiques sérieux », ce qui est une véritable dérision ? Il nous faut d'ailleurs préciser encore que nous n'entendons point confondre « luciférianisme » et « satanisme » ; ce sont là deux choses distinctes, mais, de l'un à l'autre, le passage risque de s'effectuer presque insensiblement, comme une déviation poussée de plus en plus loin finit tout naturellement par aboutir à un renversement complet de l'ordre normal ; et ce n'est pas notre faute si, dans le cas qui nous occupe, tout est brouillé à tel point qu'on ne sait jamais exactement à quoi l'on a affaire... Les applications qui sont faites du « dualisme » sont bien loin d'être cohérentes : ainsi, l'initiation, assimilée à la magie comme nous l'avons dit, est opposée à la religion, ce qui n'empêche pas les rites religieux d'être ensuite, par une confusion inverse, identifiés aux rites magiques ; et, d'autre part, le Judaïsme et le Christianisme, qui incontestablement relèvent tous deux de la religion, sont pourtant opposés aussi l'un à l'autre ; à quels « pôles » peuvent bien correspondre respectivement les deux termes de ces différentes oppositions ? On ne le voit pas nettement, d'autant plus que, si le Christianisme est interprété dans un sens « naasénien » (pp. 256-257), le Dieu de Moïse, de son côté, est identifié à l'« Esprit de la Terre » (pp. 204-205), sans parler de l'insinuation plus qu'équivoque d'après laquelle, dans la lutte de Moïse contre les magiciens de Pharaon (p. 37), ce pourrait bien être Moïse qui aurait joué le rôle du « magicien noir » ! Il serait assurément bien difficile de débrouiller ce chaos, mais d'ailleurs ce n'est nullement nécessaire pour se rendre compte que les pratiques décrites dans ce livre, et sans que le lecteur soit jamais mis en garde comme l'exigerait tout au moins la plus élémentaire prudence, sont fort dangereuses pour la plupart, et que certaines d'entre elles relèvent même plutôt de la sorcellerie que de toute autre chose. À propos des dangers dont il s'agit, nous mentionnerons particulièrement la façon dont sont envisagées les pratiques divinatoires, qui seraient « presque toujours des pratiques évocatoires » (p. 112), ce qui ne ressemble guère aux anciennes sciences traditionnelles dont elles ne sont en réalité que des débris souvent incompris, mais ce qui a pour conséquence logique que, « quand on effectue une tentative divinatoire, on se met nécessairement en état de réceptivité, de passivité complète » (p. 273) ; il n'est que trop facile de comprendre quels peuvent être les funestes résultats d'une pareille manière d'opérer. L'auteur manifeste une prédilection très marquée pour la géomancie, qu'il compare assez malencontreusement à l'« écriture automatique » des spirites, et qui paraît être pour lui un moyen de communiquer avec l'« Esprit de la Terre » ; il s'en fait d'ailleurs une conception très spéciale (p. 98), qui, quoi qu'il en dise, ne relève que de la « magie cérémonielle » la plus typiquement occidentale, car ce n'est certes pas en Orient qu'on a jamais éprouvé le besoin de se livrer à tant de simagrées, s'il est permis de s'exprimer ainsi, pour pratiquer la géomancie… Ajoutons encore que, s'il se refuse parfois, pour des raisons plus ou moins obscures, à voir le diable là où il est, il lui arrive aussi, par contre, de le voir là où il n'est pas :

« Maître Pierre du Coignet » (pp. 241-242), que l'on voyait jadis à un angle du jubé de Notre-Dame, n'était point une figure du diable, mais tout simplement une caricature de Pierre de Cugnières, avocat général du Parlement sous Philippe de Valois, exécré du clergé de son temps pour avoir, dans une assemblée tenue en 1329, combattu l'extension qu'avait prise alors la juridiction des tribunaux ecclésiastiques (voir *Mémoire sur les Libertés de l'Église gallicane*, Amsterdam, 1755, pp. 245-248) ; c'est dire que ce n'est certes pas le clergé qui, au XVIIe siècle, avait intérêt à le faire disparaître comme on le prétend, mais, bien au contraire, les partisans de la suprématie du pouvoir civil, qui pouvaient se sentir atteints par cette injure permanente à la mémoire de leur lointain prédécesseur. Il y a donc là une méprise assez grossière, et c'est vraiment dommage, car elle servait merveilleusement les intentions de l'auteur : « Pierre du Coignet », c'est la « pierre du coin » ou la « pierre de l'angle », et il écrit ailleurs que le diable « est vraiment la base et la pierre d'angle de toute la théologie » de l'Église catholique (p. 56), ce qui est, on en conviendra, une singulière façon d'interpréter le symbolisme de la pierre angulaire ; et voilà un exemple assez instructif de ce à quoi peuvent mener les abus de la soi-disant « Cabale hermétique » ! Il y a aussi, il faut le dire, d'autres erreurs dont la raison d'être n'apparaît pas aussi clairement : ainsi, Valentin Andreae est donné comme le « pseudonyme » d'un « auteur allemand anonyme » (p. 24), alors que c'est le véritable nom d'un homme dont la vie et les œuvres sont très bien connues ; le grade maçonnique de Chevalier Rose-Croix est le septième et dernier du Rite Français, et non pas « le huitième » (p. 25), lequel n'a jamais existé ; c'est Platon et non pas Pythagore (p. 61), qui avait fait inscrire au fronton de son école les mots : « Que nul n'entre ici s'il n'est géomètre » ; ailleurs, la fête de saint Jean-Baptiste est rapportée à saint Jean l'Évangéliste (p. 168), et l'on prétend même tirer de là encore quelques conséquences non négligeables... À côté de ces erreurs qu'on peut dire historiques, il y a des erreurs linguistiques qui ne sont pas moins curieuses : par exemple *rekabim*, qui est d'ailleurs un mot au pluriel (mais le pluriel des mots hébraïques est constamment pris ici pour un singulier), n'a jamais voulu dire « bâton » (p. 11) ; *emeth* ne signifie pas « vie » (p. 124), mais « vérité », et *nephesh* est fort loin de désigner « l'esprit pur » (p. 153) ; le *heth* est pris à plusieurs reprises pour un *hé*, ce qui fausse entièrement l'analyse hiéroglyphique des mots où il entre, ainsi que toutes les déductions qui s'en suivent. L'hébreu, du reste n'est pas la seule langue à être ainsi maltraitée ; nous passerons sur les nombreux mots déformés qu'on pourrait à la rigueur imputer aux imprimeurs, bien que ce soit un peu difficile quand ils reviennent invariablement sous la même forme ; mais il n'est pas besoin d'être grand latiniste pour savoir que « Christ-Roi » ne se dit pas *Christum Rexus* (p. 283), ou encore que *Omnia ab uno et in unum omnia* ne signifie pas « Un est dans Tout et Tout dans Un » (p. 21), mais « Tout vient de l'Unité et retourne à l'Unité ». Certains pourraient peut-être s'en laisser imposer par les apparences d'une « érudition » assez considérable à première vue ; mais, comme les exemples que nous venons de donner le prouvent suffisamment, ces apparences sont bien trompeuses… Qu'on ne s'étonne pas que nous ayons jugé bon de nous étendre ainsi sur un tel livre et d'entrer dans le détail comme nous l'avons fait, car il est de ceux qui ne peuvent que contribuer à augmenter le désordre et la confusion dans l'esprit de bien des gens, et c'est pourquoi il est nécessaire de montrer aussi nettement que possible ce qu'il y a sous tout cela. Pour conclure, on pourrait dire, sans qu'il y ait là aucun « jeu de mots », que l'« ombre » dont il est question dans le titre doit sans doute être entendue dans son sens « sinistre » et inversé ; et c'est là, paraît-il, un avant-goût de ce que nous réserve la fameuse « ère du Verseau » !

Charles Reynaud-Plense. – Les vraies Centuries et Prophéties de Michel Nostradamus, le grand voyant de Salon, avec sa vie, et un glossaire nostradamique.

Imprimerie Régionale, Salon.

Cette nouvelle édition des « Centuries », dont nous abrégeons le titre qui est d'une longueur démesurée, ne brille pas précisément par sa présentation : le texte est plein de fautes de transcription (les *s* et les *ʃ*, notamment, y sont à chaque instant pris les uns pour les autres) ; la biographie qui le précède, accompagnée d'illustrations assez mal venues, est aussi « extérieure » que possible et ne laisse pas même entrevoir tout ce qu'il y a de véritablement énigmatique dans la vie de Nostradamus ; et le volume, dans son ensemble, a un certain air de « naïveté » qui semble l'apparenter au genre de ce qu'on est convenu d'appeler les « publications populaires ». Quant au « glossaire nostradamique » placé à la fin, ce pourrait assurément être là une chose fort utile ; mais, s'il faut louer l'auteur d'avoir rejeté quelques fantaisies un peu trop fortes de certains commentateurs récents (par exemple *Hister*, nom latin du Danube, pris pour *Hitler*, ce qui vaut bien le Pirée pris pour un homme…), il reste malheureusement encore, surtout en ce qui concerne les noms propres, bien des interprétations plus que contestables, comme la cité d'*Achem*, qui n'est point Jérusalem, ainsi que nous l'avons déjà signalé à propos d'un autre livre[69], ou *Annemarc*, qui est bien plutôt le Danemark que la Carmanie, ou encore *Arda* et *Zerfas* qu'on cherche à expliquer séparément, mais qui sont en réalité *Arets ha-Tserphath*, expression dont Nostradamus, qui était d'origine juive, connaissait assurément la signification dans la géographie rabbinique ; nous pensons que ces quelques exemples suffisent pour montrer qu'un tel glossaire ne doit être consulté qu'avec précaution… Et le tout s'achève, de façon plutôt bizarre, par une sorte de réclame « touristique » pour Salon et ses environs !

MAI 1946

Dr Swinburne Clymer. – *The Rosicrucian Fraternity in America. Vol. II.*

« The Rosicrucian Foundation », Quakertown, Pennsylvania.

Nous avons rendu compte précédemment (no d'avril 1937) du premier volume publié sous ce titre ; quant au second, qui est véritablement énorme (près de mille pages !), les circonstances ne nous ont pas encore permis d'en parler jusqu'ici. Le principal adversaire du Dr Clymer, l'*Imperator* de l'*A. M. O. R. C.*, est mort entre temps, mais cela n'enlève évidemment rien à l'intérêt que cet ouvrage présente à un point de vue spécial, puisqu'il s'agit là d'un cas typique de charlatanisme pseudo-initiatique, auquel viennent même

---

[69] [Compte rendu d'avril 1937 : Dr de Fontbrune. – *Les Prophéties de Nostradamus dévoilées : Lettre à Henri II.*]

s'adjoindre, ainsi que nous l'avons déjà expliqué, des influences d'un caractère encore plus suspect. Il faut d'ailleurs reconnaître que, comme d'autres l'ont déjà noté avant nous, le D$_r$ Clymer fait grand tort à sa cause en employant trop souvent un langage « argotique » et injurieux, dont le moins qu'on puisse dire est qu'il manque totalement de dignité ; mais peu nous importe au fond, car nous ne sommes nullement tenté de prendre parti dans une telle querelle. Quoi qu'on puisse penser du bien-fondé de ses prétentions, son exposé est en tout cas fort « instructif » à divers égards : c'est ainsi qu'on y voit, entre autres choses, comment un avocat peut s'entendre avec celui de la partie adverse pour arranger une affaire à l'insu de son client et au détriment des intérêts de celui-ci ; et il est malheureusement probable que de telles mœurs ne sont pas particulières à l'Amérique ! Il est d'ailleurs, redisons-le encore à ce propos, vraiment difficile de comprendre comment des organisations qui se disent initiatiques peuvent porter ainsi leurs différends devant une juridiction profane ; même si elles ne le sont pas réellement, cela ne change rien en l'occurrence, car, en bonne logique, elles devraient tout au moins se comporter extérieurement comme si elles étaient ce pour quoi elles veulent se faire passer. Il arrive nécessairement de deux choses l'une : ou bien le juge est profane lui-même, et alors il est incompétent par définition ; ou bien il est Maçon, et, comme des questions maçonniques sont aussi mêlées à toutes ces histoires, il doit, entre ses obligations de discrétion initiatique et les devoirs de sa charge publique, se trouver dans une situation plutôt fausse et singulièrement embarrassante... Au sujet des questions auxquelles nous venons de faire allusion, nous devons remarquer que le D$_r$ Clymer a sur la régularité maçonnique des idées tout à fait spéciales : de deux organisations pareillement irrégulières, et d'ailleurs de même origine, il n'a que des éloges pour l'une, tandis qu'il accable l'autre d'injures et de dénonciations ; la raison en est tout simplement que la première a adhéré à sa propre « Fédération » et la seconde à la « Fédération » rivale. Ces motifs plutôt mesquins n'empêchent pas, à vrai dire, la documentation concernant cette dernière, dénommée *F. U. D. O. S. I.*, autrement dit *Federatio Universalis Dirigens Ordines Societatesque Initiationis* (quel latin !), d'être, toujours au même point de vue, une des choses les plus intéressantes parmi toutes celles que contient le livre ; que les agissements de ces milieux soi-disant « fraternels » sont donc édifiants ! Nous avons retrouvé là-dedans de vieilles connaissances, parmi lesquelles quelques survivants de l'ancien mouvement occultiste français, qui semble ne pas vouloir se décider à disparaître tout à fait... Naturellement, il est de nouveau question aussi de Theodor Reuss, alias « Frater Peregrinus », d'Aleister Crowley et de leur *O. T. O.*, sans parler de beaucoup d'autres personnages (réels et imaginaires) et d'autres groupements d'un caractère non moins étrange ; tout cela, qui ne saurait se résumer, constitue un imposant recueil de documents que devrait consulter quiconque se proposera d'écrire quelque jour en détail la fantastique histoire des pseudo-initiations modernes.

Trésor Hermétique, comprenant Le livre d'Images sans paroles (Mutus Liber) où toutes les opérations de la philosophie hermétique sont représentées, réédité avec une Introduction par le Dr Marc Haven, et Le Traité symbolique de la Pierre philosophale en 78 figures par Jean Conrad Barchusen, réédité pour la première fois avec une Notice par Paul Servant.

P. Derain, Lyon.

Le titre complet, tel que nous venons de le transcrire, indique suffisamment quel est le contenu de ce volume, qui se présente comme le premier d'une « collection d'albums ésotériques » ; il s'agit de deux traités composés entièrement de figures, sans accompagnement d'aucun texte explicatif. Nous ne pouvons que recommander cette réédition à tous les amateurs de symboles hermétiques, qui y trouveront amplement de quoi exercer leur sagacité.

A. Cockren. – Alchemy Rediscovered and Restored.

Rider and Co., London.

Le titre de ce petit volume est plutôt ambitieux, mais, il faut bien le dire, le contenu n'y répond guère ; l'auteur est évidemment de ceux qui, concevant l'alchimie comme purement « matérielle », la réduisent tout simplement à n'être qu'une sorte de chimie spéciale ou, si l'on veut, d'« hyperchimie ». La première partie est une sorte de résumé de l'histoire de l'alchimie, interprétée naturellement dans le sens que nous venons d'indiquer ; les deux autres parties, respectivement théorique et pratique, contiennent « un exposé de l'extraction de la semence des métaux et de la préparation d'élixirs médicinaux suivant la pratique de l'Art hermétique et de l'Alkahest des Philosophes », ou, dirions-nous plutôt, suivant l'idée que s'en fait l'auteur. Ce qu'il y a de plus intéressant là-dedans, du moins au point de vue pratique qui seul peut être réellement valable en pareil cas, c'est incontestablement l'application médicale ; le principe n'en est d'ailleurs pas expressément indiqué, mais il est facile de comprendre qu'il s'agit en somme de traiter les maladies de chaque organe par des remèdes tirés du métal dont la correspondance astrologique est la même que celle de cet organe ; cela peut en effet donner des résultats appréciables, et il est évident qu'une telle médication, même si elle ne peut pas être dite proprement alchimique, n'en mériterait pas moins d'être expérimentée sérieusement.

Longfield Beatty. – The Garden of the Golden Flower.

Rider and Co., London.

Ce livre, dont le titre même est une allusion manifeste à l'interprétation du *Secret de la Fleur d'Or* donnée par C. J. Jung, est un exemple caractéristique de la fâcheuse influence exercée par les conceptions psychanalytiques sur ceux qui veulent s'occuper de symbolisme sans posséder des données traditionnelles suffisantes.

Assurément, l'auteur entend bien aller plus loin que les psychanalystes et ne pas se limiter au seul domaine reconnu par ceux-ci ; mais il n'en regarde pas moins Freud et ses disciples, et aussi Frazer d'un autre côté, comme des « autorités incontestées » dans leur ordre, ce qui ne peut que lui fournir un fort mauvais point de départ. Si sa thèse se bornait à envisager deux principes complémentaires, ainsi que leur union et ce qui en résulte, et à chercher à retrouver ces trois termes aux différents « niveaux » qu'il appelle respectivement « physique », « mystique » (?) et « spirituel », il n'y aurait certes rien à redire, puisque cela est effectivement conforme aux enseignements de toute cosmologie traditionnelle ; mais alors il n'y aurait évidemment nul besoin de faire appel à la psychanalyse, ni d'ailleurs à des théories psychologiques quelles qu'elles soient. Seulement, l'influence de celles-ci, et aussi celle du « totem » et du « tabou », apparaissent à chaque instant dans la façon spéciale dont ces questions sont traitées ; l'auteur ne va-t-il pas jusqu'à faire de l'« inconscient » la source de tout symbolisme, et du trop fameux « complexe d'Œdipe » (quels que soient d'ailleurs les efforts qu'il fait pour en « spiritualiser » la signification) le point central de toutes ses explications. Celles qu'il donne au sujet des « héros solaires » et d'autres « mythes » et « légendes », et qui forment la plus grande partie de l'ouvrage, sont d'ailleurs, d'une façon générale, extrêmement confuses, et lui-même ne semble pas toujours très sûr de leur exactitude ; on a l'impression qu'il essaie de procéder par une série d'approximations successives, sans qu'on puisse voir nettement à quoi elles le conduisent ; et les correspondances plutôt embrouillées et souvent douteuses qu'il indique dans divers tableaux (il les appelle assez singulièrement des « équations ») ne sont guère de nature à éclaircir son exposé. Ajoutons encore que, sur les doctrines traditionnelles elles-mêmes, son information, à en juger par la bibliographie placée à la fin du livre, semble être bien restreinte et ne provenir trop souvent que d'écrits fort peu dignes de confiance sous ce rapport ; comme ceux des théosophistes par exemple (la *Secret Doctrine*, de M_{me} Blavatsky, et... l'*Esoteric Christianity*, de M_{me} Besant), ou encore la *Mystical Qabbalah*, de Dion Fortune, dont nous avons parlé ici autrefois (n_o de décembre 1937)[70] ; sa connaissance de la tradition extrême-orientale paraît se réduire à peu près à la *Creative Energy*, de Mears, qui est une interprétation « christianisée » et passablement fantaisiste du *Yi-king* ; tout cela est assurément bien insuffisant, mais, au fond, c'est cette insuffisance même qui explique qu'il ait pu se laisser séduire si facilement par la psychanalyse... Nous n'y insisterons pas plus longuement, mais nous noterons pourtant encore que l'étrange idée d'un Antéchrist féminin, qu'il a tirée du *Gospel of the Witches* de Leland et à laquelle il attribue une certaine importance, car il y revient à plusieurs reprises, ne présente pas de meilleures garanties que le reste au point de vue authentiquement

---

[70] [*La Cabale mystique*.]

traditionnel !

Pierre Lhermier. – *Le mystérieux Comte de Saint-Germain, Rose-Croix et diplomate.*

Éditions Colbert, Paris.

Ce livre, publié après la mort de son auteur, est une étude historique assez superficielle et qui, à vrai dire, n'éclaircit pas beaucoup le « mystère » dont il s'agit. M. Lhermier expose tout d'abord les multiples hypothèses qui ont été émises au sujet des origines du comte de Saint-Germain ; il ne se prononce pour aucune d'elles, mais semble cependant incliner à admettre qu'il pouvait appartenir à la famille des Stuart, ou tout au moins à leur entourage. Une des raisons qu'il en donne repose d'ailleurs sur une confusion assez étonnante : « Saint-Germain était Rose-Croix, écrit-il textuellement, c'est-à-dire qu'il appartenait à la Franc-Maçonnerie de rite écossais, à tendance catholique et stuartiste… ». Faut-il dire que la Maçonnerie « jacobite » n'était nullement le Rite écossais et ne comportait aucun grade de Rose-Croix, et aussi, d'autre part, que ce grade, en dépit de son titre, n'a rien à voir avec le Rosicrucianisme dont Saint-Germain aurait été un des derniers représentants connus ? La plus grande partie du volume est consacrée au récit, entremêlé d'anecdotes diverses, des voyages au cours desquels le héros aurait rempli, pour le compte de Louis XV, des missions secrètes en rapport avec diverses affaires politiques et financières ; dans tout cela encore, il y a bien des points douteux, et ce n'est là, en tout cas, que le côté le plus extérieur de cette existence énigmatique. Signalons que, d'après l'auteur, certains propos extraordinaires tenus par Saint-Germain, notamment au sujet de l'âge qu'il s'attribuait, devraient en réalité être mis sur le compte d'un mystificateur nommé Gauve, qui se faisait passer pour lui, paraît-il, à l'instigation du duc de Choiseul, lequel voulait par là discréditer un homme en qui il voyait un dangereux rival. Nous passerons sur l'identification de Saint-Germain avec quelques autres personnages mystérieux, ainsi que sur bien d'autres choses plus ou moins hypothétiques ; mais nous devons tout au moins faire remarquer qu'il lui est prêté, sur la foi de quelques indices plutôt vagues, une sorte de philosophie « panthéiste » et « matérialiste » qui n'aurait certes rien d'initiatique ! Dans les dernières pages, l'auteur revient sur ce qu'il appelle la « secte des Rose-Croix », d'une façon qui semble quelque peu contradictoire avec l'assertion que nous citons plus haut ; comme il en parle d'ailleurs d'après des « sources » telles que M$_{me}$ Besant et F. Wittemans, voire même Spencer Lewis, *Imperator* de l'*A. M. O. R. C.*, sans compter un certain « Fr. Syntheticus, écrivain occultiste dont l'œuvre fait loi » (!), il n'y a certes pas lieu de s'étonner qu'il ait là-dessus des notions prodigieusement confuses, et que, même au simple point de vue historique auquel il veut s'en tenir, ce qu'il en dit n'ait guère de rapport avec la vérité. Cela prouve encore une fois de plus qu'un certain scepticisme n'est pas toujours ce qui garantit le mieux du danger d'accepter sans contrôle les pires rêveries ; quelques connaissances traditionnelles, fussent-elles d'un ordre élémentaire, seraient assurément beaucoup plus efficaces à cet égard.

G. de Chateaurhin. – Bibliographie du Martinisme.

Derain et Raclet, Lyon.

Cette bibliographie (dont l'auteur nous paraît avoir une très étroite parenté avec M. Gérard van Rijnberk, dont nous avons examiné en son temps l'ouvrage sur Martines de Pasqually[71]) comprend sous la dénomination commune de « Martinisme », suivant l'habitude qui s'est établie surtout du fait des occultistes contemporains et de leur ignorance de l'histoire maçonnique du XVIII$_e$ siècle, plusieurs choses tout à fait différentes en réalité : l'Ordre des Élus Coëns de Martines de Pasqually, le Régime Écossais Rectifié avec J.-B. Willermoz, le mysticisme de L.-Cl. de Saint-Martin, et enfin le Martinisme proprement dit, c'est-à-dire l'organisation récente fondée par Papus. Nous pensons qu'il aurait été préférable de la diviser en sections correspondant à ces différents sujets, plutôt qu'en « ouvrages consacrés spécialement au Martinisme » et « ouvrages dans lesquels il est traité du Martinisme incidemment », ce qui aurait pu être plutôt une simple subdivision de chacune de ces sections ; quant aux « sources doctrinales » qui sont ici mentionnées à part, ce sont uniquement les écrits de Martines de Pasqually et de L.-Cl. de Saint-Martin, et, en fait, il ne pouvait guère y en

---

[71] [*L'énigme de Martines de Pasqually* (mai à juillet 1936).]

avoir d'autres. Il aurait été bon aussi de marquer d'une façon quelconque, surtout pour les ouvrages récents, une distinction entre ceux qui ont un caractère soit martiniste, soit maçonnique, ceux qui sont au contraire écrits dans un esprit d'hostilité (ce sont surtout des ouvrages antimaçonniques), et ceux qui se placent à un point de vue « neutre » et purement historique ; le lecteur aurait pu ainsi s'y reconnaître beaucoup plus aisément. La liste nous paraît en somme assez complète, bien que le *Discours d'initiation* de Stanislas de Guaita, qui eût mérité d'y trouver place, en soit absent ; mais nous ne voyons vraiment pas très bien quel intérêt il y avait à y faire figurer cette invraisemblable mystification qui s'appelle *Le Diable au XIX$_e$ siècle* (sans mentionner d'ailleurs la brochure intitulée *Le Diable et l'Occultisme* que Papus écrivit pour y répondre), d'autant plus que, par contre, on a négligé de citer le *Lucifer démasqué* de Jean Kostka (Jules Doinel), où le Martinisme est pourtant visé beaucoup plus directement.

JUIN-JUILLET 1946

Ananda K. Coomaraswamy. – *Why exhibit Works of Art* ?

Luzac and Co., London.

Dans ce volume, M. Coomaraswamy a réuni diverses études « sur la vue traditionnelle ou normale de l'art », dont quelques-unes sont déjà connues de nos lecteurs. Dans la première, qui donne son titre au livre, l'auteur montre d'abord l'inutilité d'exposer dans les musées des œuvres d'artistes vivants, ce qui ne peut avoir d'autres raisons que de satisfaire la vanité de ceux-ci ou de leur faire une sorte de « réclame » commerciale gratuite ; du reste, tout objet, de quelque genre qu'il soit, devrait normalement être fait pour des fins qui n'ont rien de commun avec une telle exposition. Quand il s'agit au contraire d'objets anciens ou exotiques, la question est toute différente, et l'on peut alors parler d'un but « éducatif », mais seulement à certaines conditions : ce qui doit être compris avant tout, à cet égard, c'est le point de vue même de ceux qui firent ces œuvres d'art, lesquelles n'étaient nullement pour eux, comme pour les modernes, des objets inutiles et n'ayant d'autre valeur que celle qui résulte d'une appréciation « esthétique », c'est-à-dire purement sentimentale. Selon toute conception traditionnelle (et le témoignage de Platon est cité ici tout particulièrement), une œuvre d'art ne méritait vraiment ce nom que si elle était apte à satisfaire en même temps des besoins d'ordre corporel et spirituel, c'est-à-dire si elle était tout à la fois un objet usuel et un « support de contemplation ». En pareil cas, il s'agit toujours essentiellement de la représentation de formes invisibles et intelligibles, et non point de l'imitation des choses sensibles, le véritable modèle d'après lequel l'artiste travaille étant une idée qu'il contemple en lui-même ; en d'autres termes, il n'y a d'art réel que celui qui présente une signification symbolique, et, en ce sens, l'art est en quelque sorte l'antithèse de ce que les modernes entendent par « éducation visuelle ». D'autre part, le public devrait être naturellement amené à se demander pourquoi des objets d'une qualité comparable à ceux qu'il voit dans les musées ne se trouvent plus aujourd'hui dans l'usage courant, et à se rendre compte par là de la profonde déchéance qu'implique l'état de choses actuel, avec la séparation complète qui y est établie entre une production industrielle qui n'a absolument rien d'artistique et un art qui n'a plus aucun rapport réel avec la vie. Enfin, il est essentiel, pour comprendre les œuvres d'art, de ne pas les interpréter dans les termes de la psychologie occidentale moderne, et, en particulier, d'écarter complètement le point de vue « esthétique » avec tout ce qu'il comporte, aussi bien que l'idée d'une « ornementation » dépourvue de signification, ou encore de celle d'une « inspiration » supposée provenir d'objets extérieurs, ce qui n'est d'ailleurs qu'un grossier contresens bien caractéristique de la confusion moderne ; le rôle d'un musée ne doit pas être d'amuser le public ou de flatter ses goûts, mais de faire appel à ses facultés de compréhension et de lui montrer en quoi consiste réellement la vérité et la beauté d'une œuvre d'art. – Le second chapitre, *The Christian and Oriental or True Philosophy of Art*, le troisième, *Is Art Superstition or a Way of Life* ? et le quatrième, *What is the Use of Art anyway* ? ont été publiés précédemment en brochures séparées dont nous avons rendu compte en leur temps (voir n_{os} d'avril et juillet 1937, de novembre et décembre 1937 et de janvier 1940). À la seconde de ces trois études a été ajoutée une note répondant à un critique qui avait reproché à l'auteur de préconiser le « retour à un état de choses passé », celui du moyen âge, alors qu'il s'agissait en réalité d'un « retour aux premiers principes », comme si ces principes pouvaient dépendre d'une question d'époque, et comme si leur vérité n'était pas essentiellement intemporelle ! – Dans *Beauty and Truth*, qui porte en épigraphe cette citation de saint Thomas d'Aquin : « *Ex divina pulchritudine esse omnium derivatur* », la connexion de la beauté avec la faculté cognitive, et par suite avec la sagesse et la vérité, est expliquée en se référant principalement aux doctrines du moyen âge chrétien ; et l'application en est faite aux œuvres écrites aussi bien qu'aux monuments architecturaux de cette époque, les mêmes principes étant également valables pour toutes les formes de l'art traditionnel. – Nous avons déjà parlé de *The Nature of Mediaeval Art* lors de sa publication en article (voir n$_o$ de mai 1940). – *The Traditional Conception of Ideal Portraiture* expose tout d'abord la distinction qui est faite, dans les textes indiens (hindous et bouddhiques), entre l'apparence extérieure d'un homme, avec ses particularités individuelles, et l'image intérieure de l'homme, invisible à l'œil corporel, mais accessible à l'œil de la contemplation ; cette dernière est proprement celle d'un « type » qui correspond à l'essence spirituelle de l'être, et c'est à cette conception que se rapportent toutes les figurations hiératiques dans lesquelles la ressemblance physique n'est aucunement prise en considération, à tel point que souvent de tels « portraits » se distinguent à peine des images divines. Ensuite sont étudiés des textes occidentaux faisant la même distinction fondamentale, depuis les livres hermétiques et les néo-platoniciens jusqu'à Eckart ; à ce propos, M. Coomaraswamy fait remarquer très justement que le texte évangélique bien connu :

« Celui qui M'a vu a vu le Père » (*St Jean*, XIV, 9), ne peut évidemment s'entendre d'une apparence humaine visible corporellement, et implique par conséquent aussi cette même distinction. L'art chrétien du moyen âge présente aussi des figures hiératiques tout à fait comparables à celles de l'Inde, et également dépouillées des caractères individuels ; mais la tendance « naturaliste » et « humaniste », visant uniquement à reproduire la ressemblance physique de l'homme, commence à apparaître dès la fin du XIII$_e$ siècle (qui est aussi, comme nous l'avons expliqué en diverses occasions, la fin du véritable moyen âge), et son accentuation graduelle est liée à tout l'ensemble de la dégénérescence moderne. – Vient ensuite *The Nature of « Folklore » and « Popular Art »*, qui est le texte anglais d'un article paru ici même (n₀ de juin 1937). – Enfin, le volume se termine par une note intitulée *Beauty of Mathematics*, à propos d'un ouvrage du professeur G. H. Hardy, *A Mathematician's Apology* ; celui-ci, qui semble ne connaître que les conceptions modernes et « esthétiques » de l'art, met pour cette raison la beauté des mathématiques au-dessus de celle de l'art ; mais M. Coomaraswamy montre que, s'il avait connu les conceptions traditionnelles, il aurait vu que c'est de la même beauté « intelligible » qu'il s'agit en réalité dans l'un et l'autre cas.

Carlo Kerényi. – La Religione antica nelle sue linee fondamentali.

Traduzione di Delio Cantimori
(Nicola Zanichelli, Bologna).

Ce livre est assurément fort loin d'être écrit à un point de vue traditionnel, mais il contient certaines idées qu'il peut être intéressant pour nous d'examiner d'un peu près ; et, tout d'abord, il faut dire que l'auteur a grandement raison d'insister sur l'erreur commise trop fréquemment par ceux qui, ne connaissant qu'une seule forme de civilisation et n'ayant aucunement conscience de ses limites, prétendent appliquer partout des conceptions qui ne sont valables que pour leur propre milieu. On pourrait seulement se demander si lui-même est toujours parfaitement exempt de ce défaut : ainsi, par exemple, n'est-ce pas une façon de voir propre aux Occidentaux modernes que celle qui réduit la « religion » (c'est-à-dire en somme ici la tradition) à n'être qu'un des éléments d'une civilisation parmi les autres, même si l'on ajoute, ce qui n'est qu'un correctif très insuffisant, que cet élément pénètre en quelque sorte la civilisation tout entière ? Quoi qu'il en soit, sa critique est tout à fait juste en elle-même, et elle l'est en particulier à l'égard d'une certaine « psychologie de la religion » ; mais il faudrait aller en ce sens beaucoup plus loin qu'il ne le fait, et dire qu'il sera toujours illusoire de vouloir traiter la religion psychologiquement ; qu'elle ait, entre beaucoup d'autres, des effets d'ordre psychologique, cela n'est pas contestable, mais ces effets ne constituent aucunement la religion elle-même. Celle-ci n'est pas un « système de réalités psychiques » ; même si l'on admet qu'elles ne sont pas de simples illusions « subjectives », parce qu'il y correspond des réalités extra-psychiques, « dans le domaine de l'esprit ou dans celui de la nature », ce n'en est pas moins renverser les véritables rapports que de les prendre ici pour point de départ ; et nous retrouvons encore là le postulat « humaniste » qui est l'erreur fondamentale commune à tous les « historiens des religions ». Une autre erreur non moins grave est celle-ci : que la « religion antique » (par quoi il faut seulement entendre ici celle des Grecs et des Romains) soit « bien connue comme religion de la nature », c'est-à-dire qu'on ait pris l'habitude de la considérer comme telle, cela ne veut nullement dire que cette assertion soit vraie ; qu'on n'entende pas par là une « vénération de phénomènes naturels incompris », et qu'on veuille dire seulement que son horizon était exclusivement borné au « cosmos », cela n'y change rien, car c'est l'idée même qu'il existe ou qu'il peut exister des « religions naturelles » qui est radicalement fausse et en opposition formelle avec la véritable notion de ce qui présente un caractère proprement traditionnel, mais, par contre, en parfait accord avec tous les préjugés antitraditionnels de la mentalité moderne. Du reste, l'auteur tombe sans s'en apercevoir dans une contradiction assez significative ; il reconnaît que, dans tout ce qu'il considère comme « religieux », il y a toujours un « contenu spirituel », mais il ne comprend pas que précisément ce qui est spirituel appartient comme tel à un ordre de réalité qui est au-delà du « cosmos » (bien que nous l'ayons pourtant vu faire par ailleurs une distinction, qui ne se comprend guère dans ces conditions, entre « le domaine de l'esprit et celui de la nature ») ; et pourquoi faudrait-il supposer, comme il paraît le faire au moins implicitement, que le « surnaturel » ne mérite ce nom que quand il est conçu sous un mode spécifiquement chrétien ? – Un autre point important est celui qui concerne la conception des fêtes : il est très vrai qu'il y a des moments qui ont une « qualité » particulière, dans l'ordre cosmique et dans l'ordre humain tout à la fois ; mais, quand on dit que, entre ces moments et le reste de l'existence, il y a comme un « changement de plan » et une discontinuité, cela implique une distinction du « sacré » et du « profane » qui, bien loin d'être « primitive », ne correspond qu'à un certain état de dégénérescence ; dans une civilisation intégralement traditionnelle, où tout a un caractère « sacré », il ne peut y avoir là qu'une simple différence de degré. Ce qui est juste et intéressant, c'est la remarque que toute fête comporte une part de « jeu », qui est d'ailleurs comme une participation au « libre jeu des dieux » tel qu'il fut au « commencement » ; mais il faudrait ajouter que le jeu lui-même, entendu dans son vrai sens (qui n'est point, contrairement à ce que pense l'auteur, le sens profane que lui donnent les modernes), a originairement un caractère essentiellement rituel ; et c'est cela seul qui permet d'expliquer que non seulement il n'exclut pas le « sérieux », mais que même il l'implique au contraire nécessairement aussi bien que toute autre sorte de rites (cf. à ce sujet les articles de M. Coomaraswamy dont nous parlons d'autre part[72]). – Nous n'entrerons pas dans le détail des discussions philologiques destinées à fixer les caractères de ce qui est appelé le « style religieux grec et romain » ; nous dirons seulement que, pour pouvoir déterminer réellement la signification première de certains termes sans la réduire à ses aspects les plus extérieurs, il faudrait d'autres connaissances que celles des linguistes profanes... Les considérations sur la *Theôria*, aboutissant à caractériser l'attitude grecque comme une « religion de la vision », ne sont pas dépourvues d'intérêt ; mais à vrai dire nous ne voyons pas ce qu'il y a de spécialement grec dans le fait d'assimiler la connaissance à une « vision », ou dans celui de regarder le monde sensible comme un ensemble de symboles à travers lesquels il est possible de percevoir un autre ordre de réalité (mais pourquoi celui-ci ne devrait-il jamais dépasser les limites du « cosmos » ?) ; tout cela (et aussi le symbolisme du « regard divin ») se retrouve en somme dans toutes les traditions, et, au surplus, l'affirmation d'une connexion entre le corporel et le spirituel ne peut sembler extraordinaire qu'à des modernes. D'autre part, quand on définit la *religio* romaine par l'observation d'un « monde de signes », qu'on veut distinguer d'un « monde de symboles » en ce que ces signes, au lieu d'avoir un caractère intemporel et une valeur de pure connaissance, n'auraient qu'une portée toute pratique et en quelque sorte « divinatoire », nous nous demandons si une telle conception n'est pas trop étroite, et aussi s'il n'y a pas quelque chose d'un peu artificiel à parler à cet égard d'une « audition » qui s'opposerait à la « vision ». En fait, les deux symbolismes de la vision et de l'audition appartiennent également à la tradition universelle, et, bien que tel ou tel peuple puisse assurément avoir développé l'un de préférence à l'autre, ils sont si loin de s'exclure qu'ils se

---

[72] [Dans les comptes rendus de revues du même no.]

trouvent parfois étroitement unis (ainsi, les *Rishis* sont proprement des « voyants », et cependant ils ont « entendu » le *Vêda*) ; et de même, s'il est vrai que les Grecs aient donné plus d'importance aux représentations spatiales et les Romains aux représentations temporelles, ce ne peut être là en tout cas qu'une question de proportions, et il faut se garder de trop « schématiser ». – L'auteur étudie ensuite le culte, envisagé comme expression des rapports de l'homme avec la Divinité ; il reconnaît la limitation (peut-être faudrait-il plutôt dire l'atrophie complète) de certaines facultés chez les modernes, qui, pour cette raison même, prennent pour une simple question de « foi » (au sens vulgaire de croyance) ce qui était pour les anciens une véritable « expérience » (et, ajouterons-nous, une expérience tout autre que « psychologique »). Sur des choses telles que la « présence divine », la « réalité de l'âge d'or », l'opposition de l'« esprit divin » (identique au *noûs*) et de l'« esprit titanique », il y a là des vues très dignes d'attention, mais dont les conclusions restent malheureusement assez vagues et, dirions-nous volontiers, plus « littéraires » que vraiment « techniques ». En ce qui concerne les Romains, le rôle très effacé du mythe, du moins antérieurement à l'influence grecque, donne tout son relief au côté « cultuel » ; et, à ce propos, il y aurait eu beaucoup à dire sur la notion de l'action accomplie *rite* (cf. le sanscrit *rita*), qui est bien loin de se réduire, comme certains l'ont cru, à une conception uniquement « juridique » (conception qui serait plutôt, inversement, une sorte de dégénérescence de cette notion même) ; mais, là encore, on sent le manque d'une connaissance directe et effective des rites (nous ne voulons pas dire, bien entendu, des rites romains ou grecs en particulier, puisqu'ils appartiennent à des formes traditionnelles disparues, mais tout simplement des rites en général). D'autre part, la vie du *Flamen Dialis*, qui est décrite en détail, est un exemple remarquable d'une existence demeurée entièrement traditionnelle dans un milieu qui était déjà devenu profane dans une assez large mesure ; c'est ce contraste qui fait son étrangeté apparente, et cependant, bien que ceci échappe évidemment à l'auteur, c'est un tel type d'existence, où tout a une valeur symbolique, qui devrait être considéré comme véritablement « normal ». – Nous ne pouvons allonger ces remarques indéfiniment, et, bien que d'autres points encore eussent sans doute mérité d'être signalés, nous nous contenterons d'ajouter qu'un appendice contenant des spéculations sur la non « existence », fortement inspirées de certaines théories philosophiques contemporaines, ne nous paraît guère de nature à élucider, comme il en a la prétention, les idées des anciens sur la mort, qui étaient certainement beaucoup moins « simplistes » que celles des modernes ; mais comment faire comprendre à ceux-ci que ce qui ne tombe pas sous les sens corporels n'en peut pas moins être l'objet d'une connaissance parfaitement réelle et qui n'a absolument rien de commun avec de simples rêveries « psychologiques » ?

AOÛT 1946

Ananda K. Coomaraswamy. – *Hinduism and Buddhism.*

Philosophical Library, New York.

Cet ouvrage est divisé en deux parties en quelque sorte parallèles, dont la première se rapporte à l'Hindouisme et la seconde au Bouddhisme, bien que l'auteur estime qu'il eût peut-être mieux valu traiter le tout comme un sujet unique, afin de faire ressortir encore davantage la concordance réelle de l'un et de l'autre. Il fait tout d'abord remarquer très justement qu'on pourrait en quelque façon donner un exposé fidèle de l'Hindouisme en niant catégoriquement la plupart des assertions émises à son égard par les érudits occidentaux, voire même par certains Hindous modernes et occidentalisés. Il précise ensuite ce qu'est le « mythe » entendu dans son véritable sens, et conçu comme essentiellement valable en dehors de toute condition particulière de temps et d'espace : *agrê*, « au commencement », signifie encore plus exactement « au sommet », c'est-à-dire « dans la cause première » ou « dans le Principe » (comme le grec *en archê* et le latin *in principio*) ; dans toute description symbolique du processus cosmogonique, c'est donc d'un « commencement » intemporel qu'il s'agit véritablement. Le Sacrifice (*yajna*) est une imitation rituelle de « ce qui fut fait par les Dieux au commencement » ; il est donc comme un reflet du « mythe », d'ailleurs inversé comme tout reflet, en ce sens que ce qui avait été un processus de génération et de division devient maintenant un processus de régénération et de réintégration. Pour pouvoir comprendre cette opération, il faut avant tout se demander « ce qu'est Dieu » et « ce que nous sommes » : Dieu est une Essence sans dualité (*adwaita*), mais qui subsiste dans une double nature, d'où la distinction du « Suprême » (*para*) et du « Non-Suprême » (*apara*), auxquels correspondent, à des points de vue divers, toutes les dualités dont un des termes, étant subordonné à l'autre, est contenu « éminemment » dans celui-ci ; et nous trouvons aussi en nous-mêmes ces deux termes, qui sont alors le « Soi » et le « moi ». Le Sacrifice a pour fonction essentielle de « réunir ce qui a été séparé », donc, en ce qui concerne l'homme, de ramener le « moi » au « Soi » ; cette réunion est souvent représentée symboliquement comme un mariage, le terme supérieur d'une telle dualité étant masculin et le terme inférieur féminin l'un par rapport à l'autre. Il ne faut d'ailleurs pas oublier que, au point de vue intégralement traditionnel, toute action doit être considérée normalement comme « sacrée », c'est-à-dire comme ayant un caractère « sacrificiel » (de *sacra facere*), de sorte que, par là, la notion du Sacrifice peut être étendue à la vie humaine tout entière ; et c'est en quoi consiste proprement la « voie des œuvres » (*karma mârga*) de la *Bhagavad-Gîtâ*, qui est naturellement à l'opposé de la conception profane des modernes. D'autre part, le Sacrifice, étant accompli *in divinis* par *Vishwakarma*, demande, dans son imitation rituelle en ce monde, une coopération de tous les arts (*vishwâ karmâni*), d'où il résulte que, dans l'ordre social traditionnel, toutes les fonctions, quelles qu'elles soient, revêtent aussi un caractère sacré ; mais, en même temps, l'organisation sociale, non plus que les œuvres, ne saurait être considérée comme une fin en elle-même, et elle doit être telle qu'elle rende possible à chacun de ses membres la réalisation de sa propre perfection : c'est à quoi répond, dans l'Hindouisme, l'institution des quatre *âshramas*, par laquelle tout est ordonné en vue de l'obtention de la Délivrance finale.

Passant ensuite au Bouddhisme, M. Coomaraswamy remarque qu'il semble différer d'autant plus de l'Hindouisme qu'on l'étudie plus superficiellement, et que, à mesure qu'on l'approfondit, il devient de plus en plus difficile de préciser les différences ; et l'on pourrait dire que, en Occident, « le Bouddhisme a été admiré surtout pour ce qu'il n'est pas ». Le Bouddha lui-même n'a d'ailleurs jamais prétendu enseigner une doctrine nouvelle, ni, dans les préceptes qu'il donnait à ses auditeurs « laïques », prêcher une

« réforme sociale » ; en fait, l'essentiel de son enseignement s'adressait aux membres d'un « ordre monastique », à l'intérieur duquel il ne pouvait subsister aucune distinction sociale, puisqu'il s'agissait d'hommes ayant déjà abandonné le monde, comme les *sannyâsîs* de l'Hindouisme. Ici, le « mythe » est représenté par la « vie » même du Bouddha, qui offre tous les traits de l'*Avatâra*, devant lesquels les particularités individuelles se sont entièrement effacées ; la majorité des modernes ont supposé, d'après cela, qu'il s'agissait d'un homme qui aurait été « divinisé » ultérieurement, mais cette conception « évhémériste » est au rebours de la vérité : ce qui se dégage de tous les textes authentiques, c'est qu'il s'agit au contraire de la « descente » d'un Archétype céleste revêtant une forme humaine, et dont la « naissance » et l'« éveil » représentent, pourrait-on dire, des événements intemporels. Au sujet de la doctrine, M. Coomaraswamy s'attache tout particulièrement à montrer la fausseté de l'interprétation suivant laquelle le Bouddha aurait nié l'*âtmâ* : quand, parlant des modifications individuelles, contingentes et transitoires, il a dit, contre ceux qui identifient leur être même avec ces accidents (et parmi lesquels il aurait assurément inclus Descartes avec son *Cogito ergo sum*), que « cela n'est pas le Soi », on comprend comme s'il avait dit qu'« il n'y a pas de Soi » ; et cela est d'autant plus absurde que lui-même, dans son état de Bouddha, ne peut être conçu autrement que comme identique au « Soi ». Nous ne pouvons entrer davantage dans le détail, mais nous devons tout au moins signaler une excellente interprétation du terme *Nirvâna* ; c'est là encore une question qui a en effet grand besoin d'être mise au point, après toutes les confusions qui y ont été introduites par les orientalistes. Un autre point qui est d'un grand intérêt est celui-ci : les noms et épithètes du Bouddha, d'une façon générale, sont, aussi bien que ses actes, ceux mêmes que la tradition vêdique rapporte plus spécialement à *Agni* et à *Indra*, à qui aussi la désignation d'*Arhat* est très souvent appliquée ; or *Agni* et *Indra* sont respectivement le Sacerdoce et la Royauté *in divinis* ; c'est précisément avec ces deux possibilités que le Bouddha est né, et l'on peut dire que, en choisissant la première, il les a réalisées toutes deux, car c'est là un des cas où, comme il a été dit plus haut, l'un des deux termes est contenu « éminemment » dans l'autre. – Nous avons appris qu'une traduction française de cet important ouvrage est actuellement en préparation et il est à souhaiter qu'elle ne tarde guère à paraître.

Ananda K. Coomaraswamy. – *Spiritual Authority and Temporal Power in the Indian Theory of Government.*

American Oriental Society, New Haven, Connecticut.

Dans cet autre livre, où nous retrouvons, développées, précisées et appuyées de nombreuses références, quelques-unes des considérations qui étaient déjà indiquées dans le précédent, M. Coomaraswamy redresse une erreur commise par certains, notamment J. Evola et A. M. Hocart, au sujet des rapports du Sacerdoce et de la Royauté. Ceux-ci, en effet, ont prétendu que le Sacerdoce avait un rôle féminin vis-à-vis de la Royauté, ce qui tend naturellement à attribuer la suprématie à cette dernière ; mais c'est là un renversement complet de l'ordre hiérarchique réel. En fait, les rapports dont il s'agit sont exprimés rituellement par des formules de mariage telles que celle-ci : « Je suis Cela, tu es Ceci ; je suis le Ciel, tu es la Terre », etc. (*Aitarêya Brâhmana*, VIII, 27) ; or c'est le *Purohita*, c'est-à-dire le Brâhmane, qui adresse ces paroles au Roi lors du sacre (*râjasûya*), et non pas l'inverse comme il a été affirmé à tort. Il s'agit là d'un de ces couples dont les deux termes ne sont nullement symétriques, le premier contenant en principe le second, tandis que celui-ci est subordonné à celui-là et n'existe en somme que par lui (ce qui revient à dire qu'ils sont relativement *sat* et *asat*) ; c'est pourquoi le Sacerdoce est absolument indépendant de la Royauté, tandis que la Royauté ne saurait exister valablement sans le Sacerdoce. Ceci est d'ailleurs confirmé par l'examen des rapports entre leurs types divins : *Agni*, qui est le Sacerdoce (*brahma*), et *Indra*, qui est la Royauté (*kshatra*), ou *Mitra* et *Varuna*, qui sont aussi dans une relation similaire ; de même encore *Brihaspati* et *Vâch*, c'est-à-dire en somme l'Intellect et la Parole, correspondant ici respectivement à la contemplation et à l'action. Ce dernier point appelle une remarque importante : si la Parole est rapportée à la Royauté, c'est que, effectivement, c'est par ses ordres ou ses édits que le Roi agit et « travaille », et, dans une société traditionnelle, les choses sont normalement accomplies aussitôt qu'elles ont été formulées par celui qui en a le pouvoir (et l'on peut rapprocher de ceci le fait que, dans la tradition extrême-orientale, il appartient au souverain de donner aux choses leurs « dénominations correctes ») ; aussi le Roi ne peut-il jamais parler à sa fantaisie ou selon ses désirs, mais il ne doit le faire que conformément à l'ordre, c'est-à-dire à la volonté du principe dont il tient sa légitimité et son « droit divin » ; on voit combien cette conception, essentiellement théocratique, est éloignée de celle d'une « monarchie absolue » n'ayant d'autre règle d'action que le « bon plaisir » du souverain. L'auteur étudie encore incidemment beaucoup d'autres couples du même genre, tels que, par exemple, *Yama* et *Yamî*, les *Ashwins* (comparables à certains égards aux Dioscures grecs), et aussi les couples comme celui de *Krishna* et d'*Arjuna*, formés d'un immortel et d'un mortel, qui correspond naturellement à *Paramâtmâ* et à *jîvâtmâ*, ou au « Soi » et au « moi ». Un autre cas intéressant, dans un ordre quelque peu différent, est celui de l'Harmonie (*sâma*) et des Mots (*rich*) dans la science des *mantras* ; mais il est impossible de résumer tout cela, et même d'énumérer complètement toutes les questions traitées ainsi dans des notes dont certaines ont l'importance de véritables études spéciales. Pour en revenir au sujet principal, l'union du Sacerdoce et de la Royauté représente avant tout celle du Ciel et de la Terre, de l'harmonie desquels dépend la prospérité et la fertilité de l'Univers entier ; c'est pourquoi la prospérité du royaume dépend également de l'harmonie des deux pouvoirs et de leur union dans l'accomplissement du rite, et le Roi, qui a pour fonction essentielle de l'assurer, ne le peut qu'à la condition d'agir de façon à maintenir toujours cette harmonie ; on retrouve ici la correspondance entre l'ordre cosmique et l'ordre humain qui est unanimement affirmée par toutes les traditions. D'autre part, le caractère féminin de la Royauté à l'égard du Sacerdoce explique ce que nous avons nous-même indiqué, ainsi que le rappelle M. Coomaraswamy, qu'un élément féminin, ou représenté symboliquement comme tel, joue le plus souvent un rôle prépondérant dans les doctrines propres aux Kshatriyas ; et il explique aussi qu'une voie de *bhakti* soit plus particulièrement appropriée à la nature de ceux-ci, comme on peut le voir encore très nettement dans un cas tel que celui de la Chevalerie occidentale. Cependant, il ne faut pas oublier que, puisqu'il ne s'agit en tout ceci que de relations, ce qui est féminin sous un certain rapport peut être en même temps masculin sous un autre rapport : ainsi, si le Sacerdoce est masculin par rapport à la Royauté, le Roi est à son tour masculin par rapport à son royaume, de même que tout principe l'est par rapport au domaine sur lequel s'exerce son action, et notamment *Agni*, *Vâyu* et *Âditya* par rapport aux

« trois mondes » respectivement, relations qui ne sont d'ailleurs qu'autant de particularisations de celle de la Lumière au Cosmos. Il faut encore ajouter que, outre ses aspects cosmique (*adhidêvata*) et politique (*adhirâjya*) la même doctrine a aussi une application à l'ordre « microcosmique » (*adhyâtma*), car l'homme lui-même est la « Cité divine », et on retrouve en lui tous les éléments constitutifs correspondant à ceux du Cosmos et à ceux de l'organisation sociale, de sorte que, entre ces éléments, des rapports similaires devront être observés dans tous les cas. Les deux *âtmâs*, c'est-à-dire le « Soi » et le « moi », correspondent à la double nature « suprême » et « non-suprême » de *Brahma*, et par suite, à différents niveaux, à *Mitra* et à *Varuna*, au *Dêva* et à l'*Asura*, au *brahma* et au *kshatra*, par le mariage desquels le royaume est maintenu ; « le côté extérieur, actif, féminin et mortel de notre nature subsiste plus éminemment dans son côté intérieur, contemplatif, masculin et immortel, auquel il peut et doit être "réduit", c'est-à-dire ramené ou réuni ». L'« autonomie » (*swarâj*) consiste, pour un roi, à ne pas se laisser gouverner par la multitude de ceux qui doivent lui être subordonnés, et de même, pour chacun, à ne pas se laisser gouverner par les éléments inférieurs et contingents de son être ; de là, pour l'établissement et le maintien de l'ordre dans l'un et l'autre cas, les deux sens de la « guerre sainte » dont nous avons parlé en diverses occasions. En définitive, dans tous les domaines, tout dépend essentiellement du « contrôle de soi-même » (*âtmâsamyama*) ; c'est pourquoi, selon l'enseignement de toutes les traditions, l'homme doit avant tout « se connaître soi-même », et, en même temps, la « science du Soi » (*âtmavidyâ*) est aussi le terme final de toute doctrine, car « ce qu'est le Soi » et « ce qu'est *Brahma* » sont deux questions qui ne comportent véritablement qu'une seule et même réponse.

SEPTEMBRE 1946

Georges Margouliès. – La Langue et l'Écriture chinoises.

Payot, Paris.

La lecture de ce livre est à recommander à tous ceux qui s'intéressent aux moyens d'expression propres à la tradition extrême-orientale, car il y a là des considérations dont « l'intérêt dépasse singulièrement les bornes d'une simple étude linguistique », comme le dit très justement l'auteur, qui a su fort heureusement se dégager des préjugés, contre l'usage d'une langue monosyllabique et surtout contre celui d'une écriture idéographique, que la plupart des sinologues partagent avec les autres Occidentaux. Il fait au contraire ressortir, non seulement les conséquences qu'entraîne dans divers domaines un mode d'expression si différent des autres, mais aussi les avantages qu'il présente sur ceux-ci à maints égards. En ce qui concerne la langue, il dénonce à la fois l'erreur des Européens qui ont prétendu que le Chinois n'a pas de grammaire, et celle de certains auteurs chinois modernes qui, sous l'influence occidentale, ont voulu constituer une grammaire sur le modèle de celle des autres langues. À propos de grammaire, nous nous permettrons seulement une petite remarque : nous ne nous expliquons pas très bien qu'on appelle « étymologie » ce qui devrait plus normalement s'appeler « morphologie », et cela nous paraît même d'autant plus fâcheux que, en fait, le monosyllabisme et l'invariabilité des mots chinois ne laissent aucune place à des considérations étymologiques proprement dites ; du moins, si l'on voulait parler d'étymologie, il faudrait plutôt réserver ce nom à l'étude de la formation et de la composition des caractères. Nous ne comprenons pas non plus pourquoi qualifier de « mots abstraits », expression qui a habituellement un tout autre sens, les images mentales qui se traduisent extérieurement par les mots, mais qui elles-mêmes, étant « dépouillées de tout revêtement sonore particulier », ne sont certes pas des mots ; il n'en est pas moins vrai, d'ailleurs, que l'écriture idéographique se rattache directement à ces images mentales, « sans avoir besoin de passer par l'intermédiaire du langage sonore comme le fait l'écriture phonétique », si bien que, dans ce cas, la forme visuelle et la forme auditive du langage, bien que se correspondant, ne sont pas dérivées l'une de l'autre ; c'est là, du reste, ce qui permet à des hommes n'ayant pas la même langue parlée de se comprendre grâce à une écriture idéographique commune. D'autre part, les idéogrammes ont, pour la langue écrite, une importance que ne peut avoir l'écriture phonétique ; et, par là même qu'ils rendent le sens des mots indépendamment de leur son, ils assurent à cette langue écrite une fixité qui ne saurait exister ailleurs. Nous ne pouvons songer à résumer ici les exposés concernant des questions telles que la formation logique des caractères et leur valeur expressive propre, ou l'influence de la langue et de l'écriture chinoises dans les domaines littéraire, historique, social, culturel et psychologique ; peut-être y aurait-il des réserves à faire sur quelques points (ainsi, il semble y avoir une tendance à oublier un peu trop que la langue d'un peuple, avant de réagir sur sa mentalité, est tout d'abord une expression de cette même mentalité, et aussi que, par suite, la correspondance ou le parallélisme existant entre les caractéristiques de la langue et celles des institutions sociales n'implique pas toujours forcément une influence par celle-là sur celles-ci), mais tout cela mérite certainement d'être lu en entier. Il y aurait lieu d'examiner de plus près l'idée que, « possédant un instrument de pensée parfait dans leur langue même, renforcé encore par les propriétés de l'écriture idéographique, les penseurs chinois n'ont éprouvé aucun besoin de développer la méthode mathématique » ; il peut y avoir là une part de vérité, surtout si l'on conçoit les mathématiques à la façon des Occidentaux modernes ; mais d'un autre côté, s'il s'agit des mathématiques traditionnelles, on doit pourtant constater que, notamment, l'usage du symbolisme numérique est tout aussi développé en Chine qu'ailleurs, et que, par là tout au moins, les Chinois sont en réalité beaucoup moins loin de Pythagore que l'auteur ne semble le croire. L'ouvrage se termine par un examen du « problème d'une langue internationale » : étant donnée l'impossibilité d'inventer une langue artificielle comme certains l'ont tenté de nos jours, la seule solution acceptable serait « de trouver une langue écrite qui soit pour chacun la sienne tout en restant compréhensible à tous les autres », ce qui ne saurait être rendu possible que par l'emploi d'une écriture idéographique ; cela est tout à fait juste en principe, mais il nous paraît malheureusement bien douteux qu'on puisse trouver pratiquement le moyen d'adapter une telle solution aux conditions spéciales de la mentalité occidentale actuelle.

Marcel Granet. – Catégories matrimoniales et relations de proximité dans la Chine ancienne.

Félix Alcan, Paris.

Cet ouvrage décevra sans doute ceux qui ont lu la *Pensée chinoise* du même auteur, où les sérieuses réserves qu'il y avait à faire sur les interprétations n'enlevaient du moins rien à l'importance et à l'intérêt de la documentation. Ici, M. Granet, de plus en plus fasciné en quelque sorte par le point de vue « sociologique », s'est proposé « de montrer que, dans l'ancienne Chine, pour ce qui est du mariage, ou tout au moins de certains mariages, les choses se passaient comme si les individus se trouvaient répartis en catégories indicatives de leur destin matrimonial ». C'est là une question qui peut paraître d'une portée bien restreinte pour être traitée dans un si gros volume ; ce n'est pas que certains points, comme les interdictions se rapportant à la communauté de nom et à la communauté de culte ancestral, ne méritent pas d'être étudiés, mais à la condition de se placer au point de vue traditionnel qui seul permettrait de les expliquer vraiment ; et ce n'est certes pas le cas ici, où l'on semble vouloir tout réduire en définitive à des questions de « prestations » ou d'échanges ayant un caractère quasi-commercial ! L'auteur se perd dans des détails à n'en plus finir, et son exposé, qui est déjà extraordinairement compliqué en lui-même, est encore rendu plus difficile à suivre par l'emploi de termes juridiques spéciaux dont chacun n'est pas obligé de connaître le sens. De tout cela, il ne se dégage rien de véritablement essentiel, et, pour en donner une idée, nous citerons quelques lignes extraites des conclusions : « 1_o Les Chinois ont comme une division des communautés en quatre catégories. À cette organisation correspondait un régime d'alliances matrimoniales commandées par la double règle de l'exogamie et du parallélisme ; les alliances, renouvelées à chaque génération, étaient conclues entre deux sections échangistes ; elles étaient totales et redoublées ; les deux sections de la communauté formaient, réunies, un groupe clos. – 2_o Au régime des alliances redoublées a succédé un régime d'alliances à sens unique. Toujours commandé par la double règle de l'exogamie et du parallélisme, il correspond à une répartition des membres de la communauté en huit catégories, les quatre catégories de chacune des deux sections se distribuant en deux couples... » Nous pensons que cela suffit pour qu'on puisse se rendre compte de la façon dont le sujet est traité ; et que de travail dépensé pour arriver à d'aussi insignifiants résultats !

Liou Tse Houa. – La Cosmologie des Pa Koua et l'Astronomie moderne.

Jouve et C_{ie}, Paris.

Le titre de ce livre indique suffisamment le point de vue auquel se place l'auteur, surtout si l'on y joint les sous-titres qui le précisent encore : « Situation embryonnaire du Soleil et de la Lune ; prévision d'une nouvelle planète ; exposé du système scientifique universel concernant la genèse et l'évolution des mondes ». Jusqu'ici, nous avions vu surtout des Japonais se livrer à ce genre de spéculations, où l'on s'efforce d'interpréter les données traditionnelles par des considérations tirées de la science moderne ; mais, cette fois, il s'agit d'un Chinois, d'ailleurs apparemment fort « occidentalisé ». Ce n'est pas à dire, assurément, que les symboles du *Yi-king* ne soient susceptibles d'une application astronomique, aussi bien que d'un grand nombre d'autres ; mais cette application spéciale (que Philastre a peut-être eue un peu trop exclusivement en vue en faisant sa traduction) n'a elle-même rien à voir avec les conceptions scientifiques actuelles, et nous avons déjà dit bien souvent ce que nous pensons de la vanité de ce genre de rapprochements, qui procèdent surtout d'une méconnaissance de la différence profonde existant entre la science traditionnelle et la science profane. Il faut reconnaître que l'auteur a déployé une grande ingéniosité en établissant les nombreux tableaux dont son texte est accompagné ; cela ne suffit pourtant pas à nous persuader qu'il ait fait, comme lui-même semble le croire, une découverte véritablement « sensationnelle » et destinée à faire époque dans l'histoire des sciences. Ce qui est assez curieux, c'est que l'introduction et la conclusion, mais elles seules, contiennent quelques vues conformes à l'esprit traditionnel, qui ne s'accordent guère avec le reste de l'ouvrage et ne paraissent aucunement faire corps avec lui ; nous ne nous chargerons certes pas d'expliquer cette singularité.

Louis Chochod. – Huê la Mystérieuse.

Mercure de France, Paris.

Malgré son titre, ce livre ne concerne pas uniquement la capitale de l'Annam, et, à côté de chapitres d'un intérêt purement local (il y en a même, à la fin, qui ne se rapportent qu'à des questions industrielles n'ayant assurément rien de « mystérieux »), il en est d'autres d'une portée beaucoup plus générale, car ils traitent de certains points de la tradition extrême-orientale. Malheureusement, l'auteur, au lieu d'apporter une explication basée sur des données authentiques, n'expose guère que son interprétation « personnelle », ce qui présente évidemment beaucoup moins d'intérêt, sauf peut-être à ses propres yeux ; et, dès le début, on peut se rendre compte qu'il confond presque entièrement le point de vue de la cosmologie traditionnelle avec celui de la physique moderne, et aussi qu'il n'a aucune idée de ce qu'est la métaphysique. Il y a pourtant, sur des choses telles que les périodes cycliques, le calendrier et les fêtes, certaines indications valables, mais dont il ne tire pas de conséquences bien importantes ; ajoutons que la transcription des mots sous leur forme annamite est un peu déroutante pour ceux qui sont habitués à la forme chinoise, et qui sont obligés de faire un assez sérieux effort d'attention pour les reconnaître. Quant à son « essai d'interprétation rationnelle » de ce qu'il appelle assez bizarrement la « clavicule de Phuoc-Hi », c'est-à-dire des trigrammes du *Yi-king*, ce n'est réellement rien de plus qu'une simple curiosité, et son prétendu « ésotérisme graphique » ne contient aucun sens vraiment profond ; nous verrons d'ailleurs plus loin, à propos d'un autre ouvrage, d'où l'idée lui en est venue et, pour le moment, nous nous bornerons à noter que la façon dont il parle de « clefs magiques » et d'une certaine « magie transcendante » qu'il croit pouvoir identifier avec la « Théurgie » n'est, pas plus que la « rationalisation » même des symboles, de nature à inspirer confiance à ceux qui ont sur tout cela des notions tant soit peu précises. Nous passerons sur le reste, dont une bonne partie, ayant un caractère plutôt « folklorique », n'appelle aucune remarque spéciale ; mais pourquoi avoir éprouvé le besoin d'insérer, au milieu de tout cela, une sorte de « pastiche » fourmillant d'anachronismes et d'autres invraisemblances, et dont la présentation, avec des détails sur le manuscrit dont il est censé avoir été tiré, ne peut que risquer de faire mettre en doute le sérieux du livre par ceux qui ne seront pas dupes de cette fantaisie littéraire ?

Louis Chochod. – Occultisme et Magie en Extrême-Orient.

Payot, Paris.

Il est évident que le mot « occultisme » ne saurait être pris ici dans son sens propre ; l'auteur l'applique indistinctement à toute doctrine qui « étudie les sciences cachées au profane », ce qui est extrêmement vague. Il faut le louer d'admettre le monothéisme originel, contrairement aux préjugés courants, et aussi de considérer la magie comme une chose entièrement différente de la religion ; mais, à côté de cela, que de confusions et de malentendus ! Il fait une distinction entre la magie ordinaire, qu'il semble réduire un peu trop à cette forme dégénérée qu'est la sorcellerie, et une « haute magie » sur la nature de laquelle il ne s'explique pas très nettement ; mais tout s'éclaire, y compris l'« ésotérisme graphique » que nous avons déjà rencontré dans son précédent ouvrage, dès que nous comprenons que, au fond, il s'est inspiré surtout de P. V. Piobb et de son *Formulaire de Haute Magie*. Nous ne connaissons que trop bien, en effet, cette tendance à ramener les symboles à n'être plus que des sortes d'« aide-mémoire » d'un caractère plus ou moins cryptographique, ou des formules schématiques d'« opérations » que l'auteur conçoit apparemment comme assez peu différentes de celles des sciences expérimentales modernes : ici, nous retombons dans une des variétés de l'occultisme proprement dit, et cela n'a certes rien d'extrême-oriental… Les deux premiers chapitres, consacrés à l'Inde, sont totalement incompréhensifs, et même, il faut bien le dire, franchement mauvais ; en effet, non seulement l'auteur s'en rapporte de confiance aux opinions des orientalistes, tout en s'étonnant un peu qu'ils soient si souvent en désaccord entre eux, mais, quand il en vient à parler de l'époque actuelle, il accueille volontiers et même avec complaisance jusqu'aux plus odieuses calomnies lancées par certains Occidentaux contre l'Inde et sa tradition ; n'insistons pas davantage, et exprimons tout simplement le regret que cette partie ait été écrite, car elle s'imposait d'autant moins que l'inclusion de l'Inde dans l'Extrême-Orient est parfaitement injustifiable à tous les points de vue. Le reste, qui concerne la Chine et l'Indo-Chine, vaut mieux à bien des égards, parce que, là du moins, l'auteur a pu avoir une expérience directe quoique naturellement très « extérieure » ; il faut d'ailleurs, bien entendu, avoir soin de distinguer entre les faits qu'il rapporte et les interprétations particulières dont nous avons indiqué la provenance ; on y trouve aussi un peu trop de considérations qui font double emploi avec celles qui avaient déjà été exposées dans *Huê la Mystérieuse*. Le volume se termine par un chapitre sur le « Caodaïsme », contenant de curieux renseignements historiques sur cette secte d'origine toute récente, qui n'est en somme qu'un dérivé du spiritisme occidental importé en Indo-Chine ; il paraît d'ailleurs que, malgré les schismes nombreux qui s'y sont produits, la secte en question ne fait malheureusement que se répandre de plus en plus, au grand détriment de toute idée traditionnelle ; c'est là assurément un produit bien typique de l'influence européenne !

OCTOBRE-NOVEMBRE 1946

Albert Lantoine. – Les Sociétés secrètes actuelles en Europe et en Amérique.

Presses Universitaires de France, Paris.

Ce petit volume, qui était prêt à paraître en 1940, mais dont la sortie a été retardée de cinq ans par les événements, fait partie d'une collection qui est manifestement destinée au « grand public », ce qui explique son caractère quelque peu superficiel. Il s'y trouve cependant une très louable distinction entre « sociétés secrètes initiatiques » et « sociétés secrètes politiques », d'où sa division en deux parties « n'ayant de commun entre elles que la similitude de leurs étiquettes ». Quant à dire que les premières se distinguent des autres en ce que « la solidarité n'y est pas d'ordre sentimental, mais d'ordre spirituel », cela est assurément juste, mais insuffisant, d'autant plus que le « spirituel » semble bien n'être conçu ici que comme une simple affaire de « pensée », ce qui est fort loin du véritable point de vue initiatique ; en tout cas, la question est beaucoup plus complexe en fait, et nous nous permettrons de renvoyer à ce que nous en avons dit dans nos *Aperçus sur l'Initiation* (ch. XII). D'un autre côté, il nous est absolument impossible de partager certaines vues sur une prétendue opposition entre la religion et tout ce qui a un caractère secret en général et initiatique en particulier ; une distinction nette entre l'exotérisme et l'ésotérisme suffit à remettre chaque chose à sa place et à faire disparaître toute opposition, car la vérité est qu'il s'agit de deux domaines entièrement différents. – La première partie débute par un court chapitre sur les « petites sociétés initiatiques », dont l'absence n'aurait rien fait perdre à l'ouvrage, car les quelques renseignements qu'il contient sont empruntés à des sources fort profanes, et, de plus, il s'y trouve une phrase plutôt malheureuse qui paraît admettre les prétentions des organisations pseudo-initiatiques de tout genre : ce n'est certes pas parce qu'un groupement pratique un simulacre ou une parodie d'initiation qu'il a « le droit de se dire initiatique » ! Ajoutons tout de suite que le chapitre sur le Compagnonnage, bien que ne renfermant rien d'inexact, est aussi d'une regrettable insuffisance ; est-ce parce qu'on le regarde plutôt comme une « chose du passé », donc « inactuelle », qu'on n'a pas jugé à propos de lui accorder un peu plus de place dans ce livre ? Ce qu'il y a de plus intéressant et de mieux fait, c'est certainement le résumé de l'histoire de la Maçonnerie en Europe et plus particulièrement en France, et cela se comprend sans peine, puisque c'est là en quelque sorte la « spécialité » de l'auteur ; mais ce qui concerne les origines est terriblement simplifié ; et pourquoi toujours cette sorte de crainte de remonter au-delà de 1717 ? Quant à la Maçonnerie américaine, il est visible que l'auteur n'en a qu'une connaissance assez incomplète ; pour les hauts grades, notamment, il semble ignorer jusqu'à l'existence de tout ce qui n'est pas le Rite Écossais Ancien et Accepté, qui est pourtant bien loin d'être le plus répandu dans les pays anglo-saxons... On trouvera aussi dans ce livre, pour l'Amérique, quelques indications historiques sur les *Odd Fellows* et les *Knights of Pythias*, ainsi que sur certaines associations de nègres dont le caractère est assez mal défini : ici encore, nous retrouvons la fâcheuse tendance à croire qu'il suffit que l'admission des membres s'accompagne de « cérémonies » pour qu'il soit permis de parler d'initiation. – La seconde partie, consacrée aux « sociétés secrètes politiques », passe en revue, pour l'Europe, les sociétés irlandaises, les *Comitadjis* de Macédoine, les *Oustachis* de Croatie ; pour l'Amérique, les « Chevaliers de Colomb », l'« Ordre des Hiberniens », le *Ku-Klux-Klan* (dont il n'est d'ailleurs dit que fort peu de chose), les sociétés juives, et quelques autres organisations de moindre importance. – La conclusion a un ton « détaché », voire même quelque peu sceptique, qui est plutôt décevant ; mais, somme toute, il est peut-être à peu près inévitable qu'il en soit ainsi chez ceux qui, sous l'état actuel des organisations initiatiques occidentales, n'ont pas réussi à découvrir ce qu'est véritablement l'initiation.

John Charpentier. – *L'Ordre des Templiers*.

« *La Colombe* », Paris.

L'auteur de ce livre a publié précédemment quelques romans dans lesquels il fait jouer aux Templiers, ou à leurs continuateurs réels ou supposés, un rôle qui semble témoigner d'idées plutôt singulières sur ce sujet ; aussi craignions-nous de retrouver encore ici des fantaisies de même genre, mais heureusement il n'en est rien : il s'agit cette fois d'une étude historique sérieusement faite, ce qui vaut certainement beaucoup mieux. Ce qui est seulement à regretter, et d'autant plus que c'est là le côté le plus intéressant de la question, c'est qu'il est à peu près impossible de comprendre quelle est la pensée exacte de l'auteur en ce qui concerne l'ésotérisme des Templiers : à l'origine, il n'y aurait eu chez eux « aucun ésotérisme » (mais la chevalerie elle-même, d'une façon générale, n'avait-elle pas cependant un certain caractère initiatique ?) ; il se serait donc introduit plus tard, mais d'où serait-il venu ? De l'Orient sans doute ; pourtant, de leurs relations avec les Ismaéliens, ils n'auraient guère recueilli que l'idée d'une certaine hiérarchie de grades (qu'on semble d'ailleurs confondre ici avec les fonctions) et celle d'un « universalisme pacifiste » (*sic*) qui est peut-être, en fait, la conception de l'Empire telle que Dante l'exposa. En discutant la question de la prétendue « hérésie » des Templiers, M. Charpentier utilise largement les articles de MM. Probst-Biraben et Maitrot de la Motte-Capron ; comme nous avons déjà examiné ceux-ci en détail (n₀ d'octobre-novembre 1945) [73], nous n'y reviendrons pas. Il ne croit pas qu'ils aient été réellement hérétiques, mais il admet qu'ils aient pu être « gnostiques » ; il fait d'ailleurs remarquer très justement, à ce propos, que « sous cette étiquette se trouvent rassemblées bien des notions hétéroclites, sans rapport les unes avec les autres, et parfois même inconciliables », et qu'au surplus « on ne possède guère sur le gnosticisme d'autres renseignements que ceux qui ont été fournis par ses adversaires ».

---

[73] [Articles parus dans le *Mercure de France*.]

Mais voici maintenant où les choses se compliquent étrangement : d'une part, c'est au gnosticisme valentinien que « les Templiers se rattachent lointainement » ; d'autre part, « pour parler du gnosticisme des Templiers, il faudrait qu'il eût existé une Gnose active à l'époque où ils vécurent », ce qui n'est pas. Par surcroît, il ne devait pas s'agir d'une doctrine, car « on n'en a recueilli aucun témoignage probant », et les Templiers « ne se sont faits propagandistes (?) que d'idées sociales et politiques fondées sur la solidarité ». Pourtant, il y aurait eu chez eux une transmission orale (mais sur quoi portait-elle ?), et, finalement, il se trouve qu'ils possédaient un ésotérisme d'origine pythagoricienne, sans qu'on puisse deviner d'où ni comment ils l'avaient reçu ; il est vraiment bien difficile de s'y reconnaître dans tout cela ! Nous ne comprenons pas très bien non plus comment on peut penser que le « Johannisme » procède, non de saint Jean l'Évangéliste, mais de saint Jean-Baptiste ; mais, pour ce qui est du Pythagorisme, nous signalerons que c'est peut-être dans les relations des Templiers avec les corporations de constructeurs (qui ne sont mentionnées ici qu'incidemment) qu'on pourrait trouver la clef de l'énigme… Dans un dernier chapitre, il est question de la Maçonnerie « templière », qui est « liquidée » d'une façon vraiment bien sommaire (et notons en passant le curieux lapsus qui a fait écrire « Magnus Grecus » pour « Naymus Grecus »), puis des Néo-Templiers de Fabré-Palaprat ; et ici nous avons éprouvé un bien vif étonnement en nous voyant nommé parmi ceux qui ont « accrédité la thèse selon laquelle Larménius aurait bien été le légitime successeur de Molay » ! Or, autant que nous puissions nous en souvenir, nous n'avons jamais écrit nulle part un seul mot sur cette question ; et, en tout cas, nous serions d'autant moins tenté de soutenir cette thèse que nous ne sommes même pas du tout certain que ledit Larménius ait existé réellement, car nous tenons pour extrêmement suspect tout ce qui (y compris l'« alphabet secret ») provient d'une source néo-templière ; nous espérons qu'on voudra bien, à l'occasion, tenir compte de cette rectification.

Jean Mallinger. – *Pythagore et les Mystères.*

Éditions Niclaus, Paris.

Quand on sait que l'auteur de ce livre fut un des promoteurs de la *F. U. D. O. S. I.*, dont nous avons eu à parler récemment (n₀ de mai 1946)[74], certaines choses, qui autrement pourraient paraître plutôt énigmatiques, s'éclairent d'un jour très particulier. Ainsi, on s'explique sans peine la dédicace à la mémoire du chef des « Pythagoriciens de Belgique » ; ceux-ci, en effet, sont constitués en un « Ordre d'Hermès Trismégiste » (dénomination qui n'a certes rien de spécifiquement pythagoricien), lequel fut un des premiers à adhérer à la susdite *F. U. D. O. S. I.* Ainsi encore, ce qui s'appelle normalement « état primordial » est appelé ici « état ancien et primitif » ; or c'est là, non pas une simple bizarrerie de langage comme pourrait le croire un lecteur non averti, mais une façon discrète de faire allusion au titre d'une organisation maçonnique irrégulière dont M. Mallinger est un des dignitaires ; et s'il eût appartenu à telle autre organisation du même genre, il eût sans aucun doute dit de même « état primitif et originel » ! Une curieuse sortie contre le « tablier de peau », qui ne s'appuie d'ailleurs que sur une confusion entre deux choses tout à fait différentes au point de vue symbolique, semble bien aussi n'être due en réalité qu'à un désir de se singulariser vis-à-vis de la Maçonnerie régulière... Quant au fond même de l'ouvrage, la partie proprement historique, c'est-à-dire la biographie de Pythagore, faite d'après les « sources » connues, n'apporte en somme rien de bien nouveau ; peut-être les faits y sont-ils présentés parfois d'une façon un peu « tendancieuse », par exemple quand on attribue à Pythagore un souci très moderne de « propagande », ou quand on décrit l'organisation de son Ordre d'une façon qui donne à penser que le point de vue « social » y était comme l'aboutissement de tout le reste. Dans la seconde partie, il est question d'abord des différentes sortes de mystères qui existaient, en Grèce et ailleurs, au temps de Pythagore, puis des mystères pythagoriciens ; là encore, on sent que l'exposé est influencé dans une certaine mesure par l'idée que l'auteur se fait de l'initiation, idée qui est fortement teintée d'« humanitarisme » et dans laquelle les « pouvoirs » jouent aussi un rôle important. À la façon dont il parle d'un « retour à Pythagore », il est bien à craindre, malgré ce qu'il dit ailleurs de la « chaîne apostolique »

---

[74] [Compte rendu de *The Rosicrucian Fraternity in America. Vol. II*, du Dr Swinburne Clymer.]

(*sic*) et de la nécessité d'un « rite immuable et traditionnel », qu'il ne soit encore de ceux qui croient qu'une transmission continue et sans interruption n'est pas indispensable à la validité de l'initiation ; et, quand il parle de la « permanence de l'Ordre » et de « ses pulsations encore sensibles aujourd'hui », il est permis de se demander comment il l'entend au juste, surtout quand on a vu tant d'occultistes s'imaginer qu'une « chaîne » initiatique peut se perpétuer tout simplement « en astral » !

Jean de Kerdéland. – *De Nostradamus à Cagliostro.*

Éditions Self, Paris.

Ce petit volume est écrit d'un bout à l'autre sur un ton de moquerie « voltairienne » que nous croyions passé de mode, et qui est extrêmement désagréable ; l'auteur ne veut voir partout que « charlatanisme » et « duperie », ce qui est un moyen très commode et très simple d'écarter tout ce qui peut être gênant pour son « rationalisme ». La première partie, qui est la plus longue, débute par une sorte de « vie romancée » de Nostradamus, suivie de ce qui a la prétention d'être un examen de ses « prophéties » ; naturellement, il n'est pas difficile de présenter le tout de façon à donner au lecteur ordinaire l'impression qu'il ne s'agit que d'une imposture « monumentale », sauf « pour quelques rares instants » où l'on veut bien admettre que Nostradamus se montra « un philanthrope sincère et un réformateur convaincu ». Où M. de Kerdéland n'a pas tout à fait tort, c'est quand il critique les récents commentateurs de Nostradamus ; mais, malheureusement, ses critiques sont toutes superficielles et ne portent guère, et, par surcroît, il a cru « faire de l'esprit » en les entremêlant de multiples « quiproquos » de fort mauvais goût et dont le ridicule n'atteint en définitive que leur auteur… – Des trois personnages dont il est question dans le livre, le comte de Saint-Germain, tout en passant aussi pour un « charlatan », est peut-être le moins maltraité ; nous retrouvons d'ailleurs là, à peu près textuellement, un certain nombre d'anecdotes que nous avions déjà rencontrées dans un autre ouvrage dont nous avons parlé il y a quelque temps (n₀ de mai 1946)⁷⁵. – Mais c'est surtout à Cagliostro que M. de Kerdéland s'en prend avec le plus d'acharnement ; sans être aucunement de ceux qui le considèrent comme un « Maître », il est permis de voir en lui autre chose qu'un vulgaire aventurier, mais, bien entendu, à la condition de ne pas nier de parti pris, en l'attribuant fort aimablement à « la Bêtise des hommes » (la majuscule n'est pas de nous), tout ce qui dépasse la conception la plus grossière et la plus étroitement bornée de la « vie ordinaire » !

DÉCEMBRE 1946

Ananda K. Coomaraswamy. – *Figures of Speech or Figures of Thought.*

Luzac and Co., London.

Ce volume est un nouveau recueil d'études « sur la vue traditionnelle ou normale de l'art » constituant une deuxième série qui fait suite à *Why exhibit Works of Art* ? dont nous avons parlé il y a quelque temps (n₀ de juin-juillet 1946). La plupart des chapitres qui le composent avaient déjà paru précédemment en articles séparés dans diverses publications, et il en est un certain nombre que nous avons signalés alors ; pour ceux-là, nous nous bornerons donc à renvoyer aux numéros de la revue où il en a été question. – Dans le premier chapitre, qui donne son titre au volume, M. Coomaraswamy proteste de nouveau contre la conception « esthétique » et contre la prétention de l'appliquer à l'interprétation et à l'appréciation de l'art des autres époques et des autres peuples : tandis que ceux-ci voyaient avant tout dans l'art un certain genre de connaissance, les modernes l'ont réduit à n'être plus qu'une affaire de sentiment, et ils ont inventé une théorie de l'art qui, au lieu d'être une « rhétorique » au sens où l'entendaient les anciens, n'est plus à proprement parler qu'une « sophistique ». C'est ainsi que ce qui était autrefois de véritables « figures de pensée », c'est-à-dire des symboles adéquats aux idées qu'il s'agissait d'exprimer, n'est plus regardé aujourd'hui

---

⁷⁵ [*Le mystérieux Comte de Saint-Germain, Rose-Croix et diplomate,* de Pierre Lhermier.]

que comme de simples « figures de mots », uniquement destinées à provoquer certaines émotions ; et ce qui est vrai à cet égard pour les arts de la parole peut être étendu à toutes les autres formes de l'art, qui ont été également vidées de toute signification réelle. Au lieu de s'efforcer de comprendre les œuvres d'art, c'est-à-dire en somme de les prendre comme les « supports de contemplation » qu'elles doivent être normalement, les modernes n'y recherchent plus que l'occasion de ce qu'ils appellent un « plaisir esthétique désintéressé », ce qui est d'ailleurs une contradiction dans les termes ; et c'est en partant de cette façon de voir qu'ils enseignent ce qu'ils prétendent être l'« histoire de l'art », mais qui n'a en réalité aucun rapport avec ce à quoi ils veulent ainsi appliquer leur propre conception comme si elle avait été celle de tous les hommes. La conception traditionnelle, à laquelle il faudrait nécessairement revenir pour pouvoir comprendre l'art des autres peuples, est expliquée ici à l'aide de références tirées surtout de Platon (qui n'est d'ailleurs en cela que l'interprète de la *Philosophia perennis*) et de la doctrine hindoue, et dont la comparaison montre bien que cette conception fut partout et toujours la même, en Occident aussi bien qu'en Orient. – Vient ensuite *The Mediaeval Theory of Beauty* (voir n$_{os}$ d'octobre 1935 et d'octobre 1938). – *Ornament* (voir n$_o$ de mai 1946). – *Ars sine scientia nihil* (voir également n$_o$ de mai 1946). – *The Meeting of Eyes* est une note sur certains portraits, et notamment des portraits du Christ, dont les yeux semblent toujours regarder directement le spectateur, quelque position qu'il occupe, et le suivre lorsqu'il se déplace (avec référence plus particulière à ce que Nicolas de Cusa dit à ce sujet dans son *De visione Dei*). Il ne s'agit pas là d'un effet en quelque sorte accidentel, mais d'une véritable nécessité de l'iconographie : « si les yeux d'un Dieu qui voit tout doivent être représentés vraiment et correctement, ils doivent apparaître comme voyant tout » ; et ainsi cet effet est un exemple de l'*integritas sive perfectio* dont saint Thomas d'Aquin fait une des conditions de la beauté. – *Shaker Furniture* montre, d'après un ouvrage publié récemment sous ce titre, les résultats obtenus, au point de vue de l'art, par une communauté qui s'efforça d'appliquer à toutes choses les principes de la doctrine chrétienne, et comment de simples menuisiers, en fabriquant des meubles aussi parfaitement adaptés que possible à leur usage et dont l'ornementation excluait toute superfluité, retrouvèrent spontanément une conception conforme à la « vue normale de l'art » et en particulier à celle du Christianisme médiéval, alors que l'imitation voulue de l'art des autres époques n'arrive jamais à en produire que de véritables caricatures. – *Literary Symbolism* explique, avec de nombreux exemples à l'appui, le fait que les mots ont une signification simultanément sur plusieurs « niveaux de référence » différents, ce qui rend possible et valable leur emploi figuré ou plus précisément symbolique, « le symbolisme adéquat pouvant être défini comme la représentation d'une réalité sur un certain niveau de référence par une réalité correspondante sur un autre ». Seulement, pour comprendre le langage traditionnel des symboles, il faut bien se garder de toute interprétation « subjective » ; il s'agit là de quelque chose qui ne s'improvise pas et dont l'étude, pour de multiples raisons, est même loin d'être aisée ; et il ne faut pas oublier que ce langage est en réalité « la langue universelle, et universellement intelligible, dans laquelle les plus hautes vérités ont toujours été exprimées ». – Dans *Intention*, l'auteur défend la méthode de critique des œuvres d'art qui prend en considération le rapport de l'intention au résultat, ou, en d'autres termes, qui examine si l'artiste a bien réalisé ce qu'il s'est proposé de faire. Quant à la critique de l'intention elle-même, elle n'a rien à voir avec la valeur de l'œuvre d'art comme telle, et elle ne peut procéder que d'un point de vue, moral ou autre, qui diffère entièrement de celui de l'appréciation artistique. – *Imitation, Expression, and Participation* (voir n₀ de mai 1946). – *The Intellectual Operation in Indian Art* (voir n₀ de décembre 1935). – *The Nature of Buddhist Art* (voir n₀ de mars 1938). – *Samvêga*, « *Æsthetic Shock* », est l'explication d'un terme pâli employé fréquemment pour désigner « le choc ou l'étonnement qui peut être ressenti quand la perception d'une œuvre d'art devient une expérience sérieuse », fournissant le point de départ à une réflexion qui peut amener dans l'être un changement profond ; les effets d'un tel choc ne peuvent d'ailleurs s'expliquer entièrement qu'en faisant appel à la doctrine platonicienne et indienne de la « réminiscence ». – *An Early Passage on Indian Painting* est un texte de l'*Atthasâlinî* répondant à la question : « Comment la pensée produit-elle ses divers effets » et où de nombreux termes techniques sont introduits par une sorte de jeu de mot sur *chitta*, « pensée », et *chitta* (en sanscrit : *chitra*), « peinture ». – *Some References to Pictorial Relief* est une comparaison de plusieurs textes grecs et indiens dans lesquels il est parlé en termes presque identiques de la représentation du relief en peinture. – *Primitive Mentality* est le texte anglais de l'étude parue ici même dans le numéro spécial sur le Folklore (août-septembre-octobre 1939). – Dans *Notes on « Savage » Art*, il est montré, par des citations de deux ouvrages concernant l'art de la Nouvelle-Guinée et celui des îles Marquises, à quel point, chez ces peuples soi-disant « sauvages », tout le travail des artisans avait un caractère strictement traditionnel et rituel, avant que l'influence européenne n'y soit venue tout détruire sous prétexte de « civilisation ». – *Symptom, Diagnosis, and Regimen* (voir n₀ de mai 1946). – Enfin, *On the Life of Symbols* qui termine le volume, est la traduction de la conclusion de l'ouvrage de Walter Andrae, *Die ionische Säule, Bauform oder Symbol* ? où il est encore insisté sur la valeur symbolique qu'avait essentiellement à l'origine tout ce qu'on ne regarde plus aujourd'hui que comme simple « ornement », parce qu'on a oublié ou méconnu la signification profonde qui en faisait proprement « l'image d'une vérité spirituelle ».

Ananda K. Coomaraswamy. – The Religious Basis of the Forms of Indian Society. – Indian Culture and English Influence. – East and West.

Orientalia, New York.

M. Coomaraswamy a réuni dans cette brochure trois études distinctes, dans la première desquelles il s'est proposé de montrer, par l'exemple de l'Inde, comment, « dans un ordre social traditionnel, les institutions représentent une application des doctrines métaphysiques à des circonstances contingentes », de telle sorte que tout y a une raison d'être, non pas simplement biologique ou psychologique, mais véritablement métaphysique. Il examine successivement à ce point de vue le quadruple but de la vie humaine (*purushârtha*), l'institution des quatre *âshramas*, la notion de *dharma* avec tout ce qu'elle implique, et enfin, en connexion avec le *swadharma*, l'institution des castes, avec le caractère de « vocation » qu'y revêt essentiellement l'exercice de toute profession quelle qu'elle soit, ainsi que le caractère sacré et rituel qu'a nécessairement toute activité là où les castes elles-mêmes sont considérées comme « nées du Sacrifice », si bien que le point de vue profane ne s'y rencontre nulle part, et que la vie tout entière y apparaît comme l'accomplissement d'un rituel dans lequel il n'est rien qui soit dépourvu de signification. – Dans la seconde étude, l'auteur, après avoir tout d'abord cité diverses critiques adressées à la civilisation moderne par des Occidentaux eux-mêmes aussi bien que par des Orientaux, fait ressortir les effets destructeurs qu'a inévitablement l'influence européenne dans un pays qui, comme l'Inde, possède encore une civilisation traditionnelle ; et ces effets ne s'exercent pas seulement dans le domaine proprement intellectuel, mais tout aussi bien dans l'ordre social lui-même, où l'influence dont il s'agit tend avant tout à renverser l'organisation dans laquelle, comme il a été dit tout à l'heure, toute profession est proprement une « vocation », organisation qui, ainsi que l'a très justement fait remarquer A. M. Hocart, est effectivement incompatible avec le système industriel de l'Occident moderne. C'est contre la conception même de la vie impliquée par ce système qu'il est nécessaire de réagir en premier lieu si l'on veut éviter une catastrophe irrémédiable ; et il n'est certes pas souhaitable de continuer, sous prétexte de « progrès », à avancer dans la même direction quand on se trouve au bord d'un précipice. – Enfin, dans la dernière étude, M. Coomaraswamy expose que l'antithèse de l'Orient et de l'Occident, telle qu'elle se présente actuellement, ne doit pas être entendue en un sens simplement géographique, mais qu'elle est, en réalité, celle de l'esprit traditionnel et de l'esprit moderne, ce qui est, au fond, une question de temps beaucoup plus que de lieux, puisque, tant que l'Occident eut une civilisation normale et comparable à toutes les autres, une telle opposition ne pouvait exister en aucune façon. Pour faire disparaître cette opposition, la bonne volonté et la « philanthropie » ne suffisent certes pas, surtout dans un état de choses où ce qui est considéré comme « bon » ou comme « mauvais » manque également de principe et n'est basé en définitive que sur une conception toute quantitative de la vie ; ce qu'il faut avant tout, c'est la compréhension, car c'est par là seulement que tout peut être résolu, y compris les questions politiques et économiques qui ne sont, en réalité, que les plus extérieures et les moins importantes. Ici, l'auteur revient à la conception de la « vocation », c'est-à-dire de la détermination des occupations, non par un choix arbitraire ou par des considérations de profit ou d'ambition, mais par la propre nature de chacun, permettant par là même à tout homme de travailler à sa propre perfection en même temps qu'à celle des produits de son métier ; le problème de la restauration de cette conception, qui devrait être résolu en premier lieu pour sortir du désordre actuel, ne peut l'être que par la compréhension des principes sur lesquels repose l'organisation traditionnelle des castes. Il va de soi, d'ailleurs, qu'un effort de rapprochement ne peut venir que du côté de l'Occident, puisque c'est celui-ci qui a abandonné les normes autrefois communes, tandis que l'Orient y adhère encore en grande majorité ; et c'est seulement avec cet Orient traditionnel que l'Occident pourrait coopérer, tandis que, avec l'Orient modernisé, il ne pourrait jamais qu'être en rivalité. Quand l'Occident aura retrouvé son « Soi », qui est aussi le « Soi » de tous les autres hommes, le problème de comprendre l'Orient aura été résolu en même temps, et il ne restera plus que la tâche de mettre en pratique ce qui aura été compris ; l'autre terme de l'alternative est une réduction du monde entier à l'état présent de l'Europe ; il s'agit finalement de choisir entre un mouvement délibérément dirigé vers une destinée prévue, et une soumission passive à une inexorable fatalité.

Walter Shewring. – Art in Christian Philosophy.

The Sower Press, Plainfield, New Jersey.

Cette brochure constitue un excellent résumé de la doctrine chrétienne de l'art, principalement telle qu'elle a été exposée par saint Thomas d'Aquin : partant de la définition donnée par celui-ci, l'auteur insiste sur le fait que l'art est avant tout une chose intellectuelle, bien qu'il implique aussi la volonté, sans quoi l'œuvre d'art ne serait jamais réalisée ; la volonté de l'artiste joue ici le rôle d'une cause efficiente, mais la cause formelle est l'idée conçue dans son intellect. D'autre part, l'art, qui est proprement ce par quoi l'artiste travaille, *habitus* intellectuel permanent ou verbe intérieur conçu intelligiblement, concerne la fabrication de toutes choses, et non pas seulement de telle ou telle classe particulière de choses comme le pensent généralement les modernes. Un autre point essentiel, c'est que l'homme comme artiste imite Dieu en tant qu'il est l'Artiste par excellence, et que le Verbe divin, « par qui toutes choses ont été faites », est le véritable archétype du verbe ou de l'idée résidant dans l'esprit de l'artiste humain. Quant au but de l'art, il est la production de choses utiles, mais à la condition d'entendre cette utilité dans son sens le plus large, comme s'appliquant à tout ce qui peut servir d'une façon quelconque les fins de l'homme, spirituellement aussi bien que matériellement. Après une digression sur la beauté, qui doit être considérée comme un « transcendantal », et non comme une prérogative spéciale des œuvres d'art, l'auteur passe à ce qu'il appelle très justement les « aberrations modernes », opposées à cette conception normale de l'art, et il termine en envisageant la possibilité d'un « retour à la norme » au point de vue plus spécial du Catholicisme. Nous n'aurions de réserves à faire que sur un point : tout en reconnaissant naturellement la conformité de la conception chrétienne avec toute vue traditionnelle de l'art, M. Shewring paraît avoir une tendance à revendiquer comme proprement chrétien tout ce qui, en réalité, est traditionnel au sens universel de ce mot ; on pourrait même se demander s'il ne va pas jusqu'à attribuer à la « raison naturelle » tout ce qui n'est pas le Christianisme, alors qu'au contraire toute tradition, quelle qu'elle soit, a au même titre le caractère surnaturel et supra-humain, sans quoi elle ne mériterait nullement ce nom et ne dépasserait pas le niveau de la simple « philosophie » profane. Tant que M. Shewring s'en tient au domaine de sa propre forme traditionnelle, ce qu'il dit est parfait, mais sans doute est-il encore assez loin de concevoir l'unité essentielle de toutes les traditions, et c'est dommage, car cela lui permettrait assurément de donner aux idées qu'il expose une tout autre ampleur et d'en étendre considérablement la portée par la reconnaissance de leur valeur vraiment universelle.

JANVIER-FÉVRIER
1947

Marco Pallis. – Peaks and Lamas.

Cassell and Co., London.

Cet ouvrage, auquel M. Coomaraswamy a déjà consacré ici une note lors de son apparition (n₀ de juin 1940), a eu depuis lors plusieurs éditions successives, dans lesquelles l'auteur a apporté certaines améliorations de détail. Notre intention, en y revenant, n'est pas de parler de ce qui est proprement « récit de voyage », quel qu'en soit d'ailleurs l'intérêt, mais seulement de signaler plus particulièrement quelques points se rapportant directement à la doctrine thibétaine. Nous devons remarquer tout d'abord que M. Pallis n'accepte pas le terme de « Lamaïsme », qui comporte, en anglais, paraît-il, une certaine nuance péjorative ; nous devons dire qu'il ne semble pas en être ainsi en français, si bien que, pour notre part, nous n'avions vu jusque-là aucun inconvénient à l'employer à l'occasion ; il est vrai que ce n'est qu'une dénomination purement conventionnelle, mais il y en a d'autres qui sont également dans ce cas (celle de « Confucianisme » par exemple), et dont on se sert uniquement pour des raisons de commodité. On peut sans doute se contenter de parler tout simplement de Bouddhisme thibétain, et peut-être est-ce ce qui vaut le mieux après tout ; il doit être bien entendu, en tout cas, que ce Bouddhisme présente des particularités qui le distinguent nettement des autres formes, non seulement du Bouddhisme en général, mais même du *Mahâyâna* dont il est une branche. – Un chapitre qui présente une importance toute spéciale au point de vue doctrinal est celui qui est intitulé *The Round of Existence*, et qui contient un excellent exposé du symbolisme de la « Roue de Vie », représentation schématique des multiples états de l'existence conditionnée. À cette occasion, l'auteur explique divers points fondamentaux de la doctrine bouddhique, en tant que celle-ci vise essentiellement à faire sortir les êtres de l'enchaînement indéfini de ces états pour les conduire au *Nirvâna*, au sujet duquel il rectifie très justement les fausses interprétations qui ont cours en Occident : « C'est l'extinction de l'Ignorance et de la série de ses conséquences ; une double négation est le seul moyen que nous ayons de suggérer faiblement sa réalité positive. Celui qui atteint cet état le connaît ; celui qui ne l'a pas atteint ne peut que spéculer dans les termes de sa propre relativité, qui ne s'y appliquent pas : entre cet état et le Cercle de l'Existence, il y a une complète discontinuité ». Nous noterons encore les considérations concernant la Méthode et la Sagesse, envisagées comme complémentaires et inséparables l'une de l'autre, et symbolisées respectivement par le *dorje* et par la clochette ou *dilbu*. – Un autre chapitre contient quelques pages sur le symbolisme des *Tantras*, qui, outre les éclaircissements qu'elles apportent dans l'ordre proprement doctrinal, et notamment en ce qui concerne la conception de la *Shakti*, constituent une réfutation aussi nette que possible des assertions ineptes que l'on rencontre un peu partout sur ce sujet, qui est sans doute un de ceux où l'incompréhension occidentale a atteint son plus haut degré. Ailleurs, nous trouvons des explications sur les « Trois Refuges », sur la formule *Om mani padmê hum* et sur les *mantras* en général comme supports de méditation ; et d'autres points encore, qu'il serait trop long d'énumérer, sont traités incidemment dans le cours du livre. – La dernière partie est consacrée presque tout entière à l'art thibétain ; il y est parlé tout d'abord de son état présent, et l'on peut remarquer, à cet égard, que c'est un des rares exemples qu'on puisse encore trouver d'un art traditionnel réellement vivant aujourd'hui. L'auteur a introduit là certaines vues générales sur l'« art populaire », inspirées par les indications de M. Coomaraswamy ; mais il observe que, au Thibet, il n'est guère possible d'envisager un « art populaire » distinct d'une autre sorte d'art, « parce que tous les éléments qui ont concouru à donner sa forme à la civilisation thibétaine, de quelque source qu'ils soient dérivés, ont été combinés en une synthèse très complètement élaborée, et adaptée aux besoins des hommes de tout rang et de toute capacité ». M. Pallis montre ensuite l'étroite connexion de l'art avec la doctrine ; dans ce chapitre, qu'il nous est impossible de résumer, nous noterons seulement les considérations sur le caractère essentiellement intellectuel de l'art traditionnel, sur le rituel regardé comme « une synthèse de tous les arts mis au service de la doctrine et collaborant en vue d'une seule fin », qui est de préparer l'esprit à la réalisation métaphysique, et sur l'absence de toute « idolâtrie » dans l'usage qui est ainsi fait des figurations symboliques. Enfin, il attire l'attention sur le danger qui peut résulter, pour l'art et pour l'ensemble de la civilisation traditionnelle qui forme un tout indivisible, de la pénétration de l'influence occidentale dont l'intérieur du Thibet est encore exempt jusqu'ici, mais qui commence déjà à se faire sentir sur ses frontières. Nous mentionnerons aussi, à ce propos, des réflexions très justes sur l'importance du costume pour le maintien de l'esprit traditionnel ; ceux qui veulent détruire la tradition chez un peuple savent certainement fort bien ce qu'ils font lorsqu'ils commencent par lui imposer le port du costume européen !

Robert Bleichsteiner. – L'Église jaune.

Traduction de Jacques Marty (Payot, Paris).

Le titre de ce livre appelle tout d'abord quelques remarques : d'une part, nous pensons qu'il vaudrait mieux éviter d'employer en pareil cas le terme d'« Église », à cause de la signification spécifiquement chrétienne qui s'y est attachée et dont il est à peu près impossible de le séparer ; d'autre part, la dénomination d'« Église jaune » ne saurait en tout cas s'appliquer qu'à une seule branche du Lamaïsme (l'auteur, contrairement à M. Pallis, emploie volontiers ce dernier terme), celle qui suit la réforme de Tsongk-khapa, pour la distinguer de celle qu'on pourrait alors appeler l'« Église rouge » et qui est demeurée telle qu'elle était avant l'époque de cette réforme. Or, l'ouvrage traite en réalité de l'une et de l'autre, c'est-à-dire, en somme, du Bouddhisme thibétain en général, et aussi du Bouddhisme mongol qui en est dérivé directement ; c'est même peut-être le seul ouvrage d'ensemble, ou du moins le seul facilement accessible, qui existe sur ce sujet, et c'est d'ailleurs là ce qui en fait surtout l'intérêt ; nous voulons parler de l'intérêt « documentaire », car, pour ce qui est de l'« esprit » dans lequel il est écrit, il y a assurément bien des réserves à faire. Il contient d'abord un exposé historique assez complet ; malheureusement, cet exposé même est affecté par une sorte de scepticisme à l'égard de tout ce qui ne paraît pas pouvoir s'expliquer conformément aux idées occidentales modernes, et on y sent un peu trop la tendance à vouloir tout « rationaliser ». Un point qui demeure plutôt obscur, c'est ce qui concerne la religion de *Bon*, antérieure à l'introduction du Bouddhisme, et dont on ne sait en effet qu'assez peu de chose ; quant à ce qui est dit d'une soi-disant « croyance populaire » encore plus ancienne, il n'est guère possible de comprendre de quoi il s'agit ; peut-être veut-on parler d'une forme du « chamanisme », qui d'ailleurs devrait sans doute être antérieure à la dégénérescence actuelle de celui-ci, et qui en tout cas ne pourrait être « populaire » que dans le seul fait de ses survivances partielles, constituant si l'on veut une sorte de « folklore », après qu'elle eut été remplacée par d'autres formes traditionnelles. À ce propos, signalons, bien qu'elle se trouve dans une autre partie du livre, une remarque assez intéressante, ou qui du moins pourrait l'être si l'on savait en tirer les conséquences ; les points de contact du Lamaïsme avec le Chamanisme « ne s'expliquent pas par les influences que le Bouddhisme a subies en Mongolie et dans le Thibet de la part des théories qui y prévalent ; il s'agit exclusivement de traits déjà attestés dans le Tantrisme indien, et qui, de ce pays, sont allés se combiner aux idées du Lamaïsme » ; mais au lieu de voir là des indices d'une source traditionnelle commune, et qui peut d'ailleurs remonter fort loin, l'auteur se contente de déclarer que « l'explication de ces remarquables rencontres doit être laissée à des recherches ultérieures »... – Après la partie historique sont étudiés successivement les monastères et les temples, les différentes catégories de « dieux » du Lamaïsme, la hiérarchie des moines (parmi lesquels ceux qui suivent la « voie directe » sont qualifiés de « mystiques » fort mal à propos), les « arts magiques » (dénomination sous laquelle sont rangées indistinctement bien des choses qui ne sont certes pas toutes d'ordre magique au vrai sens de ce mot), les rites et les fêtes (où les danses symboliques tiennent une place importante, et ici l'auteur relève avec raison l'erreur commise trop fréquemment par ceux qui les ont décrites et qui ont pris les divinités « terribles » qui y figurent pour des entités diaboliques), puis la cosmologie (dont le côté symbolique n'est guère compris), les sciences (notamment l'astrologie et la médecine), et enfin les arts et la littérature. Tout cela, redisons-le encore, est intéressant en tant que documentation, mais à la condition de ne pas tenir compte des appréciations de l'auteur, qui ne perd aucune occasion de déclamer contre ce qu'il appelle les « horreurs tantriques » et de traiter de « superstitions absurdes et lamentables » tout ce qui échappe à sa compréhension ! – Nous ne savons au juste dans quelle mesure certains défauts d'expression doivent être attribués à la traduction ; il en est probablement ainsi lorsqu'il s'agit de phrases dont le sens est fort peu clair, et il y en a malheureusement un assez grand nombre ; mais il paraît difficile de ne pas imputer à l'auteur lui-même l'emploi de quelques termes assez extraordinaires, comme par exemple celui de « pierre fulminaire » pour rendre *dorje*, ou encore celui de « réincarnations » pour désigner les *tulkous*, que la plupart des Européens appellent fort improprement des « Bouddhas vivants », et qui, en réalité, ne sont pas autre chose que les supports humains de certaines influences spirituelles. D'un autre côté, il est fâcheux que le traducteur ait cru devoir adopter pour les mots thibétains une transcription bizarre, qui semble être la transcription allemande quelque peu modifiée, et qui les rend parfois assez difficilement reconnaissables pour ceux qui sont habitués à les voir sous une autre forme ; l'absence de toute indication des voyelles longues dans les termes sanscrits est plutôt gênante aussi, et ce sont là des imperfections qu'il eût cependant été bien facile d'éviter, car cela du moins ne demande évidemment aucun effort de compréhension.

Mars 1947

Émile Dermenghem. – Contes Kabyles.

Charlot, Alger.

Ce qui fait surtout l'intérêt de ce recueil de « contes populaires » de l'Afrique du Nord, à notre point de vue, c'est l'introduction et les notes qui les accompagnent, et où sont exposées des vues générales sur la nature du « folklore universel ». L'auteur fait remarquer très justement que « le véritable intérêt des littératures populaires est ailleurs que dans les filiations, les influences et les dépendances externes », qu'il réside surtout en ce qu'elles témoignent « en faveur de l'unité des traditions ». Il fait ressortir l'insuffisance du point de vue « rationaliste et évolutionniste » auquel s'en tiennent la plupart des folkloristes et des ethnologues, avec leurs théories sur les « rites saisonniers » et autres choses du même ordre ; et il rappelle, au sujet de la signification proprement symbolique des contes et du caractère véritablement « transcendant » de leur contenu, certaines des considérations que nous-même et quelques-uns de nos collaborateurs avons exposées ici même. Toutefois, il est à regretter qu'il ait cru devoir malgré tout faire une part plus ou moins large à des conceptions fort peu compatibles avec celles-là : entre les prétendus « rites saisonniers » et les rites initiatiques, entre la soi-disant « initiation tribale » des ethnologues et la véritable initiation, il faut nécessairement choisir ; même s'il est vrai et normal que l'ésotérisme ait son reflet et sa correspondance dans le côté exotérique des traditions, il faut en tout cas se garder de mettre sur le même plan le principe et ses applications secondaires, et, en ce qui concerne celles-ci, il faudrait aussi, dans le cas présent, les envisager entièrement en dehors des idées antitraditionnelles de nos contemporains sur les « sociétés primitives » ; et que dire d'autre part de l'interprétation psychanalytique, qui, en réalité, aboutit tout simplement à nier le « superconscient » en le confondant avec le « subconscient » ? Ajoutons encore que l'initiation, entendue dans son véritable sens, n'a et ne saurait avoir absolument rien de « mystique » ; il est particulièrement fâcheux de voir cette équivoque se perpétuer en dépit de toutes les explications que nous avons pu donner à ce sujet... Les notes et les commentaires montrent surtout les multiples similitudes qui existent entre les contes kabyles et ceux d'autres pays très divers, et il est à peine besoin de dire que ces rapprochements présentent un intérêt tout particulier comme « illustrations » de l'universalité du folklore. Une dernière note traite des formules initiales et finales des contes, correspondant manifestement à celles qui marquent, d'une façon générale, le début et la fin de l'accomplissement d'un rite, et qui sont en rapport, ainsi que nous l'avons expliqué ailleurs, avec la « coagulation » et la « solution » hermétiques. Quant aux contes eux-mêmes, ils semblent rendus aussi fidèlement que le permet une traduction, et, de plus, ils se lisent fort agréablement.

Émile Dermenghem. – *Le Mythe de Psyché dans le Folklore nord-africain.*

Société Historique Algérienne, Alger.

Dans cette autre étude folklorique, il s'agit des nombreux contes où, dans l'Afrique du Nord comme d'ailleurs en bien d'autres pays, on retrouve réunis ou épars les principaux traits du mythe bien connu de Psyché ; « il n'est pour ainsi dire pas un de ces traits qui ne suggère un sens initiatique et rituel ; il n'en est pas un non plus que nous ne puissions retrouver dans le folklore universel ». Il y a aussi des variantes, dont la plus remarquable est « la forme inversée dans laquelle l'être mystique épousé est féminin » ; les contes de ce type « semblent insister sur le côté actif, le côté conquête, comme s'ils représentaient l'aspect effort humain plutôt que l'aspect passif et théocentriste » ; ces deux aspects sont évidemment complémentaires l'un de l'autre. Maintenant, qu'Apulée, qui n'a certes pas inventé le mythe, ait pu s'inspirer, pour certains détails de la version qu'il en donne dans son *Âne d'Or*, d'une « tradition orale populaire africaine », cela n'est pas impossible ; mais il ne faut cependant pas oublier que des figurations se rapportant à ce mythe se rencontrent déjà sur des monuments grecs antérieurs de plusieurs siècles ; cette question des « sources » importe d'ailleurs d'autant moins au fond que la diffusion même du mythe indique qu'il faudrait remonter beaucoup plus loin pour en trouver l'origine, si toutefois l'on peut parler proprement d'une origine en pareil cas ; du reste, le folklore comme tel ne peut jamais être le point de départ de quoi que ce soit, car il n'est au contraire fait que de « survivances », ce qui est même sa raison d'être. D'autre part, le fait que certains traits correspondent à des usages, interdictions ou autres, qui ont effectivement existé en relation avec le mariage dans tel ou tel pays, ne prouve absolument rien contre l'existence d'un sens supérieur, dont nous dirions même plutôt, pour notre part, que ces usages eux-mêmes ont pu être dérivés, toujours pour la raison que l'exotérisme a son principe dans l'ésotérisme, de sorte que ce sens supérieur et initiatique, bien loin d'être « surajouté » après coup, est au contraire celui qui est véritablement primordial en réalité. L'examen des rapports du mythe de Psyché et des contes qui lui sont apparentés avec les mystères antiques, sur lequel se termine l'étude de M. Dermenghem, est particulièrement digne d'intérêt, ainsi que l'indication de certains rapprochements avec le *taçawwuf* ; nous ajouterons seulement, à ce propos, que des similitudes comme celles qu'on peut remarquer entre la terminologie de celui-ci et le vocabulaire platonicien ne doivent nullement être prises pour des marques d'un « emprunt » quelconque, car le *taçawwuf* est proprement et essentiellement islamique, et les rapprochements de ce genre ne font rien d'autre que d'affirmer aussi nettement que possible l'« unanimité » de la tradition universelle sous toutes ses formes.

Henry Corbin. – Suhrawardi d'Alep, fondateur de la doctrine illuminative (ishrâqi).

G.-P. Maisonneuve, Paris.

Suhrawardi d'Alep, à qui est consacrée cette brochure, est celui qu'on a souvent appelé *Esh-Sheikh el-maqtûl* pour le distinguer de ses homonymes, bien que, à vrai dire, on ne sache pas exactement s'il fut tué en effet ou s'il se laissa mourir de faim en prison. La partie proprement historique est consciencieusement faite et donne un bon aperçu de sa vie et de ses œuvres ; mais il y a bien des réserves à faire sur certaines interprétations, ainsi que sur certaines affirmations concernant de prétendues « sources » des plus hypothétiques : nous retrouvons notamment ici cette idée singulière, à laquelle nous avons fait allusion dans un récent article[76], que toute angélologie tire forcément son origine du Mazdéisme. D'autre part, l'auteur n'a pas su faire comme il convient la distinction entre cette doctrine *ishrâqiyah*, qui ne se rattache à aucune *silsilah* régulière, et le véritable *taçawwuf* ; il est bien hasardé de dire, sur la foi de quelques similitudes extérieures, que « Suhrawardî est dans la lignée d'El-Hallâj » ; et il ne faudrait assurément pas prendre à la lettre la parole d'un de ses admirateurs le désignant comme « le maître de l'instant », car de telles expressions sont souvent employées ainsi d'une façon tout hyperbolique. Sans doute, il a dû être influencé dans une certaine mesure par le *taçawwuf*, mais, au fond, il semble bien s'être inspiré d'idées néo-platoniciennes qu'il a revêtues d'une forme islamique, et c'est pourquoi sa doctrine est généralement regardée comme ne relevant véritablement que de la philosophie ; mais les orientalistes ont-ils jamais pu comprendre la différence profonde qui sépare le *taçawwuf* de toute philosophie ? Enfin, bien que ceci n'ait en somme qu'une importance secondaire, nous nous demandons pourquoi M. Corbin a éprouvé parfois le besoin d'imiter, à tel point qu'on pourrait s'y méprendre, le style compliqué et passablement obscur de M. Massignon.

JUIN 1947

Paul Chacornac. – ***Le Comte de Saint-Germain.***

Chacornac Frères, Paris.

Ce nouveau livre de notre Directeur représente le résultat de longues et patientes recherches poursuivies pendant bien des années ; on s'étonne en voyant quelle prodigieuse quantité d'ouvrages et de documents de toute sorte

---

[76] [*Monothéisme et angélologie* (octobre-novembre 1946).]

il a fallu consulter pour arriver à contrôler soigneusement chaque renseignement et l'on ne saurait trop rendre hommage à la scrupuleuse probité d'un tel travail. Si tous les points ne sont pas entièrement éclaircis, ce qui était sans doute impossible, il en est du moins un bon nombre qui le sont, et d'une façon qui semble bien définitive. Pour cela, il a fallu avant tout dissiper les confusions qui ont été commises avec divers autres personnages, notamment avec le lieutenant-général Claude-Louis de Saint-Germain ; celle-là est une des plus fréquentes, mais, en dépit de la similitude de nom et de titre par laquelle elle s'explique, ce n'est pas la moins étonnante, car il s'agit là d'un homme ayant joué un rôle historique parfaitement connu et dans lequel il n'y a rien d'obscur ni de mystérieux. Il y a aussi le prince Rakoczi, dont certains à notre époque ont tiré un grand parti, mais dont l'histoire prétendue n'est qu'un tissu d'invraisemblances ; le plus probable est que ce nom a simplement servi, dans certaines circonstances, à dissimuler la véritable origine du comte de Saint-Germain. Il y a encore un certain nombre d'autres personnages réels ou supposés, et dont une partie ne doivent un semblant d'existence qu'aux fantaisies imaginatives auxquelles ont donné lieu les noms pris par le comte de Saint-Germain lui-même à diverses époques et en différents pays. Le terrain étant ainsi déblayé, il devient beaucoup plus facile de suivre le héros depuis sa première apparition connue à Londres en 1745 jusqu'à sa mort « officielle » chez le prince de Hesse en 1784 ; et, quand il a été fait bonne justice des racontars de Casanova et d'autres « mémorialistes » aussi peu dignes de foi, des mystifications de l'illusionniste Gauve et de quelques autres histoires encore qui furent imputées faussement au comte de Saint-Germain, comme le rôle que certains lui ont attribué dans la révolution russe de 1762, ce qui du reste n'a certes guère de ressemblance avec l'« aventurier » et le « charlatan » que tant de gens ont dépeint, on voit là, en réalité, un homme doué de talents remarquables en divers genres, possédant sur beaucoup de choses des connaissances peu communes, de quelque source qu'il les ait tirées, et qui, s'il eut des amis et des admirateurs partout où il passa, eut aussi, comme il arrive bien souvent en pareil cas, des ennemis acharnés à faire échouer ses entreprises, qu'il s'agisse de sa mission diplomatique en Hollande ou de l'industrie qu'il voulut plus tard monter en Flandre sous le nom de M. de Surmont... Mais, à côté de cette vie proprement « historique », ou à sa suite, il y a aussi la « légende », qui n'a pas cessé de se développer jusqu'à nos jours, surtout en ce qui concerne la « survivance » du comte de Saint-Germain et les manifestations qui lui ont été attribuées après la date de ce que, pour cette raison précisément, nous avons appelé tout à l'heure sa mort « officielle ». Il y a sûrement là-dedans bien des extravagances, dont les moindres ne sont pas celles que les théosophistes, prenant à leur compte l'identification avec le prince Rakoczi, ont répandues au sujet de leur « Maître R. » ; mais il est aussi d'autres choses qu'il semble plus difficile de rejeter purement et simplement, et dont, même si elles ont été déformées ou mal interprétées, on peut se demander si elles ne renferment pas tout au moins une certaine part de vérité. Il subsiste donc là une énigme, et même, à vrai dire, il y en a encore une autre, celle-là d'ordre purement historique, car, jusqu'ici, le mystère de la naissance du comte de Saint-Germain n'a pas été éclairci ; sur ce dernier point, l'auteur envisage une solution qu'il ne présente que comme une hypothèse, mais qui est en tout cas rendue fort vraisemblable par tout un ensemble de rapprochements assez frappants. D'après cette hypothèse, le comte de Saint-Germain aurait été le fils naturel de Marie-Anne de Neubourg, veuve du roi Charles II d'Espagne, et du comte de Melgar, amirante de Castille, que son immense fortune avait fait surnommer « le banquier de Madrid », ce qui a pu donner lieu à la confusion qui a fait prétendre à certains qu'il était le fils d'un banquier juif. Si cette supposition est exacte, bien des choses s'expliquent sans peine, notamment les ressources considérables dont disposait manifestement le comte de Saint-Germain, les pierreries et les tableaux de maîtres dont il était possesseur, et aussi, ce qui est encore plus important, la confiance que lui témoignèrent toujours les souverains et les grands personnages qui, de Louis XV au prince de Hesse, durent avoir connaissance de cette origine par laquelle il leur était apparenté, mais qui, constituant en quelque sorte un « secret d'État », devait être soigneusement dissimulée à tout autre qu'eux. Quant à l'autre énigme, celle de la « légende », elle est expliquée autant qu'il est possible et interprétée à la lumière des doctrines traditionnelles dans le chapitre final ; comme celui-ci a paru tout d'abord ici même (n_o de décembre 1945), nous nous contenterons d'en rappeler le grand intérêt sans y insister davantage. Nous pensons que, à moins qu'on ne veuille s'en tenir encore aux rêveries dont on n'a que trop abusé jusqu'ici dans certains milieux, il ne sera plus possible désormais de parler du comte de Saint-Germain sans se reporter à cet ouvrage, pour lequel nous adressons à son auteur nos vives félicitations.

Émile Dermenghem. – *Joseph de Maistre mystique.*

« *La Colombe* », Paris.

Il vient de paraître de ce livre une nouvelle édition revue, à laquelle ont été ajoutées d'assez nombreuses notes précisant certains points et indiquant les travaux qui, consacrés à des questions connexes, ont paru depuis sa première publication. Pour ceux de nos lecteurs qui ne connaîtraient pas encore cet ouvrage, nous dirons qu'il expose d'une façon aussi complète que possible la carrière maçonnique de Joseph de Maistre, ses rapports avec les organisations initiatiques rattachées à la Maçonnerie de son temps et avec divers personnages appartenant à ces organisations, et l'influence considérable que leurs doctrines exercèrent sur sa pensée. Le tout est fort intéressant, et d'autant plus que les idées religieuses et sociales de Joseph de Maistre ont été le plus souvent fort mal comprises, voire même parfois entièrement dénaturées et interprétées dans un sens qui ne correspondait nullement à ses véritables intentions ; la connaissance des influences dont il s'agit pouvait seule permettre la mise au point nécessaire. La principale critique que nous aurions à formuler est en somme celle qui porterait sur le titre même du livre, car, à vrai dire, nous ne voyons rien de « mystique » dans tout cela, et, même lorsque Joseph de Maistre se tint à l'écart de toute activité d'ordre initiatique, il n'apparaît pas qu'il se soit jamais tourné pour cela vers le mysticisme comme d'autres le firent quelquefois ; il ne semble même pas qu'il y ait eu là chez lui un changement réel d'orientation, mais une simple attitude de réserve qu'il estimait, à tort ou à raison, lui être imposée par ses fonctions diplomatiques ; mais peut-on espérer que, dans l'esprit de certains, la confusion des deux domaines initiatique et mystique puisse jamais être entièrement dissipée ?

Louis-Claude de Saint-Martin. – *Tableau naturel des rapports qui existent entre Dieu, l'Homme et l'Univers.*

Introduction de Philippe Lavastine

(*Éditions du Griffon d'Or, Rochefort-sur-Mer*).

Cette réédition est certainement plus soignée que l'édition « martiniste » de 1900, mais il y est pourtant resté encore bien des fautes qu'il eût été, semble-t-il, assez facile de faire disparaître. L'auteur de l'introduction y a résumé en quelques pages les principaux traits de la doctrine de Saint-Martin ; mais ne cherche-t-il pas un peu trop à atténuer la différence entre les deux périodes de son existence, nous voulons dire entre son activité initiatique du début et son mysticisme ultérieur ?

R.-M. Gattefossé. – Les Sages Écritures, Essai sur la philosophie et les origines de l'écriture.

Paul Derain, Lyon.

L'idée qui est au point de départ de ce livre est excellente, puisqu'il s'agit d'établir la valeur symbolique des caractères de l'écriture, ainsi que leur origine « préhistorique », conformément aux anciennes traditions de tous les peuples. Malheureusement, la façon dont l'auteur a traité ces questions et les résultats auxquels il croit être parvenu dans ses recherches sont bien loin de répondre réellement à ses intentions ; et, tout d'abord, il y aurait déjà des réserves à faire sur la concordance qu'il envisage entre les données traditionnelles sur les périodes cycliques et la chronologie hypothétique des géologues modernes. Ensuite, probablement du fait de certaines circonstances particulières où il s'est trouvé, il paraît avoir été en quelque sorte fasciné par les « tifinars », c'est-à-dire l'ancienne écriture berbère, ainsi que par la langue « tamachèque » que les Touaregs parlent encore actuellement, au point de vouloir en tirer un schéma qu'il s'efforce d'appliquer à tout. Ce schéma, appelé par lui « couronne de tifinars », convient peut-être au cas spécial de l'alphabet en question ; mais, comme les lettres de cet alphabet sont au nombre de dix, il cherche à découvrir partout des ensembles de dix principes qu'il puisse faire correspondre à ces lettres en les disposant de la même façon : dans la Kabbale avec les dix *Sephiroth*, dans les Triades bardiques, dans la mythologie scandinave avec le « cycle des Ases », dans l'hermétisme, dans la philosophie d'Aristote avec ses dix catégories, et jusque dans les théories de la physique moderne ! Le moins qu'on puisse dire de ces arrangements est qu'ils sont tout à fait artificiels et souvent bien « forcés » ; et il y a aussi là, sur les doctrines de l'Inde et de la Chine, quelques considérations dans lesquelles il est impossible d'apercevoir le moindre rapport avec ce qu'elles sont en réalité... Les correspondances planétaires et zodiacales des lettres hébraïques, d'ailleurs bien connues, sont presque la seule chose qui soit ici conforme à une donnée authentiquement traditionnelle, mais précisément elles ne reproduisent plus la « couronne de tifinars » ; quant à celles des runes scandinaves, si elles sont vraiment exactes, comment se fait-il qu'il reste trois planètes auxquelles ne correspond aucun caractère ? Nous ne voulons pas insister davantage sur tout cela ; mais que dire aussi du soi-disant « lexique tamachèque » placé à la fin de l'ouvrage, et où sont rassemblés des mots appartenant aux langues les plus diverses, qui n'ont certainement rien à voir avec le « tamachèque », et dont l'interprétation témoigne plus en faveur de l'imagination de l'auteur que de ses connaissances linguistiques ?

Paul le Cour. – Hellénisme et Christianisme.

Éditions Bière, Bordeaux.

Certains avaient déjà voulu rattacher le Christianisme au Mazdéisme et même au Bouddhisme, et cela pour nier la filiation traditionnelle, pourtant évidente, qui le relie au Judaïsme ; voici maintenant une nouvelle théorie qui, avec les mêmes intentions, prétend le rattacher directement à l'Hellénisme. C'est dans celui-ci qu'il aurait eu réellement sa « source », et le Judaïsme ne serait intervenu qu'après coup pour en altérer le caractère primitif, en y introduisant certaines idées parmi lesquelles celle du « géocentrisme » paraît, nous ne savons trop pourquoi, prendre ici une importance toute particulière. Les raisons invoquées à l'appui de cette thèse sont assez nombreuses, mais elles n'en sont pas plus probantes pour cela, sauf peut-être aux yeux de ceux qui préfèrent la quantité à la qualité ; nous n'entreprendrons certes pas de les examiner une à une, mais nous devons tout au moins remarquer que l'auteur traite d'« interpolations » tout ce qui y est contraire dans les Évangiles, ce qui est toujours un moyen fort commode pour se débarrasser des textes gênants, et aussi que les fantaisies linguistiques qui lui sont coutumières jouent encore un certain rôle là-dedans. À ce dernier point de vue, nous signalerons plus spécialement certaines considérations sur le nom d'Hélène, qui voudrait dire « le neuf sacré », un rapprochement entre le Johannisme et l'école ionienne, une prétendue étymologie grecque du nom de Jérusalem, destinée à soutenir l'assertion que le Judaïsme lui-même aurait fait des emprunts à l'Hellénisme, et enfin l'idée au moins curieuse de faire du grec la « langue sacrée » par excellence ! Ajoutons encore, pour terminer, que nous retrouvons dans ce livre la légende faisant remonter aux premiers temps du Christianisme la médaille dite « de Boyer d'Agen », qui ne date manifestement que de la Renaissance ; il serait bien temps d'en finir une fois pour toutes avec cette histoire, d'autant plus que les fins pour lesquelles elle fut répandue jadis dans le public ne semblent pas avoir été entièrement désintéressées.

Paul le Cour. – *Dieu et les Dieux.*

Éditions Bière, Bordeaux.

Ce livre, destiné à faire suite au précédent, porte, ainsi que l'auteur le reconnaît d'ailleurs lui-même, un titre emprunté à Gougenot des Mousseaux, mais son contenu n'a rien de commun avec l'ouvrage que celui-ci consacra au culte des pierres. Nous retrouvons, dans beaucoup de ses chapitres, des choses que nous avons déjà vues autrefois dans des articles d'*Atlantis* et dont nous avons parlé en leur temps, ce qui nous dispensera d'y revenir en détail ; il n'y a même pas beaucoup de fantaisies nouvelles, mais plutôt des répétitions de celles que nous connaissons, si bien qu'il semblerait que l'imagination si fertile de l'auteur commence à s'épuiser quelque peu, ce qui serait vraiment dommage… Il envisage une « hiérarchie des Dieux », à la tête de laquelle est le « Dieu suprême » ; au-dessous de celui-ci sont ce qu'il appelle les « Dieux solaires » ; dont le principal est pour lui le « Démiurge », et c'est un des aspects de celui-ci, le « Médiateur », qui se serait incarné dans le Christ ; il y a aussi des « Dieux plurisolaires », des « Dieux planétaires », des « Génies protecteurs », et peut-être d'autres catégories encore. Au fond, c'est là renouveler tout simplement l'erreur qui consiste à prendre, littéralement et non symboliquement, les aspects ou les attributs divins pour des êtres distincts et même plus ou moins indépendants, erreur qui est celle-là même qui a donné naissance à toutes les déviations « polythéistes » partout où il s'en est produit ; et, à vrai dire, cela n'est pas pour nous surprendre outre mesure de la part d'un tel admirateur de l'Hellénisme. Ce qui est plus étonnant, c'est qu'il puisse croire cette conception conforme au Christianisme ; il est vrai qu'il a sur celui-ci des idées bien spéciales, et aussi que, dans sa pensée, il s'agit probablement surtout de ce que devra être « la future forme religieuse chrétienne de l'Ère du Verseau », sur laquelle on peut assurément se permettre toutes les rêveries qu'on voudra !

P.-J. Gonnet. – *Arûpa.*

Paul Derain, Lyon.

C'est un livre assez singulier, qui donne une impression plutôt confuse et désordonnée, mais qui ne justifie guère son titre, car il y est surtout question de choses appartenant à un ordre tout à fait « formel ». Il y a notamment beaucoup de considérations sur la chimie, qui sont manifestement en rapport avec les préoccupations professionnelles de l'auteur ; il y a même une longue dissertation sur le « lait maternel », qui ferait peut-être un bon article dans une revue spéciale de médecine ou d'hygiène, mais qui n'est vraiment pas à sa place dans un ouvrage qui a par ailleurs la prétention de toucher à l'ésotérisme et aux idées traditionnelles. Il y touche en effet, dans une certaine mesure, par des vues sur les nombres qui ne sont pas sans intérêt, mais qui sont malheureusement exprimées d'une façon fort peu claire ; les informations qui y ont été utilisées sont d'ailleurs loin d'être toutes également sûres. Il y a aussi des pages qui présentent une disposition typographique des plus bizarres, et dont certaines ne contiennent que quelques mots qui, pour nous tout au moins, sont parfaitement incompréhensibles. Quant au récit que fait l'auteur, dans son préambule, au sujet d'une « révélation » qu'il aurait eue dans une sorte d'« état second », et d'après laquelle l'Univers serait entré le 1$_{er}$ décembre 1944 dans une période de « résorption », nous voulons croire qu'il ne s'agit là que d'une simple fiction littéraire, car, s'il en était autrement, ce serait plutôt inquiétant…

Juillet-Août 1947

Jean Malfatti de Montereggio. – Études sur la Mathèse, ou Anarchie et Hiérarchie de la Science.

Traduction de Christien Ostrowski.
Introduction de Gilles Deleuze
(Éditions du Griffon d'Or, Paris).

Cette réédition, qui reproduit avec quelques légères modifications la traduction française parue en 1849, n'était certes pas inopportune, car ce livre est de ceux dont on parle souvent, mais que bien peu ont lu. Quant à sa valeur propre, nous devons dire qu'il nous semble présenter surtout un intérêt de curiosité, car la vérité est qu'il « date » terriblement, et cela non pas seulement en ce qui concerne les considérations biologiques et médicales, qui portent assurément la marque de leur époque, mais où se trouvent des vues ingénieuses et qui mériteraient peut-être d'être reprises sous une autre forme ; il « date » aussi, et même plus encore, par ce qui s'y rapporte à la tradition hindoue. Celle-ci était bien peu connue à cette époque en Europe, où on n'en avait que des notions tout à fait fragmentaires et souvent peu exactes ; de plus, c'était le temps où certains avaient inventé une « symbolique » qui ne suppléait que fort mal à leur ignorance du véritable symbolisme, et dont l'influence est ici très visible. Rassemblant dix principes assez hétéroclites et dont le choix n'est pas moins arbitraire que l'ordre dans lequel il les range, l'auteur a voulu y voir une correspondance avec les nombres, et, partant de cette idée, il s'est ingénié à découvrir dans les figurations qu'il avait à sa disposition des choses qui n'y sont certainement pas ; il est à peine besoin d'ajouter que, par contre, toute signification d'ordre métaphysique lui échappe complètement. Au lieu de donner la place principale à de semblables fantaisies, il aurait beaucoup mieux fait de présenter simplement ses spéculations sur les nombres comme d'inspiration pythagoricienne, ce qui eût été plus justifié ; elles restent d'ailleurs, dans leur ensemble, plutôt vagues et obscures, et il est difficile de voir nettement comment il en tire certaines applications. Ce qui est peut-être le plus digne de remarque, à un point de vue qu'on pourrait dire « historique », c'est le rôle considérable que cet ouvrage et d'autres du même genre ont joué dans la constitution de l'occultisme de la fin du XIXe siècle ; reposant sur des informations aussi peu sûres et les mettant à la place des données traditionnelles authentiques qui lui faisaient entièrement défaut, est-il étonnant que celui-ci n'ait jamais été qu'un assemblage de rêveries sans la moindre solidité ? Mais il est bon qu'on puisse s'en rendre compte en se reportant aux sources, et, au fond, c'est peut-être là ce qui fait le principal intérêt d'une réédition comme celle-là.

J.-M. Ragon. – *De la Maçonnerie occulte et de l'Initiation hermétique.*

Introduction de A. Volguine
(Éditions des Cahiers Astrologiques, Nice).

C'est là encore un autre livre qui « date », lui aussi, quoique d'une façon quelque peu différente du précédent, et surtout dans sa première partie, où sont passées en revue les différentes choses qu'on a l'habitude de ranger sous la dénomination assez vague de « sciences occultes ». À part certaines considérations sur les nombres et sur les mots sacrés, il n'y a là, à vrai dire, rien de spécialement maçonnique, si ce n'est l'idée que les Maçons devraient faire entrer ces sciences dans l'objet de leurs études ; l'auteur avait même formé le projet de constituer trois grades ou « écoles d'instruction » qui y auraient été plus particulièrement consacrés et qui auraient en quelque sorte « doublé » les trois grades symboliques ; ce qui est plutôt singulier, c'est qu'il ait pu penser qu'ils auraient été, par rapport à ceux-ci, ce que les « grands mystères » étaient par rapport aux « petits mystères » ; voilà qui témoigne assurément d'une conception initiatique bien limitée… D'autre part, il importe de noter la place prépondérante qui est donnée là-dedans au magnétisme, car nous y trouvons encore une confirmation de l'influence véritablement néfaste que celui-ci exerça sur les milieux maçonniques, et cela, comme nous l'avons déjà fait remarquer en d'autres occasions, dès la fin du XVIIIe siècle, c'est-à-dire dès l'époque même de Mesmer, dont le « Rite de l'Harmonie Universelle » est évoqué ici, et dont le rôle semble même avoir été surtout, quoique peut-être inconsciemment, de détourner les Maçons de préoccupations plus sérieuses et plus réellement initiatiques ; on ne voit d'ailleurs que trop, chez Ragon, à quelle conception grossièrement matérialisée du « monde invisible » aboutissaient ces théories « fluidiques ». La seconde partie, sur l'initiation hermétique, est d'un intérêt plus direct au point de vue proprement maçonnique, surtout pour la documentation qu'elle contient, et malgré la forme plutôt bizarre et fantaisiste qu'y prennent certains mythes, notamment ceux de l'Égypte, dont l'« interprétation philosophique » ressemble d'ailleurs beaucoup à celle de Pernéty et s'en inspire manifestement pour une bonne part. Quant à la conception que Ragon lui-même se faisait de l'hermétisme, il serait difficile de dire jusqu'où elle pouvait aller exactement, mais, quoiqu'il paraisse reconnaître que les symboles alchimiques avaient un double sens, il est à craindre qu'elle n'ait pas été bien loin ; la façon dont il parle parfois à ce propos des « sciences utiles », aussi bien que celle dont il cherche d'autre part à justifier son intérêt pour le magnétisme, semblerait même indiquer que, pour lui, l'initiation ne devait guère viser à autre chose qu'à former des « bienfaiteurs de l'humanité ». – Dans son introduction, M. Volguine insiste surtout sur l'astrologie et ses rapports avec le symbolisme maçonnique, et cela se comprend facilement, puisque c'est en somme sa « spécialité » ; mais il reproche à Ragon de nier l'astrologie et de ne la considérer que comme une « superstition ». Or nous devons dire que, en nous reportant au chapitre indiqué à ce sujet, ce que nous y avons trouvé est assez sensiblement différent : il y est dit que l'astrologie « est certainement la première et, par conséquent, la plus antique des sciences et des superstitions », et il résulte assez clairement du contexte que ces deux derniers mots se rapportent respectivement à la véritable astrologie et aux abus plus ou moins charlatanesques auxquels elle a donné lieu. Quant à l'affirmation que la première est disparue depuis longtemps, nous n'y contredirions certes pas pour notre part, et nous ajouterions seulement que les tentatives qui sont faites actuellement pour la reconstituer, bien que ne rentrant assurément pas dans la catégorie des abus dont il vient d'être question, n'en sont pourtant encore que des déformations d'un autre genre … À un autre point de vue, il est vraiment étonnant qu'on puisse croire que les anciens grades hermétiques dont Ragon cite les rituels aient jamais fait partie de l'« échelle des 33 degrés », qui appartient exclusivement au Rite

Écossais Ancien et Accepté et n'a rien à voir avec les autres « systèmes » de hauts grades passés ou présents ; nous voulons pourtant penser que cette confusion n'est qu'apparente et résulte seulement d'une rédaction peu claire et insuffisamment explicite. Il y a encore un autre point que nous devons signaler et qui ne peut malheureusement donner lieu au même doute : il s'agit d'un certain « Ordre Maçonnique Astrologique Humaniste », en sept degrés, qui fut fondé en Belgique, en 1917, par des membres de la Maçonnerie Mixte, et qui est qualifié de « parfaitement régulier » ; comment une organisation essentiellement irrégulière aurait-elle bien pu donner naissance à un Rite régulier ? C'est là un problème que nous ne nous chargerons certes pas de résoudre ; à notre avis, il y a là tout simplement la preuve que certains ont des idées bien peu nettes sur les questions de régularité maçonnique !

Septembre 1947

G. Persigout. – Le Cabinet de Réflexion. – Considérations historiques et philosophiques sur le contenu et la portée ésotériques de l'Épreuve de la Terre.

R. Méré, Paris.

Ce gros volume est constitué par la réunion, avec quelques adjonctions, des articles sur ce sujet qui ont paru autrefois dans le *Symbolisme*, et dont nous avons déjà parlé à mesure de leur publication. L'auteur a d'ailleurs voulu, dans son avant-propos, répondre à certaines objections que nous avions formulées alors ; mais nous devons lui dire franchement que la façon dont il le fait n'est aucunement de nature à nous faire modifier notre avis à cet égard. Il cherche surtout à justifier ses fréquentes références à des conceptions philosophiques et scientifiques des plus profanes :

« Nous adressant au monde profane, dit-il, force est bien de partir des sciences profanes pour l'amener sur le plan des sciences traditionnelles ». Or, d'une part, c'est là une chose tout à fait impossible, parce que le point de vue même des sciences profanes est incompatible avec celui des sciences traditionnelles, et que, par suite, les premières, bien loin d'acheminer vers les secondes, ne peuvent au contraire que constituer un obstacle à leur compréhension ; d'autre part, nous ne voyons vraiment pas comment ni pourquoi, quand on traite des questions d'ordre initiatique, on peut vouloir « s'adresser au monde profane » et c'est là une idée que, pour notre part, nous n'avons certes jamais eue ! En outre, nous nous demandons qui prétend viser cette autre phrase : « En définitive, ce n'est pas en voulant les orientaliser à tout prix qu'on induira les esprits modernes d'Occident à penser autrement qu'en Occidentaux ». Cela ressemble fort à certaines insinuations que nous avons déjà parfois rencontrées ailleurs, mais dans lesquelles il nous est impossible de nous reconnaître, car nous n'avons jamais eu la moindre intention d'« orientaliser à tout prix » qui que ce soit ; ce que nous voudrions plutôt, c'est tout simplement induire ceux qui en sont capables « à penser autrement qu'en modernes », puisque l'esprit moderne ne fait réellement qu'un avec l'esprit antitraditionnel. Qu'après cela ils adhèrent à une tradition orientale ou occidentale, suivant ce qui convient le mieux à leurs aptitudes, c'est l'affaire de chacun, et cela ne saurait nous concerner en aucune façon ; est-ce d'ailleurs de notre faute si tout ce qui est tradition est tellement affaibli actuellement en Occident que beaucoup peuvent estimer plus avantageux de chercher d'un autre côté? Nous n'insisterons pas davantage, et nous ajouterons seulement que, malgré l'apparence d'un plan rigoureusement établi, l'ouvrage, dans son ensemble, demeure assez confus à bien des égards, ce qui arrive d'ailleurs toujours quand on veut mettre trop de choses dans un seul livre, et aussi que les quelques explications supplémentaires concernant la théorie du « Panpsychisme universel » ne réussissent malheureusement pas à rendre celle-ci beaucoup plus claire ; nous craignons bien, en tout cas, que les vues particulières de l'auteur n'aient dans cette théorie une plus grande part que les données traditionnelles.

Albert Lantoine. – *La Franc-Maçonnerie.*

*Extrait de l'*Histoire générale des Religions
(*Aristide Quillet, Paris*).

Cette étude, abondamment illustrée d'intéressantes reproductions de documents anciens, débute par les considérations sur la « genèse du concept de tolérance » dont nous avons déjà parlé à propos de leur publication sous la forme d'un article à part dans le *Symbolisme* (voir n₀ d'avril-mai 1947, p. 136). Le plan général de l'ouvrage dans lequel elle devait entrer exigeait sans doute que la Maçonnerie y fût présentée comme une sorte de « religion », alors qu'elle est pourtant tout autre chose en réalité, et cela implique forcément une certaine confusion entre les deux domaines exotérique et ésotérique. Nous ne croyons d'ailleurs pas que ce soit uniquement pour cette raison que l'auteur prend un peu trop facilement son parti des infiltrations de l'esprit profane qui se produisirent à partir de 1717 ; se rend-il suffisamment compte que des influences de ce genre ne pourraient aucunement s'exercer dans une organisation initiatique qui serait restée tout ce qu'elle doit être vraiment ? Quoi qu'il en soit, il faut le louer de ne pas déprécier outre mesure, comme le font tant d'autres, l'ancienne Maçonnerie opérative ; seulement, quand il estime que, dès le XVIIe siècle, celle-ci était déjà réduite à presque rien et tombée entre les mains d'une majorité de Maçons « acceptés » qui auraient préparé les voies à sa transformation en Maçonnerie spéculative, il y a bien des raisons de douter de l'exactitude de telles suppositions… Nous préférons les parties qui se rapportent à des époques plus récentes et mieux connues ; l'auteur y est davantage sur son véritable terrain, qui est en somme celui de l'historien, et, comme tel, il fait d'ailleurs preuve, ainsi qu'à son ordinaire, d'une remarquable impartialité. Il fait notamment justice, d'excellente façon, de la légende trop répandue sur le rôle que la Maçonnerie française du XVIIIe siècle aurait joué dans la préparation de la Révolution et au cours même de celle-ci, légende qui fut d'abord lancée par des adversaires de la Maçonnerie, mais ensuite admise, et peut-être même encore amplifiée, par des Maçons trop affectés par l'esprit moderne. Il reconnaît nettement, d'autre part, que l'intrusion de la politique dans les temps postérieurs, quelles que soient les raisons qui peuvent l'expliquer en fait, ne saurait être regardée que comme une déviation « vers des buts trop terrestres » ; mais il semble espérer qu'un redressement à cet égard est toujours possible, et, assurément, nul ne souhaite plus que nous qu'il en soit ainsi. Quant à sa conclusion, où la Maçonnerie est envisagée comme pouvant devenir la « future citadelle des religions », beaucoup penseront probablement que ce n'est là qu'un beau rêve ; pour notre part, nous dirions plutôt que ce rôle n'est pas tout à fait celui d'une organisation initiatique qui se tiendrait strictement dans son domaine propre, et que, si celle-ci peut réellement « venir au secours des religions » dans une période d'obscuration spirituelle presque complète, c'est d'une façon assez différente de celle-là, mais qui du reste, pour être moins apparente extérieurement, n'en serait cependant que d'autant plus efficace.

C. Chevillon. – *La Tradition universelle.*

Paul Derain, Lyon.

À cause de la mort tragique de l'auteur en 1944, nous voudrions pouvoir ne dire que du bien de ce livre posthume ; mais, malheureusement, nous y retrouvons encore ce même caractère vague et inconsistant que nous avions toujours remarqué dans ses précédents ouvrages. Il y a pourtant une certaine amélioration en ce sens que, dès lors qu'il en est arrivé à parler de « Tradition universelle », il semble par là même avoir renoncé finalement à l'attitude « antiorientale » que nous lui avions connue jadis ; mais cela ne va pas bien loin, car il ne s'agit guère en somme que de vues qu'on peut dire « philosophiques », donc demeurant tout à fait extérieures. Ce n'est pas à dire, assurément, qu'il n'y ait pas çà et là certaines réflexions parfaitement justes, par exemple sur le caractère purement négatif de la science moderne ; mais ce que nous ne comprenons pas, c'est que certains puissent penser qu'il y ait dans tout cela l'expression d'un point de vue plus ou moins ésotérique. En outre, l'exposé de ce que l'auteur croit être « l'esprit de la sagesse antique », tel qu'il se dégagerait de l'ensemble des différentes doctrines traditionnelles, est fortement affecté par des idées qui en sont fort éloignées en réalité, et plus particulièrement par la conception « réincarnationniste » ; aussi l'ensemble donne-t-il une impression plutôt décevante, et mieux vaut ne pas y insister davantage.

OCTOBRE-NOVEMBRE 1947

Robert Ambelain. – *Adam, Dieu rouge.*

Éditions Niclaus, Paris.

Le titre de ce livre est assez étrange, et d'autant plus qu'il ne s'y trouve en somme rien qui explique ou justifie la « divinité » ainsi attribuée à Adam ; mais ce qui est peut-être encore plus singulier, c'est que le chapitre par lequel il débute est nettement en contradiction avec les suivants. Ce premier chapitre, en effet, n'est qu'un exposé des opinions les plus dissolvantes de la « critique » moderne concernant la Genèse, sans la moindre réflexion qui puisse faire supposer tout au moins que l'auteur ne les adopte pas entièrement ; or, il va de soi que ces opinions impliquent nécessairement la négation formelle de tout ésotérisme dans la Bible, tandis que, dans la suite, il affirme au contraire l'existence de cet ésotérisme, quelle que soit d'ailleurs la conception qu'il s'en fait et la qualité de ce qu'il présente comme tel. On pourrait se demander s'il n'y a pas là l'effet d'une sorte de « mimétisme » lui permettant d'exposer indifféremment n'importe quoi comme s'il s'agissait de ses propres idées ; s'il en était ainsi, cela prouverait en tout cas qu'il n'a pas de convictions bien arrêtées… Quoi qu'il en soit, l'ésotérisme qu'il a en vue ici est surtout celui qu'il attribue aux Ophites ; mais, comme on ne sait en somme rien de bien précis sur ceux-ci, non plus d'ailleurs que sur la plupart des autres sectes dites « gnostiques », cela permet de parler un peu de tout à leur propos : Kabbale, hermétisme, et bien d'autres choses encore, et aussi de prétendre y rattacher directement ou indirectement tout ce qui, dans le monde judéo-chrétien, se présente avec quelque caractère ésotérique, depuis les Esséniens jusqu'aux Rose-Croix ! Nous ne tenterons certes pas de débrouiller ce chaos ; ce qui s'en dégage le plus clairement, c'est que, dans la pensée de l'auteur, il s'agit d'une « doctrine luciférienne », qu'il conçoit apparemment comme un « dualisme », car il affirme notamment que « la croyance à deux dieux adverses procède d'un ésotérisme réel » ; il donne d'ailleurs comme « lucifériens », des symboles qui n'ont aucunement ce caractère. Il serait bien difficile de deviner quelles ont pu être exactement ses intentions ; mais le moins qu'on puisse dire est qu'il témoigne d'un goût fort prononcé pour l'hétérodoxie, et même pour les pires formes de celle-ci, puisqu'il va jusqu'à s'efforcer de les retrouver là même où il n'y en a pas la moindre trace. Dans la dernière partie, qui est soi-disant consacrée à la « doctrine rosicrucienne », il n'y a, en réalité, rien de spécifiquement rosicrucien ; mais l'idée même de vouloir établir un lien entre le Rosicrucianisme et la « doctrine luciférienne » nous paraît extrêmement suspecte, ainsi que certaines réflexions au sujet de la Maçonnerie, ou la fréquente association des mots « luciférien » et « initiatique », ou encore telle phrase sur l'Islam où nous retrouvons cette bizarre obsession de la couleur verte que nous avons déjà eu l'occasion de signaler[77] ; en présence de pareilles choses, on ne saurait assurément être trop méfiant...

Robert Ambelain. – *Au pied des Menhirs.*

Éditions Niclaus, Paris.

Dans cet autre ouvrage, il s'agit cette fois de la tradition celtique, sujet certainement plus « sympathique » que le précédent ; l'exposé qui en est fait n'apporte en somme rien de bien nouveau, mais l'auteur a éprouvé le besoin d'y mêler des considérations tirées de la science moderne et qui font là un assez curieux effet. Comme cette tradition n'est connue que très imparfaitement, on comprend d'ailleurs qu'il ait été quelque peu embarrassé pour remplir ce volume, et, dans la dernière partie, la façon dont il s'en est tiré est d'une assez ingénieuse fantaisie : après avoir reproduit les *Triades* bardiques, il n'a rien trouvé de mieux que de les compléter... par les *Vers d'Or* pythagoriciens ! Le livre se termine par quelques informations sur le « mouvement celtique » contemporain, qui ne sont pas sans intérêt, si toutefois elles sont bien sûres ; ce qui malheureusement fait naître quelque doute à cet égard, c'est qu'il est dit qu'il s'agit en partie de « renseignements inédits, venant d'archives privées, qu'il nous sera possible de préciser un jour » ; et, comme ils ne contiennent en somme rien qui paraisse être de nature à justifier une telle réserve, cela nous rappelle involontairement certains procédés dont les occultistes ne sont que trop accoutumés de se servir... En tout cas, nous pouvons y relever une affirmation bien étonnante et inattendue, suivant laquelle « le rituel maçonnique anglais repose tout entier sur des traditions celtiques » : voilà une assertion qu'il serait difficile d'appuyer, non pas seulement par quelques similitudes comme il s'en

---

[77] [Dans le compte rendu de mars-avril 1946 d'un autre livre de Robert Ambelain, *Dans l'ombre des Cathédrales.*]

rencontre entre les formes traditionnelles les plus différentes, mais par des arguments vraiment sérieux. Au surplus, si les auteurs de la déviation « spéculative » avaient été réellement des « initiés celtiques », cela ne donnerait pas une bien haute idée des connaissances que ceux-ci ont conservées ; et puis dans tout cela, que fait-on de l'ancienne Maçonnerie opérative ?

Jean Mallinger. – *Notes sur les Secrets ésotériques des Pythagoriciens.*

Éditions Niclaus, Paris.

Nous avons déjà vu précédemment[78] un ouvrage du même auteur sur Pythagore ; il continue ses études dans le même sens, mais le résultat, il faut bien le dire, en est plutôt décevant. Ici, il s'agit des *akousmata* pythagoriciens, préceptes qui sont regardés comme ayant un caractère ésotérique et qui devaient l'avoir en effet, car ils sont généralement revêtus d'une forme énigmatique ou symbolique qui ne s'expliquerait guère autrement ; mais alors il devait y avoir là autre chose que ce qu'y a vu M. Mallinger, car les interprétations qu'il en donne n'ont rien de bien ésotérique ni de vraiment profond. Ainsi, sur le « secret des fèves », il a rassemblé quelques données plus ou moins curieuses, mais dont il ne se dégage aucune conclusion définie ; et, si d'autre part il a du moins compris que le « pain » représente la doctrine traditionnelle, ses commentaires à ce propos ne dépassent pas un niveau très élémentaire ; mais nous retrouvons là une allusion à la « chaîne apostolique des traditions occultes », dont nous voudrions bien savoir comment il l'entend exactement... Une grande partie du livre est consacrée à des questions se rapportant à la naissance et à la mort, d'après des « sources » diverses ; on y sent souvent l'influence des modernes idées occultistes, et aussi une vive préoccupation des phénomènes « métapsychiques » ; en somme, les citations assez abondantes des auteurs anciens sont ce qu'il y a de plus intéressant là-dedans. Nous avons aussi relevé au passage quelques détails plutôt amusants : ainsi, l'auteur reproduit sans examen, au sujet des « portes

---

[78] [Octobre-novembre 1946.]

zodiacales », la méprise de M. Carcopino que nous avons signalée ici autrefois[79] : il paraît croire que les Hindous sont des Bouddhistes, et il va même jusqu'à donner, en parlant de l'enseignement bouddhique, une référence au *Rig-Vêda* ! N'oublions pas de noter encore que, en terminant, il n'a pas pu s'empêcher de reparler de l'« état ancien et primitif », dont nous avons donné l'explication « ésotérique », si l'on peut dire, à propos de son précédent ouvrage ; à notre avis, il ferait sûrement beaucoup mieux de le laisser « en sommeil ».

Jean Mallinger. – Les Secrets ésotériques dans Plutarque.

Éditions Niclaus, Paris.

Ce livre est du même genre que celui dont nous venons de parler, et on pourrait en somme, d'une façon générale, en dire à peu près la même chose ; peut-être même les tendances occultistes s'y montrent-elles d'une façon encore un peu plus accentuée. Après avoir esquissé la biographie de Plutarque et signalé la « difficulté de l'homme moderne à comprendre certaines vérités ésotériques », en quoi il a certes bien raison, l'auteur expose d'abord les « secrets du feu vivant » ; il nous paraît prendre d'une façon trop littérale les affirmations, qui auraient besoin d'une transposition symbolique, suivant lesquelles « le feu est un être animé » et constitue la « nourriture des Dieux » ; sur le rôle rituel du feu comme élément purificateur et comme agent du sacrifice, il y aurait assurément bien d'autres choses à dire ; et ce chapitre se termine par un rapprochement quelque peu inattendu entre Plutarque et saint François d'Assise. Ensuite viennent les « secrets des statues animées », au sujet desquels sont surtout utilisés les travaux des égyptologues ; en fait, il s'agit là des rites par lesquels des statues ou d'autres objets étaient en quelque sorte « vivifiés » pour devenir des supports d'influences spirituelles ; mais l'auteur envisage surtout, dans les effets de ces rites, la production de certains phénomènes qui n'avaient en tout cas qu'une importance très secondaire. Un chapitre assez court, et qui au fond n'éclaircit pas grand-chose, est consacré aux théories « cosmosophiques » attribuées à un mystérieux Erythréen dont

---

[79] [*Le symbolisme du zodiaque chez les pythagoriciens* (juin 1938).]

il est question dans le traité *De defectu oraculorum*, théories qui, en somme, ne paraissent pas différer de celles des Pythagoriciens. Sur les « arcanes de l'Hadès » et le « périple de l'âme », le sens du symbolisme exposé n'est pas nettement dégagé, et il semble bien que l'auteur admette une interprétation « réincarnationniste » dans l'acception la plus littérale de ce mot. Enfin, les « secrets du Sage », dont il est question dans le dernier chapitre, se réduisent en somme à des préceptes pratiques qui peuvent être excellents en eux-mêmes, mais dans lesquels, sauf peut-être en ce qui concerne le rappel de la « loi du silence », il serait bien difficile de découvrir un ésotérisme quelconque ; et, quand on voit quelle place les préoccupations « sociales » tiennent dans la pensée de M. Mallinger, on peut se demander jusqu'à quel point il a suivi lui-même le conseil qu'il donne à ses lecteurs de « se libérer de tout préjugé contemporain ».

DÉCEMBRE 1947

Georges Barbarin. – L'Énigme du Grand Sphinx.

Éditions Adyar, Paris.

Dans ce nouveau livre, l'auteur du *Secret de la Grande Pyramide*, dont nous avons parlé en son temps[80], revient tout d'abord sur certaines des considérations qu'il avait déjà exposées dans celui-ci ; il se montre d'ailleurs plus réservé dans ses affirmations, sans doute parce que, dans l'intervalle, rien de remarquable ne paraît s'être passé aux dates indiquées, tandis qu'il est survenu des événements importants auxquels ne correspond aucune de celles-ci. En général, quand des prédictions ne se réalisent pas, leurs auteurs ou leurs propagateurs ne sont pas très embarrassés pour trouver des explications à ce fait ; pourtant, nous devons dire que celles que donne M. Barbarin nous semblent plutôt confuses et peu satisfaisantes. Si l'on dit que c'est d'événements « intérieurs » et « non apparents » qu'il s'agit en réalité, cela rend assurément les choses plus difficiles à contrôler, mais du moins

---

[80] [Novembre 1936.]

faudrait-il pouvoir trouver autour de nous quelque indice d'un changement d'orientation spirituelle ou mentale, alors qu'il n'en est rien et que, à ce point de vue, l'humanité n'a fait en somme que poursuivre de plus en plus vite sa même marche descendante. D'un autre côté, il est très bien de dire que « le Sphinx n'interroge pas l'histoire d'Israël, ni celle des Anglo-Saxons, ni même celle des Européens, mais bien toute l'histoire humaine » ; mais alors pourquoi continuer à faire comme s'il en était autrement, à se placer dans une perspective très exclusivement européenne, et à parler de « l'humanité biblique » comme si tout ce qui relève des autres traditions était quantité négligeable ? Dans les parties plus nouvelles de l'ouvrage, il y a encore bien des choses plus que contestables : ainsi, au sujet de l'obélisque de Louqsor (celui qui a été transporté à Paris et élevé sur la place de la Concorde), il paraît que certains l'ont attribué à... Nemrod ; cette hypothèse extravagante semble séduire M. Barbarin, qui s'imagine même retrouver dans les traits du Sphinx ceux de ce même Nemrod, qu'il considère, par une double erreur assez inexplicable, comme « le premier Pharaon nègre » ; par surcroît, si le Sphinx était contemporain de Nemrod, on ne voit pas bien comment il pourrait remonter, ainsi qu'il est dit par ailleurs, au début même du « cycle adamique » ! Quant à l'énigme même du Sphinx, nous ne croyons pas que l'auteur puisse se vanter de l'avoir résolue, car ce qu'il en dit demeure bien vague ; nous ne lui reprocherons pas, mais nous regrettons qu'il ne l'ait pas tout au moins formulée en termes plus nets. Au fond, ce qui est le plus intéressant dans tout cela, comme signe de certaines tendances actuelles, c'est l'obstination, qui est loin d'être particulière à M. Barbarin, à annoncer l'avènement d'une « nouvelle ère spirituelle » et celui d'une « Église intérieure sans hiérarchie et sans théologiens »...

Georges Barbarin. – Les Destins occultes de l'Humanité.

Librairie Astra, Paris.

Le titre de cet autre ouvrage du même auteur est quelque peu ambitieux, mais le contenu en est plutôt décevant ; le sous-titre lui-même, « cycles historiques », n'est pas entièrement justifié, car, en fait, il n'y est traité que de simples points de détail. Il s'agit surtout d'une sorte de parallélisme constaté entre les vies de certains souverains, ou dans l'histoire de différents peuples, avec des dates se correspondant à des intervalles plus ou moins nettement déterminés, semblant indiquer que certaines périodes ramènent des événements ou des situations similaires. Tous ces rapprochements ne sont d'ailleurs pas également frappants ; un chapitre assez curieux, à cet égard, est celui où sont comparées la carrière de Napoléon et celle de Hitler ; mais pourquoi avoir éprouvé le besoin d'introduire à ce propos, même en ne la présentant que comme une hypothèse, une explication « réincarnationniste » ? À part cela, ce n'est assurément pas dépourvu de tout intérêt, mais, en définitive, tout cela ne va pas bien loin et ne paraît pas susceptible de contribuer dans une bien large mesure à restaurer la connaissance des lois cycliques traditionnelles, si complètement perdue dans l'Occident moderne.

Marcel Hamon. – *Les Prophéties de la Fin des Temps.*

La Nouvelle Édition, Paris.

L'auteur examine d'abord diverses prophéties relatives à la « fin des temps » et aux signes qui doivent l'annoncer, notamment celles qui sont contenues dans l'Évangile même, puis celle de Daniel, les oracles de la Sibylle et la révélation de saint Paul ; mais la partie principale de son travail est celle qui est consacrée à l'Apocalypse, dont il a cherché, après tant d'autres, à découvrir la véritable interprétation. Ce qu'il y a de particulier dans celle qu'il propose, c'est surtout que le texte y est divisé en plusieurs parties constituant autant de « visions » distinctes qui reprendraient en quelque sorte, sous des aspects différents, le récit symbolique des mêmes événements devant se dérouler au cours de sept âges successifs ; ce n'est là assurément qu'une hypothèse, mais qui du moins ne présente rien d'invraisemblable. Malheureusement, comme il arrive souvent, c'est quand les préoccupations d'« actualité » interviennent que les choses se gâtent quelque peu : ce livre a été écrit avant la fin de la guerre, et, comme la suite l'a montré, c'était faire à Hitler un honneur vraiment excessif, si l'on peut dire, que de vouloir voir en lui l'Antéchrist !

JANVIER-FÉVRIER
1948

Abbé E. Bertaud. – Études de symbolisme dans le culte de la Vierge.

Société des Journaux et Publications du Centre, Limoges.

Ce qu'il y a peut-être de plus remarquable dans ce petit volume, c'est le fait qu'il a été écrit par un prêtre et publié avec l'« imprimatur » de l'autorité ecclésiastique ; c'est là en effet quelque chose d'assez exceptionnel à notre époque, où les représentants officiels du Catholicisme, en général, ont plutôt tendance à ignorer le symbolisme ou à s'abstenir d'en parler, surtout lorsque, comme c'est le cas ici, il touche de près à des questions d'ordre proprement ésotérique. Dans une introduction sur l'« interprétation du symbolisme des choses », l'auteur défend celui-ci contre le reproche que lui font certains d'être « conventionnel et arbitraire », mais insuffisamment à notre avis, car il ne semble pas voir bien nettement le principe essentiel du véritable symbolisme traditionnel et son caractère « non-humain ». Il étudie ensuite le symbolisme de la rose (*Rosa Mystica*), puis celui du chapelet et du rosaire, avec d'assez abondantes considérations sur les nombres ; ensuite vient une longue explication détaillée de l'image (d'origine byzantine) de Notre-Dame du Perpétuel Secours, dans laquelle le symbolisme des couleurs joue le principal rôle. Il n'y a assurément rien de bien nouveau dans tout cela, mais du moins ces notions pourront-elles atteindre ainsi un public qui, très probablement, n'irait jamais les chercher là où l'auteur lui-même les a puisées. Il est seulement regrettable qu'il ait cru devoir rééditer incidemment quelques grossières calomnies antimaçonniques ; s'y est-il cru en quelque sorte obligé pour faire accepter le reste plus aisément ? Il commet aussi l'erreur de prendre les Rose-Croix pour une « association initiatique maçonnique très secrète », qu'il accuse par surcroît de « luciférianisme » en s'appuyant sur un passage du *Lucifer démasqué*, de Jean Kostka, sans d'ailleurs s'apercevoir que celui-ci vise en réalité le grade maçonnique de Rose-Croix (18e du Rite Écossais), qui, malgré son titre, est quelque chose de tout à fait différent. D'autre part, on peut se demander pourquoi il a reproduit, sans du reste en indiquer la provenance ni en donner la moindre explication, l'emblème de la *Rosicrucian Fellowship* de Max Heindel, qui n'a certes rien de commun avec le Rosicrucianisme authentique.

M. et A. Forlière. – *Qui fut Jeanne d'Arc ?*

Éditions Spelt, Paris.

Les auteurs se sont proposé d'examiner, assez rapidement d'ailleurs, les nombreuses énigmes que présente la vie de Jeanne d'Arc, en les classant en deux catégories, celle des « énigmes historiques » et celle des « énigmes psychiques », Pour résoudre les premières, ils inclinent à admettre la thèse d'après laquelle Jeanne d'Arc aurait été issue de sang royal ; ils utilisent surtout à cet égard les récents ouvrages de M. Jean Jacoby, mais ils ne semblent pas avoir connaissance de certains travaux antérieurs concluant dans le même sens ; il est assez étonnant, en particulier, qu'ils ne mentionnent même pas le livre de Francis André (M$_{me}$ Bessonnet-Favre), *La Pucelle et les Sociétés secrètes de son temps*, qui, malgré toutes les réserves qu'il appelle à certains points de vue, est sans doute un des plus curieux qui aient été écrits sur ce sujet, Quant aux « énigmes psychiques », ils veulent les expliquer par la « métapsychique moderne » ; nous ne savons s'ils sont spirites, mais, en tout cas, leur façon de voir revient à faire de Jeanne d'Arc un simple « médium » ; ils cherchent d'ailleurs à appliquer aussi la même interprétation aux faits « supranormaux » qui se rencontrent dans la vie d'autres personnages assez divers : Socrate, saint François d'Assise, sainte Catherine de Sienne, Râmakrishna ; en somme, c'est là encore un nouvel exemple de la fâcheuse confusion du psychique et du spirituel, qui est malheureusement si fréquente chez nos contemporains.

D$_r$ A. Rattier. – *De l'utilité de la mort.*

Paul Derain, Lyon.

Cette brochure, qui porte comme sous-titre « essai de philosophie scientifique », est basée sur l'idée qu'« une interprétation logique des lois qui règlent le fonctionnement de l'énergie dans le monde peut nous fournir une explication claire du phénomène de la mort ». L'auteur y expose des considérations inspirées surtout de la physique et de la biologie modernes, pour aboutir à la conception d'une « évolution » s'effectuant par « l'alternance des périodes de vie et des périodes de mort ». Il s'agit donc en somme d'une conception « réincarnationniste », et, bien qu'il dise que « ce terme de réincarnation doit être entendu dans un sens plus large que son sens étymologique », nous ne voyons pas quelle différence cela fait que les « vies successives » aient lieu sur la terre seulement ou dans d'autres astres, puisque tout cela appartient au même monde corporel ; l'impossibilité métaphysique est la même dans tous les cas. Du reste, l'idée de l'« alternance » implique au fond la réduction de la réalité tout entière à deux mondes, celui-ci et l'« au-delà » ; que nous sommes loin, avec des théories de ce genre, de la vraie notion de la multiplicité indéfinie des états de l'être, et qu'il est donc difficile aux Occidentaux de sortir des cadres étroits auxquels leur éducation les a habitués !

Mars 1948

Ananda K. Coomaraswamy. – Am I my Brother's Keeper ?

> *With an Introduction by Robert Allerton Parker*
> *(« Asia Press », The John Day Company, New-York).*

Ce livre, le dernier qu'ait publié notre regretté collaborateur avant sa disparition si soudaine et imprévue, est un recueil d'articles choisis parmi ceux qui sont susceptibles d'atteindre un public plus étendu que celui auquel pouvaient s'adresser la plupart de ses autres travaux, et concernant en grande partie, sous ses divers aspects, la question des rapports de l'Orient et de l'Occident. Comme nous avons déjà rendu compte de ces articles, nous nous bornerons, ainsi que nous l'avons fait pour ceux que contenait un précédent recueil, à en donner l'énumération en indiquant les numéros de la revue où nous en avons parlé : *Am I my Brother's Keeper* ? (n$_o$ de juin-juillet 1946) ; *The Bugbear of Literacy* (n$_o$ de juin-juillet 1946) ; *Paths that lead to the same*

Summit (nₒ de janvier-février 1947) ; *Eastern Wisdom and Western Knowledge* (nₒ de juin-juillet 1946) ; *East and West* (nₒ de décembre 1946) ; « *Spiritual Paternity* » *and the* « *Puppet Complex* » (nₒ d'octobre-novembre 1947) ; enfin, *Gradation, Evolution, and Reincarnation*, dont on a pu lire la traduction ici même (nₒ d'octobre-novembre 1947). – Dans son introduction, M. R. A. Parker, après avoir esquissé la biographie de l'auteur, s'attache à définir le point de vue traditionnel auquel il s'est placé dans l'ensemble de son œuvre, et plus particulièrement dans ses études sur l'art ; il termine, à propos d'*Eastern Wisdom and Western Knowledge*, par quelques lignes à notre adresse et à celle des *Études Traditionnelles*, pour lesquelles nous devons lui exprimer tous nos remerciements.

Swâmî Pavitrananda. – *Common Sense about Yoga.*

Adwaita Ashrama, Mayavati, Almora, Himalayas.

Le titre de ce petit volume nous paraît plutôt malencontreux, car nous ne comprenons vraiment pas comment on peut songer à réduire le *Yoga* à la mesure de ce point de vue étroitement borné et purement profane qui caractérise ce qu'on est convenu d'appeler le « sens commun ». L'ensemble ne modifie d'ailleurs pas sensiblement l'impression que nous avions eue en lisant une traduction du premier chapitre, intitulée *The* « *Mysteries* » *of Yoga*, parue dans un numéro spécial des *Cahiers du Sud* sur l'Inde (voir à ce sujet nₒ de décembre 1945). Ce n'est pas dire, sans doute, que tout soit mauvais là-dedans ; nous ne pouvons qu'approuver entièrement l'auteur quand il dénonce certaines idées fausses et certaines fantasmagories suspectes, et quand il proteste contre les trop nombreuses entreprises plus ou moins charlatanesques qui, de nos jours, se couvrent du nom usurpé de *Yoga*, et qui ne doivent d'ailleurs leur réussite qu'à l'ignorance complète de l'immense majorité des Occidentaux en ce qui concerne les choses de l'Inde (et nous pourrions même tout aussi bien dire de l'Orient en général) ; mais, si tout cela est assurément loin d'être inutile, ce n'est pourtant encore que « négatif » en quelque sorte. Les chapitres suivants envisagent successivement en particulier le *Bhakti-Yoga*, le *Karma-Yoga*, le *Jnânâ-Yoga* et le *Râja-Yoga* ; nous pensons pouvoir donner une idée suffisante de la façon dont ces sujets y sont traités en disant qu'elle est entièrement conforme aux conceptions de Vivêkananda, sous le patronage duquel le livre est d'ailleurs placé. L'auteur déclare expressément que son intention a été « d'exposer la science du *Yoga* d'une manière aussi simple et rationnelle que possible » ; la vérité est que ses vues paraissent un peu trop « simplistes », et qu'il ne semble pas se rendre bien compte qu'il y a des réalités qui sont d'ordre supra-rationnel. Ce que nous trouvons en somme de plus frappant dans tous les écrits de ce genre, c'est, comme nous l'avons déjà noté, qu'on n'y aperçoit rien du caractère initiatique du *Yoga*, caractère qui est pourtant, au fond, celui qui en constitue l'essence même, mais qui est évidemment incompatible avec la tendance moderne à tout « vulgariser ».

Avril-Mai 1948

J.-H. Probst-Biraben. – Les Mystères des Templiers.

Éditions des Cahiers Astrologiques, Nice.

Dans ce volume, l'auteur a repris en grande partie le contenu des articles sur le même sujet qui avaient paru il y a quelques années dans le *Mercure de France* et dont nous avons parlé précédemment (voir n$_o$ d'octobre-novembre 1946). Il s'est efforcé de préciser davantage certains points et a donné à l'exposé proprement historique un développement plus « suivi » ; il ne semble plus aussi disposé à tout ramener à des questions d'opérations financières (peut-être cette façon de voir était-elle surtout le fait de son collaborateur disparu), mais il fait, entre le rôle des Templiers en Orient et certaines conceptions modernes de « politique coloniale », un rapprochement qui nous paraît vraiment bien fâcheux, d'autant plus qu'il va jusqu'à évoquer à ce propos le cas d'agents européens qui entrèrent en relation avec des *Turuq* islamiques pour se livrer plus facilement et avec moins de risques à ce que nous ne pouvons considérer que comme une vulgaire et méprisable besogne d'espionnage ! Il est regrettable aussi que, sans parler de la transcription plutôt étrange des mots arabes, il n'ait pas rectifié diverses assertions inexactes ou contestables : ainsi, il continue à prendre tout à fait au sérieux le fameux « alphabet secret », sans remarquer la grave objection contre son authenticité que constitue, ainsi que nous l'avons signalé, la distinction des lettres U et V ; et nous ne nous expliquons pas qu'il persiste à qualifier d'« auteur désintéressé » le Néo-Templier Maillard de Chambure. Sur la question des prétendues idoles et du « Baphomet » également, les choses en sont restées à peu près au même point, et les singulières explications de von Hammer n'ont pas été éclaircies davantage ; nous nous contenterons de renvoyer à ce que nous avons déjà dit sur tout cela. Une partie plus nouvelle, et qui, à notre avis, est peut-être ce qu'il y a de plus intéressant dans le livre, c'est ce qui concerne les relations de l'Ordre du Temple avec les corporations ouvrières, tant orientales qu'occidentales, et particulièrement avec les corporations de constructeurs ; il y a là des choses qui sans doute restent forcément hypothétiques dans une certaine mesure, mais qui sont du moins fort plausibles, et nous pensons qu'il y aurait tout avantage à diriger de ce côté des recherches plus approfondies. Pour des raisons que nous avons indiquées ailleurs, c'est surtout dans le domaine de l'hermétisme et des sciences traditionnelles du même ordre que se trouvait tout naturellement un terrain commun entre l'initiation chevaleresque et les initiations de métiers. À propos d'hermétisme, l'auteur donne de quelques symboles une explication qui demeure malheureusement un peu superficielle, et, en ce qui concerne les « graffiti » du château de Chinon, il prend vraiment trop en considération, malgré quelques réserves, les interprétations plus ou moins bizarres de M. Paul le Cour ; mais au moins faut-il le louer d'avoir passé sous silence certaine inscription que celui-ci avait cru y relever, et qui, comme nous avons pu le constater nous-même sur place, était entièrement imaginaire... Un dernier chapitre est consacré aux « héritiers et successeurs du Temple », vrais ou supposés ; nous ne reviendrons pas sur ce qui est déjà suffisamment connu à ce sujet, mais nous noterons l'histoire assez énigmatique des « Messieurs du Temple » (cette dénomination même sonne quelque peu étrangement et semble bien profane), dont l'existence, du XVe au XVIIe siècle, est prouvée par les pièces de divers procès où ils intervinrent ; le fait qu'ils étaient reconnus officiellement rend bien peu vraisemblable la supposition qu'ils aient constitué une sorte de « Tiers-ordre » de filiation templière authentique, et nous avouons ne pas voir ce qui a pu suggérer l'idée d'une connexion possible avec l'hypothétique Larmenius ; ne s'agirait-il pas tout simplement d'une association extérieure quelconque, confrérie religieuse ou autre, qui aurait été chargée d'administrer certains biens ayant appartenu à l'Ordre du Temple, et qui en aurait tiré le nom sous lequel elle était connue ? Quant aux documents rédigés en latin et datant du début du XIX$_e$ siècle dont l'auteur a eu communication, il nous paraît tout à fait évident, d'après de multiples détails, qu'ils ne peuvent être émanés que des Néo-Templiers de Fabré-Palaprat (les mentions du Cap Vert et autres lieux dans certains titres sont de pure fantaisie), et nous ne comprenons même pas qu'il puisse y avoir le moindre doute là-dessus. Ajoutons que les initiales V. D. S. A. ne signifient point *Victorissimus Dominus Supremae Aulae* (?), mais *Vive Dieu Saint Amour*, cri de guerre des Templiers, que leurs prétendus successeurs s'étaient approprié, comme tout ce dont ils purent avoir connaissance, pour se donner quelque apparence d'authenticité ; comment, après avoir précisément mentionné par ailleurs ce cri de guerre, a-t-on pu ne pas s'apercevoir que c'était de la même chose qu'il s'agissait ici ? Quoi qu'il en soit, il y a certainement dans ce livre des indications intéressantes à plus d'un point de vue, mais il resterait encore beaucoup à faire, à supposer même que la chose soit possible, pour élucider définitivement les « mystères des Templiers ».

Rituel de la Maçonnerie Égyptienne de Cagliostro.

Annoté par le D$_r$ Marc Haven et précédé d'une introduction de Daniel Nazib (Éditions des Cahiers Astrologiques, Nice).

Le D$_r$ Marc Haven avait eu depuis longtemps l'intention de publier une édition complète de ce Rituel, qui constitue un document intéressant pour l'histoire de la Maçonnerie ; mais les circonstances ne lui permirent jamais de réaliser ce projet, non plus que d'écrire les commentaires dont il devait l'accompagner ; ses notes, qui se réduisent à fort peu de chose et n'apportent guère d'éclaircissements, ne sont en réalité que de simples indications qu'il avait relevées pour lui-même en vue de ce travail. Quant à l'introduction, elle ne contient rien de nouveau pour ceux qui connaissent les ouvrages de Marc Haven, car elle est faite entièrement d'extraits tirés de ceux-ci, de sorte que, en définitive, c'est le texte même du Rituel qui fait tout l'intérêt de ce volume. Il s'agit en somme d'un « système » de hauts grades comme il y en eut tant dans la seconde moitié du XVIII$_e$ siècle, et sa division en trois degrés, présentant une sorte de parallélisme avec ceux de la Maçonnerie symbolique, procède d'une conception dont on pourrait trouver d'autres exemples. Il est à peine besoin de dire que, en réalité, il n'y a là rien d'« Égyptien » qui puisse justifier sa dénomination, à moins qu'on ne considère comme telle la pyramide qui figure dans certains tableaux, sans d'ailleurs qu'il soit donné la moindre explication au sujet de son symbolisme. On ne retrouve même pas ici quelques-unes de ces fantaisies pseudo-égyptiennes qui se rencontrent dans d'autres Rites, et qui, vers cette époque, furent surtout mises à la mode, si l'on peut dire, par le *Séthos* de l'abbé Terrasson ; au fond, les invocations contenues dans ce Rituel, et notamment l'usage qui y est fait des Psaumes, ainsi que les noms hébraïques qui s'y rencontrent, lui donnent un caractère nettement judéo-chrétien. Ce qu'il présente naturellement de plus particulier, ce sont les « opérations », qu'il pourrait être intéressant de comparer avec celles des Élus Coëns : le but qu'elles visent est apparemment assez semblable, mais les procédés employés sont différents à bien des égards. Il y a là quelque chose qui semble relever surtout de la « magie cérémonielle », et qui, par le rôle qu'y jouent des « sujets » (les enfants désignés sous le nom de « Colombes »), s'apparente aussi au magnétisme ; assurément, au point de vue proprement initiatique, tout cela pourrait donner lieu à d'assez graves objections. Un autre point qui appelle quelques remarques est le caractère des grades féminins : ils conservent en grande partie le symbolisme habituel de la Maçonnerie d'adoption, mais celle-ci ne représentait à vrai dire qu'un simple simulacre d'initiation, destiné à donner une apparence de satisfaction aux femmes qui reprochaient à la Maçonnerie de les négliger, et, d'une façon générale, elle n'était guère prise au sérieux, son rôle étant limité à des choses d'ordre tout extérieur, telles qu'organisation de fêtes « semi-profanes » et aide apportée aux œuvres de bienfaisance. Au contraire, il semble bien que Cagliostro ait eu l'intention de conférer aux femmes une initiation réelle, ou du moins ce qu'il considérait comme tel, puisqu'il les faisait participer à des « opérations » toutes semblables à celles des Loges masculines ; il y a là, non seulement une exception, mais aussi, en tant qu'il s'agit d'un Rite maçonnique, une véritable « irrégularité ». Si l'on voulait entrer dans le détail, on relèverait encore d'autres étrangetés, même dans les grades masculins, par exemple la singulière façon dont y est modifiée et expliquée la légende d'Hiram, et tout cela, dans son ensemble, amènerait assez naturellement à se poser une question : Cagliostro a évidemment voulu, comme bien d'autres, établir un système particulier, quelle qu'en soit d'ailleurs la valeur propre, en le basant sur la Maçonnerie ; mais a-t-il jamais eu réellement de celle-ci une connaissance suffisamment approfondie pour l'y adapter correctement ? Les admirateurs enthousiastes de Cagliostro s'indigneraient peut-être qu'on puisse soulever un tel doute, tandis que ses détracteurs chercheraient probablement à en tirer contre lui des conséquences excessives ; en cela, à notre avis, les uns n'auraient pas plus raison que les autres, et il y a bien des chances pour que la vérité sur ce personnage énigmatique ne se trouve dans aucune des opinions extrêmes.

W.-R. Chettéoui. – Cagliostro et Catherine II.

Éditions des Champs-Élysées, Paris.

Parmi les nombreuses pièces de théâtre qu'écrivit Catherine II, il s'en trouve trois qui sont dirigées contre ce qu'elle appelait les « visionnaires », nom sous lequel elle englobait à la fois les Maçons et les membres de diverses autres organisations initiatiques, aussi bien que les « illuminés » et les « mystiques » plus ou moins indépendants ; et, entre tous, Cagliostro semble avoir attiré plus particulièrement son hostilité. Ces pièces sont ici traduites pour la première fois en français : la première, *Le Trompeur*, met en scène un personnage qui est évidemment une caricature de Cagliostro ; la seconde, *Le Trompé*, est une attaque violente contre les organisations maçonniques ou similaires ; quant à la troisième, *Le Chaman de Sibérie*, elle ne contient aucune allusion directe à celles-ci, quoi que semble en penser le traducteur, mais c'est encore Cagliostro qui y est visé manifestement. À ces trois comédies est joint un petit pamphlet intitulé *Le Secret de la Société Anti-Absurde dévoilé par quelqu'un qui n'en est pas*, qui parodie les rituels et les catéchismes maçonniques, tout en en prenant en quelque sorte le contrepied au nom du « bon sens ». Le tout témoigne d'une complète incompréhension et est empreint de l'esprit le plus étroitement rationaliste, comme on pouvait s'y attendre de la part d'une disciple des « philosophes » ; ce n'est donc pas là-dedans qu'il faudrait chercher des informations dignes de foi sur ce dont il s'agit, et ce ne sont certes pas non plus des chefs-d'œuvre au point de vue littéraire, mais c'est incontestablement une véritable curiosité historique. – Cette traduction est précédée d'une longue introduction, dont le début contient des renseignements intéressants sur la Maçonnerie en Russie au XVIII$_e$ siècle ; malheureusement, les connaissances de M. Chettéoui en fait d'histoire maçonnique ne semblent pas parfaitement sûres, car il fait certaines confusions, qui sont d'ailleurs du genre de celles qu'on commet assez communément dans le monde profane : ainsi, la Rose-Croix d'Or, même si elle recrutait ses membres parmi les Maçons, n'avait en elle-même, contrairement à ce qu'il affirme, aucun caractère maçonnique. Quant au mélange de choses fort diverses que dissimule l'appellation vulgaire de « Martinisme », il n'est pas de son fait, assurément, mais il ne paraît pas avoir su le débrouiller très exactement ; et ne croit-il pas qu'il y a eu réellement des « initiés » de Saint-Martin ? Une autre erreur plus étonnante, et même tout à fait inexplicable, est celle qui fait de la Stricte Observance une « forme dérivée de l'Ordre des Templiers anéanti quarante ans auparavant » ! Ajoutons que, après le Convent de Wilhelmsbad, il n'y eut plus de Stricte Observance, et qu'elle fut alors remplacée par le Régime Écossais Rectifié ; il est assez curieux qu'on ne sache presque jamais faire cette distinction, qui pourtant a bien quelque importance… La suite de l'introduction contient un exposé de la carrière de Cagliostro qui, s'inspirant surtout de Marc Haven, tend à le présenter comme un véritable « Maître » ; on a d'ailleurs un peu l'impression que, sous le couvert de Cagliostro, l'auteur a peut-être eu en vue d'autres personnages, comme Marc Haven lui-même quand il écrivit son *Maître inconnu*. Nous n'insisterons pas sur quelques autres détails, comme les histoires de guérisseurs qui sont bien loin d'avoir l'importance « spirituelle » qui leur est attribuée, ou encore la croyance tout à fait injustifiée à l'authenticité de tels pseudo-Évangiles répandus naguère par les théosophistes et leur « Église libre-catholique » ; mais nous devons relever un point qui nous concerne directement, et que des faits récents ont rendu plutôt amusant pour nous, sinon pour tout le monde. En effet, M. Chettéoui a éprouvé le besoin de glisser dans son livre une note ainsi conçue : « N'en déplaise à l'intellectualisme négateur d'un René Guénon, la France a l'insigne privilège de posséder la plus haute École initiatique de l'Occident ; cette École aux méthodes éprouvées est appelée à avoir dans le monde un immense rayonnement. » Et, pour qu'on ne puisse avoir aucun doute sur ce à quoi il est fait allusion, le passage auquel se réfère cette note est immédiatement suivi d'une longue citation du fondateur d'une soi-disant « École Divine », qui, hélas ! a eu depuis lors des mésaventures sur lesquelles il vaut mieux ne pas insister, si bien que, en fait d'« immense rayonnement », ladite École n'aura laissé après elle que les plus fâcheux souvenirs. Il est à remarquer qu'il n'y avait aucun motif plausible pour nous mettre en cause, car nous n'avons jamais eu jusqu'ici l'occasion de dire, publiquement tout au moins, quoi que ce soit de la pseudo-initiation en question ; nous reconnaissons cependant très volontiers que notre attitude à son égard n'aurait pas pu être autre que celle qu'on nous supposait, et on devra avouer que les événements ne nous auraient que trop promptement et trop complètement donné raison. M. Chettéoui voudra-t-il nous croire si nous lui disons que précisément, pour parler de son livre, nous n'attendions que ce dénouement que nous prévoyions depuis quelque temps déjà ? Du reste, d'après ce qui nous a été dit de divers côtés, nous pensons que lui-même doit être maintenant revenu des illusions qu'il se faisait à ce sujet, en attendant (nous le souhaitons du moins pour lui) qu'il revienne également de celles qu'il garde encore sur quelques autres choses ! *Sic transit gloria mundi...*

JUIN 1948

Gérard van Rijnberk. – Le Tarot. Histoire, iconographie, ésotérisme.

Paul Derain, Lyon.

Ce gros volume est le résultat de longues et patientes recherches sur tout ce qui touche de près ou de loin au Tarot ; il convient, avant tout, de louer l'auteur de la conscience et de l'impartialité qu'il y a apportées, et du soin qu'il a eu, contrairement à ce qui arrive le plus souvent, de ne pas se laisser influencer par les assertions sans fondement des occultistes et par les multiples fables qu'ils ont répandues sur ce sujet. Dans la première partie, il a rassemblé tout ce qu'il est possible de trouver dans les livres et dans les documents d'archives sur l'origine du Tarot et des cartes à jouer et sur l'époque de leur apparition dans les différents pays d'Europe, et il faut bien le dire, il n'a pu arriver à aucune conclusion certaine ; il a en quelque sorte déblayé le terrain en faisant justice de certaines fantaisies, mais, en somme, l'énigme reste entière, et, comme il semble peu probable que des documents importants à cet égard lui aient échappé, il n'y a vraisemblablement que bien peu d'espoir de la résoudre jamais, du moins sur le terrain purement historique. Tout ce qu'on peut affirmer, c'est que les cartes à jouer ont été connues vers la fin du XIII$_e$ siècle, surtout dans les pays méditerranéens, et que le mot « Tarot », dont l'étymologie est d'ailleurs impossible à découvrir, n'a commencé à être employé qu'au XV$_e$ siècle, quoique la chose elle-même soit sûrement plus ancienne. L'hypothèse d'une origine orientale, sur laquelle certains ont tant insisté, n'est nullement prouvée ; et nous ajouterons qu'en tout cas, même s'il était vrai que les Arabes aient joué ici un rôle de « transmetteurs », il n'en serait pas moins inconcevable, pour plus d'une raison, que les cartes aient pris naissance dans un milieu islamique, de sorte que la difficulté serait simplement reculée. À ce propos, nous ne comprenons pas pourquoi on cherche tant d'explications plus ou moins étranges au mot arabe *nâib*, qui est parfaitement bien connu et ne signifie pas autre chose que « remplaçant », « substitut » ou « député » ; quelles qu'aient pu être les raisons qui l'ont fait adopter pour désigner les cartes, il n'a absolument rien de commun avec *nabî*, et il n'est pas davantage dérivé d'une racine « indiquant une action magique ou divinatoire ». Signalons aussi, pendant que nous en sommes aux remarques de cet ordre, que le nom arabe des « jeux de hasard » n'est pas *qamar*, « lune », mais *qimâr*, et que *pagad* n'est certainement pas un mot arabe mais que, en hébreu, *bagôd* signifie « trompeur », ce qui peut s'appliquer assez bien à un bateleur. D'autre part, l'introduction des cartes par les Bohémiens n'est pas plus sûre que tout le reste, et il semblerait même que ce soit au contraire en Europe qu'ils en ont appris l'usage ; d'ailleurs, contrairement aux assertions de Vaillant, le Tarot était connu en Europe occidentale avant que les Bohémiens y pénètrent ; et c'est ainsi que toutes les « légendes » occultistes s'évanouissent dès qu'on veut les soumettre à un examen sérieux ! – Dans la seconde partie, l'auteur examine tout ce qui, dans les écrits et les œuvres d'art de l'antiquité classique et du moyen âge, lui paraît présenter quelque rapport avec les idées exprimées par le symbolisme des arcanes du Tarot : certaines similitudes sont assez nettes, mais il en est d'autres qui sont plutôt vagues ou lointaines. Il va de soi, d'ailleurs, que ces rapprochements ne sont en tout cas que très fragmentaires et ne portent que sur certains points particuliers ; de plus, il ne faut pas oublier que l'usage des mêmes symboles ne constitue jamais la preuve d'une filiation historique. Nous avouons ne pas très bien comprendre pourquoi, au sujet de ces rapprochements et des idées auxquelles ils se rapportent, M. van Rijnberk parle d'« exotérisme du Tarot », ni ce qu'il entend exactement par là et quelle différence il y voit avec ce qu'il désigne au contraire comme son « ésotérisme ». La troisième partie, en effet, qu'il donne comme « le résultat de méditations et d'inspirations personnelles », et à laquelle il attribue un caractère « ésotérique », ne contient en réalité rien qui soit d'un ordre plus profond que ce qui précède, et, disons-le franchement, cette partie n'est certes pas la meilleure du livre. En tête des considérations se rapportant à chacun des arcanes majeurs, il a placé une sorte de devise formée de deux mots latins, qui a sans doute la prétention d'en résumer plus ou moins le sens général ; et ce qui est assez amusant, c'est qu'il s'est visiblement efforcé de trouver, dans autant de cas qu'il l'a pu, des mots ayant pour initiales les deux lettres S. I. ! Mais n'insistons pas davantage sur cette fantaisie sans conséquence ; signalons plutôt l'étendue de la bibliographie et l'intérêt des reproductions de documents anciens contenues dans les planches qui terminent l'ouvrage, et ajoutons que celui-ci, malgré son érudition, n'a rien d'ennuyeux et se lit même fort agréablement.

Jean Chaboseau. – Le Tarot. Essai d'interprétation selon les principes de l'hermétisme.

Éditions Niclaus, Paris.

Cet autre livre sur le Tarot est écrit à un tout autre point de vue que le précédent, et, quoique beaucoup moins volumineux, il a apparemment de plus grandes prétentions, en dépit de sa modeste qualification d'« essai » ; nous ne contesterons pas, d'ailleurs, qu'il puisse être légitime de chercher une interprétation astrologique et quelques autres encore, à la condition de ne présenter aucune d'elles comme exclusive ; mais cette condition est-elle remplie quand on considère l'hermétisme comme « la base propre au symbolisme du Tarot » ? Il est vrai qu'il faudrait tout d'abord s'entendre sur le sens des mots ; l'auteur nous paraît vouloir étendre outre mesure celui qu'il attribue à l'hermétisme, au point d'y englober presque tout le reste, y compris même la Kabbale ; et, s'il marque assez bien le rapport et la différence de l'hermétisme et de l'alchimie, il n'en est pas moins vrai qu'il y a une forte exagération à prétendre, comme il le fait, identifier le premier à la « Connaissance totale » ! En fait, ses commentaires sur les lames du Tarot ne se limitent d'ailleurs pas strictement à l'hermétisme, car, tout en le prenant pour point de départ, il fait d'assez nombreux rapprochements avec des données provenant de traditions très différentes ; ce n'est certes pas nous qui le lui reprocherons, bien loin de là, mais peut-être n'a-t-il pas suffisamment vérifié si tous étaient bien justifiés, et, dans la façon dont tout cela est présenté, on sent un peu trop la persistance de l'esprit « occultiste » ; il serait bon, par exemple, de renoncer à utiliser la figure d'*Adda-Nari* (c'est-à-dire *Ardha-Narî*, combinaison androgyne de *Shîva* et de *Pârvatî*), qui n'a de rapport avec le Tarot que dans le travestissement bizarre que lui a fait subir Éliphas Lévi. Les intentions de l'auteur ne se dégagent d'ailleurs pas toujours aussi clairement qu'on pourrait le souhaiter, et notamment, quand il cite quelques passages de nos écrits, nous ne sommes pas très sûr, d'après le contexte, qu'il les entende bien exactement comme nous les entendons nous-même... M. Chaboseau a tenté aussi, après un certain nombre d'autres, de « reconstituer » à sa façon les figures du Tarot ; il va de soi que, en pareil cas, chacun y met toujours beaucoup de ses idées particulières, et il n'y a pas de raison de considérer telle de ces « reconstitutions » comme valant plus ou moins qu'une autre ; nous pensons qu'il est bien plus sûr de s'en rapporter tout simplement aux figurations ordinaires, qui, si elles ont été quelque peu déformées au cours du temps, ont pourtant de grandes chances d'avoir, dans leur ensemble, gardé plus fidèlement le symbolisme originel. Au fond, la transmission du Tarot est quelque chose de très comparable à celle du « folklore », si même elle n'en constitue pas un simple cas particulier, et la conservation des symboles y est assurée de la même façon ; dans un tel domaine, toute innovation due à une initiative individuelle est toujours dangereuse, et, comme les arrangements littéraires des contes dits « populaires », elle ne peut guère qu'altérer ou obscurcir le sens en y mêlant des « embellissements » plus ou moins fantaisistes et en tout cas superflus. Ces dernières réflexions, bien entendu, ne visent pas plus particulièrement M. Chaboseau que ses prédécesseurs, et nous reconnaissons même volontiers que le style « moyenâgeux » qu'il a adopté pour ses dessins n'a pas l'invraisemblance d'un Tarot soi-disant égyptien ou hindou, mais ce n'est là qu'une question de degré. Encore ne nous plaçons-nous ici qu'au point de vue de la valeur symbolique ; dans un ordre de considérations plus « pratique », croit-on que les influences psychiques qui sont incontestablement attachées aux lames du Tarot, quelles qu'en soient d'ailleurs l'origine et la qualité, puissent encore trouver un support efficace dans toutes ces modifications arbitraires des figures traditionnelles ?

Septembre 1948

Louis Cattiaux. – Le Message retrouvé.

Chacornac, Paris.

Ce livre se présente à première vue sous une forme singulière et même inusitée : chacun de ses chapitres est divisé en deux colonnes parallèles, contenant deux séries d'aphorismes ou de versets détachés qui se correspondent de l'une à l'autre. Il est évident que, dans ces conditions, il est impossible d'en donner une analyse ou un résumé quelconque ; il semble d'ailleurs plutôt fait pour fournir en quelque sorte des thèmes de méditation que pour être lu d'une façon suivie d'un bout à l'autre. Il faut dire aussi que la correspondance entre les versets des deux colonnes n'apparaît pas toujours très clairement ; mais le mieux est que nous reproduisions l'explication que l'auteur lui-même a bien voulu nous donner à ce sujet : « Les deux colonnes sont apparues naturellement comme la réplique de la Terre et du Ciel et de leur nécessaire union qui fait tout le mystère de l'incarnation de la vie et de la prise de conscience de celui qui l'habite. Ainsi la colonne de droite est une équivalence, mais non une explication de la colonne de gauche, et, en examinant les sens multiples de ces doubles versets, on peut les relier par la synthèse du mystère premier de la création toujours plus ou moins présent par la vertu du sens alchimique ». La multiplicité des sens dont il s'agit n'est d'ailleurs pas intentionnelle, « mais découle par génération naturelle de la racine-mère », c'est-à-dire du sens alchimique que l'auteur considère comme le sens central et ultime de son ouvrage. Si nous avons bien compris, celui-ci aurait été écrit sous une sorte d'inspiration, et c'est pourquoi il contient plus que ce qui a été voulu expressément, bien qu'il soit assurément difficile de déterminer la part exacte de chacun des deux éléments qui y ont ainsi collaboré. En tout cas, dans ces conditions, nous ne pensons pas qu'on puisse dire qu'il se rattache proprement et effectivement à une tradition définie ; mais du moins les tendances qui s'y expriment sont-elles en somme, d'une façon générale, celles de l'hermétisme, et plus précisément de l'hermétisme chrétien. Nous disons d'une façon générale, car, si l'on entre dans le détail, on s'aperçoit que certaines choses, consciemment ou non, semblent être venues d'ailleurs : ainsi, nous avons remarqué quelques versets qui rappellent d'une façon assez frappante certaines maximes taoïstes, et ce ne sont certes pas les moins dignes d'intérêt. Quoi qu'il en soit, l'importance primordiale que l'auteur donne au sens alchimique définit bien la « perspective » de l'ensemble, et elle en marque aussi les limites, qui ne sont autres que celles du point de vue hermétique lui-même. Nous devons ajouter qu'il se trouve çà et là quelques « étrangetés » du genre de celles qu'on rencontre presque toujours dans les écrits touchant aux formes occidentales de l'ésotérisme : ainsi, les titres des colonnes de gauche sont tous formés par une série d'anagrammes à partir du premier, ce qui fait un effet assez curieux ; mais aussi, ce qui est plus fâcheux à notre avis, certains énoncés se présentent sous une forme énigmatique qui nous semble vraiment bien peu utile ; nous n'insisterons d'ailleurs pas davantage sur ce défaut, car nous savons que l'auteur s'en est rendu compte lui-même et qu'il l'a fait disparaître en grande partie dans les modifications et les additions qu'il a déjà préparées en vue d'une future réédition. Nous ne savons ce que des « spécialistes » de l'hermétisme, si toutefois il en est encore de réellement compétents, pourront penser de ce livre et comment ils l'apprécieront ; mais ce qui est certain, c'est qu'il est loin d'être indifférent et qu'il mérite d'être lu et étudié avec soin par tous ceux qui s'intéressent à cet aspect particulier de la tradition.

*Gian Roberto Dell'Acqua. – **La Pierre**.*

Cette brochure, qui a paru à Milan sans indication d'éditeur, et qui est écrite en un français trop souvent incorrect, se rapporte aussi à l'hermétisme ; mais nous devons avouer que nous n'avons pas pu deviner quelles ont été au juste les intentions de l'auteur, ni même comment le contenu peut en justifier le titre. Elle débute par des considérations historiques basées sur une subdivision en douze segments du parcours d'un signe zodiacal, celui des Poissons, par le point équinoxial ; mais la plus grande partie en est occupée par des calculs astronomiques et autres, d'ailleurs assez compliqués, dont les résultats sont mis en rapport avec les dimensions de la Grande Pyramide, qui décidément préoccupe toujours bien des gens ! Le tout, auquel s'ajoute l'examen de quelques figures symboliques d'origine rosicrucienne, aboutit à dégager, comme ayant une importance toute particulière, les nombres 1331 (le cube de 11) et 313, le second étant d'ailleurs regardé comme une « contraction » du premier : l'auteur attribue, sans en indiquer nettement les raisons, une immense portée à cette « découverte », et il en est même tellement persuadé qu'il termine par cette phrase étonnante : « Personne n'en a jamais parlé ouvertement, car il était convenu que cette science devait rester cachée jusqu'à la venue d'Élie ». Nous pensons, quant à nous, qu'il se fait bien des illusions ; et, pour ce qui est de la « venue d'Élie », nous n'avons pas encore entendu dire qu'elle se soit réalisée jusqu'ici.

Jean Bétesta. – Delta.

Chez l'auteur, Versailles.

Il y a au début de ce livre, ainsi d'ailleurs que dans son titre même, certaines allusions au symbolisme maçonnique qui font espérer autre chose que ce qui se trouve dans la suite ; celle-ci, il faut bien le dire, est plutôt décevante. Après des considérations générales qui visiblement s'inspirent beaucoup plus de la science moderne que des sciences traditionnelles, et une sorte d'esquisse très « évolutionniste » de l'histoire de l'humanité, viennent plusieurs chapitres consacrés aux doctrines d'autant de Prophètes, dont le choix parmi les autres n'est d'ailleurs pas expliqué : Zarathoustra, Bouddha, Confucius, Jésus ; leurs enseignements y sont fort simplifiés et même modernisés, à tel point que, dans cette présentation, il serait bien difficile d'entrevoir la moindre vérité d'ordre transcendant. Ensuite, l'auteur a essayé de formuler, « en s'inspirant du Verbe des Prophètes », ce qu'il appelle « une règle de vie pour l'individu et pour la collectivité de l'âge industriel » ; il y a là, hélas ! une collection de préceptes dont la banalité dépasse tout ce qu'on peut imaginer, et nous pourrions dire, sans exagération, que cela tient en quelque sorte le milieu entre les anciens livres de « civilité puérile et honnête » et les manuels plus récents de morale à l'usage des écoles primaires ! Enfin, la dernière partie, intitulée *Le Temple*, expose le projet d'une organisation qui, malgré l'adoption d'une terminologie en grande partie maçonnique, n'a assurément pas le moindre caractère initiatique ; oserons-nous dire que, si elle venait jamais à se réaliser, cela ne ferait en somme, qu'une « pseudo-religion » de plus ? Quelques pages donnent l'impression que l'auteur a dû être déçu à la fois, ou plutôt peut-être successivement, par l'Église et par la Maçonnerie ; mais était-il bien en mesure de comprendre vraiment l'une et l'autre ?

DÉCEMBRE 1948

Ananda K. Coomaraswamy. – *Time and Eternity.*

Artibus Asiae, Ascona, Suisse.

Dans cet ouvrage posthume, notre regretté collaborateur a repris et développé des considérations qu'il avait déjà exposées en partie dans divers articles, mais qu'il y a grand intérêt à trouver ainsi réunies et coordonnées en un ensemble suivi. Il s'est surtout attaché à montrer l'accord unanime des différentes doctrines traditionnelles sur la question des rapports du temps et de l'éternité, à l'aide de nombreuses références tirées, dans autant de chapitres successifs, des doctrines hindoue, bouddhique, grecque, islamique et chrétienne ; tout cela est évidemment impossible à résumer, et nous devons nous contenter d'indiquer quelques-unes des principales idées qui s'en dégagent. Le temps, qui comprend le passé et le futur, est, dans son ensemble, absolument continu, et ce n'est que logiquement et non réellement qu'il peut être divisé en parties ; par cette continuité qui constitue la durée, il contraste avec l'éternité, qui est au contraire l'« instant » intemporel et sans durée, le véritable présent dont aucune expérience temporelle n'est possible. L'éternité se reflète ou s'exprime dans le « maintenant » qui, en tout temps, sépare et unit à la fois le passé et le futur ; et même ce « maintenant », en tant qu'il est réellement sans durée, et par conséquent invariable et immuable en dépit de l'illusion de « mouvement » due à une conscience soumise aux conditions de temps et d'espace, ne se distingue pas véritablement de l'éternité elle-même, à laquelle l'ensemble du temps est toujours présent dans la totalité de son extension. L'indépendance essentielle et absolue de l'éternité à l'égard du temps et de toute durée, que la plupart des modernes semblent avoir tant de difficulté à concevoir, résout immédiatement toutes les difficultés soulevées au sujet de la Providence et de l'omniscience divine : celles-ci ne se réfèrent pas au passé et au futur comme tels, ce qui n'est que le point de vue contingent et relatif de l'être conditionné par le temps, mais bien à une simultanéité totale, sans division ni succession d'aucune sorte. On peut, à cet égard, comparer le rapport de l'éternité au temps à celui du centre à la circonférence : tous les points de la circonférence et tous les rayons sont toujours visibles simultanément du centre, sans que cette vue interfère en rien avec les mouvements qui se produisent sur la circonférence ou suivant les rayons, et qui ici représenteront respectivement la détermination (enchaînement des événements dans le parcours ordonné de la circonférence) et la libre volonté (mouvement centripète ou centrifuge) avec lesquelles il ne saurait par conséquent y avoir aucun conflit. Une autre conséquence est celle qui concerne la création : Dieu, par là même qu'il n'est pas dans le temps, crée le monde « maintenant » tout aussi bien qu'il l'a créé ou le créera ; l'acte créateur est réellement intemporel, et c'est nous seulement qui le situons à une époque que nous rapportons au passé, ou qui nous représentons illusoirement sous l'aspect d'une succession d'événements ce qui est essentiellement simultané dans la réalité principielle. Dans le temps, toutes choses se déplacent incessamment, paraissent, changent et disparaissent ; dans l'éternité, au contraire, toutes choses demeurent dans un état de constante immutabilité ; la différence entre les deux est proprement celle du « devenir » et de l'« être ». Le temps lui-même serait d'ailleurs inconcevable sans cet « instant » intemporel qu'est l'éternité, de même que l'espace serait inconcevable sans le point « non-dimensionnel » ; et il est évident que celui des deux termes qui donne à l'autre toute sa signification est aussi le plus réel au vrai sens de ce mot.

Mircea Eliade. – *Techniques du Yoga.*

Gallimard, Paris.

Dans ce petit volume, qui traite successivement des doctrines, des techniques proprement dites, des rapports du *Yoga* avec l'Hindouisme en général, et enfin de la technique particulière du *Yoga* dans le Bouddhisme et dans le Tantrisme, on trouve incontestablement beaucoup plus de compréhension que dans la généralité des ouvrages occidentaux consacrés au même sujet. On s'en aperçoit tout de suite par la précaution qu'a eue l'auteur de mettre constamment entre guillemets tous les mots qui lui paraissent à juste titre impropres ou inadéquats pour ce qu'il s'agit d'exprimer, et que les orientalistes emploient au contraire habituellement sans la moindre hésitation et sans se rendre compte à quel point ils faussent l'exposé des doctrines. Pourtant, nous aurions encore préféré le voir renoncer à l'usage de certains de ces mots tout au moins, comme par exemple ceux de « philosophie », de « religion », de « magie », quand ils sont appliqués à des choses auxquelles ils ne sauraient convenir véritablement ; pourquoi faut-il qu'il semble avoir été retenu ainsi à mi-chemin par une sorte de crainte de trop s'écarter de la terminologie communément admise ? D'autre part, cependant, il ne recule pas devant certains néologismes, qui même ne sont peut-être pas tous également utiles, mais parmi lesquels il en est au moins un qui nous paraît excellent et que nous ne saurions trop approuver : c'est le mot « enstase » employé pour rendre *samâdhi*, et qui est parfaitement exact, tandis que celui d'« extase », outre qu'il implique une assimilation erronée avec les états mystiques, constitue en lui-même un énorme contresens ; l'extase, en effet, est littéralement une « sortie de soi », alors que, tout au contraire, c'est d'une « rentrée en soi » qu'il s'agit ici en réalité. Il nous est impossible de signaler toutes les vues très justes qui se rencontrent au cours de l'exposé ; et, si celui-ci soulève parfois des questions qu'il ne résout pas toutes, c'est peut-être un mérite de plus en pareil cas, car il faut y voir le souci très louable de ne pas simplifier les choses à l'excès et de ne pas dissimuler les difficultés réelles, à la façon des trop nombreux propagateurs du « *Yoga* à la portée de tous ». Il y a aussi, malgré tout, des points qui appelleraient certaines réserves, comme par exemple une conception manifestement insuffisante, au point de vue traditionnel, de l'orthodoxie hindoue et de la façon dont elle a pu s'incorporer des doctrines et des pratiques qui lui auraient été primitivement étrangères ; cela reste beaucoup trop extérieur et donnerait plutôt l'idée d'un syncrétisme que d'une synthèse, ce qui est certainement très loin de la vérité ; et il en sera toujours ainsi inévitablement, tant qu'on n'osera pas affirmer nettement et sans équivoque ce que la tradition comporte d'essentiellement « non-humain ». D'un autre côté, le soin apporté à distinguer les différentes variétés du *Yoga*, tout en étant assurément justifié en lui-même, risque peut-être un peu de faire perdre de vue leur unité de principe ; et, quand certaines de ces variétés sont qualifiées de « populaires », il faudrait savoir comment on l'entend exactement, car cela peut paraître en contradiction avec le caractère proprement initiatique qui est reconnu par ailleurs au *Yoga*. Nous regrettons aussi quelques concessions aux théories des ethnologues sur les « cultes de la végétation » et autres choses du même genre ; mais, d'autre part, nous retrouvons çà et là, et notamment dans la conclusion, quelques-unes des idées vraiment remarquables que nous avons déjà notées dernièrement dans un article du même auteur (voir n₀ de juillet-août 1948). Nous citerons pour terminer quelques phrases empruntées aux dernières pages : « L'archétype de l'"action" est la Création des mondes, la cosmogonie. Dans un certain sens, le yogî répète sur son propre être la transformation du chaos en Cosmos ; de nouveau, une intériorisation de la Création cosmogonique. Avant de se détacher du Cosmos, il s'homologue à celui-ci, il le répète et s'approprie ses rythmes et ses harmonies. Mais cette "répétition" n'est pas un but en elle-même ; la "cosmisation" qui suit à un chaos psycho-mental n'est qu'une étape vers la libération finale. Le yogî doit s'isoler de la matière, se retirer du Cosmos ; cette rétraction équivaut à la conquête de l'immortalité... La réalité ne peut appartenir qu'à l'immortalité ; l'être ne se reconnaît que dans la mesure où il est éternel. De sorte que le yogî qui a réussi à se soustraire au Cosmos et à se retirer de l'incessant et douloureux circuit cosmique, par le fait même qu'il a aboli sa condition humaine, obtient l'immortalité, qui est liberté, autonomie, béatitude et éternité ; il s'est libéré de la mort par la mort de son humanité même ». En somme, ce livre mérite très certainement d'être lu par tous ceux qui s'intéressent sérieusement à ces questions, et il y en a vraiment bien peu dont nous puissions en dire autant.

JANVIER-FÉVRIER 1949

Marco Pallis. – Peaks and Lamas.

Alfred A. Knopf, New York.

Bien qu'il ait déjà été parlé ici de cet ouvrage à deux reprises (nos de juin 1940 et de janvier-février 1947) nous devons y revenir encore pour signaler un important chapitre intitulé *The Presiding Idea*, que l'auteur y a ajouté spécialement pour l'édition américaine, et dans lequel il s'est attaché à définir d'une façon plus explicite le principe d'unité qui est propre à la civilisation thibétaine et qui la distingue des autres formes de civilisations traditionnelles. Que ce principe se trouve dans la doctrine bouddhique, cela n'est pas douteux, mais une telle constatation est pourtant insuffisante, car, dans les pays autres que le Thibet où elle s'est exercée, l'influence du Bouddhisme a produit des résultats très différents. En fait, ce qui caractérise surtout la civilisation thibétaine, c'est l'importance prédominante qui y est donnée à un des éléments de cette doctrine, à un degré qui ne se rencontre nulle part ailleurs ; et cet élément est la conception de l'état de *Bodhisattwa*, c'est-à-dire de « l'état de l'être pleinement éveillé qui, bien que n'étant plus lié par la Loi de Causalité qu'il a dépassée, continue cependant librement à suivre les vicissitudes de la Ronde de l'Existence en vertu de son identification avec toutes les créatures qui sont encore soumises à l'illusion égocentrique et à la souffrance qui en est la conséquence ». Une apparente difficulté provient du fait que l'état de *Bodhisattwa* est, d'autre part, considéré communément comme constituant un degré inférieur et préliminaire à celui de *Buddha* ; or cela ne semble guère pouvoir s'appliquer au cas d'un être « qui non seulement a réalisé le Vide, en un sens transcendant, mais qui aussi l'a réalisé dans le Monde même, en un sens immanent, cette double réalisation n'étant d'ailleurs qu'une pour lui », puisque la Connaissance suprême qu'il possède est essentiellement « sans dualité ». La solution de cette difficulté paraît résider dans la distinction de deux usages différents du même terme *Bodhisattwa* : dans un cas, il est employé pour désigner le saint qui n'a pas encore atteint l'ultime degré de perfection, et qui est seulement sur le point d'y parvenir, tandis que, dans l'autre, il désigne en réalité un être « qui est identique avec le *Buddha* par droit de Connaissance, mais qui, pour le bénéfice des créatures, "récapitule" en quelque sorte certains stades pour des raisons "exemplaires", afin de "montrer la Voie", et qui, en ce sens, redescend dans la Ronde plutôt qu'il n'y reste, quelle que puisse être l'impression produite à cet égard sur des êtres toujours prêts à se laisser tromper par les apparences extérieures ». Cette façon d'envisager le *Bodhisattwa* correspond donc proprement à ce que nous avons appelé la « réalisation descendante », et naturellement, elle a aussi un rapport évident avec la doctrine des *Avatâras*. Dans la suite du chapitre, qu'il nous est impossible de résumer complètement ici, M. Pallis s'applique à dissiper les confusions auxquelles cette conception du *Bodhisattwa* pourrait donner lieu si elle était faussement interprétée, conformément à certaines tendances de la mentalité actuelle, en termes de sentimentalisme « altruiste » ou soi-disant « mystique » ; puis il donne quelques exemples de ses applications constantes dans la vie spirituelle des Thibétains. L'un de ces exemples est la pratique de l'invocation, largement répandue dans tout l'ensemble de la population ; l'autre concerne particulièrement le mode d'existence des *naldjorpas*, c'est-à-dire de ceux qui sont déjà plus ou moins avancés dans la voie de la réalisation, ou dont, tout au moins, les aspirations et les efforts sont définitivement fixés dans cette direction, et que les Thibétains, même relativement ignorants, regardent comme étant véritablement les protecteurs de l'humanité, sans l'activité « non-agissante » desquels elle ne tarderait pas à se perdre irrémédiablement.

Gaston Georgel. – *Les Rythmes dans l'Histoire* (2e éd.).

Éditions « Servir », Besançon.

Nous avons rendu compte de ce livre lorsque parut sa première édition (n$_o$ d'octobre 1937) ; à cette époque, l'auteur, comme il l'indique du reste dans l'avant-propos de la nouvelle édition, ne connaissait presque rien des données traditionnelles sur les cycles, si bien que c'est en somme par une heureuse rencontre qu'il était arrivé à en retrouver quelques-unes en partant d'un point de vue tout « empirique », et notamment à soupçonner l'importance de la précession des équinoxes. Les quelques remarques que nous fîmes alors eurent pour conséquence de l'orienter vers des études plus approfondies, ce dont nous ne pouvons certes que nous féliciter, et nous devons lui exprimer nos remerciements de ce qu'il veut bien dire à ce sujet en ce qui nous concerne. Il a donc modifié et complété son ouvrage sur de nombreux points, ajoutant quelques chapitres ou paragraphes nouveaux, dont un sur l'historique de la question des cycles, corrigeant diverses inexactitudes, et supprimant les considérations douteuses qu'il avait tout d'abord acceptées sur la foi d'écrivains occultistes, faute de pouvoir les comparer avec des données plus authentiques. Nous regrettons seulement qu'il ait oublié de remplacer par les nombres exacts 540 et 1080 ceux de 539 et 1078 ans, ce que semblait pourtant annoncer l'avant-propos, et d'autant plus que, par contre, il a bien rectifié en 2160 celui de 2156 ans, ce qui introduit un certain désaccord apparent entre les chapitres qui se rapportent respectivement à ces divers cycles multiples l'un de l'autre. Il est quelque peu fâcheux aussi qu'il ait conservé les expressions d'« année cosmique » et de « saison cosmique » pour désigner des périodes d'une durée beaucoup trop restreinte pour qu'elles puissent s'y appliquer véritablement (celles précisément de 2160 et de 540 ans), et qui seraient plutôt seulement, si l'on veut, des « mois » et des « semaines », d'autant plus que le nom de « mois » conviendrait en somme assez bien pour le parcours d'un signe zodiacal dans le mouvement de précession des équinoxes, et que, d'autre part, le nombre $540 = 77 \times 7 + 1$ a, comme celui de la septuple « semaine d'années » jubilaire ($50 = 7 \times 7 + 1$) dont il est en quelque sorte une « extension », un rapport particulier avec le septénaire. Ce sont là d'ailleurs à peu près les seules critiques de détail que nous ayons à formuler cette fois, et le livre, dans son ensemble, est fort digne d'intérêt et se distingue avantageusement de certains autres ouvrages où s'étalent, à propos des théories cycliques, des prétentions beaucoup plus ambitieuses et assurément bien peu justifiées ; il se borne naturellement à la considération de ce qu'on peut appeler les « petits cycles » historiques, et cela dans le cadre des seules civilisations occidentales et méditerranéennes, mais nous savons que M. Georgel prépare actuellement, dans le même ordre d'idées, d'autres travaux d'un caractère plus général, et nous souhaitons qu'il puisse bientôt les mener également à bonne fin.

Émile Ruir. – Nostradamus, ses Prophéties, 1948-2023.

Éditions Médicis, Paris.

Nous avons déjà parlé (n₀ d'octobre-novembre 1945)[81] d'un autre ouvrage du même auteur, se rapportant également aux prédictions de Nostradamus, que, comme tant d'autres, il interprète suivant ses idées particulières. Dans celui-ci, à la suite d'une étude sur la vie et l'œuvre de Nostradamus, dont le meilleur, à notre avis, est constitué par les critiques qu'il adresse à quelques-uns de ses confrères, nous retrouvons en somme, avec de nouveaux développements, à peu près les mêmes idées sur l'« ère adamique », la double chronologie de l'*Épître à Henri, Roi de France Second* (qui, d'après M. Ruir, ne serait pas Henri II, mais apparemment le fameux « Grand Monarque » à venir), la série des prétendus Antéchrists « asiatiques » (il n'y en a pas moins de huit !) et des invasions conduites par eux, ce qui nous mène jusqu'en 1999, la « translation de la Terre », qui correspond sans doute à la date de 2023, bien que ce ne soit pas dit très clairement, et enfin le « Millénium », qui ne manquera pas, comme on pouvait s'y attendre, de coïncider avec l'« ère du Verseau ». Nous avons déjà dit suffisamment ce que nous pensons de tout cela, et nous ne croyons pas utile d'y insister de nouveau ; constatons seulement une fois de plus, à cette occasion, que les rêveries de ce genre paraissent malheureusement avoir toujours auprès de nos contemporains plus de succès qu'elles ne le méritent, sans quoi leurs auteurs n'éprouveraient sûrement pas le besoin de les rééditer ainsi constamment sous des formes plus ou moins variées ; et c'est bien là encore un « signe des temps » !

Shrî Aurobindo. – *L'Énigme de ce Monde.*

Adrien Maisonneuve, Paris.

---

[81] [*L'écroulement de l'Europe d'après les prophéties de Nostradamus.*]

Cette brochure est la traduction d'un article écrit en anglais en 1933, en réponse à une question assez « sentimentale » posée par Maurice Magre sur le pourquoi de la souffrance et du mal en ce monde. Il y est très justement répondu que toutes les possibilités doivent se réaliser, et que c'est la division et la séparation qui ont donné naissance au mal, en tant que ces possibilités sont envisagées isolément les unes des autres et de leur principe ; en somme, ce que nous considérons comme le mal, c'est-à-dire comme une négation, n'est tel qu'en conséquence de notre ignorance et de notre horizon limité. Ce qui est plus contestable, c'est que Shrî Aurobindo semble admettre, non pas seulement une évolution spirituelle pour chaque être, mais aussi une évolution au sens d'une « progression » du monde dans son ensemble ; c'est là une idée qui nous semble bien moderne, et nous ne voyons pas trop comment elle peut s'accorder avec les conditions mêmes du développement de toute manifestation. D'autre part, si nous comprenons bien ce qui n'est pas exprimé d'une façon très explicite, il paraît considérer la « réalisation ascendante » comme ne se suffisant pas à elle-même et comme devant être complétée par la « réalisation descendante » ; du moins certaines expressions permettent-elles d'interpréter ainsi sa pensée ; seulement, pourquoi opposer alors la libération telle qu'il l'entend à ce qu'il appelle une « évasion hors du monde » ? Tant que l'être demeure dans le Cosmos (et par là nous n'entendons pas seulement ce monde, mais la totalité de la manifestation), si élevés que soient les états qu'il peut atteindre, ce ne sont pourtant toujours que des états conditionnés, qui n'ont aucune commune mesure avec la véritable libération ; celle-ci ne peut être obtenue dans tous les cas que par la sortie du Cosmos, et ce n'est qu'ensuite que l'être pourra « redescendre », en apparence du moins, sans plus être aucunement affecté par les conditions du monde manifesté. En d'autres termes, la « réalisation descendante », bien loin de s'opposer à la « réalisation ascendante », la présuppose au contraire nécessairement ; il aurait été utile de le préciser de façon à ne laisser place à aucune équivoque, mais nous voulons croire que c'est là ce que Shrî Aurobindo veut dire lorsqu'il parle d'« une ascension d'où l'on ne retombe plus, mais d'où l'on peut prendre son vol dans une descente ailée de lumière, de force et d'*Ananda* ».

P. B. Saint-Hilaire et G. Monod-Herzen. – Le Message de Shrî

Aurobindo et son Ashram.

Adrien-Maisonneuve, Paris.

Ce petit volume, fort bien édité, est divisé en deux parties, dont la première est une sorte de résumé des principaux enseignements de Shrî Aurobindo ; il semble qu'on se soit plu à y insister surtout sur leur « adaptation aux conditions du moment », adaptation qui nous paraît décidément aller parfois un peu trop loin dans le sens des concessions à la mentalité actuelle. La seconde partie est une description de l'Ashram de Pondichéry et de ses diverses activités ; cette description et surtout les photographies qui l'accompagnent donnent aussi une impression de « modernité » qui, il faut bien le dire, est quelque peu inquiétante ; on s'aperçoit à première vue que des Européens ont passé par là…

Marie-Louise Dubouloz-Laffin. – Le Bou-Mergoud, Folklore tunisien.

G. P. Maisonneuve, Paris.

Ce gros volume, illustré de dessins et de photographies, se rapporte plus spécialement, comme l'indique son sous-titre, aux « croyances et coutumes populaires de Sfax et de sa région » ; il témoigne, et ce n'est pas là son moindre mérite, d'un esprit beaucoup plus « sympathique » qu'il n'en est le plus habituellement dans ces sortes d'« enquêtes », qui, il faut bien le dire, ont trop souvent comme un faux air d'« espionnage ». C'est d'ailleurs pourquoi les « informateurs » sont si difficiles à trouver, et nous comprenons fort bien la répugnance qu'éprouvent la plupart des gens à répondre à des questionnaires plus ou moins indiscrets, d'autant plus qu'ils ne peuvent naturellement deviner les raisons d'une telle curiosité à l'égard de choses qui sont pour eux tout ordinaires. M$_{me}$ Dubouloz-Laffin, tant par ses fonctions de professeur que par sa mentalité plus compréhensive, était certainement mieux placée que beaucoup d'autres pour obtenir des résultats satisfaisants, et l'on peut dire que, d'une façon générale, elle a fort bien réussi à mener à bonne fin la tâche qu'elle s'était assignée. Ce n'est pas à dire cependant que tout soit ici sans défauts, et cela était sans doute inévitable dans une certaine mesure ; à notre avis, l'un des principaux est de sembler présenter comme ayant un caractère purement régional bien des choses qui sont en réalité communes, soit à toute l'Afrique du Nord, soit même au monde islamique tout entier. D'autre part, dans certains chapitres, ce qui concerne les éléments musulmans et juifs de la population se trouve mêlé d'une façon quelque peu confuse ; il aurait été utile, non seulement de le séparer plus nettement, mais aussi, pour ce qui est des Juifs tunisiens, de marquer une distinction entre ce qui leur appartient en propre et ce qui n'est chez eux qu'emprunts au milieu musulman qui les entoure. Une autre chose qui n'est assurément qu'un détail secondaire, mais qui rend la lecture du livre un peu difficile, c'est que les mots arabes y sont donnés avec une orthographe vraiment extraordinaire, qui représente manifestement une prononciation locale entendue et notée d'une manière très approximative ; même si l'on jugeait à propos de conserver ces formes bizarres, quoique nous n'en voyions pas très bien l'intérêt, il aurait du moins été bon d'indiquer à côté les formes correctes, en l'absence desquelles certains mots sont à peu près méconnaissables. Nous ajouterons aussi quelques remarques qui se rapportent plutôt à la conception du folklore en général : on a pris l'habitude d'y faire rentrer des choses fort disparates, et cela peut se justifier plus ou moins bien suivant les cas ; mais ce qui nous paraît tout à fait inexplicable, c'est qu'on y range aussi des faits qui se sont réellement produits dans des circonstances connues, et sans que ni « croyances » ni « coutumes » y soient pour rien ; nous trouvons ici même quelques exemples de ce genre, et c'est ainsi que, notamment, nous ne voyons pas du tout à quel titre un cas récent et dûment constaté de « possession » ou de « maison hantée » peut bien relever du folklore. Une autre singularité est l'étonnement que manifestent toujours les Européens devant les choses qui, dans un milieu autre que le leur, sont tout à fait normales et courantes, à tel point qu'on n'y prête même aucune attention ; on sent même souvent que, s'ils n'ont pas eu l'occasion de les constater par eux-mêmes, ils ont beaucoup de peine à croire ce qui leur en est dit ; de cet état d'esprit aussi, nous avons remarqué çà et là quelques traces dans cet ouvrage, quoique moins accentuées que dans d'autres du même genre. Quant au contenu même du livre, la plus grande partie concerne d'abord les *jnoun* (*jinn*) et leurs interventions diverses dans la vie des humains, puis, sujet plus ou moins connexe de celui-là, la magie et la sorcellerie, auxquelles se trouve aussi incorporée la médecine ; peut-être la place accordée aux choses de cet ordre est-elle un peu excessive, et il est à regretter que, par contre, il n'y ait à peu près rien sur les « contes populaires », qui pourtant ne doivent pas manquer dans la région étudiée aussi bien que partout ailleurs, car il nous semble que c'est là, en définitive, ce qui fait le fond même du véritable folklore entendu dans son sens le plus strict. La dernière partie, consacrée aux « marabouts », est plutôt sommaire, et c'est certainement la moins satisfaisante, même au simple point de vue « documentaire » ; il est vrai que, pour plus d'une raison, ce sujet était probablement le plus difficile à traiter ; mais du moins n'y retrouvons-nous pas le fâcheux préjugé, trop répandu chez les Occidentaux, qui veut qu'il s'agisse là de quelque chose d'étranger à l'Islam, et qui s'efforce même d'y découvrir, ce à quoi il est toujours possible d'arriver avec un peu d'imagination « érudite », des vestiges de nous ne savons trop quels cultes disparus depuis plusieurs millénaires.

AVRIL-MAI 1949

Cyrille Wilczkowski. – L'Homme et le Zodiaque. Essai de synthèse typologique.

Éditions du Griffon d'Or, Paris.

L'auteur reconnaît lui-même que cet ouvrage a un « caractère hybride », et en effet, bien qu'il pense que les deux parties en lesquelles il est divisé se complètent, elles n'ont en réalité que peu de rapport entre elles. Dans la première, il s'est proposé avant tout de « définir la position de l'astrologie devant la conscience moderne », ce qui implique forcément de bien fâcheuses concessions ; il faudrait se rendre compte de ceci : ou bien l'astrologie est une science traditionnelle, et alors elle est évidemment opposée à l'esprit moderne et n'a pas à se préoccuper de chercher un accord impossible ; ou bien il s'agit d'une soi-disant « astrologie scientifique » qui n'est qu'une science profane comme les autres et qui n'a plus guère que le nom de commun avec la véritable astrologie ; en tout cas, il faudrait choisir et ne jamais mélanger ces deux conceptions totalement différentes. Or, dans la seconde partie, qui est consacrée au symbolisme zodiacal, il est fait surtout appel aux « doctrines anciennes », bien qu'il y soit aussi question de « recherches récentes » dont les résultats nous paraissent d'ailleurs plutôt hypothétiques ; en ce qui concerne les données traditionnelles, il faut bien dire aussi que, malheureusement, les renseignements qui s'y rapportent ne sont pas toujours puisés à des sources parfaitement sûres. De plus, l'exposé manque parfois de clarté : ainsi, nous n'avons pas pu réussir à comprendre exactement ce qu'il faut entendre par les « images-clefs du Zodiaque » ; l'interprétation de certains mythes est souvent confuse ou vague, et on ne voit pas toujours qu'ils aient une relation très directe avec tel ou tel signe zodiacal. Malgré tout, il y a là-dedans des considérations qui sont assurément loin d'être dépourvues d'intérêt, et il serait seulement à souhaiter que l'auteur les reprenne en leur donnant plus de netteté et en les dégageant des éléments hétérogènes provenant de l'influence des idées modernes ; ajoutons qu'il faut lui savoir gré d'attacher fort peu d'importance au côté « prédictions » de l'astrologie, et aussi de déclarer expressément que son étude n'a rien à voir avec l'occultisme.

Georges Barbarin. – *Je et Moi ou le dédoublement spirituel.*

Librairie Astra, Paris.

M. Barbarin écrit beaucoup, peut-être trop, car ce qu'il trouve à dire n'a souvent qu'un intérêt assez restreint, et, en cela comme en toutes choses, nous préférerions pour notre part la qualité à la quantité. Ce nouveau volume se présente, au moins dans ses premiers chapitres, sous la forme d'une sorte d'autobiographie psychologique : il pense avoir découvert en lui deux éléments distincts et même plus ou moins opposés, qu'il appelle « Je » et « Moi », et qu'il fait d'ailleurs correspondre respectivement à l'« individualité » et à la « personnalité », en intervertissant le sens normal de ces deux mots conformément à la terminologie théosophiste. Sa principale originalité est donc ici d'appeler « Je », on ne sait trop pourquoi, ce que d'autres appellent « Soi » ; mais, à vrai dire, il s'illusionne grandement sur la portée de ses constatations, car tout cela est certainement d'ordre beaucoup plus psychique que spirituel, et, en fait, on n'y voit rien qui dépasse le niveau individuel humain, de sorte qu'il semble bien s'agir tout simplement de deux parties du « Moi », et que, en tout cas, nous restons bien loin de ce principe transcendant qui est le véritable « Soi », qui du reste ne saurait aucunement se prêter à de telles analyses. L'auteur généralise ensuite ses découvertes en en faisant l'application aux collectivités humaines, puis il en arrive à l'« Homme-Dieu » ; les pages où il interprète à sa façon la double nature du Christ sont encore plus contestables que tout le reste, bien qu'il prétende les appuyer sur certains textes évangéliques dont il essaie finalement de tirer ce qu'il appelle une « Charte de l'Unité ». Au fond, tout cela est plutôt « simpliste » et ne peut guère que contribuer à entretenir certaines confusions dans l'esprit de nos contemporains, déjà trop portés à s'imaginer trouver de la « spiritualité » là où il n'y en a même pas l'ombre ; les banalités psychologiques et sentimentales sont, hélas ! beaucoup plus « à la portée de tout le monde » que la véritable spiritualité.

Déodat Roché. – Le Catharisme.

Institut d'Études Occitanes, Toulouse.

Ce petit livre est surtout intéressant par les renseignements historiques qui s'y trouvent réunis ; pour ce qui est de la façon dont y est interprétée la doctrine des Cathares, ou du moins le peu qu'on en connaît, elle appelle les plus sérieuses réserves, car elle est fortement influencée par les conceptions de Rudolf Steiner et par les idées réincarnationnistes de l'auteur. D'autre part, l'identité du Catharisme avec le Manichéisme n'est peut-être pas aussi certaine qu'on veut bien le dire, et, en tout cas, il resterait à savoir ce que fut réellement le Manichéisme, car c'est là encore une question qui est loin d'être complètement éclaircie. Quoi qu'il en soit, nous ne voyons pas très bien comment l'affirmation que les Cathares étaient des Manichéens peut s'accorder avec celle qu'ils étaient « purement chrétiens », ni avec celle que leur doctrine était « une expression du platonisme »... Dans les appendices de l'ouvrage, on trouve la reproduction de l'article sur un plat cathare dont nous avons déjà parlé précédemment (n₀ d'octobre-novembre 1945) ; nous signalerons aussi des notes sur des croix manichéennes ou considérées comme telles et sur des symboles mithriaques ; et, à ce propos, nous ne pouvons nous empêcher de trouver assez étonnante l'assertion suivant laquelle « le chrisme était tout d'abord mithriaque » ; n'y aurait-il pas là quelque confusion entre un symbole qui appartient en réalité à la tradition universelle et une forme qui en est dérivée, mais qui présente un caractère beaucoup plus particularisé ? Cela n'a rien d'impossible ; mais, quand nous voyons affirmer en un autre endroit, d'une façon encore plus précise, et sans la moindre preuve à l'appui, que « le *labarum* de Constantin était antérieurement un étendard mithriaque », nous finissons par craindre que l'auteur ne se défie pas toujours suffisamment de son imagination.

Juillet-Août 1949

Saint-Yves d'Alveydre. – Mission des Souverains.

Éditions Nord-Sud, Paris.

Cette réédition d'un livre devenu introuvable depuis longtemps était fort utile, car les ouvrages de Saint-Yves d'Alveydre sont de ceux dont on parle beaucoup plus qu'on ne les lit, d'où bien des idées erronées sur les conceptions qui y sont exposées. Celui-ci, en particulier, permettra de se rendre compte directement de ce qu'était, dans la pensée même de son auteur, la « Synarchie », qui n'a assurément rien de commun avec ce qui a fait tant de bruit en ces dernières années et à quoi il semble bien que ses promoteurs aient donné le même nom tout exprès pour créer certaines confusions, en quoi ils n'ont d'ailleurs que trop bien réussi, car les livres et les articles publiés à ce propos ont répandu dans le public toute sorte d'erreurs grossières sur Saint-Yves et sur son œuvre. L'introduction dont cette réédition est précédée a précisément pour but, tout en se tenant en dehors de toute polémique, de remettre les choses au point, et elle le fait d'excellente façon, en reprenant du reste une partie des informations qui ont paru autrefois ici même (nos de juillet 1935 et de mars 1936), ainsi que quelques-unes des remarques que nous avons faites dans *Le Roi du Monde*. Nous y signalerons plus spécialement deux points qui nous paraissent très importants : le premier est une comparaison de dates d'où il résulte clairement que, quand Saint-Yves fit paraître les deux ouvrages principaux où se trouve exposé son système synarchique, c'est-à-dire la *Mission des Souverains* et la *Mission des Juifs*, il n'était encore entré en relations avec aucun représentant des traditions orientales, de sorte qu'il ne peut être question d'attribuer cette conception à des influences provenant d'une telle source comme certains l'ont prétendu. Il est vrai que Saint-Yves lui-même a présenté la Synarchie comme une application d'une doctrine métaphysique et cosmologique conservée secrètement à l'intérieur des différentes formes traditionnelles, et notamment des traditions brâhmaniques et judéo-chrétienne, mais sans doute cette affirmation, comme bien d'autres, ne doit-elle pas être prise trop à la lettre ; pour notre part, nous pensons (et nous l'avons d'ailleurs noté incidemment dans *La Grande Triade*, p. 142) qu'elle est surtout inspirée de Fabre d'Olivet, auquel il a fait manifestement beaucoup plus d'emprunts qu'il n'a jamais voulu le reconnaître, tout en s'efforçant d'ailleurs de le « christianiser », si l'on peut dire, et à qui il doit même quelques erreurs assez étonnantes en ce qui concerne la tradition hindoue. Le second point sur lequel nous tenons à appeler l'attention, c'est la nature réelle des rapports de Saint-Yves avec les occultistes, rapports qui se bornèrent en somme à des relations amicales avec quelques-uns d'entre eux, à titre tout personnel, et sans qu'il ait jamais adhéré en aucune façon à leur « mouvement » ni même qu'il l'ait approuvé, car il fit toujours au contraire bien des réserves à cet égard ; cela est assurément fort loin de ce qu'ont voulu faire croire les occultistes eux-mêmes, qui trouvèrent bon d'en faire un de leurs « Maîtres » et qui, après sa mort, cherchèrent à accaparer sa mémoire, nous pourrions même dire à l'exploiter, ce qui eut inévitablement pour conséquence de jeter sur son œuvre un discrédit immérité. – Pour ce qui est du livre lui-même, nous laisserons à chacun le soin de s'en faire une opinion en le lisant ; mais nous devons avouer que, le relisant nous-même ainsi après une quarantaine d'années, nous en avons éprouvé quelque déception, en dépit des vues intéressantes qu'il contient incontestablement. Il nous semble qu'il y a tout au moins une certaine exagération à présenter toute l'histoire de l'Europe, depuis les débuts du Christianisme, comme s'il n'y avait jamais eu, tant du côté de l'Église que de celui des souverains, que des préoccupations d'ordre exclusivement politique ; et, d'autre part, il y a, sur plus d'un point, des assertions qui sont difficilement conciliables avec les véritables notions traditionnelles. Bien que l'auteur fasse quelques allusions à l'« Initiation », il est bien difficile de savoir exactement ce qu'il pouvait entendre par là ; il est fort à craindre que ce qu'il désignait ainsi, du moins à l'époque où il écrivit ce livre, n'ait été, dans sa pensée, rien de plus ni d'autre qu'un enseignement d'un degré supérieur à celui qui est donné dans les Universités, et cela encore est plutôt décevant, car ce qui manque à une telle conception est précisément ce qui, au point de vue initiatique, constitue tout l'essentiel. Quant à la Synarchie elle-même, si on ne la prend que comme un projet de « constitution européenne », il en vaut certainement bien d'autres, et les objections qu'il y aurait lieu d'y faire porteraient beaucoup moins sur le principe même que sur les modalités de l'organisation proposée, et aussi sur les difficultés probablement insurmontables que rencontrerait sa réalisation dans des conditions comme celles de l'époque actuelle.

The Living Thoughts of Gotama the Buddha.

*Presented by Ananda K. Coomaraswamy
and J. B. Horner (Cassell and Co, London).*

Bien que la part qui revient à chacun des deux collaborateurs ne soit pas indiquée expressément, il nous paraît évident que c'est le regretté A. K. Coomaraswamy qui est l'auteur de l'exposé de la vie du Bouddha et de la doctrine bouddhique qui constitue la première partie de ce volume, et où nous retrouvons, sous une forme abrégée et quelque peu simplifiée, l'interprétation qu'il avait déjà donnée dans d'autres écrits, et notamment dans *Hinduism and Buddhism*[82]. Comme les principaux points en sont connus de nos lecteurs, nous nous contenterons de rappeler qu'un des plus importants est la réfutation de l'erreur courante suivant laquelle le Bouddhisme nierait le « Soi », ce qui a naturellement, entre autres conséquences, celle de rectifier la conception « nihiliste » que certains se sont faite du *Nirvâna*. Le prétendu « athéisme » bouddhique est aussi écarté par la remarque que, « entre l'immuable volonté de Dieu et la *Lex Æterna*, il n'y a aucune distinction réelle », et que « *Dharma*, qui a toujours été un nom divin,

---

[82] [Compte rendu d'août 1946.]

est encore, dans le Bouddhisme même, synonyme de *Brahma* ». Signalons encore que l'auteur insiste très justement sur le fait que ni la doctrine de la causalité ni celle de l'enchaînement des actions et de leurs effets n'impliquent, contrairement à une autre erreur trop répandue, l'idée vulgaire de la « réincarnation », qui, en réalité, n'existe pas plus dans le Bouddhisme que dans toute autre doctrine traditionnelle. – Le choix de textes qui suit, et qui est sans doute dû à Miss Horner, comprend un ensemble d'extraits groupés suivant les questions auxquelles ils se rapportent, et dont certaines paraissent avoir été retraduites du pâli, tandis que d'autres sont reproduites d'après diverses traductions anglaises déjà existantes.

R. Pouyaud. – Du « Cubisme » à la peinture traditionnelle.

Imprimerie générale de la Nièvre, Clamecy.

Nous avons déjà parlé ici d'une autre brochure du même auteur (voir n₀ de janvier-février 1946)[83] ; dans celle-ci, il a su résumer en peu de pages, et avec une clarté dont on ne saurait trop le féliciter, un certain nombre de notions essentielles en ce qui concerne la peinture envisagée au point de vue traditionnel : lois relatives au plan et à ses mouvements (les modernes ont trop oublié qu'un tableau est une surface plane), symbolisme des formes, des nombres et des couleurs. Dans l'aperçu historique par lequel il débute, nous noterons surtout un curieux rapprochement, au sujet du rôle de certaines formes symboliques et notamment de la spirale, entre la tradition celtique et la tradition chrétienne ; c'est là un sujet qui mériterait certainement d'être traité avec de plus amples développements. La seule critique que nous ayons à formuler est celle-ci : il est question tout d'abord de « cycles » en appliquant ce mot uniquement à la période de développement des civilisations et des formes traditionnelles particulières, et sans que rien indique que ce ne sont là que des cycles mineurs qui s'intègrent dans d'autres beaucoup plus étendus ; puis, en un autre endroit, il est fait mention incidemment du cycle correspondant à la durée de la précession des équinoxes ; il peut en résulter quelque confusion chez des lecteurs non prévenus et qui, ayant pu croire

---

[83] [*Sous le signe de la Spirale* : Vézelay, centre initiatique.]

jusque-là qu'il ne s'agissait que d'une notion d'ordre exclusivement historique en quelque sorte, ne verront pas quel rapport peut exister entre ces deux choses, ni par conséquent quelle est la véritable nature des lois cycliques. Bien entendu, cela n'affecte en rien le fond même de cette étude, et, pour qu'on se rende mieux compte de l'esprit dans lequel elle a été écrite, nous ne saurions mieux faire que d'en reproduire les dernières lignes : « Le peintre, s'il veut faire œuvre traditionnelle, doit adapter les symboles universels à la technique du plan, telle que les premiers cubistes l'entrevirent, faire de son œuvre un microcosme à l'image du macrocosme en utilisant les lois cosmiques ; il constituera ainsi la nouvelle forme propre au cycle futur, mais il ne doit pas oublier que, pour bénéficier pleinement de l'illumination qui constitue la voie traditionnelle, il doit avoir constamment en esprit l'universel et qu'à une telle hauteur les individualités ne comptent plus ».

François Haab. – *Divination de l'alphabet latin.*

« *Pro Libros* », *Paris.*

Ce petit volume se présente, d'après son sous-titre, comme une « introduction à la connaissance du symbolisme hiéroglyphique des lettres » ; qu'un tel symbolisme existe en effet, c'est-à-dire que tout alphabet ait à son origine une signification idéographique, cela ne fait aucun doute pour nous, ni pour quiconque a là-dessus quelques notions traditionnelles ; mais nous ne pouvons certes pas dire que l'argumentation sur laquelle l'auteur veut appuyer son interprétation de l'alphabet latin soit bien solide ni bien convaincante. Tout d'abord, on ne peut se défendre d'un certain étonnement en le voyant affirmer que l'alphabet latin est « le plus pur des alphabets grecs », et que, pour cette raison, il est le plus propre à « symboliser les divinités fondamentales de la mythologie grecque ». Quant à l'idée qu'il se fait de celle-ci, il la résume en cette phrase : « La mythologie grecque est une connaissance de la Vérité qui s'appuie sur la rationalité, la poésie et l'intuition religieuse, et elle propose une éthique » ; nous ne voyons dans tout cela rien de bien profond ni de vraiment traditionnel. Quand il présente, en outre, cette même mythologie comme « un véritable Ancien Testament occidental », auquel le Christianisme se rattacherait beaucoup plus qu'à l'Ancien Testament hébraïque, nous nous souvenons qu'une idée très semblable a déjà été soutenue par M. Paul le Cour, et ce rapprochement est vraiment assez fâcheux... Pour ce qui est de l'interprétation même de l'alphabet, elle consiste à rapporter chaque lettre à une divinité dans le nom de laquelle cette lettre figure, le plus souvent comme initiale, mais parfois aussi à une autre place (les noms grecs et latins sont d'ailleurs mélangés ici d'une façon qui peut paraître quelque peu arbitraire) ; et ces rapports sont expliqués au moyen de considérations sur la forme des lettres dont le moins qu'on puisse dire est qu'elles sont extrêmement vagues et n'ont rien de « frappant » ; avec de semblables procédés, chacun pourrait facilement, en suivant une idée préconçue, trouver à peu près n'importe quoi dans une figure quelconque, et tout cela est assurément fort éloigné du véritable symbolisme. Il y a encore une autre raison de se méfier : il n'est pas tenu compte seulement des lettres authentiquement latines, mais aussi, et au même titre, des adjonctions qui ont été faites à une époque très récente (distinction des lettres *i* et *j*, *u* et *v*, sans parler du *w*), et qui ne peuvent avoir aucune valeur symbolique réelle ; l'auteur est d'un autre avis, mais la raison qu'il en donne, en envisageant une sorte de développement de l'alphabet qui se serait continué jusque dans les temps modernes pour l'amener finalement à sa perfection, ne fait que donner à la chose un caractère encore plus grave et même plutôt inquiétant. On s'en rendra compte immédiatement en lisant cette phrase de son résumé : « Cette idéographie des lettres de l'alphabet latin est peut-être la création intuitive et volontaire du sacerdoce antique, mais peut-être aussi elle est tout naturellement l'aboutissement occulte d'un processus subconscient du mental humain collectif ». Le premier terme de cette alternative exprime une vue traditionnellement correcte, mais, par contre, le second, qui, en réalité, est celui qu'il faudrait nécessairement admettre pour que le développement en question ait un sens, ne répond qu'à une de ces conceptions actuelles, à tendance « psychanalyste », dont nous signalons par ailleurs le danger. Il paraît que ce n'est là que comme un premier aperçu d'un travail plus considérable ; il convient donc d'attendre celui-ci pour se prononcer d'une façon définitive, mais cette introduction n'est pas de nature à en donner une impression bien favorable, et il faudrait rectifier sur bien des points les idées qui y sont exprimées pour les rendre, nous ne dirons même pas valables, mais simplement acceptables au point de vue traditionnel.

Dr Hubert Benoît. – *Métaphysique et Psychanalyse, Essais sur le problème de la réalisation de l'homme.*

Éditions Mazarine, Paris.

Nous aurions souhaité de pouvoir parler favorablement de cet ouvrage, parce que l'auteur a certainement eu une intention très louable en elle-même, mais il a très malheureusement entrepris de l'appliquer à quelque chose qui, par sa nature, ne s'y prêtait aucunement ; et, comme il déclare que c'est en particulier grâce à nos livres qu'il découvrit la métaphysique traditionnelle, cela ne laisse pas de nous donner quelques inquiétudes sur ce que certains peuvent essayer d'en tirer… Il est assurément très bien de chercher à rattacher une science quelconque à des principes d'ordre métaphysique, et c'est même le seul moyen de lui donner ou de lui restituer la « légitimité » qui lui fait défaut dans son état actuel ; mais encore faut-il pour cela qu'il s'agisse réellement d'une science susceptible d'être « légitimée », et non pas d'un de ces produits spécifiques de la mentalité moderne qui ne sont en définitive que des éléments de subversion pure et simple, comme c'est le cas de la psychanalyse ; autant vaudrait s'efforcer de donner une base traditionnelle au spiritisme ou à toute autre aberration du même genre ! Chose assez curieuse, l'auteur, bien qu'il ne semble pas se faire une idée très nette de l'initiation (ne va-t-il pas jusqu'à parler d'une « initiation par la fréquentation des livres » ?), a remarqué qu'il existe une ressemblance entre la transmission initiatique et la transmission psychanalytique, mais il ne s'est pas aperçu le moins du monde que cette dernière ne constituait, à cet égard, qu'une « contrefaçon » véritablement satanique, agissant « à rebours » comme certaines opérations de sorcellerie ; puisqu'il mentionne nos livres, nous ne pouvons que l'engager à se reporter à ce que nous avons écrit là-dessus et qui est cependant assez net. Nous n'insisterons guère sur le contenu de l'ouvrage, qui est, en somme, ce qu'il peut être dans ces conditions, et nous nous bornerons à deux ou trois remarques dont nous ne pouvons vraiment pas nous dispenser, car il est nécessaire de ne pas laisser s'accréditer certaines confusions. Au début, il est bien fait appel à quelques notions de métaphysique et surtout de cosmologie traditionnelle, mais, par la suite, celles-ci disparaissent à peu près entièrement, sauf en ce qui concerne certaines considérations de « polarité » pour lesquelles il n'y avait d'ailleurs nullement besoin de se référer à la psychanalyse et à son langage spécial ; tout finit par être noyé, si l'on peut dire, dans la mythologie des « complexes », des « interdictions », des « compensations », des « fixations », et ainsi de suite. D'autre part, quand on rencontre au milieu de tout cela quelque terme emprunté à la métaphysique traditionnelle, il ne faudrait pas croire qu'il est toujours pris dans le sens qu'il devrait avoir normalement ; en effet, même là où il est parlé de l'« être total », ce qui est conçu comme tel ne dépasse jamais, en fait, le domaine des possibilités individuelles.

L'auteur (et cela encore est bien étonnant de la part de quelqu'un qui a lu nos livres) paraît n'avoir pas la moindre idée des états multiples de l'être, de sorte qu'il réduit tout aux proportions de la seule individualité humaine ; et, s'il est assez difficile de dire ce que peut être au juste la « réalisation » qu'il envisage, ce qui est certain en tout cas, c'est que, en dépit de l'allusion finale à l'« ouverture du troisième œil », ce n'est pas d'une réalisation initiatique qu'il s'agit, de même que, quand le « Soi » est conçu comme « pensée pure », c'est là quelque chose qui ressemble un peu trop à l'« âme » cartésienne et qui est assurément fort loin de l'*Âtmâ* inconditionné ; quant à l'« Intelligence indépendante », appelée aussi assez singulièrement « Raison divine », c'est tout au plus, pour mettre les choses au mieux, un simple reflet de *Buddhi* dans l'individualité. En ce qui nous concerne, une conclusion s'impose à la suite de ces constatations : c'est que nous ne saurions trop mettre en garde contre les applications que quiconque peut prétendre faire de ce que nous avons exposé, à notre insu et sans notre approbation, et que nous n'entendons en accepter la responsabilité à aucun degré ; comme toutes les autres déformations des doctrines traditionnelles mal comprises, ce sont là des choses qu'il est évidemment impossible d'empêcher, mais du moins est-il toujours possible, dès qu'on en a connaissance, de les désavouer formellement, et, si désagréable que cela puisse être parfois, c'est là une obligation à laquelle nous ne manquerons pas.

Décembre 1949

Mircea Eliade. – *Le Mythe de l'éternel retour. Archétypes et répétition.*

Gallimard, Paris.

Le titre de ce petit volume, qui d'ailleurs ne répond pas exactement à son contenu, ne nous paraît pas très heureux, car il fait inévitablement penser aux conceptions modernes auxquelles s'applique habituellement ce nom d'« éternel retour », et qui, outre la confusion de l'éternité avec la durée indéfinie, impliquent l'existence d'une répétition impossible, et nettement contraire à la véritable notion traditionnelle des cycles, suivant laquelle il y a seulement correspondance et non pas identité ; il y a là en somme, dans l'ordre macrocosmique, une différence comparable à celle qui existe, dans l'ordre microcosmique, entre l'idée de la réincarnation et celle du passage de l'être à travers les états multiples de la manifestation. En fait, ce n'est pas de cela qu'il s'agit dans le livre de M. Eliade et ce qu'il entend par « répétition » n'est pas autre chose que la reproduction ou plutôt l'imitation rituelle de « ce qui fut fait au commencement ». Dans une civilisation intégralement traditionnelle, tout procède d'« archétypes célestes » : ainsi, les villes, les temples et les demeures sont toujours édifiés suivant un modèle cosmique ; une autre question connexe, et qui même, au fond, diffère beaucoup moins de celle-là que l'auteur ne semble le penser, est celle de l'identification symbolique avec le « Centre ». Ce sont là des choses dont nous avons eu nous-même à parler bien souvent ; M. Eliade a réuni de nombreux exemples se référant aux traditions les plus diverses, ce qui montre bien l'universalité, et pourrions-nous le dire, la « normalité » de ces conceptions. Il passe ensuite à l'étude des rites proprement dits, toujours au même point de vue ; mais il est un point sur lequel nous devons faire une sérieuse réserve : il parle d'« archétypes des activités profanes », alors que précisément, tant qu'une civilisation garde un caractère intégralement traditionnel, il n'y a pas d'activités profanes ; nous croyons comprendre que ce qu'il désigne ainsi, c'est ce qui est devenu profane par suite d'une certaine dégénérescence, ce qui est bien différent, car alors, et par là même, il ne peut plus être question d'« archétypes », le profane n'étant tel que parce qu'il n'est plus relié à aucun principe transcendant ; d'ailleurs, il n'y a certainement rien de profane dans les exemples qu'il donne (danses rituelles, sacre d'un roi, médecine traditionnelle). Dans la suite, il est plus particulièrement question du cycle annuel et des rites qui y sont liés ; naturellement, en vertu de la correspondance qui existe entre tous les cycles, l'année elle-même peut être prise comme une image réduite des grands cycles de la manifestation universelle, et c'est ce qui explique notamment que son commencement soit considéré comme ayant un caractère « cosmogonique » ; l'idée d'une « régénération du temps », que l'auteur fait intervenir ici, n'est pas très claire, mais il semble qu'il faille entendre par là l'œuvre divine de conservation du monde manifesté, à laquelle l'action rituelle est une véritable collaboration, en vertu des relations qui existent entre l'ordre cosmique et l'ordre humain. Ce qui est regrettable, c'est que, pour tout cela, on s'estime obligé de parler de « croyances », alors qu'il s'agit de l'application de connaissances très réelles, et de sciences traditionnelles qui ont une tout autre valeur que les sciences profanes ; et pourquoi faut-il aussi, par une autre concession aux préjugés modernes, s'excuser d'avoir « évité toute interprétation sociologique ou ethnographique », alors que nous ne saurions au contraire trop louer l'auteur de cette abstention, surtout quand nous nous rappelons à quel point d'autres travaux sont gâtés par de semblables interprétations ? Les derniers chapitres sont moins intéressants à notre point de vue, et ce sont en tout cas les plus contestables, car ce qu'ils contiennent n'est plus un exposé de données traditionnelles, mais plutôt des réflexions qui appartiennent en propre à M. Eliade et dont il essaie de tirer une sorte de « philosophie de l'histoire » ; nous ne voyons d'ailleurs pas comment les conceptions cycliques s'opposeraient en quelque façon à l'histoire (il emploie même l'expression de « refus de l'histoire »), et, à vrai dire, celle-ci ne peut au contraire avoir réellement un sens qu'en tant qu'elle exprime le déroulement des évènements dans le cours du cycle humain, quoique les historiens profanes ne soient assurément guère capables de s'en rendre compte. Si l'idée de « malheur » peut en un sens s'attacher à l'« existence historique », c'est justement parce que la marche du cycle s'effectue suivant un mouvement descendant ; et faut-il ajouter que les considérations finales, sur la « terreur de l'histoire », nous paraissent vraiment un peu trop inspirées par des préoccupations d'« actualité » ?

Georges Dumézil. – *L'Héritage indo-européen à Rome.*

Gallimard, Paris.

M. Dumézil est parti d'un point de vue tout profane, mais il lui est arrivé, au cours de ses recherches, de rencontrer certaines données traditionnelles, et il en tire des déductions qui ne manquent pas d'intérêt, mais qui ne sont pas toujours entièrement justifiées et qu'on ne saurait accepter sans réserves, d'autant plus qu'il s'efforce presque constamment de les appuyer sur des considérations linguistiques dont le moins qu'on puisse dire est qu'elles sont fort hypothétiques. Comme d'ailleurs ces données sont forcément très fragmentaires, il s'est « fixé » exclusivement et en quelque sorte systématiquement sur certaines choses telle que la division « tripartite », qu'il veut retrouver partout, et qui existe en effet dans bien des cas, mais qui n'est pourtant pas la seule dont il y ait lieu de tenir compte, même en se bornant au domaine où il s'est spécialisé. Dans ce volume, il a entrepris de résumer l'état actuel de ses travaux, car il faut reconnaître que du moins il n'a pas la prétention d'être parvenu à des résultats définitifs, et d'ailleurs ses découvertes successives l'ont déjà amené à modifier ses conclusions à plusieurs reprises. Ce dont il s'agit essentiellement, c'est de dégager les éléments qui, dans la tradition romaine, paraissent remonter directement à l'époque où les peuples qu'on est convenu d'appeler « indo-européens » ne s'étaient pas encore partagés en plusieurs rameaux distincts, dont chacun devait par la suite poursuivre son existence d'une façon indépendante des autres. À la base de sa théorie est la considération du ternaire de divinités constitué par Jupiter, Mars et Quirinus, qu'il regarde comme correspondant à trois fonctions sociales ; il semble d'ailleurs qu'il cherche un peu trop à tout ramener au point de vue social, ce qui risque d'entraîner assez facilement un renversement des rapports réels entre les principes et leurs applications. Il y a même chez lui une certaine tournure d'esprit plutôt « juridique » qui limite manifestement son horizon ; nous ne savons d'ailleurs s'il l'a acquise en se consacrant surtout à l'étude de la civilisation romaine, ou si c'est au contraire parce qu'il avait déjà cette tendance que celle-ci l'a attiré plus particulièrement, mais en tout cas les deux choses nous paraissent n'être pas entièrement sans rapport entre elles. Nous ne pouvons entrer ici dans le détail des questions qui sont traitées dans ce livre, mais nous devons tout au moins signaler une remarque véritablement curieuse, d'autant plus que c'est sur elle que repose une notable partie de ces considérations ; c'est que beaucoup de récits qui se présentent ailleurs comme « mythes » se retrouvent, avec tous leurs traits principaux, dans ce qui est donné comme l'histoire des premiers temps de Rome, d'où il faudrait conclure que les Romains ont transformé en « histoire ancienne » ce qui primitivement était en réalité leur « mythologie ». À en juger par les exemples que donne M. Dumézil, il semble bien qu'il y ait quelque chose de vrai là-dedans, quoiqu'il ne faille peut-être pas abuser de cette interprétation en la généralisant outre mesure ; il est vrai qu'on pourrait aussi se demander si l'histoire, surtout quand il s'agit d'« histoire sacrée », ne peut pas, dans certains cas, reproduire effectivement le mythe et en offrir comme une image « humanisée », mais il va de soi qu'une telle question, qui en somme n'est autre que celle de la valeur symbolique des faits historiques, ne peut même pas se poser à l'esprit moderne.

[Henri Clouard. – *Histoire de la Littérature française* (P. S.).]

P. S. – On nous a signalé que, dans une *Histoire de la Littérature Française* publiée récemment par M. Henri Clouard, il y avait un passage nous concernant ; nous en avons été fort étonné, car notre œuvre n'a assurément, à aucun point de vue, rien de commun avec la littérature. Cela était pourtant vrai, et ce passage témoigne d'ailleurs d'une assez remarquable incompréhension ! Comme il n'est pas très long, nous le reproduisons intégralement pour que nos lecteurs puissent en juger : « René Guénon, savant auteur d'une *Introduction à l'étude des doctrines hindoues* (1921), et qui estime avoir trouvé dans l'Orient de Tagore et même de Gandhi le seul refuge possible d'une intellectualité désintéressée et pure (*Orient et Occident*, 1924), a construit dans *Les États multiples de l'être* une métaphysique de l'ascension à Dieu par une série d'épurations qui équivaut à une longue expérience mystique. Le lecteur a le droit de se demander si le Dieu de Guénon est autre chose qu'un état subjectif de sérénité ; il accepte en tout cas de voir traiter en dangereuses idoles Science et Progrès ; il se laisse enseigner une philosophie du détachement. Mais il se rappelle avec scepticisme et mélancolie ces premières années de l'entre-deux-guerres où l'on écoutait l'Allemagne défaite vaticiner sur le déclin de l'Occident, où la traduction du livre anglais de Fernand (sic) Ossendowski *Bêtes, Hommes et Dieux* (1924), faisait fureur, et où l'Europe parut s'abandonner aux appels pernicieux des pays ancestraux d'Asie, si fidèles à eux-mêmes, si mystérieux et d'où peut toujours surgir à nouveau Gengis-Khan ». – D'abord, nous ne nous sommes jamais occupé que de l'Orient traditionnel, qui est assurément fort éloigné de « l'Orient de Tagore et de Gandhi » ; celui-ci ne nous intéresse pas le moins du monde, et aucun de nos ouvrages n'y fait la moindre allusion. Ensuite, nous ne voyons pas trop bien ce que peut vouloir dire « une métaphysique de l'ascension à Dieu », ni comment ce qui est métaphysique pourrait équivaloir à une « expérience mystique » ; nous n'avons d'ailleurs rien « construit », puisque nous nous sommes toujours borné à exposer de notre mieux les doctrines traditionnelles. Quant au Dieu qui serait un « état subjectif », cela nous paraît entièrement dépourvu de sens ; après que nous avons si souvent expliqué que tout ce qui est « subjectif » ou « abstrait » n'a pour nous absolument aucune valeur, comment peut-on bien nous attribuer une pareille absurdité ? Nous ne savons à quoi tendent au juste les rapprochements de la fin, mais ce que nous savons bien, c'est qu'ils ne reposent sur rien ; tout cela est bien peu sérieux... Enfin, nous nous demandons ce qui a déterminé le choix des trois livres qui sont mentionnés de préférence à tous les autres, à moins que ce ne soient les seuls que M. Clouard ait eu l'occasion de lire ; en tout cas, les amateurs de « littérature » qui s'en rapporteront à lui seront vraiment bien renseignés !

JANVIER-FÉVRIER 1950

Francis Warrain. – La Théodicée de la Kabbale.

Éditions Véga, Paris.

Ce livre posthume comprend trois études distinctes ; la première est l'étude sur *Les Sephiroth* qui fut publiée dans le *Voile d'Isis* d'octobre à décembre 1930 (et non en 1931 comme il est dit), et la troisième, qui ne figure d'ailleurs ici que comme une sorte d'appendice, est un article intitulé : *La Nature Éternelle d'après Jacob Boehme*, paru dans le *Voile d'Isis* également, dans le n₀ spécial d'avril 1930. Il n'y a donc d'inédit que la seconde partie : celle-ci est un travail sur *Les Noms divins* qui fut trouvé parmi les manuscrits laissés par l'auteur ; l'éditeur semble penser qu'il n'avait pas eu le temps de le mettre entièrement au point, mais nous avons quelque raison de croire qu'il n'en est rien, car nous nous souvenons d'avoir entendu dire qu'il l'avait déjà achevé plusieurs années avant sa mort. Il s'y trouve nombre de considérations intéressantes sur la classification des Noms divins, leur signification, leur valeur numérique, etc. ; celles qui se rapportent aux « plénitudes » et surtout aux « permutations » sont à vrai dire assez compliquées, et d'une façon qui peut même sembler parfois quelque peu artificielle. En ce qui concerne les « permutations », l'auteur s'est principalement attaché à interpréter dans tous ses détails un « pantacle » tiré de la *Bibliotheca Rabbinica* de Bartolocci, où il figure sans indication d'origine, et qui nous paraît bien, par certains côtés, se rattacher plutôt à ce qu'on appelle la Kabbale chrétienne ; à ce propos, il est à regretter que, d'un bout à l'autre du livre, il ne soit fait aucune distinction nette entre Kabbale juive et Kabbale chrétienne, car, bien que la seconde se soit naturellement inspirée de la première, ce n'en sont pas moins deux choses différentes à plus d'un égard. Pour en revenir au « pantacle » de Bartolocci, il ne nous paraît pas très sûr que l'auteur n'ait pas voulu y trouver plus de choses qu'il n'en contient réellement ; mais ce qui soulèverait peut-être la plus sérieuse objection, c'est l'emploi qu'il fait, dans son exposé, de la terminologie de Wronski, qui en tout cas est loin de contribuer à sa clarté ; du reste, quoi qu'il ait pu en penser, nous ne voyons vraiment pas qu'il y ait grand rapport entre la Kabbale et les conceptions de Wronski. Le titre général du volume appelle aussi une observation : F. Warrain l'avait mis lui-même en tête de son étude sur *Les Sephiroth*, mais il nous a toujours paru assez contestable, car le mot « théodicée » a un sens philosophique bien connu, qui ne peut guère s'appliquer au point de vue de la Kabbale ; mais cela même est assez caractéristique des tendances de F. Warrain, qui, au fond, fut certainement toujours beaucoup plus philosophe qu'ésotériste, et qui souvent semble s'être moins préoccupé d'exposer la Kabbale elle-même que des vues philosophiques à propos de la Kabbale. Peut-être, d'ailleurs, est-ce là ce qu'a voulu dire l'éditeur en écrivant ces lignes : « Ces trois études, et *Les Sephiroth* particulièrement, constituent un essai pour découvrir les concepts équivalents aux images et aux termes concrets par lesquels les Anciens ont exprimé la métaphysique. Il ne peut être question de restituer l'état mental des Anciens, mais de combiner les ressources du monde intuitif qu'ils ont cultivées, avec les procédés discursifs adoptés par notre mentalité ». En somme, cela définit bien la nature de ce travail, mais cela montre aussi, en même temps, dans quelles limites on peut s'y rapporter pour une compréhension véritable de la Kabbale et quel degré d'importance il convient de lui attribuer sous ce rapport, qui est évidemment l'essentiel pour quiconque se place au point de vue strictement traditionnel, celui même des Anciens, et est par là même peu disposé à se contenter de « concepts » et d'« abstractions ».

Stanislas de Guaita et Oswald Wirth. – Le Problème du Mal.

Avant-propos et postface de Marius Lepage
(Éditions du « Symbolisme », Levallois-Perret).

On sait que Stanislas de Guaita mourut sans avoir pu achever l'œuvre qu'il avait entreprise sous le titre général *Le Serpent de la Genèse* ; deux volumes seulement avaient paru, et, du troisième et dernier, *Le Problème du Mal*, il n'avait écrit qu'assez peu de chose, les sommaires de quelques chapitres et divers fragments, plus ou moins complètement rédigés. Ce sont ces fragments, correspondant à quatre chapitres sur sept que l'ouvrage devait avoir comme les précédents (et encore les deux premiers seuls sont-ils relativement complets), que, à l'occasion du cinquantenaire de sa mort, on a réunis dans ce volume, accompagnés des commentaires qu'Oswald Wirth, qui avait été son secrétaire, y avait ajoutés, et que lui non plus ne termina d'ailleurs jamais. Il y a fort longtemps, à peu près un quart de siècle, que nous avions eu connaissance de ces commentaires, et, autant que nous puissions nous en souvenir, il ne semble pas que leur auteur y ait modifié grand'chose par la suite ; nous avions été frappé alors du contraste assez curieux qu'ils font avec le texte de Guaita, et non pas seulement dans la forme, ce qui eût été, en somme, tout naturel, mais aussi pour le fond, car, bien qu'ils aient certainement été écrits avec l'intention de continuer son œuvre dans la mesure du possible, la vérité est qu'ils procèdent d'une tout autre mentalité et qu'ils correspondent à un point de vue tout à fait différent. Guaita, qui était intellectuellement bien supérieur à la plupart des autres représentants de l'école occultiste de la fin du siècle dernier, n'en avait pas moins forcément quelque chose de leur façon de penser, et l'on peut s'en rendre compte encore ici, notamment par l'importance qu'il accorde à certaines choses qui ne le méritaient certes pas, comme, par exemple, les extraordinaires divagations de Louis Michel de Figanières ; comme les autres, il ignorait à peu près tout des doctrines orientales, et, en particulier, il n'a jamais vu celles de l'Inde qu'à travers les déformations théosophistes ; mais, malgré ces défauts qui « datent » en quelque sorte son œuvre, et qui se seraient vraisemblablement corrigés avec l'âge, tout ce qu'il a écrit témoigne d'une « tenue » qui n'admet aucune comparaison avec d'autres productions de la même école, telles que les ouvrages de vulgarisation d'un Papus.

Dans ce qu'il a laissé du *Problème du Mal*, il s'est principalement inspiré des travaux de Fabre d'Olivet, et l'on ne saurait assurément s'en plaindre, même si, en entrant dans le détail, on doit constater qu'il a une confiance un peu trop entière dans les interprétations de cet auteur, qui, il faut bien le dire, ne sont pas toutes également sûres, mais qui, dans leur ensemble, n'en représentent pas moins quelque chose dont, en Occident, on trouverait difficilement l'équivalent ailleurs. Le point de vue de Guaita est ici, comme celui de Fabre d'Olivet lui-même, essentiellement cosmologique, et l'on peut même dire aussi métaphysique dans une certaine mesure, car la cosmologie, envisagée traditionnellement, ne saurait jamais être séparée des principes métaphysiques, dont elle constitue même une des applications les plus directes. Par contre, avec Oswald Wirth, on « descend » en quelque sorte à un niveau bien différent, car, ainsi que d'autres en ont déjà fait la remarque avant nous, son point de vue est à peu près exclusivement psychologique et moral ; c'est là, évidemment, la principale raison du contraste dont nous parlions plus haut, et le rapprochement des deux textes présente d'ailleurs un incontestable intérêt par cette différence même. Encore celle-ci n'est-elle pas la seule qu'il y ait lieu de noter : Guaita avait établi le plan schématique de son œuvre sur le Tarot, mais, si celui-ci lui en avait fourni ainsi le cadre général, le contenu de la plupart des chapitres n'a pourtant, en réalité, qu'un rapport bien lointain avec les « arcanes » correspondants ; Wirth, au contraire, s'est constamment attaché au Tarot, ou du moins à celle de ses multiples significations qui était en rapport avec son propre point de vue, si bien que, en fait, ce qu'il a donné se trouve être un commentaire du Tarot, ou d'un de ses aspects, beaucoup plus que la pensée même de Guaita ; et c'est là un curieux exemple de la façon dont chacun, tout en voulant traiter un même sujet, l'envisage inévitablement suivant son « optique » particulière. Marius Lepage, pour sa part, dans les chapitres qu'il a ajoutés sous la forme d'une longue « postface » et qui ne sont pas les moins intéressants du livre, n'a aucunement prétendu continuer ce qu'avaient fait ses prédécesseurs, et il a eu assurément raison, car c'eût été là, semble-t-il, une entreprise vraiment désespérée ; mais il l'a heureusement complété en apportant d'autres perspectives. Il expose les solutions du « problème du mal » qu'on trouve dans le Christianisme et le Bouddhisme, où elles se revêtent d'une teinte plus ou moins sentimentale, puis celle, purement métaphysique, qu'en donne le *Vêdânta* ; ce qui n'est pas le moins remarquable, c'est la large place qui est faite dans ces considérations aux doctrines orientales, ce qui forme avec l'attitude de Guaita à cet égard, et, du reste, aussi avec celle de Wirth, un nouveau contraste dans lequel on peut voir comme une marque caractéristique de deux époques qui, pour n'être pas très éloignées l'une de l'autre, n'en sont pas moins nettement distinctes. Dans un dernier chapitre, Marius Lepage examine quelques conceptions modernes, qui peuvent être qualifiées plus ou moins strictement de « rationalisme » ; il est peut-être à regretter qu'il semble leur donner, dans l'ensemble de son exposé, une importance que nous ne pouvons nous empêcher de trouver quelque peu disproportionnée, et surtout qu'il n'ait pas indiqué plus expressément qu'elles ne sauraient, à aucun titre, être mises sur le même plan que les conceptions traditionnelles. Quoi qu'il en soit, ce travail n'en constitue pas moins une importante contribution à l'étude d'une question qui a suscité tant de controverses et dont, sans avoir la prétention de résoudre toutes les difficultés, il éclaire et met au point d'excellente façon quelques-uns des principaux aspects.

Mars 1950

Ananda K. Coomaraswamy. – Hindouisme et Bouddhisme.

Traduit de l'anglais par René Allar
et Pierre Ponsoye (Gallimard, Paris).

Nous devons signaler à nos lecteurs cette excellente traduction du livre de notre regretté collaborateur, *Hinduism and Buddhism*, qui vient de paraître dans la collection *Tradition* ; comme nous avons déjà rendu compte précédemment (voir n₀ d'août 1946) de l'édition anglaise de cet important ouvrage, qui rectifie un grand nombre d'erreurs et de confusions commises par les orientalistes, nous ne nous y étendrons pas de nouveau. Nous rappellerons seulement que les deux parties en quelque sorte parallèles en lesquelles il se divise font ressortir nettement la concordance qui existe, en réalité, entre l'Hindouisme et le Bouddhisme ; il est bien entendu que, en ce qui concerne ce dernier, il ne s'agit pas d'écoles plus ou moins tardives et déviées, comme celles dont Shankarâchârya réfuta les vues hétérodoxes, mais du véritable Bouddhisme original, qui ressemble aussi peu que possible à ce qu'on a présenté sous ce nom en Occident, où, comme le dit l'auteur, « le Bouddhisme a été admiré surtout pour ce qu'il n'est pas ».

Avril-Mai 1950

J.-H. Probst-Biraben. – Rabelais et les secrets du Pantagruel.

Éditions des Cahiers Astrologiques, Nice.

On a assez souvent parlé de l'ésotérisme de Rabelais, mais généralement d'une façon plutôt vague, et il faut bien reconnaître que le sujet est loin d'être facile ; on a bien, dans maints passages de ses œuvres, l'impression de se trouver en présence d'un « langage secret », plus ou moins comparable à celui des *Fedeli d'Amore*, quoique d'un autre genre ; mais il semble bien que, pour pouvoir le traduire, il faudrait une « clef » qui jusqu'ici n'a pas été retrouvée.

Cette question est d'ailleurs étroitement liée à celle de l'initiation qu'aurait reçue Rabelais : qu'il se soit rattaché à l'hermétisme, cela ne paraît pas douteux, car les connaissances ésotériques dont il fait preuve appartiennent manifestement à l'ordre « cosmologique » et ne semblent jamais le dépasser ; elles correspondent donc bien au domaine propre de l'hermétisme, mais encore serait-il bon de savoir plus exactement de quel courant hermétique il s'agit, et c'est là quelque chose de fort complexe, car, à cette époque, les hermétistes étaient divisés en des écoles diverses, dont certaines étaient déjà déviées dans un sens « naturaliste » ; sans vouloir entrer plus avant dans cette question, nous devons dire que précisément, sur l'orthodoxie initiatique de Rabelais, les avis sont assez partagés. Quoi qu'il en soit, M, Probst-Biraben s'est montré très prudent, et il faut lui savoir gré de ne s'être pas lancé, comme il arrive souvent en pareil cas, dans des spéculations par trop hypothétiques ; il n'a certes pas eu la prétention de résoudre toutes les énigmes, ce qui serait probablement impossible, mais il a du moins réuni assez de données et d'indices de toute sorte pour en faire un livre fort digne d'intérêt. Nous dirons tout de suite que la partie que nous trouvons la moins convaincante, en ce qui concerne la provenance ésotérique des idées exprimées par Rabelais, est celle qui se rapporte à ses conceptions sociales, car nous n'y voyons pas la marque bien nette d'une influence de cet ordre, et il se pourrait qu'elles soient venues plutôt d'une source exotérique, nous voulons dire de ses origines franciscaines, de même que ses vues sur l'éducation peuvent fort bien lui avoir été inspirées pour la plus grande partie par ses relations profanes avec les « humanistes » contemporains. Par ailleurs, et ceci est beaucoup plus important à notre point de vue, il y a chez lui un grand nombre de symboles qui relèvent nettement de l'hermétisme, et l'énumération en est fort curieuse et pourrait donner lieu à bien des rapprochements ; il y a aussi des allusions éparses à l'astrologie, mais surtout, comme on devait s'y attendre, à l'alchimie, sans compter tout ce qui fait du *Pantagruel* un véritable « répertoire de sciences conjecturales ». Remarquons à ce propos que, si l'on savait d'une façon précise à quelles écoles appartenaient les divers personnages que Rabelais tourne çà et là en ridicule, cela permettrait peut-être de se rendre compte dans une certaine mesure, par opposition, de ce qu'était celle à laquelle il se rattachait lui-même, car il semble bien qu'il a dû y avoir sous ces critiques quelques rivalités d'écoles ésotériques ; en tout cas, ce qui n'est pas contestable, c'est qu'il sait fort bien faire la distinction entre l'alchimie vulgaire des « faiseurs d'or » et la véritable alchimie spirituelle. Une des choses les plus extraordinaires, mais aussi les plus ouvertement apparentes, ce sont les descriptions d'un caractère évidemment initiatique qui se rencontrent dans le V$_e$ livre de *Pantagruel* ; il est vrai que certains prétendent que ce livre n'est pas de lui, parce qu'il ne fut publié que dix ans après sa mort, mais le plus vraisemblable est seulement qu'il le laissa inachevé et que des disciples ou des amis le complétèrent d'après les indications qu'ils avaient reçues de lui, car il représente bien réellement le couronnement en quelque sorte normal de l'œuvre tout entière. Une autre question qui présente un intérêt tout particulier est celle des rapports qu'eut Rabelais avec les « gens de métier » et leurs organisations initiatiques ; il y a chez lui bien des allusions plus ou moins déguisées, mais malgré tout assez claires encore pour qui connaît ces choses, à certains rites et à certains signes de reconnaissance qui ne peuvent guère avoir une autre provenance que celle-là, car ils ont un caractère « compagnonnique » très marqué, et, ajouterons-nous, ce peut fort bien être aussi de ce côté qu'il recueillit, sur la tradition pythagoricienne, les connaissances que paraît indiquer l'emploi qu'il fait très fréquemment des nombres symboliques ; qu'il ait été affilié à quelqu'une de ces organisations en qualité de chapelain, c'est là une hypothèse très vraisemblable, et, de plus, il ne faut pas oublier qu'il y eut toujours des rapports étroits entre les initiations hermétiques et artisanales, qui, malgré les différences de forme, se réfèrent toutes proprement au même domaine des « petits mystères ». Sur tous les points que nous venons d'indiquer, on trouvera dans l'ouvrage de M. Probst-Biraben d'abondantes précisions de détail, qu'il est naturellement impossible de résumer ; ce livre est certainement de ceux qu'on ne lira pas sans en tirer beaucoup de profit, et, par sa modération même et la méfiance dont il témoigne à l'égard des interprétations trop hasardeuses, il devrait donner à réfléchir aux critiques universitaires négateurs de l'ésotérisme, ou tout au moins à ceux d'entre eux dont le parti pris à cet égard n'est pas tout à fait irrémédiable.

G. van Rijnberk. – *Épisodes de la vie ésotérique (1780-1824).*

P. Derain, Lyon.

Ce livre contient un grand nombre de documents inédits et fort intéressants, qui jettent un curieux jour sur certains milieux maçonniques de la fin du XVIII$_e$ siècle, et sur la façon dont s'y infiltrèrent bien des idées et des pratiques qui en réalité n'avaient pas grand'chose de commun avec le véritable ésotérisme, et dont on peut même se demander si elles ne furent pas lancées précisément pour détourner de celui-ci l'attention de ces milieux, ainsi que nous l'avons déjà remarqué en particulier à propos du magnétisme, qui a certainement joué là-dedans un rôle prépondérant. La partie principale est constituée par des extraits de la correspondance de J.-B. Willermoz et du prince Charles de Hesse-Cassel, tous deux titulaires des plus hauts grades de divers Rites maçonniques, et qui tous deux s'intéressèrent, sous des formes un peu différentes, mais à peu près équivalentes au fond, à ces choses auxquelles nous venons de faire allusion. Tout d'abord, à propos des Rites maçonniques, il y aurait quelques inexactitudes à relever dans les commentaires de M. van Rijnberk : ainsi, il paraît ne pas savoir que les Chevaliers Bienfaisants de la Cité Sainte sont le dernier grade du Régime Écossais Rectifié, dont il ne mentionne même pas le nom (ce qui lui est d'ailleurs commun avec d'autres auteurs qui ont parlé de Willermoz) ; d'autre part, il semble croire que Swedenborg, qui vraisemblablement ne fut jamais Maçon, aurait exercé personnellement une action dans la Maçonnerie suédoise, alors que tout ce qu'il est possible d'admettre à cet égard, c'est que quelques-uns de ses disciples y répandirent certaines de ses idées, et cela à titre de simples vues individuelles. Mais ces questions ne tiennent que peu de place dans le livre, et le plus important est ce qui se rapporte au magnétisme, aux « révélations » des somnambules et autres choses de ce genre ; il est naturellement impossible d'examiner tout cela en détail, et nous nous bornerons à quelques remarques d'ordre général. Certains rapprochements montrent clairement que, sur bien des points et notamment en ce qui concerne leurs descriptions des états posthumes, les somnambules subirent, d'une façon probablement subconsciente, l'influence des conceptions de plusieurs « philosophes mystiques » contemporains ; cela n'est certes pas pour nous étonner, et même, à notre avis, c'est le contraire qui eût été assez surprenant, mais c'est là une constatation qu'il est toujours bon d'enregistrer. À côté des somnambules, et ne s'en distinguant peut-être pas toujours très nettement, il y avait ce que l'auteur appelle les « médiums écrivains », expression qui est ici un anachronisme, puisqu'elle appartient au vocabulaire du spiritisme qui ne prit naissance que bien plus tard ; il lui arrive du reste aussi quelquefois d'employer le mot même de « spiritisme », d'une façon qui est évidemment tout à fait impropre ; ce qui est vrai, c'est que le magnétisme prépara en quelque sorte la voie au spiritisme (c'est même une des raisons qui le rendent le plus nettement suspect), et que les somnambules furent en quelque sorte les précurseurs des médiums, mais il y a tout de même de notables différences dont il ne faudrait pas négliger de tenir compte. Parmi ces « médiums écrivains », celui qui joua sans doute le rôle le plus important est l'« Agent » de Willermoz, sur lequel les occultistes répandirent tant de légendes sans fondement et dont M$_{me}$ Alice Joly avait déjà découvert et fait connaître la véritable identité[84] ; mais il y eut aussi d'autres cas beaucoup moins connus d'« écriture automatique », y compris celui du prince Charles de Hesse lui-même, qui, contrairement à celui de M$_{me}$ de Vallière, se produisit indépendamment de toute pratique magnétique. Un autre point qui a peut-être un rapport assez étroit avec celui-là, c'est que, d'après certains passages de ses écrits, le prince de Hesse admettait, tout au moins dans des cas particuliers, une sorte de « réincarnation » ; la façon dont il la concevait n'apparaît d'ailleurs pas très clairement, de sorte qu'il serait assez difficile de dire s'il s'agit bien de la réincarnation proprement dite, telle que devaient l'enseigner plus tard les spirites et les théosophistes ; mais ce qui en tout cas n'est pas douteux, c'est que c'est en effet à cette époque, et précisément en Allemagne, que cette idée commença à se faire jour. Nous n'entreprendrons pas de mettre au point les vues de M. van Rijnberk lui-même sur ce sujet, qui se ressentent visiblement des conceptions « néo-spiritualistes » ; mais nous ne pouvons nous empêcher de noter incidemment la méprise assez amusante qui lui a fait confondre *nirmâna* avec *nirvâna* ! Chez le prince de Hesse encore, il se produisait des phénomènes bizarres, visions ou manifestations lumineuses (surtout en connexion avec une image du Christ), auxquels il attribuait un caractère « oraculaire » et dont on ne peut guère déterminer dans quelle mesure ils étaient, pour employer la terminologie actuelle, « objectifs » ou seulement « subjectifs ». Quoi qu'il en soit, ces phénomènes,

---

[84] [Cf. le compte rendu de son livre, juin 1939 : *Un Mystique lyonnais et les secrets de la Franc-Maçonnerie (1730-1824)*.]

qui paraissent d'ailleurs avoir été provoqués par des « travaux » accomplis suivant le rituel des Frères Initiés de l'Asie, ne sont pas sans rappeler d'assez près les « passes » des Élus Coëns, chez lesquels, il faut bien le dire, on attribua aussi à ces choses une importance véritablement excessive ; qu'on les prenne, lorsqu'elles se présentent d'une façon plus ou moins accidentelle, comme des « signes » extérieurs de l'acquisition de certains résultats, cela est encore admissible, mais ce qui ne l'est aucunement, c'est de considérer en quelque sorte leur obtention comme le but même d'une organisation initiatique, car il est tout à fait impossible de voir quel intérêt réel tout cela peut avoir au point de vue spirituel. Il y aurait beaucoup à dire là-dessus, car il est bien certain que le goût des phénomènes extraordinaires, auquel se rattache d'ailleurs aussi la passion pour les expériences magnétiques, fut dès lors, comme il l'est toujours resté par la suite pour les Occidentaux, un des principaux écueils qui firent dévier certaines aspirations et les empêchèrent de parvenir à leur aboutissement normal. Nous ajouterons seulement que, chez le prince de Hesse, les phénomènes en question revêtirent parfois un caractère extravagant qu'ils semblent du moins n'avoir jamais eu chez les Élus Coëns ; et nous mentionnerons encore, dans le même ordre d'idées, les opérations évocatoires de von Wächter, que leur allure plus accentuée de « magie cérémonielle » contribue à rendre plus particulièrement suspectes, sans même parler des histoires fabuleuses dont elles furent entourées et dont on ne sait trop ce qu'elles pouvaient bien servir à dissimuler. – Dans une seconde partie, il est question de quelques « personnages énigmatiques et mystérieux » ; un chapitre y est consacré à la marquise de La Croix, qui donne surtout l'impression d'une personne déséquilibrée, et un autre à certains traits de la vie du comte de Saint-Germain et plus particulièrement à ses relations avec le prince Charles de Hesse. Le plus curieux est celui qui retrace la carrière mouvementée du sieur Bernard Müller, alchimiste ou soi-disant tel, qui s'était attribué la mission d'« organe », suivant sa propre expression, d'un « chiliasme » fantastique ; ayant gagné la confiance du célèbre professeur Molitor, il se fit introduire par lui dans les milieux maçonniques allemands, en profita pour entrer en relations avec plusieurs princes, et fut longtemps protégé par le prince Charles de Hesse ; puis, à la suite de diverses mésaventures, il finit par émigrer avec cinquante disciples en Amérique, où des descendants de ce groupe subsistaient encore il y a peu d'années. – La conclusion de M. van Rijnberk nous paraît appeler une réserve : nous pensons tout à fait comme lui que des hommes tels que Willermoz et le prince de Hesse furent sérieux, sincères et bien intentionnés, mais, quand il engage à « suivre leur exemple », il nous semble que cet exemple devrait bien plutôt servir avant tout de leçon pour éviter de commettre les mêmes fautes qu'eux et de se laisser détourner de la droite voie initiatique et de l'ésotérisme authentique pour se lancer à la poursuite de vaines fantasmagories.

JUIN 1950

Giuseppe Palomba. - *Introduzione all'Economica.*

Pellerano Del Gandio, Napoli.

Le contenu de cet ouvrage est la reproduction d'un cours professé à l'Université de Naples, mais qui, par l'esprit dans lequel il est conçu, diffère grandement et fort heureusement de ce que sont d'ordinaire les cours universitaires en général et les cours d'économie politique en particulier. On peut d'ailleurs s'en apercevoir dès la première page, car le livre porte en épigraphe cette citation de notre collaborateur F. Schuon : « Il n'y a donc, en définitive, que deux possibilités : civilisation intégrale, spirituelle, impliquant abus et superstitions, et civilisation fragmentaire, matérialiste, progressiste, impliquant certains avantages terrestres, mais excluant ce qui constitue la raison suffisante et la fin dernière de toute civilisation. L'histoire est là pour prouver qu'il n'y a pas d'autre choix. Le reste est rhétorique et chimère. » L'auteur s'est proposé tout d'abord de donner ou plutôt de restituer à l'« économie » un sens légitime, en montrant que les mots grecs dont ce terme est composé avaient à l'origine, outre la signification en quelque sorte matérielle qui est la seule qu'on leur attribue aujourd'hui, une tout autre signification, d'ordre proprement spirituel, se référant aux principes mêmes dont cette science devrait normalement être une application dans le domaine social ; cela est d'ailleurs vrai aussi du mot « politique » lui-même, en raison de ce qu'était la conception ancienne et traditionnelle de la « cité » (et ceci nous rappelle les considérations du même ordre exposées par A. K.

Coomaraswamy dans *What is Civilization* ?)[85]. Il expose ce que doit être une véritable économie traditionnelle, en prenant pour exemple l'organisation corporative du moyen âge ; et, à ce propos, il insiste particulièrement sur deux caractéristiques qui doivent nécessairement se retrouver dans toute société de type traditionnel : « le sens religieux de la vie et de l'être, et le sens de la hiérarchie basé exclusivement sur des valeurs d'ordre spirituel ». Il explique ensuite dans quelles circonstances les conceptions économiques médiévales furent abandonnées, et par quelles phases successives passèrent, depuis la Renaissance jusqu'à nos jours, celles qui leur furent substituées : « mercantilisme » d'abord, « capitalisme » ensuite, avec une prédominance de plus en plus exclusive du point de vue « matérialiste » et « quantitatif » ; l'économie dite « bourgeoise » fournit, comme l'auteur ne manque pas de le signaler, d'abondantes illustrations de ce que nous avons exposé dans *Le Règne de la Quantité*. Il y a dans tout cela de nombreuses considérations du plus grand intérêt, qu'il nous est malheureusement impossible d'examiner ici en détail : ce sont d'ailleurs surtout les premiers chapitres qui sont les plus importants à notre point de vue, car la suite est forcément d'un caractère beaucoup plus technique et nous ne sommes pas compétent pour l'apprécier, mais nous pouvons du moins nous rendre compte que, à travers tous ces développements, les principes directeurs posés au début ne sont jamais perdus de vue. Nous félicitons vivement le professeur Palomba du courage dont il fait preuve en réagissant ainsi, en plein milieu universitaire, contre les idées modernes et officiellement admises, et nous ne pouvons que conseiller la lecture de son livre à tous ceux qui s'intéressent à ces questions et qui connaissent la langue italienne car ils en tireront le plus grand profit.

SEPTEMBRE 1950

Henri-Félix Marcy. – ***Essai sur l'origine de la Franc-Maçonnerie et l'histoire du Grand Orient de France. Tome Ier. Des origines à la fondation du Grand Orient de France.***

---

[85] [*Comptes rendus de revues*, décembre 1947.]

René Guénon

Éditions du Foyer Philosophique, Paris.

Ce travail est fort consciencieusement fait, mais uniquement d'après les méthodes de l'histoire profane, qui, en pareil cas surtout, ne peuvent pas donner des résultats entièrement satisfaisants, ne serait-ce qu'en raison de l'absence presque complète de documents écrits. La tournure d'esprit de l'auteur est évidemment très « rationaliste » et se ressent fortement de son éducation universitaire ; aussi bien des choses lui échappent-elles, surtout en ce qui concerne le côté initiatique de la question, et c'est sans doute pourquoi le lien qui unit la Maçonnerie opérative à la Maçonnerie spéculative lui apparaît comme très « lâche », ainsi qu'il le dit au début. Cependant, la suite même de son exposé ne justifie guère cette assertion, car du moins n'est-il pas de ceux qui nient contre toute évidence l'existence d'une filiation directe de l'une à l'autre, même s'il méconnaît l'importance du lien très effectif, nous pourrions même dire tout à fait essentiel, qui est constitué par le symbolisme. Ces réserves faites, il faut reconnaître que cet ouvrage, dans les limites du point de vue où il se renferme, apporte un grand nombre de renseignements intéressants, notamment dans le chapitre qui est consacré à l'histoire de l'architecture au moyen âge, et plus précisément du XIII$_e$ au XV$_e$ siècle. Un point curieux à noter, c'est que les « maîtres d'œuvre » français paraissent avoir eu une part prépondérante dans la construction des grandes cathédrales des autres pays, d'où l'auteur croit pouvoir conclure que la Maçonnerie opérative a dû prendre naissance en France ; ce n'est assurément là qu'une hypothèse, mais il en trouve une confirmation dans la similitude que présentent l'organisation des *Hütten* allemandes et celle des *Lodges* anglaises et écossaises, alors qu'il est peu vraisemblable qu'elles aient eu des rapports directs entre elles. Il y a peut-être là quelque exagération due à une perspective trop exclusivement « nationale », mais il n'en est pas moins vrai que l'exposé « légendaire » contenu dans certains manuscrits anglais des *Old Charges* semblerait suggérer lui-même quelque chose de ce genre, tout en le reportant d'ailleurs à une époque notablement antérieure à celle des cathédrales « gothiques » ; nous ajouterons seulement que, si on admet que c'est de France que la Maçonnerie opérative fut importée en Angleterre et en Allemagne, cela ne préjuge pourtant rien quant à son origine même, puisque, d'après les mêmes « légendes », elle serait d'abord venue d'Orient en France, où elle aurait été apparemment introduite par des architectes byzantins. D'autre part, on pourrait, à ce propos, soulever une question importante que l'auteur n'envisage pas, et que d'ailleurs aucun historien maçonnique ne semble avoir cherché à élucider : cette question est celle de la « survivance » possible de la Maçonnerie opérative, en France même, jusque vers la fin du XVII$_e$ siècle ou le début du XVIII$_e$; en effet, en présence de certaines particularités par lesquelles les rituels français diffèrent des rituels spéculatifs anglais, et qui ne peuvent manifestement provenir que d'une « source » antérieure à 1717, on peut se demander si elles ont une origine opérative directe ou si, comme certains le pensent, elles sont dues à une importation écossaise qui aurait eu lieu dans les dernières années du XVII$_e$ siècle ; les deux hypothèses sont plausibles, et, en fait, il y a là une énigme qui n'a jamais été résolue. – Le chapitre suivant retrace d'abord, un peu sommairement peut-être, ce qu'on sait de l'histoire de la Maçonnerie opérative en Écosse et en Angleterre, où du moins on ne perd pas ses traces à la fin du moyen âge comme sur le continent ; il semble d'ailleurs bien que ce soit en Écosse qu'elle demeura jusqu'au bout plus « vivante » que partout ailleurs. Il expose ensuite comment la prépondérance acquise par les Maçons « acceptés », tout au moins dans certaines Loges, aboutit à la constitution de la Maçonnerie spéculative, lorsque quatre Loges de Londres se réunirent, en 1717, pour former la Grande Loge d'Angleterre, à côté de laquelle subsistèrent de leur côté les Loges écossaises, et aussi, en Angleterre même, celles qui relevaient de l'ancienne Loge d'York. Ici, il faut louer particulièrement l'auteur de n'avoir pas été dupe de la façon dont on présente habituellement la destruction, en 1720, des documents qui avaient été rassemblés au cours des années précédentes ; il remarque qu'Anderson « évite de donner des précisions sur les manuscrits détruits » et que « son explication sur les causes de la destruction est obscure » ; sans qu'il le dise tout à fait expressément, il est visible qu'il pense qu'Anderson lui-même a bien dû, avec ses « associés » Payne et Désaguliers, être pour quelque chose dans cet « acte de vandalisme », suivant l'expression de Thory. Il est assez clair en effet, comme il le montre ensuite, que les fondateurs de la Maçonnerie spéculative ont eu pour but, en agissant ainsi, non pas d'empêcher « que ces papiers puissent tomber dans des mains étrangères », ainsi qu'on l'a prétendu assez naïvement, mais de faire disparaître tout ce qui pouvait fournir la preuve des changements qu'ils avaient apportés aux anciennes Constitutions ; ils n'y ont d'ailleurs pas entièrement réussi, puisqu'on connaît actuellement une centaine de manuscrits sur lesquels ils n'avaient pu mettre la main et qui ont ainsi échappé à la destruction. Pour en revenir à Anderson, un journal, en annonçant sa mort en 1739, le qualifia de « très facétieux compagnon », ce qui peut se justifier par le rôle suspect qu'il joua dans le schisme spéculatif et par la façon frauduleuse dont il présenta sa rédaction des nouvelles Constitutions comme conforme aux documents « extraits des anciennes archives » ; A. E. Waite a écrit de lui qu'« il était surtout très apte à gâter tout ce qu'il touchait » ; mais sait-on que, à la suite de ces événements, certaines Loges opératives allèrent jusqu'à prendre la décision de n'admettre désormais aucune personne portant le nom d'Anderson ? Quand on songe que c'est là l'homme dont tant de Maçons actuels se plaisent à invoquer constamment l'autorité, le considérant presque comme le véritable fondateur de la Maçonnerie, ou prenant tout au moins pour d'authentiques *landmarks* tous les articles de ses Constitutions, on ne peut s'empêcher de trouver que cela n'est pas dépourvu d'une certaine ironie... Si l'auteur s'est montré plus clairvoyant que bien d'autres sur cette question de la falsification andersonienne, il est à regretter qu'il ne l'ait pas été autant en ce qui concerne l'origine du grade de Maître, qu'il croit, suivant l'opinion communément répandue, n'être qu'une innovation introduite entre 1723 et 1738 ; mais sans doute ne peut-on pas exiger d'un pur historien une trop grande compétence pour tout ce qui touche directement au rituel et au symbolisme. Le dernier chapitre contient l'histoire de la Maçonnerie française issue de la Grande Loge d'Angleterre, depuis sa première apparition vers 1725 ou 1726 jusqu'à la mort du comte de Clermont en 1771 ; c'est naturellement la période des débuts qui est la plus obscure, et, à cet égard, nous trouvons ici une excellente mise au point de la question si controversée des premiers Grands-Maîtres. Depuis que l'astronome Lalande publia son « Mémoire historique » en 1773, cette question était brouillée à tel point qu'on pouvait la croire insoluble ; mais la succession semble bien être enfin établie maintenant d'une façon définitive, sauf qu'il faudrait peut-être ajouter encore en tête de la liste un autre nom, celui du duc de Wharton, qui paraît avoir exercé, à une date comprise entre 1730 et 1735, et au nom de la Grande Loge d'Angleterre dont il avait été précédemment Grand-Maître, les fonctions de Grand-Maître provincial pour la France. Il est dommage que l'auteur n'ait pas raconté à la suite de quelles circonstances le Grand Orient fut amené, en 1910, à supprimer les deux premiers noms qui avaient figuré jusque-là sur sa liste des Grands-Maîtres, alors qu'une simple rectification aurait suffi ; ce qui est plutôt amusant, c'est que cette suppression n'eut d'autre cause que les pamphlets d'un adversaire occultiste, fort érudit d'ailleurs, mais qui excellait surtout à « truquer » les documents historiques pour leur faire dire tout ce qu'il voulait ; nous avons vu cette affaire d'assez près, et, malgré le temps écoulé, nous avions de bonnes raisons de ne jamais l'oublier, ayant eu nous-même, à cette époque, le privilège d'être tout spécialement en butte à l'hostilité du même personnage ! Quant à la suite de l'histoire de la Maçonnerie, l'importance qui est attribuée au fameux discours de Ramsay est peut-être excessive, et en tout cas il est certainement inexact de dire qu'il « expose la doctrine de la Maçonnerie » ; il n'exprime, en réalité, que la conception particulière que s'en faisait son auteur, sur lequel, notons-le en passant, il est donné des détails biographiques fort curieux ; ce qui est vrai, c'est seulement que ce discours exerça par la suite une influence incontestable sur la formation des hauts grades, mais, bien entendu, et en dépit des légendes fantaisistes répandues dans certains milieux, Ramsay lui-même et Fénelon n'y furent pour rien. – À propos des hauts grades, nous devons dire que, malgré les précisions données sur quelques points et qui concernent surtout des dates, leur histoire, qui n'est d'ailleurs qu'esquissée très brièvement, demeure bien confuse dans son ensemble ; elle est d'ailleurs réellement d'une complication extrême, et il est très possible qu'on ne réussisse jamais à l'éclaircir complètement ; du reste, quand on sait que la première mention connue de tel grade se trouve dans un document daté de telle année, en est-on véritablement beaucoup plus avancé pour la connaissance de ses origines réelles ? Nous n'insisterons pas sur les autres points, beaucoup plus généralement connus, tels que les tracasseries que les Maçons eurent à subir à diverses reprises de la part des autorités gouvernementales, le refus de tenir compte en France des condamnations lancées par Rome et que les ecclésiastiques eux-mêmes traitèrent comme inexistantes, ou la scission qui fut provoquée dans la Grande Loge par la nomination de Lacorne comme substitut particulier du comte de Clermont, et qui nous amène à la fin de la période étudiée dans ce premier volume. Il est à souhaiter que la seconde partie de ce travail, qui doit contenir l'histoire du Grand Orient, apporte encore une sérieuse contribution à l'étude de ces questions qu'on a souvent traitées d'une façon trop partiale, dans un sens ou dans un autre, et parfois aussi trop imaginative.

OCTOBRE-NOVEMBRE 1950

Robert Amadou. – L'Occultisme, Esquisse d'un monde vivant.

R. Julliard, Paris.

L'auteur, au lieu de réserver, comme il se devrait, le nom d'« occultisme » aux conceptions spécifiquement modernes pour lesquelles il a été inventé, l'étend indûment, sur la foi de quelques similitudes apparentes, aux choses les plus différentes et même les plus contraires en réalité. Il confond ainsi sous un même vocable les diverses formes de l'ésotérisme traditionnel authentique et leurs déviations et contrefaçons multiples, citant les unes et les autres indistinctement et en mettant le tout sur le même plan, sans parler des sciences dites « occultes », des arts divinatoires et autres choses de ce genre. On peut facilement imaginer toutes les contradictions et les équivoques qui résultent d'un pareil mélange, dans lequel le meilleur et le pire sont inextricablement confondus ; l'auteur ne paraît même pas s'apercevoir qu'il lui arrive de citer avec approbation des écrits qui sont en opposition formelle avec ses propres thèses : ainsi, il va jusqu'à nous mentionner en nous appliquant le qualificatif d'« occultiste », ce qui est vraiment un comble ! Comme si ce défaut n'était pas suffisant, il y a aussi, dans la façon dont toutes ces choses sont envisagées, une grave erreur de point de vue, car elles sont présentées comme constituant tout simplement une « philosophie » ; or, s'il s'agit de doctrines traditionnelles, elles sont évidemment d'un tout autre ordre, et, s'il ne s'agit que de leurs contrefaçons, elles sont tout de même aussi autre chose, qui en tout cas ne saurait rentrer dans les cadres de la pensée philosophique. Nous avouons ne pas avoir très bien compris ce qu'on veut entendre par un « monde vivant », à moins que ce ne soit une façon de distinguer la conception qu'on expose de celle qui se dégage de la science ordinaire et qui serait sans doute considérée alors comme celle d'un « monde mort » ; nous nous souvenons, en effet, d'avoir entendu jadis un semblable langage chez certains occultistes ; mais que peuvent bien signifier des expressions comme celles, qui reviennent fréquemment aussi, de « monde occultiste » et même de « phénomènes occultistes » ? Ce n'est pas à dire qu'il ne se trouve pas parmi tout cela quelques vues intéressantes sur des points de détail ; mais l'ensemble, disons-le nettement, est un véritable chaos, et nous plaignons les malheureux lecteurs qui ne disposeront pas, sur toutes les questions qui y sont abordées, d'autres sources d'information mieux « clarifiées » et plus dignes de confiance ; un tel livre ne peut assurément que contribuer pour sa part à augmenter le désordre intellectuel de notre époque, dont il est lui-même un excellent exemple.

Robert Amadou et Robert Kanters. – Anthologie littéraire de l'occultisme.

R. Julliard, Paris.

La particularité la plus frappante, à première vue, de ce recueil consacré à l'« occultisme », c'est qu'il n'y figure pas un seul nom d'écrivain occultiste (à moins que Péladan ne soit considéré comme tel, ce qui peut être vrai jusqu'à un certain point) ; l'explication de ce fait bizarre réside en partie dans la confusion que nous avons relevée dans le précédent ouvrage et qui s'exprime de nouveau dans l'introduction de celui-ci. Cependant, nous disons en partie seulement, car il y a encore autre chose ; c'est que les auteurs ont voulu faire une anthologie « littéraire » ; suivant leur façon de voir, cela veut dire que, pour qu'un texte ait droit à y être reproduit, il faut que sa forme d'expression soit « belle » ; il semble donc que, parmi les occultistes au sens propre de ce mot, ils n'en aient pas trouvé qui satisfassent à ce critérium. À vrai dire, nous ne voyons pas trop quelle sorte de « beauté » il peut y avoir dans certains des morceaux cités, comme par exemple la description plutôt répugnante que Huysmans a faite d'une messe noire (d'après les informations fournies, comme on le sait, par le trop fameux abbé Boullan), ou, à un autre point de vue, l'exposé des détails d'une organisation administrative, fût-elle imaginaire, comme celle de la « Ville des Expiations » de Ballanche ; mais évidemment, comme tout ce qui relève de la « littérature », ce n'est là qu'une affaire de goût individuel et d'appréciation « subjective » ; quant à la prétention de traiter « littérairement » les écrivains de l'antiquité et du moyen âge, il y faut voir naturellement un des effets habituels de l'optique déformante de l'« esthétisme » moderne. Il y a aussi un second critérium qui est, assure-t-on, la « conformité traditionnelle » ; sur ce point, nous nous permettons de douter fortement de la compétence des auteurs, et nous nous demandons surtout ce qu'il en adviendra dans l'anthologie « philosophique » qu'ils annoncent. Quoi qu'il en soit, les textes eux-mêmes gardent du moins toujours leur valeur propre, quelques réserves qu'il y ait lieu de faire sur l'esprit qui a présidé à leur groupement : l'assemblage est d'ailleurs assez curieux à certains égards, et il est vraiment significatif qu'un recueil qui débute par Hésiode, Pythagore et Platon en arrive à se terminer par André Breton !

Publiés dans la Revue de Philosophie

Septembre-Octobre 1921

I. Goldziher, professeur à l'Université de Budapest – Le Dogme et la Loi de l'Islam : Histoire du développement dogmatique et juridique de la religion musulmane.

Traduction de F. Arin
(un vol. in-8o de 315 pages. P. Geuthner, Paris, 1920).

Cet ouvrage offre les qualités et les défauts qui sont communs à presque tous les travaux germaniques du même genre : il est fort consciencieusement fait au point de vue historique et documentaire, mais il ne faudrait pas y chercher une compréhension bien profonde des idées et des doctrines. Du reste, d'une façon tout à fait générale, ce qu'on est convenu d'appeler aujourd'hui « science des religions » repose essentiellement sur deux postulats que nous ne pouvons, pour notre part, regarder que comme de simples préjugés. Le premier, que l'on pourrait nommer le postulat « rationaliste », consiste à traiter toute religion comme un fait purement humain, comme un « phénomène » d'ordre psychologique ou sociologique ; l'importance accordée respectivement aux éléments individuels et aux facteurs sociaux varie d'ailleurs grandement suivant les écoles. Le second, qui s'affirme ici dès le sous-titre du livre, est le postulat « évolutionniste » : le « développement » dont il s'agit, en effet, n'est pas simplement le développement logique de tout ce que la doctrine impliquait en germe dès l'origine, mais une suite de changements radicaux provoqués par des influences extérieures, et pouvant aller jusqu'à des contradictions. On pose en principe que les dogmes ont « évolué », et c'est là une affirmation qui doit être admise sans discussion : c'est une sorte de dogme négatif destiné à renverser tous les dogmes positifs pour leur substituer la seule croyance au « progrès », cette grande illusion du monde moderne. Le livre de M. Goldziher comprend six chapitres, sur chacun desquels nous allons présenter quelques observations.

I. *Mohammed et l'Islam*. – On connaît la thèse, chère à certains psychologues, et surtout aux médecins qui se mêlent de psychologie, de la « pathologie » des mystiques, des prophètes et des fondateurs de religions ; nous nous souvenons d'une application particulièrement répugnante qui en fut faite au Judaïsme et au Christianisme[86]. Il y a ici quelque chose de la même tendance, bien que l'auteur y insiste moins que d'autres ne l'ont fait ; en tout cas, c'est l'esprit « rationaliste » qui domine dans ce chapitre. On y rencontre même fréquemment des phrases comme celle-ci : « Mohammed *s'est fait révéler* telle ou telle chose » ; cela est extrêmement déplaisant. L'« évolutionnisme » apparaît dans la distinction, on pourrait même dire l'opposition, que l'on veut établir entre la période de la Mekke et celle de Médine : de l'une à l'autre, il y aurait eu un changement, dû aux circonstances

---

[86] L'auteur auquel nous faisons allusion et son livre relatif au Christianisme furent, pendant la guerre, la cause d'incidents extrêmement fâcheux pour l'influence française en Orient (voir Mermeix, *Le commandement unique : Sarrail et les armées d'Orient*, pp. 31-33).

extérieures, dans le caractère prophétique de Mohammed ; nous ne croyons pas que ceux qui examinent les textes qorâniques sans idée préconçue puissent y trouver rien de semblable. D'autre part, la doctrine enseignée par Mohammed n'est pas du tout un « éclectisme » ; la vérité est qu'il s'est toujours présenté comme un *continuateur* de la tradition judéo-chrétienne, en se défendant expressément de vouloir instituer une religion nouvelle et même d'innover quoi que ce soit en fait de dogmes et de lois (et c'est pourquoi le mot « mahométan » est absolument rejeté par ses disciples). Ajoutons encore que le sens du mot *Islam*, qui est « soumission à la Volonté divine », n'est pas interprété d'une façon parfaitement correcte, non plus que la conception de l'« universalité » religieuse chez Mohammed ; ces deux questions se tiennent d'ailleurs d'assez près.

II. *Développement de la loi.* – Il faut louer l'auteur d'affirmer l'existence, trop souvent méconnue par les Européens, d'un certain « esprit de *tolérance* » dans l'Islam, et cela dès ses origines, et aussi de reconnaître que les différents « rites » musulmans ne constituent nullement des « sectes ». Par contre, bien que le côté juridique d'une doctrine soit assurément celui qui se prête le plus à un développement nécessité par l'adaptation aux circonstances (mais à la condition que ce développement, tant qu'il reste dans l'orthodoxie, n'entraîne aucun changement véritable, qu'il ne fasse que rendre explicites certaines conséquences implicitement contenues dans la doctrine), nous ne pouvons admettre la prépondérance attribuée aux considérations sociales et politiques, qui sont supposées avoir réagi sur le point de vue proprement religieux lui-même. Il y a là une sorte de renversement des rapports, qui s'explique par ce fait que les Occidentaux modernes se sont habitués, pour la plupart, à regarder la religion comme un simple élément de la vie sociale parmi beaucoup d'autres ; pour les Musulmans, au contraire, c'est l'ordre social tout entier qui dépend de la religion, qui s'y intègre en quelque sorte, et l'analogue se rencontre d'ailleurs dans toutes les civilisations qui, comme les civilisations orientales en général, ont une base essentiellement traditionnelle (que la tradition dont il s'agit soit religieuse ou qu'elle soit d'une autre nature). Sur des points plus spéciaux, il y a un parti pris manifeste de traiter d'« inventions postérieures » les *hadîth*, c'est-à-dire les paroles du Prophète conservées par la tradition ; cela a pu se produire dans des cas particuliers, reconnus du reste par la théologie musulmane, mais il ne faudrait pas généraliser. Enfin, il est vraiment trop commode de qualifier dédaigneusement de « superstition populaire » tout ce qui peut être gênant pour le « rationalisme ».

III. *Développement dogmatique*. – Ce chapitre débute par un essai d'opposition entre ce qu'on pourrait appeler le « prophétisme » et le « théologisme » : les théologiens, en voulant interpréter les révélations des prophètes, y introduiraient, suivant les besoins, des choses auxquelles ceux-ci n'avaient jamais songé, et c'est ainsi que l'orthodoxie arriverait à se constituer peu à peu. Nous répondrons à cela que l'orthodoxie n'est pas quelque chose *qui se fait*, qu'elle est au contraire, par définition même, le maintien constant de la doctrine dans sa ligne traditionnelle primitive. L'exposé des discussions concernant le déterminisme et le libre arbitre trahit une certaine erreur d'optique, si l'on peut dire, due à la mentalité moderne : loin de voir là une question *fondamentale*, les grands docteurs de l'Islam ont toujours regardé ces discussions comme parfaitement vaines. D'un autre côté, nous nous demandons jusqu'à quel point il est bien juste de regarder les *Mutazilites* comme des « rationalistes » ; en tout cas, c'est souvent une erreur de traduire *aql* par « raison ». Autre chose encore, et qui est plus grave : l'anthropomorphisme n'a jamais été inhérent à l'orthodoxie musulmane. L'Islam, en tant que doctrine (nous ne parlons pas des aberrations individuelles toujours possibles) n'admet l'anthropomorphisme que comme une façon de parler (il s'efforce même de réduire au minimum ce genre de symbolisme), et à titre de concession à la faiblesse de l'entendement humain, qui a le plus souvent besoin du support de certaines représentations analogiques. Nous prenons ce mot de « représentations » dans son sens ordinaire, et non dans l'acception très spéciale que lui donne fréquemment M. Goldziher, et qui fait songer aux théories fantaisistes de ce qui, en France, s'intitule l'« école sociologique ».

IV. *Ascétisme et Sûfisme*. – Nous aurions beaucoup à dire sur ce chapitre, qui est loin d'être aussi net qu'on pourrait le souhaiter, et qui renferme même bien des confusions et des lacunes. Pour l'auteur, l'ascétisme aurait été tout d'abord étranger à l'Islam, dans lequel il aurait été introduit ultérieurement par des influences diverses, et ce sont ces tendances ascétiques surajoutées qui auraient donné naissance au Sûfisme ; ces affirmations sont assez contestables, et, surtout, le Sûfisme est en réalité tout autre chose que de l'ascétisme. Du reste, ce terme de Sûfisme est employé ici d'une façon quelque peu abusive dans sa généralité, et il faudrait faire des distinctions : il s'agit de l'ésotérisme musulman, et il y a bon nombre d'écoles ésotériques qui n'acceptent pas volontiers cette dénomination, actuellement tout au moins, parce qu'elle en est arrivée à désigner couramment des tendances qui ne sont nullement les leurs. En fait, il y a fort peu de rapports entre le Sûfisme persan et la grande majorité des écoles arabes ; celles-ci sont beaucoup moins mystiques, beaucoup plus purement métaphysiques, et aussi plus strictement attachées à l'orthodoxie (quelle que soit d'ailleurs l'importance qu'elles accordent aux pratiques extérieures). À ce propos, nous devons dire que c'est une erreur complète de vouloir opposer le Sûfisme en lui-même à l'orthodoxie : la distinction est ici entre l'ésotérisme et l'exotérisme, qui se rapportent à des domaines différents et ne s'opposent point l'un à l'autre ; il peut y avoir, dans l'un et dans l'autre, orthodoxie et hétérodoxie. Il ne s'est donc pas produit, au cours de l'histoire, un « accommodement » entre deux « systèmes » opposés ; les deux domaines sont assez nettement délimités pour que, normalement, il ne puisse y avoir ni conflit ni contradiction, et les ésotéristes n'ont jamais pu, comme tels, être taxés d'hérésie. Quant aux origines de l'ésotérisme musulman, l'influence du néo-platonisme n'est nullement prouvée par une identité de pensée à certains égards ; il ne faudrait pas oublier que le néoplatonisme n'est qu'une expression grecque d'idées orientales, de sorte que les Orientaux n'ont pas eu besoin de passer par l'intermédiaire des Grecs pour retrouver ce qui, en somme, leur appartenait en propre ; il est vrai que cette façon de voir a le tort d'aller à l'encontre de certains préjugés. Pour l'influence hindoue (et peut-être aussi bouddhiste) que l'auteur croit découvrir, la question est un peu plus complexe : nous savons, pour l'avoir constaté directement, qu'il y a effectivement, entre l'ésotérisme musulman et les doctrines de l'Inde, une identité de fond sous une assez grande différence de forme ; mais on pourrait faire aussi la même remarque pour la métaphysique extrême-orientale, et cela n'autorise point à conclure à des emprunts. Des hommes appartenant à des civilisations différentes peuvent bien, à ce qu'il nous semble, être parvenus directement à la connaissance des mêmes vérités (c'est ce que les Arabes eux-mêmes expriment par ces mots : *et-tawhîdu wâhidun*, c'est-à-dire : « la doctrine de l'Unité est unique », elle est partout et toujours la même) ; mais nous reconnaissons que cet argument ne peut valoir que pour ceux qui admettent une vérité extérieure à l'homme et indépendante de sa conception, et pour qui les idées sont autre chose que de simples phénomènes psychologiques. Pour nous, les analogies de méthodes elles-mêmes ne prouvent pas davantage : les ressemblances du *dhikr* musulman et du *hatha-yoga* hindou sont très réelles et vont même encore plus loin que ne le pense l'auteur, qui semble n'avoir de ces choses qu'une connaissance plutôt vague et lointaine ; mais, s'il en est ainsi, c'est qu'il existe une certaine « science du rythme » qui a été développée et appliquée dans toutes les civilisations orientales, et qui, par contre, est totalement ignorée des Occidentaux. Nous devons dire aussi que M. Goldziher ne paraît guère connaître les doctrines de l'Inde que par les ouvrages de M. Oltramare, qui sont à peu près les seuls qu'il cite à ce sujet (il y a même pris l'expression tout à fait impropre de « théosophie hindoue ») ; cela est vraiment insuffisant, d'autant plus que l'interprétation qui est présentée dans ces ouvrages est jugée fort sévèrement par les Hindous. Il faut ajouter qu'il y a aussi une note dans laquelle est mentionné un livre de Râma Prasâd, écrivain théosophiste, dont l'autorité est tout à fait nulle ; cette note est d'ailleurs rédigée d'une façon assez extraordinaire, mais nous ne savons si cela doit être imputé à l'auteur ou au traducteur. Il y aurait lieu de relever en outre bien des erreurs qui, pour porter sur des détails, ont aussi leur importance : ainsi, *et-tasawwuf* n'est pas du tout « l'*idée* sûfie », mais bien l'initiation, ce qui est tout différent (voir par exemple le traité de Mohyiddin ibn Arabi intitulé *Tartîbut-tasawwuf*, c'est-à-dire « Les catégories de l'initiation »). Les quelques lignes qui sont consacrées aux *Malâmatiyah* en donnent une idée complètement erronée ; cette question, qui est fort peu connue, a pourtant une portée considérable, et nous regrettons de ne pouvoir nous y arrêter. Beaucoup des conceptions les plus essentielles de l'ésotérisme musulman sont entièrement passées sous silence : telle est, pour nous borner à un seul exemple, celle de l'« Homme universel » (*El-Insânul-kâmil*), qui constitue le fondement de la théorie ésotérique de la « manifestation du Prophète ». Ce qui manque aussi, ce sont des indications au moins sommaires sur les principales écoles et sur l'organisation de ces Ordres initiatiques qui ont une si grande influence dans tout l'Islam. Enfin, nous avons rencontré quelque part l'expression fautive d'« occultisme musulman » : l'ésotérisme métaphysique dont il s'agit et les sciences qui s'y rattachent en tant qu'applications n'ont absolument rien de commun avec les spéculations plus ou moins bizarres qu'on désigne sous le nom d'« occultisme » dans le monde occidental contemporain.

V. *Les sectes*. – L'auteur s'élève avec raison contre la croyance trop répandue à l'existence d'une multitude de sectes dans l'Islam ; en somme, ce nom de sectes doit être réservé proprement aux branches hétérodoxes et schismatiques, dont la plus ancienne est celle des *Khâridjites*. La partie du chapitre qui est consacrée au *Chiisme* est assez claire, et quelques-unes des idées fausses qui ont cours à ce sujet sont bien réfutées ; mais il faut dire aussi que, en réalité, la différence entre *Sunnites* et *Chiites* est beaucoup moins nettement tranchée, à part les cas extrêmes, qu'on ne pourrait le croire à la lecture de cet exposé (ce n'est que tout à fait à la fin de l'ouvrage qu'il se trouve une légère allusion aux « nombreux degrés de transition qui existent entre ces deux formes de l'Islam »). D'autre part, si la conception de l'*Imâm* chez les *Chiites* est suffisamment expliquée (et encore faut-il faire une réserve quant au sens plus profond dont elle est susceptible, car l'auteur ne paraît pas avoir une idée très nette de ce qu'est le symbolisme), il n'en est peut-être pas de même de celle du *Mahdî* dans l'Islam orthodoxe ; parmi les théories qui ont été formulées à cet égard, il en est qui sont d'un caractère fort élevé, et qui sont bien autre chose que des « ornements mythologiques » ; celle de Mohyiddin ibn Arabi, notamment, mériterait bien d'être au moins mentionnée.

VI. *Formations postérieures*. – Il y a, au commencement de ce dernier chapitre, une interprétation de la notion de *Sunna* comme « coutume héréditaire », qui montre une parfaite incompréhension de ce qu'une tradition est véritablement, dans son essence et dans sa raison d'être. Ces considérations conduisent à l'étude de la secte moderne des *Wahhâbites*, qui prétend s'opposer à toute innovation contraire à la *Sunna*, et qui se donne ainsi pour une restauration de l'Islam primitif ; mais c'est probablement un tort de croire ces prétentions justifiées, car elles ne nous semblent pas l'être plus que celles des Protestants dans le Christianisme ; il y a même plus d'une analogie curieuse entre les deux cas (par exemple le rejet du culte des saints, que les uns et les autres dénoncent également comme une « idolâtrie »). Il ne faudrait pas non plus attribuer une importance excessive à certains mouvements contemporains, comme le *Bâbisme*, et surtout le *Béhâïsme* qui en est dérivé, M. Goldziher dit par progrès, nous dirions plutôt par dégénérescence. L'auteur a vraiment grand tort de prendre au sérieux une certaine adaptation « américanisée » du *Béhâïsme*, qui n'a absolument plus rien de musulman ni même d'oriental, et qui, en fait, n'a pas plus de rapports avec l'Islam que le faux *Vêdânta* de Vivekânanda (que nous avons eu l'occasion de mentionner au cours de notre étude sur le théosophisme[87]) n'en a avec les véritables doctrines hindoues : ce n'est qu'une espèce de « moralisme » quasi-protestant. Les autres sectes dont il est question ensuite appartiennent à l'Inde ; la plus importante, celle des *Sikhs*, n'est pas proprement musulmane, mais apparaît comme une tentative de fusion entre le Brâhmanisme et l'Islam ; telle est du moins la position qu'elle prit à ses débuts. Dans cette dernière partie, nous avons encore noté les expressions défectueuses d'« Islam hindou », et de « Musulmans hindous » : tout ce qui est *indien* n'est pas *hindou* par là même, puisque ce dernier terme ne désigne exclusivement que ce qui se rapporte à la tradition brâhmanique ; il y a là quelque chose de plus qu'une simple confusion de mots.

Naturellement, nous avons surtout signalé les imperfections de l'ouvrage de M. Goldziher, qui n'en est pas moins susceptible de rendre des services réels, mais, nous le répétons, à la condition qu'on veuille y chercher rien de plus ni d'autre que des renseignements d'ordre historique, et qu'on se méfie de l'influence exercée sur tout l'exposé par les « idées directrices » que nous avons dénoncées tout d'abord. Certaines des remarques qui précèdent montrent d'ailleurs que, même au point de vue de l'exactitude de fait, le seul qui semble compter pour les « historiens des religions », l'érudition pure et simple ne suffit pas toujours ; sans doute, il peut arriver qu'on donne une expression fidèle d'idées qu'on n'a pas comprises vraiment et dont on n'a qu'une connaissance tout extérieure et verbale, mais c'est là une chance sur

---

[87] [René Guénon publia dans la *Revue de Philosophie* une version abrégée, en 15 chapitres, du *Théosophisme*, de janvier à août 1921. Le passage correspondant est repris dans le chap. 17 de cet ouvrage : le Swâmî Vivekânanda « dénatura complètement la doctrine hindoue du "Vêdânta" sous prétexte de l'adapter à la mentalité occidentale [...]. La pseudo-religion inventée par Vivekânanda [...] n'a du "Vêdânta" que le nom, car il ne saurait y avoir le moindre rapport entre une doctrine purement métaphysique et un "moralisme" sentimental et "consolant" qui ne se différencie des prêches protestants que par l'emploi d'une terminologie un peu spéciale ».]

Mars-Avril 1922

W. Wallace, S. J. - *De l'Évangélisme au Catholicisme par la route des Indes.*

Traduction de l'anglais par L. Humblet, S. J. Introduction par Th. Hénusse, S. J. (un vol. in-8₀ de 306 pp. Albert Dewit, Bruxelles, 1921).

Voici un livre fort intéressant à plusieurs points de vue : d'abord, en un sens à la fois religieux et psychologique, comme autobiographie de l'auteur et comme description des phases par lesquelles il est passé et qui ont abouti à sa conversion ; ensuite, par la critique très sérieuse qui y est faite du Protestantisme, spécialement sous le rapport du manque de principes et du défaut d'autorité ; enfin, et c'est là ce qui a surtout retenu notre attention, par les vues extraordinairement justes qu'il renferme sur l'esprit de l'Inde et le véritable sens de ses doctrines.

L'auteur, originaire du Nord de l'Irlande, appartenait à la « Basse Église », c'est-à-dire à la fraction de l'Anglicanisme qui est la plus éloignée du Catholicisme, et dont tout le credo se réduit en somme à cette unique formule : « Crois au Seigneur Jésus et tu seras sauvé ». Vers l'âge de dix-huit ans, après de longs efforts, W. Wallace arriva à l'« acte de foi » ; cette foi au Christ ne devait jamais l'abandonner par la suite, mais on peut dire qu'elle était alors la seule certitude qu'il possédât. Entré dans les ordres anglicans, il fut, au bout de quelques années de ministère durant lesquelles il éprouva déjà « un sentiment d'impuissance et de stérilité terrible », envoyé sur sa demande comme missionnaire au Bengale. C'est là que, constatant les pitoyables résultats obtenus par l'Anglicanisme, il découvrit que les causes de cet échec « se ramassaient en une racine unique : l'absence d'une autorité chrétienne suprême et universelle ». L'Hindou s'étonne d'une religion dont le dernier mot lui apparaît être : « Fais à ta guise », et il la juge inférieure à la sienne qui, comme le dit le P. Hénusse dans son introduction, « s'impose tout à la fois par la haute valeur spirituelle d'une doctrine très nette et par l'autorité vénérable d'une tradition multiséculaire ». Cette supériorité de la doctrine hindoue à l'égard du Christianisme anglican, W. Wallace n'hésite pas à la reconnaître et à la proclamer franchement ; et il semble bien qu'il n'ait jamais partagé un seul instant les préjugés de ses confrères, qui, sans rien connaître de cette doctrine, l'écartaient en bloc comme indigne de leur examen.

Il fallait déjà être bien dépourvu d'un certain parti pris pour se mettre, dans de semblables conditions, à faire des doctrines de l'Inde une étude approfondie ; il fallait l'être bien plus encore, et d'une autre façon, pour y trouver ce que l'auteur y trouva ; et c'est probablement parce qu'il n'avait rien d'un « orientaliste » de profession qu'il put arriver à comprendre ces choses. Voici d'ailleurs le jugement qu'il porte sur les traductions anglaises des livres sacrés de l'Inde : « Souvent la traduction était obscure au point d'être inintelligible, et, même là où l'on pouvait comprendre, les idées paraissaient tellement étranges que je n'en pouvais tirer pratiquement aucun parti. Il me devint rapidement évident que les termes anglais ne pouvaient correspondre exactement aux idées qu'ils prétendaient rendre, si bien que d'étudier les livres sacrés des Hindous dans des traductions anglaises était pis qu'une perte de temps... » Et, après avoir appris le sanscrit suffisamment pour lire les textes mêmes, « je reconnus ce que j'avais fortement soupçonné, que la langue anglaise ne rendait ni ne pouvait rendre la pensée de l'original, et que les traductions n'étaient utiles qu'aux mains de ceux qui connaissaient par ailleurs le tour de pensée hindou. Souvent leur usage ne se bornait pas à être inutile, car non seulement la pensée n'était pas rendue ni saisie, mais à sa place, dans l'esprit du lecteur, s'établissait une absurde contrefaçon ». C'est là très exactement ce que nous pensons nous-même à cet égard, et on peut étendre ce jugement à tous les travaux des orientalistes en général.

Citons aussi l'appréciation de l'auteur sur les Hindous, qui n'est pas moins juste : « Outre leurs vertus naturelles, je découvrais en eux de la pensée et de la spiritualité. Ils étaient penseurs, penseurs originaux et religieux, montraient une très grande finesse et une vraie puissance d'observation. Je parle évidemment surtout des brahmanes, mais aussi des paysans... Maintes fois, leur force logique m'étonna aussi, et la profondeur de leur pensée qui, cependant, semblait toute simple… Il est une chose que je puis affirmer avec certitude : jamais je n'ai rencontré de gens avec qui il fût plus facile d'entrer en relations d'idées que les Hindous, ni qui fussent plus intéressants dans ce genre de causerie, ni qui eussent plus de goût pour cette sorte de conversation… Seulement, il fallait apprendre leur langue métaphysique et religieuse et pouvoir parler en termes répondant à leur pensée ; quand nous leur servions les formules de nos conceptions religieuses, ils ne comprenaient guère et goûtaient moins encore. »

Quant à la compréhension même des idées et des doctrines, « le premier fait qui jeta quelque lumière sur la question, ce fut cette affirmation d'un natif que, dans la religion hindoue, tout tendait à acquérir l'"absorption" ou l'"extase" (*samâdhi*) comme moyen d'atteindre l'Être Suprême ». C'était là un excellent point de départ, et il était alors facile de se rendre compte que les multiples figures symboliques étaient toutes disposées de façon à être « des aides pour la concentration de l'esprit », ce qui est effectivement leur rôle essentiel. « Avec insistance, les Hindous nous affirmaient que l'idole n'était qu'une commodité, comme le signe x, employé par les algébristes pour désigner la quantité inconnue… J'en venais à me demander jusqu'à quel point ce culte des choses créées méritait, pour eux, le nom d'idolâtrie ». Nous pourrions, pour notre part, affirmer plus nettement qu'il n'y a là véritablement aucune idolâtrie, mais nous devons reconnaître que c'est la première fois que nous voyons cette idée exprimée par un Occidental, même sous une forme simplement dubitative.

Si l'auteur n'est pas allé jusqu'à une assimilation parfaite et totale de l'Intellectualité hindoue, il est cependant allé déjà très loin en ce sens, beaucoup plus loin même que ne le comporterait une connaissance simplement théorique. Nous en avons la preuve dans les pages qu'il consacre au *Nirvâna*, et dont nous tenons à reproduire quelques passages : « Je consultai là-dessus les dictionnaires, je consultai les auteurs d'Europe, je comparai les livres sanscrits, j'étais certain d'une chose : ce n'était pas ce que décrivaient mes livres, un pur et simple anéantissement. Car, comme le disait le *Sâmkhya* en faisant allusion à cette question, le grand vide ne saurait être l'objet de l'ambition de l'homme… Je sentais que quelque chose dans la religion hindoue se dérobait à moi. Je ne la saisissais pas, sans savoir pourquoi. Cependant, un jour, comme je méditais cet enseignement, ce perpétuel enseignement sur le *Nirvâna* et le *Samâdhi*, essayant d'en sonder le sens, Dieu, je pense, vint à mon aide. Comme dans la lueur d'un éclair, je perçus ce que ces formules cachaient peut-être plus qu'elles ne l'exprimaient ; je me rendis compte, je "réalisai" le terme sublime de l'aspiration hindoue, cet idéal qui fascinait tout esprit hindou, qui influait sur toute activité hindoue. Ce fut plutôt une illumination intérieure qu'une découverte. Cela défiait toute description. » Et cette « illumination » véritable, sur la nature de laquelle il n'est pas possible de se tromper quand on connaît ce dont il s'agit, lui montra que le Nirvâna n'était pas une « absorption en Dieu », du moins au sens où l'entendent les Occidentaux qui se mêlent d'en parler sans en rien savoir : « Il n'y avait, certainement, pas extinction de la personnalité, extinction de l'être, mais plutôt une *réalisation de personnalité* dans une absorbante communion de splendeur infinie. » On ne saurait mieux dire, et c'est nous qui soulignons les mots « réalisation de personnalité », parce qu'ils sont ceux mêmes que nous avons, de notre côté, adoptés depuis longtemps comme la meilleure expression que les langues occidentales puissent nous fournir pour rendre, dans la mesure du possible, ce dont il est question ; il y a là, très certainement, autre chose qu'une simple coïncidence. Et le P. Wallace reproduit ensuite ce qu'il écrivait à cette époque : « Absorbée en une union transcendante, l'âme ne voit que le Suprême, n'est consciente que du Suprême… Pour qui se trouve en présence de l'éternel, rien ne semble demeurer, sinon en Lui, de cette flottante fantasmagorie, rien, pas même l'être propre qui, quoiqu'il existe de fait – puisqu'il connaît et jouit infiniment de connaître, – n'est cependant pas connu consciemment, tant il est absorbé dans la contemplation. Rien ne reste, sinon cette "réalisation" du Suprême qui transfigure l'esprit en soi-même par une transfiguration éternelle… Le *Nirvâna*, à la fois l'abolition de tout et la réalisation de tout ; l'abolition de la fantasmagorie du sens et du temps, de toutes ces ombres qui, quelle que soit notre estime pour elles, *ne sont pas*, quoi qu'elles puissent être, quand nous "réalisons" le *Seul* qui *est*… Ce n'est point une extinction, mais une réalisation, la réalisation du *Vrai* par le *vrai*. » Tous les essais d'interprétation des orientalistes apparaissent absolument dérisoires auprès de ces lignes où un homme qui avait acquis autre chose qu'une connaissance « livresque » essayait de décrire ce qu'il avait *vu* « quoique seulement par transparence, obscurément ».

Ces derniers mots prouvent bien que, comme nous le disions, il n'a pas été jusqu'au bout ; « mais ce que j'avais vu, je l'avais vu », ajoute-t-il, et une connaissance de cet ordre, même si elle demeure obscure et enveloppée, est pour celui qui l'a acquise quelque chose que rien ne pourra jamais lui faire perdre. Tous les Hindous avec qui W. Wallace était en relation reconnurent sans peine à quel point il en était arrivé ; par leurs paroles et par leur attitude, ils l'assurèrent « qu'il avait trouvé », et l'un d'eux lui dit : « Tout ce que vous avez qui vaille, c'est de nous que vous l'avez appris », ce que lui-même ne faisait aucune difficulté pour admettre, pensant « avoir plus reçu de l'Inde qu'il ne saurait jamais lui donner ».

Après avoir compris ces choses (et il y a encore bien d'autres considérations que, malgré leur intérêt, nous sommes obligé de passer sous silence), le Rév. Wallace ne pouvait plus rester ce qu'il était : il n'avait nullement perdu la foi chrétienne, mais en lui « le Protestantisme s'était miné lentement » ; aussi sa conversion au Catholicisme suivit-elle d'assez près son retour en Europe, après un séjour en Amérique qui lui fit faire, entre la civilisation hindoue et la civilisation occidentale poussée à l'extrême, une comparaison qui n'était point à l'avantage de cette dernière. Il y eu cependant encore quelques luttes au moment de sa conversion, et même au début de son noviciat dans la Compagnie de Jésus : ce qu'on lui présentait lui paraissait « petit » et « étroit » à côté de ce qu'il connaissait ; il ne rencontrait pas précisément de difficultés d'un caractère positif, mais on exigeait de lui des négations qui venaient probablement surtout d'une certaine incompréhension chez ses directeurs, et divers passages montrent qu'il dut, par la suite, s'apercevoir que l'opposition et l'incompatibilité prétendues des conceptions hindoue et catholique étaient inexistantes : n'écrit-il pas que le *Sanâtana Dharma* (la « loi éternelle » des Hindous) est le naturel « pédagogue menant au Christ », et n'exprime-t-il pas le regret que « les catholiques ne s'en rendent pas compte pleinement » ? « Le *Sanâtana Dharma* des sages hindous, lisons-nous encore ailleurs, comme je l'entendais maintenant, procédait exactement du même principe que la religion chrétienne.

Seulement, c'était une tentative d'exécuter chacun pour soi, isolément, ce que le Christ, selon ma croyance, avait exécuté pour nous tous, d'une manière universelle. Il y avait rivalité ; il n'y avait pas antagonisme. » C'est déjà beaucoup d'avoir reconnu cela ; il y a bien peu d'occidentaux qui l'aient compris, et peut-être moins encore qui aient osé le proclamer ; mais nous pouvons aller plus loin et dire qu'il n'y a même pas rivalité, parce que, si le *principe* est le même en effet, le *point de vue* n'est pas le même. Nous touchons ici au point essentiel sur lequel la compréhension des doctrines hindoues est demeurée imparfaite chez le P. Wallace : c'est qu'il n'a pu s'empêcher de les interpréter dans un sens « religieux », suivant l'acception que les Occidentaux donnent à ce mot ; nous n'avons pas à rechercher si ce côté par lequel son esprit était demeuré occidental malgré tout ne fut pas ce qui l'arrêta dans cette voie de « réalisation » qu'il avait si bien entrevue ; mais ce qu'il y a de certain, c'est que c'est cela qui lui fait commettre certaines confusions, regarder notamment comme identiques l'idée de *moksha* et celle du « salut », et dire que le Christianisme a mis à la portée de tous l'idéal même que l'Hindouisme ne pouvait proposer qu'à une élite.

Malgré cette réserve que la vérité nous oblige à formuler, il n'en reste pas moins que le livre du P. Wallace constitue pour nous un témoignage d'une valeur et d'une importance exceptionnelles, et que nous avons eu la très grande satisfaction d'y trouver, sur bien des points, une éclatante confirmation de ce que nous pensons et disons nous-même sur l'Inde et ses doctrines.

Novembre-Décembre 1923

*Augustin Périer – Yahyâ ben Adî : un philosophe arabe chrétien du X*e *siècle. – Petits traités apologétiques de Yahyâ ben Adî.*

*Deux vol. in-8*o *de 228 et 136 pp.,*
J. Gabalda et P. Geuthner, Paris, 1920.

Le plus grand reproche que nous adresserons au travail de M. l'abbé

Périer, c'est qu'il a vraiment un peu trop l'aspect extérieur d'une « thèse », au sens universitaire de ce mot ; c'en est une, en effet, mais est-il bien nécessaire que la présentation s'en ressente à ce point ? Cela ne peut que nuire à un ouvrage qui, par l'incontestable intérêt des renseignements qu'il apporte sur un sujet fort peu connu, mériterait pourtant de ne point passer inaperçu.

L'œuvre de Yahyâ ben Adî, du moins dans ce qui en est parvenu jusqu'à nous (car ses nombreux traités proprement philosophiques sont malheureusement perdus), apparaît surtout comme une utilisation de la doctrine aristotélicienne à des fins apologétiques. Ce qu'il y a de curieux, d'ailleurs, c'est que, à cette époque, toutes les écoles musulmanes et toutes les sectes chrétiennes (jacobites, melchites, nestoriens et autres) prétendaient s'appuyer également sur Aristote, où chacune croyait trouver une confirmation de ses théories particulières. M. Périer pense que « c'est sur le prolongement de l'École d'Alexandrie qu'il faut chercher le point de jonction entre l'aristotélisme et la philosophie arabe » ; c'est là une question qu'il pourrait être intéressant d'examiner de plus près.

Après une vue d'ensemble sur les idées philosophiques de Yahyâ ben Adî telles qu'elles se dégagent de fragments assez peu cohérents dans leur état actuel, M. Périer donne une analyse très développée, avec de larges extraits, de ses grands traités théologiques : le *Traité de l'Unité*, le *Traité de la Trinité* et le *Traité de l'Incarnation ou de l'Union*. Cette partie, que nous ne pouvons songer à résumer ici, est de beaucoup la plus importante ; les procédés dialectiques mis en œuvre par le philosophe arabe pour répondre aux objections de ses contradicteurs sont tout à fait dignes d'attention et souvent fort originaux.

Nous nous permettons une critique de détail : M. Périer n'a pas compris ce que les Arabes, tant musulmans que chrétiens, entendent par « l'homme universel » (qui n'est pas du tout « l'espèce humaine », et qui n'est pas davantage une « abstraction ») ; et il trouve « puérile », précisément faute de la comprendre, une conception d'une très haute portée métaphysique. Et pourquoi juge-t-il bon, à ce propos, de professer un certain dédain pour les « subtilités scolastiques », et de laisser transparaître un « nominalisme » qui n'avait rien à voir avec le rôle d'historien auquel il entendait se borner ?

Le second volume comprend le texte et la traduction de huit petits traités apologétiques de Yahyâ ben Adî, plus la traduction seule d'un neuvième traité. Nous ne pouvons que rendre hommage au labeur fort pénible qu'a dû s'imposer M. Périer pour éditer un texte, pour la première fois, avec des manuscrits très défectueux. Quant à sa traduction française, il dit « qu'il s'est efforcé de la rendre *fidèle* et *claire* », et il nous paraît y avoir fort bien réussi.

Baron Carra de Vaux – Les Penseurs de l'Islam. – I. Les souverains, l'histoire et la philosophie politique. – II. Les géographes, les sciences mathématiques et naturelles.

Deux vol. in-16$_o$ de 384 et 400 pp., P. Geuthner, Paris, 1921.

Ces volumes sont les deux premiers d'une série qui doit en comporter cinq et qui a pour but de donner un aperçu d'ensemble sur l'intellectualité musulmane dans toutes les branches où s'est exercée son activité. « Nous avons voulu, dit l'auteur, faire ici, non un catalogue, mais un choix. Notre intention n'a pas été de tout dire, mais de mettre en relief les figures principales, de faire connaître les œuvres maîtresses, de donner le sentiment de quelques idées essentielles, la vue de certains sommets ». Le besoin se faisait grandement sentir, en effet, d'un tel ouvrage, donnant les indications nécessaires pour se reconnaître parmi la multitude des travaux de détail auxquels se complaisent d'ordinaire les orientalistes.

Le titre général peut prêter à une critique, car il ne semble pas parfaitement exact ; du moins le mot de « penseurs » y est pris dans une acception très large. On peut s'en rendre compte par les sous-titres : les personnages dont il est question jusqu'ici, sauf un petit nombre d'exceptions, ne sont pas des penseurs au sens où on l'entend habituellement ; sans doute l'emploi de ce mot sera-t-il plus justifié pour les volumes qui doivent suivre. Quoi qu'il en soit, il y a là des exposés fort intéressants, notamment dans le second volume, plus particulièrement important en ce qui concerne l'histoire des sciences ; on ne sait pas assez, en Europe, tout ce qu'on doit aux Arabes, par qui se sont conservées et transmises en grande partie les connaissances de l'antiquité, sans compter tout ce qu'eux-mêmes y ont ajouté, notamment dans l'ordre mathématique. C'est ce qui ressort très nettement de cet ouvrage, dont l'auteur fait preuve, à cet égard, de beaucoup d'impartialité ; malheureusement, il n'en est pas de même lorsque vient à se poser la question des origines : il veut que la science arabe se soit inspirée à peu près exclusivement de la science grecque, ce qui est vraiment excessif. Que les derniers néo-platoniciens se soient réfugiés en Perse, et que de là ils aient exercé une certaine influence sur le monde musulman, cela est fort admissible ; mais enfin il y a eu autre chose, et, en Perse même, le Mazdéisme n'était pas un élément négligeable (notons d'ailleurs, à ce propos, ce fait trop généralement ignoré, que les musulmans honorent Zoroastre comme un prophète). En astronomie, les Perses devaient sans doute beaucoup plus aux Chaldéens qu'aux Grecs ; et, d'un autre côté, il ne nous paraît pas que la secte arabe des Sabéens, qui fournit beaucoup de savants dans les quatre premiers siècles de l'Islam, puisse être regardée comme se rattachant proprement au néo-platonisme. D'ailleurs, celui-ci, au fond, n'était-il pas plus oriental que grec sous bien des rapports, et n'est-ce pas pour cela, précisément, que les Orientaux accueillirent volontiers parmi eux ses représentants ? Mais c'est surtout quand il s'agit de l'Inde que le parti pris devient par trop manifeste : quand les Arabes eux-mêmes appliquent à quelque chose l'épithète de *hindi*, « cela ne tire pas à conséquence », et il suffit que l'influence indienne « ne soit pas évidente » pour qu'on l'écarte résolument, tandis que, par contre, on fait valoir en faveur de l'influence grecque les coïncidences les plus insignifiantes. Il y aurait beaucoup à dire sur certains points, comme l'origine des chiffres, celle de l'algèbre, la question des périodes astronomiques, et aussi, pour la Chine, l'invention de la boussole ; mais nous ne pouvons y insister davantage. Ajoutons seulement une dernière remarque : il est pour le moins singulier de présenter l'empereur mogol Akbar comme « un des pères du théosophisme moderne » ; si peu orthodoxe qu'ait pu être le syncrétisme religieux de ce souverain, il ne méritait vraiment pas cette injure, car c'en est bien une, encore que l'auteur ne semble pas du tout la considérer comme telle. Mais ces diverses réserves, qui ne portent pas en somme sur ce qu'il y a de plus essentiel, ne doivent pas nous faire méconnaître la réelle valeur d'un ouvrage fort consciencieusement fait et qui peut rendre de très grands services.

Lothrop Stoddard – Le Nouveau Monde de l'Islam.

Traduit de l'anglais par Abel Doysié
(*un vol. in-8$_0$ de 323 pp.*, Payot, Paris, 1923).

Bien que cet ouvrage traite surtout des questions d'ordre politique et social, il est intéressant aussi à d'autres points de vue. L'auteur, disons-le tout de suite, est loin d'être impartial : il est imbu de tous les préjugés occidentaux en général, et de ceux du protestantisme anglo-saxon en particulier ; il réédite tous les clichés courants sur l'« obscurantisme » et sur le « progrès » ; il ne trouve à louer que ce qui lui paraît, à tort ou à raison, avoir une teinte de « puritanisme » ou de « rationalisme » ; et il a une tendance, assez naturelle dans ces conditions, à exagérer l'importance du rôle des « réformateurs libéraux » et surtout celle de l'influence occidentale. Il prend pour une « élite » ces rares éléments européanisés qui, au point de vue oriental, sont plutôt tout le contraire, et, trop souvent, des apparences tout extérieures l'empêchent de voir la réalité profonde, qu'il est d'ailleurs très probablement incapable de saisir. En effet, on pourra se faire une idée suffisante de son manque absolu d'intellectualité (défaut bien américain) pas ces deux exemples : les doctrines purement métaphysiques de certaines écoles arabes ne sont pour lui que « superstition et mysticisme puéril », et l'enseignement traditionnel, basé sur l'étude des textes sacrés, est « une ineptie qui pétrifie l'intelligence » !

Cependant, ce livre mérite d'être lu, parce qu'il est généralement bien informé ; aussi ne peut-on que regretter que l'auteur, au lieu de s'en tenir à l'exposé des faits, y mêle constamment des appréciations tendancieuses, aggravées par une multitude d'épithètes injurieuses, ou tout au moins blessantes pour les Orientaux. Il y a là, sur la politique anglaise en Orient au cours de ces dernières années, un certain nombre de vérités qu'il serait extrêmement utile de répandre. La partie la plus intéressante de l'ouvrage est peut-être celle qui est consacrée au « nationalisme » ; on y voit assez bien la différence des idées que ce même mot sert à désigner, suivant qu'il s'agit de l'Occident ou de l'Orient ; sur les rapports de la « nationalité » et de la « race », il y a aussi des considérations dignes d'être remarquées, bien qu'elles manquent un peu de précision.

Disons encore que le titre ne donne pas une idée exacte de l'ouvrage dans son ensemble, car il y est question, non seulement de la situation actuelle du monde musulman, mais aussi de celle de l'Inde ; cette étude embrasse donc à la fois ce que l'on peut appeler le Proche et le Moyen Orient. L'auteur est très prudent dans ses conclusions, ce dont on ne peut que l'approuver ; il s'abstient soigneusement de formuler la moindre prévision sur le cours ultérieur des événements. Enfin, malgré sa partialité évidente, il ne peut s'empêcher de reconnaître que, si certains dangers menacent l'Occident, celui-ci y a une large part de responsabilité.

La traduction est littérale au point d'en être parfois incorrecte, et elle est déparée par des bizarreries de langage qu'il eût été bien facile d'éviter. Ainsi, en français, on ne dit pas « bribe », mais « corruption » ou « vénalité » ; on ne dit pas un « papier », mais un « article » sur tel ou tel sujet ; « practically » ne se traduit pas toujours par « pratiquement », et ainsi de suite. Il y a aussi une confusion entre « indien » et « hindou », dont nous ne savons si elle est imputable à l'auteur ou au traducteur. Et, puisque nous en sommes à la forme, il est un peu ridicule en France, sinon en Amérique, de donner à la dernière guerre la dénomination apocalyptique d'« Armageddon ».

Louis Finot – La marche à la Lumière (*Bodhicharyâvatâra*).

> *Poème sanscrit de Çântideva ; traduction française avec introduction* (*un vol. in-8₀ de 168 pp. Collection des Classiques de l'Orient ; Bossard, Paris, 1920*).

La *Bodhi*, terme qui a été traduit un peu librement par « Lumière », et qui évoque plutôt l'idée de « Sagesse », est « l'Illumination suprême qui révèle au Buddha la loi de l'univers » ; la marche à la *Bodhi*, c'est donc « l'ensemble des exercices spirituels qui acheminent vers son but le futur Buddha ». Le traité de Çântideva, indépendamment de ses mérites poétiques, est très propre à donner une idée de l'ascèse bouddhique du *Mahâyâna* ou « Grand Véhicule », qui propose pour but à ses adhérents « l'état idéal de Buddha sauveur du monde », tandis que le *Hinayâna* ou « Petit Véhicule » se contente de conduire les siens à la paix du *Nirvâna*. Il offre aussi, surtout dans ses derniers chapitres, un excellent spécimen de la dialectique spéciale de l'école des *Mâdhyamikas*, à laquelle appartenait son auteur, qui vivait, croit-on, vers le VIIe siècle de l'ère chrétienne.

Il existait déjà une traduction française du *Bodhicharyâvatâra*, due à M. de la Vallée-Poussin, et publiée en 1905-1907 dans la *Revue d'Histoire et de Littérature religieuses*. « Cette traduction, dit M. Finot dans son introduction, met au premier plan l'explication doctrinale et y sacrifie délibérément la concision, qui est le principal mérite du style de Çântideva. » C'est à un autre point de vue, plutôt littéraire, que lui-même a voulu se placer ; mais on pourrait se demander si, en s'efforçant de conserver la concision de l'original, il n'a pas introduit dans sa version un peu d'obscurité ; et il est fâcheux qu'il n'ait pas jugé bon tout au moins d'y joindre un plus grand nombre de notes explicatives, pour suppléer à l'insuffisance des mots français qui, bien souvent, ne correspondent que très approximativement aux termes sanscrits. Ce n'est pas en calquant scrupuleusement la traduction sur le texte que l'on peut rendre le mieux l'esprit de celui-ci, surtout quand il s'agit d'un texte oriental ; et n'est-il pas à craindre que, dans ces conditions, l'essentiel de la pensée n'échappe à la plupart des lecteurs ? Enfin, même quand on entend s'adresser simplement au « public lettré », et quelque dédain qu'on lui suppose à l'égard des « questions théologiques », est-il bien légitime d'accorder plus d'importance à la forme qu'au fond ?

Émile Senart – La Bhagavad-Gîtâ.

Traduite du sanscrit avec une introduction (un vol. in-8₀ de 174 pp. Collection des Classiques de l'Orient ; Bossard, Paris, 1922).

De tous les textes hindous, la *Bhagavad-Gîtâ* est très certainement un des plus connus en Europe, un de ceux qui ont été le plus fréquemment traduits et commentés en diverses langues. On sait que ce dialogue entre Krishna et son disciple Arjuna est un fragment du *Mahâbhârata*, l'une des deux grandes épopées de l'Inde antique. Certains ont voulu y voir l'expression de ce qu'il y a de plus élevé et de plus profond dans les doctrines hindoues, ce qui est une exagération : quelle que soient l'autorité et la portée de ce livre, il ne saurait être mis sur le même rang que les *Upanishads* ; il ne présente, à vrai dire, qu'un aspect de la doctrine, mais un aspect qui n'en est pas moins digne d'être étudié avec la plus grande attention.

Ce qui nous paraît étrange ici, c'est l'état d'esprit du traducteur, qui commence par déclarer qu'il « s'arrête au seuil du sanctuaire », et qui met à s'avouer « profane » un empressement peu ordinaire. Les idées et leur vérité ne l'intéressent pas, c'est évident ; comment donc a-t-il pu avoir le courage, dans ces conditions, d'entreprendre et de mener à bien un tel travail ? Pour lui, sans doute, ce fut un simple exercice de philologue ; la mentalité de certains « spécialistes » est vraiment déconcertante ! Et n'y a-t-il pas là aussi quelque chose de ce curieux préjugé d'après lequel ceux qui se bornent à envisager une doctrine « de l'extérieur » seraient seuls qualifiés pour l'étudier « scientifiquement » ? Malgré tout, parmi les considérations un peu confuses qui sont rassemblées dans l'introduction, il s'en trouve quelques-unes qui ne manquent pas de justesse : ainsi l'affirmation du caractère « encyclopédique » de l'épopée hindoue, mais encore faudrait-il y ajouter quelques précisions sur la façon dont sont comprises les sciences traditionnelles ; ainsi encore cette remarque que « beaucoup plus que par déductions serrées, la pensée des hindous procède par intuitions et par classifications partielles », qui d'ailleurs ne sont point des classifications à proprement parler, mais bien plutôt ce que nous appellerions volontiers des « correspondances ». Un point intéressant est celui-ci : certains passages de la *Bhagavad-Gîtâ* peuvent être rattachés aux conceptions du *Vêdânta*, d'autres à celles du *Sânkhya* ; pour ceux qui voient là deux « systèmes » plus ou moins rivaux et incompatibles entre eux, un tel fait est inexplicable, à moins de recourir à la théorie de l'« interpolation », qui est la grande ressource de la « critique historique », et que M. Senart, il faut le dire à sa louange, n'hésite pas à qualifier d'« expédient trop commode pour n'être pas d'abord un peu suspect ». Quant à lui, il a tout au moins entrevu qu'il ne s'agit pas de « systèmes », mais bien de « points de vue », et c'est déjà beaucoup ; mais, faute de saisir l'harmonie de ces « points de vue » dans l'unité totale de la doctrine, il a cru se trouver en présence d'une « pensée inconsistante et dispersée », alors que, tout au contraire, ses caractères fondamentaux, ses notes dominantes, si l'on peut dire, sont « concentration » et « identité ».

Quant à la traduction elle-même, elle est sans doute moins agréable à lire que celle de Burnouf, mais elle a, en revanche, le grand avantage d'être plus précise ; Burnouf, en effet, avait eu l'habileté de passer à côté des difficultés et d'éviter beaucoup de contre-sens en restant dans le vague. M. Senart n'a pas seulement mieux rendu certains mots que son prédécesseur avait traduits d'une façon insuffisante ou inexacte ; il a aussi, et avec raison, gardé sous leur forme sanscrite « des termes pour lesquels nous manquent des équivalents, même approximatifs ». On regrettera peut-être qu'il n'ait pas placé à la fin de son ouvrage un lexique contenant l'explication de ces termes ; pourtant, les quelques notes qui se trouvent au bas des pages nous donnent à penser qu'il a mieux fait de s'en abstenir : la philologie et l'interprétation des idées sont deux choses très différentes, et, quand on a pris le parti de s'enfermer dans une « spécialité », c'est agir sagement que de ne plus chercher à en sortir. Les termes sanscrits aideront ceux qui sont au courant des idées hindoues à retrouver le sens exact du texte ; quant aux autres, s'ils ne comprennent pas tout, cela est encore préférable pour eux à l'acquisition de notions fausses ou dénaturées.

Louis Finot – Les questions de Milinda (Milinda-pañha).

Traduit du pâli avec introduction et notes (un vol. in-8o de 166 pp. Collection des Classiques de l'Orient ; Bossard, Paris, 1923).

Ce livre, déjà traduit en anglais par Rhys Davids, se compose d'une série de dialogues entre le roi Milinda et le moine bouddhiste Nâgasena ; Milinda est le roi grec Ménandre, qui régnait à Sâgalâ, dans le Panjab, vers le II$_e$ siècle avant l'ère chrétienne ; et il montre bien, dans ses questions, toute la subtilité du caractère grec. La discussion porte sur les points les plus divers de la doctrine bouddhique, parmi lesquels il en est d'importance fort inégale ; mais, dans son ensemble, ce texte est assurément, en son genre, un des plus intéressants qui existent.

Est-ce parce que M. Finot n'a pas été préoccupé cette fois par l'idée qu'il avait à traduire un poème ? Toujours est-il que sa traduction nous a paru plus nette que celle de la *Marche à la Lumière* ; il y a joint d'ailleurs des notes plus abondantes, et il a eu soin d'indiquer, pour les termes techniques, leurs équivalents pâlis ; nous regrettons seulement qu'il n'ait donné qu'exceptionnellement les formes sanscrites correspondantes.

Dans la même collection, fort bien éditée, nous mentionnerons encore, pour ceux qui s'intéressent au Bouddhisme, deux autres ouvrages : *Trois Mystères tibétains*, traduits avec introduction, notes et index par Jacques Bacot (1 vol. *in-8*₀ de 300 pp., 1921), et *Contes et Légendes du Bouddhisme chinois*, traduits par Édouard Chavannes, avec préface et vocabulaire par Sylvain Lévi (1 vol. *in-8*o de 220 pp., 1921). Bien que ces récits aient été présentés avec des intentions purement littéraires, ils ont en réalité, comme d'ailleurs tous ceux du même genre que l'on peut trouver en Orient, une autre portée pour qui sait en pénétrer le symbolisme au lieu de s'arrêter aux formes extérieures, si séduisantes qu'elles puissent être.

JANVIER-FÉVRIER 1924

P. Masson-Oursel – Esquisse d'une histoire de la philosophie indienne.

*Un vol. in-8*₀ *de 314 pp. P. Geuthner, Paris, 1923.*

L'auteur, dans son introduction, affirme l'intention de « prêter la plus vigilante attention aux interprétations que l'Orient tient pour classiques », et il reconnaît même que « nos savants rompus à l'usage de la critique, soit historique, soit philologique, font preuve d'une aversion systématique, non exempte de partialité, à l'égard des traditions indigènes ». C'est fort bien ; mais alors pourquoi, dans le corps même de son ouvrage, ne tient-il guère compte que des résultats plus ou moins contestables de la critique européenne ? Et, quand on a commencé par dénoncer la « superstition de la chronologie », pourquoi se laisser interrompre dans l'exposé d'une doctrine par la préoccupation de suivre une chronologie souvent hypothétique, au grand détriment de l'enchaînement logique des idées ? C'est qu'il est probablement bien difficile, avec la meilleure volonté du monde, de se défaire des habitudes mentales qu'impose une certaine éducation.

La meilleure partie de l'ouvrage, celle qui est la plus exacte et la plus complète, est certainement, comme il fallait s'y attendre, celle qui concerne le bouddhisme. L'auteur rectifie même très justement les interprétations « pessimistes » qui ont cours depuis Schopenhauer ; mais il exagère grandement l'originalité de cette doctrine, dans laquelle il voudrait même voir autre chose que la déviation du brâhmanisme qu'elle est en réalité. Ce qu'il exagère aussi, c'est l'influence du bouddhisme sur le développement ultérieur des doctrines hindoues : sans doute, la nécessité de répondre à certaines objections conduit souvent à préciser l'expression de sa propre pensée ; mais cette influence en quelque sorte négative, la seule que nous puissions reconnaître au bouddhisme, n'est point celle qui lui est attribuée ici.

L'exposé des *darshanas* orthodoxes ne nous a pas paru très clair, et d'ailleurs il est fait d'un point de vue bien extérieur ; nous ne croyons pas que le parti pris de vouloir trouver une « évolution » partout soit compatible avec la compréhension véritable de certaines idées. La même remarque vaut pour ce qu'on est convenu d'appeler l'« hindouïsme », qui est présenté comme le produit d'éléments primitivement étrangers au brâhmanisme et auxquels celui-ci se serait adapté tant bien que mal, de telle sorte que la *trimûrti* elle-même ne serait qu'une invention presque moderne ! Les raisons profondes de la distinction entre vishnuïsme et shivaïsme ne sont même pas entrevues ; mais cette question, de même que celle des origines, risquerait de nous entraîner bien loin. Il y aurait beaucoup à dire aussi au sujet du *yoga*, qui n'a jamais pu consister en une attitude « pragmatiste » : comment ce mot pourrait-il convenir là où il s'agit précisément de se libérer de l'action ? Signalons enfin une notion étrangement inexacte de ce qu'est la magie et surtout de ce qu'elle n'est pas ; un « mage » et un « magicien » ne sont pas tout à fait la même chose, non plus qu'un « voyant » et un « visionnaire » ; et traduire *rishi* par « visionnaire » nous paraît une fâcheuse inadvertance.

D'une façon générale, les doctrines de l'Inde sont ici comme rapetissées, si l'on peut dire, en raison même du double point de vue sous lequel elles sont envisagées : point de vue historique d'abord, qui met au premier plan des questions sans importance réelle ; point de vue philosophique ensuite, qui est fort inadéquat à ce dont il s'agit, et bien incapable d'aller au fond des choses, d'atteindre l'essence même des doctrines en question. « La philosophie est partout la philosophie », nous dit-on ; mais y a-t-il vraiment de la philosophie partout ? On nous accordera bien, tout au moins, qu'il n'y a pas que cela dans le monde ; et nous ne sommes pas très sûr que certains indianistes « se soient bien trouvés d'avoir possédé dès l'abord une culture philosophique à l'européenne » ; en tout cas, nous n'avons eu, pour notre part, qu'à nous féliciter d'avoir pu connaître au contraire les doctrines de l'Orient avant d'étudier la philosophie occidentale.

P. Masson-Oursel – *La Philosophie comparée.*

1 vol. in-8₀ de 204 pp. F. Alcan, Paris, 1923.

Dans ce second ouvrage, d'un caractère moins « spécial » que le précédent, M. Masson-Oursel présente des considérations sur la « méthode comparative » appliquée à la philosophie, à laquelle elle peut seule, suivant lui, donner une base « positive ». Cette notion de « positivité » paraît assez ambiguë, et le sens où elle est entendue ici est probablement bien différent de celui que lui donnait Auguste Comte ; et pourtant on pourrait peut-être la définir, d'une façon générale, par le parti pris d'attribuer aux « faits » une importance prépondérante : « Le principe fondamental d'une philosophie vraiment positive doit être le ferme propos de saisir dans l'histoire, et uniquement dans l'histoire, les faits philosophiques. » Cependant, on nous assure ensuite que « l'immanence du donné philosophique dans l'histoire n'implique point que la méthode positive en philosophie se réduise à la méthode historique » ; la différence doit résider surtout dans l'intention, qui est ici « de mieux comprendre à mesure que nous connaissons davantage » ; mais comprendre quoi ? Le fonctionnement de l'esprit humain, sans doute, et rien de plus ni d'autre, car il ne semble pas qu'on en arrive jamais à se poser la question de la vérité ou de la fausseté des idées en elles-mêmes.

Le principe de la « philosophie comparée » doit être l'analogie ; les considérations qui se rapportent à celle-ci sont d'ailleurs peu nouvelles, mais l'auteur ne paraît pas connaître l'usage qu'en a fait la scolastique, ce dont on ne peut s'étonner quand on le voit attribuer au cartésianisme la distinction de l'essence et de l'existence ! Nous ne pouvons que l'approuver de ne pas « s'exagérer la valeur des classements de systèmes » et d'écrire des choses comme celles-ci : « La philosophie comparée ne trouve qu'une caricature de ce qu'elle doit devenir dans ces classifications de systèmes sous autant de vocables en *isme*, purs barbarismes non seulement quant à la lettre, mais quant à l'esprit. » Mais lui-même s'est-il toujours bien gardé de tout rapprochement superficiel ou insuffisamment justifié ? Bien que des termes comme ceux de « sophistique » et de « scolastique » ne soient pas en *isme*, l'extension qu'il leur donne n'en est peut-être pas moins excessive.

La seconde partie de l'ouvrage est consacrée à quelques exemples de l'application qu'on peut faire de la « méthode comparative ». De la « chronologie comparée » (dont on a soin de nous avertir qu'elle n'est souvent qu'approximative), nous ne dirons qu'une chose : c'est qu'il ne nous est guère possible d'admettre le « synchronisme » des trois civilisations prises comme « points de repère », celles de l'Europe, de l'Inde et de la Chine ; il est vrai que la « critique » occidentale se croit probablement très large en ne réduisant pas davantage encore l'antiquité qu'il lui plaît d'accorder aux civilisations orientales. Le chapitre consacré à la « logique comparée » renferme des considérations beaucoup plus intéressantes, mais que, faute de place, nous ne pouvons songer à résumer ici. Quant à la « métaphysique comparée », pour pouvoir en parler justement, il faudrait d'abord savoir ce qu'est vraiment la métaphysique, et ne pas la prendre pour une « improvisation idéale », ni lui attribuer une origine « pragmatiste », ni la confondre avec le mysticisme. Enfin, pour la « psychologie comparée », nous sommes tout à fait d'accord avec l'auteur pour penser que les psychologues ont eu jusqu'ici le tort très grave de ne faire porter leurs recherches que sur un milieu fort restreint, et de généraliser abusivement des résultats qui ne valent que pour ce milieu ; seulement, nous sommes persuadé qu'il est des choses qui, par leur nature même, échapperont toujours à l'investigation psychologique, et que, notamment, ni l'ordre mystique ni l'ordre métaphysique ne tomberont jamais sous son emprise.

Nous ajouterons que la « philosophie comparée » nous apparaît moins comme une comparaison des *philosophies* que comme une comparaison *philosophique* des idées et des doctrines de toute nature, philosophiques ou autres, car nous nous refusons, quant à nous, à prendre pour la « pensée universelle » ce qui n'est qu'une simple modalité de la pensée. Assurément, on a toujours le droit de se placer au point de vue philosophique pour envisager n'importe quoi, qui peut n'avoir en soi-même rien de philosophique ; mais il faudrait savoir jusqu'où cette attitude permet d'en pousser la compréhension, et, quand il s'agit des doctrines de l'Inde et de la Chine, nous avons beaucoup de raisons de penser qu'elle ne saurait aller bien loin. Il est vrai que cela pourrait en tout cas être suffisant pour améliorer l'enseignement de la philosophie, dont la conclusion du livre contient une critique fort juste à bien des égards ; mais pourquoi, après avoir proposé d'y introduire « des données d'histoire des religions », éprouve-t-on le besoin d'ajouter aussitôt que celle-ci ne risque pas de « compromettre l'indépendance de la pensée laïque » ? Quelles susceptibilités ou quelles inquiétudes le seul mot de religion éveille-t-il donc dans les milieux universitaires ? Et se pourrait-il qu'on y oublie que l'« histoire des religions » n'a été inventée précisément que pour servir à des fins éminemment « laïques », nous voulons dire antireligieuses ?

Arthur et Ellen Avalon – *Hymnes à la Déesse.*

Traduits du sanscrit avec introduction et notes. – 1 vol. in-16$_o$ de 80 pp.
Petite Collection Orientaliste, Bossard, Paris, 1923.

Sir John Woodroffe est un Anglais qui, chose fort rare, s'est véritablement intéressé aux doctrines de l'Inde, et qui, sous le pseudonyme d'Arthur Avalon, a publié de nombreux ouvrages dans lesquels il se propose de faire connaître le tantrisme, c'est-à-dire un des aspects de ces doctrines qui sont le plus complètement ignorés du public européen. Celui de ces ouvrages dont la traduction française vient de paraître (et il faut espérer que d'autres suivront) contient huit hymnes de provenances diverses, mais qui ont pour caractère commun d'envisager la Divinité sous un aspect féminin. Nous reproduirons seulement ici un extrait de l'introduction :

« La Cause Suprême est regardée comme une mère parce qu'elle conçoit l'univers en son sein par la divine Imagination (*Kalpanâ*) du Grand Moi (*Pûrnâham*), le porte et le met au jour, le nourrit et le protège avec une tendresse toute maternelle. Elle est la Puissance ou *Shakti* de l'Être, le Cœur du Seigneur Suprême. Elle et lui sont l'aspect double de la Réalité Unique ; éternelle, immuable en soi, en tant que *Shiva* ; Dieu en action en tant que *Shakti* ou Puissance, et comme telle, cause de tout changement, omniprésente dans les formes innombrables des individualités et des choses sujettes au changement... Le culte de la Mère est très ancien. Il appartenait déjà à la civilisation méditerranéenne la plus reculée... Il n'est pas, comme certains auteurs l'ont prétendu, une forme religieuse limitée à une secte. »

Ce petit volume est illustré de nombreux dessins de M. Jean Buhot, établis d'après des documents hindous, et qui sont du plus grand intérêt pour l'étude du symbolisme iconographique ; et il convient de faire remarquer que ce symbolisme a, dans la doctrine dont il s'agit, un rôle d'une importance capitale.

Mai-juin 1925

Eugène Tavernier – Cinquante ans de politique : *L'Œuvre d'irréligion.*

Un vol. petit in-8₀ de 368 pp. Éditions Spes, Paris, 1925.

Au moment même où allait paraître cet ouvrage, on fêtait les cinquante ans de journalisme de son auteur ; c'est dire qu'il s'agit du récit d'un témoin qui a pu suivre, à mesure qu'ils se déroulaient, tous les événements dont il s'est appliqué ici à montrer les causes et à faire apparaître l'enchaînement. Ce qu'il nous présente est une saisissante histoire des luttes religieuses qui, en France, durent depuis un demi-siècle presque sans interruption ; luttes religieuses est bien le terme qu'il convient, car la politique proprement dite n'a jamais joué là-dedans le rôle essentiel. Ce qui domine tous les débats au cours de cette période, c'est ce qui s'appelle l'« anticléricalisme », qui n'est en réalité qu'un masque de l'irréligion pure et simple, comme l'avoua nettement jadis M. Viviani dans un discours dont cette citation sert d'épigraphe au livre : « Tous, nous nous sommes attachés à une œuvre d'irréligion. »

Or cette œuvre avait été préparée de longue date ; l'état d'esprit dont elle procède n'a rien de spontané ; et c'est pourquoi M. Tavernier commence par consacrer une étude à chacun de ceux qu'il appelle très justement les « docteurs », philosophes et historiens qui furent, directement ou indirectement, les éducateurs des hommes politiques arrivés au pouvoir à partir de 1871 : Auguste Comte[88], Proudhon, Renan, Taine, Michelet, Quinet, Berthelot, puis les fondateurs du journal *Le Temps* (ces pages ont été publiées d'abord dans cette Revue même) et de la *Revue des Deux-Mondes*[89]. Peut-être certains s'étonneront-ils de voir figurer dans cette liste les noms de quelques hommes qu'on leur présente parfois sous un autre jour, en raison de leur opposition plus ou moins accentuée aux idées révolutionnaires sur le terrain politique ; mais, au point de vue religieux, leur influence ne fut pas moins néfaste que celle des autres, et les textes cités l'établissent d'une manière incontestable ; quiconque se refuse à subordonner la religion à la politique en jugera certainement ainsi.

Substituer l'homme à Dieu, voilà en deux mots quelle est au fond, quand on la dégage de toutes les nuances plus ou moins subtiles dont elle se

---

[88] Nous nous permettrons de relever deux légères inexactitudes en ce qui concerne la fameuse « loi des trois états » : ce que Comte appelle l'« état théologique » se subdivise pour lui en trois phases secondaires, fétichisme, polythéisme et monothéisme, de sorte qu'on ne peut dire qu'« état théologique » et « état fétichiste » soient à ses yeux des équivalents ; d'autre part, l'« état métaphysique », suivant le sens bizarre qu'il donne à ce mot, n'est pas représenté par le catholicisme, mais au contraire par tout ce qui a un caractère négatif et destructeur, et notamment par la Réforme et la Révolution.

[89] La liste aurait pu être allongée encore ; il est dommage qu'on n'y voie pas paraître les théoriciens de l'« évolutionnisme » sous toutes ses formes, ni les promoteurs de la soi-disant « science des religions », à l'exception de Renan qui peut être rattaché à la fois à l'un et à l'autre de ces deux groupes.

recouvre, la pensée commune et dominante de tous ces « docteurs » ; et c'est là aussi ce que se sont efforcés de réaliser pratiquement, dans la société française, tous les politiciens qui se sont inspirés de leur esprit. Aussi le programme des luttes antireligieuses qui devaient y aboutir par étapes successives était-il arrêté tout entier dès l'origine ; M. Tavernier le prouve par des extraits des discours de Gambetta et par d'autres documents également irréfutables ; et toutes les habiletés de l'« opportunisme », son « double langage », sa tactique de dissimulation et d'équivoque, ne sauraient empêcher cette vérité d'apparaître au grand jour. M. Viviani n'a-t-il pas reconnu publiquement que la neutralité scolaire « fut toujours un mensonge », qui d'ailleurs était « peut-être un mensonge nécessaire » ? Ne faut-il pas en effet tromper l'opinion pour l'amener graduellement à accepter les « réformes » qu'on a décidées à l'avance ? Et la question scolaire n'est pas seulement ici un exemple typique ; elle occupe la première place dans l'« œuvre d'irréligion », et cela se comprend, puisqu'il s'agit avant tout de déformer systématiquement la mentalité générale, de détruire certaines conceptions et d'en imposer d'autres, ce qui ne peut se faire que par une éducation dirigée dans un sens nettement défini. Aussi les chapitres consacrés aux étapes de la laïcisation, à la « neutralité » et à l'« école sans Dieu », sont-ils parmi les plus importants, et ils abondent en faits précis et significatifs ; cela ne saurait se résumer, et d'ailleurs, pour tous ceux qui veulent être pleinement édifiés à cet égard, ce livre si instructif est à lire tout entier.

Après la préparation et l'application du programme, voici les résultats : « Les Ruines », tel est le titre que M. Tavernier donne à la dernière partie, où il décrit l'état d'« un peuple ravagé de ses propres mains », par une sorte d'aberration collective dont on rencontrerait peu d'exemples dans l'histoire. Ces ruines sont de toutes sortes, depuis « la grande pitié des églises de France », suivant l'expression de Barrès, jusqu'aux « ruines morales » dont on trouve ici des exemples frappants dans les domaines les plus divers : corruption de la littérature, de l'administration, destruction de la famille et du patriotisme. Et, pour couronner le tout, nous avons le tableau de ce qu'est devenu l'enseignement supérieur de l'Université depuis qu'y règne en maîtresse l'« école sociologique » dont Durkheim fut le chef : « la société procédant d'elle-même et d'elle seule et s'adorant elle-même, la sociologie pratique devenant la sociolâtrie organisée », voilà ce qu'on nous propose comme ultime aboutissement de ces cinquante ans d'épreuves et de déceptions !

Tout cela, les « libéraux » n'ont pas su l'empêcher, parce que, si honnêtes qu'aient pu être leurs intentions, leurs principes étaient faux et ne différaient pas au fond de ceux de leurs adversaires eux-mêmes, parce qu'ils ont toujours oublié « que la liberté ne subsiste ni ne se défend par ses seules forces, qu'elle a besoin de la vérité, dont elle ne saurait s'affranchir sans se ruiner tout entière ». Citons encore ces lignes de la conclusion : « En 1833, Lacordaire écrivait à Montalembert : "Sais-tu si de ce libéralisme qui te plaît tant il ne doit pas sortir le plus épouvantable despotisme ?" Vingt ans plus tard, Proudhon rédigeait cette formule qui, merveille de fourberie et de cynisme, mérite d'être conservée à l'histoire : "Le catholicisme doit être en ce moment poursuivi jusqu'à extinction ; ce qui ne m'empêche pas d'écrire sur mon drapeau : Tolérance." C'est l'invraisemblable dérision qui vient de remplir un demi-siècle. »

Après tout cela, il subsiste encore pour nous un point d'interrogation : ce plan d'ensemble, parfaitement cohérent, dont nous voyons la réalisation se développer peu à peu dans toutes ses phases successives, qui l'a tout d'abord établi et voulu ? Les politiciens, d'intelligence assez médiocre pour la plupart, ne sont manifestement que de simples exécutants ; mais leurs inspirateurs, des représentants de la philosophie en vogue sous le second Empire aux sociologues actuels, sont-ils les véritables auteurs et détenteurs de ce plan, l'ont-ils conçu de leur propre initiative, ou au contraire ne sont-ils eux-mêmes que des instruments, dominés et dirigés, peut-être à leur insu, par une volonté cachée qui s'impose à eux, et ensuite aux autres par leur intermédiaire ? Nous ne faisons que poser cette question, sans doute bien difficile à résoudre d'une façon précise et définitive (car il est évident qu'on ne peut en pareil cas s'appuyer sur aucun texte écrit et que des indices d'un ordre plus subtil peuvent seuls orienter les recherches), mais qui, pour cette raison même, mériterait d'être examinée de très près et avec la plus grande attention.

Janvier-Février 1936

Nyoiti Sakurazawa – Principe unique de la Philosophie et de la Science d'Extrême-Orient.

Librairie Philosophique J. Vrin, Paris.

L'auteur de ce petit volume a voulu y donner « une clef de la philosophie et de la science d'Extrême-Orient », qui, à vrai dire, et comme il le reconnaît lui-même, ne sont pas précisément « philosophie » et « science » au sens occidental de ces mots. Cette « clef », qu'il appelle « loi universelle », c'est la doctrine cosmologique des deux principes complémentaires *yin* et *yang*, dont les oscillations et les vicissitudes produisent toutes les choses manifestées. Il y aurait en effet beaucoup de conséquences et d'applications à tirer de cette doctrine, sans d'ailleurs sortir du point de vue essentiellement « synthétique » auquel il convient de se maintenir toujours si l'on veut rester fidèle à l'esprit de l'enseignement traditionnel extrême-oriental ; mais celles qui sont présentées ici se réduisent en somme à assez peu de chose, et, surtout dans la partie « scientifique », sont fâcheusement mêlées à des conceptions occidentales modernes, qui nous éloignent fort des authentiques « sciences traditionnelles ». Ces rapprochements entre des choses d'ordre si différent nous ont toujours paru assez vains, car, là même où l'on peut trouver d'apparentes ressemblances, il n'y a en réalité aucune assimilation possible ; les points de vue sont et demeureront toujours radicalement autres. Il y a dans l'exposé une certaine confusion, peut-être due en partie à l'introduction de ces considérations de caractère « mixte », auxquelles on pourrait, sans trop d'injustice, appliquer ce que l'auteur dit de l'état actuel de son pays, qui « a perdu le véritable esprit oriental, sans avoir su gagner le véritable esprit occidental » ; et d'assez regrettables imperfections de langage contribuent encore à accentuer cette impression.

Mrs Rhys Davids – The Minor Anthologies of the Pali Canon – Part. I. Dhamenapada : Verses on Dhamena, and Khuddaka-Pâtha : The Text of the Minor Sayings.

Humphrey Milford, Oxford University Press, London.

Ce volume, qui fait partie de la collection des *Sacred Books of the Buddhists*, contient, en face l'un de l'autre, le texte et la traduction ; sa principale particularité est que certaines parties sont imprimées en caractères plus petits ; ce sont celles qui sont supposées « interpolées », ajoutées ou modifiées à une époque plus récente. Dans une longue introduction, la traductrice explique d'ailleurs ses intentions : elle s'est donné pour tâche de reconstituer ce qu'elle croit avoir été le Bouddhisme originel, qu'elle a imaginé de désigner du nom de *Sakya* ; et, pour ce faire, elle s'efforce avant tout d'éliminer tout ce qui lui paraît présenter un caractère « monastique » ; peut-être la seule conclusion qu'il convient d'en tirer est-elle tout simplement qu'elle a elle-même un préjugé « anti-monastique » particulièrement violent ! Elle considère aussi comme « tardif » tout ce qui lui semble indiquer une influence du *Sânkhya* ; mais on ne voit vraiment pas pourquoi cette influence ne se serait pas exercée tout aussi bien sur le Bouddhisme dès ses débuts… En somme, son *Sakya* n'est guère qu'une construction hypothétique de plus, venant s'ajouter à toutes celles qu'ont déjà édifiées d'autres « historiens », chacun suivant ses propres tendances et préférences individuelles. Quant à la traduction elle-même, elle eût pu sûrement être plus précise et plus claire, si elle n'avait été versifiée ; quoi qu'on en puisse dire, nous pensons qu'une traduction en vers présente toujours beaucoup moins d'avantages que d'inconvénients, d'autant plus qu'il est tout à fait impossible de conserver dans une autre langue le véritable rythme de l'original.

E. Steinilber-Oberlin – Les Sectes bouddhiques japonaises.

Éditions G. Crès et C$_{ie}$ Paris.

Ce livre se présente comme une « enquête philosophique », ce qui pourrait faire craindre qu'il ne soit plus ou moins affecté par des points de vue occidentaux ; mais, à la vérité, l'auteur, en ce qui concerne l'histoire et les doctrines des différentes sectes ou écoles, se borne le plus souvent à rapporter, d'une façon impartiale et apparemment exacte, ce que lui ont dit les professeurs bouddhistes auxquels il s'est adressé. On peut voir par cet exposé que le Bouddhisme, au Japon comme dans les autres pays où il s'est répandu, s'est largement modifié pour s'adapter au milieu ; les premières sectes, qui étaient restées plus proches des formes indiennes et chinoises, n'ont pas survécu. On constate aussi que les sectes qui tendent actuellement à prendre la plus grande extension sont celles qui simplifient le plus la doctrine et qui présentent le caractère « quiétiste » le plus accentué ; ce sont d'ailleurs, en même temps, ce dont on ne saurait s'étonner, celles où s'affirme surtout une tendance à la « modernisation », et une préoccupation « sociale » prédominante, toutes choses qui, évidemment, sont en étroit rapport avec l'« occidentalisation » du Japon contemporain. Telle est l'impression générale qui se dégage de ce livre, où ceux qui ne sont pas des « spécialistes » pourront trouver en somme une information suffisante, y compris des extraits de quelques textes caractéristiques ; ajoutons qu'il est d'une lecture facile, et, de plus, abondamment illustré de vues des principaux sanctuaires bouddhiques japonais.

NON PUBLIÉ

Baron Carra de Vaux – Les Penseurs de l'Islam. – III. L'exégèse, la tradition et la jurisprudence.

Un vol. in-16$_0$ de 424 pp., P. Geuthner, Paris, 1923.

Nous avons déjà parlé ici (n$_o$ de novembre-décembre 1923) des deux premiers volumes de cet ouvrage ; nous pouvons, à propos du troisième, répéter ce que nous disions alors : ce travail est appelé à rendre de grands services à ceux qui, sans avoir le temps ou la possibilité de se livrer à des recherches multiples, désirent se faire une idée d'ensemble de l'intellectualité musulmane.

En dépit du sous-titre, la plus grande partie du troisième volume est en réalité consacrée à un résumé historique des origines de l'Islam, où apparaissent malheureusement les défauts et les préjugés inhérents à la mentalité de notre époque. La lecture de certaines pages, comme celles où est discutée la question de savoir si le Coran a toujours constitué un « livre » (pp. 156-163), serait à conseiller à ceux qui sont tentés de prendre trop au sérieux les résultats de la « critique » moderne. Il est bon aussi d'enregistrer cet aveu, qu'une interprétation religieuse « n'a point de sens pour la critique » (p. 158) ; ne pourrait-on pas renverser la proposition, et dire tout aussi bien que les arguments « critiques » n'ont point de sens pour quiconque se place au point de vue religieux ou, plus généralement, traditionnel ? En effet, la « critique », ainsi entendue, n'a jamais été au fond autre chose qu'une arme de guerre antireligieuse ; ceux qui croient devoir prendre à son égard une attitude plus ou moins conciliante et « opportuniste » sont victimes d'une bien dangereuse illusion.

Passons à quelques observations de détail ; et, tout d'abord, regrettons que l'auteur écrive assez souvent « mahométan » au lieu de « musulman » ; le mot est d'usage courant, sans doute, chez les Européens, mais il n'en est pas moins fautif pour bien des raisons. Une autre inexactitude, et qui est plus grave, est celle qui consiste à parler de l'Islam, ou encore du monde arabe, comme d'une « nationalité ».

— Conserver une phrase qu'on reconnaît soi-même erronée, sous le prétexte qu'elle « fait bien littérairement » (p. 100), cela semble peu sérieux et risque de déconsidérer un ouvrage qui, pourtant, vaut mieux que cela dans son ensemble. - Il y a aussi quelques affirmations plus que contestables, comme celle qui attribue au blason une origine exclusivement persane (p. 10) ; ne sait-on pas que, dès l'antiquité, il existait aussi ailleurs qu'en Orient, et notamment chez les peuples celtiques ? - Avant de se moquer d'une tradition dans laquelle il est question de « géants » (p. 78), il serait bon de savoir que ce mot et ses équivalents étaient employés très généralement pour désigner des hommes puissants, des peuples guerriers et conquérants, sans aucun égard à leur stature réelle. - Notons encore une erreur sur les termes *nabî* (prophète) et *rasûl* (législateur), dont le rapport hiérarchique est renversé (p. 153), et une opinion peu justifiée, pour ne pas dire plus, sur la signification des lettres qui sont placées au début de quelques sourates du Coran (p. 176).

Les derniers chapitres contiennent de bons exposés sur la tradition (*hadîth*), sur la jurisprudence, et enfin sur les commentaires du Coran.

Paul Vulliaud. – *La Kabbale juive : histoire et doctrine.*

Deux vol. in-8₀ de 520 et 460 pp. E. Nourry, Paris, 1923.

Il n'y avait jusqu'ici, en français tout au moins, aucun ouvrage vraiment sérieux sur la Kabbale ; on ne peut considérer comme tel, en effet, ni le livre incompréhensif d'un Adolphe Franck, plein de préjugés universitaires et d'ailleurs ignorant complètement l'hébreu, ni l'indigeste et fantaisiste compilation d'un Papus, à la fois occultiste et vulgarisateur, et porté par là à déformer doublement les doctrines qu'il prétend exposer. L'important travail de M. Vulliaud semblait donc devoir combler une fâcheuse lacune ; et pourtant, bien qu'il soit fort consciencieusement fait et qu'il contienne beaucoup de choses intéressantes, nous devons avouer que sa lecture nous a quelque peu déçu. Le sous-titre d'« essai critique » aurait pu déjà nous faire prévoir jusqu'à un certain point les intentions de l'auteur, mais où nous les avons trouvées le plus nettement exprimées, c'est dans une note où il déclare s'être assigné « un double but : traiter de la Kabbale et de son histoire, puis exposer, chemin faisant, la méthode dite scientifique suivant laquelle travaillent des auteurs, pour la plupart favorablement connus. » (t. II, p. 206). Ce qui est regrettable, c'est que le second de ces buts fait souvent perdre de vue le premier ; les discussions et les critiques se poursuivent jusque dans les chapitres dont le titre annonçait un exposé purement doctrinal, et il en résulte une certaine impression de désordre et de confusion. Parmi ces critique, il en est d'ailleurs de forts justes, par exemple à l'égard de Renan et de Franck, ou encore de certains occultistes ; il en est d'autres qui sont plus contestables. Il y a, en particulier, un jugement bien sommaire sur les travaux du Hiéron de Paray-le-Monial, qui contiennent assurément des opinions discutables ou insuffisamment fondées, mais aussi beaucoup d'idées très dignes d'attention et qu'on ne peut se contenter de rejeter en bloc avec quelques plaisanteries trop faciles ; mais, dans tous les cas, n'aurait-il pas été possible de dire les mêmes choses plus brièvement et sur un ton moins agressif ? L'ouvrage y eût certainement gagné, car l'essentiel y aurait été moins souvent sacrifié à des considérations qui, en somme, ne sont qu'accessoires et d'un intérêt relatif.

Il y a encore autre chose, qui enlève à toutes ces critiques un peu de leur autorité : c'est que M. Vulliaud se place sur le même terrain de simple érudition que les écrivains qu'il combat ; il semble bien l'avoir fait volontairement, mais cette attitude est-elle vraiment habile et avantageuse ? Il se défend d'être kabbaliste avec une insistance que nous ne comprenons pas très bien, et il va même jusqu'à se qualifier de « simple amateur », en quoi nous voulons croire qu'il se calomnie. Ce parti pris d'envisager une doctrine « de l'extérieur » nous paraît exclure toute possibilité de compréhension profonde ; et d'ailleurs, même si l'on a atteint cette compréhension pour son propre compte, on s'appliquera alors à n'en rien laisser paraître ; l'intérêt de la partie doctrinale en sera fort diminué, et quant à la partie critique elle-même, l'auteur y fera figure de polémiste plutôt que de juge qualifié.

Ce qui est gênant aussi, ce sont les imperfections de la forme ; nous ne parlons pas des fautes d'impression, dont les « errata » ne rectifient qu'une infime partie, mais de trop fréquentes incorrections qu'il est difficile de mettre sur le compte des typographes, et surtout de « lapsus » malencontreux dont nous avons relevé un certain nombre, principalement dans le second volume[90]. Il en est même un qui est d'autant plus grave qu'il est la cause d'une véritable injustice ; critiquant un rédacteur de l'*Encyclopedia Britannica*, M. Vulliaud termine par ces mots : « On ne pouvait attendre beaucoup de fermeté logique chez un auteur qui estime dans un même article que l'on a trop sous-estimé les doctrines kabbalistiques (*absurdly over-estimated*) et que le Zohar est un *farrago of absurdity* » (t. II, p. 418). Or *over-estimated* ne veut point dire « sous-estimé », mais bien « sur-estimé », ce qui est tout le

---

[90] Ainsi, Franck ne fut pas « professeur de philosophie au collège Stanislas » (p. 241), mais au Collège de France, ce qui est tout différent. – M. Vulliaud nomme Cappelle, et parfois même Capelle, l'hébraïsant Louis Cappel, dont nous pouvons rétablir le nom exact d'autant plus sûrement que, en écrivant ces lignes, nous avons sous les yeux sa propre signature. – À la p. 26, il est question d'un nom divin de 26 lettres, et il se trouve ensuite que ce nom en a 42 ; ce passage est vraiment incompréhensible. Il est tout aussi difficile de saisir le rapport qui peut exister entre « l'éclipse de soleil qui arriva à la mort du Christ » et « la conjonction de Jupiter et de Saturne sur laquelle Kepler a écrit un ouvrage » (p. 194).

contraire, de sorte que la contradiction que M. Vulliaud reproche à cet auteur ne se trouve nullement dans son article. Enfin, il est quelques mots hébreux qui ont été traduits trop hâtivement, sans doute, et pour lesquels il n'aurait pas été bien difficile de trouver une interprétation plus satisfaisante[91] ; et, puisque nous parlons des mots hébreux, nous noterons encore qu'il y a, dans leur transcription, un manque d'uniformité qui est assez désagréable. Assurément, ce ne sont là que des détails ; mais M. Vulliaud, qui se montre si sévère pour les autres et toujours prêt à les prendre en défaut, n'aurait-il pas dû s'efforcer d'être lui-même irréprochable ?

D'autre part, l'auteur a le tort d'aborder parfois incidemment certains sujets sur lesquels il est évidemment beaucoup moins informé que sur la Kabbale, et dont il aurait bien pu se dispenser de parler, ce qui lui eût évité quelques méprises qui ne peuvent que nuire à un travail sérieux. C'est ainsi que nous avons trouvé (t. II, p. 377) un passage où il est question d'une soi-disant « théosophie chinoise » dans laquelle nous avons eu quelque peine à reconnaître le Taoïsme, qui n'est de la « théosophie » dans aucune des acceptions de ce mot, et dont le résumé, fait d'après nous ne savons quelle source (car ici, par extraordinaire, il n'y a aucune référence), est éminemment fantaisiste[92]. Il est d'autres choses que M. Vulliaud ne connaît guère mieux que les doctrines extrême-orientales, le Rosicrucianisme par exemple[93], et

---

[91] À la p. 49 du t. II est représentée une figure de *Teraphim* sur laquelle est inscrit entre autres le mot *luz* ; M. Vulliaud a reproduit les divers sens du verbe *luz* donnés par Buxtorf, en faisant suivre chacun d'eux d'un point d'interrogation ; mais il n'a pas pensé qu'il existait aussi un substantif *luz*, signifiant « amande » ou « noyau », et désignant, en langage rabbinique, une particule corporelle indestructible à laquelle l'âme demeurerait liée après la mort (et cette tradition a très probablement inspiré certaines théories de Leibnitz) ; cette dernière signification est certainement la plus plausible, et elle est d'ailleurs confirmée par la place que le mot *luz* occupe sur la figure.

[92] On y oppose « la nature active, *tien* = le ciel » à « la nature passive, *kouèn* = la terre » ; on a ainsi confondu deux dualités différentes, celle de la « perfection active », *khièn*, et de la « perfection passive », *kouèn* (nous disons « perfection » et non « nature »), et celle du « ciel », *tièn*, et de la « terre », *ti*.

[93] Il est étonnant de voir citer (t. II, p. 235), comme l'indice d'une affiliation possible de Descartes à la Fraternité des Rose-Croix, une dédicace qui est manifestement ironique et où se sent au contraire tout le dépit d'un homme qui n'avait pu obtenir cette affiliation

même la Maçonnerie, à propos de laquelle on pourrait relever des assertions plutôt amusantes, comme tel passage où il la suppose exister « chez les Chinois et les Nègres » (t. II, p. 319), alors qu'il s'agit de sociétés secrètes qui n'ont pas plus de rapports avec la Maçonnerie qu'avec la Kabbale[94]. Certes, M. Vulliaud a bien le droit d'ignorer toutes ces choses ; mais, encore une fois, qu'est-ce qui l'obligeait à en parler ? Et, s'il y tenait, il aurait peut-être eu moins de peine à recueillir sur certaines d'entre elles des informations un peu précises qu'à découvrir une foule d'ouvrages rares et inconnus qu'il se plaît à citer avec quelque ostentation.

Bien entendu, toutes ces réserves ne doivent pas nous empêcher de reconnaître les mérites très réels de l'ouvrage, ni de rendre hommage à l'effort considérable dont il témoigne. L'auteur a fort bien établi, contre les critiques modernes qui les contestent, l'antiquité de la Kabbale, son caractère spécifiquement judaïque et strictement orthodoxe. Il a détruit un certain nombre de légendes trop répandues et dénuées de tout fondement, comme celle qui veut rattacher la Kabbale aux doctrines néo-platoniciennes, celle qui attribue le *Zohar* à Moïse de Léon, celle qui prétend faire de Spinoza un kabbaliste, et d'autres encore. Il a parfaitement prouvé que la Kabbale n'est nullement « panthéiste », comme certains le lui ont reproché ; et c'est fort justement qu'il note qu'« il est fait un étrange abus de ce terme » (t. I, p. 429), qu'on applique à tort et à travers aux conceptions les plus différentes, de telle sorte qu'il finit par ne plus rien signifier. Il montre encore qu'une prétendue « philosophie mystique » des Juifs, distincte de la Kabbale, est une chose qui n'a jamais existé en réalité ; mais peut-être a-t-il tort d'accepter le mot de « mysticisme » pour qualifier la Kabbale elle-même ; sans doute, cela dépend du sens que l'on donne à ce mot, et celui qu'il indique serait très soutenable si l'on n'avait à se préoccuper que de l'étymologie ; mais enfin il faut bien tenir compte aussi de l'usage établi, qui en a restreint considérablement la signification, et la Kabbale est, pour nous, beaucoup plus métaphysique que

---

qu'il avait recherchée.

[94] De même (p. 328), le *Ku-Klux-Klan* et les Orangistes (nous supposons qu'il s'agit du *Loyal Order of Orange*) sont des organisations tout à fait distinctes de la Maçonnerie, et d'ailleurs exclusivement protestantes.

mystique.

Tout ce que nous venons d'indiquer se rapporte au point de vue historique, auquel M. Vulliaud a accordé (nous serions tenté de dire malheureusement, sans pour cela en méconnaître l'importance relative) beaucoup plus de place qu'au point de vue proprement doctrinal. Pour ce dernier, nous signalerons comme plus particulièrement intéressants, dans le premier volume, les chapitres qui concernent *En-Soph* et les *Sephiroth* (ch. IX), la *Shekinah* et *Metatron* (ch. XIII), encore qu'il eût été souhaitable d'y trouver un peu plus de développements et de précisions, de même que dans celui où sont exposés les procédés kabbalistiques (ch. V), car nous nous demandons si quelqu'un qui n'aurait aucune notion préalable de la Kabbale serait suffisamment éclairé par leur lecture. En ce qui concerne ce qu'on pourrait appeler les applications de la Kabbale, nous mentionnerons, dans le second volume, les chapitres consacrés au rituel (ch. XIV), aux amulettes (ch. XV), et aux conceptions messianiques (ch. XVI) ; ils contiennent des choses vraiment nouvelles ou tout au moins fort peu connues, et, en particulier, on trouvera dans le dernier de nombreux renseignements sur le côté social et même politique qui contribue pour une bonne part à donner à la doctrine son caractère nettement judaïque.

Tel qu'il se présente dans son ensemble, cet ouvrage nous paraît surtout propre à rectifier beaucoup d'idées erronées, ce qui est loin d'être négligeable, mais n'est peut-être pas suffisant pour un travail qui veut être plus qu'une simple introduction. Si M. Vulliaud en donne quelque jour une nouvelle édition, il est à désirer qu'il sépare aussi complètement que possible la partie historique et critique de la partie doctrinale, qu'il allège quelque peu la première, et qu'il donne au contraire à la seconde plus d'étendue, quand bien même il devrait risquer ainsi de ne plus passer pour le « simple amateur » dont il s'est assigné le rôle un peu trop limité.

Gustave Jéquier. – Histoire de la Civilisation égyptienne des origines à la conquête d'Alexandre.

Un vol. petit in-8_o de 332 pp. Payot, Paris, 1925.

Ce volume peut être considéré comme un bon résumé de l'état actuel des connaissances égyptologiques, résumé sans doute un peu simplifié, comme il arrive presque inévitablement dans un « manuel » de ce genre : on ne peut se douter, en le lisant, des divergences souvent fort considérables qui existent entre les égyptologues, et on risque parfois, surtout en ce qui concerne les origines, de prendre pour des résultats définitifs ce qui n'a qu'un caractère tout hypothétique. Il est regrettable aussi que l'auteur se soit un peu trop laissé influencer par l'idée moderne du « progrès » : s'il est vrai que l'Égypte antique ne fut pas immuable comme beaucoup se l'imaginent, est-ce une raison pour vouloir que les changements qui s'y sont produits successivement se soient toujours effectués dans un sens « progressif » ? N'y-a-t-il pas eu au contraire, très certainement, des périodes de régression ou de décadence ?

Le texte, accompagné d'abondantes illustrations, a le mérite d'être clair et divisé suivant un plan très net : un chapitre est consacré à chacune des grandes périodes, et on y étudie d'abord l'histoire de cette époque, ensuite les monuments qu'elle a laissés, et enfin l'état correspondant de la civilisation (gouvernement, relations extérieures, vie privée, agriculture, industrie, navigation). L'auteur reconnaît que la durée de ces périodes ne peut être déterminée que d'une façon très approximative, et qu'on ne peut établir une chronologie à peu près certaine qu'à partir du VII$_e$ siècle avant notre ère : c'est là un fait assez remarquable, car il est loin d'être particulier à l'Égypte, et la même observation pourrait être faite pour l'histoire de presque tous les peuples anciens ; ce qui est surprenant, c'est que personne ne semble jusqu'ici s'être préoccupé d'en chercher une explication quelconque.

Il y a dans ce livre une lacune qui, à première vue, peut paraître tout à fait extraordinaire : les conceptions doctrinales des Égyptiens y sont entièrement passées sous silence ; à part quelques vagues allusions aux rites funéraires ou à l'existence d'un puissant sacerdoce, on ne trouve absolument rien qui s'y rapporte, même indirectement. Pourtant, il y a bien, vers le début, un chapitre consacré à « l'Égypte légendaire », dans lequel il est question de mythes, mais avec la volonté bien arrêtée de ne les considérer que comme des « mythes historiques », auxquels se serait ajoutée assez tardivement une signification symbolique et théologique, apparemment négligeable aux yeux de l'auteur !

Si l'on veut savoir de quel genre sont les hypothèses qui dominent aujourd'hui l'esprit des égyptologues, voici un exemple : on sait que l'épervier était le symbole d'Horus ; or cet épervier est devenu un faucon, sans doute parce qu'il perd ainsi beaucoup de son caractère hiératique (cela semble peu de choses, mais c'est très significatif) ; et ce faucon, au lieu de représenter Horus, est maintenant Horus lui-même, réduit à la qualité de « totem » de la tribu ou du « clan » qui fournit à l'Égypte ses premiers rois ; voilà où on en arrive quand on prend au sérieux les fantaisies « sociologiques » de Durkheim et de son école ! Mais, cela étant dit, comment expliquer l'omission que nous venons de signaler ? Nous pensons qu'elle ne peut se justifier que d'une seule façon : les égyptologues, qui sont parvenus à une reconstitution assez exacte ou tout au moins satisfaisante pour les choses de la vie ordinaire et « extérieure », ont été au contraire incapables d'arriver à la moindre compréhension des idées et des doctrines ; ils ne se sont cependant pas privés d'en essayer de multiples interprétations, mais passablement incohérentes et contradictoires entre elles, de sorte qu'on ne peut en tenir compte quand on veut simplement présenter l'ensemble des résultats acquis. Seulement, ne devrait-on pas alors avouer franchement cet état de choses, et cela ne vaudrait-il pas mieux que de parler des Égyptiens comme on pourrait le faire d'un peuple à qui toute idée divine ou extra-terrestre fut à peu près étrangère, et de leur civilisation comme si elle avait eu un caractère aussi exclusivement matériel que la civilisation européenne moderne, ce qui est exactement le contraire de la réalité ? Mais c'est précisément parce que les égyptologues jugent toutes choses avec la mentalité des Européens modernes qu'ils ne peuvent pénétrer des idées si éloignées des leurs à tous égards, ni même comprendre que ce qui leur échappe ainsi, c'était sans doute, pour les Égyptiens eux-mêmes, ce qu'il y avait de plus essentiel.

Publiés dans Vient de Paraître

Février 1926

Jules Lagneau. – De l'existence de Dieu.

De Jules Lagneau, qui n'écrivit jamais rien, mais auquel on a fait la réputation d'un philosophe extraordinaire, on vient enfin de publier, d'après des cahiers d'élèves, un petit livre qu'on nous présente comme son « testament philosophique » ; et, en le lisant, nous nous étonnons quelque peu de cette réputation. Ce que nous voyons là, c'est un professeur de philosophie imbu de kantisme comme ils l'étaient presque tous il y a une trentaine d'années ; il accepte la position de Kant, dans son ensemble, comme quelque chose sur quoi il n'y a pas à revenir, et il cherche simplement à perfectionner la soi-disant « preuve morale » de l'existence de Dieu. Pour cela, il s'appuie sur une certaine conception de la liberté ; cette liberté, d'ailleurs, « il est impossible à la pensée de se la prouver à elle-même autrement que par l'acte moral » ; et, par celui-ci, « Dieu se réalise en nous », car cet acte consiste « à faire que la loi soit vraie en voulant qu'elle le soit ». Il ne s'agit d'ailleurs pas d'existence à proprement parler, ni même d'être pur, mais d'un « devoir d'être », d'une « valeur », d'un « idéal », etc. Tout cela a-t-il vraiment un sens et prouve-t-il quelque chose ? C'est assurément curieux, à un point de vue psychologique, comme manifestation d'un certain état d'esprit ; c'est intéressant aussi, pour nous, en ce que cela montre une fois de plus l'impuissance à laquelle la philosophie moderne, négatrice de la métaphysique vraie, se condamne par la façon même dont elle pose les questions ; mais qu'il est affligeant de songer qu'on en arrive si facilement, à notre époque, à prendre pour l'expression d'une pensée supérieure et profonde ce qui n'est qu'un simple verbiage sentimental !

Giovanni Gentile. – L'Esprit, acte pur.

Traduit de l'italien par Mlle A. Lion.

Cet ouvrage représente une autre tendance de la philosophie contemporaine, tendance issue assez directement de Hegel, bien que l'auteur prétende corriger et réformer la conception de celui-ci. Le réel, pour Hegel, c'est la pensée ; pour M. Gentile, c'est « le penser » (l'acte) ; la nuance peut paraître assez subtile, et pourtant on lui attribue une importance capitale. « Le penser est activité, et la pensée est le produit de cette activité ; l'activité devient, l'effet est. » Il s'agit donc essentiellement d'une philosophie du devenir : « L'esprit n'est ni un être ni une substance, mais un processus constructif, un développement, un continuel devenir. » Il est donc à peine utile de dire que l'« acte pur » dont il est question ici n'a rien de commun avec celui d'Aristote. Cet idéalisme « actualiste » nous apparaît d'ailleurs surtout comme un étrange abus de la dialectique ; citons-en tout au moins un exemple typique : « La pensée est inconcevable en tant que pensée, et n'est pensée précisément que parce qu'impensable… Et toutefois l'impensable, du fait même qu'il est impensable, est pensé, car son impensabilité est un penser. Ce n'est pas en soi, hors de la sphère de notre penser, qu'il est impensable. C'est nous qui le pensons comme l'impensable : c'est notre penser qui le pose comme impensable, ou plutôt c'est le penser qui se pose en lui, mais en lui comme impensable. » – On comprendra sans peine que ce livre soit d'une lecture assez difficile, et encore faut-il ajouter que la traduction est trop souvent incorrecte ; il s'y rencontre même bien des mots qui, pour être calqués trop exactement sur des formes italiennes, sont en français, non seulement des néologismes inutiles, mais de purs barbarismes : « naturalistique », « objectivisé », « psychicité », « prévédibilité », « intellectualistiquement », et d'autres encore.

Georges Groslier. – La Sculpture Khmère ancienne.

Illustrée de 175 reproductions hors texte en similigravure.

Cette très belle publication donne pour la première fois une idée d'ensemble de la sculpture khmère, dans la mesure du moins où le permet l'état actuel des recherches archéologiques. L'auteur est d'ailleurs fort prudent dans ses conclusions, et on ne saurait trop l'en approuver, car bien des questions sont encore loin d'être résolues d'une façon définitive. Il est à peu près impossible d'établir une chronologie rigoureuse, et, ici comme pour l'Inde, les dates proposées ne sont souvent qu'hypothétiques. Il est difficile aussi de préciser sous quelle forme l'influence indienne pénétra tout d'abord au Cambodge, et, du Brâhmanisme ou du Bouddhisme, lequel s'établit le premier dans cette région ; pour nous, du reste, il n'y a rien d'impossible à ce qu'ils y soient venus simultanément, puisqu'ils coexistèrent dans l'Inde pendant un certain nombre de siècles. En tout cas, M. Groslier remarque très justement que les deux cultes se mêlent souvent (le même fait peut être constaté en d'autres pays, à Java notamment) ; il s'agit d'ailleurs d'un Bouddhisme transformé, fortement teinté de Çivaïsme, comme cela s'est produit aussi au Thibet. L'auteur insiste peu sur ces considérations, qui méritaient une étude approfondie, mais qui ne rentrent qu'indirectement dans son sujet ; il cherche surtout à faire la part des influences extérieures et à montrer en même temps ce qu'il y a de vraiment original dans l'art khmer. Nous lui reprocherons seulement de s'être parfois un peu trop laissé influencer dans ses appréciations, bien qu'il s'en défende, par les conceptions esthétiques occidentales et par le moderne préjugé individualiste ; on le sent gêné par tout ce qu'il y a de traditionnel dans cet art, par son caractère symbolique et rituel, qui en est pourtant, à nos yeux, le côté le plus intéressant. – Les planches, qui forment près des deux tiers du volume, sont tout à fait remarquables (il n'en est guère que deux ou trois qui manquent un peu de netteté, sans doute par suite des conditions où les photographies ont dû être prises) ; la plupart reproduisent des pièces inédites ou récemment découvertes, et elles font connaître la sculpture khmère beaucoup plus complètement que les fragments détachés qu'on en peut voir dans les musées.

Avril 1926

Paul Choisnard. – Saint Thomas d'Aquin et l'influence des astres.

Il est incontestable que saint Thomas d'Aquin est « à la mode », et peut-être sa doctrine n'a-t-elle jamais été l'objet de tant de travaux de toutes sortes ; pourtant, il est des côtés de cette doctrine qu'on semble laisser volontairement dans l'ombre. Certains Thomistes actuels, qui protestent contre l'appellation de « néo-Thomistes » et qui se croient très « antimodernes », ont cependant, en réalité, l'esprit trop moderne encore pour comprendre la cosmologie de saint Thomas, et même pour voir simplement la différence qui existe entre les points de vue de la physique de l'antiquité et du moyen âge et de celle d'aujourd'hui, différence qui est telle qu'il n'y a lieu d'envisager entre elles ni opposition ni conciliation. À plus forte raison ces mêmes Thomistes ne veulent-ils pas entendre parler de choses telles que l'astrologie, et ils doivent être plutôt gênés lorsqu'ils sont obligés de constater que saint Thomas a affirmé très explicitement la réalité de l'influence des astres. Aussi le présent ouvrage, bien loin de faire double emploi avec aucun autre, vient-il combler une lacune importante. L'auteur a groupé sous un certain nombre de titres les principaux passages de la *Somme Théologique* qui se rapportent à cette question ; et, dans chaque chapitre, il a fait suivre la reproduction des textes de commentaires qui, dans l'ensemble, nous paraissent parfaitement justes. Il y aurait lieu seulement de faire des réserves sur ce qu'il y a, ici aussi, de trop moderne dans quelques interprétations ; nous voulons parler de la tendance qu'a M. Choisnard à rapprocher de sa propre conception de l'astrologie celle de saint Thomas ou celle de Ptolémée. Or la conception de l'« astrologie scientifique » comme fondée principalement sur les « statistiques » et les « probabilités », de façon à constituer une « science expérimentale » au sens où on l'entend de nos jours, est certainement bien éloignée de l'astrologie ancienne, qui reposait sur de tout autres bases ; et, si cette astrologie nouvelle est une tentative pour rejoindre celle des anciens, elle prend pour y arriver une voie très détournée. D'autre part, nous ne pensons pas que le vrai sens de la notion de causalité soit celui qu'indique M. Choisnard, et où nous retrouvons la confusion entre « cause » et « condition » qui est, d'ordinaire, le fait d'un certain empirisme. Malgré cela, un tel travail est fort utile, car il peut contribuer à corriger l'étroitesse des interprétations courantes du Thomisme ; et il y a là un effort d'autant plus méritoire qu'il va à l'encontre de beaucoup de préjugés.

Octobre 1926

Georges Dwelshauvers. – Les Mécanismes subconscients.

Ce petit volume peut donner une idée de ce qu'est actuellement la psychologie de laboratoire ; sur la valeur des résultats auxquels conduisent tant de recherches patientes et minutieuses, les avis peuvent différer, et, pour notre part, nous serions tenté de faire là-dessus bien des réserves. Quoi qu'il en soit, voici comment l'auteur définit la question qu'il a envisagée plus spécialement : « Les expériences sur lesquelles se fonde notre étude ont porté principalement sur l'image et sur le mouvement dans leurs rapports avec l'action consciente de son but, c'est-à-dire d'une part avec l'attention et le raisonnement, d'autre part avec l'innervation volontaire. » Il est à noter que M. Dwelshauvers se montre nettement adversaire du freudisme, qu'il ne nomme pas, mais auquel il fait une allusion assez claire dans ces lignes dont la sévérité ne nous semble pas excessive : « Quand par distraction ou par fatigue je me trompe de porte ou que j'écris un mot pour un autre, il serait fantaisiste d'interpréter cette maladresse comme l'indice de tendances inconscientes qui me pousseraient à agir à mon insu. Ce genre de psychologie me paraît répondre à la même mentalité que celle des gens mystérieux qui consultent la tireuse de cartes au sujet de leur avenir. »

MARS 1927

Monseigneur C.-W. Leadbeater, évêque régional de l'Église Catholique Libérale pour l'Australie. – La Science des Sacrements.

Traduit de l'anglais.

Le titre ne doit pas faire illusion : ce n'est pas d'un livre catholique qu'il s'agit, mais d'un livre théosophiste et la soi-disant « Église Catholique Libérale » n'est qu'une des organisations destinées à préparer la venue du nouveau Messie qu'on annonce depuis quelques années. Comme tous les ouvrages du même auteur, celui-ci est fait tout entier d'affirmations basées sur l'exercice d'une faculté de « clairvoyance » des plus suspectes ; c'est un exemple assez curieux de certaines extravagances pseudo-mystiques qui ont malheureusement quelque succès à notre époque.

E. Francis Udny, prêtre de l'Église Catholique Libérale. – Le Christianisme primitif dans l'Évangile des douze Saints.

Traduit de l'anglais.

Nous avions tout d'abord supposé que, dans ce petit volume, de même provenance que le précédent, il devait être question de quelqu'un des nombreux Évangiles apocryphes ; mais nous n'avons pas été longtemps à nous rendre compte que ce n'était qu'une simple mystification. Ce prétendu « Évangile des Douze Saints », conservé dans un monastère du Thibet, puis transmis « mentalement » à un prêtre anglican, est destiné à introduire dans le Christianisme (en prétendant qu'on les a fait disparaître jadis des Évangiles canoniques) l'idée de la réincarnation et les enseignements végétarien et antialcoolique chers aux Théosophistes. La supercherie est un peu grossière ; et ce qu'il y a de mieux c'est qu'on nous fait entrevoir la prochaine mise au jour d'une « Bible nouvelle et meilleure », sans doute arrangée tout entière de la même façon !

JUILLET-AOÛT 1927

R. Schwaller de Lubicz. – L'Appel du Feu.

M. René Schwaller, théosophiste dissident, qui fut un des chefs du groupe éphémère des « Veilleurs », a réuni dans ce livre, sous une forme qui veut être poétique, mais qui est parfois peu correcte ou peu intelligible, des considérations touchant à des sujets assez divers : le langage, la société, la religion, la science, la vie. Il y a là-dedans quelques lueurs, parmi beaucoup de fatras grandiloquents ; une des idées dominantes de l'auteur semble être celle de l'imminence de la « fin du monde » ; il n'est d'ailleurs pas seul à l'annoncer ; mais encore serait-il bon d'expliquer, plus nettement qu'il ne le fait, en quel sens il convient de l'entendre exactement.

Jean Baruzi. – Philosophes et savants français du XX$_e$ siècle, extraits et notices. – III. Le problème moral.

La présentation des textes réunis ici semble avoir été assez fortement influencée par l'idée de la prédominance des théories de l'école sociologique de Durkheim, ce qui nous a un peu étonné de la part de M. Baruzi. Sans doute, l'existence de ces théories est un fait dont il y a lieu de tenir compte, au moins historiquement ; mais, à côté d'elles, il y a tout de même d'autres tendances, assez différentes et même opposées ; pourquoi donner l'impression que celles-ci n'ont qu'une moindre importance, qu'elles n'existent pour ainsi dire qu'en fonction de ce que nous appellerions volontiers le « sociologisme » ? La perspective de l'ensemble peut s'en trouver faussée, et c'est pourquoi il nous est difficile de considérer ce volume comme un tableau tout à fait fidèle des conceptions morales actuellement en vigueur dans l'Université française.

NOVEMBRE 1927

Phusis. – Près du Secret de la Vie, Essai de Morphologie universelle.

Ce petit volume, qui doit être le premier d'une nouvelle « Bibliothèque scientifique de perfectionnement humain », est un exemple typique de ces productions d'autodidactes, comme il en existe beaucoup à notre époque, qui, ayant accumulé des notions de toutes sortes et les ayant combinées au gré de leur imagination, se persuadent qu'ils sont parvenus à des découvertes prodigieuses et que leur « science » est destinée à assurer le bonheur de l'humanité. Que d'efforts dépensés en pure perte, et quel gaspillage d'une activité qui aurait trouvé un bien meilleur emploi dans des besognes plus modestes, mais d'une utilité moins contestable ! C'est là, sans doute, un des « bienfaits » tant vantés de l'« instruction obligatoire »…

Émile Boutroux. – Des Vérités éternelles chez Descartes.

Thèse latine traduite par M. Canguilhem,
avec une préface de M. Léon Brunschwieg.

C'est une excellente idée d'avoir donné une traduction française de cette thèse latine d'Émile Boutroux, bien qu'elle ne soit qu'une simple étude historique sur cette singulière théorie de Descartes d'après laquelle les vérités éternelles sont créées par Dieu de telle façon que le possible et l'impossible ne sont tels que parce que Dieu l'a voulu librement, au sens d'une liberté d'indifférence. Après avoir lu ce petit livre, on voit mieux comment cette théorie se rattache à tout l'ensemble de la philosophie cartésienne ; mais nous ne pensons pas que, en elle-même, elle en apparaisse mieux justifiée. – La préface dans laquelle M. Brunschwieg a donné un aperçu d'ensemble de la philosophie d'Émile Boutroux manque trop souvent de clarté ; et est-il vraiment admissible que la question des rapports de la France et de l'Allemagne soit mise sur le même plan que celle des rapports de la science et de la religion ?

R. P. J. Maréchal, S. J. (*Section philosophique du Museum Lessianum*). – *Le Point de départ de la Métaphysique, leçons sur le développement historique et théorique du problème de la connaissance. Cahier V : Le Thomisme devant la Philosophie critique.*

L'auteur s'est proposé une sorte de confrontation du thomisme avec la philosophie moderne, et, ici, plus spécialement avec le kantisme ; n'est-ce pas accorder une importance excessive à des « problèmes » purement artificiels, et y a-t-il vraiment lieu de vouloir constituer, sur des bases thomistes, une « Théorie de la connaissance » ? L'antiquité et le moyen âge, qui préféraient à bon droit aller directement à la connaissance elle-même, ne se sont guère embarrassés de ces questions ; et nous ne voyons pas que la métaphysique ait réellement besoin d'un tel « point de départ ». D'ailleurs, bien que nous soyons fort peu partisan de ce mélange de points de vue hétérogènes et de ces discussions qui conduisent trop souvent à d'assez fâcheuses concessions, nous n'en reconnaissons pas moins tout le mérite d'un travail considérable, et d'autant plus difficile qu'il s'agit de comparer entre elles des théories qui s'expriment en des langages aussi différents que possible.

P. V. Piobb. – *Le secret de Nostradamus.*

C'est un livre très curieux, dont l'auteur, qui pense avoir trouvé enfin la clef des célèbres prophéties de Nostradamus, a eu seulement le tort de ne pas s'expliquer assez nettement sur la méthode qu'il emploie pour parvenir à certains résultats, ce qui en rend la vérification difficile. Quoi qu'il en soit, et malgré les réserves qu'appelleraient peut-être quelques déductions poussées un peu trop loin, il nous paraît certain qu'il y a un fondement sérieux dans l'interprétation des « Centuries » suivant un système « chrono-cosmographique » lié à la connaissance des « lois cycliques », car, par une coïncidence assez remarquable, nous avons pu, d'autre part, constater nous-même l'existence de quelque chose d'analogue dans l'œuvre de Dante. Nous signalerons aussi particulièrement les considérations relatives à la mutation des symboles en correspondance avec certaines périodes historiques et le chapitre consacré à la topographie de Paris, qui est un des plus intéressants, et qui se rattache à ce que nous avons appelé la « géographie sacrée » ; les prédictions concernant le prochain avenir sont moins satisfaisantes, mais ce n'est là, quoi que certains puissent en penser, qu'une application très secondaire. Cet ouvrage nous change fort avantageusement des habituelles élucubrations « occultistes », et il est à souhaiter que l'auteur développe par la suite, comme ils le mériteraient, divers points auxquels il n'a pu faire que de trop brèves allusions.

Décembre 1927

J. G. Frazer. – Les Dieux du Ciel.

Traduit de l'anglais par Pierre Sayn.

On connaît assez les théories de l'auteur, basées sur l'hypothèse gratuite d'un « naturalisme » primitif ; aussi, lorsqu'il parle des « dieux du Ciel », ne peut-on s'étonner qu'il entende cette expression au sens le plus matériel, faisant de ces dieux de simples personnifications du ciel visible ou des phénomènes célestes et atmosphériques. Pour ceux qui ne sont pas disposés à accepter aveuglément de telles interprétations, des ouvrages de ce genre ne peuvent valoir que comme recueils de faits ; et encore faut-il prendre garde que ces faits peuvent souvent être déformés par les idées préconçues de ceux qui les rapportent. Nous nous demandons d'ailleurs s'il est bien utile de s'étendre si longuement sur des histoires de peuplades nègres, qui occupent ici plus des deux tiers du volume, et dont la plupart ne font que se répéter les unes les autres avec des variantes presque insignifiantes ; c'est vraiment pousser un peu loin la manie du détail qui caractérise une certaine érudition contemporaine.

Paul Choisnard. – Les Preuves de l'influence astrale sur l'homme.

Cette brochure résume différents travaux antérieurs de l'auteur sur l'astrologie, et plus particulièrement sur ce qu'il appelle la « loi d'hérédité astrale », loi dont il a d'ailleurs trouvé une indication très nette chez Képler. Malheureusement, son astrologie dite « scientifique », c'est-à-dire conçue sur le modèle des sciences expérimentales modernes, et s'appuyant principalement sur les statistiques et le calcul des probabilités, ne nous paraît avoir que des rapports extrêmement lointains avec l'authentique astrologie traditionnelle, telle que la connurent l'antiquité et le moyen âge ; il conviendrait de se garder de toute confusion entre des points de vue essentiellement différents.

AVRIL 1928

Édouard Dujardin. – Le Dieu Jésus, essai sur les origines et sur la formation de la légende évangélique.

Voici encore une nouvelle hypothèse (l'auteur lui-même reconnaît que ce n'est que cela) sur les origines du Christianisme, qui aurait été la continuation ou le « réveil » d'une antique « religion de mystère » palestinienne, dont le dieu, appelé Jésus (ou Josué), aurait été immolé et crucifié rituellement dans un « drame sacré » réalisé pour la dernière fois en l'an 27 de notre ère. M. Dujardin s'écarte de la conception « mythique », soutenue récemment par M. Couchoud, en ce qu'il reconnaît à Jésus une certaine historicité, mais qui est seulement une « historicité spirituelle » ; encore faut-il préciser que la

« spiritualité », pour lui, doit s'entendre en un sens purement « sociologique » ; et il utilise à la fois les prétendus résultats de la « critique indépendante » (lisez antichrétienne), la théorie de Robertson Smith, d'après laquelle « le rite précède et produit le mythe », et celle de Durkheim d'après laquelle « le dieu est l'hypostase de la Société ». Il faut attendre la suite, car ce volume se présente comme le premier de toute une série ; mais nous sommes bien persuadé, par ce que nous en voyons déjà, que cette hypothèse n'est qu'une fantaisie de plus qui vient s'ajouter à beaucoup d'autres, et qu'elle n'a pas plus de solidité que celle qu'elle prétend remplacer ; ces constructions pseudo-scientifiques, engendrées par le désordre intellectuel de notre époque, s'écrouleront toutes les unes après les autres et, finalement, la vraie tradition chrétienne n'a sûrement rien à en redouter.

Georges Lanoë-Villène. – Le Livre des Symboles, dictionnaire de symbolique et de mythologie.

Ce travail, dont les deux premiers volumes (lettres A et B) ont paru, est un recueil vraiment formidable de renseignements de toute provenance, qu'il serait fort difficile de trouver ailleurs ; il est donc appelé à rendre de grands services à tous ceux qui s'intéressent aux questions se rapportant au symbolisme. Les interprétations sont parfois contestables, et, en particulier, l'idée que se fait l'auteur de ce qu'il appelle le « Delphisme primitif » nous semble bien hypothétique ; mais ces interprétations mêmes sont toujours intéressantes et suggestives malgré tout, et, en tout cas, elles n'enlèvent évidemment rien à la valeur de la documentation. Il y a bien quelques erreurs de faits, mais, dans un ouvrage de ce genre, c'est presque inévitable ; il en est une, pourtant, qui est d'autant plus fâcheuse qu'elle est fréquemment répétée : c'est l'attribution au Bouddhisme d'idées, de symboles et de textes (notamment les *Purânas*) qui, en réalité, sont purement brahmaniques ; c'est d'ailleurs une chose bien curieuse que cette tendance qu'ont la plupart des Occidentaux à voir du Bouddhisme un peu partout.

Raoul Montandon. – Les Radiations humaines, Introduction à la démonstration expérimentale de l'existence des corps subtils de

l'homme.

Ce gros volume n'est qu'un recueil de faits et d'expériences tendant à prouver la réalité des « radiations », de nature plus ou moins indéterminée, qui émaneraient du corps humain, et, plus généralement, de tous les organismes vivants. Le sous-titre, pourtant, contient une expression tendancieuse, celle de « corps subtils », qui implique l'acceptation de certaines théories spirites ou occultistes, et dans laquelle l'emploi du mot de « corps » dénote une conception assez grossièrement matérialisée ; celui de « forces » ne conviendrait-il pas beaucoup mieux ? Nous pensons, d'ailleurs, que les phénomènes dont il s'agit sont bien plus près du simple domaine physiologique que certains ne paraissent le supposer ; nous sommes aussi loin que possible d'en contester la réalité, mais nous nous demandons pourquoi tous les ouvrages de ce genre reproduisent constamment des exemples suspects ou mal contrôlés qu'il serait assurément préférable de laisser de côté, ne fût-ce que pour ne pas donner prise à de trop faciles objections. D'autre part, pourquoi, sur trois personnalités à la mémoire desquelles est dédié ce livre, en est-il deux qui furent des spirites avérés ? Cela est peu propre à donner l'impression d'une recherche indépendante et, si les « métapsychistes » ne sont pas pris au sérieux, il faut avouer que les maladresses qu'ils commettent y sont bien pour quelque chose.

Mai 1928

Louis Lavelle. – La Dialectique de l'éternel présent : De l'Être.

C'est un curieux essai d'ontologie, présenté sous une forme originale, trop originale peut-être, car certaines des thèses qui y sont contenues, comme celle de l'« univocité de l'être » par exemple, semblent passablement « hérétiques ». Et que penser de l'identification de l'être total avec un « individu infini », surtout alors qu'il est dit d'autre part que ce même tout « ne peut être qu'une idée » ? Il y a pourtant des considérations intéressantes, notamment celles qui se rapportent au jugement universel « l'être est » ; mais cela est bien compliqué, et peut-être assez inutilement. De plus, contrairement à ce que fait espérer le titre, la question des rapports du temps et de l'éternité n'est guère éclaircie ; en particulier, la distinction essentielle des deux sens du « présent », l'un temporel et l'autre intemporel, fait entièrement défaut. D'ailleurs, s'il faut le dire nettement, toute cette « dialectique », si ingénieuse qu'elle puisse être, nous fait plutôt l'effet d'un jeu et nous paraît très « verbale » au fond ; que tout cela est donc loin de la véritable connaissance !

Augustin Jakubisiak. – *Essai sur les limites de l'espace et du temps.*

Bien que cette thèse paraisse, d'après son titre, devoir être d'ordre cosmologique, elle débute par une interprétation ontologique des principes logiques, qui nous semble d'ailleurs assez contestable quant à l'application qui en est faite à l'« être concret » et quant à l'affirmation de « discontinuité » qu'on veut en tirer. L'auteur développe ensuite les conséquences de cette interprétation, conséquences non point « métaphysiques » comme il l'annonce tout d'abord, mais proprement « physiques » au sens étymologique de ce mot ; plus précisément encore, elles sont en grande partie « épistémologiques », c'est-à-dire qu'elles relèvent surtout de la philosophie des sciences telle qu'on l'entend aujourd'hui. Il y a donc là une multiplicité de points de vue qui ne va pas sans quelque confusion, à laquelle s'ajoute encore l'emploi d'une terminologie parfois trop peu précise. Il y a pourtant des choses remarquables dans la critique qui est faite de certaines théories ; mais pourquoi attacher tant d'importance à l'état actuel de la science et à des conceptions qui n'auront sans doute qu'une durée éphémère ? La partie constructive de l'ouvrage renferme des assertions bien discutables : discontinuité de l'espace, explication spatiale du nombre ; et l'extension des notions d'espace et de temps à toute simultanéité et à toute succession (qui se trouve aussi chez Leibnitz) est vraiment abusive. Dans la conclusion, l'auteur cherche à accorder sa théorie avec la révélation chrétienne, et les remarques auxquelles il est amené par là ne sont pas, dans son livre, ce qui est le moins digne d'intérêt.

Septembre-octobre 1928

Bertrand Russell. – Analyse de l'Esprit.

Traduit de l'anglais par M. Lefèvre.

Ce livre, nous dit l'auteur, est né d'une tentative de concilier deux tendances différentes, celle de la psychologie qui devient de plus en plus dépendante de la physiologie, et celle de la physique qui, de son côté, rend la matière de moins en moins « matérielle ». On pourrait croire, à première vue, qu'il s'agit là d'un retour aux conceptions anciennes, dans lesquelles l'esprit et la matière n'étaient point radicalement séparés l'un de l'autre comme ils le sont depuis Descartes ; mais, en fait, il n'en est rien, car il s'agit d'un point de vue « empiriste » et « évolutionniste » qui est purement moderne, au plus fâcheux sens de ce mot, et dans lequel ce qui est appelé « esprit » nous apparaît comme quelque chose de peu « spirituel » en réalité, toute faculté supérieure à l'ordre sensible étant niée ou passée sous silence. Parmi les récentes théories psychologiques, « behaviouristes » ou autres, que M. Russell examine avec le plus grand sérieux, il en est d'ailleurs de fort divertissantes pour quiconque peut les envisager avec un complet désintéressement ; ne se rencontrera-t-il pas un Molière pour mettre à la scène ces pédantesques inepties ?

Ch. Appuhn. – Spinoza.

Ce volume fait partie de la collection « Civilisation et Christianisme », dirigée par M. Louis Rougier, et qui est la suite de celle des « Maîtres de la Pensée antichrétienne » ; c'est dire que les extraits de Spinoza qui en forment la partie principale ont été choisis, non avec impartialité, mais avec le dessein bien arrêté de faire apparaître leur auteur sous un aspect aussi étroitement « rationaliste » que possible ; on va même, en ce sens, jusqu'à faire de lui, à tort ou à raison, le « véritable inventeur » de la « critique » moderne. La longue introduction qui précède ces extraits est intéressante au point de vue historique, mais nous en tirerions, pour notre part, une conclusion tout autre que celle de M. Appuhn et beaucoup moins avantageuse pour Spinoza : c'est que celui-ci, quand il s'est mêlé de parler de la religion, l'a fait en « profane », c'est-à-dire en homme qui n'y entend rien. Nous nous demandons même, à ce propos, par quelle aberration certains ont voulu présenter comme un Kabbaliste le philosophe qui a écrit que, à son avis, « les hautes spéculations n'ont rien à voir avec l'Écriture », ce qui est précisément la négation formelle de la Kabbale hébraïque.

NOVEMBRE 1928

M. Dugard. – Sur les frontières de la Foi.

L'auteur, dans un avertissement préliminaire, prie les théologiens de ne pas ouvrir son livre et il a bien raison, car la conception qu'il se fait de la religion n'a assurément rien à voir avec la théologie. Les objections adressées au christianisme par la « pensée moderne », et les réponses qu'il y apporte, témoignent pareillement du désarroi mental de notre époque, et c'est à ce titre qu'un ouvrage comme celui-là présente pour nous quelque intérêt. Cette religion « humanisée », réduite à de simples préoccupations morales et sociales, dépouillée de tout contenu doctrinal et de toute intellectualité, est-ce vraiment encore une religion ? Le nom de « religiosité » ne conviendrait-il pas beaucoup mieux à un tel ensemble de vagues aspirations sentimentales, qu'une étrange illusion fait prendre pour de la « spiritualité » ? Peut-être est-ce là tout ce que peut admettre, en fait de religion, un esprit pénétré de tous les préjugés contemporains, depuis la croyance au progrès jusqu'à la confusion de l'intelligence avec la raison discursive. En tout cas, ce christianisme soi-disant « évangélique », dont il n'est même pas bien sûr qu'il reconnaisse la divinité du Christ, ressemble fort à certaines formes de « protestantisme libéral ». Qu'on se sent à l'étroit dans ces conceptions rapetissées, qui se targuent pourtant de « largeur d'esprit » et se croient bien supérieures aux « traditions immuables » !

Édouard Le Roy. – L'Exigence idéaliste et le Fait de l'Évolution.

Dans ce livre, nous voyons l'évolutionnisme bergsonien se solidariser aussi nettement que possible avec le « transformisme », et cela au moment où, de l'aveu même de l'auteur, celui-ci a déjà perdu beaucoup de terrain. Nous y retrouvons aussi, exprimées peut-être plus franchement encore que chez M. Bergson, des affirmations comme celles du « changement pur, se suffisant à lui-même », et de la « substantialité intrinsèque du devenir ». La place nous manque évidemment ici pour discuter ces conceptions, mais nous pouvons tout au moins faire à ce sujet les deux remarques suivantes : d'abord, ces philosophes triomphent un peu trop facilement parce qu'ils ne trouvent l'immuable nulle part dans le domaine « physique », c'est-à-dire là où en effet il ne peut pas être ; ensuite, il est vraiment étrange qu'ils s'imaginent faire de la « métaphysique », alors que tout ce qu'ils affirment équivaut précisément à la négation même de la métaphysique. En outre, une constatation s'impose : c'est que ceux qui ont pu croire que le bergsonisme s'opposait en quelque façon au « scientisme » devront renoncer à cette illusion ; ici, il rejoint au contraire le « scientisme » sous sa forme la plus naïve, celle qui prend les hypothèses pour des « faits ». Tout cela vieillira terriblement vite, si même ce n'est pas déjà quelque peu « démodé » ; nous pouvons bien employer ce mot, car, au fond, le succès des théories de ce genre n'est qu'affaire de mode et rien de plus.

Mars 1929

Annie Besant. – La Nouvelle Civilisation.

Dans ce petit livre sont réunies quatre conférences données à Londres, en juin 1927, par la présidente de la Société Théosophique. La « nouvelle civilisation », d'après elle, est celle de la « sous-race » qui se forme actuellement en Californie, en attendant la venue de la future « race-mère » qui doit, un peu plus tard, prendre naissance dans la même région. Ces prévisions fantaisistes ne sont guère, à vrai dire, qu'un prétexte à déclamations humanitaires et « socialisantes », qui ne sortent pas de l'ordinaire banalité des prêches de « fraternité universelle » qu'on entend dans les milieux de ce genre.

J. Krishnamurti. – La Vie comme idéal.

Après l'« Apôtre », voici le « Messie » lui-même, et sa conférence est encore plus banale s'il est possible : un assemblage de phrases creuses et vagues, d'où la seule impression qui se dégage un peu nettement est celle d'une sorte d'« anarchisme » intellectuel. Chose curieuse, alors que certains présentent l'auteur de ces pages comme le fondateur de la religion de l'avenir, il déclare que « les religions ne sont à ses yeux que les pensées congelées des hommes », et qu'« elles n'ont, selon lui, aucun rapport avec la vérité ». On peut se demander comment ses disciples arriveront à se reconnaître dans ce chaos d'assertions qui se détruisent les unes les autres ; il est vrai que les contradictions ne semblent guère les gêner.

A. E. Powell. – Le Corps astral.

Encore un livre de même provenance que les deux précédents, mais d'un caractère assez différent : c'est, comme le dit l'auteur lui-même, une « compilation » de ce qui a déjà été exposé sur le sujet dans d'autres ouvrages théosophistes, notamment dans ceux du « Docteur » Annie Besant et de « Monseigneur » Leadbeater. On retrouve là toutes les fantastiques assertions des « clairvoyants » ; et, en les voyant ainsi rassemblées et résumées, on se rend compte plus nettement encore de la façon grossièrement matérielle dont ces gens se représentent toutes choses.

NOVEMBRE 1929

J. A. comte de Gobineau. – Les Religions et les Philosophies dans l'Asie centrale.

1 vol. de la « Bibliothèque des Lettrés ».

C'est une excellente idée que d'avoir réédité un des plus intéressants ouvrages du comte de Gobineau[95], écrivain qui est jusqu'ici demeuré trop peu connu en France ; on en parle beaucoup, certes, depuis quelque temps du moins, mais le plus souvent sans l'avoir lu. Il en est tout autrement en Allemagne, où sont exploitées, pour des fins politiques, ses théories sur les races, théories qui peuvent contenir une part de vérité, mais mélangée à beaucoup de fantaisie. L'idée d'un « indo-germanisme » ne résiste pas à l'examen, car, entre l'Inde et l'Allemagne, il n'y a absolument rien de commun, pas plus intellectuellement qu'à tout autre point de vue. Cependant, les idées du comte de Gobineau, même quand elles sont fausses ou chimériques, ne sont jamais indifférentes ; elles peuvent toujours donner matière à réflexion, et c'est déjà beaucoup, alors que de la lecture de tant d'autres auteurs on ne retire qu'une impression de vide.

Ici, d'ailleurs, ce n'est pas tant de théories qu'il s'agit que d'un exposé de faits que l'auteur a pu connaître assez directement pendant les séjours qu'il fit en Perse. Le titre pourrait induire en erreur sur le contenu de l'ouvrage : il n'y est nullement question des régions assez variées que l'on réunit habituellement sous le nom d'Asie centrale, mais uniquement de la Perse ; et les « religions et philosophies » dont il est traité se réduisent en somme aux formes plus ou moins spéciales prises par l'Islam dans ce pays. La partie principale et centrale du livre est constituée par l'histoire de cette hérésie musulmane que fut le Bâbisme ; et il est bon de lire cette histoire pour voir combien ce Bâbisme ressemblait peu à sa prétendue continuation, nous voulons dire à l'« adaptation » sentimentale et humanitaire qu'on en a faite, sous le nom de Béhaïsme, à l'usage des Occidentaux, et particulièrement des Anglo-Saxons. Cette partie est encadrée entre deux autres, dont la première renferme des considérations générales sur l'Islam persan, tandis que la dernière est consacrée au théâtre en Perse ; l'intérêt de celle-ci réside surtout en ce qu'elle montre nettement que, là comme dans la Grèce antique et comme au moyen âge européen, les origines du théâtre sont essentiellement religieuses. Nous pensons même que cette constatation pourrait être encore généralisée, et il y aurait sans doute beaucoup à dire là-dessus ; la création d'un théâtre « profane » apparaît en quelque sorte comme une déviation ou

---

[95] 1 vol. de la « Bibliothèque des Lettrés ».

une dégénérescence ; et n'y aurait-il pas quelque chose d'analogue pour tous les arts ?

Quant aux considérations générales du début, elles demanderaient à être discutées beaucoup plus longuement que nous ne pouvons songer à le faire ici ; nous devons nous borner à signaler quelques-uns des points les plus importants. Une vue des plus contestables est celle qui consiste à expliquer les particularités de l'Islam en Perse par une sorte de survivance du Mazdéisme ; nous ne voyons, pour notre part, aucune trace un peu précise d'une telle influence, qui demeure purement hypothétique et même assez peu vraisemblable. Ces particularités s'expliquent suffisamment par les différences ethniques et mentales qui existent entre les Persans et les Arabes, comme celles qu'on peut remarquer dans l'Afrique du Nord s'expliquent par les caractères propres aux races berbères ; l'Islam, beaucoup plus « universaliste » qu'on ne le croit communément, porte en lui-même la possibilité de telles adaptations, sans qu'il y ait lieu de faire appel à des infiltrations étrangères. Du reste, la division des Musulmans en Sunnites et Shiites est fort loin d'avoir la rigueur que lui attribuent les conceptions simplistes qui ont cours en Occident ; le Shiisme a bien des degrés, et il est si loin d'être exclusivement propre à la Perse qu'on pourrait dire que, en un certain sens, tous les Musulmans sont plus ou moins shiites ; mais ceci nous entraînerait à de trop longs développements. Pour ce qui est du Soufisme, c'est-à-dire de l'ésotérisme musulman, il existe tout aussi bien chez les Arabes que chez les Persans, et, en dépit de toutes les assertions des « critiques » européens, il se rattache aux origines mêmes de l'Islam : il est dit, en effet, que le Prophète enseigna la « science secrète » à Abou-Bekr et à Ali, et c'est de ceux-ci que procèdent les différentes écoles. D'une façon générale, les écoles arabes se recommandent surtout d'Abou-Bekr, et les écoles persanes d'Ali ; et la principale différence est que, dans celles-ci, l'ésotérisme revêt une forme plus « mystique », au sens que ce mot a pris en Occident, tandis que, dans les premières, il demeure plus purement intellectuel et métaphysique ; ici encore, les tendances de chacune des races suffisent à rendre compte d'une telle différence, qui, d'ailleurs, est beaucoup plus dans la forme que dans le fond même de l'enseignement, du moins tant que celui-ci demeure conforme à l'orthodoxie traditionnelle.

Maintenant, on peut se demander jusqu'à quel point le comte de Gobineau était parvenu à pénétrer l'esprit oriental ; il fut certainement ce qu'on peut appeler un bon observateur, mais nous ne croyons pas être injuste à son égard en disant qu'il resta toujours un observateur « du dehors ». Ainsi, il a remarqué que les Orientaux passent facilement d'une forme doctrinale à une autre, adoptant celle-ci ou celle-là suivant les circonstances ; mais il n'a vu là que l'effet d'une aptitude à la « dissimulation ». Que, dans certains cas, la prudence impose effectivement une sorte de dissimulation, ou ce qui peut passer pour tel, cela n'est pas niable, et l'on pourrait en trouver bien des exemples ailleurs même qu'en Orient ; le langage de Dante et d'autres écrivains du moyen âge en fournirait en abondance ; mais il y a aussi, aux faits de ce genre, une tout autre raison, d'un ordre beaucoup plus profond, et qui semble échapper complètement aux Occidentaux modernes. La vérité est que ce détachement des formes extérieures implique toujours, au moins à quelque degré, la conscience de l'unité essentielle qui se dissimule sous la diversité de ces formes ; c'est là bien autre chose qu'une hypocrisie qui, dans ces conditions, ne peut plus exister, même où l'observateur superficiel en découvre l'apparence, puisque passer d'une forme à une autre n'a alors guère plus d'importance que de changer de vêtement selon les temps ou les lieux, ou de parler des langues différentes selon les interlocuteurs auxquels on a affaire. Cela, le comte de Gobineau ne l'a certes pas compris, et on ne saurait d'ailleurs lui en faire grief ; mais un livre qui soulève de telles questions, même à l'insu de son auteur, ne peut pas être un livre indifférent, et c'est la justification de ce que nous disions au début, qu'on peut toujours y trouver à réfléchir, ce qui est, somme toute, le plus grand profit qu'une lecture puisse et doive nous procurer.

Décembre 1929

Georges Lanoë-Villène. – Le Livre des Symboles, dictionnaire de symbolique et de mythologie (Lettre C).

Nous avons déjà parlé ici (avril 1928) des deux premiers volumes de cet important ouvrage ; nous pourrions, à propos du troisième, répéter les mêmes éloges, quant à l'abondance et à la variété de la documentation, et aussi les mêmes réserves, quant au caractère un peu fantaisiste de certaines interprétations et à l'insuffisance de certaines autres. Ainsi, dans le chapitre consacré au caducée, nous ne trouvons indiquée ni la véritable signification du serpent ni celle du bâton, ce qui aurait été tout à fait essentiel, alors qu'il y a par contre une foule de renseignements qui ne se rattachent qu'assez indirectement au sujet ; ailleurs, l'auteur fait preuve de la plus complète incompréhension à l'égard de l'*Apocalypse*, dans laquelle il veut voir simplement un « livre de controverse », ce qui est fort étonnant de la part d'un symboliste ; et il y a bien d'autres lacunes du même genre. Heureusement, redisons-le encore, cela n'enlève rien à la valeur documentaire de ce travail, dans lequel sont rassemblées des informations qu'on aurait souvent bien de la peine à découvrir ailleurs, et qui, à ce titre, rendra de grands services à ceux qui s'intéressent aux questions dont il traite ; il est seulement à regretter que la publication s'en poursuive si lentement.

Édouard Le Roy. – Les Origines humaines et l'évolution de l'intelligence.

Ce recueil de leçons professées au Collège de France par le successeur de M. Bergson est, comme le précédent dont nous avons rendu compte ici (novembre 1928)[96], consacré entièrement à l'exposition et à la défense d'une théorie transformiste, appliquée cette fois plus spécialement à l'espèce humaine. Les observations que nous avons formulées, notamment en ce qui concerne la confusion d'une hypothèse avec un fait, s'appliquent donc encore ; et, même si nous disposions de la place suffisante pour discuter ces choses en détail, nous ne nous en sentirions guère le courage : tout cela date terriblement ! Il est assez amusant, mais peut-être aussi un peu triste, de constater que le transformisme se trouve avoir pour derniers défenseurs deux catholiques : M. Le Roy et le P. Teilhard de Chardin, dont la collaboration semble si étroite qu'on pourrait vraiment dire qu'ils pensent en commun… Ajoutons seulement que le langage de M. Le Roy est parfois bien extraordinaire : ainsi, un chapitre est intitulé « La noosphère et

---

[96] [*L'Exigence idéaliste et le Fait de l'Évolution.*]

l'hominisation » ; ailleurs, il est dit que « le pré-homme avait un comportement arborial », ce qui veut dire tout simplement qu'il vivait sur les arbres ; quel besoin y a-t-il d'employer un pareil jargon ?

S. Radhakrishna. – *L'Hindouïsme et la Vie.*

Traduit par P. Masson-Oursel.

L'Orient qu'on présente aux Occidentaux n'a souvent que de bien lointains rapports avec le véritable Orient, et cela même quand la présentation est faite par des gens qui sont cependant des Orientaux de naissance, mais plus ou moins complètement occidentalisés. Tel est le cas de ce petit livre ; les opinions « critiques » des érudits européens, et aussi les tendances du protestantisme anglo-saxon, avec son « moralisme » et son « expérience religieuse », tiennent assurément une bien plus grande place que l'hindouïsme orthodoxe dans les idées de l'auteur, qui ne paraît guère savoir ce qu'est l'esprit traditionnel ; et cela n'est pas pour surprendre quiconque connaît le mouvement « réformiste » des « Serviteurs de l'Inde » auquel il est mêlé. Ce qui est particulièrement fâcheux, c'est que le fait qu'un ouvrage comme celui-là est signé d'un nom hindou risque fort d'induire en erreur le public non averti et peut contribuer à lui inculquer toutes sortes de fausses conceptions. La meilleure partie, ou plutôt la moins mauvaise, est celle qui, vers la fin, traite de l'institution des castes ; encore les raisons profondes de celle-ci sont-elles loin de s'en dégager nettement. La traduction est parfois bien défectueuse : ainsi, p. 34, on ne dit pas en français les « tenanciers », mais les « tenants » d'une opinion ; p. 40, le mot anglais « immaterial » ne devait pas se traduire par « immatérielles », mais par « sans importance », ce qui n'est pas du tout la même chose ; p. 47, on ne « joint » pas un argument, on le « réfute » ; p. 65, les mots « intransigeance » et « privation » sont employés d'une façon qui est tout à fait inintelligible ; p. 93, « occupationnelles » est un pur barbarisme, etc.

François Arouet. – *La fin d'une parade philosophique* : le *Bergsonisme.*

Si peu solide que soit la philosophie bergsonienne, nous ne pensons pas qu'on puisse en venir à bout par des plaisanteries douteuses, ou en lui opposant des conceptions encore plus vides et plus nébuleuses qu'elle-même. L'auteur de cette brochure, qui a trouvé bon de prendre pour pseudonyme le nom authentique de Voltaire, semble avoir des idées si confuses que nous n'avons pas pu savoir ce qu'il entendait par « concret » et par « abstrait », bien que ces mots reviennent à chaque instant sous sa plume. Au fond, les vraies raisons de la haine (le mot n'est pas trop fort) qu'il a vouée à M. Bergson sont beaucoup plus politiques qu'intellectuelles, comme on s'en rend compte à la fin de sa diatribe : ce qu'il lui reproche en définitive, c'est d'être un « philosophe bourgeois » et d'avoir joué pendant la guerre le rôle d'« un pantin dont l'État-Major tirait les ficelles » ; tout cela est bien peu intéressant.

Publié dans Les Cahiers du Mois

Juin 1926

Le poète tibétain Milarépa, ses crimes, ses épreuves, son nirvana.

> Traduit du Tibétain avec une introduction par Jacques Bacot, quarante bois de Jean Buhot, d'après une iconographie tibétaine de la vie de Milarépa (Bossard).

Voici un ouvrage qui nous change singulièrement des travaux de simple érudition dans lesquels se confinent d'ordinaire les orientalistes. Cela, d'ailleurs, ne devra pas étonner ceux des lecteurs des *Cahiers du Mois* qui connaissent la réponse de M. Bacot, l'une des meilleures certainement, à l'enquête des *Appels de l'Orient*[97], et qui ont déjà pu voir par là combien il est loin de partager les préjugés ordinaires de l'Occident et d'accepter les idées toutes faites qui ont cours dans certains milieux.

Le texte qu'a traduit M. Bacot est une biographie de Milarépa, magicien d'abord, puis poète et ermite, qui vécut au XIe siècle de l'ère chrétienne, et qui a encore aujourd'hui des continuateurs, héritiers authentiques de sa parole transmise oralement par filiation spirituelle ininterrompue. Cette biographie a la forme d'un récit fait par Milarépa lui-même à ses disciples, alors qu'il était parvenu à la sainteté et à la fin de sa vie d'épreuves. Tous les événements qui y sont rapportés, même les moins importants en apparence, ont un sens mystique qui en fait la véritable valeur ; et d'ailleurs, comme le remarque très justement le traducteur, « l'interprétation mystique donnée à un fait n'en infirme pas l'authenticité ». Les détails mêmes qui paraîtront les plus invraisemblables au lecteur ordinaire n'en peuvent pas moins être vrais ; il est certain, par exemple, que « les macérations auxquelles peut se livrer un ascète tibétain dépassent de beaucoup ce que conçoit comme possible l'imagination

---

[97] [No de février-mars 1925. René Guénon avait également adressé une lettre réponse à cette enquête.]

européenne ». D'une façon générale, « il est regrettable que l'esprit de formation occidentale soit si prompt à déclarer absurde ce qu'il ne comprend pas, et à rejeter comme fable tout ce qui ne s'accorde pas avec sa propre crédulité ». On ne devrait pas oublier la distance considérable qui sépare un homme tel que Milarépa et un Occidental, surtout un Occidental moderne, soit sous le rapport intellectuel, soit en ce qui concerne des faits exigeant des conditions irréalisables dans le milieu européen actuel.

Nous venons d'emprunter quelques phrases à l'introduction tout à fait remarquable dont M. Bacot a fait précéder sa traduction, et dans laquelle il fait preuve d'une compréhension vraiment exceptionnelle. Nous ne saurions mieux dire, en effet, et ce qu'il exprime coïncide parfaitement avec ce que nous avons toujours exposé nous-même ; nous sommes particulièrement heureux de constater cet accord. C'est ainsi que M. Bacot insiste sur « l'écart qui existe entre le sens oriental et le sens occidental de chaque mot », et qu'il note que « rien n'est fallacieux comme cette transposition de termes d'une religion à une autre, d'une pensée à une autre : un même vocabulaire pour des notions différentes ». Ainsi, le mot de « mysticisme », si l'on tient à le conserver, ne peut avoir ici le même sens qu'en Occident : le mysticisme oriental, ou ce qu'on appelle de ce nom, est actif et volontaire, tandis que le mysticisme occidental est plutôt passif et émotif ; et, « quant au principe même de la méditation où s'absorbe Milarépa durant la plus grande partie d'une longue vie, il ne s'ajuste encore à aucune de nos méthodes et de nos philosophies ».

Nous ne pouvons résister au plaisir de reproduire encore quelques extraits, portant sur des points essentiels et d'ordre très général : « Ce qui étonne, c'est que, sans se réclamer d'une révélation, sans appel au sentiment, l'idée pure ait séduit des peuples innombrables et qu'elle ait maintenu sa séduction au cours des siècles… La pitié bouddhique n'a aucune relation avec la sensibilité. Elle est tout objective, froide et liée à une conception métaphysique. Elle n'est pas spontanée, mais consécutive à de longues méditations. » Des enseignements comme ceux de Milarépa « n'ont pas la valeur sociale ni l'opportunité de notre "saine philosophie", qui sont une force à nos yeux d'Européens pratiques, et une faiblesse à des yeux orientaux, une preuve de relativité, parce qu'ils voient dans les nécessités sociales une très pauvre contingence ». D'ailleurs, bien que cela puisse sembler paradoxal à ceux qui ne vont pas au fond des choses, « l'idéalisme oriental est plus avantageux moralement, plus pratique socialement, que notre réalisme. Il suffit de comparer la spiritualité, la douceur des peuples héritiers de l'idéal indien (car les enseignements dont il s'agit ici, malgré ce qu'ils ont de proprement tibétain, sont inspirés de l'Inde), avec le matérialisme et l'incroyable brutalité de la civilisation occidentale. Les siècles ont éprouvé la charité théorique de l'Asie. Participant de l'absolu, elle ne risque pas cette rapide faillite où se perd la loi de l'amour du prochain, loi ignorée entre nations, abolie entre classes d'individus dans une même nation, voire entre les individus eux-mêmes. » Mais tout serait à citer, et il faut bien nous borner…

Quant au texte même, on ne peut songer à le résumer, ce qui n'en donnerait qu'une idée par trop incomplète, sinon inexacte. Il faut le lire, et le lire en ne perdant jamais de vue que ce n'est point là un simple récit d'aventures plus ou moins romanesques, mais avant tout un enseignement destiné, comme l'indique expressément le titre original, à « montrer le chemin de la Délivrance et de l'Omniscience ».

Publiés dans la Revue Philosophique

Mai-juin 1919

John Laird. – Problems of the self.

1 vol. in-8₀ de 375 pages, Londres, Macmillan, 1917.

Cet ouvrage est le développement d'une série de conférences faites en mars 1914 à l'Université d'Édimbourg.

L'auteur se propose de montrer l'insuffisance de la « psychologie sans l'âme », c'est-à-dire d'une conception phénoméniste de la psychologie ; mais il ne s'en tient pas à ce point de vue négatif, et il veut indiquer aussi ce qu'est la « psychologie avec l'âme » : pourquoi faut-il admettre une âme, et en quel sens précis doit-on l'entendre ? M. Laird emploie le mot « self » (difficile à traduire en français, et qu'on ne peut guère rendre que par « le soi ») de préférence à d'autres termes tels que « personne », « âme », « esprit », etc., parce qu'il lui paraît plus large et moins déterminé, et, par suite, moins susceptible de faire préjuger d'une certaine solution des problèmes dont il s'agit.

Ces problèmes, M. Laird s'attache d'abord à en faire ressortir l'importance primordiale pour l'homme, importance qui, selon lui, doit en faire en quelque sorte le centre et la clef de voûte de toute philosophie. Cherchant ensuite de quelle façon on doit aborder ces questions, auxquelles il n'a d'ailleurs pas la prétention de donner une réponse définitive, il trouve que le meilleur point de départ consiste dans l'analyse de ce qu'il appelle « expériences », entendant par là ce qu'on nomme plus habituellement « états de conscience », « processus mentaux », etc. Cette analyse est précisément ce qui fait l'objet de la psychologie ; mais ici il faut aller plus loin, car les problèmes du « self » et de sa nature dépassent manifestement le domaine de l'investigation psychologique. Est-ce à dire que l'étude qui en est faite ici relève de l'ordre métaphysique, ou s'efforce-t-elle simplement d'y conduire ? En tout cas, l'auteur, au début, se garde de préciser si le point de vue auquel il va se placer est métaphysique ou psychologique.

Quoi qu'il en soit, M. Laird, pour commencer, essaie de définir ce qu'est l'objet de la psychologie ; il montre qu'il est insuffisant d'opposer le psychique au physique, car tout ce qui n'appartient pas au monde physique n'est pas, nécessairement et par là même, de nature psychique. Les « expériences » ne peuvent être définies par quoi que ce soit d'autre ; l'analyse psychologique, qui cherche à en connaître la nature, est, soit directe, soit indirecte. L'analyse indirecte peut être appelée « interprétative » et elle se base sur l'étude des langues, des institutions, etc. ; quant à l'analyse directe, ce n'est pas autre chose que l'introspection. De là une discussion sur la possibilité de l'introspection et la valeur des résultats qu'elle permet d'obtenir. L'introspection montre que le caractère commun à toutes les « expériences », c'est d'être, non pas des objets pour la conscience, primitivement du moins, mais des modes de relations à un objet ; et cela est vrai pour le sentiment aussi bien, quoique moins manifestement, que pour la connaissance et la volonté. Cette division habituelle des « expériences » en trois classes a un fondement logique qui est le suivant : la connaissance est « adynamique », car elle ne cherche pas à changer son objet et n'est pas affectée par lui ; les deux autres classes sont « dynamiques », mais de façons différentes : le sentiment est essentiellement passif, étant la manière dont le sujet est affecté consciemment par l'objet ; la volonté, au contraire, est l'action ou la réaction consciente du sujet à l'égard de l'objet. Ces diverses sortes d'« expériences », malgré leur distinction, ne sont point isolées, elles sont toujours liées et unies entre elles à chaque moment de la vie psychique ; quel est donc le principe de leur unité ? De plus, chaque moment est lié aussi à ceux qui l'ont précédé et à ceux qui le suivront ; comment expliquer cette continuité ? Ainsi se trouve posée la question du « self » ou de l'âme ; mais, avant de l'aborder définitivement, il faut traiter encore un certain nombre de problèmes préliminaires.

Le premier de ces problèmes est celui du rapport du « self » avec le corps.

L'essence du « self » est d'être conscient, et la conscience n'est pas un objet, mais un acte impliquant une relation à un objet. Ce qui porte à confondre le corps avec le « self », ou tout au moins à le regarder comme en faisant partie, c'est surtout la difficulté de distinguer des données du « sens interne » (entendu au sens littéral, comme se rapportant aux sensations des organes internes) de certains éléments proprement psychiques, d'ordre affectif principalement. Bien entendu, la distinction établie entre le corps et le « self » ne tend pas à nier que le corps est « nôtre », mais seulement qu'il est « nous-même ».

Ensuite, l'auteur fait la critique des diverses théories suivant lesquelles le « self » serait constitué essentiellement par telle ou telle classe particulière d'« expériences », sentiment, volonté ou intelligence. Plusieurs chapitres sont consacrés à cette discussion, basée sur une analyse psychologique que nous ne pouvons suivre ici, car il faudrait entrer dans le détail pour en faire ressortir l'intérêt. Cette discussion a beau être entreprise et conduite en vue de conclusions qui peuvent être extra-psychologiques, elle n'en est pas moins, en elle-même, d'ordre purement psychologique, à l'exception de quelques points qui y sont envisagés plus ou moins incidemment, comme la question de la finalité (psychique et biologique), à propos de laquelle sont examinés les arguments du néo-vitalisme. Nous signalerons encore, dans cette partie, le chapitre relatif au « primat de la raison pratique » ; mais a-t-on vraiment le droit d'appeler métaphysiques, comme le fait M. Laird, les théories de Kant et de ses successeurs « volontaristes » à cet égard, ou même celle (dont la position est d'ailleurs notablement différente) de M. Bergson ?

Les traits les plus caractéristiques du « self » sont, comme on l'a vu déjà, l'unité et la continuité, qui constituent ce qu'on peut appeler l'« identité personnelle ». L'auteur s'attache donc à montrer l'existence réelle de cette unité et de cette continuité dans les « expériences » telles qu'elles nous sont connues par l'introspection, et en envisageant successivement, ici encore, l'intelligence, le sentiment et la volonté. Toutefois, comme il y aurait danger à exagérer cette unité, il faut aussi en faire ressortir les limitations ; le seul point qui importe, c'est qu'une certaine unité se retrouve dans tous les éléments de la vie mentale.

Comment cette unité est-elle possible ? Puisque la continuité du « self » implique la conservation du passé, quelles sont les conditions de cette conservation ? En laissant de côté pour le moment l'explication par une âme substantielle, distincte du « moi » phénoménal, il y a deux théories principales à considérer. La première est physiologique, et regarde la conservation comme étant simplement une fonction du cerveau. La seconde est psychologique, et affirme que la continuité du « self » dépend de la persistance des dispositions psychiques ; cette théorie n'est d'ailleurs intelligible que si l'on admet l'existence de la subconscience. L'auteur insiste sur le caractère hypothétique de ces deux explications, de la première surtout, et sur l'impossibilité de prouver qu'elles sont suffisantes. L'existence d'éléments subconscients, et leur présence dans toutes nos « expériences », ne paraissent pas contestables, mais la question est de savoir si elles rendent compte entièrement de l'unité de la vie consciente ; cela est possible, mais n'est nullement démontré, et, par suite, le parti le plus sage est de suspendre notre jugement. En tous cas, il n'a pas été trouvé jusqu'ici d'arguments concluants en faveur de la « psychologie sans l'âme ».

M. Laird recherche ensuite ce que peut fournir, pour éclairer les problèmes du « self », l'examen de certains cas anormaux, comme celui des « personnalités multiples ». Les faits de ce genre constituent la meilleure épreuve pour la vérité d'une théorie du « self », car ils permettent une application de la « méthode de différence » : pour qu'on soit amené à parler d'une dissociation de la personnalité, il faut que celle-ci soit altérée dans ce qu'elle a de plus essentiel, et, même s'il n'y a pas réellement dissociation à proprement parler, il y a intérêt à se demander ce qui en donne l'illusion. Il faut voir, non seulement s'il y a dissociation d'une personnalité, mais aussi s'il y a dissociation en des personnalités nouvelles, c'est-à-dire si chacun des états qui se produisent alors présente les caractéristiques du « self » ; une autre question encore est de savoir si une pluralité de personnalités peut exister dans un même corps simultanément, ou seulement successivement. L'étude des faits conduit à ceci : si l'on affirme que le « self » doit posséder à un haut degré l'unité et la continuité, on doit admettre qu'il peut y avoir réellement des personnalités multiples ; si au contraire on se contente d'accorder au « self » une unité toute relative, les cas anormaux n'apparaissent plus que comme une exagération des changements qui se produisent dans la vie ordinaire. D'ailleurs, en tenant compte de ces changements, la première hypothèse devrait logiquement amener à penser que les personnalités multiples sont la règle et non l'exception, car nous sommes vraiment différents aux différentes époques de notre vie ; seulement, les changements ne sont pas aussi soudains dans les cas normaux que dans les cas anormaux. Cette conséquence, assez difficile à accepter, montre qu'il faut se garder de concevoir l'unité du « self » comme étant nécessairement une unité absolue, et qu'il vaut mieux penser qu'elle peut être moindre qu'on ne le suppose d'ordinaire.

La conception du « self » comme substance est traitée, au point de vue historique, par l'étude des discussions auxquelles elle a donné lieu dans la philosophie moderne. L'auteur expose principalement, sur ce sujet, la doctrine de Descartes, qui maintient la substantialité de l'âme, mais en l'affirmant plus qu'il ne la prouve, celle de Hume, qui la nie au contraire, et celle de Locke, pour qui il n'importe pas que l'âme soit ou non considérée comme substance ; il y joint un aperçu des opinions de Kant et de Hegel. Il pense que les empiristes ont raison dans leur critique contre certaines conceptions de la substance, dont l'une est celle qui la regarde comme une idée parmi d'autres idées, ou comme une chose parmi d'autres choses, et dont une autre est celle qui sépare les qualités de la substance de telle manière que les qualités elles-mêmes tendent à être regardées comme des substances. Mais il y a une autre possibilité : pourquoi la substance ne serait-elle pas simplement une expression de la nécessité de l'union des qualités ? Toute chose qui existe a des qualités multiples, elle peut n'avoir pas d'autre contenu que celles-ci, mais elle n'est pas uniquement pour cela un agrégat de ces qualités ; les qualités doivent être unies, et cette nécessité peut être le principe même de la substance. On échapperait ainsi à la négation pure et simple de Hume, tout en écartant, au moins comme inutile, la conception « transcendante » de la substance ; ceci permet de prévoir ce que sera la conclusion.

S'il y a une âme, elle doit être une substance, immatérielle et existant dans le temps ; autrement, ce n'est plus une âme, mais quelque chose d'autre. Si l'âme est une substance, est-elle une substance permanente ou indivisible, et en quel sens est-elle supérieure à la matière ? Dire que l'âme est immatérielle, n'est-ce pas la caractériser d'une façon purement négative ? Si on dit qu'elle est dans le temps, faut-il regarder le temps comme absolument réel ? Enfin, et surtout, quel est le rapport de l'âme avec la succession d'« expériences », qui constitue le « moi » empirique ? Pour répondre à toutes ces questions, il faut commencer par se demander ce qu'est la substance, et on peut, pour cela, examiner d'abord les deux définitions qu'en donne Descartes : d'après la première, la substance est *res per se subsistens* ; d'après la seconde, elle est « le support des accidents ». M. Laird soutient que ces deux définitions ne sont pas équivalentes, que les modes ou qualités doivent faire partie intégrante de la notion d'une substance, et que celle-ci est distincte de la notion logique du sujet, même si l'on restreint cette dernière à la considération des sujets qui ne peuvent jamais devenir prédicats. Par suite, il déclare impossible une définition purement logique de la substance ; celle-ci implique, pour lui, non pas seulement l'objectivité ou la réalité entendue dans son sens le plus large, mais l'existence, qui est connue subjectivement par les sens, et qui, objectivement, réside dans le « particulier ». Dans ce dernier terme, il faut comprendre toutes les qualités d'une chose, aussi bien celles qui lui sont spéciales et la différencient des autres choses que celles qui lui sont communes avec d'autres ; et, en outre, comme les qualités sont universelles (nous dirions plutôt générales), il faut une matière ou ὕλη qui joue le rôle de principe d'individuation. Cette matière ou substratum n'est pas une chose particulière distincte, mais un élément de toute chose particulière, élément qui fait précisément que cette chose est particulière, et qu'elle l'est d'une façon irréductible. On revient ainsi à une conception qui, en apparence, se rapproche de la conception aristotélicienne : toute substance se compose d'une matière et d'une forme ; seulement, il ne faut pas oublier que la substance n'est ici que l'unité spécifique des qualités d'une chose particulière. Quel est donc le genre d'unité que nous attribuons à ces choses, et dans quelles limites croyons-nous à l'identité d'une chose, alors que celle-ci subit pourtant des changements dans certaines de ses parties constitutives ? En fait, une chose, dans ces conditions, peut ou ne peut pas être dite la même, suivant le degré d'unité que nous entendons exprimer par là. Si le changement est continu, on pourra toujours trouver dans son cours un état qui sera identique à l'un des extrêmes, un certain degré d'identité étant donné, alors qu'un autre état plus éloigné ne le sera plus ; il faudra donc dire que, dans l'intervalle, il y a eu passage d'une substance à une autre. Cette conception trouve son application dans le problème de la substantialité des organismes : un organisme est ou n'est pas un et distinct, suivant que cette unité et cette distinction sont définies d'une façon ou d'une autre. De même pour la substantialité du « self » : tant qu'il y a une unité caractéristique des « expériences », il existe une âme particulière, dont ces « expériences » sont en quelque sorte la matière. L'âme est l'unité des « expériences » ; sa substantialité n'est pas autre chose que le fait que toute « expérience » donnée doit faire partie d'une telle unité. Ce qu'est cette unité, il faudrait le préciser pour le « self » aussi bien que pour les autres choses particulières ; le minimum d'unité et de continuité requis pour qu'on puisse parler d'identité personnelle peut être très petit, et, en tout cas, l'unité de l'âme à travers le cours de son existence est naturellement moindre que son unité à un moment déterminé. En somme, il faut accepter l'âme telle que l'observation nous la découvre, sans la croire plus permanente ou plus parfaite qu'elle n'est réellement, mais sans tomber non plus dans l'erreur contraire. Avec cette façon de l'envisager, l'immortalité, comportant la conservation de l'identité personnelle, reste cependant possible : si l'âme est différente du corps, elle peut lui survivre, à moins qu'il ne soit prouvé que le corps est nécessaire à son existence ; et, si l'âme peut survivre au corps, elle peut être immortelle au sens le plus strict, c'est-à-dire indestructible ; mais, en dehors d'une révélation surnaturelle, c'est là tout ce qu'on peut dire sur cette question.

Ce qui nous paraît présenter le plus d'intérêt dans l'ouvrage dont nous venons d'indiquer les grandes lignes, ce sont les analyses et les discussions qui en forment la partie proprement psychologique, et dont nous n'avons pu malheureusement donner qu'une idée très incomplète ; mais on peut regretter que ces discussions n'aboutissent presque jamais à une conclusion nette. S'il ne s'agissait que de psychologie, cela n'aurait peut-être pas une très grande importance ; ce ne serait même pas un défaut à proprement parler, car ce serait inévitable sur bien des points. Seulement, dans l'intention de l'auteur, il s'agit évidemment d'autre chose : toute cette partie psychologique n'est qu'une sorte d'introduction, très étendue puisqu'elle occupe plus de la moitié du livre, à des considérations qui, pour lui, doivent avoir une portée métaphysique ; mais l'ont-elles vraiment ? M. Laird semble avoir cherché, peut-être involontairement, à établir une sorte de compromis entre le substantialisme et le phénoménisme ; tout en se déclarant opposé à cette dernière doctrine, il développe une conception de la substance telle qu'un phénoméniste même pourrait sans grand inconvénient en accepter la plupart des conséquences ; en particulier, la possibilité d'immortalité à laquelle elle conduit est-elle bien différente de celle que Renouvier introduisait dans son « personnalisme » ? Sur cette question de la substance, nous ne pouvons entrer dans une discussion approfondie, qui dépasserait de beaucoup les limites d'un compte rendu ; qu'il nous soit permis cependant de signaler combien est contestable la distinction radicale que M. Laird veut établir entre la notion de substance et celle de sujet logique. S'il avait envisagé la question telle qu'elle se présente dans la philosophie ancienne, au lieu de se borner à la philosophie moderne, il aurait vu que le premier sens de la notion de substance, chez Aristote notamment, n'est rien d'autre que le sujet logique ; et d'ailleurs, dans la philosophie moderne elle-même, il aurait pu trouver une position identique chez Leibnitz, dont nous nous étonnons qu'il ne dise rien. Le sens que M. Laird entend attacher exclusivement à la substance est tout à fait secondaire et dérivé : des deux définitions de Descartes, celle qu'il donne comme la première n'est en réalité qu'une conséquence de la seconde, car c'est le sujet qui est *res per se subsistens*, ou, pour parler comme Spinoza, « ce qui est en soi et par soi », les qualités ne pouvant avoir d'existence que dans et par le sujet. Assurément, chacun peut avoir le droit d'appeler substance ce qu'il lui plaît ; mais, s'il ne s'agit que de conserver un mot, cela en vaut-il vraiment la peine ? Et, si on trouve une notion nouvelle pour remplacer celle de substance, ne serait-il pas préférable de l'indiquer franchement, sans fausse modestie, en la désignant par un terme nouveau ?

Un des mérites incontestables d'un ouvrage comme celui-là, c'est de montrer que la psychologie, aussi bien d'ailleurs que toutes les autres sciences, pose des questions qui la dépassent et qu'elle est incapable de résoudre ; mais précisément, si ces questions ne comportent pas de solution psychologique, comment peut-on espérer qu'on parviendra à y répondre en prenant pour base l'introspection et l'analyse des phénomènes mentaux ? La psychologie, à cet égard, est exactement dans la même situation que les autres sciences de faits ; il ne faudrait pas laisser croire, comme beaucoup n'y ont que trop de tendance, qu'elle a plus de rapports que les autres, ou des rapports plus étroits, avec la métaphysique. En partant de l'observation, on arrive à formuler des lois scientifiques, mais rien de plus, et, quand on se trouve en présence de questions comme celles dont nous parlons ici, on ne peut que constater la relativité de la science et ses limitations. Quant au domaine métaphysique, il ne pourra jamais être atteint de cette façon, parce qu'il constitue un ordre de connaissance essentiellement et profondément différent du domaine scientifique ; et en tout cas, même si on veut essayer de relier l'un à l'autre, ce ne sont certainement pas les sciences de faits qui en fourniront le moyen. On peut bien, en se plaçant à un point de vue quelconque, et même sans définir son point de vue, faire sur une question donnée toutes sortes d'hypothèses, mais ce n'est pas là, pour nous, de la métaphysique véritable. Pour qu'il y ait métaphysique, il ne suffit pas que les questions envisagées soient métaphysiques par leur nature ; il faut encore qu'elles soient traitées métaphysiquement, et ce n'est pas le cas ici. Le psychologue qui lira ce livre pourra en tirer le plus grand profit, mais le métaphysicien qui se fierait aux promesses du titre en éprouvera quelque déception.

JUILLET-AOÛT 1919

Proceedings of the Aristotelian Society. New series.

Vol. XVIII, 1917-1918. Londres, Williams and Norgate, 1918 ; vol. In-8_0, 655 pages.

Wildon Carr. – *The interaction of mind and body.* **–** (L'action réciproque de l'esprit et du corps.)

La grande difficulté, pour résoudre la question qui est abordée ici, provient de l'impossibilité de concevoir un enchaînement causal entre les phénomènes psychiques et les phénomènes physiques ; c'est pour y échapper que certains se sont réfugiés dans des théories « parallélistes ». Cependant, l'action réciproque de l'esprit et du corps est, non pas une vue théorique, mais un fait qu'il s'agit d'expliquer. Les deux éléments en présence sont hétérogènes, mais néanmoins solidaires ; seulement, cette relation de solidarité doit être conçue comme différente à la fois de la causalité et du parallélisme. La causalité impliquerait une série unique dans laquelle devraient entrer à la fois les événements mentaux et corporels ; le parallélisme, de son côté, impliquerait deux séries complètement indépendantes, bien que se correspondant point par point. La solidarité est la coopération de deux systèmes distincts, dont chacun est une organisation individuelle ayant sa nature propre ; il y a adaptation continuelle de l'esprit et du corps, mais de telle façon que c'est la totalité du système mental qui agit sur la totalité du système corporel ou inversement, et non une partie de l'un sur une partie de l'autre. Les principes des deux organisations sont antithétiques, parce que la vie est à la fois activité et durée : le corps est la réalisation concrète de l'activité, l'esprit celle de la durée ; l'opposition qu'ils représentent est, à un autre point de vue, celle de la nécessité et de la liberté. L'action réciproque de l'esprit et du corps n'est pas l'unification d'une diversité originelle : elle exprime, au contraire, une différenciation « dichotomique », inhérente et nécessaire au processus de réalisation de l'action vitale.

La théorie esquissée dans cette étude soulève assurément plus d'une difficulté ; elle suppose notamment une conception de la « structure mentale » et une définition de la vie qu'il est permis de trouver discutables. Cependant, telle qu'elle est, elle nous apparaît comme bien préférable au parallélisme, ne serait-ce qu'en ceci, qu'elle envisage le composé humain comme composé, au lieu de le séparer en deux parties entre lesquelles il ne peut y avoir aucun rapport véritable, comme on en a pris la fâcheuse habitude depuis Descartes ; et c'est la, à notre avis, un immense avantage.

Karin Stephen. – *Thought and intuition.* – (Pensée et intuition.)

Si l'on examine nos moyens de connaissance, il faut établir une distinction entre l'expérience directe et la pensée qui nous fournit une connaissance supplémentaire à propos de cette expérience. Cette pensée, faculté de concevoir et de raisonner, n'est, d'après M. Bergson, qu'un « pis-aller », imposé par les limitations de notre faculté de percevoir. En parlant ainsi, M. Bergson montre qu'il se préoccupe uniquement de l'« existence » et des moyens d'en accroître la connaissance : c'est là, pour lui, le problème que doit se proposer la philosophie, à l'exclusion de tout ce qui est pensée pure et science pure. Le travail de la pensée, qui s'efforce toujours de passer de l'expérience particulière à la loi générale, se ferait aux dépens de l'expérience elle-même, qu'il aurait pour effet de fragmenter et de déformer. L'expérience, au lieu de s'étendre, se limiterait en s'intellectualisant : nous n'y garderions que ce qui intéresse notre action sur les choses, et nous négligerions tout le reste ; et la même action limitative s'appliquerait à la mémoire aussi bien qu'à la perception présente. Ce que M. Bergson reproche à notre expérience « classifiée », ce n'est pas sa différence de contenu avec l'expérience primitive, car l'adjonction de la mémoire n'a pu que l'enrichir ; c'est sa différence de forme, sa division en choses distinctes, possédant en commun certaines qualités. La nouvelle méthode de la philosophie doit donc consister à revenir à la perception elle-même, et cela par l'intuition, qui n'est pas une faculté spéciale, mais bien l'acte mental qui combine le passé et le présent pour former l'expérience. C'est sur cette intuition que repose originairement, d'ailleurs, non seulement notre expérience, mais aussi toute notre connaissance à propos de celle-ci. Cette connaissance, avec le processus d'abstraction qu'elle implique, réagit ensuite sur notre expérience au point de ne plus nous laisser apercevoir la réalité qu'à travers des symboles, de sorte que nous imposons à l'expérience elle-même la forme qui n'appartient qu'aux symboles employés par la pensée. Ce que demande M. Bergson, c'est donc que l'expérience qui doit servir de point de départ à la philosophie soit aussi pleine et aussi immédiate que l'expérience peut l'être.

Il y a là un effort intéressant pour éclaircir et préciser le sens de l'intuition bergsonienne et la façon dont il faut envisager ses rapports avec la pensée ou l'intelligence. Seulement, avec une philosophie de la nature de celle dont il s'agit, n'y a-t-il pas toujours lieu de craindre que, plus on essaie de la préciser, plus on risque de la déformer en l'intellectualisant ?

F. C. Bartlett. – *The development of criticism.* – (Le développement de la critique.)

Il y a lieu de distinguer, dans le développement psychologique de la critique, plusieurs degrés successifs, qui sont la simple appréciation, la critique conventionnelle et la critique rationnelle. L'influence du sentiment est prédominante au début, mais l'analyse et la réflexion permettent ensuite d'établir des lois générales et des principes directeurs qui conduisent à la critique rationnelle, affranchie de la détermination immédiate par le sentiment. Il faut encore envisager un autre type de critique, qu'on peut appeler intuitif, et dans lequel le jugement apparaît comme le résultat d'un certain caractère de l'objet qui échappe à l'analyse, ainsi que de la relation qui existe entre l'objet et la personne qui émet à son égard le jugement appréciatif.

G. E. Moore. – *The conception of reality.* – (La conception de la réalité.)

C'est la discussion d'une contradiction, au moins apparente, relevée dans l'ouvrage de M. Bradley intitulé *Appearance and Reality*, où il est dit, d'une part, que le temps est une apparence, qu'il « n'a pas de réalité » ou « n'appartient pas à la réalité », et, d'autre part, que les apparences, comme telles, « sont des faits », qu'elles « sont » ou « existent ». Faut-il, pour résoudre cette contradiction, admettre une distinction entre « existence » et « réalité », et, dans ce cas, en quel sens devra-t-on entendre la « réalité » ? Si M. Bradley l'entend dans le sens habituel, il ne peut échapper à la contradiction ; mais, s'il ne s'en est pas aperçu, cela tient sans doute à ce que, pour lui, le fait de penser à une chose suffit pour que cette chose existe, sans cependant qu'on puisse la déclarer réelle par là même. M. Moore n'est pas de cet avis, bien qu'il avoue ne pas se rendre compte clairement de ce que peut être la pensée d'une chose inexistante : d'un autre côté, il essaie de montrer que la réalité, au sens ordinaire, ne constitue pas une conception à proprement parler. Une discussion comme celle-là prouverait une fois de plus, s'il en était encore besoin, que les philosophes auraient le plus grand avantage à préciser avant tout la signification qu'ils entendent attribuer aux termes qu'ils emploient.

J. A. Smith. – *Is there a mathematics of intensity* ? – (Y a-t-il une mathématique de l'intensité ?)

La question traitée dans cette étude relève de ce que Kant appelle « logique transcendantale » ; elle concerne donc les fondements des sciences. Kant a employé l'expression *mathesis intensorum* pour désigner un certain genre de connaissance synthétique *a priori* de la nature, ce qui suppose qu'il y a une connaissance mathématique, possible ou actuelle, des objets qui sont *intensa*. Il faut donc voir si la méthode mathématique est vraiment applicable à l'étude de l'intensité. Si l'on recherche un caractère intrinsèque permettant de distinguer les mathématiques de toute autre science, on trouve que leur méthode consiste essentiellement dans le dénombrement, auquel on peut à la rigueur ajouter la mesure. Or les quantités intensives ne sont ni des multitudes dénombrables ni des grandeurs mesurables, bien qu'elles présentent certaines analogies avec les unes et les autres. La conclusion semble donc devoir être que, pour de telles quantités, une connaissance mathématique ou exacte est impossible ; il y a des choses dont la nature n'admet qu'une connaissance « inexacte », sans d'ailleurs qu'une telle « inexactitude » doive être regardée comme un défaut.

Nous nous permettrons ici une objection : si l'intensité est vraiment une quantité, il est étrange que son étude échappe à la méthode mathématique ; et, en ce qui concerne les *intensa* d'ordre physique (densité, température, éclairement, etc.), leur nature quantitative ne saurait guère être mise en doute. Seulement, on peut parler aussi d'intensité en un sens tout différent, et c'est ce qu'on fait parfois en psychologie, pour les sensations par exemple ; ce sont de tels cas que M. Smith nous paraît avoir eu surtout en vue, et son tort est de croire qu'on peut là encore parler de quantité. Pour nous aussi, il y a des choses auxquelles les mathématiques ne sont pas applicables, mais ce sont celles qui ne rentrent pas dans la catégorie de la quantité.

F. W. Thomas. – *Indian ideas of action and their interest for modern thinking*. – (Les idées indiennes de l'action et leur intérêt pour la pensée moderne.)

Suivant la doctrine indienne du *karma* ou de l'action, l'état présent d'un être est déterminé comme résultat de ses actions antécédentes, et toute action produit un *samskâra*, impression ou disposition latente qui sera de même une condition d'un état ultérieur. Cet enchaînement causal est regardé comme une loi cosmique, et la conception en est étendue assez généralement jusqu'à la nature inanimée. M. Thomas veut montrer tout d'abord l'analogie de cette vue avec certaines théories modernes, plus spécialement biologiques, comme celle de Semon ; il va même jusqu'à assimiler la « mneme » de celui-ci au *karma*, et ses « engramms » aux *samskâras*. Il examine ensuite les théories grammaticales et logiques de l'action chez les Indiens, en insistant sur les différentes significations des notions verbales, qui semblent pouvoir se classer en « existence », « accomplissement » et « changement » ; puis il cherche à préciser la conception de la catégorie de l'action, en comparant sur ce point la doctrine d'Aristote avec les précédentes. Discutant la question de savoir si toute action doit être considérée comme momentanée, il arrive à établir la classification suivante : 1o actions, momentanées ou totales, et répétitions de celles-ci ; 2o efforts et résistances, momentanés ou continus ; 3o changements, momentanés ou composés ; 4o évolution ou transformation continue. L'étude de l'action (y compris l'action mentale) au point de vue de la durée semble donner lieu à trois concepts : instantanéité, continuité et totalité ; cependant, la nature temporelle de l'action paraît consister, non en ce qu'elle occupe une certaine durée, mais plutôt en ce qu'elle arrive à un certain moment. Quant à la conception de l'action en physique, le mouvement peut être une action, sinon de la chose même qui se meut, du moins de tout le système dans lequel cette chose est comprise ; mais l'auteur ne fait qu'indiquer ce dernier ordre de considérations.

Bien des points de ce travail donneraient lieu à une discussion intéressante, mais que nous ne pouvons songer à entreprendre ici. Nous nous bornerons donc à une remarque d'une portée tout à fait générale : c'est que M. Thomas ne s'est peut-être pas suffisamment gardé du danger de rapprocher les idées indiennes et les idées européennes modernes bien plus que ne le permet légitimement la nature des unes et des autres. La différence qui existe entre les modes de la pensée orientale et ceux de la pensée occidentale est, pour nous, si profonde et si irréductible qu'un même mot, celui de philosophie ou tout autre, ne peut servir à les désigner également. Des ressemblances comme celles que signale M. Thomas nous paraissent beaucoup plus superficielles qu'il ne le croit, parce que les points de vue représentés par les conceptions qu'il compare ne sont aucunement les mêmes de part et d'autre ; une doctrine métaphysique (d'ailleurs nullement morale ou religieuse à notre sens) et une théorie biologique ne peuvent à aucun degré comporter la même signification.

C. F. D'Arcy. – *The theory of a limited Deity*. – (La théorie d'une Déité limitée.)

C'est un examen critique de certaines théories récentes, en particulier de celle de William James. Ceux qui ont émis de semblables conceptions l'ont fait, pour la plupart, parce qu'ils ont pensé que l'existence du mal était incompatible avec la doctrine d'un Dieu tout-puissant. Le D_r D'Arcy commence par exposer l'évolution historique des conceptions religieuses, qui auraient passé successivement par les phases animiste, polythéiste et monothéiste. Cette évolution se continue encore aujourd'hui ; mais doit-elle aller dans le sens d'une doctrine comme celle d'un Dieu limité ? L'auteur pense qu'une telle doctrine est beaucoup moins logique que le polythéisme, dont elle semble se rapprocher à certains égards : d'ailleurs, les arguments que James veut tirer de l'« expérience religieuse » et de l'étude de certains phénomènes psychiques ne prouvent réellement rien en sa faveur. Le développement historique a toujours été en élevant l'idée de Dieu, et non en la dégradant ; la conclusion sera donc pour une conception d'un Dieu qui soit à la fois personnel et « super-personnel ».

Il est certain que les préoccupations morales sont celles qui prédominent chez James et chez bien d'autres penseurs contemporains. Quand le D_r D'Arcy dit que nous attachons maintenant plus d'importance à la bonté de Dieu qu'à sa sagesse ou à sa puissance, il a peut-être le tort de trop généraliser ; mais il n'en est pas moins vrai que la tendance de certaines formes religieuses à dégénérer en « moralisme » est un fait qu'il serait intéressant d'étudier comme tel. Seulement, la confusion du point de vue moral avec le point de vue métaphysique n'est pas l'unique source des conceptions d'une Déité limitée : chez Renouvier, par exemple, dont il n'est pas question dans cette étude, c'est tout autre chose : les « finitistes » de ce type, ayant argumenté très justement contre le prétendu infini mathématique, croient avoir ruiné par là même l'idée de l'infini métaphysique, dont ils montrent ainsi qu'ils ignorent la véritable nature. Quoi qu'il en soit, il semble que, dans tous les cas, il y ait toujours une confusion à la base ; et, d'autre part, nous sommes d'accord avec le D$_r$ D'Arcy lorsqu'il pense que le polythéisme devrait être l'aboutissement logique de semblables conceptions. Ajoutons que l'idée d'une Déité limitée est toujours celle d'un être particulier, et que l'existence de tels êtres n'est qu'une question de fait, sans aucun rapport avec les problèmes qui peuvent se poser au sujet des principes métaphysiques. Enfin, quant à la conclusion du D$_r$ D'Arcy, le sens où il veut que les termes théologiques soient entendus n'est pas autre chose que ce que la philosophie scolastique appelle le « sens analogique », et la conception qu'il indique à la fin n'est qu'une esquisse partielle de ce qui a été développé complètement par certaines des plus anciennes doctrines de l'Orient : curieuse rencontre pour un partisan de l'évolution « progressive » des idées religieuses !

J. B. Baillie. – Anthropomorphism and Truth. – (Anthropomorphisme et vérité.)

Il y a deux façons opposées et inconciliables de concevoir la vérité : pour les uns, elle est indépendante de l'esprit et s'impose à lui ; pour les autres, elle lui est au contraire subordonnée et n'est qu'un instrument pour la réalisation de ses intérêts pratiques. Les uns et les autres semblent oublier, d'une part, que l'esprit individuel n'est jamais complètement développé, et, d'autre part, que la réalité de l'individualité indivisible réside à la fois derrière les processus de l'action pratique et ceux de l'activité intellectuelle. Toutes les fonctions de l'esprit individuel, intellectuelles ou autres, doivent être regardées comme des moyens d'accomplissement de son propre type d'existence, chaque fonction n'étant d'ailleurs qu'une certaine activité spécialisée de l'esprit tout entier. La vie humaine, en particulier, est un arrangement conscient du monde suivant un point de vue spécifiquement humain, et c'est là ce que l'auteur entend par « anthropomorphisme ». Cette conception n'est développée ici qu'en ce qui concerne la connaissance scientifique ; mais ce n'est peut-être pas sur ce terrain, quoi qu'en pense M. Baillie, qu'un « relativisme » de ce genre rencontre les plus graves difficultés.

J. W. Scott. – *Realism and politis.* – (Réalisme et politique.)

Le réalisme, au sens où il est entendu ici, s'oppose à l'idéalisme, non pas en regardant les choses comme « non-mentales », mais en les regardant comme « non-construites », c'est-à-dire en consacrant tous ses efforts à maintenir le « donné » intact. Ceci étant, l'auteur se propose de montrer qu'il y a du réalisme dans la doctrine de M. Bergson, que celle-ci se rapproche par ce côté de celle de M. Russell, et que ce réalisme est pour toutes deux le point de contact avec les conceptions qui sont à la base de certains mouvements sociaux, tels que le nouveau socialisme ou le syndicalisme révolutionnaire.

F. C. Schiller. – *Omnipotence.* – (La toute-puissance.)

C'est une discussion de l'étude du D$_r$ D'Arcy, dont nous avons rendu compte plus haut. L'auteur s'attache d'abord à analyser le problème de « Dieu », c'est-à-dire à distinguer les différentes questions qu'il implique, puis à montrer que les arguments du D$_r$ D'Arcy contre la conception d'un Dieu limité ne sont pas concluants, et enfin il essaie d'établir que l'idée d'un Dieu tout-puissant a moins de « valeur » spirituelle et religieuse que celle d'un Dieu fini. Dans cette dernière partie, le point de vue « pragmatiste » de M. Schiller apparaît nettement ; il veut aussi y montrer que la notion de la toute-puissance divine a pour origine psychologique le besoin de sécurité qui, dans un autre domaine, donne également naissance à la notion de la « validité » logique.

Il nous semble qu'il y a en tout ceci bien des confusions : ainsi, la conception de « Dieu » est présentée comme une réponse, parmi d'autres également possibles, à une certaine série de questions : mais cela ne suppose-t-il pas qu'il s'agit d'une conception unique et déterminée ? Une des questions auxquelles elle doit répondre est celle dont les diverses solutions sont représentées par le monisme, le dualisme et le pluralisme ; et, pour M.

Schiller, cette question concerne la réalité envisagée sous un aspect « quantitatif », comme si la notion de l'unité arithmétique et celle de ce qui est appelé analogiquement l'unité métaphysique n'étaient qu'une seule et même notion. D'autre part, les préoccupations d'ordre moral tiennent ici une place considérable : il faut, par exemple, que la distinction du bien et du mal existe pour Dieu comme pour l'homme. Des discussions comme celle-là naissent surtout de questions mal posées, et du mélange de plusieurs points de vue radicalement différents ; la position classique du problème de l'« existence de Dieu », les termes mêmes de ce problème, impliquent des confusions multiples, au milieu desquelles on se débattra vainement tant qu'on ne commencera pas par déterminer comme ils doivent l'être les rapports de la métaphysique avec la théologie, et ceux de l'une et de l'autre avec la science.

Arthur Robinson. – Behaviour as a psychological concept. – (L'attitude comme concept psychologique.)

Nous n'essayons de rendre « behaviour » par « attitude » que faute de trouver un meilleur terme en français : c'est la façon dont un être vivant se comporte et réagit à l'égard du milieu ; c'est, en somme, une forme plus compliquée de l'action réflexe. On a essayé de transporter cette conception du domaine de la biologie à celui de la psychologie, d'où ce qu'on appelle « behaviourism », qui présente d'ailleurs plusieurs formes et plusieurs degrés : pour certains, la notion dont il s'agit n'est en psychologie qu'un point de départ ; pour d'autres, elle en constitue tout l'objet et doit se substituer complètement à la notion même de la conscience. M. Robinson fait la critique de ces théories, et montre qu'elles confondent purement et simplement la psychologie avec la physiologie, en éliminant ce qui en constitue les éléments véritablement caractéristiques : la psychologie ne peut être que l'étude de l'organisme conscient en tant que conscient.

H. J. W. Hetherington. – *The conception of a unitary social order.* – (La conception d'un ordre social unitaire.)

Le trait le plus caractéristique de la récente philosophie sociale est la critique de l'autorité de l'État, et le désir de substituer, au contrôle unitaire de la vie sociale par l'État, un contrôle des intérêts par les institutions qui leur correspondent respectivement. L'État est conçu comme hostile à la liberté des individus et à celle de tous les autres groupements sociaux, et cela de deux façons : les uns lui reprochent son caractère rigide et mécanique ; les autres, son intrusion dans des domaines qui ne relèveraient pas de sa compétence naturelle. Pour ces derniers, l'État n'est qu'une institution particulière parmi d'autres institutions fonctionnelles, dont chacune doit être également souveraine dans son propre domaine. L'auteur cherche à montrer que toutes ces critiques, en opposition avec les théories traditionnelles, tendent à éliminer la conception de l'« obligation », essentielle à toute explication rationnelle de l'organisation sociale.

E. E. Constance Jones. – *Practical dualism*. – (Le dualisme pratique.)

C'est un exposé de la façon dont Sidgwick, dans ses *Methods of Ethics*, envisage ce qu'il appelle le « dualisme de la raison pratique » : il entend par là que la conduite humaine relève de deux principes également essentiels, qui sont la « bienveillance rationnelle » et l'« amour de soi rationnel ». Ces deux principes, qui représentent respectivement l'altruisme et l'égoïsme, peuvent sembler contradictoires entre eux ; mais Miss Jones essaie de montrer que, en réalité, le premier implique ou inclut le second.

Une simple remarque : « accepter la moralité du sens commun, mais en cherchant à lui donner une base philosophique », c'est bien là un caractère de presque toutes les théories morales ; mais n'est-ce pas en même temps une preuve que ces théories sont artificielles au fond, et que chaque philosophe ne cherche qu'à justifier, selon ses propres idées, une pratique dont l'existence est parfaitement indépendante de toute construction de ce genre ?

G. Dawes Hicks. – The « modes » of Spinoza and the « *monads* » *of Leibnitz*. – (Les « modes » de Spinoza et les « monades » de Leibnitz.)

On insiste souvent sur l'opposition de la philosophie de Spinoza, avec sa Substance universelle unique, et de celle de Leibnitz, qui regarde comme fondamentale la multiplicité absolue des substances individuelles. Cependant, l'auteur de cette étude s'est proposé de montrer que la contradiction des deux doctrines est plus apparente que réelle, et qu'il y a bien des rapprochements à faire entre elles, à la fois quant aux résultats qu'elles atteignent et quant aux difficultés qu'elles soulèvent. Son examen comparatif porte successivement sur la question des rapports de l'essence et de l'existence, sur la conception de l'activité comme principe de l'individualité, sur la distinction des degrés de développement des êtres individuels, et enfin sur la relation des individus finis avec Dieu. Les interprétations proposées sont fort intéressantes, encore que certaines soient peut-être contestables ; nous regrettons que les limites de ce compte rendu ne nous permettent pas d'en discuter au moins quelques-unes. L'auteur, dans sa conclusion, fait ressortir l'intérêt actuel, et non pas simplement historique, des questions qu'il a envisagées au cours de son exposé.

Albert A. Cock. – *The ontological argument for the existence of God.* – (L'argument ontologique pour l'existence de Dieu.)

L'argument ontologique, tel qu'il a été formulé par saint Anselme, est représenté à tort comme impliquant l'addition de l'existence comme un prédicat, alors qu'il est une démonstration de l'invalidité de sa soustraction. La plupart des critiques qui en ont été faites portent en réalité sur la définition de Dieu ; et il ne faut pas perdre de vue que l'argument concerne exclusivement *id quo nihil majus cogitari potest*. M. Cock montre en particulier que la critique faite par Kant est illégitime, parce que la position même de Kant, limitant la connaissance humaine « au donné, subsumé par nous sous les formes de l'espace et du temps », lui interdit le seul terrain sur lequel peut être valablement discuté l'argument ontologique : il ne peut y avoir rien de commun entre la théorie kantienne de la connaissance et la définition de Dieu qui est en question.

Si nous sommes assez de l'avis de M. Cock sur ce point, nous le sommes moins lorsqu'il dit que ce qui fait paraître l'argument peu satisfaisant, c'est son caractère purement intellectuel. Nous pensons au contraire qu'il doit être tel pour pouvoir prétendre à une portée métaphysique véritable, mais que son plus grand défaut (sans parler de l'équivoque du mot « existence ») consiste en ce qu'il est une transposition fautive d'une vérité métaphysique en termes théologiques : partisans et adversaires de l'argument nous font presque toujours l'effet de discuter sur la possibilité d'appliquer à « un être » ce qui n'est vrai que de « l'Être ».

W. R. Matthews. – The moral argument for theism. – (l'argument moral en faveur du théisme.)

L'ensemble de faits qu'on réunit sous le nom de « moralité » peut être étudié à trois points de vue différents : historique, psychologique, et proprement éthique. L'auteur, envisageant ces trois points de vue l'un après l'autre, se propose de montrer, pour chacun d'eux, les avantages que présente le théisme sur toute autre théorie. Cette recherche est poursuivie avec un parti-pris évident de justifier « l'autorité de la loi morale » et « l'objectivité de l'idéal moral ». Nous avouons ne pas voir très nettement en quoi le fait de fournir une telle justification constitue une preuve, même accessoire, de la vérité d'une doctrine. Il y a là quelque chose qui nous rappelle l'attitude de Kant à l'égard de ses « postulats », prenant pour un argument ce qui n'est qu'un vœu sentimental. Si le théisme (sur la définition duquel il faudrait d'ailleurs s'entendre) est d'ordre métaphysique, il doit être établi indépendamment de toute considération morale ; s'il se trouve ensuite qu'il justifie la morale, tant mieux pour celle-ci, mais la métaphysique n'y est nullement intéressée.

À un autre point de vue, est-il bien exact de dire, comme le fait M. Matthews, que le sentiment de l'obligation est la caractéristique fondamentale de la conscience morale ? Certaines morales antiques, et notamment celle des stoïciens, ne semblent guère l'avoir connu, et pourtant il est assez difficile de contester que ce soient là des morales au sens le plus rigoureux de ce mot.

S. Alexander. – *Space-time*. – (L'espace-temps.)

C'est un extrait d'un travail plus étendu, dans lequel l'auteur se propose d'examiner la relation qui existe entre l'espace et le temps, considérés comme réalités empiriques. L'espace et le temps, pour lui, dépendent l'un de l'autre et s'impliquent mutuellement, de telle façon qu'ils ne constituent à proprement parler qu'une réalité unique, l'« espace-temps ». C'est le temps qui rend l'espace continu en assurant sa divisibilité ; et, de même, c'est aussi l'espace qui rend le temps continu en assurant la connexion de ses parties. L'« espace-temps » est un système de « points-instants », c'est-à-dire de lignes de mouvement reliant les points ou les instants entre eux. Le temps est successif, irréversible et transitif, et ces trois caractères correspondent aux trois dimensions de l'espace ; l'habitude de représenter le temps spatialement exprime le caractère intrinsèque du temps lui-même.

M. Alexander indique, à titre de conséquence, une hypothèse d'après laquelle les choses qui existent dans l'espace et dans le temps ne seraient que des complexes d'« espace-temps », c'est-à-dire de mouvement, et la relation du temps à l'espace serait analogue à celle de l'esprit au corps. C'est là une théorie extrêmement ingénieuse, mais nous ne pouvons en dire plus, car nous ne voudrions pas nous risquer à porter un jugement sur un aperçu vraiment trop sommaire et trop incomplet.

J. S. Haldane, D'Arcy W. Thompson, P. Chalmers Mitchell et L. T Hobhouse. – *Are physical, biological and psychological categories irreductible* ? – (Les catégories physiques, biologiques et psychologiques sont-elles irréductibles ?)

Le sujet de cette discussion est la question de savoir si les « catégories » ou conceptions générales employées d'ordinaire pour interpréter les phénomènes physiques, biologiques et psychologiques sont essentiellement différentes et inconciliables entre elles. M. Haldane soutient leur irréductibilité, et, par conséquent, l'insuffisance d'une explication mécaniste pour les phénomènes vitaux : il s'attache à montrer que l'idée d'un mécanisme maintenant constamment et reproduisant sa propre structure est contradictoire. D'ailleurs, même pour les phénomènes physiques, l'hypothèse mécaniste n'est pas vraiment explicative ; en nous en servant, nous employons des conceptions simplifiées, schématisées en quelque sorte, commodes par là même, et légitimes dans certaines limites. Quand nous tentons d'appliquer ces conceptions aux phénomènes biologiques et psychologiques, l'erreur apparaît ; il faut donc recourir à d'autres conceptions, susceptibles de s'appliquer à une autre grande classe de phénomènes. De même, les conceptions biologiques, qui sont encore relativement simplifiées, ne peuvent, sans erreur grossière, être appliquées aux phénomènes psychologiques. En un mot, il s'agit d'interprétations plus ou moins partielles et incomplètes, dont l'insuffisance se révèle successivement à l'égard de tel ou tel genre de phénomènes.

Laissant de côté la question des phénomènes psychologiques, M. Thompson défend le mécanisme, sinon comme explication totale de la vie, du moins comme explication du détail des phénomènes biologiques. Il reprend, pour les discuter, les arguments et les exemples de M. Haldane, à qui il reproche en outre de n'avoir pas indiqué nettement en quoi consistent les conceptions proprement biologiques. Après avoir développé les raisons de sa confiance dans le mécanisme, même là où il peut paraître actuellement insuffisant, il précise que le sens où il l'entend n'implique nullement le matérialisme, et n'exclut même pas un certain point de vue téléologique ; mécanisme et finalisme sont deux voies différentes, mais qui peuvent arriver à se rejoindre au sommet.

M. Mitchell croit à l'insuffisance du mécanisme, mais il n'en tire pas les mêmes conclusions que M. Haldane. Pour lui, les catégories de la physique et de la biologie, en devenant de moins en moins mécaniques, se rapprochent de celles de la psychologie : la tendance de la science est vers une synthèse des catégories, et l'observation, plus peut-être que la pensée, permet d'admettre la possibilité de cette synthèse où la matière, la vie et l'esprit seraient regardées comme différents aspects d'une même réalité.

M. Hobhouse s'attache d'abord à définir trois types d'activité, mécanique, organique et téléologique, puis à montrer que le second peut se réduire à un cas particulier du premier ou du troisième, tandis que ceux-ci restent des catégories foncièrement irréductibles. Or, si une partie de l'activité des organismes vivants est mécanique, une autre partie semble bien présenter un caractère téléologique : et ceci s'explique si l'on envisage l'être vivant comme « un tout psycho-physique », corps et âme n'étant pas des entités séparées, mais seulement des aspects distincts et peut-être incomplets d'un être réel unique.

B. Bosanquet, A. S. Pringle-Pattison, G. F. Stout et Lord Haldane. – *Do finite individuals possess a substantive or an adjectival mode of being* ? – (Les individus finis possèdent-ils un mode d'être substantif ou adjectif ?)

La question discutée est en somme celle-ci : peut-on regarder les êtres individuels comme des substances, et en quel sens doit-on l'entendre ? Si on définit la substance suivant la conception aristotélicienne, c'est-à-dire comme un sujet qui ne peut pas être prédicat, M. Bosanquet pense que c'est là un caractère qui est attribué aux « choses » comme telles, et qui ne convient pas à la nature des individus finis spirituels. Pour lui, les individus ne sont pas envisagés tels qu'ils sont s'ils sont pris distinctement et à part du tout dont ils font partie, ce qui est le cas lorsqu'on les considère comme des sujets irréductibles ; si on les prend dans leur réalité totale, ils sont plutôt des caractères prédicables de l'univers. Il nous semble, disons-le en passant, que M. Bosanquet confond parfois une idée « abstraite », c'est-à-dire l'idée d'une qualité isolée de son sujet, et une idée « extraite », c'est-à-dire l'idée d'une partie séparée du tout ou de l'ensemble auquel elle appartient ; il faudrait d'ailleurs savoir d'une façon précise comment il conçoit ce qu'il appelle « l'univers », lorsqu'il dit que la relation des individus à l'univers est une relation de subordination et non de coordination. Quoi qu'il en soit, il entend la vraie substantialité des individus spirituels d'une toute autre façon, comme « intentionnelle », et comme consistant dans leur prétention à l'unité et à la liberté, qui ne sont d'ailleurs jamais complètement réalisées. On pourrait dire alors que les individus deviennent d'autant plus « substantifs » et libres qu'ils se reconnaissent plus « adjectifs », c'est-à-dire plus dépendants de tout l'ensemble dont ils font partie ; et c'est seulement en se dépassant et en sortant d'eux-mêmes en quelque façon qu'ils tendent à réaliser leur substantialité et la plénitude de leur existence.

La confusion que nous croyons trouver chez M. Bosanquet et que nous signalions tout à l'heure, M. Pringle-Pattison semble l'avoir aperçue également, quand il lui reproche de transformer illégitimement la relation entre tout et partie en une relation entre substance et accident, et d'arriver par là à une conception de la « Réalité » qui rappelle la Substance de Spinoza. M. Pringle-Pattison pense que le but vers lequel tout tend est la réalisation de plus en plus complète de l'individualisation, tandis que M. Bosanquet paraît prendre une position inverse ; peut-être y a-t-il une part de vérité chez tous deux, et chacun ne voit-il qu'un côté de la question, qui, envisagée métaphysiquement, est celle des rapports de l'individuel et de l'universel ; mais ici la discussion nous fait l'effet de s'égarer quelque peu sur le terrain moral et religieux. Du reste, l'intervention de certaines considérations d'ordre moral, et même social, est probablement nécessaire pour comprendre comment M. Bosanquet est amené à sa conception de la substantialité, si différente de la conception traditionnelle dont la base est purement logique.

C'est au point de vue logique que se place avant tout M. Stout pour examiner la thèse de M. Bosanquet : sa théorie de la prédication, dit-il, suppose essentiellement que la partie est un attribut du tout, et que tout attribut de la partie comme telle est aussi un attribut du tout comme tel. En réalité, ce qui est un attribut du tout, c'est qu'il contient une certaine partie : la relation du tout à la partie est elle-même un adjectif, et est par suite irréductiblement distincte de sa propre relation à son substantif. Si donc il n'est pas possible d'admettre la théorie générale de la prédication, on devra rejeter par là même son application à la conception des êtres individuels. M. Stout soutient d'ailleurs que les individus finis ont une valeur propre, non seulement en tant qu'individus, mais encore en tant que finis, en ce sens qu'ils présentent des caractéristiques positives qui présupposent leur limitation.

Lord Haldane cherche à expliquer les positions respectives de M. Bosanquet (auquel il associe M. Bradley) et de M. Pringle-Pattison en les rattachant à l'ensemble de leurs conceptions générales. Toutes deux lui paraissent procéder également d'un « idéalisme objectif » de type hégélien, mais avec des tendances différentes ; et il leur trouve un défaut commun dans l'emploi qui y est fait, d'une façon plus ou moins déguisée, de la notion de substance. Pour lui, aucun des deux termes substantif et adjectif n'exprime d'une façon adéquate le mode d'être des individus finis, parce que ces termes évoquent la relation d'une chose et de ses propriétés, tandis que nous sommes ici à un degré plus élevé de la réalité. Il insiste avec raison sur le danger des métaphores et des images empruntées à notre expérience du monde extérieur ; à ce propos, il exprime même le vœu de voir les métaphysiciens employer une terminologie aussi rigoureuse que celle des mathématiciens. Nous sommes tout à fait de cet avis, mais il nous semble en même temps que ce vœu serait facilement réalisable si l'on arrivait simplement à comprendre que les questions métaphysiques doivent être traitées métaphysiquement.

L. Susan Stebbing. – *The philosophical importance of the verb « to be »*. – (L'importance philosophique du verbe « être ».)

Il s'agit de préciser la signification du verbe « être », ou plutôt les différentes significations qu'il peut avoir dans les propositions, et, pour cela, de marquer une distinction entre « être », « existence » et « réalité ». L'être, suivant M. Russell, se distingue en « existant » et « subsistant » : l'« existant » peut être réel ou irréel, ce dernier étant seulement un objet pour la pensée et ne faisant pas partie d'un système causal ; le « subsistant », forme logique de l'être, peut être contradictoire ou non-contradictoire. Il résulterait de cette division que l'« existant » n'est pas nécessairement en conformité avec les principes logiques, bien qu'il ne soit connaissable qu'à cette condition ; une telle conclusion est assurément assez discutable. Une autre question intéressante est celle qui concerne les propositions « existentielles » : l'auteur soutient qu'elles ne diffèrent en rien des autres propositions quant à leur forme, et que celle-ci ne peut aucunement nous renseigner sur la nature ou le mode d'être du sujet.

Dorothy Wrinch. – *On the summation of pleasures*. –

(Sur la sommation des plaisirs.)

La valeur d'un ensemble de plusieurs plaisirs ne peut pas être regardée comme égale à la somme des valeurs de ces divers plaisirs pris à part : il faut ajouter à cette somme l'influence, positive ou négative, de chacun de ces plaisirs sur les autres. Ceci, d'après l'auteur, ne suppose pas que le plaisir est quantitatif, mais seulement que les plaisirs peuvent être rangés dans un ordre impliquant entre eux une série d'inégalités. Il est vrai qu'on échappe ainsi aux difficultés que soulèverait une définition de l'égalité de deux plaisirs, mais on peut se demander si une addition qui porte sur une autre chose que sur des quantités est susceptible d'une signification bien définie. D'ailleurs, une théorie de ce genre ne rappelle-t-elle pas un peu trop la fameuse « arithmétique des plaisirs » de Bentham, avec tout ce qu'elle avait d'arbitraire et d'inconsistant ?

Arthur Lynch. – *Association*. – (L'association.)

Si l'on considère l'association des éléments de tout ordre qui constituent un être et les réactions de ces éléments les uns sur les autres, on peut énoncer le principe suivant : étant donné un système, tel qu'un être humain par exemple, composé de certains éléments physiques et mentaux, et étant donné aussi le pouvoir d'interpréter les réactions des forces physiques et mentales à l'intérieur du système, on pourra déterminer les mouvements de ce système dans un milieu donné. Cette possibilité est évidemment théorique, mais elle est néanmoins susceptible d'ouvrir une voie intéressante pour certaines recherches psychologiques : ainsi, la considération du « facteur personnel » dans une activité d'un ordre quelconque permet d'envisager la solution de problèmes tels que la détermination du caractère et du tempérament d'un auteur d'après un examen méthodique de ses œuvres.

A. E. Taylor. – *The philosophy of Proclus*. – (La philosophie de Proclus.)

Il a été fait depuis peu un effort sérieux pour étudier et comprendre la philosophie néo-platonicienne ; mais il est regrettable que l'on n'ait pas accordé à Proclus toute l'attention qu'il mérite. M. Taylor donne ici un exposé de l'ensemble de la doctrine de ce philosophe d'après sa Στοιχείωσις θεολογική, qui peut être regardée comme une sorte de manuel élémentaire du néoplatonisme ; les idées de Proclus sont d'ailleurs très voisines de celles de Plotin, sauf sur quelques points. Dans cet exposé, M. Taylor insiste particulièrement sur la conception de la causalité comme relation « transitive » et « asymétrique » : l'effet « participe » de la cause, et il lui est toujours inférieur, il n'en reflète la nature qu'imparfaitement. À ce propos, il montre les rapports que présente la scolastique avec le néo-platonisme ; et il fait voir aussi, avec beaucoup de raison, que ce dernier est allé bien plus loin que certaines philosophies modernes auxquelles on a parfois voulu le comparer, notamment celles de Spinoza et de Hegel. L'Un absolu et transcendant est un principe beaucoup plus primordial que la Substance spinoziste ; d'autre part, comme il est au-delà de l'Esprit (νοῦς), ce n'est pas là un « idéalisme », et c'est d'ailleurs ce qui permet à cette doctrine d'éviter le dualisme. Nous ne ferons à M. Taylor qu'un léger reproche : c'est d'avoir peut-être un peu trop schématisé et « rationalisé » le néo-platonisme, dont le point de vue nous paraît encore plus éloigné qu'il ne le croit de celui des modernes. Pour nous, il y a là quelque chose de plus purement métaphysique, malgré l'identification de l'Un avec l'Idée platonicienne du Bien, qui nous fait l'effet d'être comme une introduction après coup d'une conception spécifiquement grecque dans une doctrine dont une grande partie est d'inspiration orientale. C'est en ce sens, croyons-nous, qu'il faudrait chercher si l'on veut arriver à comprendre vraiment les Alexandrins, car il y a certainement chez eux quelque chose d'étranger et même, à plus d'un égard, d'opposé à la mentalité grecque, dont Platon est peut-être le représentant le plus complet. Cette double origine des idées néo-platoniciennes n'est pas sans entraîner quelque incohérence ; l'aristotélisme se fût beaucoup mieux prêté que le platonisme à une adaptation de ce genre.

Mars-Avril 1920

Aristotelian Society. Supplementary vol. II. Problems of Science and Philosophy.

Londres, Williams and Norgate, 1919 ; vol. In-8o 220 pages.

Ce volume contient les communications lues à la session tenue en commun, du 11 au 14 juillet 1919, par l'*Aristotelian Society*, la *British Psychological Society* et la *Mind Association*.

Bertrand Russell. – *On propositions : what they are and how they mean.* – (Des propositions : ce qu'elles sont et ce qu'elles signifient.)

Une proposition étant « ce que nous croyons », et la vérité ou la fausseté d'une croyance dépendant d'un *fait* auquel cette croyance se rapporte, il faut commencer par examiner la nature des faits (en entendant par « fait » n'importe quelle chose complexe). Deux faits étant dits avoir la même « forme » quand ils ne diffèrent que par leurs constituants, il y a une indéfinité de formes de faits. Pour le cas le plus simple, celui de faits à trois constituants (deux termes et une relation « dyadique »), il y a deux formes possibles, positive et négative, dont la différence est irréductible.

La signification d'une proposition comme « forme » de mots dépend évidemment de la signification des mots pris isolément. Si on maintient, contre la théorie « behaviouriste » du langage, l'existence d'images purement mentales (la négation de ces images apparaissant comme indéfendable sur le terrain de l'expérience), le problème de la signification des mots peut être réduit à celui de la signification des images. D'autre part, si on admet avec Hume que toutes les images sont dérivées d'impressions, c'est-à-dire que leurs constituants sont toujours des copies de « prototypes » donnés dans la sensation, la relation d'une image et de son prototype peut se définir ainsi : si un objet O est le prototype d'une image, nous pouvons, en présence de O, le reconnaître comme ce *dont* nous avions une image, et alors O est la « signification » de cette image.

Une proposition, qui est « le contenu d'une croyance », peut consister, soit en mots, soit en images ; généralement, une proposition de la première sorte en « signifie » une de la seconde. Dans tous les cas, une proposition est un fait qui a une certaine analogie de structure avec son « objectif », c'est-à-dire avec le fait qui la fait être vraie ou fausse. Quant à l'acte même de la croyance, il peut être constitué par différentes attitudes à l'égard d'une proposition (souvenir, attente, assentiment intemporel pur et simple), qui n'impliquent d'ailleurs pas autre chose que l'existence d'images ayant par elles-mêmes un certain pouvoir dynamique, sans l'adjonction d'aucun sentiment spécial.

Maintenant, quelle est la relation du contenu d'une croyance à son « objectif » ? La vérité consiste dans une correspondance plutôt que dans la cohérence interne ; la vérité ou la fausseté d'une croyance dépend de sa relation à un fait autre qu'elle-même, et qui est son « objectif ». Il y a deux questions relatives à la vérité et à la fausseté : l'une formelle, qui concerne les relations entre la forme d'une proposition et celle de son « objectif » dans ces deux cas ; l'autre matérielle, qui concerne la nature des effets respectifs des croyances vraies et fausses. La correspondance des propositions avec leurs « objectifs », définissant leur vérité ou leur fausseté, peut être plus ou moins complexe ; mais, en tout cas, la vérité et la fausseté, dans leur définition formelle, sont des propriétés des propositions plutôt que des croyances. Au contraire, si l'on envisage ce qui donne de l'importance à la vérité et à la fausseté au point de vue de l'action, ce ne sont plus les propositions qui importent, mais bien les croyances ; seulement le tort des pragmatistes est de vouloir *définir* la vérité de cette façon.

A.-N. Whitehead, Sir Oliver Lodge, J.-W. Nicholson, Henry Head, Mrs Adrian Stephen et H. Wildon Carr. – *Time, space and material* : *are they, and if so in what sense, the ultimate data of science* ? – (Le temps, l'espace et la matière : sont-ils les données ultimes de la Science ? et, s'ils le sont, en quel sens ?)

I. – M. Whitehead reproche aux conceptions scientifiques courantes de ne constituer qu'une systématisation hâtive et simpliste, qui ne s'accorde pas avec les faits : en particulier, la conception du temps comme une succession d'instants ne permet d'établir aucune relation physique entre la nature à un instant et la nature à un autre instant. D'après la théorie qui est ici esquissée, et dont l'auteur doit publier prochainement un exposé plus complet, il faut distinguer dans la nature deux types essentiellement différents d'entités, qui sont les « événements » et les « objets », puis définir certaines relations fondamentales des uns et des autres. Les événements peuvent être regardés comme des relations entre objets, et les objets comme des qualités d'événements ; mais chacun de ces points de vue donne d'ailleurs lieu à des difficultés. La théorie de la matière est la théorie des objets « uniformes » qui donnent aux événements dans lesquels ils sont situés un caractère quantitatif. La conclusion est que la conception d'une quantité de matière ayant une configuration spatiale définie à un instant du temps est une abstraction très complexe, et nullement une donnée fondamentale de la science.

II. – Pour Sir Oliver Lodge, ce que nous saisissons immédiatement et primitivement, c'est le mouvement et la force ; le temps, l'espace et la matière sont des inférences, des abstractions basées sur ces données et destinées à les interpréter. Cette conception, dont les principales notions des sciences physiques peuvent en effet se déduire d'une façon cohérente, suppose essentiellement que nos « expériences » les plus directes sont les sensations musculaires. En terminant, l'auteur met en garde contre toute théorie qui introduit la discontinuité dans l'espace, le temps, ou même l'énergie.

III. – Cette dernière remarque vise plus particulièrement la nouvelle théorie physique du « quantum ». D'après M. Nicholson, cette théorie implique l'existence d'une nouvelle constante universelle de la nature, qui serait, non pas un minimum d'énergie, mais un minimum d'*action* ; elle s'appliquerait d'ailleurs exclusivement aux phénomènes « microscopiques » (pour lesquels les conceptions de la force et de l'énergie ne seraient plus des données fondamentales), tandis que l'ancienne physique demeurerait valable pour les phénomènes « macroscopiques ». Le temps, l'espace et la matière seraient des données fondamentales communes à la physique tout entière, parce qu'ils entrent dans l'expression de toutes les constantes universelles qui existent dans la nature.

IV. – M. Head, admettant que toute sensation est la résultante d'innombrables changements d'ordre purement physiologique, s'attache spécialement à déterminer la base physiologique des aspects spatial et temporel de la sensation. Ces aspects seraient entièrement distincts des aspects qualitatif et affectif et pourraient en être dissociés ; tandis que ces derniers dépendraient de l'activité de la couche optique, ils seraient dus à celle de la couche corticale du cerveau.

V. – Mrs Adrian Stephen se place au point de vue bergsonien (les idées qu'elle expose sont surtout empruntées à *Matière et Mémoire*), et elle résume ainsi la réponse à la question posée : la matière est l'ultime donnée de la science ; l'espace est la forme que la science impose à ses objets (forme logique ou de la pensée, et non plus forme de la sensibilité comme pour Kant) ; enfin, la science ne peut avoir affaire au temps, parce qu'elle ne peut avoir affaire à la mémoire, c'est-à-dire à l'acte qui transforme la matière en « phénomènes », qui est le principe essentiel de toute vie, et qui distingue l'esprit de la matière.

VI. – Pour conclure cette discussion, M. Wildon Carr insiste surtout sur le « principe de la relativité », qui, pour lui, affecte non seulement la connaissance, mais l'*être* même de l'espace, du temps et de la matière. La vraie doctrine philosophique, à cet égard, est celle des philosophes du XVIIe siècle, notamment Malebranche et Berkeley : il n'y a pas de grandeurs, il n'y a que des perspectives. Si l'espace, le temps et la matière sont les données fondamentales de la science, cela ne signifie pas qu'ils sont des entités absolues, mais qu'ils sont dérivés de cette perspective particulière qui constitue le système de référence propre aux êtres humains.

Hastings Rashdall, J.-H. Muirhead, F.-C.-S. Schiller et C.-F. d'Arcy. – *Can individual minds be included in the mind of God* ? – (Les esprits individuels peuvent-ils être inclus dans l'esprit de Dieu ?)

I. – Contre MM. Bradley et Bosanquet, M. Rashdall soutient la thèse négative, parce que, dit-il, une conscience ne peut en aucune façon faire partie d'une autre conscience. On voit par là qu'il pose la question sur un terrain qui est plutôt psychologique ; il le déclare expressément, et d'ailleurs la métaphysique n'est-elle pas interdite à quiconque avoue, comme lui, ne pouvoir se placer en dehors du temps ? Il fait une distinction entre l'Absolu, qui peut inclure tous les esprits, mais dont il semble se désintéresser parce que ce n'est pas une « conscience », et Dieu, qui, comme « esprit » (*mind*) ou

« conscience », ne peut pas inclure d'autres esprits. On pourrait même être tenté de penser que ce Dieu doit être limité, puisque « Dieu et l'homme sont deux esprits qui font partie d'un même univers ». Quant à la différence qu'il convient de faire entre « identité d'existence » et « identité de contenu », il y aurait beaucoup à en dire, mais nous ne pouvons aborder ici cette question.

II. – M. Muirhead ne pense pas que la conception de l'Absolu comme comprenant tout entraîne l'impossibilité que cet Absolu soit « esprit » en un certain sens, et il envisage une « inclusion » qui, sans supprimer l'existence séparée, se fonderait essentiellement sur une unité d'« intention » (*purpose*), donnant une direction commune aux actions particulières qui appartiennent aux individus.

III. – Pour M. Schiller, il y a peut-être une contradiction entre l'existence distincte des esprits individuels et leur inclusion en Dieu, et une contradiction de ce genre pourrait provenir de ce que les conceptions religieuses ont une source psychologique qui est plus sentimentale qu'intellectuelle ; mais, pourtant, on constate expérimentalement des exemples d'une sorte d'inclusion d'un esprit dans un autre, soit dans les cas anormaux de « dissociation de la personnalité », soit même dans les relations normales entre la conscience à l'état de veille et la conscience dans l'état de rêve. Seulement, ces analogies ne suggèrent aucune explication, et, pour ce qui est de l'unité d'intention qu'envisage M. Muirhead, M. Schiller objecte qu'une intention suppose une limitation qui ne saurait être applicable aux opérations d'un esprit universel.

IV. – Suivant M. d'Arcy, il faut, parmi les différents sens du mot « inclusion », partir de celui dans lequel on peut dire que notre expérience inclut tous nos objets. De même que chaque esprit est le principe d'unité de sa propre expérience, de même il doit y avoir, analogiquement, un principe suprême d'unité qui dépasse les oppositions entre les existences individuelles et produit l'unification finale ; et, dans les deux cas, l'unification assure à chacun des éléments qu'elle comprend la conservation de sa propre nature particulière. Pour qu'il en soit ainsi, il est d'ailleurs insuffisant de concevoir Dieu comme « personnel » ; il faut qu'il soit « personnel et quelque chose de plus ». Cela est beaucoup plus vraiment métaphysique que tout ce qui avait été dit jusque-là dans cette discussion, et aussi, quoi que semble en penser l'auteur lui-même, que les diverses considérations auxquelles il se livre ensuite, et qui font intervenir la question d'une vue « spirituelle » ou « matérielle » de la réalité.

G. Dawes Hicks, G.-E. Moore, Beatrice Edgell et C.-D. Broad : *Is there « Knowledge by acquaintance »* ?

La question posée ici est difficilement traduisible, car il n'y a guère, en français, que le mot « connaissance » pour rendre à la fois « Knowledge » et « acquaintance » ; mais M. Russell distingue deux sortes de « Knowledge » : l'une, qu'il appelle « présentation » ou « acquaintance », est une relation à deux termes d'un sujet à un seul objet ; l'autre, qu'il appelle « judgment », est une relation multiple d'un sujet à plusieurs objets. La question est donc de savoir si cette distinction est fondée ; la connaissance par « acquaintance », si elle existe vraiment, serait d'ailleurs exempte d'erreur, car c'est seulement dans le jugement que nous pouvons nous tromper, toute erreur portant sur les relations de plusieurs objets entre eux.

I. – Pour M. Dawes Hicks, on confond, sous le terme d'« acquaintance », deux sortes différentes de relations : la relation d'un sujet à un objet, et la relation de ce sujet à sa conscience d'un objet ; or c'est la seconde seulement qui est « directe », caractère que M. Russell attribue à l'« acquaintance ». En répondant négativement à la question, M. Hicks entend donc, au fond, dénier à la connaissance sensible le caractère « intuitif » ; et, pour cela, il insiste sur la difficulté de tracer une limite définie entre l'« acquaintance » et le jugement, notamment dans le cas des relations et des qualités sensibles envisagées abstraitement : si tout acte de connaissance implique distinction et comparaison, il est inséparable de quelque jugement. Quant à l'opposition qu'on veut établir entre la connaissance des « choses » et celle des « vérités », si un objet des sens ne peut être dit proprement vrai ou faux, la façon dont un objet apparaît peut l'être, et dans le sens même où le sont les propositions.

II. – M. Moore maintient que ce que M. Russell veut dire par « acquaintance » est un fait dont l'existence est incontestable, quoi qu'il en soit de ses théories à ce sujet. L'« acquaintance » est identique, soit avec la relation de sujet et d'objet, soit avec une variété particulière de cette relation ;

mais il faut d'ailleurs admettre qu'elle ne peut pas avoir pour les qualités abstraites la même signification que pour les données des sens proprement dites. Ce qui est véritablement en question, ce n'est pas tant l'existence de la connaissance par « acquaintance » que la théorie de M. Russell suivant laquelle il peut y avoir « acquaintance » sans jugement, en ce sens que l'« acquaintance » serait logiquement indépendante de la connaissance des vérités ; et il est possible en effet que cette théorie soit fausse, les arguments qui l'appuient ne semblant pas très concluants.

III. – Mais, pour Miss Edgell, cette théorie équivaut à l'affirmation même de l'« acquaintance » en tant que relation cognitive ; en niant la théorie, elle entend donc nier la connaissance par « acquaintance », qu'elle déclare psychologiquement impossible, parce que rien ne pourrait en sortir, et qu'elle regarde simplement comme « un mythe inventé par l'épistémologie ».

IV. – M. Broad trouve préférable de diviser la question : en premier lieu, y a-t-il « acquaintance » ? Il répond affirmativement sur ce point, en définissant l'« acquaintance » comme la relation que nous avons avec les données des sens antérieurement à tout acte de jugement, et qui subsiste d'ailleurs lorsque le jugement s'est produit. En second lieu, cette « acquaintance » est-elle une connaissance ? Elle ne l'est pas dans le même sens que le jugement vrai, qui constitue la véritable connaissance ; elle peut être dite « cognitive », mais il faut faire une distinction entre « acquaintance » et connaissance *par* « acquaintance ». Cette dernière peut être regardée comme directe en ce sens qu'elle n'est pas atteinte par inférence, et elle s'oppose à la connaissance par « description » ; mais il ne résulte pas de là que les jugements fondés sur l'« acquaintance » soient nécessairement infaillibles, bien que le risque d'erreur semble y être à son plus bas degré.

Juillet-Août 1920

Ettore Galli. – Nel regno del conoscere e del ragionare. – (Dans le domaine de la connaissance et du raisonnement.)

1 vol. in-8_o, 300 pp., Fratelli Bocca, Turin, 1919.

Alle radici della morale. – (*Aux racines de la morale.*)

1 vol. in-8o, 415 pp., Società Editrice « Unitas », Milan, 1919.

Dans le premier de ces deux ouvrages, l'auteur tente de rapprocher le point de vue logique du point de vue psychologique, nous devrions même dire de le réduire à celui-ci, en montrant que le processus du raisonnement ne fait que reproduire et continuer le processus formatif ou génétique de la connaissance. Il insiste, trop exclusivement peut-être, sur l'action « synthétisante » de la pensée : un « schéma général » se formerait par la superposition de sensations successives produisant le renforcement de leurs éléments communs, et non par l'élimination de leurs différences : quand un tel schéma est constitué, le jugement consiste à y faire rentrer un fait nouveau. L'induction serait le mode fondamental du raisonnement, parce qu'elle procède dans le sens qui est celui de l'acquisition de la connaissance, en rapportant les cas particuliers à un schéma général ; la déduction, au contraire, devrait se fonder sur une induction préalable, qu'elle ne ferait que reproduire en sens inverse. La logique, telle qu'on la conçoit d'ordinaire, aurait donc le tort d'envisager sous un point de vue statique des faits qu'on ne peut expliquer qu'en les considérant dynamiquement, dans leur développement psychologique, parce que, la pensée étant une, les lois logiques ne sont au fond que des lois psychologiques.

Cette réduction est-elle vraiment justifiée ? Sans doute, les opérations logiques sont, en un sens, des faits psychologiques, et peuvent être étudiées sous cet aspect ; mais ce n'est point ce que se propose la logique, qui, à vrai dire, ne les envisage même aucunement en tant que « faits ». La distinction et même la séparation des deux points de vue logique et psychologique aura donc toujours sa raison d'être, car deux sciences peuvent être réellement distinctes tout en étudiant les mêmes choses, par cela seul qu'elles les étudient sous des points de vue différents. Ainsi, vouloir absorber la logique dans la psychologie reviendrait pour nous à la supprimer ; mais il est possible, après tout, que le point de vue même de la logique apparaisse comme inexistant ou illégitime aux yeux de certains, et surtout de ceux qui, comme c'est ici le cas, veulent faire dériver toute connaissance de la seule sensation et se refusent à y admettre aucun principe d'un autre ordre, aussi bien qu'à distinguer l'idée de l'image. Mais n'est-il pas un peu étrange, alors qu'on veut mettre en discussion les fondements mêmes de la certitude logique, qu'on tienne d'autre part pour indiscutables certaines théories « évolutionnistes », qui ne sont pourtant que de simples hypothèses ?

La même tendance à tout ramener à la psychologie s'affirme également dans le second ouvrage, cette fois à l'égard de la morale : mais elle est ici, selon nous, beaucoup plus justifiée que dans le cas précédent, car la morale, n'ayant qu'une portée toute pratique, ne serait rien si elle ne prenait sa base dans la psychologie. La thèse de l'auteur peut se résumer brièvement en ceci : la morale est une expression de la tendance qui pousse l'homme, comme tout être vivant, à rechercher spontanément les conditions d'existence les plus favorables ; le sentiment fait trouver bon ce qui est utile ou avantageux à la vie, ce qui produit le bien-être sous toutes ses formes, et de là est dérivée, par abstraction, la notion du bien moral. Les tendances que la morale a pour but de satisfaire sont donc, au fond, des forces biologiques qui ont revêtu chez l'homme un caractère psychique : si l'on fait intervenir, en outre, les conditions de la vie sociale, envisagée essentiellement comme une collaboration, on pourra s'expliquer l'origine des notions comme celles de droit et de devoir. Si la morale suppose que la vie a une valeur par elle-même, c'est parce qu'il est de la nature de la vie de tendre toujours à se conserver et à s'améliorer ; et c'est cet attachement à la vie, fait purement sentimental tout d'abord, qui conduit ensuite à postuler le bien comme une exigence de la raison.

Nous sommes tout à fait d'accord avec l'auteur lorsqu'il ne veut voir dans les notions morales qu'une transformation d'éléments sentimentaux, et encore ces éléments ne sont-ils peut-être jamais aussi complètement rationalisés qu'il le pense : ainsi, la conception du « devoir pour le devoir » peut-elle être regardée comme ayant un caractère absolument logique ? Seulement, les facteurs qui concourent à l'élaboration de ces notions sont extrêmement complexes, et nous ne croyons pas qu'il soit possible d'en rendre compte entièrement par ce que nous pourrions appeler un « utilitarisme biologique » : on arrive ainsi, sans doute, à quelque chose qu'on peut appeler « bien » si l'on veut, mais qui n'est pas précisément le bien moral. Ce qui n'est pas vraiment expliqué par cette théorie, ce sont les caractères particuliers qui constituent proprement le point de vue moral ; pour nous, non seulement ce point de vue ne se comprend aucunement en dehors de la vie sociale, mais il suppose en outre des conditions psychologiques beaucoup plus spéciales qu'on ne le pense d'ordinaire. D'ailleurs, il ne faudrait pas exagérer l'importance du sentiment et de ce qui en dérive jusqu'à en faire tout l'essentiel de la nature humaine ; il est vrai que l'intelligence doit se réduire à bien peu de chose pour qui veut la faire sortir tout entière de la sensation.

SEPTEMBRE 1920

T.-L. Penido. – La méthode intuitive de M Bergson. Essai critique.

1 vol. in-8$_0$, 226 pp., F. Alcan, Paris, 1918.

Cet ouvrage comprend, en premier lieu, un exposé de l'intuitionnisme bergsonien ; et l'auteur doit être félicité d'avoir su mener à bien cette partie de sa tâche, car il est fort difficile de donner une idée claire et précise de ce qu'il caractérise très justement comme « une doctrine fuyante à l'extrême, estompant sans cesse ses thèses et atténuant ses affirmations, se donnant comme constituée simplement par une série de probabilités croissantes, c'est-à-dire comme capable d'améliorations et de progrès indéfinis ». Il y a même ceci de remarquable, que M. Bergson, tout en affichant un certain mépris théorique de l'analyse, est aussi loin que possible de s'en dégager en fait, et que sa philosophie, qui insiste tant sur la simplicité irréductible de l'acte intuitif, se développe en aperçus d'une prodigieuse complexité. Mais nous n'insisterons pas ici sur l'exposition de la doctrine, et nous signalerons de préférence les principaux points de la critique qu'en fait ensuite M. Penido, et qui constitue la seconde partie de son livre : critique assez sévère parfois, tout en s'efforçant de rester sympathique, surtout au sens de cette « sympathie divinatrice » qui permet, d'après M. Bergson lui-même, de pénétrer « dans la mesure du possible », en s'y « insérant », la pensée du philosophe.

D'abord, qu'est-ce au juste que l'intuition bergsonienne ? On ne peut sans doute « exiger une définition de ce qui, par hypothèse, est indéfinissable », mais on peut s'étonner d'en rencontrer des descriptions tout à fait diverses, et il est fort contestable que M. Bergson soit parvenu, comme l'affirme un de ses disciples, à « donner à la notion d'intuition un contenu rigoureusement déterminé ». Après s'être appliqué à distinguer différentes intuitions, M. Penido constate que chacune d'elles prise à part « semble coïncider parfaitement avec l'intuition bergsonienne », qui « est, par nature, vague, diffuse, éparpillée » ; et, si l'on veut aller plus au fond, on s'aperçoit que la méthode « nouvelle » se ramène surtout à l'intuition « infra-rationnelle », qu'elle est tout simplement « un phénomène d'imagination créatrice ou dynamique », très voisin de l'invention artistique. S'il en est ainsi, M. Bergson ne se distingue guère des autres philosophes qu'en ce qu'il « s'abandonne entièrement à son imagination », au lieu de la contrôler par la raison.

Ensuite, la « philosophie nouvelle » paraît extrêmement préoccupée d'échapper au relativisme : il faut donc examiner si elle rend possible le « passage à l'objectif ». Or, non seulement la valeur attribuée à la « perception pure » est fort arbitraire, mais encore l'aboutissement logique de la doctrine est « une sorte de monisme psychologique », où « l'intuition n'est plus connaissance, elle est création ». On risque donc d'arriver ainsi au « solipsisme », et alors « le moi en s'atteignant lui-même atteindrait aussi le réel total, mais ce serait au prix du phénoménisme le plus radical » ; telle n'est peut-être pas l'intention de M. Bergson, mais il « trouvera quelque jour un Schelling pour pousser son système jusqu'aux limites extrêmes qu'il comporte ».

Une autre objection porte sur la façon dont sont envisagés les rapports de l'intuition et de l'intelligence : la méthode proposée semblait devoir naturellement exclure l'intelligence de la philosophie, après l'avoir « vidée de tout contenu spéculatif, par un pragmatisme radical s'il en fût jamais » ; mais l'attitude de M. Bergson a été « plus imprévisible, donc plus intuitive », et « il n'a exaspéré l'opposition entre deux modes de connaissance que pour mieux les unir ensuite ». En effet, non seulement « la philosophie prolonge et complète la science », mais, « sans le concours de l'intelligence, l'intuition est impossible, car M, Bergson insiste beaucoup sur l'absolue insuffisance d'une métaphysique dépourvue de bases scientifiques », encore qu'on ne puisse savoir au juste comment se réalise pour lui « le passage du discursif à l'intuitif » ; il va même « jusqu'à faire dépendre la valeur de l'intuition de son accord avec la science », qu'il regarde pourtant comme essentiellement symbolique et relative. Liée à l'état actuel de la science, la philosophie pourra, suivant les époques, conduire à des « résultats inverse » ; et s'il en est ainsi, est-ce bien la peine de s'infliger des « torsions » douloureuses et contre nature ? Et l'auteur cite des exemples que M. Bergson fait constamment de la dialectique, de l'analyse et du raisonnement par analogie, sans parler de ces « comparaisons qui tiennent lieu de raisons », et de ces images qui amènent à se demander « si le maître est sûr de se comprendre lui-même ». Il résulte de tout cela que le bergsonisme est, au fond, un système comme les autres, parlant comme eux d'« un fait très gros » (expression de M. Bergson), qui est la perception de la durée, et que l'intuition, « livrée à elle-même, ne semble pas pouvoir servir de méthode philosophique, tout au moins dans l'état actuel de l'humanité ».

Le côté négatif de l'œuvre de M. Bergson, c'est-à-dire sa critique des autres doctrines, est beaucoup plus net que le côté positif, et aussi plus solide malgré tout ce qu'on peut y trouver à reprendre. La critique bergsonienne a le mérite de dénoncer des erreurs réelles, mais elle est allée trop loin en se transformant en « anti-intellectualisme » ; « elle vaut, non pas contre tout intellectualisme, mais contre un certain intellectualisme » (nous dirions plutôt rationalisme), et ses arguments impliquent de multiples confusions. C'est ainsi que M. Bergson confond toujours le concept avec l'image ; mais nous ajouterons que son empirisme psychologique ne lui permet pas de faire autrement, et que c'est précisément parce qu'il est empiriste qu'il parle « en nominaliste absolu ». M. Penido insiste fort justement sur la différence de nature qui existe entre l'idée et l'image, et il estime que M. Bergson ne nous a donné qu'une « caricature » de l'intelligence, pour laquelle il prend ce qui n'est en réalité que l'« imagination statique » ou reproductrice. L'opposition entre intuition et intelligence se ramènerait donc à l'opposition entre imagination dynamique et imagination statique : cela est peut-être vrai en fait, sinon en principe ; on pourrait y répondre que M. Bergson, quand il parle de l'intelligence, veut la faire synonyme de raison, mais nous dirons encore qu'il ne comprend de la raison que ce que l'empirisme peut en atteindre. Quoi qu'il en soit, l'intuition de M. Bergson nous paraît surtout « anti-rationaliste », et M. Le Roy peut rester fidèle à sa pensée tout en corrigeant son langage, lorsqu'il déclare que l'intuition n'est ni « anti-intellectuelle » ni même « extra-intellectuelle », parce qu'il se rend compte que l'intelligence ne doit point être réduite à la seule raison.

Cette réflexion nous conduit à une autre remarque, qui est pour nous d'une importance capitale : M. Penido parle bien à plusieurs reprises d'« intuition intellectuelle », et il semble même pressentir la distinction de l'intellect pur et de la raison ; mais il n'a pas dégagé les caractères de la véritable intuition intellectuelle ou métaphysique, essentiellement « supra-rationnelle », donc opposée à l'intuition « infra-rationnelle » du bergsonisme. L'intellectualisme vrai est au moins aussi éloigné du rationalisme que peut l'être l'intuitionnisme bergsonien, mais exactement en sens inverse ; s'il y a un intuitionnisme métaphysique qui est cet intellectualisme, il y a aussi un intuitionnisme antimétaphysique, qui est celui de M. Bergson. En effet, tandis que la métaphysique est la connaissance de l'universel, la « philosophie nouvelle » entend s'attacher à l'individuel, et elle est ainsi, non pas « au-delà », mais bien « en deçà de la physique », ou de la science rationnelle, connaissance du général ; maintenant, si les bergsoniens confondent l'universel avec le général, c'est au moins un point sur lequel ils se trouveront d'accord avec leurs adversaires rationalistes. D'autre part, il est vrai que « le tort de M. Bergson est, en somme, d'identifier psychologie et métaphysique », mais cette identification avec l'anthropomorphisme qu'elle entraîne fatalement est la négation même de la métaphysique véritable, comme l'est aussi la conception qui place toute réalité dans le « devenir ». Une philosophie qui prend pour objet la vie et une science qui prend pour objet la matière sont tout aussi étrangères et indifférentes l'une que l'autre à la métaphysique ; et s'il n'y a, comme nous le pensons, que de la « pseudo-métaphysique » dans tous les systèmes de la philosophie moderne, le bergsonisme ne fait point exception.

Peut-être M. Penido met-il quelque ironie dans sa conclusion, où il déclare que « c'est encore être bergsonien, dans le sens le meilleur du mot, que d'abandonner le bergsonisme de fait pour chercher au-delà une pensée plus synthétique et qui le dépasse » ; en tout cas, selon nous, ce serait perdre son temps que de chercher dans le même sens, à moins qu'on ne veuille se borner à faire de la psychologie pure et simple. Il est vrai que toute intuition est essentiellement synthétique, comme la raison discursive est essentiellement analytique ; mais la métaphysique est une synthèse d'ordre transcendant, sans aucun rapport avec l'immanentisme de l'« élan vital ».

Ajoutons encore que M. Penido a particulièrement bien vu les tendances, à la fois mystiques et expérimentalistes, qui apparentent le bergsonisme, dans la pensée contemporaine, aux courants théosophiques et spirites. N'est-il pas même à craindre que ces affinités aillent en s'accentuant, lorsqu'on voit M. Bergson, dans un de ses plus récents écrits, trouver que « ce serait beaucoup que de pouvoir établir sur le terrain de l'expérience la possibilité et même la probabilité de la survivance de l'âme » ? La question, ainsi posée, serait au contraire d'importance tout à fait négligeable aux yeux d'un métaphysicien.

Mai-juin 1921

Ettore Galli. – Nel dominio dell'« io ». – (Dans le domaine du « moi ».)

1 vol. in-8o, 206 pp., Società Editrice « Unitas », Milan et Rome, 1919.

Nel mondo dello spirit. – (Dans le monde de l'esprit.)

1 vol. in-8o, 252 pages, Società Editrice « Unitas », Milan et Rome, 1919.

Le « moi » peut être considéré, soit dans sa constitution interne, dans son contenu subjectif, soit dans son développement extérieur ; c'est sous le premier de ces deux points de vue, que l'on peut appeler statique, qu'il a été étudié le plus généralement. M. Galli, au contraire, a voulu traiter ici la question du point de vue dynamique, et cela en envisageant ce qu'il appelle le sens du « mien » : le « mien » est une expansion du « moi », et, en l'étudiant, on atteint le « moi » dans son processus même de formation. Ce sens du « mien » est d'ailleurs un fait psychologique très complexe ; l'auteur en analyse les éléments constitutifs, puis il en examine les variétés multiples, d'abord suivant les objets auxquels il s'applique, et ensuite suivant la nature propre du « moi » et la diversité des tempéraments individuels. Il y a là des nuances qui nous paraissent vraiment trop subtiles, ainsi qu'il arrive fréquemment chez les psychologues, et, de plus, tout cela est un peu diffus ; ce dernier défaut est d'ailleurs commun à tous les ouvrages de M. Galli, dont la pensée gagnerait certainement à s'exprimer sous une forme plus concise. Les deux derniers chapitres sont consacrés à la formation « psychogénétique » du sens du « mien », étudiée chez l'enfant, et à son origine « phylogénétique », en correspondance avec le développement mental et social de l'humanité ; il y a ici, naturellement, une très large part d'hypothèse ; l'idée essentielle est que le « mien », tout en étant une extension du « moi » sur les choses, est en même temps une condition pour la constitution même du « moi ».

Le second ouvrage comprend quatre parties qui n'ont pas d'autre lien entre elles que de se rapporter toutes à des questions psychologiques. La première est une justification de la valeur de l'introspection comme méthode d'observation ; peut-être est-ce tout de même aller un peu loin en ce sens que de vouloir réduire l'observation externe à l'observation interne, et de prétendre qu'elle ne peut être dite externe que « par convention », sous le prétexte que l'idée ou la représentation que nous pouvons avoir de n'importe quoi est toujours un fait interne. Nous savons bien que les psychologues sont assez coutumiers de cette exagération, qui ne tend à rien moins qu'à faire dépendre toutes les autres sciences de la leur, mais nous doutons fort qu'ils arrivent jamais à faire accepter ce point de vue par les représentants de ces autres sciences. La seconde partie est une étude psychologique et sociologique sur la « plaisanterie » (le mot italien *scherzo* présente une nuance qu'il est difficile de rendre en français : c'est plus proprement un « tour », bon ou mauvais, que l'on joue à quelqu'un). Dans la troisième, l'auteur analyse le phénomène de l'attente, qu'il s'attache à distinguer soigneusement de l'attention, et dont il envisag séparément différents cas, suivant qu'il y a, par rapport aux événements qui vont se produire, prévision certaine, prévision incertaine, ou imprévision, et aussi, d'un autre côté, suivant les émotions variées qui accompagnent ou suivent l'attente. Enfin, la quatrième partie traite de « la liberté à la lumière de la psychologie » : il semble que M. Galli se soit proposé surtout de montrer que la « liberté d'indifférence » est illusoire et même inconcevable, et qu'il ait voulu pour cela reprendre et développer, en le transposant sur le terrain purement psychologique, l'argument spinoziste de l'« ignorance des motifs » ; mais il a eu le tort de ne pas marquer nettement la distinction qu'il convient de faire entre la prétendue « liberté d'indifférence » et le véritable « libre arbitre », ce dernier s'accommodant fort bien de l'existence des motifs, et la supposant même essentiellement. En somme, ce qui est surtout à retenir dans la conclusion, c'est qu'il n'y a pas de conscience de la liberté ; sur ce point, nous sommes tout à fait d'accord avec l'auteur : la conscience ne peut saisir qu'une croyance à la liberté, et non la liberté elle-même, qui n'est pas de l'ordre des phénomènes mentaux ; mais, s'il en est ainsi, c'est perdre son temps que de chercher à argumenter psychologiquement pour ou contre la liberté ; cette question, parce qu'elle est au fond une question de « nature », n'est pas et ne peut pas être une question psychologique, et on devrait bien renoncer à vouloir la traiter comme telle.

Dr Eugène Osty. – *Le sens de la vie humaine.*

1 vol. in-16₀, XII-272 pages,
« *La Renaissance du Livre* », *Paris,1919.*

L'auteur annonce dans son introduction qu'« on ne trouvera pas ici un système philosophique », et que « ce livre se donne pour but de prendre une sorte de vue scientifique de notre vie d'êtres pensants, en ne perdant jamais le contact des faits ». Ce sont là d'excellentes intentions, mais malheureusement l'esprit « scientiste » n'est pas le véritable esprit scientifique, et les hypothèses évolutionnistes ne sont point des faits. Ceux qui se proclament volontiers, et de la meilleure foi du monde, « affranchis des préjugés », sont quelquefois ceux qui en ont le plus en réalité : croyance au « progrès intellectuel », au « progrès moral », à la « civilisation intégrale », en un mot à toutes les idoles de l'esprit moderne, sans oublier la « nature », la « raison » et la « vie ». Nous ne pouvons songer à discuter ici toutes ces conceptions, mais nous trouvons bien étrange que, dès que ces idées entrent en jeu, on se contente si facilement de simples affirmations : ce sont là articles de foi... Si, au lieu de se lancer dans d'aventureuses spéculations sur les conditions d'existence de l'« homme primitif », on se bornait plus modestement à une étude un peu approfondie de l'antiquité historique ou même du Moyen Âge, on serait sans doute amené à modifier bien des conclusions, et, par exemple, on hésiterait peut-être à écrire que « ce fut seulement au XVI$_e$ siècle de notre ère que l'humanité passa de sa longue enfance intellectuelle à l'âge de raison ». Il est vrai que l'intellectualité, telle que l'auteur la comprend, paraît consister à peu près uniquement dans la connaissance et l'utilisation des phénomènes naturels, ce qui est un point de vue très spécial. La partie la plus curieuse est peut-être celle qui concerne l'avenir possible de l'humanité : on nous annonce qu'une faculté psychique nouvelle, qualifiée de « métanormale » (ce néologisme et quelques autres du même genre sont bien près d'être des barbarismes), est « en voie d'installation dans l'espèce humaine ». Cette faculté comprend un ensemble très complexe de phénomènes, réunis sous le nom un peu vague de « lucidité » ; nous sommes fort loin, pour notre part, de contester la réalité de ces phénomènes, qu'il faut toujours séparer des explications fantaisistes ou même déraisonnables qui en ont été données ; mais nous ne pensons pas qu'on puisse y voir le germe d'une sorte de sens supplémentaire dont seront doués les hommes futurs. D'ailleurs, nous ne voyons pas ce qu'il y a là de vraiment nouveau : les faits dont il s'agit étaient bien connus dès l'antiquité ; pourquoi dire qu'ils ont pu être « illusoires » alors, tandis qu'ils ne le seraient plus aujourd'hui ? C'est que, sans cela, la théorie de l'évolution serait en défaut... Si un livre comme celui-là présente de l'intérêt, c'est surtout à titre de document psychologique, très caractéristique de la mentalité de certains de nos contemporains.

NOVEMBRE-DÉCEMBRE 1921

D$_r$ *Joseph Devillas. – Essais systématiques.*

1 vol. in-16o, 350 pp., P. Lethielleux, Paris, 1920.

Sous ce titre, qui n'est peut-être pas très heureux, sont réunis des aperçus souvent intéressants, mais dont le défaut général est un manque de clarté assez regrettable. Ce défaut ne tient pas uniquement à ce que, comme le reconnaît l'auteur, il y a là des notes trop brèves, insuffisamment développées et coordonnées ; il est dû aussi, en partie, à l'emploi d'une terminologie un peu singulière, qui rend parfois la lecture pénible. La même observation pourrait d'ailleurs être faite à propos de bon nombre d'ouvrages philosophiques, et nous ne pouvons que souscrire à une déclaration comme celle-ci, qui dénote du moins la conscience de cette imperfection :

« Le langage philosophique aurait besoin d'un dictateur en fixant le sens avec précision ; bien des discussions à côté seraient évitées, car, si une langue bien faite n'est pas la science, elle contribue à l'acquérir et témoigne de notions cohérentes déjà acquises. » Si l'accord est difficilement réalisable en pareille matière, chacun pourrait du moins, pour son propre compte, s'efforcer d'éviter toute complication inutile et de définir exactement les termes dont il se sert ; et nous ajouterons qu'il faudrait aussi définir et distinguer les points de vue auxquels on se place, afin de déterminer par là le sens et la portée de questions qui appartiennent souvent à des ordres fort divers. C'est ce qui a lieu pour l'ouvrage dont il s'agit : parmi les multiples questions qui y sont traitées plus ou moins complètement, certaines relèvent simplement de la philosophie scientifique, tandis qu'il en est d'autres qui, par leur nature, pourraient se rattacher à la métaphysique ; mais encore faudrait-il ne pas chercher, entre des ordres de connaissance qui doivent être profondément séparés, un rapprochement illusoire qui ne peut produire que des confusions. Enfin, pour la clarté d'un exposé quelconque, il y a peut-être avantage à ne pas vouloir mettre trop d'idées dans un même volume.

Cependant, on aurait grand tort de s'en tenir ici à une impression d'ensemble, car il est des chapitres et des paragraphes qui nous paraissent tout à fait dignes d'intérêt. D'abord, il y a des critiques fort justes de certaines théories, en particulier du transformisme, et ces critiques ne sont pas purement négatives : ainsi, à propos de cette question du transformisme, l'auteur formule, sur les notions de l'espèce et de l'individu, des remarques qui auraient assurément besoin d'être complétées, mais qui, telles qu'elles sont, semblent très propres à provoquer la réflexion. D'autre part, sur la liberté et le déterminisme, sur les rapports du temporel et de l'intemporel, sur la corrélation de la quantité et de la qualité, et sur beaucoup d'autres points encore, il y a des vues qui dépassent certainement le niveau des spéculations philosophiques courantes ; il est à souhaiter que l'auteur ait quelque jour le loisir de les reprendre pour les développer d'une façon plus nette et plus précise.

Ce qui pourrait prêter à bien des objections, c'est le rôle primordial qui est attribué partout aux rapports corrélatifs de ressemblance et de différence ; peut-être est-ce là qu'il faut voir ce que la pensée de l'auteur a de proprement « systématique »… Il y a aussi des inconvénients à se servir trop fréquemment de termes comme ceux d'« abstrait », et de « concret », qui sont fort équivoques, du moins dès qu'on s'écarte de leur acception technique rigoureuse. Dans certains passages, il semble que cette opposition de l'abstrait et du concret soit prise comme synonyme de celle du possible et du réel ; cela prouve que l'une et l'autre auraient également besoin d'être précisées. D'ailleurs, pour nous, la distinction du possible et du réel n'est valable que dans des domaines particuliers, et elle n'a plus de signification quand on se place au point de vue métaphysique, c'est-à-dire universel ; il ne faut jamais oublier que, comme le dit très justement le D$_r$ Devillas, « notre monde » n'est pas « l'Univers ».

Nous devons encore signaler un autre ordre d'idées qui n'est pas le moins intéressant : c'est un essai d'interprétation ou, si l'on veut, d'adaptation de certaines conceptions théologiques, comme celles de création et de chute, qui sont appliquées d'une façon fort ingénieuse à une théorie des lois naturelles. Suivant cette théorie, les lois multiples et hiérarchisées supposeraient dans le milieu un élément dysharmonique, et leur sens serait celui de restrictions ou d'obstacles garantissant contre la dysharmonie totale ; l'« ordre légal », relatif, doit donc être distingué essentiellement de l'« Ordre pur » et absolu. À la hiérarchie des lois, qui définit le monde de l'expérience, correspond, comme expression dans la connaissance humaine, la hiérarchie des sciences techniques ; et cette dernière, ainsi envisagée, donne lieu à des considérations tout à fait originales et même imprévues. D'un autre côté, et comme complément de la même théorie, l'action du surnaturel est conçue comme l'introduction dans le monde d'un élément d'harmonisation ; la grâce est surajoutée à la nature, mais elle ne lui est point contraire. Il y a là l'indication d'un rapprochement possible entre le point de vue de la religion et celui de la philosophie et de la science ; mais un tel rapprochement, pour être valable, doit laisser subsister la distinction entre des modes de pensée qui, pour présenter peut-être certains rapports, ne s'en appliquent pas moins à des domaines différents. Nous ferions donc volontiers quelques réserves, car il y a des idées qu'on ne peut « rationaliser » sans risquer de les amoindrir et de les déformer ; et cela, qui est vrai pour les idées théologiques, l'est plus encore pour les idées proprement métaphysiques ; mais, bien entendu, « suprarationnel » ne veut point dire « irrationnel ». La distinction des points de vue, à laquelle nous faisions allusion précédemment, serait de la plus haute importance pour mettre de l'ordre dans certaines tendances de la pensée actuelle, que l'on peut appeler « traditionalistes », et qui sont précisément celles que représentent des ouvrages comme celui du D_r Devillas.

Jean De La Harpe. – La religion comme « conservation de la valeur » dans ses rapports avec la philosophie générale de Harald Höffding.

Préface par A. Lalande (1 vol. in-8$_o$, VII-122 pp., G, Bridel, Lausanne, et Fischbacher, Paris, 1920).

Nous avouons que l'intérêt d'une certaine « psychologie religieuse », qui semble fort à la mode aujourd'hui, nous échappe en grande partie : traiter la religion comme un « fait psychologique » pur et simple, c'est la confondre avec la religiosité, qui est à la religion, entendue dans son sens propre, à peu près ce que l'ombre est au corps. Cette réflexion, d'ailleurs, vise plutôt Höffding que M. de la Harpe qui s'est borné à faire de ses théories une étude extrêmement consciencieuse, comportant, d'une part, un exposé analytique, et, d'autre part, un examen génétique et critique.

Pour Höffding, « la religion se réduit au principe de la conservation de la valeur dans la réalité, elle se ramène tout entière à la ferme volonté de maintenir les valeurs de la vie au-delà de la limite dans laquelle la volonté humaine peut agir à leur égard ». Pour pouvoir préciser le sens de cet « axiome de la conservation de la valeur », il faut d'abord considérer les concepts de « réalité » et de « valeur » qu'il présuppose. M. de la Harpe s'est efforcé d'établir aussi nettement que possible l'enchaînement des divers points de vue qu'il a rencontrés chez le philosophe danois, sans se laisser rebuter par la subtilité excessive de ses analyses, non plus que par les difficultés d'un langage terriblement compliqué.

Mais la partie qui, dans ce travail, nous paraît la plus claire et la plus intéressante, c'est l'« étude génétique de la pensée de Höffding », c'est-à-dire en somme sa biographie intellectuelle, où sont fort bien démêlées les principales influences qui ont agi sur lui, notamment celles de Spinoza et de Kant. Pour ce qui est du dernier chapitre, intitulé « étude critique », M. de la Harpe n'y discute point, comme on aurait pu s'y attendre, le fond même des idées qu'il vient d'exposer ; il s'en tient, ainsi qu'il le dit lui-même, à une « critique de cohérence », dans laquelle il conteste surtout à Höffding le droit de se dire « moniste ». La portée de ce reproche a été, du reste, bien atténuée à l'avance par M. Lalande, qui a montré dans sa préface combien sont relatives des dénominations comme celles de monisme, de dualisme et de pluralisme, à tel point que, suivant qu'il s'agira de questions différentes, on pourra parfois s'en servir tour à tour pour caractériser une même doctrine : elles « n'ont un sens précis et plein que si on les applique aux diverses solutions de problèmes particuliers, et non à l'ensemble d'une philosophie ».

Déjà parus

OMNIA VERITAS LTD PRÉSENTE :

RENÉ GUÉNON
APERÇUS SUR L'ÉSOTÉRISME CHRÉTIEN

« Ce changement qui fit du Christianisme une religion au sens propre du mot et une forme traditionnelle... »

Les vérités d'ordre ésotérique, étaient hors de la portée du plus grand nombre...

OMNIA VERITAS LTD PRÉSENTE :

RENÉ GUÉNON
APERÇUS SUR L'ÉSOTÉRISME ISLAMIQUE ET LE TAOÏSME

« Dans l'Islamisme, la tradition est d'essence double, religieuse et métaphysique »

On les compare souvent à l'« écorce » et au « noyau » (el-qishr wa el-lobb)

Omnia Veritas Ltd présente :

RENÉ GUÉNON
APERÇUS SUR L'INITIATION

« Nous nous étendons souvent sur les erreurs et les confusions qui sont commises au sujet de l'initiation... »

On se rend compte du degré de dégénérescence auquel en est arrivé l'Occident moderne...

Omnia Veritas Ltd présente :

RENÉ GUÉNON
Autorité spirituelle et pouvoir temporel

« la distinction des castes constitue, dans l'espèce humaine, une véritable classification naturelle à laquelle doit correspondre la répartition des fonctions sociales »

L'égalité n'existe nulle part en réalité

Omnia Veritas Ltd présente :

RENÉ GUÉNON
ÉTUDES SUR L'HINDOUISME

« En considérant la contemplation et l'action comme complémentaires, on se place à un point de vue déjà plus profond et plus vrai »

... la double activité, intérieure et extérieure, d'un seul et même être

Omnia Veritas Ltd présente :

RENÉ GUÉNON
INITIATION ET RÉALISATION SPIRITUELLE

« Sottise et ignorance peuvent en somme être réunies sous le nom commun d'incompréhension »

Le peuple est comme un « réservoir » d'où tout peut être tiré, le meilleur comme le pire

OMNIA VERITAS LTD PRÉSENTE :

RENÉ GUÉNON

INTRODUCTION GÉNÉRALE
À L'ÉTUDE DES DOCTRINES HINDOUES

« Bien des difficultés s'opposent, en Occident, à une étude sérieuse et approfondie des doctrines hindoues »

... ce dernier élément qu'aucune érudition ne permettra jamais de pénétrer

OMNIA VERITAS LTD PRÉSENTE :

RENÉ GUÉNON

LE RÈGNE DE LA QUANTITÉ
ET LES SIGNES DES TEMPS

« Car tout ce qui existe en quelque façon que ce soit, même l'erreur, a nécessairement sa raison d'être »

... et le désordre lui-même doit finalement trouver sa place parmi les éléments de l'ordre universel

OMNIA VERITAS LTD PRÉSENTE :

RENÉ GUÉNON

LE ROI DU MONDE

« Un principe, l'Intelligence cosmique qui réfléchit la Lumière spirituelle pure et formule la Loi »

Le Législateur primordial et universel

« Il y a, à notre époque, bien des « contrevérités », qu'il est bon de combattre... »

Parmi toutes les doctrines « néo-spiritualistes », le spiritisme est certainement la plus répandue

« La civilisation occidentale moderne apparaît dans l'histoire comme une véritable anomalie...»

... cette civilisation est la seule qui se soit développée dans un sens purement matériel

« Ce développement matériel a été accompagné d'une régression intellectuelle qu'il est fort incapable de compenser »

Qu'importe la vérité dans un monde dont les aspirations sont uniquement matérielles et sentimentales

« Notre but, disait alors Mme Blavatsky, n'est pas de restaurer l'Hindouïsme, mais de balayer le Christianisme de la surface de la terre »

Le vocable de théosophie servait de dénomination commune à des doctrines assez diverses

«... on voit une barque portée par le poisson, image du Christ soutenant son Église » ; or on sait que l'Arche a souvent été regardée comme une figure de l'Église... »

Le Vêda, qu'il faut entendre comme la Connaissance sacrée dans son intégralité

« On tient d'autant plus à ne voir que de l'« humain » dans les doctrines hindoues que cela faciliterait grandement les entreprises « annexionnistes » dont nous avons déjà parlé »

Il s'agit en fait de deux traditions, qui comme telles sont d'essence également surnaturelle

OMNIA VERITAS LTD PRÉSENTE :

RENÉ GUÉNON

CORRESPONDANCE
I

« ... l'état suprême n'est pas quelque chose à obtenir par une « effectuation » quelconque ; il s'agit uniquement de prendre conscience de ce qui est. »

... l'éloignement du Principe, nécessairement inhérent à tout processus de manifestation

OMNIA VERITAS LTD PRÉSENTE :

RENÉ GUÉNON

CORRESPONDANCE
II

« ... Vous me demandez s'il y a quelque chose de changé depuis la publication de mes ouvrages ; certaines portes, du côté occidental, se sont fermées d'une façon définitive »

Quant à l'Islam politique, mieux vaut n'en pas parler, car ce n'est plus qu'un souvenir historique

Omnia Veritas Ltd présente :

RENÉ GUÉNON

ÉTUDES SUR LA
FRANC-MAÇONNERIE
ET LE COMPAGNONNAGE

«Parmi les symboles usités au moyen âge, outre ceux dont les Maçons modernes ont conservé le souvenir tout en n'en comprenant plus guère la signification, il y en a bien d'autres dont ils n'ont pas la moindre idée.»

la distinction entre « Maçonnerie opérative » et « Maçonnerie spéculative »

« Les articles réunis dans le présent recueil représentent l'aspect le plus original de l'œuvre de René Guénon »

Fragments d'une histoire inconnue

 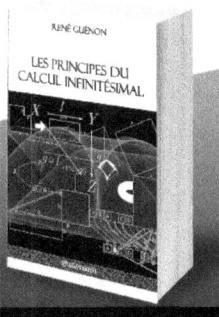

«... il nous a paru utile d'entreprendre la présente étude pour préciser et expliquer plus complètement certaines notions du symbolisme mathématique... »

un exemple frappant de cette absence de principes qui caractérise les sciences profanes...

 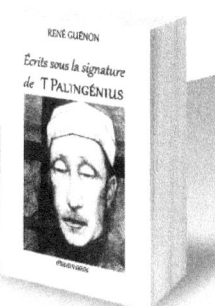

«... Il est un certain nombre de problèmes qui ont constamment préoccupé les hommes, mais il n'en est peut-être pas qui ait semblé généralement plus difficile à résoudre que celui de l'origine du Mal... »

Comment donc Dieu, s'il est parfait, a-t-il pu créer des êtres imparfaits ?

www.ingramcontent.com/pod-product-compliance
Lightning Source LLC
Chambersburg PA
CBHW060219230426
43664CB00011B/1479